Hans-Wilhelm Krüger

Öffentliche und private Durchsetzung des Kartellverbots von Art. 81 EG

AF816069

GABLER EDITION WISSENSCHAFT

Ökonomische Analyse des Rechts

Herausgegeben von
Professor Dr. Peter Behrens
Professor Dr. Manfred Holler
Professor Dr. Claus Ott
Professor Dr. Hans-Bernd Schäfer (schriftführend)
Universität Hamburg, Fachbereich Rechtswissenschaft II

Die ökonomische Analyse des Rechts untersucht Rechtsnormen auf ihre gesellschaftlichen Folgewirkungen und bedient sich dabei des methodischen Instrumentariums der Wirtschaftswissenschaften, insbesondere der Mikroökonomie, der Neuen Institutionen- und Konstitutionenökonomie. Sie ist ein interdisziplinäres Forschungsgebiet, in dem sowohl Rechtswissenschaftler als auch Wirtschaftswissenschaftler tätig sind und das zu wesentlichen neuen Erkenntnissen über Funktion und Wirkungen von Rechtsnormen geführt hat.

Die Schriftenreihe enthält Monographien zu verschiedenen Rechtsgebieten und Rechtsentwicklungen. Sie behandelt Fragestellungen aus den Bereichen Wirtschaftsrecht, Vertragsrecht, Haftungsrecht, Sachenrecht und verwaltungsrechtliche Regulierung.

Hans-Wilhelm Krüger

Öffentliche und private Durchsetzung des Kartellverbots von Art. 81 EG

Eine rechtsökonomische Analyse

Mit einem Geleitwort von Prof. Dr. Peter Behrens

Deutscher Universitäts-Verlag

Bibliografische Information Der Deutschen Nationalbibliothek
Die Deutsche Nationalbibliothek verzeichnet diese Publikation in der Deutschen Nationalbibliografie; detaillierte bibliografische Daten sind im Internet über <http://dnb.d-nb.de> abrufbar.

Dissertation Universität Hamburg, 2007

1. Auflage November 2007

Alle Rechte vorbehalten
© Deutscher Universitäts-Verlag | GWV Fachverlage GmbH, Wiesbaden 2007

Lektorat: Frauke Schindler / Sabine Schöller

Der Deutsche Universitäts-Verlag ist ein Unternehmen von Springer Science+Business Media.
www.duv.de

Das Werk einschließlich aller seiner Teile ist urheberrechtlich geschützt. Jede Verwertung außerhalb der engen Grenzen des Urheberrechtsgesetzes ist ohne Zustimmung des Verlags unzulässig und strafbar. Das gilt insbesondere für Vervielfältigungen, Übersetzungen, Mikroverfilmungen und die Einspeicherung und Verarbeitung in elektronischen Systemen.

Die Wiedergabe von Gebrauchsnamen, Handelsnamen, Warenbezeichnungen usw. in diesem Werk berechtigt auch ohne besondere Kennzeichnung nicht zu der Annahme, dass solche Namen im Sinne der Warenzeichen- und Markenschutz-Gesetzgebung als frei zu betrachten wären und daher von jedermann benutzt werden dürften.

Umschlaggestaltung: Regine Zimmer, Dipl.-Designerin, Frankfurt/Main
Gedruckt auf säurefreiem und chlorfrei gebleichtem Papier
Printed in Germany

ISBN 978-3-8350-0942-4

Geleitwort

Das Kartellverbot gemäß Art. 81 EG ist seit jeher sowohl „öffentlich", d.h. durch die dafür zuständigen Behörden (EG-Kommission und mitgliedstaatliche Kartellbehörden), als auch „privat", d.h. durch die betroffenen Privatrechtssubjekte (vor den Zivilgerichten), durchgesetzt worden. Dabei hat jedoch die öffentliche Durchsetzung in der Rechtsanwendungspraxis ganz im Vordergrund gestanden. Das hatte seinen Grund insbesondere in Art. 9 der früheren Kartellverordnung Nr. 17, der die ausschließliche Zuständigkeit der Kommission für Freistellungsentscheidungen gemäß Art. 81 Abs. 3 EG vorsah. Privatrechtssubjekte haben zwar die Rechtsfolgen von Verstößen gegen Art. 81 Abs. 1 EG in zivilrechtlichen Streitigkeiten vor den mitgliedstaatlichen Gerichten geltend machen können. Die unmittelbare Anwendbarkeit des Kartellverbots erlaubte es ihnen etwa, sich als Beklagte auf die Einwendung der Nichtigkeit eines Kartellvertrags gemäß Art. 81 Abs. 2 EG zu berufen oder gegebenenfalls nach mitgliedstaatlichem Recht Schadensersatz zu verlangen. Vor allem in Deutschland hat die letztere Möglichkeit jedoch angesichts der restriktiven Voraussetzungen, welche die Rechtsprechung insoweit formuliert hat (insbesondere hinsichtlich des individualschützenden Charakters des Kartellverbots), keine nennenswerte Bedeutung erlangt, zumal die gerichtliche Feststellung eines Verstoßes gegen Art. 81 Abs. 1 EG immer unter dem Vorbehalt einer Freistellung durch die Kommission stand.

Mit der grundlegenden „Modernisierung" des Europäischen Kartellrechts durch Einführung der neuen EG-Kartellverordnung Nr. 1/2003 ist nun zum einen das Freistellungsmonopol der Kommission aufgegeben und das Prinzip der „integralen Anwendung" von Art. 81 Abs. 1 und Abs. 3 EG eingeführt worden. Die Zuständigkeit der mitgliedstaatlichen Zivilgerichte zur Anwendung von Art. 81 EG beschränkt sich somit nicht mehr nur auf das Kartellverbot des Art. 81 Abs. 1 EG, sondern schließt die Prüfung der Freistellungsvoraussetzungen gemäß Art. 81 Abs. 3 EG ein. Damit verlagert sich der Schwerpunkt der Rechtsanwendung weg von der Kommission auf die Ebene der Mitgliedstaaten (Dezentralisierung der Kartellrechtsdurchsetzung). Zum anderen gehört es zur Modernisierungsstrategie der Kommission, künftig neben der kartellbehördlichen Durchsetzung des Kartellverbots auch dessen private Durchsetzung im Wege von Schadensersatzklagen zu stärken (Privatisierung der Kartellrechtsdurchsetzung). Zu diesem Zweck hat die Kommission Ende 2005 ein inzwischen viel diskutiertes Grünbuch vorgelegt.

Zu dieser Diskussion will die vorliegende Dissertation einen grundlegenden Beitrag leisten, indem sie aus ökonomischer Perspektive die relativen Vor- und Nachteile der öffentlichen und der privaten Durchsetzung des Kartellverbots analysiert. Der Analyse liegt ein institutionenökonomischer Ansatz zugrunde, der die alternativen Verfahren der Durchsetzung von Rechtsnormen unter dem Aspekt sowohl ihrer gesellschaftlichen Nutzen und Kosten vergleicht, als auch unter dem Aspekt ihres Einflusses auf die Bilanz der Normadressaten bezüglich der individuellen Nutzen und Kosten eines normgemäßen oder normwidrigen Verhaltens. Normadressaten werden dabei als rational kalkulierende Individuen gedacht, die ihr Verhalten an den individuellen Nutzen und Kosten ausrichten. Sie entscheiden sich für einen Normverstoß, sofern dessen Nutzen die Kosten übersteigt. Diese Kosten werden nun maßgeblich durch das System der Rechtsnormen und der Sanktionierung von Normverstößen bestimmt. Das Rechtssystem steuert auf diese Weise das individuelle Verhalten. Die Normdurchsetzung sollte hiernach möglichst so ausgestaltet sein, dass sie für die Normadressaten hinreichende Anreize setzt, sich normgemäß zu verhalten. Andererseits ist die Normdurchsetzung immer auch mit Kosten für die Gesellschaft verbunden. Der gesellschaftliche Nutzen aus dem normgemäßen Verhalten der Normadressaten muss daher bei ökonomischer Betrachtung immer auch ins Verhältnis gesetzt werden zu den gesellschaftlichen Kosten der Normdurchsetzung. Eben dies ist der methodische Ausgangspunkt für die in der vorliegenden Dissertation vorgenommene vergleichende Untersuchung der behördlichen und der privaten Durchsetzung des Kartellverbots.

Der Verfasser kommt in seiner höchst lesenswerten Untersuchung zu sehr beachtenswerten Ergebnissen. Für die aus ökonomischer Perspektive stets im Vordergrund stehende Abschreckungswirkung der Durchsetzung von Rechtsnormen würde die ausschließlich kartellbehördliche Verfolgung von Kartellverstößen vorzuziehen sein, da sie sich insgesamt als die kostengünstigere und damit „effizientere“ Alternative erweist. Die daneben mögliche private Durchsetzung verursacht vergleichsweise hohe gesellschaftliche Kosten, aber keinen entsprechenden gesellschaftlichen Zusatznutzen. Dennoch hält der Verfasser aus verschiedenen Gründen an der (auch) privaten Möglichkeit der Kartellrechtsdurchsetzung fest: Hervorgehoben wird die spezifisch individualschützende Funktion privatrechtlicher Schadensersatzansprüche, die nicht allein auf Abschreckung künftiger Normverletzungen ausgerichtet ist, sondern auch auf Ausgleich erlittener Einbußen. Andererseits ist es aber aus rechtlichen Gründen auch nicht möglich, die privaten Schadensersatzansprüche im kartellbehördlichen Verfahren der Kommission gleich mit zu erledigen. Das Nebeneinander von öffentlicher und privater Rechtsdurchsetzung ist daher aus rechtlichen – nicht aus ökonomischen – Gründen unvermeidlich und wesentliches Strukturmerkmal des Gemeinschaftsrechts.

Insgesamt trägt die vorliegende Untersuchung somit nicht nur zur Klärung der Vor- und Nachteile öffentlicher bzw. privater Kartellrechtsdurchsetzung bei, sondern sie leistet auch einen grundlegenden Beitrag zum Verständnis des Verhältnisses von Ökonomie und Recht.

Prof. Dr. Peter Behrens

Vorwort

Die vorliegende Arbeit wurde im Sommersemester 2007 von der Fakultät für Rechtswissenschaft der Universität Hamburg als Dissertation angenommen.

Mein Dank gilt zuerst meinem Doktorvater, Herrn Prof. Dr. Peter Behrens, der meine Arbeit stets konstruktiv mit wertvollen Hinweisen betreut hat. Herrn Prof. Dr. Marian Paschke muss ich für die zügige Erstellung des Zweitgutachtens danken.

Ferner danke ich dem Graduiertenkolleg für Recht und Ökonomik an der Universität Hamburg, das mir die erforderliche fruchtbare akademische Umgebung für meine Arbeit geboten hat. Insoweit gebührt Herrn Prof. Dr. Hans-Bernd Schäfer mein Dank für die Aufnahme in das Graduiertenkolleg und die damit verbundene finanzielle Unterstützung in Gestalt meines Promotionsstipendiums, für das ich auch der Deutschen Forschungsgemeinschaft Dank schulde. Bei meinen Kollegen am Graduiertenkolleg bedanke ich mich für zahlreiche interessante weiterführende Diskussionen.

Für immer nützliche inhaltliche Anregungen und Hinweise möchte ich Frau Dr. Heike Schweitzer besonders danken, die mir bei der Auswahl des Themas und im Anfangsstadium meiner Arbeit unschätzbare Hilfe geleistet hat. Auch Herrn Prof. Dr. Dr. h.c. Ernst-Joachim Mestmäcker danke für interessante Gespräche während meiner Arbeit am Max-Planck-Institut für ausländisches und internationales Privatrecht.

Ferner gilt mein Dank Herrn Prof. Philip Sutherland für die freundliche Betreuung während meines Forschungsaufenthaltes an der Stellenbosch University, Südafrika.

Schließlich möchte ich Frau Elvira Dorsman ganz herzlich für ihre unermüdliche Unterstützung meiner Arbeit in allen Phasen ihrer Entstehung und vor allem für die äußerst hilfreiche Durchsicht des Manuskripts danken.

Gewidmet ist diese Arbeit meinen Eltern, die mich immer und bei allem, was ich gemacht habe, voll und ganz unterstützt haben.

Hans-Wilhelm Krüger

Inhaltsübersicht

Inhaltsverzeichnis

Abkürzungsverzeichnis

a.A.	anderer Ansicht
ABl.	Amtsblatt der Europäischen Gemeinschaft
Abs.	Absatz
a.E.	am Ende
a.F.	alte Fassung
Art., Artt.	Artikel
AT	Allgemeiner Teil
Aufl.	Auflage
BFH	Bundesfinanzhof
BGB	Bürgerliches Gesetzbuch
BGBl.	Bundesgesetzblatt
BGH	Bundesgerichtshof
BGHZ	Entscheidungen des Bundesgerichtshofs in Zivilsachen
BGHSt	Entscheidungen des Bundesgerichtshofs in Strafsachen
bzw.	beziehungsweise
DB	Der Betrieb
d.h.	das heißt
Dok.	Dokument
EBOR	European Business Organization Law Review
ed.	edition
ECN	Netzwerk der Europäischen Wettbewerbsbehörden ("European Competition Network")
EG	Vertrag zur Gründung der Europäischen Gemeinschaft (Konsolidierte Fassung), ABl. Nr. C 325 vom 24. Dezember 2002
Einf.	Einführung
Einl.	Einleitung
EMRK	Konvention zum Schutze der Menschenrechte und Grundfreiheiten vom 4. November 1950, in der Neufassung vom 17. Mai 2002, BGBl. 2002 II S. 1055
EuG	Gericht erster Instanz der Europäischen Gemeinschaften
EuGH	Europäischer Gerichtshof
EuGH Slg.	Sammlung der Rechtsprechung des Europäischen Gerichtshofs
EuZW	Europäische Zeitschrift für Wirtschaftsrecht
EWS	Europäisches Wirtschafts- und Steuerrecht
Fn.	Fußnote
GA	Generalanwalt
ggf.	gegebenenfalls
GRUR	Gewerblicher Rechtsschutz und Urheberrecht

GRUR Int.	Gewerblicher Rechtsschutz und Urheberrecht, Auslands- und Internationaler Teil
GWB	Gesetz gegen Wettbewerbsbeschränkungen
Hrsg.	Herausgeber
Hs.	Halbsatz
i.d.R.	in der Regel
i.R.v.	im Rahmen von
i.S.v.	im Sinne von
i.V.m.	in Verbindung mit
IStR	Internationales Steuerrecht
JZ	Juristenzeitung
LG	Landgericht
lit.	litera (Buchstabe)
Mio.	Millionen
m.w.N.	mit weiteren Nachweisen
n.F.	neue Fassung
NJW	Neue Juristische Wochenschrift
Nr.	Nummer
OECD	Organisation für wirtschaftliche Zusammenarbeit und Entwicklung (Organisation for Economic Cooperation and Development)
OLG	Oberlandesgericht
Parlament	Europäisches Parlament
Rat	Europäischer Rat
Rn.	Randnummer
RIW	Recht der internationalen Wirtschaft / Außenwirtschaftsdienst des Betrieb-Beraters
S.	Seite
s.o.	siehe oben
s.u.	siehe unten
st. Rspr.	ständige Rechtsprechung
UAbs.	Unterabsatz
VO	Verordnung
vs.	versus
WuW	Wirtschaft und Wettbewerb
WuW/E BGH	Wirtschaft und Wettbewerb, Entscheidungen des Bundesgerichtshofs
WuW/E DE-R	Wirtschaft und Wettbewerb, Deutsche Rechtsprechung
WRP	Wettbewerb in Recht und Praxis
ZHR	Zeitschrift für das gesamte Handels- und Wirtschaftsrecht
ZWeR	Zeitschrift für Wettbewerbsrecht

abgekürzt zitierte Gesetze und Materialien

Bekanntmachung Zusammenarbeit Gerichte	Bekanntmachung der Kommission über die Zusammenarbeit zwischen der Kommission und den Gerichten der EU-Mitgliedstaaten bei der Anwendung der Artikel 81 und 82 des Vertrags, ABl. 2004, Nr. C 101/54 vom 27. April 2004, Rn. 29
Beschwerde-Bekanntmachung	Bekanntmachung der Kommission über die Behandlung von Beschwerden durch die Kommission gemäß Art. 81 EG und 82 EG-Vertrag, ABl. 2004 C 101/05 S. 65 ff. vom 27. April 2004
de minimis-Bekanntmachung	Bekanntmachung der Kommission über Vereinbarungen von geringer Bedeutung, die den Wettbewerb gemäß Art. 81 Abs. 1 des Vertrags nicht spürbar beschränken (de minimis), ABl. 2001, Nr. C 368 S. 13 ff. vom 22. Dezember 2001
ECN-Bekanntmachung	Bekanntmachung der Kommission über die Zusammenarbeit innerhalb des Netzes der Wettbewerbsbehörden, ABl. 2004, Nr. C 101/43 vom 27. April 2004
FKVO	Verordnung (EG) Nr. 139/2004 des Rates vom 20. Januar 2004 über die Kontrolle von Unternehmenszusammenschlüssen, ABl. 2004 Nr. L 24/1 vom 29. Januar 2004
Geldbußen-Leitlinien	Leitlinien für das Verfahren zur Festsetzung von Geldbußen gemäß Artikel 23 Absatz 2 Buchstabe a) der Verordnung Nr. 1/2003 vom 28. Juni 2006, ABl. 2006 Nr. C 210/2 vom 1. September 2006
Geldbußen-Leitlinien 1998	Leitlinien für das Verfahren zur Festsetzung von Geldbußen, die gemäß Artikel 15 Absatz 2 der Verordnung Nr. 17 und gemäß Artikel 65 Absatz 5 EGKSÜVertrag festgesetzt werden, ABl. 1998 Nr. C 9/3 vom 14. Januar 1998

Grünbuch Private Durchsetzung	Grünbuch: Schadensersatzklagen wegen Verletzung des EU-Wettbewerbsrechts, vorgelegt am 19. Dezember 2005, KOM(2005) 672 endgültig
KapMuG	Gesetz über Musterverfahren in kapitalmarktrechtlichen Streitigkeiten vom 16. August 2005, BGBl. I 2005, S. 2437 ff. vom 19. August 2005
leniency-Mitteilung	Mitteilung der Kommission über den Erlass und die Ermäßigung von Geldbußen in Kartellsachen, ABl. 2006 Nr. C 298/17 ff. vom 18. Dezember 2006
leniency-Mitteilung 2002	Mitteilung der Kommission über den Erlass und die Ermäßigung von Geldbußen in Kartellsachen, ABl. 2002 Nr. C 45/3 ff. vom 19. Februar 2002
Leitlinien horizontale Zusammenarbeit	Leitlinien zur Anwendbarkeit von Art. 81 EG-Vertrag auf Vereinbarungen über horizontale Zusammenarbeit, ABl. 2001 Nr. C 3/02 vom 6. Januar 2001
VO 1/03	Verordnung (EG) Nr. 1/2003 des Rates vom 16. Dezember 2002 zur Durchführung der in den Artikeln 81 und 82 des Vertrags niedergelegten Wettbewerbsregeln, ABl. Nr. L 1/1 vom 4. Januar 2003
VO 17	Verordnung des Rates Nr. 17/62 vom 6. Februar 1962, Erste Durchführungsverordnung zu den Artikeln 85 und 86 des Vertrags, ABl. Nr. 13/204 vom 21. Februar 1962
VO 773/04	VO (EG) Nr. 773/2004 vom 7. April 2004 über die Durchführung von Verfahren auf der Grundlage der Art. 81 und 82 EG-Vertrag durch die Kommission, ABl. 2004 L 123/18
Weißbuch	Weißbuch über die Modernisierung der Vorschriften zur Anwendung der Art. 81 und 82 EG-Vertrag, KOM(1999) 191 endg./2 vom 12. Mai 1999

Working Paper Private Durchsetzung	Kommission, Commission Staff Working Paper, Annex to the Green Paper Damages actions for breach of the EC antitrust rules, 19. Dezember 2005, SEC(2005) 1732
7. GWB-Novelle	Siebtes Gesetz zur Änderung des Gesetzes gegen Wettbewerbsbeschränkungen vom 7. Juli 2005, BGBl. I S. 1954 ff. vom 12. Juli 2005

Kapitel 1 Einleitung

Diese Untersuchung vergleicht die öffentliche und die private Durchsetzung des EG-rechtlichen Kartellverbots des Art. 81 EG mit den Mitteln der ökonomischen Analyse des Rechts. Im Rahmen der Einleitung sollen nach einer Einführung in die Thematik (zu A.) der Gang der Untersuchung skizziert werden (zu B.) und die rechtlichen Grundlagen der Rechtsdurchsetzung dargestellt werden (zu C.).

A. Einführung

Die Bedeutung des Durchsetzungssystems für den praktischen Erfolg des Rechtssystems wird von Juristen und Ökonomen in zunehmendem Maße anerkannt. Dabei ist die Frage, wer eine Norm durchsetzen soll und wer hierzu am besten geeignet ist, zuletzt in verschiedensten Bereichen des Rechts aufgeworfen worden. Im Kartellrecht trat das Durchsetzungssystem auch deshalb in den Vordergrund des Interesses, weil mit der Verordnung (EG) Nr. 1/2003 des Rates vom 16. Dezember 2002 zur Durchführung der in den Artikeln 81 und 82 des Vertrags niedergelegten Wettbewerbsregeln[1] (im Folgenden "VO 1/03") das System der Durchsetzung von Art. 81 EG grundlegend geändert wurde. Daneben wird verstärkt über eine Ausweitung der bisher sehr schwach ausgeprägten privaten Durchsetzung des Kartellrechts im Allgemeinen und des Kartellverbots des Art. 81 EG im Besonderen diskutiert.[2]

Diese Untersuchung unternimmt den Versuch, die beiden verschiedenen Durchsetzungsformen (öffentlich, privat) bei der Durchsetzung des Kartellverbots von Art. 81 EG im Zusammenhang zu untersuchen und mit einander zu vergleichen. Hierbei sollen die verschiedenen Eigenschaften und Funktionsweisen der beiden Durchsetzungsformen im Wege einer rechtsökonomischen Analyse auf Grundlage der Institutionenökonomik erarbeitet werden und die gewonnenen Erkenntnisse unter Berücksichtigung der besonderen Charakteristika des Verstoßes gegen das Kartellverbot für den Vergleich der öffentlichen und privaten Durchsetzung von Art. 81 EG verwendet werden. Aus den Ergebnissen dieses Vergleichs der Durchsetzungsformen sollen rechtspolitische Schlussfolgerungen für die Ausgestaltung des Durchsetzungssystems von Art. 81 EG abgeleitet werden.

---

1 ABl. Nr. L 1/1 vom 4. Januar 2003; im Folgenden "VO 1/03".

2 Siehe nur Kommission, Grünbuch: Schadensersatzklagen wegen Verletzung des EU-Wettbewerbsrechts, vorgelegt am 19. Dezember 2005, KOM(2005) 672 endgültig, S. 4, im Folgenden "Grünbuch Private Durchsetzung".

Der Umstand, dass die Wahl zwischen der öffentlichen und der privaten Durchsetzungsform eine Wahl zwischen unvollständigen Alternativen darstellt, muss nicht von einem Vergleich abschrecken,[3] da auch zwischen unvollständigen Alternativen ein relativer Vorteil auszumachen sein kann.

Die ökonomische Theorie ist als Instrument für die Betrachtung der Durchsetzung von Art. 81 EG geeignet, weil die Normadressaten im Kartellrecht Unternehmen sind, die ihre Entscheidung über den Normverstoß wegen des wirtschaftlichen Zusammenhangs der fraglichen Verhaltensweisen nach einem Vergleich der erwarteten Kosten und Nutzen treffen. Dies ermöglicht es, das Verhalten der Normadressaten mit den Mitteln des Rechts zu beeinflussen und diesen Einfluss mit den Mitteln der ökonomischen Theorie zu untersuchen.[4]

B. Gang der Untersuchung

Der Gang der Untersuchung ist folgender: Nach einer Einleitung, in der knapp die rechtlichen Grundlagen der Rechtsdurchsetzung beleuchtet werden, soll zuerst das System der Durchsetzung von Art. 81 EG dargestellt werden. Dabei sollen zunächst knapp die materiell-rechtliche Regelung des Art. 81 EG erläutert und auf die für die Durchsetzung relevanten Charakteristika der verschiedenen von Art. 81 EG erfassten Wettbewerbsverstöße eingegangen werden (Kapitel 2). Sodann müssen die Instrumente und die Verfahren der öffentlichen und der privaten Durchsetzung von Art. 81 EG dargestellt werden, die später in ihrem Einfluss auf den Durchsetzungserfolg verglichen werden sollen (Kapitel 3). Hierzu muss sowohl das System der öffentlichen als auch der privaten Durchsetzung von Art. 81 EG als Ganzes beschrieben werden, um ein umfassendes Bild der Durchsetzungsformen bei Art. 81 EG zu erhalten. Hierbei soll im Detail auch bereits auf Regelungen in anderen Kartellrechtsordnungen und auf in der Diskussion befindliche Reformüberlegungen eingegangen werden. Bei der Beschreibung der verschiedenen Regelungen des jeweiligen Durchsetzungsverfahrens soll – unter Inkaufnahme des damit verbundenen Vorgriffs – auf die Relevanz der jeweiligen Regelung für den Durchsetzungserfolg hingewiesen werden, die dann erst im Rahmen des Vergleichs der Durchsetzungsformen ausführlich erörtert wird.

---

3 Schwartz, Georgetown Law Journal 1980, vol. 68, S. 1075 ff., 1102 ist sogar der Auffassung, dass die Wahl zwischen der öffentlichen Durchsetzung, bei der die Durchsetzungsagenten vom politischen System beeinflusst werden, und der privaten Durchsetzung, bei der die Durchsetzungsagenten von der Aussicht auf einen persönlichen Vorteil zur Durchsetzung motiviert werden, für jeden, der aus unvollständigen Alternativen auswählen muss, ein "Vergnügen" sein muss.

4 Siehe hierzu noch unten zu Kapitel 5A.II., S. 218.

Nach diesem beschreibenden rechtlichen Teil soll die rechtsökonomische Theorie der Rechtsdurchsetzung, einschließlich der ökonomischen Theorie der öffentlichen und der privaten Durchsetzung, dargestellt werden (Kapitel 4). Die für die Durchsetzung wesentlichen Erkenntnisse der rechtsökonomischen Theorie betreffen zunächst die Art, wie das Durchsetzungssystem auf die Verhaltensentscheidung des Normadressaten einwirkt. Denn hieraus können wichtige Rückschlüsse auf die Ausgestaltung des Durchsetzungssystems gezogen werden. Darüber hinaus ist die Erkenntnis der ökonomischen Theorie der Durchsetzung zentral, dass bei der Betrachtung des Erfolgs eines Durchsetzungssystems auch die mit den Durchsetzungsaktivitäten verbundenen gesellschaftlichen Kosten berücksichtigt werden müssen, wenn die Summe der mit dem Normverstoß verbundenen gesellschaftlichen Kosten minimiert und damit die Wohlfahrt der Gesellschaft maximiert werden soll. In der rechtswissenschaftlichen Diskussion über die Ausweitung der privaten Durchsetzung von Art. 81 EG wird insbesondere diesen gesellschaftlichen Durchsetzungskosten meist nicht die gebührende Aufmerksamkeit geschenkt, obwohl diese Kosten bei der privaten Durchsetzung von Art. 81 EG wegen der noch zu erörternden Schwierigkeiten ganz erhebliche Ausmaße annehmen können. Ferner zeigt die ökonomische Theorie der öffentlichen und der privaten Durchsetzung, dass die zur Durchsetzung eingesetzten Personen und Organe einen Anreiz zum Einsatz ihrer Ressourcen zur Aufdeckung und Verfolgung von Normverstößen benötigen, der sich zwischen den Durchsetzungsorganen in der öffentlichen Durchsetzung und den Durchsetzungsagenten in der privaten Durchsetzung grundlegend unterscheidet. Auf diesen Anreiz, der für den Durchsetzungserfolg insbesondere bei der privaten Durchsetzung mitentscheidend ist, kann das Durchsetzungssystem durch die Ausgestaltung der Sanktion und des Verfahrensrechts Einfluss nehmen.

Diese Erkenntnisse der rechtsökonomischen Theorie der Durchsetzung sollen sodann bei dem Vergleich der öffentlichen und privaten Durchsetzung von Art. 81 EG fruchtbar gemacht werden (Kapitel 5). Hierbei wird sich zeigen, dass die öffentliche Durchsetzung verschiedene Vorteile bietet, die sie für die erfolgreiche Durchsetzung von Art. 81 EG weitgehend unverzichtbar macht. Die wesentlichsten Vorteile der öffentlichen Durchsetzung von Art. 81 EG liegen in der verhängten Sanktion der Geldbuße, deren Höhe die erforderliche Abschreckungswirkung auf die Normadressaten ausübt. Hierzu ist die im Rahmen der privaten Durchsetzung verhängte Sanktion des Schadensersatzes, die im Mittelpunkt der Betrachtung der privaten Durchsetzung steht, wegen ihrer Begrenzung auf den individuellen Schaden bei dem jeweiligen privaten

Durchsetzungsagenten häufig nicht in der Lage. Weitere Vorteile besitzt die öffentliche Durchsetzung hinsichtlich der mit der Durchsetzung verursachten gesellschaftlichen Kosten: Die Kommission verfügt über verschiedene schlagkräftige Mittel zur Gewinnung der für die Durchsetzung relevanten Informationen über den Wettbewerbsverstoß, die zu geringeren gesellschaftlichen Kosten der Informationsgewinnung führen als bei der privaten Durchsetzung entstehen, die ohne vergleichbare Informationsmittel arbeiten muss. Ferner führt bei der privaten Durchsetzung von Art. 81 EG die teilweise große Anzahl der zur Durchsetzung aktiven privaten Durchsetzungsagenten zu einer Vervielfachung der gesellschaftlichen Durchsetzungskosten, die bei der öffentlichen Durchsetzung infolge der Zuständigkeitsregeln nicht im gleichen Maße zu beobachten ist. Schließlich verursacht die Anreizstruktur der privaten Durchsetzungsagenten Schwierigkeiten bei der privaten Durchsetzung von Art. 81 EG und auch höhere Risiken fehlerhafter Entscheidungen.

Aus diesen Ergebnissen des Vergleichs der Durchsetzungsformen werden sich vor allem die folgenden rechtspolitischen Schlussfolgerungen für die Ausgestaltung des Durchsetzungssystems von Art. 81 EG ableiten lassen: Die öffentliche Durchsetzung ist bei Art. 81 EG unverzichtbar und ihre weitere Verstärkung, vor allem die Einführung von persönlichen Sanktionen gegen die Entscheidungsträger innerhalb der Unternehmen, kann den Durchsetzungserfolg besser und kostengünstiger steigern als die derzeit im Zentrum der allgemeinen Aufmerksamkeit stehende Ausweitung der privaten Durchsetzung, insbesondere durch die Einführung eines überkompensatorischen Schadensersatzanspruchs.

Obwohl der Vergleich der Durchsetzungsformen die Überlegenheit der öffentlichen Durchsetzung von Art. 81 EG ergeben wird, soll hiernach als Annex das Zusammenspiel von öffentlicher und privater Durchsetzung betrachtet werden, weil in der Rechtspraxis die private Durchsetzung trotz ihrer Nachteile bei der Abschreckungswirkung wegen ihrer weitergehenden Funktionen neben der öffentlichen Durchsetzung zur Anwendung kommen wird (Kapitel 6). Hierbei wird sich zeigen, dass die ausschließliche Verwendung nur einer Durchsetzungsform zur Verfolgung eines Wettbewerbsverstoßes bzw. bestimmter Arten der Wettbewerbsverstöße wegen der geringeren gesellschaftlichen Durchsetzungskosten vorzugswürdig ist, wenn diese Durchsetzungsform eine ausreichende Abschreckungswirkung auf die Normadressaten ausüben kann. Da dies jedoch nur sehr selten möglich ist, sind Regelungen erforderlich, die zur Reduzierung der gesellschaftlichen Kosten der kombinierten öffentlichen und privaten

Durchsetzung führen und die negativen Wechselwirkungen zwischen den Durchsetzungsformen minimieren, insbesondere die nachteilige Auswirkung der zivilrechtlichen Haftung auf den Anreiz des Normadressaten, der Kommission Informationen über den Wettbewerbsverstoß im Gegenzug zu einer Reduzierung der Geldbuße zugänglich zu machen. Hierzu eignen sich Verfahrensregeln, die den Austausch von Informationen über den Wettbewerbsverstoß zwischen der Kommission und den privaten Durchsetzungsagenten grundsätzlich ermöglichen und diesen Transfer nur für Informationen über die Beteiligung des Informanten der Kommission ausschließen. Noch stärker könnte eine Beschränkung der zivilrechtlichen Haftung des Normadressaten, der die Kommission über den Wettbewerbsverstoß informiert, die negativen Wechselwirkungen zwischen den Durchsetzungsformen reduzieren.

C. Grundlagen der Rechtsdurchsetzung

Nach diesem kurzen Ausblick sollen nun zunächst ganz allgemein die wesentlichen Grundlagen der Durchsetzung von Normen dargestellt werden. Hierzu sollen Funktion und Aufbau von Rechtsnormen (zu I.) sowie die Notwendigkeit der Durchsetzung beschrieben werden (zu II.), bevor die verschiedenen Systeme der Durchsetzung erörtert werden (zu III.) und eine Zusammenfassung diesen Abschnitt beendet (zu IV.).

I. Funktion und Aufbau von Rechtsnormen

Das Recht ist ein für jedes politisches Gemeinwesen unverzichtbares Organisations- und Herrschaftsinstrument, um das menschliche Zusammenleben so zu steuern und zu gestalten, dass sich die Individuen in einer für alle förderlichen Weise verhalten.[5] Um das Verhalten der Individuen mit den Mitteln des Rechts zu regeln, bedarf es zunächst eines sinnvollen Systems des materiellen Rechts. Die Summe der Rechtsnormen in dem betroffenen Sachgebiet soll das Verhalten der Normadressaten regeln und so steuern, dass ein Verhalten, das vom Gesetzgeber als sozial unerwünscht angesehen wird, unterbleibt.

Das materielle Recht reicht jedoch in aller Regel nicht aus, um das Verhalten der Individuen mit Hilfe der Rechtsordnung wirksam zu beeinflussen, vielmehr kann nur das Zusammenspiel von materiell-rechtlichen Normen und ihrer Durchsetzung auf das Verhalten der Normadressaten einwirken.[6] Daher hängt auch die praktische Wirksam-

[5] Rüthers, Rechtstheorie, Rn. 72, zu den übrigen Funktionen des Rechts Rn. 75 ff.
[6] Veljanovski, in: Hawkins/Thomas, Enforcing Regulation, S. 171 ff., 171; zum Kartellrecht Posner, Antitrust, S. 266.

keit des Kartellrechts von dem seiner Durchsetzung dienenden Verfahrensrecht ab.[7] Aus diesem Grund muss neben dem materiellen Recht auch maßgeblich auf das Durchsetzungssystem abgestellt werden, um den Erfolg des Rechtssystems in einem bestimmten Regelungsbereich zu bestimmen.

1. Soziale Normen

Verhalten sich alle Normadressaten bereits optimal, bedarf es keiner Rechtsnormen. Die außerrechtlichen Motive der Normadressaten, das sozial wünschenswerte Verhalten freiwillig – also ohne rechtlichen Druck – an den Tag zu legen, können vielfältig sein. Insbesondere ist häufig ein Befolgen von gesellschaftlichen oder sozialen Normen und Bräuchen oder auch ein moralischer Grundkonsens über das richtige Verhalten der Grund für das gesellschaftlich optimale Verhalten.[8] Solche sozialen Verhaltensnormen besitzen den Vorteil, dass sie weder bei der Formulierung noch bei der Durchsetzung staatlicher Hilfe bedürfen, sondern allein aufgrund eines Grundkonsenses in der Gesellschaft entstehen und auch durch die Bürger informell durchgesetzt werden. Daher verursacht die Steuerung sozialen Verhaltens durch außerrechtliche Normen geringere gesellschaftliche Kosten und kann daher auch in Bereichen, wo eine gesetzliche, vom Staat durchzusetzende Regelung zu kostspielig wäre, sinnvoll sein.[9]

Da gesellschaftliche Normen jedoch nicht jedes unerwünschtes Verhalten verbieten und der Staat gesellschaftliche Normen auch nicht ohne weiteres begründen oder ändern kann, ist ein Rückgriff auf Rechtsnormen oft unumgänglich. Und selbst wenn gesellschaftliche Verhaltensregeln existieren, die ein bestimmtes Verhalten vorschreiben, können die Sanktionen der gesellschaftlichen Normen häufig nicht ausreichen, um das Verhalten der Individuen zu beeinflussen. Dann ist eine Verstärkung der Verhaltensregel dadurch erforderlich, dass sie in eine Rechtsnorm übernommen wird und somit zusätzlich rechtliche Sanktionen möglich werden.[10]

---

7 Mestmäcker/Schweitzer, EG-Wettbewerbsrecht, § 7 Rn. 5; Schmidt, BB 2003, S. 1237 ff., 1237 stellt fest, dass das materielle Kartellrecht nicht unabhängig von der Verfahrensordnung sein kann.

8 Rüthers, Rechtstheorie, Rn. 97 f.; zum Vergleich von moralischen und rechtlichen Regeln aus ökonomischer Sicht siehe Shavell, American Law and Economics Review 2002, vol. 4, S. 227 ff.

9 Posner/Rasmusen, International Review of Law and Economics 1999, vol. 19, S. 369 ff., 380.

10 Siehe Posner/Rasmusen, International Review of Law and Economics 1999, vol. 19, S. 369 ff., 370 ff. allgemein zu den verschiedenen Sanktion gesellschaftlicher Normen.

2. Aufbau von Rechtsnormen

Um die Wirkungsweise von Normen zu verstehen, ist es hilfreich, ihren Aufbau zu betrachten: Für die Durchsetzung von Interesse sind dabei allein vollständige Rechtsnormen, die an einen abstrakt beschriebenen Personenkreis adressiert sind und generell für alle Fälle, in denen die näher beschriebenen Anwendungsbedingungen vorliegen (Tatbestand), ein bestimmtes Verhalten anordnen (Rechtsfolge).[11] Dies ist durch eine Gebotsnorm ebenso möglich wie durch eine Verbotsnorm. Beide ge- bzw. verbieten ein im Tatbestand der Norm näher beschriebenes Verhalten und ordnen als Rechtsfolge für den Verstoß eine Sanktion an, die für den Normadressaten unerwünscht ist (z.B. Haftstrafe und Schadensersatz für eine Körperverletzung).[12]

3. Zweck der Rechtsfolgenandrohung

Würde eine Verbotsnorm allein die verbotene Verhaltensweise beschreiben, hätte zwar jeder Normadressat, der den Norminhalt kennt, die Informationen, die für ein rechtstreues Verhalten erforderlich sind. Jedoch beschränkt die Verhaltensanordnung der Norm die Handlungsfreiheit des Normadressaten, der folglich einen Anreiz besitzt, dieser Anordnung nicht nachzukommen. Daher kann nicht allgemein davon ausgegangen werden, dass der Normadressat sein Verhalten freiwillig an den Vorgaben der Norm ausrichten wird. Eine Ausnahme besteht insoweit nur bei so genannten selbstdurchsetzende Normen: Sowohl gesellschaftliche als auch Rechtsnormen können so gestaltet sein, dass ein Verstoß gegen die Norm ohne willentliche Intervention eines anderen automatisch sanktioniert wird, weil das normwidrige Verhalten infolge fehlender Koordinierung mit dem Verhalten anderer die Gefahr des Schadenseintritt bei dem Normadressaten selbst hervorruft.[13] Das beste Beispiel für diese Form der Durchsetzung ist die Vorschrift, im Straßenverkehr die rechte Straßenseite zu benutzen. Verstößt ein Normadressat gegen diese Verhaltensvorschrift, erhöht er sein Risiko erheblich, an einem Verkehrsunfall beteiligt zu sein. Die Aussicht auf die Folgen eines Unfalls schrecken den Normadressaten regelmäßig davon ab, gegen die Norm zu verstoßen, so dass eine Sanktionsandrohung regelmäßig nicht erforderlich ist.[14]

---

[11] Damit bringt die Norm damit auch eine Wertung zum Ausdruck, näher Rüthers, Rechtstheorie, Rn. 124 ff. auch zur Unterscheidung von vollständigen und unvollständigen Normen Rn. 116 ff.

[12] Im Folgenden soll aus sprachlichen Erwägungen nur noch von Verbotsnormen gesprochen werden, wenngleich die Aussagen auch für Gebotsnormen entsprechend gelten.

[13] Posner/Rasmusen, International Review of Law and Economics 1999, vol. 19, S. 369 ff., 372.

[14] Posner/Rasmusen, International Review of Law and Economics 1999, vol. 19, S. 369 ff., 372; der Umstand, dass der Verstoß gleichwohl gesetzlich sanktioniert wird, erklärt sich daraus, dass der Normadressat nur seine eigenen Kosten eines Unfalls berücksichtigt, gesellschaftlich jedoch auch die Kosten des Unfallgegners zu berücksichtigen sind.

In allen anderen Fällen bedarf es jedoch gewisser rechtlicher Instrumente, die das Verhalten der Normadressaten wirksam beeinflussen.[15] Hierfür soll die von der Norm angeordnete Rechtsfolge sorgen, die ein normwidriges Verhalten des Normadressaten mit einer ihm unerwünschten Rechtsfolge (Sanktion) belegt. Diese Sanktion soll nämlich vor allem auf das Verhalten aller Normadressaten einwirken und so normwidriges Verhalten verhindern.

Die Vermeidung von Normverstößen entspricht auch dem wichtigsten Zweck der kartellverwaltungsrechtlichen Sanktion der Geldbuße bei einem Verstoß gegen Art. 81 EG.[16] Denn in einem wirtschaftsverwaltungsrechtlichen Bereich wie dem Kartellrecht besteht das Ziel des Rechtssystems vor allem darin, wirtschaftlich relevantes Verhalten zu kontrollieren, ohne dass diesem Verhalten eine moralische Qualität zukommt, wie es im Strafrecht der Fall ist.[17] Dort, im strafrechtlichen Bereich, besteht der Zweck der Rechtsfolgenandrohung neben der General- und Spezialprävention in der Vergeltung und der Wiedergutmachung des begangenen Unrechts (Restitution).[18] Die zivilrechtliche Rechtsfolge des Schadensersatzes, den das Kartellzivilrecht bei einem Verstoß gegen Art. 81 EG vorsieht, wird hingegen neben der Präventionswirkung vor allem mit dem Gedanken des Individualschutzes und der Kompensation des verursachten individuellen Schadens bei dem Betroffenen begründet.[19]

II. Notwendigkeit der Durchsetzung

Das bloße Anordnen von Sanktionen als Rechtsfolge des im Tatbestand der Norm beschriebenen Verhaltens genügt aber für sich allein regelmäßig noch nicht, um das Verhalten der Normadressaten mit Hilfe des Rechts tatsächlich zu beeinflussen. Denn die in der Norm nur abstrakt angedrohte Sanktion muss auch noch im Einzelfall realisiert werden, also gegen den einzelnen normwidrig handelnden Normadressaten tatsächlich verhängt werden. Diese tatsächliche Verhängung der Sanktion führt dazu, dass alle Normadressaten bei ihrer Entscheidung über den Normverstoß (zumindest mit einer gewissen Wahrscheinlichkeit) mit der Verhängung der Sanktion rechnen müssen. Nur diese Erwartung einer tatsächlich verhängten Sanktion kann die Präventions- oder Ab-

---

[15] Veljanovski, in: Hawkins/Thomas, Enforcing Regulation, S. 171 ff., 171.

[16] Daneben steht auch der Zweck der Sühne EuGH, Entscheidung vom 15. Juli 1970, Az. 41/69, ECR 661 Rn. 173 – Chemiefarma.

[17] Yeung, Melbourne University Law Review 1999, vol. 23, S. 440 ff., 451.

[18] Schwarze, EuZW 2003, S. 261 ff., 265; Jost, Effektivität von Recht, S. 198, Becker, Journal of Political Economy 1968, vol. 76, S. 169 ff., 198; Müller, Punitive Damages, S. 37 f.; näher zum Strafrecht Roxin, Strafrecht AT I, § 3 Rn. 1 ff.

[19] Siehe hierzu noch unten zu Kapitel 4B.II.2., S. 212.

schreckungswirkung auf den Normadressaten ausüben, die erforderlich ist, um das Ziel der jeweiligen Verbotsnorm zu erreichen. Aus ökonomischer Sicht verändert die Verhängung der Sanktion dabei für alle Normadressaten die Kosten der normwidrigen Verhaltensstrategie bzw. die Wahrnehmung dieses Wertes durch die Normadressaten.[20] Hierauf wird bei der Darstellung der ökonomischen Theorie der Rechtsdurchsetzung noch näher einzugehen sein.[21]

Die Durchsetzung, also die Verhängung der Sanktion im Einzelfall, sorgt also dafür, dass die angedrohte Sanktion von den Normadressaten als real empfunden wird. Dies ist für das Erreichen des Normziels, das gesellschaftlich nicht erwünschte Verhalten zu verhindern, von großer Bedeutung.[22] Denn auch die schärfste Sanktion hat kaum einen Effekt auf das Verhalten der Normadressaten, wenn die Verhängung der Sanktion in der Rechtspraxis nicht zu erwarten ist.

III. Systeme der Rechtsdurchsetzung

Um die Wirkung der Rechtsfolgenandrohung auf die Normadressaten sicherzustellen, muss der Gesetzgeber für den jeweiligen Rechtsbereich ein entsprechendes System für die Durchsetzung schaffen, das dafür sorgt, dass die Normadressaten mit der Verhängung der angedrohten Sanktion auch in der Rechtswirklichkeit rechnen müssen. Bei der Wahl und Ausgestaltung des jeweiligen Durchsetzungssystems ist dem Gesetzgeber verfassungsrechtlich ein gewisser Spielraum zuzugestehen, wobei die Bedeutung der jeweiligen Norm für das gesellschaftliche Zusammenleben jedoch beachtet werden muss.

Die Unterschiede zwischen den verschiedenen Arten der Durchsetzungssysteme lassen sich in verschiedene Dimensionen einteilen, obwohl diverse Wechselwirkungen bestehen. Die wesentlichen Dimensionen, die im Folgenden kurz angesprochen werden sollen, sind der Zeitpunkt der rechtlichen Intervention (zu 1.), die Art der Sanktion (zu 2.) und die zur Durchsetzung berufenen Durchsetzungsagenten (zu 3.).[23]

---

[20] Siehe Reynolds, Georgetown Law Journal 1980, vol. 68, S. 1121 ff., 1123 f. zu den Auswirkungen der Rechtsdurchsetzung im Bereich des Kartellrechts aus ökonomischer Sicht.
[21] Siehe hierzu unten zu Kapitel 4A.III., S. 157.
[22] Fenn/Veljanovski, The Economic Journal 1988, vol. 98, S. 1055 ff., 1055.
[23] Siehe zu dieser Einteilung Shavell, Journal of Law and Economics 1993, vol. 36, S. 255 ff., 257 f.

1. Zeitpunkt der rechtlichen Intervention

Hat der Gesetzgeber das verbotene Verhalten im Tatbestand der Norm beschrieben, so muss zunächst bestimmt werden, zu welchem Zeitpunkt die rechtliche Intervention stattfinden soll.

a. Prävention

Denkbar ist es, bereits vor der verbotenen Verhaltensweise des Normadressaten rechtlich zu intervenieren, indem dem Normadressaten der Verstoß unmöglich gemacht wird.[24] Dies kann vor allem durch physische Barrieren geschehen, die dem Normadressaten den Normverstoß tatsächlich unmöglich machen. Dank physischer Barrieren kommt das System der Rechtsdurchsetzung dann ohne die Aufdeckung, Verfolgung und Sanktionierung von Normverstößen aus, da diese bereits vor ihrer Begehung verhindert werden.[25] Die Verhinderung des Normverstoßes kann auch rechtlich geschehen, wenn das Rechtssystem ein rechtliches Genehmigungserfordernis vorsieht und dem Normadressaten ohne diese Genehmigung der zuständigen Stelle das fragliche Verhalten nicht möglich ist.[26]

Das präventive Durchsetzungsregime legt den Schwerpunkt auf die Vermeidung des durch den Normverstoß verursachten Schaden, während bei einem repressiven Durchsetzungsregime die Sanktionierung des Verantwortlichen für den mit dem Normverstoß verursachten Schaden im Mittelpunkt steht.[27] Die Vermeidung des Schadens ist naturgemäß dann von besonderem Interesse, wenn der zu befürchtende Schaden die Lebensgrundlagen der Gesellschaft betrifft und daher mit allen Mitteln zu verhindern ist.[28] Auf der anderen Seite verursacht diese Form der Rechtsdurchsetzung aber auch erhebliche gesellschaftliche Kosten, da regelmäßig viele Ressourcen eingesetzt werden müssen, um die tatsächlichen oder rechtlichen Barrieren aufzubauen.[29] Dies gilt auch für das Kartellrecht, wo ein Genehmigungssystem zur Prüfung vieler komplexer Wirt-

[24] Shavell, Journal of Law and Economics 1993, vol. 36, S. 255 ff., 257 f.; Reiss, in: Hawkins/Thomas, Enforcing Regulation, S. 23 ff., 23; Jost, Effektivität von Recht, S. 200 f.; Wils, Optimal Enforcement, S. 15.

[25] Reiss, in: Hawkins/Thomas, Enforcing Regulation, S. 23 ff., 23, benutzt den Begriff "compliance system".

[26] Jost, Effektivität von Recht, S. 201.

[27] Reiss, in: Hawkins/Thomas, Enforcing Regulation, S. 23 ff., S. 26.

[28] Reiss, in: Hawkins/Thomas, Enforcing Regulation, S. 23 ff., S. 26 f.

[29] Wils, Optimal Enforcement, S. 16; siehe Kaplow, Duke Law Journal 1992, vol. 42, S. 557 ff. zur Unterscheidung zwischen "rules", die vor der Handlung des Normadressaten festgelegt werden und "standards", die erst nach der Handlung bestimmt werden.

schaftsvorgänge und damit zu entsprechend hohen gesellschaftlichen Durchsetzungskosten führt.[30]

b. Abschreckung

In vielen Rechtsbereichen wird hingegen erst nach der verbotenen Handlung des Normadressaten rechtlich interveniert, indem an das tatbestandliche Verhalten bestimmte Rechtsfolgen geknüpft werden, die den Normadressaten von dem Normverstoß abschrecken sollen, und Ressourcen eingesetzt werden, um einen erfolgten Normverstoß aufzudecken und zu sanktionieren.[31] Hierbei kann die Rechtsfolge sowohl bereits vor als auch erst nach Eintritt eines Schadens verhängt werden: Erfüllt bereits das bloße Verhalten des Normadressaten den Tatbestand der Norm, dann löst dieses bereits die angeordnete Rechtsfolge aus, ohne dass es auf den Eintritt eines Schadens ankäme (Handlungshaftung). Als Beispiel hierfür lässt sich sowohl an die verhaltensgebundenen Straftatbestände wie die Trunkenheit im Verkehr gemäß § 316 StGB, als auch an die Nichteinhaltung von Sicherheitsvorschriften denken, bei denen es auf den Eintritt eines Schadens nicht ankommt, die Sanktion vielmehr bereits an das verbotene Verhalten geknüpft ist. Knüpft der Tatbestand einer Norm hingegen erst an den Eintritt eines näher umschriebenen Schadens für das jeweilige Rechtsgut an, der durch das normwidrige Verhalten des Normadressaten herbeigeführt wurde, bleibt das Verhalten unsanktioniert, solange nicht auch das weitere Tatbestandsmerkmal der Norm, der Eintritt des Schadens für das Rechtsgut, erfüllt ist. Für diese Erfolgshaftung sind die strafrechtlichen Erfolgsdelikte (z.B. Körperverletzung gemäß § 223 StGB) aber auch die deliktische Schadensersatzhaftung (§ 823 Abs. 1 BGB) gute Beispiele. Im Rahmen der Erfolgshaftung kann weiter differenziert werden, ob die Rechtsfolge unabhängig von einem Verschulden des Normadressaten eintritt (Gefährdungshaftung) oder nur bei vorsätzlicher oder fahrlässiger Begehung ausgelöst wird (Verschuldenshaftung).

Die Durchsetzung von Art. 81 EG erfolgt – wie noch zu zeigen sein wird – repressiv durch Abschreckung von wettbewerbswidrigem Verhalten durch die für den Verstoß angedrohten Sanktionen.[32]

---

[30] Selbst das System der Freistellungsentscheidung, indem lediglich die freistellungsfähigen Wettbewerbsbeschränkungen untersucht wurden, hat sich als zu kostenträchtig herausgestellt, siehe hierzu noch unten zu Kapitel 2B.II.2.b.aa., S. 28.

[31] Siehe Shavell, Journal of Law and Economics 1993, vol. 36, S. 255 ff., 257 f., Jost, Effektivität von Recht, S. 200 f.; Reiss, in: Hawkins/Thomas, Enforcing Regulation, S. 23 ff., 23, Wils, Optimal Enforcement, S. 15.

[32] Siehe im Einzelnen noch ausführlich unten zu Kapitel 3.

Für die Verhängung der Sanktionen ist jedenfalls eine Beeinträchtigung des Schutzgutes des Wettbewerbs erforderlich (Erfolgshaftung), bei zivilrechtlichen Schadensersatzansprüchen darüber hinaus auch ein tatsächlicher Schaden bei dem Anspruchsteller. Die Sanktion hängt ganz überwiegend von einem Verschulden des Normadressaten ab (Geldbuße, Schadensersatz), kann teilweise jedoch auch verschuldensunabhängig verhängt werden (Unterlassung, Beseitigung).
Da die Durchsetzung von Art. 81 EG mithin repressiv erfolgt, konzentrieren sich die folgenden Ausführungen auf diese Art der Durchsetzung.

2. Art der Sanktion

Ist das verbotene Verhalten im Tatbestand der Norm beschrieben und die Entscheidung getroffen, zu welchem Zeitpunkt die rechtliche Intervention stattfinden soll, so muss als zweite Dimension der rechtlichen Intervention die Ausgestaltung der Sanktion bestimmt werden.[33] Hierbei muss das Durchsetzungssystem einerseits die Sanktionsform bestimmen (zu a.) und andererseits den Adressaten der Sanktion festlegen (zu b.).

a. Sanktionsform

Bei der repressiven Durchsetzung, die hier allein betrachtet werden soll, sind vielfältige Sanktionen denkbar, deren Einsatz von den Eigenschaften des Normverstoßes in dem jeweiligen Rechtsbereich abhängt. Ökonomisch kann hier ganz allgemein zwischen monetären und non-monetären Sanktionen unterschieden werden.[34] Bei der Durchsetzung von Art. 81 EG werden derzeit – wie noch näher auszuführen sein wird – beide Sanktionsformen verhängt: So kann die Kommission den Normadressaten sowohl zum Abstellen der Zuwiderhandlung zwingen (non-monetär) als auch eine Geldbuße verhängen (monetär).[35] Daneben stehen die zivilrechtlichen Instrumente, insbesondere die Einwendung der Nichtigkeit, der Schadensersatz- sowie der Unterlassungsanspruch, die ebenfalls beide Sanktionsformen umfassen.[36]

b. Adressat der Sanktion

Neben der Form der Sanktion muss ferner auch bestimmt werden, wer Adressat der von der Norm angedrohten Sanktion sein soll. In Bereichen, in denen Normverstöße

---

[33] Allgemein Shavell, Journal of Law and Economics 1993, vol. 36, S. 255 ff., 258.
[34] Siehe zu dieser Unterscheidung noch unten zu Kapitel 4A.IV.2.b.cc., S. 181.
[35] Siehe näher hierzu unten zu Kapitel 3B., S. 55.
[36] Siehe zu den zivilrechtlichen Durchsetzungsinstrumenten näher unten zu Kapitel 3C., S. 88.

von natürlichen Personen begangen werden, ist dies zwanglos der Normadressat selbst. Interessanter wird die Frage des Sanktionsadressaten in Bereichen, in denen das Verhalten juristischer Personen normiert ist. Denn dort ist es auch die juristische Person, die als Normadressat den Normverstoß begeht. Die Entscheidung zu dem normwidrigen Verhalten der juristischen Person treffen jedoch die Entscheidungsträger innerhalb der juristischen Person und mithin natürliche Personen. Um das Verhalten dieser Entscheidungsträger direkt zu beeinflussen, könnte die Sanktion für den Normverstoß ausschließlich oder zusätzlich zur Haftung der juristischen Person auch gegen den Entscheidungsträger als natürliche Person verhängt werden.[37] Ob diese Erweiterung der Sanktion erforderlich ist, um das Verhalten der juristischen Person effektiv zu beeinflussen, hängt allgemein davon ab, ob innerhalb der juristischen Person die Überwachung des Verhaltens der Entscheidungsträger möglich und ausreichend ist, um ein normgemäßen Verhalten der juristischen Person sicherzustellen.[38] Ob speziell im Rahmen der Durchsetzung von Art. 81 EG eine solche persönliche Verantwortlichkeit der Entscheidungsträger, die derzeit nicht besteht, wünschenswert ist, soll an späterer Stelle erörtert werden.[39]

3. Durchsetzungsform

Schließlich muss der Gesetzgeber, nachdem das verbotene Verhalten beschrieben, der Zeitpunkt der rechtlichen Intervention und die Form der Sanktion bestimmt ist, entscheiden, von wem die Norm durchgesetzt werden, das heißt, wer die Aufdeckung, Verfolgung und Sanktionierung der Normverstöße bewirken soll.[40] Der Gesetzgeber kann die Durchsetzung privaten Rechtssubjekten überlassen oder entscheiden, dass eine staatliche Behörde die Durchsetzung der Norm übernimmt. Hier ist also die hier besonders interessierende Wahl zwischen der öffentlichen Durchsetzung und der privaten Durchsetzung zu treffen.

a. Öffentliche Durchsetzung

Die öffentliche Durchsetzung erfolgt durch eine öffentlich-rechtlich organisierte Einheit, die dem Staat zuzurechnen ist. Diese Einheit wird regelmäßig eine Behörde sein und soll hier als "öffentliches Durchsetzungsorgan" oder "öffentlicher Durchsetzungs-

---

[37] Wils, Optimal Enforcement, S. 17.

[38] Posner, Antitrust, S. 271; zum Problem der zu geringen Sorgfalt von Angestellten ausführlich Polinsky/Shavell, International Review of Law and Economics 1993, vol. 13, S. 239 ff.; ausführlich zum Kartellrecht Wils, Optimal Enforcement, S. 17 f. und S. 163-237.

[39] Siehe unten zu Kapitel 5B.I.1.c., S. 235.

[40] Shavell, Journal of Law and Economics 1993, vol. 36, S. 255 ff., 258 f.

agent" bezeichnet werden. Das öffentliche Durchsetzungsorgan ist von der Norm dazu ermächtigt, Verstöße aufzudecken, zu verfolgen und für die Sanktionierung zu sorgen. Dabei kann die Verhängung der Sanktion für den Normverstoß entweder selbst durch eine förmliche Entscheidung des Durchsetzungsorgans oder auf Antrag des Durchsetzungsorgans durch ein Gericht erfolgen. Die öffentliche Durchsetzung ist dabei an die Regeln des Verwaltungsverfahrens gebunden, das bestimmten Verfahrensgrundsätzen unterliegt und den betroffenen Normadressaten besondere Schutzrechte verleiht.[41]

Ist entschieden, dass die Durchsetzung einer Norm öffentlich sein soll, muss weiterhin bestimmt werden, welche Einheit des Staats die Durchsetzung der Norm bewirken soll: Auf der Ebene der Europäischen Gemeinschaft muss zunächst entschieden werden, ob die Durchsetzung zentral einem Gemeinschaftsorgan obliegen soll oder ob den Mitgliedstaaten die Durchsetzung überlassen bleibt.[42] Soll die Durchsetzung den Mitgliedstaaten überlassen sein, muss innerhalb eines Bundesstaats weiter zu entscheiden, ob die Durchsetzung Sache des Bundes, der Länder oder der Gemeinden sein soll. Danach stellt sich noch die Frage, welche Behörde innerhalb des Rechtsträgers zuständig sein soll und schließlich muss auch die innerbehördliche Organisation festgelegt werden.

Bei der Durchsetzung von Art. 81 EG erfolgt die öffentliche Durchsetzung sowohl durch die Kommission als Gemeinschaftsorgan als auch durch die Wettbewerbsbehörden der Mitgliedstaaten. Diese Behörden sind als öffentliche Durchsetzungsorgane bei der Durchsetzung des Kartellverbots anzusehen.

b. Private Durchsetzung

Unter privater Durchsetzung soll hier in Abgrenzung zur öffentlichen Durchsetzung die Aufdeckung und Verfolgung von Normverstößen durch private Rechtssubjekte verstanden werden. Diese privaten Rechtssubjekte, die eigene Ressourcen zur Durchsetzung einsetzen, sollen dabei als "private Durchsetzungsagenten" bezeichnet werden. Diese privaten Durchsetzungsagenten verwenden bei ihrer Durchsetzungstätigkeit fast ausschließlich die Mittel und Sanktionen des Zivilrechts. Dazu zählen insbesondere Schadensersatz- und Unterlassensansprüche sowie Einwendungen gegen die Wirk-

---

[41] Siehe hierzu unten zu Kapitel 3B.I.2, S. 58.

[42] Zu dieser Frage im Hinblick auf die Durchsetzung und auch hinsichtlich der Gesetzgebung ausführlich van den Bergh/Camesasca, European Competition Law and Economics, S. 136 ff; zur Durchsetzung des Europäischen Kartellrechts Wils, Optimal Enforcement, S. 139 ff.

samkeit von Verträgen infolge eines Normverstoßes.[43] Diese Ansprüche und Einwendungen können die privaten Durchsetzungsagenten gegen den Normadressaten im Falle eines Verstoßes geltend machen und hierzu die staatlichen Gerichte zwecks verbindlicher Verhängung der jeweiligen Sanktion zur Hilfe nehmen. Außerrechtliche Instrumente zur Durchsetzung etwaiger Ansprüche sollen dabei nicht betrachtet werden.[44]

Da die Durchsetzung dieser Ansprüche regelmäßig vor einem Zivilgericht geschieht, könnte als Gegenstück zur Durchsetzung durch eine Behörde auch von gerichtlicher Durchsetzung gesprochen werden. So versteht auch die Kommission unter privater Durchsetzung die "Anwendung des Wettbewerbsrechts in Zivilstreitigkeiten vor nationalen Gerichten".[45] Dies ist jedoch insofern weniger genau, als die Durchsetzung eines zivilrechtlichen Anspruchs nicht stets die Einschaltung eines Gerichts bedarf, wenn sich die Parteien selbst, z.B. in einem außergerichtlichen Vergleich, einigen können.[46] Hierbei dient das gerichtliche Verfahren lediglich als Druckmittel, um einen Vergleich zu ermöglichen, wird aber tatsächlich nicht durchgeführt. Auf der anderen Seite mündet auch die behördliche Durchsetzung jedenfalls dann in eine gerichtliche Entscheidung, wenn der Normadressat gegen die behördliche Entscheidung einen Rechtsbehelf einlegt.

Ferner muss auch bei der privaten Durchsetzung festgelegt werden, welche Personen zur Durchsetzung berechtigt sind und damit als Durchsetzungsagenten aktiv werden können. Als private Durchsetzungsagenten sind dabei nur solche Personen anzusehen, die von dem Gesetzgeber mit der Befugnis ausgestattet sind, den Verstoß gegen eine bestimmte Norm zu verfolgen, indem ihnen für den Fall des Verstoßes Ansprüche oder andere Rechtsbehelfe gegen den Normadressaten zugestanden werden. Wie weit dieser Kreis der Durchsetzungsagenten gezogen ist, spielt für den Erfolg des Durchsetzungssystems eine wichtige Rolle, da sich die Fähigkeit zur erfolgreichen Durchsetzung zwischen den verschiedenen Durchsetzungsagenten erheblich unterscheiden kann.[47]

---

43 Hempel, Privater Kartellrechtsschutz, S. 21.

44 Hay/Shleifer, American Economic Review 1998, vol. 88, S. 398 ff., bezeichnen die Verfolgung von Ansprüchen außerhalb des (russischen) Rechtssystems als private Durchsetzung; dies erscheint für die Durchsetzung von Art. 81 EG nicht sachgerecht.

45 Kommission, Grünbuch Private Durchsetzung, S. 4.

46 Salop/White, Georgetown Law Journal 1986, vol. 74, S. 1001 ff., 1049 f. kommen bei ihrer Untersuchung der privaten Kartellrechtsdurchsetzung in den USA im Rahmen des so genannten Georgetown Projekts aus dem Jahr 1986 zu dem Ergebnis, der Großteil aller Fälle privater Durchsetzung durch Vergleich beendet werden.

47 Siehe noch unten zu Kapitel 3C.II.2., S. 96.

Die private Durchsetzung ist allgemein im Vertragsrecht, im Eigentumsrecht und im Haftungsrecht vorherrschend, wo diejenigen, die von dem normwidrigen Verhalten des Normadressaten beeinträchtigt werden, Ansprüche besitzen und diese durchsetzen. Die Rolle des Staats beschränkt sich dabei auf das Vorhalten eines Gerichtssystems, in dem verbindlich über diese Ansprüche entschieden wird.

c. Abgrenzung

Als Kriterium zur Abgrenzung der beiden Durchsetzungsformen soll hier also die Person des Durchsetzungsagenten verwendet werden.[48] Das bedeutet also, dass unter öffentlicher Durchsetzung alle Durchsetzungsaktivitäten öffentlicher Durchsetzungsorgane, insbesondere der Kommission, verstanden werden sollen, während mit privater Durchsetzung die Durchsetzung von Rechtsbehelfen durch private Durchsetzungsagenten gegen den Normadressaten, insbesondere vor den Zivilgerichten, gemeint ist.

Eine Abgrenzung danach, wer die zur Durchsetzung der Norm führenden Informationen liefert, erscheint hingegen nicht sachgerecht.[49] Die Lieferung der Information ist kein taugliches Abgrenzungskriterium, da die Rechtsverfolgung durch ein öffentliches Durchsetzungsorgan auch dann den verwaltungsrechtlichen Regeln über die öffentliche Durchsetzung unterliegt und eine öffentlich-rechtliche Sanktion bewirkt, wenn die Information hierzu von einem Privaten stammt. Zudem können solche Personen, die bestimmte Informationen über den Normverstoß besitzen, aber nicht zu dem Kreis der Anspruchsberechtigten zählen, auch nicht als Durchsetzungsagent tätig werden. Daher ist der Zugang zu Informationen zwar ein wichtiger Faktor für den Erfolg des Durchsetzungssystems, als Kriterium zur Abgrenzung der öffentlichen von der privaten Durchsetzung jedoch nicht geeignet.

IV. Zusammenfassung zu den Grundlagen der Rechtsdurchsetzung

Die Wahl der Durchsetzungsform steht im Mittelpunkt dieser Untersuchung und soll im Hinblick auf das optimale System der Rechtsdurchsetzung betrachtet werden. Dabei sollen die Unterschiede zwischen den beiden Durchsetzungsformen im Vordergrund stehen. Es ist aber zuzugestehen, dass auch die anderen beschriebenen Dimensionen der Rechtsdurchsetzung einen Einfluss auf den Erfolg des Durchsetzungssystems besitzen können. So erleichtert ein System der nachträglichen Kontrolle ebenso wie

[48] Betlem, in: Vervaele (Hrsg.), Compliance and Enforcement of EC Law, S. 391 ff., S. 391 grenzt die Durchsetzungsformen hingegen nach der Art der verhängten Sanktion und der Einordnung des zur Entscheidung berufenen Gerichts ab, was zumeist zu gleichen Ergebnissen führen dürfte.
[49] So aber Shavell, Journal of Law and Economics 1993, vol. 36, S. 255 ff., 258 f.

ein System, das eine Sanktion verwendet, die wie der Schadensersatz dem Durchsetzungsagenten zu Gute kommt, das Potential der privaten Durchsetzung.[50] Für die Belange dieser Untersuchung sollen jedoch die Wahl des Interventionszeitpunkts und weitgehend auch die Sanktion als gegeben angesehen werden, um die Unterschiede zwischen den verschiedenen Formen der Durchsetzung bei Art. 81 EG hervorzuheben.

Die öffentliche und die private Durchsetzung können zudem nicht isoliert von einander betrachtet werden. Denn häufig wird ein bestimmtes unerwünschtes Verhalten sowohl öffentlich in einem Verwaltungsverfahren einer Behörde als auch privat im Wege zivilrechtlicher Ansprüche durchgesetzt. Dies geschieht auch bei der Durchsetzung von Art. 81 EG, wo die öffentliche Durchsetzung der Kommission häufig mit der Durchsetzung von Schadensersatzansprüchen durch die betroffenen privaten Durchsetzungsagenten einhergeht. Daher müssen auch die Wechselwirkungen zwischen den beiden Durchsetzungsformen berücksichtigt werden, wenn sie nebeneinander zur Anwendung kommen.[51]

[50] Für diesen Punkt danke ich Herrn Prof. Roger van den Bergh.
[51] Siehe hierzu noch unten zu Kapitel 6, S. 319 ff.

Kapitel 2 Art. 81 EG im System der EG – Wettbewerbsregeln

Die Durchsetzung des Kartellverbots von Art. 81 EG lässt sich nicht ohne eine knappe Darstellung des materiell-rechtlichen Gehalts der Regelung untersuchen. Denn der materiell-rechtliche Gehalt von Art. 81 EG bestimmt seine Charakteristika, die für den Erfolg des Durchsetzungssystems entscheidend sind. Daher soll in diesem Kapitel nach einem kurzen Überblick über die Stellung von Art. 81 EG im System der EG-Wettbewerbsregeln (zu A.) die materiell-rechtliche Regelung von Art. 81 EG einschließlich seiner Struktur und der verschiedenen Arten der erfassten Verhaltensweisen dargestellt werden (zu B.).

A. Überblick über die EG – Wettbewerbsregeln

Die EG-Wettbewerbsregeln sind in den Artt. 81 ff. EG und im sekundären Gemeinschaftsrecht normiert. Die Wettbewerbsregeln umfassen neben den Wettbewerbsregeln für Unternehmen (Artt. 81 ff. EG) auch das Recht der staatlichen Beihilfen (Artt. 87 ff. EG), auf das hier nicht näher einzugehen ist. Vielmehr sollen allein die Wettbewerbsregeln für Unternehmen in ihrer Systematik (zu I.) und ihrem Zweck (zu II.) dargestellt werden.

I. System der EG-Wettbewerbsregeln

Die EG-Wettbewerbsregeln für Unternehmen lassen sich der Systematik des EG-Vertrags folgend in drei verschiedene Normbereiche gliedern, die verschiedene Gefahren für den freien Wettbewerb bekämpfen sollen: Das Verbot von Wettbewerbsbeschränkungen durch Verhaltenskoordinierung mehrer Unternehmen (Art. 81 EG), das Verbot der missbräuchlichen Ausnutzung von Marktmacht (Art. 82 EG) sowie die Kontrolle der Entstehung von marktbeherrschenden Stellungen durch Unternehmenszusammenschlüsse (EG-Fusionskontrollverordnung[52], im Folgenden "FKVO").[53]

---

[52] Verordnung (EG) Nr.139/2004 des Rates vom 20. Januar 2004 über die Kontrolle von Unternehmenszusammenschlüssen ("EG-Fusionskontrollverordnung"), ABl. 2004 Nr. L 24/1 vom 29. Januar 2004.

[53] Für einen Überblick über die historischen Entwicklung des Kartellrechts siehe Green, Annual Proceedings of the Fordham Corporate Law Institute on International Antitrust Law & Policy 2003, S. 13 ff.

Art. 81 EG erfasst Verhaltensweisen, die durch eine Willensübereinkunft zwischen selbständig bleibenden Unternehmen zu einer Verhinderung, Einschränkung oder Verfälschung des Wettbewerbs (im Folgenden "Wettbewerbsbeschränkung") führen. Hierunter fällt insbesondere die Festsetzung der An- oder Verkaufspreise (Art. 81 Abs. 1 lit. a EG), die Einschränkung oder Kontrolle der Erzeugung oder des Absatzes (lit. b) sowie die Aufteilung der Märkte und Versorgungsquellen (lit. c).[54]

Art. 82 EG verbietet daneben die missbräuliche Ausnutzung einer marktbeherrschenden Stellung durch ein Unternehmen. Der Grund für dieses Verbot liegt darin, dass das Verhalten eines marktbeherrschenden Unternehmens infolge der Marktstruktur nicht mehr hinreichend von den Kräften des Wettbewerbs kontrolliert wird und daher Interessen anderer Marktteilnehmer beeinträchtigt werden können. Dieser Missbrauch der Marktmacht durch das marktbeherrschende Unternehmen kann insbesondere durch die Erzwingung von unangemessenen Geschäftsbedingungen und Preisen (Art. 82 S. 2 lit. a EG), durch die Einschränkung der Erzeugung, des Absatzes und des technischen Fortschritts (lit. b), durch die diskriminierende Behinderung von Handelspartnern (lit. c) sowie sachwidrige Kopplungen (lit. d) erfolgen.

Schließlich soll die Entstehung einer marktbeherrschenden Stellung im Wege des Zusammenschlusses von Unternehmen durch die Regeln in der FKVO verhindert werden. Dies geschieht im Wege der präventiven Kontrolle von Zusammenschlussvorhaben durch die Kommission, die einen Zusammenschluss, der zu einer beherrschenden Stellung auf zumindest einem wesentlichen Teil des Gemeinsamen Marktes führt, noch vor der Durchführung des Zusammenschlusses untersagen kann. Diese Zusammenschlusskontrolle soll solche Veränderungen der Marktstruktur verhindern, die zu einer marktbeherrschenden, vom Wettbewerb nicht hinreichend kontrollierten Stellung eines Unternehmens führen würden, um die damit verbundene dauerhafte Schädigung des Wettbewerbs zu vermeiden.[55]

Die genannten Normbereiche schützen das System unverfälschten Wettbewerbs umfassend vor verschiedenartigen Gefahren, die sich aus den verschiedenen Kategorien der Verhaltensweisen der Marktteilnehmer ergeben, mit einem Durchsetzungssystem, das der jeweiligen Gefahrenlage angepasst ist. Thema dieser Untersuchung ist allein

---

[54] Siehe näher hierzu sogleich zu B.

[55] Erwägungsgrund 5 der FKVO.

die Durchsetzung von Art. 81 EG, so dass auf die Durchsetzung der übrigen Wettbewerbsregeln nicht näher eingegangen wird.

II. Zweck der EG-Wettbewerbsregeln

Hinsichtlich des gesellschaftlichen Zwecks der EG-Wettbewerbsregeln kann zwischen dem allgemeinen Zweck von Wettbewerbsregeln (zu 1.) und dem weiteren besonderen Zweck der EG-Wettbewerbsregeln (zu 2.) unterschieden werden.

1. Allgemeiner Zweck der Wettbewerbsregeln

Grundlegende Aufgabe der europäischen Wettbewerbsregeln ist es, den freien Wettbewerb vor Beschränkungen zu schützen.[56] Dieser Schutzzweck ist dabei nicht auf das öffentliche Interesse an unverfälschtem Wettbewerb begrenzt, sondern erfasst ebenso das Interesse der Betroffenen hieran (Individualschutz). Das Kartellrecht soll mit anderen Worten verhindern, dass der Wettbewerb entgegen dem öffentlichen Interesse sowie zu Lasten einzelner Unternehmen und Verbraucher verfälscht wird.[57]

Die gesellschaftliche Bedeutung des von den Wettbewerbsregeln angestrebten Schutzes des Wettbewerbs lässt sich nicht erfassen, ohne den Begriff des Wettbewerbs näher zu betrachten. Die Generaldirektion Wettbewerb der Kommission erklärt Wettbewerb als eine Situation auf einem Markt, in dem Anbieter eines Produkts oder einer Dienstleistung unabhängig voneinander danach streben, zu einem Geschäftsabschluss mit Kunden zu gelangen, um ein bestimmtes Unternehmensziel, z. B. Gewinne, Umsätze und/oder Marktanteile, zu erreichen, wobei der Konkurrenzkampf zwischen den Unternehmen über den Preis, die Qualität, den Service oder Kombinationen dieser oder anderer Faktoren, die die Konsumenten wertschätzen, ausgetragen werden kann.[58]

---

[56] Statt vieler Bunte in Langen/Bunte, Kartellrecht, Einf. GWB Rn. 53; Emmerich, Kartellrecht, S. 1 ff.

[57] Mestmäcker/Schweitzer, EG-Wettbewerbsrecht, § 22, Rn. 3 m.w.N.; zur Frage, wer oder was vom Kartellrecht geschützt wird, siehe Fox, World Competition 2003, vol. 26, S. 149 ff. sowie Meessen, WuW 2007, S. 455 ff.

[58] Siehe Kommission http://europa.eu.int/comm/competition/general_info/glossary_en. html#aC: "A situation in a market in which sellers of a product or service independently strive for the patronage of buyers in order to achieve a particular business objective, e.g., profits, sales and/or market share. Competitive rivalry between firms may take place in terms of price, quality, service or combinations of these and other factors which customers may value.".

Unabhängig von den schwierigen Definitionsfragen, auf die hier nicht näher einzugehen ist,[59] ist es heute praktisch allgemein anerkannt, dass gut strukturierte Wettbewerbsregeln in einer marktwirtschaftlich organisierten Gesellschaftsordnung, die auf Privatautonomie und Eigentum aufbaut, von großer Bedeutung sind. Grund hierfür sind die Auswirkungen des Wettbewerbs auf das Verhalten der Marktteilnehmer, die häufig mit den wirtschaftspolitischen Funktionen des Wettbewerbs beschrieben werden:[60] Der Wettbewerb einer Vielzahl Anbieter auf dem Markt für ein bestimmtes Gut bewirkt zunächst, dass die Konsumenten zwischen den Güter der verschiedenen Wettbewerber ihren Präferenzen entsprechend nach Preis und Preiswürdigkeit des Angebots auswählen können. Bei homogenen Gütern ist der Preis dabei das wesentliche Entscheidungskriterium des Konsumenten. Hierdurch werden die Anbieter gezwungen, zu möglichst niedrigen Preisen anzubieten, die allenfalls marginal über ihren Grenzkosten der Produktion liegen können. Somit führt Wettbewerb zu einer effizienten Verteilung der Produktionsmittel, da die Ressourcen am Ort ihrer gesellschaftlich besten Verwendung eingesetzt werden (Ordnungsfunktion). Daneben erzeugt der Wettbewerb einen Druck auf die Marktteilnehmer, die Kosten der Produktion zu minimieren, um am Markt bestehen zu können, wodurch ein Anreiz zur Entwicklung kostengünstigerer Produktionsmethoden entsteht. In gleicher Weise entsteht ein Anreiz zur Verbesserung der Produktqualität und auch zur Weiterentwicklung bestehender Produkte, um auf Änderungen der Präferenzen der Konsumenten zu reagieren (Antriebsfunktion).[61]

Ist der Wettbewerb auf einem Markt hingegen ausgeschaltet, können die Konsumenten nicht mehr zwischen verschiedenen unabhängigen Angeboten auswählen, so dass die Anbieter ihr Angebot nicht mehr an den Präferenzen der Konsumenten ausrichten müssen und mithin den Preis (innerhalb gewisser Grenzen) frei bestimmen können und jeden Anreiz zu Kostenreduzierungen verlieren.[62] Der Schutz des Wettbewerbs mit den Mitteln der Wettbewerbsregeln ist daher in der Praxis erforderlich, weil die wirtschaftliche Realität nur selten dem Idealbild vollständiger Konkurrenz entspricht, bei dem der Markt aus einer großen Zahl Verkäufer und voll informierten Verbraucher besteht.[63]

---

[59] Siehe hierzu ausführlich Mestmäcker/Schweitzer, EG-Wettbewerbsrecht, § 2 Rn. 72 ff.; Bunte in Langen/Bunte, Kartellrecht, Einf. Rn. 63 ff. jeweils m.w.N.

[60] Mestmäcker/Schweitzer, EG-Wettbewerbsrecht, § 7, Rn. 10 ff.

[61] Zu den wirtschaftspolitischen Funktionen siehe Bunte in Langen/Bunte, Kartellrecht, Einf. Rn. 66; Emmerich, Kartellrecht, S. 2 f.

[62] Emmerich, Kartellrecht, S. 2.

[63] Viscusi/Vernon/Harrington, Economics of Regulation and Antitrust, S. 2 f.

Neben diesen wirtschaftspolitischen Funktionen nimmt der Wettbewerb auch gesellschaftspolitische Funktionen wahr: Wettbewerb kann der Konzentration wirtschaftlicher Macht entgegenwirken und so zu einer einigermaßen gleichmäßigen Machtverteilung in Wirtschaft und Gesellschaft beitragen. Dies ist in einer Privatrechtsordnung, die auf den Prinzipien der Privatautonomie und des Privateigentums aufbaut, von besonderer Bedeutung, da nur der Wettbewerb verhindern kann, dass das System, in dem der Interessenausgleich zwischen den Marktteilnehmer durch den Abschluss von Verträgen geschieht, von dem wirtschaftlich Mächtigem und seinem einseitigen Diktat zerstört wird.[64]

2. Weiterer Zweck der EG-Wettbewerbsregeln

Nach Art. 4 Abs. 1 EG ist die Tätigkeit der Gemeinschaft dem Grundsatz der offenen Marktwirtschaft mit freiem Wettbewerb verpflichtet. Daher besitzen auch die EG-Wettbewerbsregeln den soeben dargestellten gesellschaftlichen Zweck, den Wettbewerb vor Beeinträchtigungen zu schützen.

Neben dieser Schutzrichtung besitzen die EG-Wettbewerbsregeln jedoch zusätzlich die europarechtsspezifische Funktion, die Errichtung eines Gemeinsamen Marktes (Art. 2 EG) zu unterstützen, und damit eine Marktintegrationsfunktion: Die Schaffung eines Gemeinsamen Marktes ist das grundlegende Ziel des EG-Vertrags und wird vor allem durch das Verbot staatlicher Handelsschranken vorangetrieben. Die Schaffung des Gemeinsamen Marktes darf dabei aber auch nicht dadurch behindert werden, dass private Unternehmen durch ihr Marktverhalten dieselben Schranken für den Handel zwischen den Mitgliedstaaten wieder errichten, die den Mitgliedstaaten durch den Vertrag untersagt sind.[65] Daher ist es auch Zweck von Artt. 81, 82 EG, ein System unverfälschten Wettbewerbs in der Gemeinschaft (Art. 3 lit. g EG) zu schaffen und gegen künstliche oder willkürliche Eingriffe der Unternehmen zu schützen.[66]

Dieser zusätzliche Zweck der europäischen Wettbewerbsregeln stellt eine Besonderheit gegenüber den Wettbewerbsregeln in anderen Rechtsordnungen dar, einschließlich der USA. Wenngleich sich hierdurch unterschiedliche Bewertungen von bestimm-

---

[64] Emmerich, Kartellrecht, S. 2 f.

[65] EuGH, Entscheidung vom 13. Juli 1966, Slg. 1966, 322, 388 – Grundig Consten; allgemein: Mestmäcker in Immenga/Mestmäcker, EG-WBR Bd. 1, Einl. A Rn. 22 ff; Bellamy/Child, EC Competition Law, S. 1-077; Bishop/Walker, Economics of EC Competition Law, S. 1.04 ff.

[66] Emmerich in Immenga/Mestmäcker, EG-WBR Bd. 1, Art. 85 Abs. 1 A Rn. 4; zum Marktintegrationsziel aus ökonomischer Sicht siehe Motta, Competition Theory, S. 23.

ten Verhaltensweisen ergeben können, dürften allenfalls geringe Auswirkungen für die Ausgestaltung des Durchsetzungssystems zu erwarten sein.

Über das Konzept des Gemeinsamen Marktes sind schließlich auch die Interessen der Verbraucher in den EG-Wettbewerbsregeln enthalten, da es die Verbraucher sind, die letztlich von dem Gemeinsamen Markt profitieren. Daher besitzt ein gut funktionierendes System der Wettbewerbsregeln bereits infolge seines positiven Einflusses auf die Marktbedingungen einen Verbraucherschutzeffekt.[67]

B. Art. 81 EG

Nunmehr sollen nach einer kurzen allgemeinen Einleitung (zu I.) die einzelnen materiell-rechtlichen Voraussetzungen für einen Verstoß gegen Art. 81 EG im Zusammenhang mit der Struktur der Norm erörtert werden (zu II.), bevor die verschiedenen Arten der unter Art. 81 EG fallenden Wettbewerbsbeschränkungen näher dargestellt werden (zu III.).

I. Allgemeines

Art. 81 EG enthält als zentrale Norm der EG-Wettbewerbsregeln das so genannte Kartellverbot, das für das System unverfälschten Wettbewerbs und den Binnenmarkt grundlegend ist[68] und unmittelbare Geltung in den Mitgliedsstaaten entfaltet.[69]

Während das verbotene Verhalten in Art. 81 EG selbst beschrieben ist, ist unter anderem die nähere Ausgestaltung des Verfahrens zur Durchsetzung einschließlich der Sanktionen und der Zuständigkeiten dem europäischen Sekundärrecht überlassen (Art. 83 EG). Das Verfahrensrecht bei der Durchsetzung von Art. 81 EG wurde lange Jahre von der so genannten VO 17[70] geregelt, die am 1. Mai 2004 von der VO 1/03 abgelöst wurde. Mit dieser neuen Verfahrensordnung wurde eine grundlegende Reform des Systems der Durchsetzung von Art. 81 EG durchgeführt, bei der wesentliche Regelungen neu gefasst wurden. Der Verordnung ging eine breit angelegte Diskussion über die Ausgestaltung des öffentlichen Verfahrensrechts voran, die mit dem Weiß-

[67] Stuyck, Journal of Consumer Policy 2005, vol. 28, S. 1 ff., 27.
[68] EuGH, Entscheidung vom 20. September 2001, Slg. 2001, I-6297, 6323 Rn. 24 – Courage/Crehan; Mestmäcker/Schweitzer, EG-Wettbewerbsrecht, § 7 Rn. 1.
[69] Siehe nur Aicher/Schuhmacher in: Grabitz/Hilf, EU-Recht, Art. 81 Rn. 4.
[70] Verordnung des Rates Nr. 17/62 vom 6. Februar 1962, Erste Durchführungsverordnung zu den Artikeln 85 und 86 des Vertrags, ABl. Nr. 13/204 vom 21. Februar 1962, im Folgenden "VO 17".

buch der Kommission[71] im Jahre 1999 begann, den Verordnungsentwurf[72] begleitete und auch nach Erlass der Verordnung nicht vollends vorüber ist.[73] Auf die einzelnen Änderungen und die noch immer kontrovers diskutierten Punkte soll hier nur insoweit eingegangen werden, als sie für das Durchsetzungssystem von Bedeutung sind.

II. Struktur von Art. 81 EG

Art. 81 EG enthält in Absatz 1 ein allgemeines Kartellverbot (zu 1.), das durch die in Absatz 3 der Vorschrift enthaltene Möglichkeit einer Freistellung vom Verbot abgemildert wird (zu 2.).

1. Verbotstatbestand des Art. 81 Abs. 1 EG

Der Tatbestand von Art. 81 Abs. 1 EG konstituiert das grundsätzliche Verbot von Wettbewerbsbeschränkungen durch Verhaltenskoordinierung zwischen Unternehmen. Für die Belange dieser Untersuchung genügt ein kurzer Überblick über die Tatbestandsmerkmale von Art. 81 Abs. 1 EG (zu a.) und den Anwendungsbereich der Regelung (zu b.), um die für die Durchsetzung relevanten Punkte darstellen zu können.

a. Tatbestandsmerkmale

Art. 81 Abs. 1 EG beschreibt zunächst das grundsätzliche verbotene Verhalten wie folgt:

> "Mit dem Gemeinsamen Markt unvereinbar und verboten sind alle Vereinbarungen zwischen Unternehmen, Beschlüsse von Unternehmensvereinigungen und aufeinander abge-

[71] Weißbuch über die Modernisierung der Vorschriften zur Anwendung der Art. 81 und 82 EG-Vertrag, KOM(1999) 191 endg./2 vom 12. Mai 1999, im Folgenden "Weißbuch".

[72] Vorschlag für eine Verordnung des Rates zur Durchführung der in den Art. 81 und 82 EG-Vertrag niedergelegten Wettbewerbsregeln und zur Änderung der Verordnungen (EWG) Nr. 1017/68, (EWG) Nr. 2988/74, (EWG) Nr. 4056/86 und (EWG) Nr. 3975/87, Dok. 2000/0243 (CNS), ABl. 2000 Nr. C 365 E/284.

[73] Siehe zur langen und kontroversen Diskussion über das Weißbuch z.B. Ehlermann, Common Market Law Review 2000, S. 537 ff.; Mestmäcker, EuZW 1999, S. 523 ff.; Deringer, EuZW 2000, S. 5 ff.; Schaub/Dohms, WuW 1999, S. 1055 ff.; Möschel, JZ 2000, S. 61 ff.; Geiger, EuZW 2000, S. 165 ff.; Rittner, DB 1999, S. 1485 f.; Monopolkommission, Sondergutachten zum Weißbuch, S.; Deselaers/Obst, EWS 2000, S. 41 ff.; Bundeskartellamt, WuW 1998, S. 1070 f.; Paulweber, World Competition 2000, vol. 23, S. 3 ff.; Salord, European Competition Law Review 2000, vol. 21, S. 128 ff.; Walker, European Competition Law Review 2004, vol. 25, S. N 1 f.; Wesseling, European Competition Law Review 1999, vol. 20, S. 420 ff.; Wißmann, World Competition 2000, vol. 23, S. 123 ff.; zum Verordnungsentwurf: Fikentscher, WuW 2001, S. 446 ff.; Bechtold, BB 2000, S. 2425 ff.; Bien, DB 2000, S. 2309 ff.; Blaise, EuZW 2001, S. 289 ff.; Bourgeois/Humpe, European Competition Law Review 2002, vol. 23, S. 43 ff.; Eilmansberger, JZ 2001, S. 365 ff.; Gröning, WRP 2001, S. 83 ff.; Wesseling, European Law Review 2001, S. 357 ff.; Schütz, WuW 2000, S. 686 ff.; Kingston, European Competition Law Review 2001, vol. 22, S. 340 ff.

stimmte Verhaltensweisen, welche den Handel zwischen Mitgliedstaaten zu beeinträchtigen geeignet sind und eine Verhinderung, Einschränkung oder Verfälschung des Wettbewerbs innerhalb des Gemeinsamen Marktes bezwecken oder bewirken (...)."

Erforderlich für die Tatbestandsverwirklichung ist also eine Willensübereinkunft zwischen mindestens zwei selbständig bleibenden Unternehmen, die die wirtschaftliche Entscheidungsfreiheit mindestens eines beteiligten Unternehmens beschränkt. Diese Willensübereinkunft kann durch eine Vereinbarung zwischen Unternehmen, einen Beschluss einer Unternehmensvereinigung und durch eine aufeinander abgestimmte Verhaltensweise (im Folgenden "Verhaltenskoordinierung") erfolgen. Art. 81 Abs. 1 EG erfasst dabei sowohl Verhaltenskoordinierungen zwischen Wettbewerbern, die identische oder substituierbare Güter anbieten (horizontale Wettbewerbsbeschränkung; Kartelle und sonstige Kooperationen), als auch Verhaltenskoordinierungen zwischen Unternehmen, bei denen das Produkt des einen das Einsatzgut des anderen ist (vertikale Wettbewerbsbeschränkung; z.B. Preis- und Ausschließlichkeitsbindungen).[74] Als Normadressat gelten dabei Unternehmen, also alle wirtschaftlichen Einheiten, die sich an wettbewerbsbeschränkenden Verhaltenskoordinierungen beteiligen können, unabhängig von ihrer Rechtsform und ihrer Rechtsfähigkeit,[75] sowie Vereinigungen solcher Unternehmen.[76] Ferner muss zur Abgrenzung von dem Kartellrecht der Mitgliedstaaten die Verhaltenskoordinierung geeignet sein, den zwischenstaatlichen Handels zu beeinträchtigen (Zwischenstaatlichkeitsklausel).

Neben diesen Tatbestandsmerkmalen, die im Normtext von Art. 81 EG unmittelbar enthalten sind, hat die Fallpraxis des Europäischen Gerichtshofs (EuGH) das Erfordernis der Spürbarkeit der Wettbewerbsbeschränkung sowie der Spürbarkeit der Beeinträchtigung des zwischenstaatlichen Handels als ungeschriebene einschränkende Tatbestandsmerkmale entwickelt,[77] die von der so genannten de minimis- oder Bagatellbekanntmachung der Kommission näher umschrieben werden.[78]

---

[74] Mestmäcker/Schweitzer, EG-Wettbewerbsrecht, § 7 Rn. 1; st. Rspr. seit EuGH, Entscheidung vom 30. Juni 1966, Slg. 1966, 282 ff. – Maschinenbau Ulm; siehe näher zu dieser Unterscheidung noch ausführlich unten zu III.

[75] Emmerich in Immenga/Mestmäcker, EG-WBR Bd. 1, Art. 85 Abs. 1 A Rn. 12 ff., 17.

[76] In dieser Untersuchung sollen daher die Begriffe Unternehmen und Normadressat synonym für alle Normadressaten von Art. 81 EG verwendet werden.

[77] St. Rspr. seit EuGH, Entscheidung vom 30. Juni 1969, Slg. 1969, 281, 303 f. – LTM/MBU; Emmerich, Kartellrecht, S. 394 f.

[78] Bekanntmachung der Kommission über Vereinbarungen von geringer Bedeutung, die den Wettbewerb gemäß Art. 81 Abs. 1 des Vertrags nicht spürbar beschränken (de minimis), ABl. 2001, Nr. C 368 S. 13 ff. vom 22. Dezember 2001, im Folgenden "de minimis-Bekanntmachung".

Hinsichtlich des Anwendungsbereichs von Art. 81 Abs. 1 EG lässt sich festhalten, dass Art. 81 EG in räumlicher Hinsicht jedenfalls nach Ansicht des EuG immer dann anwendbar ist, wenn die wettbewerbsbeschränkende Maßnahme Auswirkungen im Gemeinsamen Markt besitzt, auch wenn sie außerhalb der Gemeinschaft ihren Ursprung hat (Auswirkungsprinzip).[79] Eine Stellungnahme des EuGH zum räumlichen Geltungsbereich von Art. 81 EG liegt allerdings noch nicht vor. In sachlicher Hinsicht findet Art. 81 EG in allen Wirtschaftsbereichen Anwendung, sofern nicht der EG-Vertrag ausdrücklich das Gegenteil bestimmt, insbesondere selbständige Wettbewerbsregeln enthält.[80]

b. Verhältnis zum Kartellrecht der Mitgliedstaaten

Da die Zwischenstaatlichkeitsklausel von den Gemeinschaftsgerichten traditionell sehr weit ausgelegt wird,[81] kann es im Einzelfall zu einer Kollision von Art. 81 EG mit dem mitgliedstaatlichen Kartellrecht kommen. Bisher sind die mitgliedstaatlichen Wettbewerbsregeln daher neben Art. 81 EG anwendbar gewesen, wenn und solange sie zu gleichartigen Ergebnissen wie die Anwendung von Art. 81 EG führten (parallele Anwendbarkeit), nur im Konfliktsfall ging Art. 81 EG entsprechend den allgemeinen Rechtsgrundsätzen über den Vorrang des Gemeinschaftsrechts den nationalen Regelungen vor.[82] Diese Rechtslage wurde durch Art. 3 VO 1/03 verändert: Art. 3 Abs. 1 VO 1/03 behält die parallele Anwendbarkeit von mitgliedstaatlichem und Gemeinschaftsrecht bei, macht sie jedoch für die Mitgliedstaaten zwingend. Mitgliedstaatliche Behörden und Gerichte können also – wie bereits bisher – bei vorliegender Eignung der Wettbewerbsbeschränkung zur Beeinträchtigung des zwischenstaatlichen Handels Art. 81 EG neben dem mitgliedstaatlichen Wettbewerbsregeln anwenden. Zusätzlich zwingt Art. 3 Abs. 2 S. 1 VO 1/03 das mitgliedstaatliche Recht nunmehr dazu, im Anwendungsbereich von Art. 81 EG sicherzustellen, dass nach nationalem Recht nur solche Verhaltenskoordinierungen untersagt werden, die auch nach Art. 81 EG verboten sind.[83] Dieser weitergehende Zwang zur parallelen Anwendung von nationa-

[79] Emmerich, Kartellrecht, S. 373; näher Rehbinder in Immenga/Mestmäcker, EG-WBR Bd. 1, Einl E Rn. 50 ff.; ausführlich zur internationalen Anwendbarkeit Mestmäcker/Schweitzer, EG-Wettbewerbsrecht, § 6 Rn. 35 ff. jeweils m.w.N.

[80] Rehbinder in Immenga/Mestmäcker, EG-WBR Bd. 1, Einl. E Rn. 5; EuGH, Entscheidung vom 30. April 1986, Slg. 1986, 1425 ff. – Asjes.

[81] Rehbinder in Immenga/Mestmäcker, EG-WBR Bd. 1, Einl E Rn. 9.

[82] Siehe die grundlegende Entscheidung des EuGH, Entscheidung vom 13. Februar 1969, Slg. 1969, 1 ff – Walt Wilhelm; ausführlich Mestmäcker/Schweitzer, EG-Wettbewerbsrecht, § 4 Rn. 1 ff., § 5 Rn. 3 ff.; Rehbinder in Immenga/Mestmäcker, EG-WBR Bd. 1, Einl F Rn. 1 ff.

[83] Hierzu näher Mestmäcker/Schweitzer, EG-Wettbewerbsrecht, § 5 Rn 20 ff.; zur Vereinbarkeit dieser Regelung mit dem Primärrecht siehe Pace, EuZW 2004, S. 301 ff.

lem und Gemeinschaftsrecht führt zu einer stärkeren Harmonisierung der Wettbewerbsregeln in der Gemeinschaft zu Lasten der eigenständigen Bedeutung des nationalen Rechts, das nur noch dann ausschließlich anwendbar ist, wenn keine Beeinträchtigung des zwischenstaatlichen Handels vorliegt.[84] Diese Vereinheitlichung betrifft jedoch allein das materielle Recht, das Verfahren der Durchsetzung von Art. 81 EG durch mitgliedstaatliche Behörden sowie durch private Durchsetzungsagenten richtet sich weiterhin nach dem insoweit nicht vereinheitlichen Recht des jeweiligen Mitgliedstaats, das lediglich den allgemeinen gemeinschaftsrechtlichen Vorgaben genügen muss.[85]

2. Freistellungstatbestand des Art. 81 Abs. 3 EG

Ist der Verbotstatbestand von Art. 81 Abs. 1 EG erfüllt, muss weiter geprüft werden, ob die Freistellungsvoraussetzungen des Art. 81 Abs. 3 EG nicht vorliegen, um einen Verstoß gegen Art. 81 EG feststellen zu können.

a. Freistellungsvoraussetzungen

Art. 81 Abs. 3 EG nennt die folgenden Voraussetzungen, bei deren kumulativem Vorliegen Art. 81 Abs. 1 EG auf die fragliche Verhaltenskoordinierung nicht anwendbar und das Verhalten kartellrechtlich mithin nicht verboten ist: Die Verhaltenskoordinierung muss zur Verbesserung der Warenerzeugung oder –verteilung oder zur Förderung des technischen oder wirtschaftlichen Fortschritts beitragen, die Verbraucher müssen an dem entstehenden Gewinn angemessen beteiligt werden, den beteiligten Unternehmen dürfen keine Beschränkungen auferlegt werden, die für die Verwirklichung dieser Ziele nicht unerlässlich sind, und ihnen darf keine Möglichkeit eröffnet werden, für einen wesentlichen Teil der betreffenden Waren den Wettbewerb auszuschalten.[86]

Nur wenn diese Freistellungsvoraussetzungen des Art. 81 Abs. 3 EG nicht vorliegen, ist eine wettbewerbsbeschränkende Verhaltenskoordinierung von Art. 81 EG verboten und kann sowohl öffentlich-rechtliche als auch zivilrechtliche Sanktionen auslösen.

---

[84] Mestmäcker/Schweitzer, EG-Wettbewerbsrecht, § 4 Rn. 4 ff., § 5 Rn. 17 f.; Weitbrecht, EuZW 2003, S. 69 ff., 70 spricht insofern von einer "faktischen Verdrängungswirkung" des Gemeinschaftsrechts.

[85] Siehe hierzu noch unten zu Kapitel 3C.II.1, S. 93.

[86] Umfassend zu den einzelnen Voraussetzungen: Mestmäcker/Schweitzer, EG-Wettbewerbsrecht, § 13.

Zu einzelnen Voraussetzungen einer Freistellung hat die Kommission eine Leitlinie[87] erlassen, die ihre Anwendung von Art. 81 Abs. 3 EG näher erläutert.[88] Für die Betrachtung der Durchsetzung ist eine detaillierte Darstellung der Freistellungsvoraussetzungen nicht erforderlich. Wichtig für die Durchsetzung ist jedoch, dass die Prüfung der Freistellungsvoraussetzungen eine umfassende Bewertung der ökonomischen Auswirkungen der Maßnahme erforderlich machen kann und daher sowohl rechtlich als auch vor allem wirtschaftlich sehr komplex sein kann.

Im Folgenden soll nunmehr auf die verfahrensrechtlichen Aspekte von Art. 81 Abs. 3 EG, die für die Durchsetzung von Bedeutung sind, im Lichte der Neuregelung durch die VO 1/03 eingegangen werden.

b. Rechtsnatur

Die Rechtsnatur des Freistellungstatbestands des Art. 81 Abs. 3 EG hat sich durch die VO 1/03 grundlegend gewandelt. Daher soll zunächst kurz die Situation unter der alten VO 17 dargestellt werden (zu aa.), bevor die jetzige Rechtsnatur des Freistellungstatbestands untersucht wird (zu bb.).

aa. Altes System der VO 17

Unter Geltung der VO 17, die bis zum 30. April 2004 das Verfahren der Durchsetzung von Art. 81 EG regelte, bestand ein System des Verbots mit Ausnahmevorbehalt, in dem Maßnahmen, die gegen Art. 81 Abs. 1 EG verstießen, aber die Voraussetzungen des Art. 81 Abs. 3 EG erfüllten, nur durch eine konstitutive Freistellungsentscheidung dem Kartellverbot entzogen werden konnten. Zum Erlass dieser Entscheidung war gemäß Art. 9 Abs. 1 VO 17 ausschließlich die Kommission zuständig, da Art. 81 Abs. 3 EG nicht unmittelbar anwendbar war. Hierzu wurde ein Anmeldesystem aufgebaut, in dem die Unternehmen wettbewerbsbeschränkende Verhaltenskoordinierungen bei der Kommission anmelden konnten und nach erfolgreicher Überprüfung durch eine Entscheidung der Kommission freistellen lassen konnten.[89] Dies führte einerseits zu einer starken Inanspruchnahme der Ressourcen der Kommission für die Prüfung einer sehr großen Anzahl an Freistellungsanträgen. Den betroffenen Unternehmen lieferte das Anmeldesystem hingegen ein hohes Maß an Rechtssicherheit, da die Entscheidung

[87] Leitlinien zur Anwendung von Artikel 81 Absatz 3 EG-Vertrag, ABl. 2004 Nr. C 101 S. 97 ff. vom 27. April 2004.
[88] Hierzu Lugard/Hancher, European Competition Law Review 2004, vol. 25, S. 410 ff., 417 f.
[89] Siehe zum alten Anmeldesystem nur Sauter in Immenga/Mestmäcker, EG-WBR Bd. 1, Art. 85 Abs. 3 A Rn. 1 ff; Mestmäcker/Schweitzer, EG-Wettbewerbsrecht, § 13 Rn 5 ff.

der Kommission die Vereinbarkeit ihrer Maßnahme mit Art. 81 EG verbindlich feststellte und die beantragenden Unternehmen bis zum Erlass dieser Entscheidung gleichzeitig von dem Risiko einer Geldbuße befreit waren.

bb. Neues System der VO 1/03

Die neue VO 1/03 ersetzt seit dem 1. Mai 2004 dieses hergebrachte System durch ein System der Legalausnahme, indem Art. 81 Abs. 3 EG für unmittelbar anwendbar erklärt wird, Art. 1 Abs. 2 VO 1/03.[90]

In diesem System der Legalausnahme ist keine konstitutive Freistellungsentscheidung der Kommission mehr möglich und das bisherige Anmeldesystem daher obsolet. Verhaltenskoordinierungen, die den Tatbestand von Art. 81 Abs. 1 EG erfüllen, aber auch den Voraussetzungen des Art. 81 Abs. 3 EG genügen, sind nunmehr von vornherein und ohne eine vorherige Freistellung erlaubt. Zur Entscheidung darüber, ob die Freistellungsvoraussetzungen des Art. 81 Abs. 3 EG vorliegen, ist nunmehr nicht mehr allein die Kommission zuständig. Vielmehr müssen auch sämtliche Wettbewerbsbehörden und Gerichte der Mitgliedsstaaten innerhalb der von ihnen entschiedenen Verfahren im Einzelfall das Vorliegen der Freistellungsvoraussetzungen prüfen.

Die Kommission kann gemäß Art. 10 Abs. 1 VO 1/03 ausschließlich von Amts wegen aus Gründen des öffentlichen Interesses, insbesondere bei neuartigen Rechtsfragen, mittels einer deklaratorischen Entscheidung feststellen, dass Art. 81 EG auf eine bestimmte Maßnahme keine Anwendung findet.[91] Daneben kann die Kommission, wie auch die mitgliedstaatlichen Wettbewerbsbehörden, im Einzelfall entscheiden, dass kein Anlass zum Tätigwerden besteht, Artt. 9 Abs. 1 S. 2, 5 S. 3 VO 1/03, ohne dass dieser Entscheidung Bindungswirkung gegenüber den mitgliedstaatlichen Gerichten zukommt.[92] Schließlich will die Kommission den Unternehmen informelle Beratungs-

---

[90] Allgemein zu dem Systemwechsel vom Verbot mit Ausnahmevorbehalt zur Legalausnahme siehe Wils, Optimal Enforcement, S. 124 f.; Mestmäcker/Schweitzer, EG-Wettbewerbsrecht, § 13 Rn. 9 ff.; Weiß/Creus in: Loewenheim/Meessen/Riesenkampff, EG-Kartellrecht, Art. 1 VerfVO Rn. 3 ff.; Riley, European Competition Law Review 2003, vol. 24, S. 604 ff.; kritisch Monopolkommission, Sondergutachten zum Weißbuch, S. 1 ff.

[91] Entscheidungsgrund Nr. 14 zur VO 1/03; Schmidt, BB 2003, S. 1237 ff., 1241 f.; hierzu näher Klees, EG-Kartellverfahrensrecht, § 6 Rn. 154 ff.

[92] Schmidt, BB 2003, S. 1237 ff., 1242.

schreiben erteilen, wenn eine Verhaltenskoordinierung neue oder ungeklärte Fragen der Rechtsanwendung aufwirft.[93]

Der Kommission wurde bisher bei der Beurteilung der komplexen Abwägungsfragen des Art. 81 Abs. 3 EG, die teilweise auch eine Prognose erfordern, von den Gemeinschaftsgerichten ein gewisser Beurteilungsspielraum zugestanden, insbesondere bei der Berücksichtigung öffentlicher Interessen der Gemeinschaft.[94] Ob ein solcher Beurteilungsspielraum nunmehr auch für die Unternehmen gelten kann, die sich auf die Freistellungsvoraussetzungen berufen, erscheint zweifelhaft.[95] Denn um die Freistellung auch in einem Zivilverfahren nachprüfbar zu machen, müssen allein rechtliche, ökonomische und wettbewerbliche Kriterien über die Freistellung entscheiden.[96]

Letztlich betrifft der Systemwechsel den Zeitpunkt der rechtlichen Intervention, den das Durchsetzungssystem bei Art. 81 EG wählt: Das alte Freistellungssystem stellt ein präventives Durchsetzungsregime des Kartellverbots dar, während das neue System der Legalausnahme der VO 1/03 ein repressives Durchsetzungssystem darstellt, das auf der Abschreckungswirkung der Sanktion aufbaut und das Vorliegen der Freistellungsvoraussetzungen erst nachträglich prüft.[97]

Auf die weiteren Einzelheiten der Neuregelung und die kontrovers diskutierte Frage, ob ein solcher Systemwechsel in Gestalt einer Verordnung möglich ist und ein System der Legalausnahme vom Wortlaut des Art. 81 Abs. 3 EG gestützt wird, muss hier nicht näher eingegangen werden.[98] Für die hier interessierenden Fragen der Durchsetzung ist

---

[93] Siehe die Bekanntmachung der Kommission über die informelle Beratung bei neuartigen Fragen zu den Art. 81 und Art. 82 EG, die in Einzelfällen auftreten, ABl. 2004 Nr. C 101, 78; näher Klees, EG-Kartellverfahrensrecht, § 2 Rn. 38 ff.

[94] Bereits EuGH, Entscheidung vom 13. Juli 1966, Slg. 1966, 321, 396 – Grundig/Consten.

[95] A.A. Immenga, EuZW 2005, S. 353, der eine Berufung auf öffentliche Interessen der Gemeinschaft durch die Unternehmen im zivilrechtlichen Verfahren für möglich hält; ähnlich auch Ehlermann, Common Market Law Review 2000, S. 537 ff., 585; Bailey, Common Market Law Review 2004, vol. 41, S. 1327 ff., 1354; Hirsch, ZWeR 2003, S. 233 ff., 238 f.

[96] So zu Recht Schwarze/Weitbrecht, EG-Kartellverfahrensrecht, § 2 Rn. 19 ff.; Klees, EG-Kartellverfahrensrecht, § 2 Rn. 27 ff.; Koch, ZHR 2005, S. 625 ff., 629 f. spricht sich für ein streng wettbewerbliches Verständnis des Freistellungstatbestands aus.

[97] Siehe bereits oben zu Kapitel 1C.III.1., S. 10; allgemein zum Zeitpunkt der rechtlichen Intervention aus rechtsökonomischer Sicht: Jost, Effektivität von Recht, S. 202 f.; Shavell, Journal of Law and Economics 1993, vol. 36, S. 255 ff., 262 ff.

[98] Siehe zu diesem Meinungsstreit: Mestmäcker, EuZW 1999, S. 523 ff.; ausführlich Ehlermann, Common Market Law Review 2000, S. 537 ff., 553 ff.; Deringer, EuZW 2000, S. 5 ff.; Geiger, EuZW 2000, S. 165 ff.; Möschel, JZ 2000, S. 61 ff.; Rittner, DB 1999, S. 1485 f.; Paulweber/Kögel, AG 1999, S. 500 ff.; Bartosch, EuZW 2001, S. 101 ff., und auch Monopolkommission, Sondergutachten zum Weißbuch, die den Vorwurf der Verfassungswidrigkeit des Systemwechsels erhoben

hingegen von Bedeutung, welche Auswirkungen der Systemwechsel auf das Durchsetzungssystem besitzt (siehe hierzu sogleich zu d.).

c. Gruppenfreistellung

Die Kommission besitzt jedoch noch stets gemäß Art. 29 Abs. 1 VO 1/03 die vom Rat zu übertragende Befugnis, durch Verordnung eine Gruppe von Vereinbarungen der Regelung des Art. 81 Abs. 3 EG zu unterstellen. Diese so genannten Gruppenfreistellungsverordnung (GVO) stellt bestimmte, relativ gleichförmig erscheinende Kategorien von Vereinbarungen aus einem bestimmten Bereich vom Verbot des Art. 81 Abs. 1 EG frei, weil eine typisierende wettbewerbsrechtliche Würdigung ergibt, dass die Voraussetzungen des Art. 81 Abs. 3 EG erfüllt sind.[99] Sind die Voraussetzungen der GVO erfüllt, ist die Verhaltenskoordinierung ohne weiteres gemäß Art. 81 Abs. 3 EG freigestellt.[100] Entzogen werden kann diese Freistellung im Einzelfall nur durch eine Entscheidung der Kommission (Art. 29 Abs. 1 VO 1/03) oder durch eine auf das Gebiet des betreffenden Mitgliedstaates beschränkte Entscheidung einer mitgliedstaatlichen Wettbewerbsbehörde (Art. 29 Abs. 2 VO 1/03).

Derzeit bestehen Gruppenfreistellungsvereinbarungen für vertikale Verhaltenskoordinierungen,[101] für bestimmte horizontale Verhaltenskoordinierungen,[102] sowie für einzelne Wirtschaftsbereiche.[103]

---

hatte; a.A. Dalheimer in Grabitz/Hilf, EU-Recht, nach Art. 83 EG Vorbem. Rn. 46, Schwarze/Weitbrecht, EG-Kartellverfahrensrecht, § 2 Rn. 11 ff.; Brunn, VO 1/03 und Gruppenfreistellungsverordnungen, S. 28 ff. die alle die Vereinbarkeit der Neuregelung mit dem Primärrecht bejahen.

[99] Mestmäcker/Schweitzer, EG-Wettbewerbsrecht, § 1 Rn. 13.

[100] K. Schmidt in Immenga/Mestmäcker, EG-WBR Bd. 1, Art. 85 Abs. 2 Rn. 15.

[101] Verordnung 2790/1999 der Kommission vom 22. Dezember 1999 über die Anwendung von Art. 81 Abs. 3 des Vertrages auf Gruppen von vertikalen Vereinbarungen und aufeinander abgestimmte Verhaltensweisen, ABl. 1999 Nr. L 336/21 ("Vertikal-GVO").

[102] Verordnung 2658/2000 der Kommission vom 29. November 2000 über die Anwendung von Art. 81 Abs. 3 des Vertrages auf Gruppen von Spezialisierungsvereinbarungen, ABl. 2000 Nr. L 304/3; Verordnung 2659/2000 der Kommission vom 29. November 2000 über die Anwendung von Art. 81 Abs. 3 des Vertrages auf Gruppen von Vereinbarungen über Forschung und Entwicklung, ABl. 2000 Nr. L 304/7; Verordnung (EG) Nr. 772/2004 der Kommission vom 27. April 2004 über die Anwendung von Art. 81 Abs. 3 EG-Vertrag auf Gruppen von Technologietransfer-Vereinbarungen, ABl. 2004 Nr. L 123/11.

[103] Verordnung (EG) Nr. 358/2003 der Kommission vom 27. Februar 2003 über die Anwendung von Artikel 81 Absatz 3 EG-Vertrag auf Gruppen von Vereinbarungen, Beschlüssen und aufeinander abgestimmten Verhaltensweisen im Versicherungssektor, ABl. 2003 Nr. L 53/8 ("Versicherungs-GVO"); Verordnung (EG) Nr. 1400/2002 de Kommission vom 31. Juli 2002 über die Anwendung von Artikel 81 Absatz 3 des Vertrags auf Gruppen von vertikalen Vereinbarungen und aufeinander abgestimmten Verhaltensweisen im Kraftfahrzeugsektor, ABl. 2000 Nr. L 203/30 ("Kfz-GVO"); für eine ausführliche Darstellung der Gruppenfreistellungsverordnungen siehe Mestmäcker/Schweitzer, EG-Wettbewerbsrecht, § 1 Rn. 13 ff. m.w.N.

Die Verwendung von GVOs sollte in dem alten Freistellungssystem das Masseproblem bei der Anmeldung und Freistellung von Verhaltenskoordinierungen verringern. Unter dem System der Legalausnahme sind die GVOs eigentlich nicht erforderlich und nur noch deklaratorisch, da solche Verhaltenskoordinierungen, die die Voraussetzungen der GVO erfüllen, ohnehin de iure freigestellt sind.[104] Jedoch dienen die GVOs heute der Gewährleistung einer einheitlichen Anwendung des Gemeinschaftsrechts in den Mitgliedstaaten[105] und damit der Rechtssicherheit.[106] Diese einheitliche Anwendung wird durch Art. 3 Abs. 2 VO 1/03 erreicht, der die Untersagung einer Verhaltenskoordinierung nach mitgliedstaatlichem Recht sowohl den Wettbewerbsbehörden als auch den mitgliedstaatlichen Gerichten verbietet, wenn die Verhaltenskoordinierung von einer GVO erfasst und freigestellt ist.[107]

d. Auswirkungen des Systemwechsels

Für die hier interessierende Fragestellung genügt dieser knappe Überblick über die Handhabung des Freistellungstatbestands des Art. 81 Abs. 3 EG im System der Legalausnahme. Für die Untersuchung der Durchsetzung von Art. 81 EG wichtiger sind die Auswirkungen dieses Systemswechsels, auf die nun eingegangen werden soll.

Das Freistellungssystem, in dem Unternehmen ihre wettbewerbsbeschränkenden Verhaltenskoordinierungen bei der Kommission anmelden mussten, bewirkte zunächst, dass sowohl auf Seiten der Kommission als auch auf Seiten der anmeldenden Unternehmen beträchtliche Ressourcen im Anmeldeverfahren eingesetzt wurden. Die hohe Arbeitsbelastung der Kommission im Bereich freistellungsfähiger Wettbewerbsbeschränkungen führte zur Bindung eines großen Teils ihrer begrenzten Ressourcen.[108] Diese gesellschaftlichen Kosten des Anmeldeverfahrens entfallen in dem System der Legalausnahme, so dass der Kommission mehr Ressourcen zur aktiven Verfolgung

---

[104] Bornkamm, Die Rolle des Zivilrichters bei der Kartellrechtsdurchsetzung, S. 7 f.; Schwarze/ Weitbrecht, EG-Kartellverfahrensrecht, § 2 Rn. 25; zur Rechtsnatur der GVOs siehe auch Baron, WuW 2006, S. 358 ff.

[105] Begründungserwägung Nr. 9 des Vorschlags zur VO 1/03, ABl. 2000 Nr. C 365 E/284; Mestmäcker/Schweitzer, EG-Wettbewerbsrecht, § 1 Rn. 14; Fuchs, ZWeR 2005, S. 1 ff., weist auch darauf hin, dass die Kommission dank ihres nicht unerheblichen Ermessensspielraums mit dem Erlass von GVOs ihre wettbewerbspolitische Kompetenz ausüben kann.

[106] Schmidt, BB 2003, S. 1237 ff., 1237 hebt den Gesichtspunkt der Rechtssicherheit hervor und verweist hinsichtlich des Effekts auf die Rechtsfigur der "Doppelwirkung im Recht".

[107] Dalheimer in Grabitz/Hilf, EU-Recht, nach Art. 83 EG Art. 1 Rn. 6; näher Mestmäcker/Schweitzer, EG-Wettbewerbsrecht, § 5 Rn. 20 ff, 23; ausführlich zu den Auswirkungen der VO 1/03 auf die Anwendung von GVOs Brunn, VO 1/03 und Gruppenfreistellungsverordnungen, S. 35 ff.

[108] Die Kommission sieht in diesen Kosten des Anmeldeverfahrens einen Hauptgrund für den Systemwechsel, siehe Erwägungsgrund Nr. 3 zur VO 1/2003.

von schwerwiegenden Wettbewerbsverstößen zur Verfügung stehen.[109] Das Freistellungsverfahren führte jedoch, dank der Informationen, die die Unternehmen in den Anmeldungen machten, auch zu einer relativ guten Informationslage der Kommission über das Marktgeschehen. Diese Informationen musste die Kommission dabei nicht selbst durch eigene Ermittlungstätigkeiten erheben, vielmehr erhielt sie die Informationen freiwillig von den an der Verhaltenskoordinierung beteiligten Unternehmen.

Der Systemwechsel führt allerdings auch zu einer Verlagerung der Bewertungsleistung hinsichtlich der Rechtmäßigkeit der Vereinbarung: Bisher hatte die Kommission konstitutiv über die Vereinbarkeit der Verhaltenskoordinierung mit Art. 81 EG entschieden. Damit hat die Kommission selbst die Bewertung der Verhaltenskoordinierung übernommen und den anmeldenden Unternehmen Rechtssicherheit gewährt.[110] Die Rechtssicherheit erfasste dabei sowohl die zivilrechtliche Wirksamkeit der Vereinbarung und als auch den Ausschluss verwaltungsrechtlicher Sanktionen für den Zeitraum bis zur Entscheidung der Kommission. Nunmehr, im System der Legalausnahme, müssen die Unternehmen eigenverantwortlich, mit Hilfe ihres Rechtsbeistandes, im Wege einer Selbstveranlagung die Vereinbarkeit ihrer Verhaltenskoordinierung mit Art. 81 EG prüfen.[111] Denn die unmittelbare Anwendbarkeit von Art. 81 Abs. 3 EG führt dazu, dass jedes Zivilgericht die Freistellungsvoraussetzungen selbst prüfen muss und somit ggf. die Nichtigkeit der Vereinbarung feststellen kann. Um die zivilrechtliche Wirksamkeit der Vereinbarung sicherzustellen und auch verwaltungsrechtlichen Sanktionen zu entgehen, müssen die Unternehmen mithin vor Abschluss einer wettbewerbsbeschränkenden Verhaltenskoordinierung deren Vereinbarkeit mit Art. 81 EG prüfen.

Die im System der Legalausnahme geringere Rechtssicherheit für die Unternehmen soll nach Willen der Kommission durch verschiedene Orientierungshilfen ausgeglichen werden: So können die Unternehmen bei der Beurteilung ihrer Tätigkeiten auf die Rechtsprechung der Gemeinschaftsgerichte, auf die Entscheidungspraxis der Kommission, der mitgliedstaatlichen Wettbewerbsbehörden und Gerichte zurückgrei-

---

[109] Guersent, Annual Proceedings of the Fordham Corporate Law Institute on International Antitrust Law & Policy 2003, S. 43 ff., 45.

[110] Kritisch zur Neuregelung unter dem Gesichtspunkt der Rechtssicherheit Bartosch, WuW 2000, S. 462 ff.

[111] Frieß in Loewenheim/Meessen/Riesenkampff, EG-Kartellrecht, VerfVO Einführung Rn. 13; Schwarze/Weitbrecht, EG-Kartellverfahrensrecht, § 2 Rn. 32; Hartog/Noack, WRP 2005, S. 1396 ff., 1399 f.; Schwintowski/Klaue, WuW 2005, S. 370 ff., 377 f. raten insofern zur Beauftragung sachverständiger Dritter, da diese neben Kompetenz und Sachverstand auch über mehr Erfahrung verfügen und auch Haftungsproblem minimiert werden.

fen, sowie die von der Kommission verfassten Leitlinien und Bekanntmachungen zu Rate ziehen.[112] Unterstützend wirkt insoweit auch die größere Einheitlichkeit der Entscheidungspraxis innerhalb der gesamten Gemeinschaft, die durch die VO 1/03 erreicht wird und die es den Unternehmen erleichtert, die Entscheidungen der Wettbewerbsbehörden und der Gerichte in den verschiedenen Mitgliedstaaten zu prognostizieren.[113]

Ferner kann die unmittelbare Anwendbarkeit von Art. 81 Abs. 3 EG in Zivilprozessen die Verfahren vor den mitgliedstaatlichen Zivilgerichten beschleunigen und damit den Klageanreiz der privaten Durchsetzungsagenten erhöhen. Denn nun besteht nicht mehr – wie noch unter der VO 17 – die Gefahr, dass der Normadressat die streitgegenständliche Vereinbarung während des Zivilprozesses bei der Kommission zwecks Freistellung anmeldet und hierdurch eine erhebliche Verzögerung des zivilprozessualen Verfahrens bewirkt.[114] Allerdings besteht noch stets die Möglichkeit zur Aussetzung des Verfahrens durch die Zivilgerichte, wenn eine Information von der Kommission eingeholt oder eine Vorlagefrage an den EuGH gerichtet wird.[115] Ferner kann das Zivilgericht das Verfahren auch aussetzen, um eine widersprechende Kommissionsentscheidung zu vermeiden, Art. 16 VO 1/03.[116] Die daraus resultierende Gefahr einer Verzögerung des Verfahrens, die die Ungewissheit für den privaten Durchsetzungsagenten verlängert, besteht unter der VO 1/03 jedoch nur noch im Einzelfall, so dass der Systemwechsel insofern den Anreiz zur privaten Durchsetzung fördert.

3. Rechtsfolgen

Erfüllt die fragliche Verhaltenskoordinierung mithin die Tatbestandsvoraussetzungen des Verbotstatbestands des Art. 81 Abs. 1 EG und nicht zugleich auch die Freistellungsvoraussetzungen des Art. 81 Abs. 3 EG, so liegt ein Verstoß gegen Art. 81 EG vor, der verschiedene Rechtsfolgen auslöst.

So führt der Verstoß gegen Art. 81 EG zunächst zur Nichtigkeit der betroffenen Vereinbarung (Art. 81 Abs. 2 EG, näher unten zu Kapitel 3C.I.) und des Weiteren zu ver-

---

[112] Dalheimer in Grabitz/Hilf, EU-Recht, nach Art. 83 EG Art. 1, Rn. 18; zu Rechtsnatur und Bindungswirkung siehe von Leitlinien und Bekanntmachung Pampel, EuZW 2005, S. 11 ff.; Schweda, WuW 2004, S. 1133 ff.; Pohlmann, WuW 2005, S. 1005 ff., 1006.

[113] Frieß in: Loewenheim/Meessen/Riesenkampff, EG-Kartellrecht, VerfVO Einführung Rn. 14.

[114] Hirsch, ZWeR 2003, S. 233 ff., 237; Schwarze/Weitbrecht, EG-Kartellverfahrensrecht, § 11 Rn. 24.

[115] Garzaniti/Gudofsky/Moffat, Antitrust Law Journal 2004, vol. 72, S. 159 ff., 197.

[116] Schwarze/Weitbrecht, EG-Kartellverfahrensrecht, § 11 Rn. 25.

schiedenen zivilrechtlichen Ansprüchen, insbesondere auf Schadensersatz (unten zu Kapitel 3C.II.). Ferner berechtigt der Verstoß die Kommission dazu, öffentlich-rechtliche Sanktionen, insbesondere die Verpflichtung zur Abstellung der Zuwiderhandlung und Geldbußen, zu verhängen (Artt. 7, 23 VO 1/03, unten zu Kapitel 3B.II.). Auf diese Rechtsfolgen soll im Rahmen der Darstellung der verschiedenen Formen der Durchsetzung von Art. 81 EG näher eingegangen werden.

III. Verschiedene Arten der Wettbewerbsbeschränkung

Der Anwendungsbereich von Art. 81 EG umfasst verschieden Verhaltensweisen, die sich voneinander hinsichtlich ihrer Charakteristika teilweise deutlich unterscheiden.

Als Kategorien zur Einteilung der verschiedenen erfassten Verhaltensweisen bieten sich die unterschiedlichen Arten der Wettbewerbsbeschränkungen an. Diese Wettbewerbsbeschränkungen lassen sich in horizontale (zu 1.) und vertikale Wettbewerbsbeschränkungen (zu 2.) unterteilen. Innerhalb dieser Kategorien kann weiter nach den Auswirkungen auf den Wettbewerb zwischen Kernbeschränkungen und sonstigen Beschränkungen des Wettbewerbs unterschieden werden.

1. Horizontale Wettbewerbsbeschränkungen

Horizontale Wettbewerbsbeschränkungen zeichnen sich dadurch aus, dass sie zwischen Unternehmen vereinbart werden, die der gleichen Wirtschaftsstufe angehören und auf demselben relevanten Markt tatsächlich oder potentiell tätig sind.[117] Die beteiligten Unternehmen bieten also identische oder substituierbare Güter auf demselben Markt an (Angebotswettbewerb) oder fragen solche Güter nach (Nachfragewettbewerb).

Zu den horizontalen Wettbewerbsbeschränkungen gehören daher zum einen Preisabsprachen und Gebietsaufteilungen als klassische Form eines Kartells, zum anderen aber auch alle sonstigen Formen der Kooperation zwischen Wettbewerbern. Wegen ihrer potentiell weit reichenden Auswirkungen auf die Wettbewerbsverhältnisse, insbesondere wegen der typischerweise resultierenden Beeinträchtigung des interbrand-Wettbewerbs, werden horizontale Wettbewerbsbeschränkungen seit jeher strenger beurteilt als vertikale Wettbewerbsbeschränkungen.[118]

---

[117] Siehe nur Schmidt, Wettbewerbspolitik, S. 118 ff.
[118] Heckenberger in Loewenheim/Meessen/Riesenkampff, EG-Kartellrecht, Anh. 1 zu Art. 81 EG, Rn. 3.

Angesichts der unterschiedlichen Auswirkungen auf den Wettbewerb, die eine einheitliche Bewertung verbieten, muss bei der Beurteilung horizontaler Wettbewerbsbeschränkungen zwischen Kernbeschränkungen (zu a.) und sonstigen Wettbewerbsbeschränkungen (zu b.) unterschieden werden.[119]

a. Horizontale Kernbeschränkungen

Als horizontale Kernbeschränkungen lassen sich alle Wettbewerbsbeschränkungen bezeichnen, die im Hinblick auf ihre Auswirkungen auf den Wettbewerb besonders schwerwiegend sind. So werden von der Kommission in der de minimis-Bekanntmachung alle Verhaltenskoordinierungen zwischen Wettbewerbern, die die Festsetzung von Preise (lit. a), die Beschränkung von Produktion oder Absatz (lit. b.) oder die Aufteilung von Märkten oder Kunden (lit. c.) bezwecken, als Kernbeschränkung angesehen.[120] Diese horizontalen Kernbeschränkungen werden auch als "Hardcore-Kartelle" bezeichnet.

Diese Vereinbarungen sind gesellschaftlich unerwünscht und wegen ihrer Auswirkungen auf den Wettbewerb fast immer von Art. 81 EG verboten.[121] Die Auswirkungen bestehen darin, dass sich die Normadressaten durch ein Hardcore-Kartell den Unsicherheiten des Marktes und dem Zwang zur Rationalisierung entziehen können, indem sie die Preisbildung zum Gegenstand ihrer Absprache machen und nicht den Ungewissheiten des Marktes überlassen.[122] Die Absprache ermöglicht es den Wettbewerbern sodann, in der Gruppe wie ein Monopolist auf dem Markt zu agieren.[123] Wie ein Monopolist ist die Gruppe der Kartellanten dann nicht gezwungen, wie ein Unternehmen im Wettbewerb soviel zu produzieren, bis seine Grenzkosten der Produktion dem Marktpreis für das produzierte Gut entsprechen. Vielmehr kann das Kartell den Profit

[119] Siehe nur Heckenberger in Loewenheim/Meessen/Riesenkampff, EG-Kartellrecht, Anh. 1 zu Art. 81 EG, Rn. 4.

[120] De minimis-Bekanntmachung, Rn. 11 Nr. 1; siehe auch die Definition der OECD, Council recommendation hard core cartels, I.A.2. = S. 3.

[121] Leitlinien zur Anwendbarkeit von Artikel 81 EG-Vertrag auf Vereinbarungen über horizontale Zusammenarbeit, ABl. 2001 Nr. C 3/02 vom 6. Januar 2001, Rn. 25, im Folgenden "Leitlinien horizontale Zusammenarbeit"; Whish, Competition Law, S. 416 sieht auf einer moralischen und praktischen Ebene keinen erheblichen Unterschied zwischen einer Preisabsprache und einem Diebstahl.

[122] Mestmäcker/Schweitzer, EG-Wettbewerbsrecht, § 7, Rn. 10; OECD, Second Cartel Report, S. 8.

[123] Reyburn/Sutherland, Competition Law, S. 5-3; zur ökonomischen Theorie von Kartellen Alfer/Young, European Competition Law Review 2005, vol. 26, S. 546 ff., 547 f.

seiner Mitglieder dadurch maximieren, dass es die Produktion soweit beschränkt, dass die marginalen Kosten der Produktion seinen marginalen Einnahmen entsprechen.[124]

Die verschiedenen Charakteristika der verschiedenen Arten der Wettbewerbsbeschränkungen, die für die Untersuchung der Durchsetzung von Art. 81 EG von Bedeutung sind, sollen nun für Hardcore-Kartell ausführlich erklärt und dargestellt werden, während die Darstellung bei den übrigen Arten der Wettbewerbsbeschränkungen entsprechend knapper ausfallen soll.

aa. Gesellschaftlicher Schaden

Ein Merkmal jedes Normverstoßes, das bei der Betrachtung der Durchsetzung ganz wesentlich ist, ist die Höhe des mit dem Normverstoß verursachten gesellschaftlichen Schadens, da sich hieraus das Maß der gesellschaftlichen Verhinderungswürdigkeit des Verhaltens ergibt.

Bei horizontalen Kernbeschränkungen besteht der verursachte gesellschaftliche Schaden in den üblichen Schäden eines Monopols, da sich das Hardcore-Kartell wie ein Monopolist verhalten kann: Die gemeinsame Festsetzung von Preise und die Beschränkung der Produktion haben unmittelbar zur Folge, dass die Abnehmer höhere Preise für die Güter bezahlen müssen oder die Produkte nicht in der gewünschten Menge erhalten können.[125] Die gesellschaftlichen Kosten eines Hardcore-Kartells bestehen einerseits in der fehlerhaften Allokation der Produktionsmittel infolge der überhöhten Kartellpreise. Denn infolge der überhöhten Preise sinkt die Nachfrage und in Erwartung hiervon auch das Angebot der betroffenen Güter. Dies verringert den gesellschaftlich nützlichen Austausch der kartellierten Güter, und die hierdurch freigesetzten Ressourcen liefern den Verbrauchern in ihrer alternativen Verwendung lediglich einen geringeren Nutzen. Diese Differenz zwischen der durch die Monopolpreise eingeschränkten Angebotsmenge von Gütern im Vergleich zu der Menge, die unter Wettbewerbsbedingungen ausgetauscht würde, führt zu einem Wohlfahrtsverlust, der als Ineffizienz des Monopols oder deadweight loss bezeichnet wird.[126] Die Höhe dieser gesellschaftlichen Schäden hängt von der Elastizität der Nachfrage ab, da diese die

---

[124] Schwartz, Georgetown Law Journal 1980, vol. 68, S. 1075 ff., 1081 Fn. 24; zu den Umständen, die eine Kartellbildung ermöglichen, siehe Ivaldi/Jullien/Rey/Seabright/Tirole, Economics of Tacit Collusion, S. 11 ff.

[125] Leitlinien zur Anwendbarkeit von Artikel 81 EG-Vertrag auf Vereinbarungen über horizontale Zusammenarbeit, ABl. 2001 Nr. C 3/02 vom 6. Januar 2001, Rn. 25; Reyburn/Sutherland, Competition Law, S. 5-3.

[126] Motta, Competition Theory, S. 41 ff.

Höhe der für die Kartellanten profitmaximierende Preiserhöhung (Monopolpreis) bestimmt.[127]

Die exakte Höhe der gesellschaftlichen Schäden lässt sich nur sehr schwer bestimmen. Denn dies erfordert einen Vergleich der Situation auf dem Markt mit dem Kartell mit der hypothetischen Marktsituation ohne das Kartell, also unter Wettbewerbsbedingungen. Für diesen Vergleich der tatsächlichen mit der hypothetischen Situation sind Daten erforderlich, die nur mit großen Ungewissheiten zu ermitteln sind.[128] Als Näherungswert für diese gesellschaftlichen Kosten wird teilweise der Vorteil des Normadressaten aus dem Wettbewerbsverstoß verwendet, der allerdings auch nur durch eine Schätzung des hypothetischen Wettbewerbspreises ermittelt werden kann.[129]

Neben diesen gesellschaftlichen Kosten infolge des höheren Preises und der verringerten Angebotsmenge verursacht ein Hardcore-Kartell jedoch noch weitere gesellschaftliche Kosten: So verwenden die Normadressaten zum Teil erhebliche Ressourcen zum Aufbau und zur Aufrechterhaltung des Kartells, die keinen gesellschaftlichen Nutzen besitzen und daher einen weiteren gesellschaftlichen Schaden des Kartells darstellen.[130] Denn das Kartell erfordert den Einsatz von Ressourcen zur Organisation der Kartellabsprache, zum Kampf gegen Kartellaußenseiter und zur Kontrolle abweichenden Verhaltens der einzelnen Kartellmitglieder. Diese Transaktionskosten des Kartells können erheblich sein, da jedes Kartell bestimmter Mechanismen bedarf, mit deren Hilfe das Verhalten der Beteiligten überwacht werden kann. Denn der einzelne selbständig bleibende Normadressat besitzt einen gewichtigen Anreiz, von der Vereinbarung über den Preis oder die zu produzierende Menge abzuweichen und durch einen geringeren Preis oder eine größere Menge besonders große Profite zu realisieren (cheating).[131] Wegen dieses Anreizes ist der Kartellabsprache eine Instabilität immanent, die für die Beteiligten kostspielige Überwachungsmechanismen erforderlich machen. Die Höhe dieser gesellschaftlichen Kosten hängt neben der Anzahl der Beteiligten und der Homogenität der betroffen Güter auch entscheidend davon ab, ob die

---

[127] Näher Mestmäcker/Schweitzer, EG-Wettbewerbsrecht, § 7 Rn. 11; Posner, Antitrust, S. 287 f.; Motta, Competition Theory, S. 43 f.

[128] OECD, Second Cartel Report, S. 8.

[129] OECD, Second Cartel Report, S. 8 f.

[130] Mestmäcker/Schweitzer, EG-Wettbewerbsrecht, § 7, Rn. 14; Schwartz, Georgetown Law Journal 1980, vol. 68, S. 1075 ff., 1082.

[131] Reyburn/Sutherland, Competition Law, S. 5-4; Mestmäcker/Schweitzer, EG-Wettbewerbsrecht, § 7, Rn. 14 Fn. 12 verweisen hinsichtlich des Anreizes der Kartellmitglieder zum cheating auch auf die spieltheoretische Erklärung mit Hilfe des so genannten Gefangenendilemma-Spiels.

Normadressaten eine gewisse Symmetrie in den Produktionsbedingungen aufweisen und ähnliche Produktionskosten haben.[132]

Schließlich verursacht ein Kartell auch noch weitere indirekte Folgeschäden, die insbesondere in der geringeren Flexibilität der Produktpalettenanpassung und der geringeren Innovationsneigung der Kartellmitglieder bestehen.[133]

Die Summe dieser gesellschaftlichen Kosten von Hardcore-Kartellen ist ausgesprochen hoch,[134] wodurch nicht nur das gesetzliche Verbot von Kartellen,[135] sondern auch ein funktionstüchtiges Durchsetzungssystem erforderlich ist, das die Normadressaten von diesem Wettbewerbsverstoß abschreckt.[136]

bb. Geschädigte

Für die Durchsetzung ist es auch wichtig, wer von dem Verstoß geschädigt wird, da diese Personen eventuell einen Schadensersatzanspruch geltend machen könnten.[137] Die individuell Geschädigten eines Hardcore-Kartells sind vor allem die Abnehmer der kartellierten Güter. Denn infolge der Kartellabsprache entsteht bei dem unmittelbaren Abnehmer ein Schaden in Höhe der Differenz zwischen dem Kartellpreis, den der Abnehmer für das Gut zahlen musste, und dem hypothetischen Wettbewerbspreis, den der Abnehmer für das Gut unter Wettbewerbsbedingungen hätte bezahlen müssen. Die Höhe der Preisdifferenz zum hypothetischen Wettbewerbspreis hängt von der Fähigkeit der Kartellanten ab, den Preis über das Wettbewerbsniveau anzuheben. Diese Fähigkeit hängt wiederum von der Elastizität der Nachfrage der Abnehmer ab, da diese für die Preisbestimmung der Kartellanten entscheidend ist.[138] Die exakte Berechnung dieses individuellen Schadens, die für die Durchsetzung eines Schadensersatzanspruchs erforderlich wäre, ist regelmäßig mit erheblichen Schwierigkeiten verbunden, da der hypothetische Wettbewerbspreis infolge der Dynamik des Wettbewerbs nur schwer in belastbarer Weise zu ermitteln ist.[139] Ein solcher Schaden infolge des überhöhten Kartellpreises kann sich auch für mittelbare Abnehmer der kartellierten Güter

---

132 Näher Mestmäcker/Schweitzer, EG-Wettbewerbsrecht, § 7, Rn. 14 f.; Reyburn/Sutherland, Competition Law, S. 5-57 f.; OECD, Second Cartel Report, S. 10.

133 Siehe hierzu Schmidt, Wettbewerbspolitik, S. 122 f.

134 Die OECD, Report hard core cartels and sanctions, S. 2 geht bei einer konservativen Schätzung von mehreren Billionen US-Dollar (!) jährlich aus.

135 Mestmäcker/Schweitzer, EG-Wettbewerbsrecht, § 7, Rn. 13.

136 OECD, Council recommendation hard core cartels, I. A. 1. = S. 3.

137 Siehe hierzu unten zu Kapitel 3C.II.2., S. 96.

138 Motta, Competition Theory, S. 43 f.

139 Hempel, Privater Kartellrechtsschutz, S. 45; siehe hierzu unten zu Kapitel 3C.II.4.a., S. 109.

ergeben, da die direkten Abnehmer versuchen werden, die von ihnen gezahlten Preise an die nächste Handelsstufe weiterzugeben.[140]

Der ersatzfähige individuelle Schaden der Abnehmer ist nicht mit den zuvor beschriebenen gesellschaftlichen Schäden eines Hardcore-Kartells identisch. Denn der Schaden der Abnehmer stellt lediglich eine Umverteilung von Ressourcen dar, da dem Schaden der Abnehmer ein gleich großer Gewinn des Normadressaten gegenübersteht. Daher ist dieser Umverteilungsschaden aus der Kartellabsprache bei einer ökonomischen Betrachtung nicht als gesellschaftlicher Schaden anzusehen. Gleichwohl können die privaten Schäden der Abnehmer erhebliche wirtschaftliche Ausmaße annehmen und müssen auch aus Gründen des Verbraucherschutzes berücksichtigt werden.[141] Neben diesem Schaden wegen der Zahlung überhöhter Preise erleiden die Abnehmer auch einen entgangenen Gewinn, wenn sie infolge der Wettbewerbsbeschränkung weniger umsetzen als unter Wettbewerbsbedingungen und somit einen geringeren Gewinn erzielen können.[142]

Neben den Abnehmern können auch die Wettbewerber der beteiligten Unternehmen (Kartellaußenseiter) durch Hardcore-Kartelle geschädigt werden: Wenn die Kartellaußenseiter eine wirtschaftliche Gefahr für den Erfolg der Kartellabsprache darstellen, weil sie eine Ausweichmöglichkeit für die Marktgegenseite bieten, werden die Kartellmitglieder Maßnahmen ergreifen, um dies zu verhindern. Hierzu können sie durch verschiedene Maßnahmen versuchen, die Kartellaußenseiter bei ihrer Geschäftstätigkeit zu behindern und zu schädigen, um diese zum Marktaustritt zu zwingen und potentielle Marktteilnehmer vom Markteintritt abzuschrecken.[143] Hierbei werden die Kartellmitglieder Ausschließlichkeitsbindungen und andere vertikale Wettbewerbsbeschränkungen einsetzen, um der Marktgegenseite Geschäftsbeziehungen mit den Kartellaußenseitern rechtlich zu erschweren oder wirtschaftlich unattraktiver zu machen. Der Schaden der Kartellaußenseiter besteht dann in dem entgangenen Gewinn, den sie ohne die Wettbewerbsbeschränkung auf dem Markt hätten erzielen können.

---

140 Zur Anspruchsberechtigung von indirekten Abnehmern siehe unten zu Kapitel 3C.II.2.b.bb., S. 100.

141 OECD, Report hard core cartels and sanctions, S. 6.

142 Hempel, Privater Kartellrechtsschutz, S. 47; siehe hierzu unten zu Kapitel 3C.II.4.a.aa(2), S. 111.

143 Diese Maßnahmen sind nur erforderlich, wenn die Kartellaußenseiter nicht von sich aus der Preisführerschaft der Kartellmitglieder folgen und ihr kleiner Marktanteil von den Kartellmitgliedern geduldet wird. In dem Falle der Duldung entsteht den Kartellaußenseitern durch das Kartell kein Schaden, da auch sie dann höhere Preise verlangen können.

cc. Vorteil der Normadressaten

Der Vorteil, den der Normadressat aus dem Verstoß gegen Art. 81 EG ziehen kann, stellt seinen Anreiz zum Verstoß dar und muss daher bei der Ausgestaltung des Durchsetzungssystems berücksichtigt werden.[144]

Der rechtswidrige Vorteil, den die Normadressaten aus dem Hardcore-Kartell ziehen, besteht in der künstlichen Preiserhöhung infolge der Kartellabsprache. Infolge der Kartellvereinbarung erhalten die Kartellmitglieder die von den Abnehmern gezahlte Differenz zwischen dem überhöhten Kartellpreis und dem hypothetischen Wettbewerbspreis.[145] Hiervon müssen allerdings die bereits beschriebenen privaten Kosten des Aufbaus und der Unterhaltung des Kartells abgezogen werden, da diese von den Kartellmitgliedern zu tragenden Kosten ohne die Kartellabsprache nicht angefallen wären. Dieser Gewinn des Normadressaten aus dem Hardcore-Kartell kann entsprechend dem Schaden der Abnehmer erheblich sein. Das Ausmaß des Gewinns hängt einerseits von der Höhe des Kartellpreises und damit von der Nachfrageelastizität ab.

Da der private Vorteil des Normadressaten bei Hardcore-Kartellen insgesamt hoch ist, sind zur erfolgreichen Abschreckung dieser Art der Wettbewerbsbeschränkung besonders hohe Sanktionen und eine hohe Überführungswahrscheinlichkeit erforderlich.[146]

dd. Zugang zu Informationen

Für die erfolgreiche Durchsetzung ist es schließlich auch wichtig, dass die Durchsetzungsagenten die Informationen über den Normverstoß erlangen können, die in einem rechtsstaatlichen Verfahren zur Verhängung der Sanktion als Beweismittel verwendet werden können. Denn der Zugang zu diesen Informationen stellt einen ganz wesentlichen Teil der gesellschaftlichen Durchsetzungskosten dar.[147]

Bei Hardcore-Kartellen ist es für die Durchsetzungsagenten regelmäßig nur sehr schwer möglich, die erforderlichen Informationen über den Wettbewerbsverstoß zu erlangen, wodurch die Kosten des Informationszugangs entsprechend hoch sind und

144 Breit/Elzinga, Antitrust Penalty Reform, S. 117; siehe hierzu noch unten zu Kapitel 4A.III., S. 157.

145 Camilli, ACLE-Paper 2005, S. 6 und World Competition 2006, vol. 29 S. 575 ff.; bei der Gewinnberechnung bestehen wiederum die Schwierigkeit der Bestimmung des hypothetischen Wettbewerbspreises.

146 Cyrenne, Review of Industrial Organization 1999, vol. 14, S. 257 ff., weist in einem ökonomischen Modell auf die besondere Bedeutung der ausreichend hohen Sanktion hin.

147 Siehe hierzu noch unten zu Kapitel 4A.IV.2.b.aa., S. 171.

die Überführungswahrscheinlichkeit gleichzeitig entsprechend gering ist.[148] Denn Hardcore-Kartelle werden von den Beteiligten heimlich abgeschlossen und ausgeführt, da die Beteiligten von der Illegalität ihres Verhaltens wissen und mit der Verheimlichung einer Sanktionierung entgehen wollen.[149] Die Kartellabsprache lässt sich auch recht gut verheimlichen, da die Verhaltenskoordinierung auch informell erfolgen kann und nur wenige Unternehmen beteiligt sind. Diese Unternehmen haben zudem ein gemeinsames Interesse an der Verheimlichung des Kartells, um weiterhin in den Genuss der Kartellrendite zu kommen und einer Sanktionierung zu entgehen.[150] Daher werden die Informationen über die Kartellabsprache besonders gut gegen eine Entdeckung geschützt und insbesondere solche Dokumente, die als Beweismittel verwendet werden können, besonders vertraulich behandelt und entsprechend aufbewahrt.

Anders als diese tatsächlichen Schwierigkeiten bei der Gewinnung von Informationen und Beweismitteln über den Wettbewerbsverstoß sind die rechtlichen Fragen bei der Verfolgung von Hardcore-Kartellen vergleichsweise einfach.[151] Denn diese Wettbewerbsbeschränkungen haben in aller Regel negative Auswirkungen auf die Marktverhältnisse und erfordern daher keine ausführliche und aufwendige Analyse der tatsächlichen Auswirkungen auf den Wettbewerb, die insbesondere i.R.v. Art. 81 Abs. 3 EG durchzuführen ist.[152] Lediglich die Berechnung des Schadens, die insbesondere bei der privaten Durchsetzung von Schadensersatzansprüchen erforderlich ist, ist ökonomisch komplex, da der hypothetische Wettbewerbspreis nur durch aufwendige Berechnungen ermittelt werden kann.[153]

ee. Zusammenfassung zu den horizontalen Kernbeschränkungen

Insgesamt führt ein Hardcore-Kartell als schwerwiegendste Form einer Wettbewerbsbeschränkung zu erheblichen gesellschaftlichen Schäden, zu ebenfalls erheblichen individuellen Schäden vor allem bei den Abnehmern sowie zu einem entsprechend großen Vorteil der Normadressaten, die einen entsprechend großen Anreiz zu dem Wett-

---

[148] Bryant/Eckard, Review of Economics and Statistics 1991, vol. 73, S. 531 ff., 535 kommen bei einer ökonometrischen Betrachtung zu einer Überführungswahrscheinlichkeit für Hardcore-Kartelle von 13-17 % pro Jahr.

[149] Reyburn/Sutherland, Competition Law, S. 5-57 f.; Hempel, Privater Kartellrechtsschutz, S. 154.

[150] Zu dem Anreiz des Kartellmitglieds, im Rahmen des leniency-Programms Informationen im Gegenzug für eine verringerte Sanktion preiszugeben, siehe noch unten zu Kapitel 3B.I.3.b., S. 63.

[151] Weitbrecht, in: Schwarze (Hrsg.), EG-Wettbewerbsrecht im Wandel, S. 151 ff., S. 151.

[152] Reyburn/Sutherland, Competition Law, S. 5-26; siehe auch Leitlinien zur Anwendbarkeit von Artikel 81 EG-Vertrag auf Vereinbarungen über horizontale Zusammenarbeit, ABl. 2001 Nr. C 3/02 vom 6. Januar 2001, Rn. 18, im Folgenden "Leitlinien horizontale Zusammenarbeit".

[153] Siehe hierzu noch unten zu Kapitel 3C.II.4.a.aa(1), S. 109.

bewerbsverstoß besitzen. Die Durchsetzung wird zudem dadurch erschwert, dass die erforderlichen Informationen infolge der Verheimlichung durch die Normadressaten nur schwer zugänglich sind.

b. Sonstige horizontale Wettbewerbsbeschränkungen

Als sonstige horizontale Wettbewerbsbeschränkungen bezeichnet man alle sonstigen Formen der Kooperation zwischen Wettbewerbern, die nicht als Hardcore-Kartelle einzuordnen sind. Diese Vereinbarungen zwischen Wettewebern betreffen andere Parameter als den Preis, die Menge oder die Märkte. So kommen bei der Kooperation zwischen Wettbewerbern beispielsweise Vereinbarungen über die Spezialisierung, den Einkauf oder die gemeinsame Vermarktung in Betracht, wie auch Kooperationen im Bereich der Forschung und Entwicklung.[154]

Anders als bei Hardcore-Kartellen sind die Auswirkungen dieser Verhaltenskoordinierungen auf den Wettbewerb ambivalent, können also sowohl wettbewerbsschädlich als auch wettbewerbsfördernd wirken. Daher ist hier bereits im Verbotstatbestand des Art. 81 Abs. 1 EG und ohnehin bei den Freistellungsvoraussetzungen des Art. 81 Abs. 3 EG eine differenzierte Betrachtung erforderlich, die alle positiven und negativen Auswirkungen der konkreten Verhaltenskoordinierung umfassend berücksichtigen muss.[155]

Die horizontale Zusammenarbeit kann den Unternehmen und auch der Gesellschaft erheblichen wirtschaftlichen Nutzen bringen, indem insbesondere kleine und mittlere Unternehmen, die infolge der Globalisierung und des technischen Fortschritts mit wachsendem Wettbewerbsdruck und veränderten Marktbedingungen kämpfen müssen, Risiken teilen, Kosten einsparen, Know-how zusammenlegen und dadurch Innovationen beschleunigen.[156] Wegen dieser positiven Auswirkungen erfüllen diese Wettbewerbsbeschränkungen häufig die Freistellungsvoraussetzungen des Art. 81 Abs. 3 EG und sind somit erlaubt. Jedoch kann die Zusammenarbeit von Wettbewerbern gleichzeitig auch zu Wettbewerbsproblemen führen, wenn die Unternehmen gemeinsam Preise oder Produktionsmengen festsetzen oder Märkte aufteilen und damit negative Auswirkungen auf die Preise der Produktion, die Innovation oder die Vielfalt und Qualität der Produkte verursachen.[157] Die negativen Auswirkungen der Zusammenar-

[154] Leitlinien horizontale Zusammenarbeit, Rn. 1, 10.
[155] Reyburn/Sutherland, Competition Law, S. 5-26.
[156] Leitlinien horizontale Zusammenarbeit, Rn. 3.
[157] Leitlinien horizontale Zusammenarbeit, Rn. 2.

beit von Wettbewerbern bestehen mithin darin, dass im Wege der Kooperation Beschränkungen der Preise oder der Produktion erfolgen, die dieselben Auswirkungen auf den Wettbewerb wie die Preisfestsetzung durch ein Kartell haben. Überwiegen diese negativen Auswirkungen der Verhaltenskoordinierung, erfüllt sie nicht die Freistellungsvoraussetzungen und ist mithin von Art. 81 EG verboten.

Hinsichtlich der Auswirkungen der horizontalen Kooperation muss zwischen den vielfältigen Formen der Zusammenarbeit von Wettbewerbern unterschieden werden: Die meisten Verhaltenskoordinierungen, die die Zusammenarbeit im Bereich der Forschung und Entwicklung oder die Festsetzung von Normen betreffen, bewirken selten die beschriebenen Beschränkungen bei den Preisen und der Produktion. Die Zusammenarbeit verringert aber unnötige Doppelkosten und fördert die schnellere Entwicklung von Produkten und Techniken.[158] Teilweise können sich jedoch Nachteile bei der Innovation und der Produktvielfalt sowie Probleme der Marktabschottung ergeben.[159] Hingegen führen Kooperationen bei der Produktion oder beim Einkauf regelmäßig zu einer gewissen Angleichung der Gesamtkosten der Wettbewerber. Dies erleichtert unter bestimmten Bedingungen die Abstimmung der Marktpreise und der Produktion durch die Wettbewerber und kann somit zu den nachteiligen Folgen für den Wettbewerb führen, wie sie für Hardcore-Kartelle dargestellt wurden.[160] Bei der Beurteilung der Auswirkungen einer horizontalen Kooperation muss die Stellung der Beteiligten auf dem betroffenen Markt untersucht werden, um ermitteln zu können, ob die Beteiligten durch die Zusammenarbeit Marktmacht erlangen und dadurch die Preise oder Mengen beeinflussen können.[161] Neben dem Marktanteil der beteiligten Unternehmen ist dabei auch die Marktkonzentration zu berücksichtigen.[162]

Die dargestellten gesellschaftlichen Schäden, die sich aus sonstigen horizontalen Wettbewerbsbeschränkungen ergeben können, sind deutlich geringer als bei den zuvor beschriebenen Hardcore-Kartellen. Die Geschädigten, die als private Durchsetzungsagenten in Betracht kommen, sind vor allem die Abnehmer sowie die nicht beteiligten Wettbewerber. Die Schäden dieser potentiellen privaten Durchsetzungsagenten sind ebenfalls geringer als bei Hardcore-Kartellen, wodurch der Anreiz zur Durchsetzung entsprechend geringer ist. Allerdings ist auch der private Vorteil des Normadressaten

---

158 Leitlinien horizontale Zusammenarbeit, Rn. 40.

159 Leitlinien horizontale Zusammenarbeit, Rn. 22, 39 ff. ausführlich zu FuE-Vereinbarungen.

160 Leitlinien horizontale Zusammenarbeit, Rn. 23, 78 ff. ausführlich zu Produktionsvereinbarungen, Rn. 115 zu Einkaufsvereinbarungen und Rn. 139 zu Vermarktungsvereinbarungen.

161 Leitlinien horizontale Zusammenarbeit, Rn. 27.

162 Leitlinien horizontale Zusammenarbeit, Rn. 29 verwendet hierzu den Herfindahl-Hirshman-Index.

aus dem Wettbewerbsverstoß geringer, so dass auch sein Anreiz zum Verstoß entsprechend kleiner ist.

Den Durchsetzungsagenten ist es auch deutlich einfacher möglich, die faktischen Informationen über das normwidrige Verhalten zu erlangen, da die Normadressaten häufig von der Legalität ihres Verhaltens ausgehen und daher keine Vorkehrungen gegen eine Entdeckung treffen. Während es mithin faktisch einfacher ist, eine sonstige horizontale Wettbewerbsbeschränkung aufzudecken, ist die rechtliche Bewertung der fraglichen Verhaltensweise hingegen häufig ungleich aufwendiger, da die Verhaltensweisen oft Grenzfragen betreffen, die sowohl wirtschaftlich als auch rechtlich schwierig zu beantworten sein können.[163] Hierzu ist insbesondere i.R.v. Art. 81 Abs. 3 EG eine vollständige Analyse der Auswirkungen auf den Wettbewerb erforderlich, die infolge der wirtschaftlichen Komplexität der Sache beträchtliche Durchsetzungskosten produzieren kann.

2. Vertikale Wettbewerbsbeschränkungen

Im Gegensatz zu den soeben behandelten horizontalen Wettbewerbsbeschränkungen zeichnen sich vertikale Wettbewerbsbeschränkungen dadurch aus, dass sie in einem Austauschvertrag zwischen Unternehmen abgeschlossen werden, die auf einander folgenden Wirtschaftsstufen tätig sind, und die wettbewerbsrelevante Handlungsfreiheit mindestens eines Beteiligten beschränken.[164] Die an der Vereinbarung beteiligten Unternehmen stehen also in einem Käufer-Verkäufer-Verhältnis zueinander, so dass das Produkt des einen Beteiligten das Einsatzgut des anderen Beteiligten ist.

Im Vergleich zu horizontalen Wettbewerbsbeschränkungen sind die Auswirkungen vertikaler Wettbewerbsbeschränkungen auf den Wettbewerb deutlich ambivalenter, da sie häufig auch effizienzsteigernde und somit wettbewerbsfördernde Wirkungen besitzen können. So ermöglichen vertikale Verhaltenskoordinierungen häufig eine bessere Koordination zwischen den beteiligten Unternehmen innerhalb einer Produktions- oder Vertriebskette und erhöhen damit die wirtschaftliche Effizienz, insbesondere wenn die vertikale Beschränkung nur den markeninternen Wettbewerb zwischen den gebundenen Unternehmen betrifft und damit Transaktionskosten verringert.[165] Jedoch können vertikale Verhaltenskoordinierungen auch nachteilige Auswirkungen auf den Wettbe-

163 Reyburn/Sutherland, Competition Law, S. 5-57.

164 Schmidt, Wettbewerbspolitik, S. 115 ff.; siehe auch die Definition vertikaler Wettbewerbsbeschränkungen der Kommission in Art. 2 Abs. 1 Unterabs. 1 Vertikal-GVO.

165 Erwägungsgrund 6 der Vertikal-GVO; Motta, Competition Theory, S. 313 ff., 347.

werb haben, wenn sie den Wettbewerb zwischen den verschiedenen Vertriebsketten reduzieren und zur Abschottung von Märkten führen.

Das Ausmaß dieser wettbewerbsbeschränkenden Auswirkungen vertikaler Verhaltenskoordinierungen hängt maßgeblich von der Marktmacht der beteiligten Unternehmen und damit von dem Ausmaß des Wettbewerbs von anderen Lieferanten austauschbarer Güter ab (interbrand-Wettbewerb).[166] Denn bei einem funktionierenden interbrand-Wettbewerb ermöglicht die Beschränkung des intrabrand-Wettbewerbs keine Preiserhöhungen für die betroffenen Güter auf dem Markt. Denn ein funktionierende interbrand-Wettbewerb stellt sicher, dass die Abnehmer bei Preiserhöhungen der gebundenen Unternehmen, auf austauschbare Güter anderer Lieferanten ausweichen können.[167] Problematisch sind vertikale Wettbewerbsbeschränkungen hingegen, wenn die beteiligten Unternehmen über Marktmacht verfügen und dadurch in ihrer Preispolitik nicht hinreichend von dem Wettbewerb mit anderen Lieferanten begrenzt werden. Ferner müssen vertikale Wettbewerbsbeschränkungen wegen ihres Potentials, die Durchführung von Kartellabsprachen zu erleichtern, immer dann kritischer betrachtet werden, wenn sie auf einem Markt eingesetzt werden, der für Kartellabsprachen besonders anfällig ist.[168]

Auch die verschiedenen vertikalen Wettbewerbsbeschränkungen lassen sich entsprechend ihrer Auswirkungen auf den Wettbewerb in Kern- und sonstige Wettbewerbsbeschränkungen unterteilen, wenngleich diese Unterscheidung weniger eindeutig ist als bei horizontalen Wettbewerbsbeschränkungen.[169]

a. Vertikale Kernbeschränkungen

Als vertikale Kernbeschränkungen werden solche Wettbewerbsbeschränkungen im Vertikalverhältnis bezeichnet, die ganz regelmäßig negative Auswirkungen auf den Wettbewerb haben und daher grundsätzlich von Art. 81 EG verboten sind. Nach einer kurzen Darstellung der verschiedenen Arten der vertikalen Kernbeschränkungen (zu aa.) sollen die für die Durchsetzung relevanten Folgen erörtert werden (zu bb.).

---

166 Erwägungsgrund 7 der Vertikal-GVO; Motta, Competition Theory, S. 348, 377.
167 Reyburn/Sutherland, Competition Law, S. 6-5.
168 Reyburn/Sutherland, Competition Law, S. 6-5 und S. 5-57 ff. zu den Umständen, die die Durchführung eines Kartells erleichtern; hierzu auch Motta, Competition Theory, S. 142 ff.
169 Motta, Competition Theory, S. 32 f. sieht die Rechtfertigung für diese Einordnung mehr in dem gemeinschaftsrechtlichen Marktintegrationsziel als in ökonomischen Gründen.

aa. Arten vertikaler Kernbeschränkungen

Fest- und Mindestpreisbindungen werden von der Kommission als nicht freistellungsfähige Kernbeschränkungen angesehen.[170] Neben einer Festpreisbindung sind auch alle sonstigen Vereinbarungen, mit denen ein Vertragspartner den anderen verpflichtet oder verleitet, eine vertragsgegenständliche Leistung an Dritte nur zu einem bestimmten Preis zu veräußern und der Vertragspartner dieser Aufforderung zumindest stillschweigend zustimmt, als Preisfestsetzung und damit als Kernbeschränkung anzusehen.[171] Da die Marktanteilsschwellen der de minimis-Bekanntmachung nicht bei der Beurteilung der Spürbarkeit von Preisfestsetzungen als einer Kernbeschränkung gelten,[172] ist eine Preisfestsetzung unabhängig von der Marktposition der beteiligten Unternehmen stets eine spürbare Wettbewerbsbeschränkung, die von Art. 81 EG verboten ist.[173] Eine Preisfestsetzung bewirkt, dass auf der Handelsstufe der betroffenen Güter der intrabrand-Wettbewerb zwischen den gebundenen Unternehmen ausgeschaltet wird. Ferner können Preisfestsetzungen auf der Stufe der gebundenen Unternehmen durch den verringerten markeninternen Wettbewerb und auf der Stufe der bindenden Unternehmen infolge der erhöhten Markttransparenz die Durchführung von Kartellabsprachen erleichtern und die damit verbundenen gesellschaftlichen Kosten und Schäden verursachen.[174]

Auch Gebiets- und Kundenbeschränkungen, bei denen der Verkäufer dem Käufer in der Vereinbarung vorschreibt, in welchem Gebiet bzw. an welche Kunden die erworbenen Güter weiterverkauft werden dürfen, sind als vertikale Kernbeschränkungen anzusehen.[175] Solche Vereinbarungen, die zu einer Aufteilung der Märkte zwischen verschiedenen Unternehmen führen sollen, widersprechen dem Marktintegrationsziel des EG-Vertrages[176] und werden daher im EG-Kartellrecht als besonders schwerwiegende Wettbewerbsbeschränkung angesehen. Zudem sind diese Wettbewerbsbeschränkungen auch deshalb schädlich für den Wettbewerbsbeschränkung, da sie bei fehlendem interbrand-Wettbewerb dem Käufer ermöglichen, beim Weiterverkauf der

---

170 Art. 4 lit. a der Vertikal-GVO; Rn. 11 Nr. 2 lit. a der de minimis-Bekanntmachung.

171 Pischel, EuZW 2005, S. 459 ff., 461 f. unter Verweis auf EuG, Entscheidung vom 3. Dezember 2003, GRUR Int 2004, 428, 429 ff. Rn. 31 ff. und mit weiteren Beispielen für Preisfestsetzungen.

172 De minimis-Bekanntmachung, Rn. 11 Nr. 2 lit. a.

173 Heckenberger in Loewenheim/Meessen/Riesenkampff, EG-Kartellrecht, Anhang 1 zu Art. 81 EG, Rn. 17; siehe Pischel, EuZW 2005, S. 459 ff., 463 f. zur fehlenden Freistellungsfähigkeit von Preisfestsetzungen nach den verschiedenen GVOs.

174 Pischel, EuZW 2005, S. 459 ff., 462; Reyburn/Sutherland, Competition Law, S. 6-19 f.; Motta, Competition Theory, S. 359.

175 Siehe Art. 4 lit. b der Vertikal-GVO; Rn. 11 Nr. 2 lit. b der de minimis-Bekanntmachung.

176 Emmerich in Immenga/Mestmäcker, EG-WBR Bd. 1, Art. 85 Abs. 1, Rn. 90.

Güter Monopolpreise von seinen Kunden zu verlangen, da diese in einem lückenlosen System solcher Beschränkungen nicht auf andere Händler ausweichen können.[177]

Schließlich werden auch bestimmte Beschränkungen der Händler im Rahmen eines selektiven Vertriebssystems[178] sowie die Beschränkung des Verkaufs von Ersatzteilen[179] und schließlich auch besonders weit reichende Wettbewerbsverbote in einem Vertikalverhältnis[180] als vertikale Kernbeschränkungen angesehen.

bb. Folgen vertikaler Kernbeschränkungen

Diese vertikalen Kernbeschränkungen haben ganz regelmäßig negative Auswirkungen auf den Wettbewerb. Diese bestehen vor allem darin, dass der Wettbewerb zwischen den verschiedenen Vertriebsketten verringert oder ausgeschaltet und der Markteintritt potentieller Wettbewerber erschwert oder verhindert wird. Insbesondere wenn der Markteintritt eines effizienteren Anbieters durch die vertikale Verhaltenskoordinierung verhindert wird, entsteht dem potentiellen Wettbewerber ein Schaden in Form des entgangenen Gewinns aus seinen Aktivitäten auf dem Markt und auch den Abnehmern der gebundenen Händler, die einen höheren Preis für die Waren zahlen müssen. Hierdurch entsteht schließlich auch ein gesamtwirtschaftlicher Schaden aus dem geringeren Warenaustausch infolge der höheren Preise.

Ferner kann bei den gebundenen Vertragspartnern ein Schaden entstehen, wenn sie durch die Bindung an die vorgegebenen Preise und Konditionen Nachteile erleiden. Dieser Schaden besteht in dem entgangenen Gewinn, der durch einen Vergleich des tatsächlichen Gewinns mit dem hypothetisch – ohne die Wettbewerbsbeschränkung – zu erzielenden Gewinns ermittelt wird.[181] Der Vorteil des Normadressaten besteht darin, dass er infolge des eingeschränkten Wettbewerbs mit anderen Vertriebsketten und auch infolge der Marktabschottung eine Marktmacht erhält, die er durch höhere Preise ausnutzen kann.

---

177 Reyburn/Sutherland, Competition Law, S. 6-19; Motta, Competition Theory, S. 348 ff.

178 Art. 4 lit. c der Vertikal-GVO; de minimis-Bekanntmachung, Nr. 2 lit. c: Beschränkung des aktiven und passiven Verkaufs an Endverbraucher; Art. 4 lit. d der Vertikal-GVO; de minimis-Bekanntmachung, Nr. 2 lit. d: Beschränkung von Querlieferungen; Art. 5 lit. c Vertikal-GVO: Verhinderung des Verkaufs von Marken bestimmter konkurrierender Lieferanten.

179 Art. 4 lit. e der Vertikal-GVO; de minimis-Bekanntmachung, Rn. 11 Nr. 2 lit. e.

180 Art. 5 lit. a und lit. b Vertikal-GVO: Wettbewerbsverbot von über fünf Jahren oder über ein Jahr nach Vertragsbeendigung hinaus.

181 Hempel, Privater Kartellrechtsschutz, S. 48 f.

Vertikale Kernbeschränkungen fallen unter den Tatbestand von Art. 81 Abs. 1 EG und erfüllen ganz regelmäßig nicht die Freistellungsvoraussetzungen von Art. 81 Abs. 3 EG. Hierdurch wird eine umfassende Analyse der Auswirkungen der Verhaltenskoordinierung auf den Wettbewerb und der Marktstruktur i.d.R. entbehrlich. Dies führt zu geringeren Kosten der Durchsetzung, zu der insbesondere private Durchsetzungsagenten daher eher bereit sind. Auch wenn die rechtliche Qualifizierung recht einfach möglich ist, sind die tatsächlichen Informationen über den Wettbewerbsverstoß für die Durchsetzungsagenten hingegen 1nicht leicht zu erhalten, da die Beteiligten von der Rechtswidrigkeit ihres Verhaltens wissen und die Informationen entsprechend geheim halten. Allerdings hat der Beteiligte, dessen Verhaltensspielraum von der Verhaltenskoordinierung beschränkt wird, alle erforderlichen tatsächlichen Informationen über den Wettbewerbsverstoß.[182] Diesem Beteiligten wird allerdings häufig der erforderliche Anreiz zur Durchsetzung fehlen. Denn die Vereinbarung war jedenfalls bei ihrem Abschluss für beide Parteien vorteilhaft, sonst wäre sie nicht abgeschlossen worden. Daher müssen sich die Umstände für die gebundene Partei zwischenzeitlich geändert haben, damit die Vereinbarung für sie nicht mehr vorteilhaft ist und sie daher einen Anreiz zur Durchsetzung besitzt. Diesem Anreiz steht jedoch häufig auch die wirtschaftliche Abhängigkeit von der bindenden Partei entgegen. Denn die private Durchsetzung von Ansprüchen zwischen den Vertragsparteien führt praktisch stets zur Beendigung der Vertragsbeziehung, die für die gebundene Partei trotz der Wettbewerbsbeschränkung wirtschaftlich von existenzieller Bedeutung sein kann.[183]

b. Sonstige vertikale Wettbewerbsbeschränkungen

Für alle sonstigen Verhaltenskoordinierungen zwischen Unternehmen auf unterschiedlichen Produktions- oder Vertriebsstufen, die die Bedingungen des Warenbezugs oder -verkaufs betreffen, besteht keine Vermutung der Sozialschädlichkeit, so dass hier i.R.v. Art. 81 Abs. 3 EG eine umfassende Abwägung der Auswirkungen der Verhaltenskoordinierungen auf den Wettbewerb erforderlich ist. Auch hier sollen kurz die verschiedenen Arten sonstiger vertikaler Wettbewerbsbeschränkungen beschrieben werden (zu aa.) und sodann auf ihre Folgen auf den Wettbewerb, soweit sie für die Durchsetzung relevant sind, eingegangen werden (zu bb.).

---

[182] Hempel, Privater Kartellrechtsschutz, S. 155.

[183] Siehe hierzu noch unten zu Kapitel 5B.I.2.b.bb(2)(d), S. 256.

aa. Arten sonstiger vertikaler Wettbewerbsbeschränkungen

Als sonstige vertikale Wettbewerbsbeschränkungen werden zunächst Wettbewerbsverbote angesehen, die dem Käufer verbieten, Waren von Wettbewerbern des Verkäufers zu beziehen, da diese den Marktzugang beschränken und Marktabsprachen erleichtern können.[184] Auch Alleinbelieferungsverpflichtungen, die den Lieferanten dazu zwingen, die in der Vereinbarung bezeichneten Waren nur an einen einzigen Käufer zu verkaufen, sind typische sonstige vertikale Wettbewerbsbeschränkungen.[185] Des Weiteren sind selektive Vertriebssysteme zu nennen, in denen der Lieferant Vertragswaren nur an aufgrund bestimmter Merkmale ausgewählte Händler verkauft, die sich verpflichten, die Vertragswaren nicht an solche Händler weiterzugeben, die nicht zum Vertrieb zugelassen sind.[186] Diese Vereinbarungen bewirken, dass die Beteiligten allein die Waren des anderen Beteiligten vertreiben. Hierdurch entsteht die Gefahr der Erschwerung des Marktzugangs anderer Hersteller, denen der Vertrieb ihrer Waren über die gebundenen Unternehmen versagt und der Absatz ihrer Waren damit erheblich erschwert ist.[187]

Diese Formen vertikaler Verhaltenskoordinierungen führen jedoch zumeist lediglich zu einer Beschränkung des intrabrand-Wettbewerbs, die häufig zu einer verbesserten Wettbewerbsfähigkeit der Vertriebskette im Verhältnis zu den konkurrierenden Vertriebsketten führen und daher den Freistellungsvoraussetzungen des Art. 81 Abs. 3 EG genügen.[188]

bb. Folgen sonstiger vertikaler Wettbewerbsbeschränkungen

Die Folgen dieser sonstigen vertikalen Wettbewerbsbeschränkungen ähneln den Folgen vertikaler Kernbeschränkungen, zeichnen sich jedoch dadurch aus, dass die nachteiligen Wirkungen der Beschränkung des interbrand-Wettbewerbs weniger stark ausgeprägt sind und häufig von den effizienzsteigernden Wirkungen der Beschränkung des intrabrand-Wettbewerbs übertroffen werden. Das Verhältnis von effizienzsteigernden und wettbewerbsschädlichen Auswirkungen hängt dabei wiederum maßgeblich von der Marktmacht der beteiligten Unternehmen ab.[189]

---

184 Artt. 1 lit. b, 5 lit. a und lit. b Vertikal-GVO.
185 Art. 1 lit. c Vertikal-GVO.
186 Art. 1 lit. d Vertikal-GVO.
187 Näher Motta, Competition Theory, S. 363 ff.
188 Die Beschränkung des markeninternen Wettbewerbs ermöglicht es insbesondere, das Problem des free riding innerhalb der Vertriebskette zu reduzieren und so zu einer gesteigerten Effizienz zu gelangen, siehe hierzu Motta, Competition Theory, S. 313 ff.
189 Motta, Competition Theory, S. 348.

Die Vertikal-GVO nimmt diese Abwägung für die Gruppe der sonstigen vertikalen Wettbewerbsbeschränkungen abstrakt vor und stellt bei der Beurteilung der Auswirkungen der Verhaltenskoordinierung maßgeblich auf die Marktstruktur und die Marktmacht der beteiligten Unternehmen ab.[190] Damit konkretisiert die Vertikal-GVO die Freistellungsvoraussetzungen für Vertikalvereinbarungen, jedoch sind die Voraussetzungen der GVO ihrerseits nur mittels einer umfassenden ökonomischen Analyse des Marktes festzustellen, die der wirtschaftlichen Komplexität der Materie geschuldet ist.[191]

Insgesamt führt die Ambivalenz der Auswirkungen von Vertikalvereinbarungen auf den Wettbewerb dazu, dass die Einordnung als wettbewerbsfördernd oder wettbewerbsbeschränkend oft nur unter großen Schwierigkeiten und mit einigen Ungewissheiten vorgenommen werden kann, da diese Wettbewerbsbeschränkungen zumeist Grenzfälle betreffen.[192] Diese Schwierigkeiten bei der rechtlichen Einordnung von vertikalen Wettbewerbsbeschränkungen erschwert die Durchsetzung, da die Durchsetzungsagenten einen geringeren Anreiz zur Durchsetzung besitzen, wenn sie nicht mit Sicherheit wissen können, ob die fragliche Verhaltensweise gegen Art. 81 EG verstößt und sie daher in einem gerichtlichen Verfahren obsiegen werden.[193] Diesen Einordnungsschwierigkeiten stehen Vorteile der Durchsetzungsagenten bei der Informationsgewinnung gegenüber, da die Normadressaten ihr Verhalten häufig für rechtmäßig halten und daher keine Maßnahmen zur Verdeckung treffen, wodurch die faktischen Informationen über das tatsächliche Verhalten besser zugänglich sind.[194]

3. Zusammenfassung zu den Arten der Wettbewerbsbeschränkung

Es hat sich gezeigt, dass Art. 81 EG sehr verschiedene Formen wettbewerbsbeschränkender Verhaltenskoordinierungen enthält, die jeweils unterschiedliche Eigenschaften besitzen, die für die Durchsetzung von Bedeutung sind.

So verursachen Hardcore-Kartelle mit Abstand die größten gesellschaftlichen Schäden, wie auch der Schaden der betroffenen Abnehmer und Konkurrenten ebenso wie

190 Siehe Art. 3 Vertikal-GVO: 30 Prozent Marktanteilsschwelle auf dem Markt des Lieferanten; zur Marktabgrenzung Hildebrand, World Competition 2002, vol. 25, S. 3 ff., 10 ff.

191 Zur Verwendung ökonomischer Ansätze im Kartellrecht siehe Hildebrand, Economic Analysis in EC Competition Rules,.

192 Reyburn/Sutherland, Competition Law, S. 6-49.

193 Siehe hierzu noch näher unten zu Kapitel 5B.I.2.b.bb(2)(c), S. 254.

194 Reyburn/Sutherland, Competition Law, S. 5-57; Kauper/Snyder, Georgetown Law Journal 1986, vol. 74, S. 1163 ff., 1164.

der Vorteil der Normadressaten aus dem Verstoß entsprechend groß sein kann, während der Zugang zu Informationen für die privaten Durchsetzungsagenten besonders schwierig und kostspielig sein kann. Die sonstigen horizontalen Wettbewerbsbeschränkungen verursachen im Vergleich hierzu ungleich geringere gesellschaftliche und auch individuelle Schäden bei den betroffenen Abnehmern und Konkurrenten, bringen den Normadressaten einen geringeren rechtswidrigen Gewinn aus dem Verstoß, der regelmäßig faktisch auch leichter aufzuklären sein dürfte, wenngleich die rechtliche Einordnung hier komplexere Nachforschungen erfordern kann.

Auch vertikale Wettbewerbsbeschränkungen verursachen im Vergleich zu Hardcore-Kartellen nur geringere gesellschaftliche und individuelle Schäden. Bei vertikalen Kernbeschränkungen sind diese Schäden wie auch der Vorteil des Normadressaten aus dem Verstoß noch größer als bei den sehr ambivalenten und in ihren Auswirkungen von der Marktstruktur und der Marktmacht der Beteiligten abhängigen sonstigen vertikalen Wettbewerbsbeschränkungen. Allgemein sind bei vertikalen Wettbewerbsbeschränkungen die Kosten der Informationsgewinnung für die Durchsetzungsagenten geringer, insbesondere für den gebundenen Beteiligten, dem allerdings häufig der erforderliche Anreiz zur Durchsetzung fehlen wird.

Nach diesem knappen Überblick über die materiellrechtliche Regelung des Art. 81 EG und die verschiedenen Arten der hiervon erfassten Wettbewerbsbeschränkungen soll nun näher auf die verschiedenen Formen der Durchsetzung von Art. 81 EG eingegangen werden.

Kapitel 3 Durchsetzung von Art. 81 EG

In diesem Kapitel soll die öffentliche und die private Durchsetzung von Art. 81 EG darstellt werden. Dabei soll der Schwerpunkt der Darstellung auf der Durchsetzung nach geltendem Recht liegen, jedoch soll im Detail auch auf alternative Durchsetzungsformen eingegangen werden. Eine umfassende Darstellung des Verfahrens der öffentlichen und privaten Durchsetzung von Art. 81 EG ist erforderlich, um die verschiedenen Durchsetzungsformen später miteinander vergleichen zu können. Um die Bedeutung der verschiedenen Aspekte des Durchsetzungssystems für den Vergleich der Durchsetzungsform hervorzuheben, soll bei den entsprechenden Punkten unter Inkaufnahme des Vorgriffs ein kurzer Hinweis auf die Auswirkungen der Regelung erfolgen. Diese Auswirkungen bestehen darin, dass die verschiedenen Regelungen den Durchsetzungserfolg, der sich in dem Maß der Abschreckung der Normadressaten niederschlägt, und die Höhe der zur Durchsetzung aufgewendeten gesellschaftlichen Kosten beeinflussen.[195]

Zunächst soll kurz die Bedeutung des Durchsetzungssystems für Art. 81 EG untersucht werden (zu A.), bevor die öffentliche Durchsetzung (zu B.) und sodann die private Durchsetzung von Art. 81 EG (zu C.) dargestellt werden.

A. Bedeutung des Durchsetzungssystems für Art. 81 EG

Ein funktionierendes Durchsetzungssystem ist für die praktischen Auswirkungen des Rechtssystems auf die tatsächlichen Zustände in der Gesellschaft allgemein von grundlegender Bedeutung. Denn das Durchsetzungssystem ist – wie bereits erwähnt –[196] erforderlich, um dem rechtlichen Normbefehl auch in der Rechtswirklichkeit Geltung zu verschaffen. Allein das Androhen der Sanktion für einen Normverstoß genügt noch nicht, um das Verhalten der Normadressaten auch tatsächlich zu beeinflussen. Die Normadressaten müssen vielmehr erwarten, dass die in vom Durchsetzungssystem angedrohte Sanktion auch tatsächlich verhängt wird, um von dem Normverstoß abgeschreckt zu werden.

---

[195] Siehe zur Berücksichtigung der Kosten und des Nutzens der Durchsetzung unten zu Kapitel 4A.IV., S. 164.

[196] Siehe hierzu oben zu Kapitel 1C.II., S. 8.

Da das Kartellrecht keine selbstdurchsetzenden Normen enthält, muss das Durchsetzungssystem von Art. 81 EG sicherstellen, dass die Normadressaten bei der Entscheidung über einen Wettbewerbsverstoß mit der Verhängung von Sanktionen rechnen müssen, um sie von dem Verstoß abzuschrecken.[197] Denn angesichts des privaten Gewinns, den die Normadressaten insbesondere bei Hardcore-Kartellen in beträchtlicher Höhe aus dem Wettbewerbsverstoß ziehen können,[198] lässt sich nur über die glaubhafte Androhung einer tatsächlich verhängten Sanktion sicherstellen, dass die Normadressaten von wettbewerbswidrigem, sozialschädlichem Verhalten absehen und so auf den Märkten ein funktionierender Wettbewerb herrscht, der zu einem effizienten Einsatz der Ressourcen führt und damit die Wettbewerbsfähigkeit der europäischen Unternehmen steigert.[199]

Das Durchsetzungssystem ist gerade bei Art. 81 EG von großer Bedeutung, weil die Verhinderung dieser zumeist bewussten Wettbewerbsverstöße wegen der damit verbundenen gesellschaftlichen Schäden besonders wichtig ist und die Normadressaten infolge des großen privaten Gewinns aus dem Verstoß einen starken Anreiz zum Normverstoß besitzen. Zudem ist die Beschaffung der zur Verhängung einer Sanktion erforderlichen Informationen über den Normverstoß häufig schwierig und die Durchsetzung entsprechend kostspielig. Daher ist ein schlagkräftiges Durchsetzungssystem erforderlich, das die Schäden aus dem Wettbewerbsverstoß bei möglichst geringen gesellschaftlichen Durchsetzungskosten weitmöglichst verhindert.

Die Bedeutung des Durchsetzungssystems für den Erfolg des Kartellrechts wird in der Literatur allgemein anerkannt: So heben beispielsweise *Mestmäcker/Schweitzer* hervor, dass die praktische Wirksamkeit eines wettbewerbsrechtlichen Systems von dem seiner Durchsetzung dienenden Verfahrensrecht abhängt,[200] und *Karsten Schmidt* schreibt, dass das Kartellrecht nicht unabhängig von seiner Verfahrensordnung sein kann.[201]

---

197 Reynolds, Georgetown Law Journal 1980, vol. 68, S. 1121 ff., 1123 f. auch zu den Auswirkungen der Rechtsdurchsetzung im Bereich des Kartellrechts aus ökonomischer Sicht.

198 Siehe hierzu oben zu Kapitel 2B.III.1.a.cc., S. 41.

199 Kommission, Commission Staff Working Paper, Annex to the Green Paper Damages actions for breach of the EC antitrust rules, 19. Dezember 2005, SEC(2005) 1732 (im Folgenden "Working Paper Private Durchsetzung"), Rn. 9.

200 Mestmäcker/Schweitzer, EG-Wettbewerbsrecht, § 7 Rn. 5.

201 Schmidt, BB 2003, S. 1237 ff., 1237.

Auch die Gemeinschaftsorgane erkennen die überragende Bedeutung der Wettbewerbsregeln als Teil der Wirtschaftsverfassung der Europäischen Gemeinschaft allgemein und des Kartellverbots im Besonderen an: So hält der EuGH in ständiger Rechtsprechung den Erhalt eines Systems des effektiven Wettbewerbs für grundlegend, da ohne ihn zahlreiche Vorschriften des Vertrags gegenstandslos wären.[202] Ferner misst er speziell der Durchsetzung des Kartellverbots einen hohen Stellenwert bei; so stellt der EuGH unter Verweis auf die praktische Wirksamkeit von Art. 81 Abs. 1 EG Anforderungen an die Ausgestaltung der Schadensersatzansprüche im Kartellzivilrecht der Mitgliedstaaten, um die Durchsetzungskraft der Wettbewerbsregeln zu erhöhen.[203] In ähnlicher Weise hat auch die Kommission wiederholt die positiven Auswirkungen eines funktionstüchtigen Wettbewerbs auf das Gemeinwesen hervorgehoben.[204]

Die Bedeutung eines funktionierenden Durchsetzungssystems gerade im Bereich des Kartellverbots lässt sich auch empirisch verdeutlichen: So haben *Clarke/Evenett* bei einer ökonometrischen Betrachtung der Verteilung der Schäden aus dem internationalen Vitaminkartell auf die verschiedenen betroffenen Ländern gezeigt, dass die kartellbedingten Preiserhöhungen und damit die Schäden des Kartells in den Ländern, die ein strenges System der Kartellrechtsdurchsetzung besitzen, geringer ausfallen als in Ländern ohne ein solches gut funktionierendes Durchsetzungssystem.[205] Auch eine ökonometrische Meta-Analyse der Kartellschäden in verschiedenen Ländern kommt zu dem Ergebnis, dass die Schäden lokaler Kartelle in den USA und der EG, die ein relativ gut funktionierendes Durchsetzungssystem besitzen, geringer ausfielen als in anderen Teilen der Welt.[206]

B. Öffentliche Durchsetzung von Art. 81 EG

Um den Vergleich der Durchsetzungsformen zu ermöglichen, muss nun zunächst die öffentliche Durchsetzung von Art. 81 EG erörtert werden. Hierzu soll zunächst das Verfahren der öffentlichen Durchsetzung (zu I.) sowie die verschiedenen Sanktionen, die die Kommission mit ihrer Entscheidung verhängen kann, dargestellt werden

202 EuGH, Entscheidung vom 21. Februar 1973, Slg. 1973, 215 ff. – Continental Can; Bellamy/Child, EC Competition Law, S. 1-075.

203 EuGH, Entscheidung vom 20. September 2001, Slg. 2001, I-6297, 6323 Rn. 26 f. – Courage/Crehan.

204 Kommission, XXI. Bericht über die Wettbewerbspolitik, 1991, Rn. 3.

205 Clarke/Evenett, Antitrust Bulletin 2003, vol. 43, S. 689 ff., 702 ff., sie zeigen ferner, dass die verringerten Schäden allein dieses einen Kartells einen Großteil der mit dem aktiven Durchsetzungssystem verbundenen höheren gesellschaftlichen Durchsetzungskosten kompensieren kann.

206 Connor/Bolotova, SSRN-Paper 2005, S. 1 ff., 42.

(zu II.), bevor auf den prozessualen Rahmen der gerichtlichen Überprüfung dieser Entscheidung eingegangen werden soll (zu III.). Eine Zusammenfassung schließt diesen Abschnitt ab (zu IV.).

I. Verfahren

Bei der Darstellung des Verfahrens der öffentlichen Durchsetzung soll zunächst die Frage der Zuständigkeit und des anwendbaren Verfahrensrecht erörtert werden (zu 1.). Sodann sollen der Ablauf des Verfahrens einschließlich der dabei geltenden Verfahrensgrundsätze und Schutzrechte der betroffenen Normadressaten (zu 2.), und schließlich ausführlich die verschiedenen Mittel zur Gewinnung von Informationen dargestellt werden (zu 3.), bevor die gewonnenen Erkenntnisse knapp zusammengefasst werden (zu 4.). Hierbei sollen jeweils nicht nur die rechtlichen Vorgaben einschließlich etwaiger Alternativregelungen betrachtet werden, sondern vielmehr auch die Auswirkungen der jeweiligen Verfahrensregel auf den Erfolg des Durchsetzungssystems hervorgehoben werden.

1. Anwendbares Recht und Zuständigkeit

Zur öffentlichen Durchsetzung von Art. 81 EG ist einerseits gemäß Art. 4 VO 1/03 die Kommission zuständig. Gleichzeitig sind aber auch die mitgliedstaatlichen Wettbewerbsbehörden befugt, das Kartellverbot durchzusetzen, Art. 5 VO 1/03.

Das Verfahrensrecht, das bei der öffentlichen Durchsetzung von Art. 81 EG durch die Kommission gilt, ergibt sich aus dem Gemeinschaftsrecht. Hierzu wurde die auf Art. 83 EG gestützte VO 1/03 erlassen, die auch Bestimmungen über das Verfahren der Durchsetzung durch die Kommission enthält. Ferner ergeben sich weitere Verfahrensregeln aus der auf Art. 33 VO 1/03 gestützten Verordnung (EG) Nr. 773/2004 über die Durchführung von Verfahren durch die Kommission (im Folgenden "VO 773/04").[207]

Werden die mitgliedstaatlichen Wettbewerbsbehörden gemäß Art. 5 VO 1/03 zur Durchsetzung von Art. 81 EG aktiv, gilt für ihre Tätigkeit das Verfahrensrecht des jeweiligen Mitgliedstaats. Die Verfahrensrechte der verschiedenen Mitgliedstaaten für die öffentliche Durchsetzung von Art. 81 EG einschließlich der zu verhängenden Sanktionen und der gerichtlichen Anfechtung von Entscheidungen sind innerhalb der

---

[207] Verordnung (EG) Nr. 773/2004 vom 7. April 2004 über die Durchführung von Verfahren auf der Grundlage der Art. 81 und 82 EG-Vertrag durch die Kommission, ABl. 2004 L 123/18.

Europäischen Gemeinschaft bisher nicht harmonisiert.[208] Art. 3 VO 1/03 zwingt die nationalen Wettbewerbsbehörden jedoch – wie bereits dargestellt –[209] zur parallelen Anwendung von Art. 81 EG neben dem jeweiligen mitgliedstaatlichen Recht und verbietet divergierende Ergebnisse. Damit führt die neue Regelung der VO 1/03 zu einer materiellrechtlichen Zentralisierung bei gleichzeitiger verfahrensrechtlicher Dezentralisierung.[210]

Hier soll aus Gründen der Übersichtlichkeit allein auf das Durchsetzungsverfahren der Kommission eingegangen werden. Das Durchsetzungsverfahren der verschiedenen mitgliedstaatlichen Wettbewerbsbehörden unterscheidet sich bei der Durchsetzung von Art. 81 EG jedoch nicht grundlegend von dem Verfahren der Kommission.

Die Auswirkungen dieser parallelen Zuständigkeit von Kommission und mitgliedstaatlichen Wettbewerbsbehörden auf den Erfolg des Durchsetzungssystems bestehen darin, dass zunächst die Gefahr einer Vervielfachung der gesellschaftlichen Durchsetzungskosten durch die Verfolgung desselben Wettbewerbsverstoßes durch mehrere öffentliche Durchsetzungsorgane entsteht, die jedoch durch die Regelungen über die Zuständigkeitsverteilung innerhalb des Netzwerks der europäischen Wettbewerbsbehörden (European Competition Network, ECN) gemindert wird.[211] Daneben birgt die dezentrale Durchsetzung stets die Gefahr divergierender Entscheidungen der verschiedenen zuständigen Entscheidungsträger, die allerdings bei konsequenter Nutzung des Verfahrens zur Zusammenarbeit im Netzwerk ebenfalls beherrschbar sein dürfte.[212]

Die dezentrale öffentliche Durchsetzung von Art. 81 EG besitzt zudem auch Vorteile: So können die Ressourcen sämtlicher Wettbewerbsbehörden zur Durchsetzung von Art. 81 EG eingesetzt werden, und die Entwicklung des Kartellrechts kann bei einer dezentralen Anwendung durch die Vielzahl von Entscheidungen der verschiedenen

---

208 Weitbrecht, EuZW 2003, S. 69 ff., 72 sieht hierin ein Problem für die Einheitlichkeit der Rechtsanwendung in der Gemeinschaft.

209 Siehe oben zu Kapitel 2B.II.1.b., S. 26.

210 Mestmäcker/Schweitzer, EG-Wettbewerbsrecht, § 19 Rn. 12; siehe bereits oben zu Kapitel 2B.II.1.b., S. 26; zur Ausgestaltung des Kartellrechts auf internationaler Ebene Amato, World Competition 2001, vol. 24, S. 451 ff.,461 ff.

211 Gauer, IBA Conference 2005, S. 2 ff.; Garzaniti/Gudofsky/Moffat, Antitrust Law Journal 2004, vol. 72, S. 159 ff., 176 f.; ausführlich zur Funktionsweise des ECN Gerber/Cassinis, European Competition Law Review 2006, vol. 27, S. 10 ff.; siehe hierzu noch ausführlich zu Kapitel 5B.II.1.e.aa., S. 272.

212 Wurmnest, in: Behrens/Braun/Nowak, EG-Wettbewerbsrecht im Umbruch, S. 213 ff., 225.

mitgliedstaatlichen Behörden (und Gerichten) beschleunigt werden.[213] Die hiermit untrennbar verbundene Gefahr einer mangelnden Konsistenz der Entscheidungen der verschiedenen Wettbewerbsbehörden reduziert die VO 1/03 durch die Pflicht der Wettbewerbsbehörden zum Austausch von Informationen im ECN und durch die Kooperation der Kommission mit den zur Überprüfung der Verwaltungsentscheidung berufenen mitgliedstaatlichen Gerichten (Art. 15 VO 1/03) sowie deren Pflicht zur europarechtskonformen Entscheidung (Art. 16 VO 1/03).[214]

2. Verfahrensablauf und Verteidigungsrechte des Normadressaten

Das Verfahrensrecht beeinflusst maßgeblich die gesellschaftlichen Kosten der öffentlichen Durchsetzung, da die im behördlichen Verfahren der Kommission geltenden Verfahrensgrundsätze (zu a.), der Aufbau des Verfahrens (zu b.) und vor allem die verfahrensrechtlichen Schutzrechte der Normadressaten (zu c.) zu einem aufwendigen Verfahren der öffentlichen Durchsetzung und entsprechend hohen gesellschaftlichen Kosten der Durchsetzung führen.[215]

a. Verfahrensgrundsätze

Das Verfahren der öffentlichen Durchsetzung durch die Kommission ist seiner Art nach stets ein behördliches Verfahren im öffentlichen Interesse und als solches dem Öffentlichen Recht zuzuordnen.[216] In dem gesamten Verfahren gilt daher der verwaltungsrechtliche Untersuchungsgrundsatz, der die Kommission zu den Ermittlungsmaßnahmen verpflichtet, die für den Nachweis des Wettbewerbsverstoßes erforderlich sind.[217] Allerdings trägt der Normadressat gemäß Art. 2 S. 2 VO 1/03 die Darlegungslast für das Vorliegen der Freistellungsvoraussetzungen des Art. 81 Abs. 3 EG, wobei der Kommission gleichwohl eine Verpflichtung zur Aufklärung des Sachverhalts zukommt.[218] Ferner gilt der Opportunitätsgrundsatz, der der Kommission ein Ermessen bei der Entscheidung über die Einleitung eines Verfahrens vermittelt.[219]

---

213 McCurdy, European Competition Law Review 2004, vol. 25, S. 509 ff., 510.

214 McCurdy, European Competition Law Review 2004, vol. 25, S. 509 ff., 511 f.

215 Siehe hierzu noch unten zu Kapitel 5B.II.1.b., S. 263.

216 Mestmäcker/Schweitzer, EG-Wettbewerbsrecht, § 19 Rn. 3; Ritter in: Immenga/Mestmäcker, EG-WBR Bd. 1, VO 17 Vorbemerkungen Rn. 32; Aicher/Schumacher in: Grabitz/Hilf, EU-Recht, Art. 81 EG Rn. 369.

217 Aicher/Schuhmacher in: Grabitz/Hilf, EU-Recht, Art. 81 EG Rn. 370; Ritter in: Immenga/Mestmäcker, EG-WBR Bd. 2, VO 17 Vorbemerkungen Rn. 34 f.

218 Dalheimer in Grabitz/Hilf, EU-Recht, nach Art. 83 EG, Art. 2 Rn. 4; Klees, EG-Kartellverfahrensrecht, § 5 Rn. 20 f.

219 Klees, EG-Kartellverfahrensrecht, § 5 Rn. 2.

b. Verfahrensaufbau

Das Verfahren der Kommission ist zweistufig ausgestaltet: Am Anfang steht ein Ermittlungs- und Untersuchungsverfahren, in dem festgestellt werden soll, ob ein Verfahren zum Erlass einer Entscheidung wegen eines Verstoßes gegen Art. 81 EG eingeleitet wird. Hierzu ermittelt die Kommission den Sachverhalt, um bei der Entscheidung über die Einleitung eines Verfahrens ihr Ermessen pflichtgemäß ausüben zu können. Nunmehr muss auch die Fallverteilung innerhalb des Netzwerks erfolgen, bei der die Kommission zuständig ist, wenn sie am besten zur Durchsetzung geeignet ist. Das nachfolgende Verfahren wird durch Beschluss der Kommission eingeleitet (Art. 2 Abs. 1 VO 773/04), der von Amts wegen oder auf Antrag ergehen kann.[220] Das Verfahren ist förmlich ausgestaltet und auf Erlass einer Entscheidung nach Artt. 7-10 VO 1/03 gerichtet. Diese Entscheidung muss gemäß Art. 253 EG mit Gründen versehen werden, um für den Adressaten nachvollziehbar zu sein. Ferner muss die Entscheidung unter Angabe der Beteiligten und der verhängten Sanktion publiziert werden, Art. 30 Abs. 1, Abs. 2 S. 1 VO 1/03. Die Publizität der Entscheidung gibt der interessierten Öffentlichkeit die Möglichkeit, Informationen über das normwidrige Verhalten des Normadressaten sowie über die Entscheidungspraxis der Kommission zu erlangen. Diese Information kann von diesen Dritten zu eigenen Zwecken verwendet werden, sei es als Richtschnur für eigenes Verhalten unter derselben Norm oder als Anstoß zur Durchsetzung eigener Ansprüche gegen den Normadressaten wegen des in Rede stehenden Verstoßes. Bei der Veröffentlichung der Entscheidung muss jedoch auf die berechtigten Belange der betroffenen Unternehmen an der Wahrung ihrer Geschäftsgeheimnisse Rücksicht genommen werden, Art. 30 Abs. 2 S. 2 VO 1/03.[221]

c. Verfahrensrechtliche Schutzrechte des Normadressaten

Das Durchsetzungsverfahren der Kommission muss als öffentlich-rechtliches Verwaltungsverfahren auch die grundlegenden EG-rechtlichen Prinzipien und Schutzrechte des Einzelnen beachten, Art. 27 Abs. 2 S. 1 VO 1/03.[222]

So gelten zunächst die allgemeinen gemeinschaftsrechtlichen Verfahrensgarantien und Verteidigungsrechte, wie der Anspruch auf rechtliches Gehör (Art. 27 Abs. 1 VO 1/03, Artt. 10 ff. VO 773/04), das Recht auf Akteneinsicht (Art. 27 Abs. 2 S. 2 VO 1/03, Art. 15 VO 773/04) und auf Schutz von Geschäftsgeheimnissen (Art. 27 Abs. 2 S. 2-4

[220] Näher Klees, EG-Kartellverfahrensrecht, § 5 Rn. 11 ff.
[221] Siehe zum Ganzen Mestmäcker/Schweitzer, EG-Wettbewerbsrecht, § 19 Rn. 34 ff.
[222] Zum Grundrechtschutz im EG-Kartellrecht siehe Weiß, EuZW 2006, S. 263 ff.

VO 1/03, Art. 16 VO 773/04) sowie das Recht auf Zuziehung eines Rechtsbeistandes und auf Schutz der Vertraulichkeit des Anwalt-Mandanten-Verhältnisses.[223] Dieses nicht ausdrücklich kodifizierte "legal privilege" leitet der EuGH aus der allen Mitgliedstaaten gemeinsamen und auch im Gemeinschaftsrecht anerkannten Unabhängigkeit des Anwalts als Organ der Rechtspflege ab[224] und erstreckt es auf den Schriftverkehr des Unternehmens mit einem außerhalb des Unternehmens stehenden Anwalt, der sich unmittelbar auf ein Verfahren bezieht oder mit dessen Gegenstand in Zusammenhang steht.[225] Ferner ist der Normadressat nach den allgemeinen gemeinschaftsrechtlichen Rechtsgrundsätzen nicht verpflichtet, sich selbst durch eigene Aussagen zu belasten, was jedoch nicht die Pflicht zur Vorlage belastender Beweismitteln ausschließt.[226] Daneben begrenzt der allgemein geltende Grundsatz der Verhältnismäßigkeit sowohl die Ermittlungsbefugnisse der Kommission als auch die Höhe der schließlich verhängten Geldbuße.[227]

Ferner ist für die Unternehmen von besonderer Bedeutung, dass ihre vertraulichen Informationen im Rahmen des Verfahrens vor der Kommission nicht anderen Verfahrensbeteiligten oder der Öffentlichkeit zugänglich gemacht werden. Zum Schutz dieses berechtigten Interesses gilt im gesamten Verfahren der in Art. 287 EG verankerte Grundsatz, dass Geschäftsgeheimnisse und sonstige vertrauliche Informationen der Unternehmen besonders geschützt werden.[228] Zu diesem Zweck sind Geschäftsgeheimnisse und vertrauliche Informationen von dem Recht anderer Verfahrensbeteiligter auf Akteneinsicht ausgenommen (Art. 27 Abs. 2 VO 1/03) und die Mitarbeiter der Kommission zur Wahrung des Berufgeheimnisses verpflichtet (Art. 28 Abs. 2 VO 1/03).

---

223 Mestmäcker/Schweitzer, EG-Wettbewerbsrecht, § 19 Rn. 5 m.w.N.; ausführlich Schwarze/Weitbrecht, EG-Kartellverfahrensrecht, § 5 Rn. 1 ff.; Klees, EG-Kartellverfahrensrecht, § 5 Rn. 35 ff.; zum Schutz des legal privilege bei dem Informationsaustausch im Netzwerk der Kartellbehörden Andreangeli, Competition Law Review 2005, vol. 2, S. 31 ff.

224 EuGH, Entscheidung vom 18. Mai 1982, Slg. 1982, 1575 ff. Rn. 25 – AM&S.

225 EuGH, Entscheidung vom 18. Mai 1982, Slg. 1982, 1575 ff. Rn. 21 – AM&S; Schwarze/Weitbrecht, EG-Kartellverfahrensrecht, § 5 Rn. 30 ff.; ausführlich zur Reichweite des legal privileges bei Verfahren der nationalen Wettbewerbsbehörden nach deutschem und europäischem Recht Pfromm/ Hentschel, EWS 2005, S. 350 ff., 353 ff.

226 EuGH, Entscheidung vom 18. Oktober 1989, Slg. 1989, 3283 ff. Rn. 27, 32, 34 – Orkem; Garzaniti/ Gudofsky/Moffat, Antitrust Law Journal 2004, vol. 72, S. 159 ff., 175 m.w.N.; Miersch in Grabitz/ Hilf, EU-Recht, nach Art. 83 EG, vor Art. 17 Rn. 18 ff.

227 Aicher/Schuhmacher in: Grabitz/Hilf, EU-Recht, Art. 81 EG Rn. 374 f. m.w.N.; Garzaniti/Gudofsky/ Moffat, Antitrust Law Journal 2004, vol. 72, S. 159 ff., 173 f.

228 Miersch in Grabitz/Hilf, EU-Recht, nach Art. 83 EG, Art. 27 Rn. 66.

Noch stärker als die dargestellten Schutzrechte sind die verfahrensrechtlichen Schutzrechte von natürlichen Personen, sofern sie nach mitgliedstaatlichen Kartellverfahrensrecht Adressat einer kartellrechtlichen Sanktion einer mitgliedstaatlichen Wettbewerbsbehörde sein können. Dies zeigt sich auch an dem strengeren Verwertungsverbot in Art. 12 Abs. 3 VO 1/03 hinsichtlich Informationen, die im Netzwerk der Wettbewerbsbehörden ausgetauscht werden.[229]

Die Bedeutung dieser Verfahrensgrundsätze für die Ausgestaltung des Durchsetzungssystems besteht darin, dass sie zu einer aufwendigeren Ausgestaltung des Verfahrens zwingen, wodurch die Kosten der gerichtlichen Verfolgung der Normverstöße bei der öffentlichen Durchsetzung steigen.[230] Jedoch erhöhen die Schutzrechte des Betroffenen zugleich die Sorgfalt, mit der die Kommission das Verfahren betreibt, was zu einer Verringerung der gesellschaftlichen Kosten fehlerhafter Entscheidungen führen kann.[231]

3. Informationsmittel der Kommission

Der Kommission stehen bei der Durchsetzung von Art. 81 EG verschiedene Mittel zur Gewinnung von Informationen über den Wettbewerbsverstoß zur Verfügung. Die Informationsmittel sind für den Erfolg des Durchsetzungssystems von tragender Bedeutung, da nur mit gerichtsfesten Informationen und Beweismittel der Nachweis des Wettbewerbsverstoßes gelingen kann. Zudem ist der Zugang zu Informationen im Kartellrecht häufig besonders schwierig, weil sich die Informationen in den Händen der Normadressaten befinden. Wie noch zu zeigen sein wird, führ die öffentliche Durchsetzung von Art. 81 EG dank dieser Informationsmittel der Kommission zu relativ geringen Informationskosten, die einen wesentlichen Teil der gesellschaftlichen Kosten der Durchsetzung ausmachen.[232]

Die vielfältigen und schlagkräftigen Mittel der Kommission, um die zur Durchsetzung erforderlichen Informationen zu erlangen, sollen nun dargestellt werden: So erhält die Kommission vielfach Beschwerden von Marktteilnehmern, die den Verdacht eines Wettbewerbsverstoßes anzeigen (zu a.), und im Rahmen der leniency-Regelung auch freiwillig Informationen von einem Normadressaten (zu b.). Die Kommission kann aber auch mit anderen mitgliedstaatlichen Behörden sowie Gerichten Informationen

[229] Monopolkommission, Sondergutachten zur 7. GWB-Novelle, Rn. 27.
[230] Siehe hierzu noch unten zu Kapitel 5B.II.1.b., S. 263.
[231] Siehe hierzu noch unten zu Kapitel 5B.II.3., S. 296.
[232] Siehe hierzu noch unten zu Kapitel 5B.II.2.b.bb., S. 292.

über Wettbewerbsverstöße austauschen (zu c.) und schließlich mittels ihrer umfassenden Ermittlungsbefugnisse Informationen bei den verdächtigten Normadressaten selbst einholen (zu d.).

a. Beschwerden

Die Entscheidung der Kommission, ein förmliches Verfahren einzuleiten, kann sich auf Informationen stützen, die sich aus einer Beschwerde ergeben. Zum Einreichen einer Beschwerde ist neben den Mitgliedstaaten jede natürliche und juristische Person berechtigt, die ein berechtigtes Interesse darlegen kann (Art. 7 Abs. 2 VO 1/03; Art. 5 Abs. 1 VO 773/04).[233] Dieses berechtigte Interesse besitzt jeder, der durch den dargelegten Verstoß einen Schaden erleidet oder erleiden wird, also unmittelbar von der Wettbewerbsbeschränkung betroffen ist.[234] Dies erfasst neben den Wettbewerbern und den Abnehmern des Normadressaten auch die betroffenen Verbraucher[235] sowie entsprechende Unternehmens- und Verbraucherverbände, deren Mitglieder von der Wettbewerbsbeschränkung betroffen sind.[236]

Erkennt die Kommission das berechtigte Interesse des Beschwerdeführers an, erhält der Beschwerdeführer im sodann eingeleiteten förmlichen Verfahren gegen den Normadressaten verschiedene Verfahrensrechte, die seine Interessen schützen sollen, insbesondere eine Kopie der Mitteilung der Beschwerdepunkte (Art. 6 Abs. 1 VO 773/04) und das Recht zur Stellungnahme im weiteren Verfahren (Art. 6 Abs. 2 VO 773/04).

Fehlt hingegen das berechtigte Interesse des Beschwerdeführers, so weist die Kommission die Beschwerde nach Anhörung des Beschwerdeführers und Gewährung von Akteneinsicht (Artt. 7, 8 VO 773/04) durch Entscheidung ab, die der Beschwerdeführer vor den Gemeinschaftsgerichten anfechten kann.[237] Zieht der Beschwerdeführer seine Beschwerde zwischenzeitlich zurück, kann die Kommission in jedem Fall die

---

233 Siehe hierzu die Bekanntmachung der Kommission über die Behandlung von Beschwerden durch die Kommission gemäß Art. 81 EG und 82 EG-Vertrag, ABl. 2004 C 101/05 S. 65 ff. vom 27. April 2004, im Folgenden "Beschwerde-Bekanntmachung".

234 Schwarze/Weitbrecht, EG-Kartellverfahrensrecht, § 5 Rn. 41; Garzaniti/Gudofsky/Moffat, Antitrust Law Journal 2004, vol. 72, S. 159 ff., 167; näher hierzu Mestmäcker/Schweitzer, EG-Wettbewerbsrecht, § 20 Rn. 6.

235 Aicher/Schuhmacher in Grabitz/Hilf, EU-Recht, Art. 81 EG Rn. 370 m.w.N.

236 Garzaniti/Gudofsky/Moffat, Antitrust Law Journal 2004, vol. 72, S. 159 ff., 167.

237 Beschwerde-Bekanntmachung, Rn. 77 unter Verweis auf die ständige Rechtsprechung des EuGH; zur Entscheidungspraxis der Gemeinschaftsgerichte Smith, Competition Law, Rn. 5.10 ff.; Nowak, in: Nowak/Cremer, Individualrechtsschutz in EG und WTO, S. 47 ff., S. 70 hält diesen verwaltungsgerichtlichen Rechtsschutz für einen wichtigen Grund für die Attraktivität der Beschwerde.

beigebrachten Informationen zu eigenen Ermittlungen nutzen und von Amts wegen ein förmliches Verfahren einleiten.

Das Beschwerderecht ist in der Rechtspraxis von besonderer Bedeutung wie die Statistik der Kommission verdeutlicht, nach der 37 % aller in den Jahren 1996 bis 2001 neu anhängig gemachten Verfahren auf Beschwerden zurückzuführen waren.[238] Zur vereinfachten Behandlung der Beschwerden hat die Kommission das Formblatt C veröffentlich, das die Beschwerdeführer zur Einreichung einer Beschwerde verwenden sollen und die hierzu erforderlichen Angaben und Unterlagen beschreibt (Art. 5 VO 773/04).

Als formelle Verfahrenshandlung führt das Einreichen einer Beschwerde jedoch dazu, dass die beschuldigten Unternehmen von der Beschwerde und der Person des Beschwerdeführers Kenntnis erhalten können. Fürchtet der Beschwerdeführer Vergeltungsmaßnahmen von den beschuldigten Unternehmen, kann er entweder bei der Kommission einen Antrag auf Anonymität stellen,[239] oder der Betroffene kann unter Verlust seiner Verfahrensrechte als Beschwerdeführer auf die förmliche Beschwerde verzichten und der Kommission eine vertraulich zu behandelnde Marktinformation zukommen lassen. Diese informelle Beschwerde, die die Kommission als Marktinformation ausdrücklich begrüßt,[240] ist in der Praxis eine wichtige Informationsquelle der Kommission und hat bereits zu zahlreichen von Amts wegen eröffneten Verfahren geführt.[241]

Insgesamt ist die Beschwerde von Marktteilnehmern, die von dem Wettbewerbsverstoß betroffen sind, damit eine sehr wichtige Informationsquelle bei der Durchsetzung von Art. 81 EG.

b. Leniency-Anträge

Die Kommission erhält ihre Informationen jedoch nicht nur von den Marktteilnehmern, die von dem Wettbewerbsverstoß betroffen sind, sondern auch von dem verantwortlichen Normadressaten selbst. Die so genannte leniency-Regelung oder Bonusre-

238 Kommission, 31. Wettbewerbsbericht 2001, S. 60; Paulis/De Smijter, IBA-Paper 2005, S. 11.
239 Beschwerde-Bekanntmachung, Rn. 81.
240 Beschwerde-Bekanntmachung, Rn. 4; Dalheimer in Grabitz/Hilf, EU-Recht, nach Art. 83 EG, Art. 7 Rn. 22.
241 Ritter in Immenga/Mestmäcker, EG-WBR Bd. 2, VO 17 Art. 3 Rn. 22; Mestmäcker/Schweitzer, EG-Wettbewerbsrecht, § 21 Rn. 11.

gelung der Kommission bietet den Normadressaten nämlich die Möglichkeit, im Gegenzug für die Weitergabe von Informationen über den Wettbewerbsverstoß eine Reduzierung oder sogar den vollständigen Erlass der Geldbuße zu erhalten. Die näheren Voraussetzungen für die Reduzierung der Geldbuße sind in der Mitteilung der Kommission über den Erlass und die Ermäßigung von Geldbußen in Kartellsachen[242] (im Folgenden "leniency-Mitteilung") aufgeführt. Diese Mitteilung aus 2006 ersetzt die zuvor geltende Mitteilung aus 2002 und 1996 und erleichtert die Reduzierung der Geldbuße für kooperierende Normadressaten.[243] Nach der Leniency-Mitteilung 2002 ergibt sich folgende Regelung: Liefert der Normadressat als erster Beteiligter Informationen und Beweismittel, die den Nachweis eines zuvor unbekannten Wettbewerbsverstoßes ermöglichen, so wird ihm die eigentlich mit dem Wettbewerbsverstoß verwirkte Geldbuße vollständig erlassen (Abschnitt A der leniency-Mitteilung). Bei Informationen und Beweismitteln, die einen bereits bekannten (mutmaßlichen) Wettbewerbsverstoß betreffen und einen erheblichen Mehrwert gegenüber den bereits im Besitz der Kommission befindlichen Beweismittel darstellen, hängt das Ausmaß der Geldbußenreduzierung von dem Zeitpunkt der Informationspreisgabe ab: Das erste Unternehmen, das solche Beweismittel mit erheblichem Mehrwert liefert, erhält eine Reduzierung der Geldbuße i.H.v. 30-50 %, die Geldbuße des zweiten Unternehmens wird um 20-30 % und die jedes weiteren Unternehmens um bis zu 20 % reduziert (Abschnitt B der leniency-Mitteilung).

Diese Regelung bietet den Normadressaten einen Anreiz, der Kommission Informationen über den Wettbewerbsverstoß zukommen zu lassen, da die Geldbußen insbesondere für die Hardcore-Kartelle beträchtliche Ausmaße annehmen können.[244] Die leniency-Regelung stellt daher eine besonders wichtige Informationsquelle für die Kommission dar, da die beteiligten Unternehmen naturgemäß die Informationen und Beweis-

[242] ABl. Nr. C 197/17 ff. vom 18. Dezember 2006, sowie die Vorgängerregelung aus 2002, ABl. 2002 Nr. C 45/3 vom 19. Februar 2002 (im Folgenden "leniency-Mitteilung 2002"; zu den Auswirkungen auf den Durchsetzungserfolg siehe auch Wils, World Competition 2007, vol. 30, S. 25 ff.

[243] Zur Entwicklung der leniency-Mitteilung siehe Levy/O'Donoghue, World Competition 2004, vol. 27, S. 75 ff., 77 ff.; Ysewyn/Jordan, European Competition Law Review 2003, vol. 24, S. 235 ff.; Blake/Schnichels, Competition Policy Newsletter 2004, No. 2, S. 7 ff.; zu den verschiedenen leniency-Programmen in den unterschiedlichen Mitgliedstaaten Henry, European Competition Law Review 2005, vol. 26, S. 13 ff.; zur neuen Bonusregelung des deutschen Bundeskartellamts vom 7. März 2006 siehe Ohle/Albrecht, WRP 2006, S. 866 ff.

[244] Siehe zur Höhe der Geldbuße unten zu Kapitel 3B.II.2.c., S. 77.

mittel über den Wettbewerbsverstoß besitzen, die für den Erfolg des Durchsetzungsverfahrens häufig entscheidend sind.[245]

c. Austausch von Informationen

Der Austausch von Informationen stellt ein weiteres wichtiges Mittel der Kommission dar, um die erforderlichen Informationen über den Wettbewerbsverstoß zu erlangen. Ein Informationsaustausch erfolgt vor allem mit den mitgliedstaatlichen Wettbewerbsbehörden im ECN (zu aa.) sowie mit sonstigen Wettbewerbsbehörden (zu bb.), aber auch mit den mitgliedstaatlichen Gerichten (zu cc.).

aa. Informationsaustausch im ECN

Das durch die VO 1/03 begründete Netzwerk der Europäischen Wettbewerbsbehörden (ECN) sorgt für einen Austausch von Informationen zwischen den mitgliedstaatlichen Wettbewerbsbehörden und der Kommission sowie zwischen den mitgliedstaatlichen Wettbewerbsbehörden untereinander (Art. 11 ff. VO 1/03), und stellt damit ein weiteres Informationsmittel der Wettbewerbsbehörden dar.[246]

Innerhalb des ECN sind die mitgliedstaatlichen Wettbewerbsbehörden zunächst verpflichtet, der Kommission die Einleitung eines Verfahrens wegen eines Verstoßes gegen Art. 81 EG unverzüglich anzuzeigen (Art. 11 Abs. 3 VO 1/03) sowie die Kommission spätestens 30 Tage vor Erlass einer Untersagungsentscheidung umfassend über die beabsichtigte Entscheidung und den zugrunde liegenden Sachverhalt zu unterrichten (Art. 11 Abs. 4 VO 1/03).

Neben diesen auch zur Abgrenzung der Zuständigkeit existierenden Unterrichtungspflichten sieht Art. 12 VO 1/03 innerhalb des ECN auch die Möglichkeit zum Austausch von Informationen vor, die sich im Besitz einer Wettbewerbsbehörde befinden. Hierdurch kann die Kommission neue Informationen über die Marktsituation und über bestimmte Wettbewerbsverstöße erlangen, da die verschiedenen mitgliedstaatlichen Wettbewerbsbehörden infolge ihrer eigenen Durchsetzungsaktivitäten über verschie-

---

245 Schwarze/Weitbrecht, EG-Kartellverfahrensrecht, § 7 Rn. 35; OECD, Second Cartel Report, S. 19 ff. mit einem Überblick über die Bedeutung der leniency-Regelung und ausführlich OECD, Report on Leniency Programmes; zu den Auswirkungen der leniency-Regelung auf die gesellschaftlichen Kosten der öffentlichen Durchsetzung siehe unten zu Kapitel 5B.II.2.b.bb(1), S. 292.

246 Garzaniti/Gudofsky/Moffat, Antitrust Law Journal 2004, vol. 72, S. 159 ff., 179 ff.; Calvani, European Competition Law Review 2003, vol. 24, S. 415 ff., 422 f. weist auf die gesteigerte Bedeutung des Informationsaustauschs im ECN hin; zum Informationsaustausch im Hinblick auf die leniency-Regelung siehe Dekeyser/Jaspers, World Competition 2007, vol. 7 S. 3 ff.

dene Informationen verfügen. Die tatsächlichen oder rechtlichen Umstände, die in Form von Schriftstücken, Erklärungen und digitalen Informationen zwischen den Wettbewerbsbehörden ausgetauscht werden, umfassen auch vertrauliche Angaben und dürfen von der empfangenden Wettbewerbsbehörde als Beweismittel in ihrem Durchsetzungsverfahren verwendet werden, Art. 12 Abs. 1 VO 1/03. Die Verwendung als Beweismittel ist allerdings insoweit begrenzt, als die Verwendung nur in Bezug auf den Untersuchungsgegenstand, für den das Beweismittel ursprünglich erhoben wurde und nur zur Durchsetzung von Artt. 81, 82 EG oder des parallel angewendeten und im Ergebnis gleichlaufenden mitgliedstaatlichen Kartellrechts erfolgen darf, Art. 12 Abs. 2 VO 1/03.

Die VO 1/03 enthält außerdem weitere Vorkehrungen zum Schutz der berechtigten Interessen der Betroffenen: So dürfen keine unter das Berufsgeheimnis fallenden Informationen ausgetauscht werden, Art. 28 Abs. 2 VO 1/03, und bei der Verwendung von ausgetauschten Informationen gegen natürliche Personen gelten mit Art. 28 Abs. 3 VO 1/03 strengere Regeln, die dem stärkeren Verteidigungsrechten natürlicher Personen Rechnung tragen.[247]

Dieser Austausch von Informationen ist nach Ansicht der Kommission ein zentrales Element der Funktionsweise des ECN und eine wesentliche Voraussetzung für die effiziente Bearbeitung von Fällen.[248] Darüber hinaus sind die weit reichenden Befugnisse zum Austausch ein wichtiges Mittel der Informationsgewinnung der Kommission.[249] Hiermit erlangt die Kommission die Möglichkeit, auf das gesammelte Wissen sämtlicher mitgliedstaatlichen Wettbewerbsbehörden zurückgreifen zu können. Dies ermöglicht es, mit einem äußerst geringen Einsatz eigener Ressourcen relevante Informationen über Wettbewerbsverstöße zu erhalten und in dem eigenen Durchsetzungsverfahren zu verwenden.

bb. Informationsaustausch mit sonstigen Wettbewerbsbehörden

Die Kommission kann auf internationaler Ebene auch Informationen über Wettbewerbsverstöße von Wettbewerbsbehörden aus anderen Staaten erhalten. Hierzu hat die EG mit verschiedenen Staaten Kooperationsvereinbarungen geschlossen, die

247 ECN-Bekanntmachung, Rn. 28; hierzu Wils, World Competition 2006, vol. 29, S. 3 ff., 22 ff.

248 ECN-Bekanntmachung, Rn. 26; zu den Auswirkungen der verschiedenen innerhalb des Netzwerks bestehenden leniency-Regelungen auf den Informanten siehe Soltész, WuW 2005, S. 616 ff.

249 Monopolkommission, Sondergutachten zur 7. GWB-Novelle, Rn. 30 ff. hält diesen Informationsaustausch nicht für ausreichend und schlägt neben der Pflicht zur Amtshilfe vor, die Amtshilfe auch auf Ermittlungs-, Zustellungs- und Vollstreckungshandlungen zu erstrecken.

EG mit verschiedenen Staaten Kooperationsvereinbarungen geschlossen, die den Austausch von Informationen über Wettbewerbsverstöße von internationaler Dimension ermöglichen.[250] Die so erlangten Informationen können ebenso wie bei dem zuvor beschriebenen noch intensiveren Informationsaustausch im ECN kostengünstig zur öffentlichen Durchsetzung von Art. 81 EG eingesetzt werden.

cc. Informationsaustausch mit den mitgliedstaatlichen Gerichten

Auch aus der Zusammenarbeit mit den mitgliedstaatlichen Gerichten können sich für die Kommission Informationen über Verstöße gegen Art. 81 EG ergeben. So sind die Mitgliedstaaten gemäß Art. 15 Abs. 2 VO 1/03 verpflichtet, der Kommission eine Kopie des schriftlichen Urteils eines mitgliedstaatlichen Gerichts in Kartellsachen zu übermitteln. Darüber hinaus kann die Kommission die mitgliedstaatlichen Gerichte ersuchen, ihr alle zur Beurteilung des Falles notwendigen Schriftstücke zu übermitteln, Art. 15 Abs. 3 S. 3 VO 1/03. Allerdings sind die Informationen, die die Kommission insoweit von den Gerichten erhält, ausschließlich für die Ausarbeitung einer Stellungnahme der Kommission in dem betreffenden Verfahren bestimmt und dürfen nicht für andere Zwecke verwendet werden, Art. 15 Abs. 3 S. 5 VO 1/03. Jedoch können diese Informationen der Kommission einen allgemeinen Eindruck über die kartellrechtlichen Problemfelder in der kartellzivilrechtlichen Praxis vermitteln. Dadurch wird es der Kommission ermöglicht, ihre eigenen Durchsetzungsressourcen auf solche Bereiche zu konzentrieren, in denen sie besonders viele oder besonders bedeutsame kartellzivilrechtliche Streitigkeiten beobachtet hat.

d. Ermittlungsbefugnisse der Kommission

Die Kommission besitzt schließlich gemäß Art. 284 EG allgemein das Recht, alle zur Erfüllung ihrer Aufgaben erforderlichen Informationen einzuholen und alle erforderlichen Nachprüfungen vorzunehmen. Dieses Recht wird von der VO 1/03 für die Wettbewerbsregeln in den Artt. 17 ff. VO 1/03 näher bestimmt, indem der Kommission für die Durchsetzung von Art. 81 EG verschiedene Befugnisse zugestanden werden: Diese Ermittlungsbefugnisse lassen sich in das Recht zur Erhebung von Informationen (Artt. 18, 19 VO 1/03, zu aa.), die Nachprüfungsbefugnisse (Artt. 20, 21 VO 1/03, zu bb.) und die Enquêtebefugnis (Art. 17 VO 1/03, zu cc.) unterteilen.

---

[250] Näher zu der Kooperation auf internationaler Ebene Fullerton/Mazard, World Competition 2001, vol. 24, S. 405 ff.; Murphy, European Competition Law Review 2002, vol. 23, S. 479 ff.

aa. Informationsrechte

Die Informationsrechte der Kommission bestehen grundsätzlich gegenüber allen Unternehmen und Unternehmensvereinigungen, nicht allein gegenüber den verdächtigten Normadressaten. Die Kommission kann in einem Verfahren zur Durchsetzung von Art. 81 EG gemäß Art. 18 VO 1/03 einfache und auch förmliche Auskunftsverlangen an Unternehmen richten.[251] Darin verlangt die Kommission von dem Unternehmen, alle erforderlichen Auskünfte zu erteilen, die ihm möglich sind. Bei ihrem Auskunftsverlangen gibt die Kommission die Rechtsgrundlage, den Zweck des Auskunftsverlangens und die benötigten Auskünfte an, legt die Frist für die Übermittlung der Auskünfte fest und weist auf mögliche Sanktionen hin, Art. 18 Abs. 2, Abs. 3 VO 1/03.

Die Unternehmen sind nur bei einem förmlichen Auskunftsverlangen durch Entscheidung der Kommission, die vor dem EuG angefochten werden kann, unter Androhung von Zwangsgeld zur Antwort verpflichtet, Artt. 23 Abs. 1 lit. a, 24 Abs. 1 lit. d VO 1/03.[252] Das Erteilen unzutreffender Informationen ist jedoch stets mit einer Geldbuße bedroht, Art. 23 Abs. 1 lit. b VO 1/03.

Neben diesen schriftlichen Auskunftsverlangen kodifizieren die Artt. 19, 20 Abs. 2 lit. e VO 1/03 nun auch das Recht der Kommission zur mündlichen Befragung aller natürlichen und juristischen Personen. Dieses Recht steht allerdings unter dem Vorbehalt der Zustimmung des Befragten und wird durch die Pflicht zum Hinweis auf die Rechtsgrundlage, den Zweck der Befragung, die Freiwilligkeit der Aussage (Artt. 3, 4 VO 773/04) verfahrensrechtlich abgesichert.[253]

Alle diese Auskunftsverlangen liefern der Kommission eine Möglichkeit, sowohl von den verdächtigten Normadressaten als auch von anderen Marktteilnehmern relevante Informationen, die für den Nachweis des Wettbewerbsverstoßes erforderlich sind, zu erlangen.

bb. Nachprüfungsbefugnisse

Diese Informationsrechte werden durch weit reichende Nachprüfungsbefugnisse der Kommission ergänzt, Artt. 20, 21 VO 1/03. Diese berechtigen die Bediensteten der Kommission insbesondere Geschäftsräume verdächtigter Unternehmen zu durchsu-

---

[251] Wils, World Competition 2006, vol. 29, S. 3 ff., 5 f.

[252] Garzaniti/Gudofsky/Moffat, Antitrust Law Journal 2004, vol. 72, S. 159 ff., 169.

[253] Garzaniti/Gudofsky/Moffat, Antitrust Law Journal 2004, vol. 72, S. 159 ff., 172 Fn. 82 bezweifeln infolge der fehlenden Sanktionen allerdings die Verlässlichkeit der erlangten Informationen.

chen, dort vorhandene Geschäftsunterlagen einzusehen und Schriftstücke oder andere Beweismittel zu erlangen (Art. 20 Abs. 2 VO 1/03). Die betroffenen Unternehmen und ihre Mitarbeiter sind dabei gemäß Art. 20 Abs. 4 VO 1/03 verpflichtet, die Maßnahmen zu dulden. Art. 21 VO 1/03 erstreckt diese Befugnisse der Kommission nunmehr auch auf Durchsuchungen in anderen Räumlichkeiten einschließlich Wohnungen von Personen, die für das verdächtigte Unternehmen tätig sind. Sowohl die materiellrechtlichen als auch die verfahrensrechtlichen Anforderungen sind wegen des Eingriffs in das Grundrecht auf Achtung der Wohnung (Art. 8 EMRK[254]) bei dieser Maßnahme strenger.[255] Ergänzend besitzt die Kommission bei einer Durchsuchung nun gemäß Art. 20 Abs. 2 lit. e VO 1/03 das Recht, von Mitarbeitern während der Durchsuchung Erläuterungen zu Tatsachen oder Unterlagen zu verlangen, die mit Gegenstand und Zweck der Nachprüfung in Zusammenhang stehen.[256] Die Prüfung der Rechtmäßigkeit der Anwendung dieser Nachprüfungsbefugnisse erfolgt grundsätzlich nachträglich durch die Gemeinschaftsgerichte. Bei Durchsuchungen von Wohn- und Geschäftsräumen ist jedoch grundsätzlich die vorherige Genehmigung des zuständigen mitgliedstaatlichen Gerichts erforderlich, Artt. 20 Abs. 7, 21 Abs. 3 VO 1/03. Das mitgliedstaatliche Gericht prüft dabei die Kommissionsentscheidung allein auf ihre Echtheit und die beabsichtigte Maßnahme auf Willkür und Unverhältnismäßigkeit, ohne die Notwendigkeit der Nachprüfung in Frage stellen zu können, Art. 21 Abs. 3 VO 1/03.[257]

Diese Ermittlungsbefugnisse der Kommission sind die wohl wichtigsten und erfolgreichsten Mittel zur Erlangung von gerichtlich verwertbaren Beweismitteln über den Wettbewerbsverstoß.[258]

cc. Enquêtebefugnis

Darüber hinaus wurde durch die VO 1/03 das Recht der Kommission zur Untersuchung einzelner Wirtschaftszweige, unabhängig von einem konkreten Verdacht eines bestimmten Verstoßes, durch Art. 17 VO 1/03 erweitert, um den Wegfall der Informa-

---

254 Konvention zum Schutze der Menschenrechte und Grundfreiheiten vom 4. November 1950, in der Neufassung vom 17. Mai 2002, BGBl. 2002 II S. 1055; im Folgenden "EMRK".

255 Zum Ganzen Mestmäcker/Schweitzer, EG-Wettbewerbsrecht, § 19 Rn. 13 ff; Meyer/Kuhn, WuW 2004, S. 880 ff.; Weitbrecht, EuZW 2003, S. 69 ff., 71; Wils, World Competition 2006, vol. 29, S. 3 ff., 14 f.

256 Zur Vereinbarkeit dieser Neuregelung mit dem Verbot der Pflicht zur Selbstbelastung siehe Garzaniti/Gudofsky/Moffat, Antitrust Law Journal 2004, vol. 72, S. 159 ff., 204 ff.

257 McCurdy, European Competition Law Review 2004, vol. 25, S. 509 ff., 515 f. kritisiert diesen begrenzten Überprüfungsumfang der mitgliedstaatlichen Gerichte.

258 OECD, Second Cartel Report, S. 23 f.; siehe hierzu noch unten zu Kapitel 5B.II.2.b.bb(2), S. 294.

tionen aus dem Anmeldeverfahren zu kompensieren. Diese verdachtsunabhängige Nachforschungsbefugnis ermöglicht es der Kommission, auch bei sehr dürftiger Informationslage Zwangsmittel anzuwenden, um von nicht verdächtigten Unternehmen Beweismittel für mögliche Verstöße gegen die Wettbewerbsregeln zu erhalten.

Die begrenzten Ressourcen, die der Kommission zur Verfügung stehen, wirken jedoch faktisch als begrenzender Faktor. Dies wird abgemildert durch den Einsatz der Ressourcen der mitgliedstaatlichen Wettbewerbsbehörden, die eigene Ressourcen zur Untersuchung bestimmter Sektoren in ihrem jeweiligen Hoheitsgebiet einsetzen. So steht seit der 7. GWB-Novelle[259] auch dem Bundeskartellamt gemäß § 32 e GWB das Recht zu, bereits bei der Vermutung einer möglichen Wettbewerbsbeschränkung – also ohne einen konkreten Anfangsverdacht, der für ein Auskunftsverlangen erforderlich wäre – bestimmte Wirtschaftszweige zu untersuchen.

Mit Hilfe dieses Instruments kann die allgemeine Informationslage der Wettbewerbsbehörden über das Marktgeschehen insgesamt verbessert und auch ein etwaiges Informationsdefizit der Kommission infolge der Abschaffung des Freistellungssystems durch die VO 1/03 ausgeglichen werden.[260]

4. Zusammenfassung zum Verfahren der öffentlichen Durchsetzung

Hinsichtlich des öffentlichen Durchsetzungsverfahrens der Kommission hat sich Folgendes gezeigt: Die parallele Zuständigkeit von Kommission und mitgliedstaatlichen Wettbewerbsbehörden birgt die Gefahr mehrfacher Durchsetzungsaktivitäten und –kosten. Diese Gefahr wird durch die Regelungen über den Austausch im ECN und die frühzeitige Zuständigkeitsbestimmung minimiert. Die Verteidigungsrechte der betroffenen Normadressaten sind im öffentlich-rechtlichen Durchsetzungsverfahren stark ausgeprägt und führen zu entsprechend hohen Verfolgungskosten. Schließlich besitzt die Kommission verschiedene, sehr effektive Mittel, um die zum Nachweis eines Wettbewerbsverstoßes erforderlichen Informationen zu erheben. Insbesondere die Informationen von kooperierenden Normadressaten im Rahmen der leniency-Regelung und die selbständig ermittelten Informationen versetzen die Kommission in die Lage, auch nur schwierig aufzudeckende Wettbewerbsverstöße entdecken und erfolgreich einer Sanktionierung zuführen zu können.

---

[259] Siebtes Gesetz zur Änderung des Gesetzes gegen Wettbewerbsbeschränkungen vom 7. Juli 2005, BGBl. 2005, I – 1954 ff. vom 12. Juli 2005; im Folgenden "7.GWB-Novelle".

[260] Zustimmend auch Monopolkommission, Sondergutachten zur 7. GWB-Novelle, Rn. 22.

II. Sanktionen

Nach der Beschreibung des verfahrensrechtlichen Rahmens der öffentlichen Durchsetzung von Art. 81 EG sollen nun die einzelnen Sanktionen, die von der Kommission zum Abschluss des Verfahrens wegen eines Wettbewerbsverstoßes verhängt werden können, dargestellt werden.[261] Die Sanktionen sind für den Erfolg des Durchsetzungssystems von besonderer Bedeutung, weil sie ganz wesentlich die Abschreckungswirkung auf die Normadressaten bestimmen.[262]

Die Kommission kann dem Normadressaten vor allem eine Verhaltenspflicht auferlegen (zu 1.) und eine Geldbuße verhängen (zu 2.). Die übrigen Sanktionsmittel der Kommission sollen danach nur kurz angesprochen werden (zu 3.), bevor ausgewählte Sanktionsformen in anderen Rechtsordnungen erörtert werden (zu 4.).

1. Verhaltenspflichten

Ein wichtiger Sanktionstyp der Kommission besteht in der Auferlegung einer bestimmten Verhaltenspflicht gegenüber dem Normadressaten, die ihm ein rechtswidriges Verhalten untersagt.

a. Feststellung und Abstellung der Zuwiderhandlung

Die Kommission besitzt zunächst das Recht, durch förmliche Entscheidung eine Zuwiderhandlung gegen Art. 81 EG festzustellen und die betroffenen Unternehmen zur Abstellung der Zuwiderhandlung zu verpflichten, Art. 7 Abs. 1 VO 1/03. Voraussetzung für diese Entscheidung ist allein, dass die fragliche Verhaltensweise des Normadressaten gegen Art. 81 EG verstößt, also die Tatbestandsvoraussetzungen des Absatz 1 erfüllt und die Freistellungsvoraussetzungen von Absatz 3 nicht vorliegen, ohne dass es auf ein Verschulden ankäme. Liegt ein Verstoß gegen Art. 81 EG vor, ist die Kommission berechtigt, die Unternehmen zu verpflichten, "die Zuwiderhandlung abzustellen", um den durch den Verstoß verfälschten Wettbewerb wieder funktionsfähig zu machen. Die Ermächtigung des Art. 7 VO 1/03 geht über ein bloßes Verbot des Verstoßes hinaus, die Kommission kann das betroffene Unternehmen vielmehr zur Abstellung, also zum Unterlassen des Verstoßes in der Zukunft, verpflichten. Diese Unterlas-

---

[261] Diese Sanktionen der Kommission unterscheiden sich infolge des nicht harmonisierten Sanktionsrechts von den Sanktionen, die von den verschiedenen mitgliedstaatlichen Wettbewerbsbehörden wegen des Verstoßes gegen Art. 81 EG verhängt werden.

[262] Siehe zum Einfluss der Sanktion auf den Vergleich der Durchsetzungsformen noch unten zu Kapitel 5B.I.1., S. 222 ff.

sungsverpflichtung genügt bei Kartellverstößen zumeist zur Wiederherstellung der Funktionsfähigkeit des Wettbewerbs.[263]

Die Ermächtigung der Kommission erfasst jedoch darüber hinaus auch verhaltensorientierte und strukturelle Abhilfemaßnahmen, sofern die Grenzen der Verhältnismäßigkeit gewahrt sind, Art. 7 Abs. 1 S. 2, S. 3 VO 1/03. Solche positiven Verpflichtungen der Unternehmen zu einem bestimmten Verhalten sind jedoch eher bei dem Missbrauch einer marktbeherrschenden Stellung nach Art. 82 EG relevant und bei der Untersuchung von Art. 81 EG daher zu vernachlässigen.[264] Als eine Form der verhaltensorientierten Abhilfemaßnahme ist allerdings auch bei Art. 81 EG die Verpflichtung der Unternehmen interessant, die Marktteilnehmer über Verstoß und Unterlassungspflicht als Beitrag zur Abstellung des Verstoßes zu informieren. Diese Information setzt etwaige Vertragspartner von der Unverbindlichkeit der rechtswidrigen Vertragspflichten in Kenntnis und ermöglicht ihnen die Durchsetzung ihrer Rechte im Wege der privaten Durchsetzung.[265]

b. Bloße Feststellung der Rechtswidrigkeit

In der Ermächtigung, die Unternehmen zur Abstellung der Zuwiderhandlung zu verpflichten, ist ferner die Befugnis enthalten, die Rechtswidrigkeit des Verstoßes durch eine Entscheidung festzustellen.[266] Diese isolierte Feststellung der Rechtswidrigkeit kommt insbesondere dann in Betracht, wenn die Unternehmen die Zuwiderhandlung bereits freiwillig abgestellt haben. Hierfür ist gemäß Art. 7 Abs. 1 S. 4 VO 1/03 ein entsprechendes Feststellungsbedürfnis erforderlich, das sich aus einer Wiederholungsgefahr, dem Fortdauern der Wirkungen des Verstoßes oder aus dem Zweck der Klärung der Rechtslage ergeben kann.[267]

---

263 Mestmäcker/Schweitzer, EG-Wettbewerbsrecht, § 20 Rn. 34; Garzaniti/Gudofsky/Moffat, Antitrust Law Journal 2004, vol. 72, S. 159 ff., 187 Fn. 166.

264 Mestmäcker/Schweitzer, EG-Wettbewerbsrecht, § 20 Rn. 34, 36 bezeichnen positive Verpflichtungen i.R.v. Art. 81 EG als Ausnahme.

265 Siehe zu einem Fall unter Art. 82 EG: Kommission, Entscheidung vom 14. Dezember 1985, ABl. 1985 Nr. 374/1 – ECS/AKZO; Mestmäcker/Schweitzer, EG-Wettbewerbsrecht, § 20 Rn. 39.

266 EuGH, Entscheidung vom 2. März 1983, Slg. 1983, 483, 502 Rn. 23 – GVL/Kommission; Schmidt, BB 2003, S. 1237 ff., 1243; Mestmäcker/Schweitzer, EG-Wettbewerbsrecht, § 20 Rn. 32.

267 Mestmäcker/Schweitzer, EG-Wettbewerbsrecht, § 20 Rn. 33; Klees, EG-Kartellverfahrensrecht, § 6 Rn. 84 ff. jeweils m.w.N.

c. Verpflichtungszusagen

Gemäß Art. 9 VO 1/03 kann die Kommission nunmehr auch, wenn sie eine Entscheidung zur Abstellung einer Zuwiderhandlung beabsichtigt, von einem Unternehmen Zusagen über sein zukünftiges Verhalten entgegennehmen. Sind die von dem Unternehmen zugesagten Verpflichtungen geeignet, die von wettbewerbsrechtlichen Bedenken der Kommission auszuräumen, erklärt die Kommission durch förmliche Entscheidung die Verpflichtungen für verbindlich und dass für ihr Tätigwerden kein Anlass mehr besteht, Art. 9 Abs. 1 VO 1/03. Nachfolgende Verstöße gegen eine für verbindlich erklärte Zusage können mit einer Geldbuße geahndet (Art. 23 Abs. 2 lit. c VO 1/03) und die Einhaltung der zugesagten Verpflichtung mit Zwangsgeld erzwungen werden (Art. 24 Abs. 1 lit. c VO 1/03).

Diese Entscheidungsform, die keinen Vorrang gegenüber Entscheidungen mitgliedstaatlicher Behörden und Gerichte hat,[268] bietet den Vorteil, dass sie die beträchtlichen Verfolgungskosten einsparen kann, die mit dem weiteren Verfahren bis zu einer Entscheidung zur Abstellung der Zuwiderhandlung verbunden wären.[269] Im Gegensatz zu den unter Geltung der VO 17 vereinzelt verwendeten informellen Verpflichtungsabsprachen besitzt die Verpflichtungszusage den offensichtlichen Vorteil, dass die Verpflichtungen nunmehr rechtlich verbindlich sind und ihre Befolgung auch tatsächlich mittels Sanktionen erzwungen werden kann. Für das betroffene Unternehmen bietet das Angebot von Verpflichtungen den Vorteil, in Verhandlungen mit der Kommission auf die Art und Reichweite seiner Verhaltenspflichten besser Einfluss nehmen zu können, als dies bei Erlass einer einseitigen Untersagungsentscheidung nach Art. 7 VO 1/03 möglich wäre.[270]

d. Einstweilige Maßnahmen

Der EuGH hatte bereits unter Geltung der VO 17 das Recht der Kommission zur Anordnung einstweiliger Maßnahmen anerkannt.[271] Dies bestätigt Art. 8 VO 1/03 nun-

---

268 Erwägungsgrund 13 der VO 1/03; zum Ganzen Mestmäcker/Schweitzer, EG-Wettbewerbsrecht, § 20 Rn. 44 ff.

269 Garzaniti/Gudofsky/Moffat, Antitrust Law Journal 2004, vol. 72, S. 159 ff., 188; Paulis/De Smijter, IBA-Paper 2005, S. 10 f.

270 Garzaniti/Gudofsky/Moffat, Antitrust Law Journal 2004, vol. 72, S. 159 ff., 188; zu weiteren Fragen der Verpflichtungszusage siehe Armengol/Pascual, European Competition Law Review 2006, vol. 27, S. 124 ff.; Busse/Leopold, WuW 2005, S. 146 ff.; Ferro, European Competition Law Review 2005, vol. 26, S. 451 ff.; Furse, European Competition Law Review 2004, vol. 25, S. 5 ff.; Temple-Lang, European Competition Law Review 2003, vol. 24, S. 347 ff.

271 EuGH, Entscheidung vom 17. Januar 1980, Slg. 1980, 119 ff. – Camera; Mestmäcker/Schweitzer, EG-Wettbewerbsrecht, § 20 Rn. 40 f.

mehr ausdrücklich und beschreibt die Voraussetzung, bei deren Vorliegen die Kommission von Amts wegen auf Grundlage einer prima facie festgestellten Zuwiderhandlung dem Normadressaten per einstweiliger Anordnungen zeitlich befristet ein bestimmtes Verhalten ver- oder gebieten kann. Die einstweilige Maßnahmen werden durch förmliche Entscheidung (Art. 8 Abs. 1 VO 1/03) angeordnet und unterliegen der Kontrolle durch die europäischen Gerichte.[272] Für den Erlass einer einstweiligen Maßnahmen muss die "Gefahr eines ernsten, nicht wieder gutzumachenden Schadens für den Wettbewerb bestehen" (Art. 8 Abs. 1 VO 1/03), so dass die Auswirkungen des Wettbewerbsverstoßes auf die Marktverhältnisse und nicht die individuellen Rechte einzelner Betroffener im Vordergrund stehen.[273] Daher ist ein einzelner Betroffener mit seinem Begehren nach einstweiligem Rechtsschutz gegenüber einem Wettbewerbsverstoß auf den Zivilrechtsweg angewiesen.[274]

2. Geldbußen

Das andere zentrale Element der öffentlichen Durchsetzung von Art. 81 EG ist die Sanktion der Geldbuße, die in Art. 23 VO 1/03 näher geregelt ist. Mit der Geldbuße soll sowohl der in der Vergangenheit liegende Wettbewerbsverstoß geahndet als auch alle Normadressaten von zukünftigen Verstößen abgeschreckt werden. Die Geldbuße besitzt unter allen Sanktionen der öffentlichen Durchsetzung die größte Abschreckungswirkung, da die Zahlung einer hohen Geldsumme hohe Kosten für die Normadressaten verursacht.[275] Dabei ist die Geldbuße gemäß dem ausdrücklichen Wortlaut von Art. 23 Abs. 5 VO 1/03 nicht strafrechtlicher Natur, sondern als Verwaltungssanktion zu qualifizieren.[276] Dennoch gelten nach der Rechtsprechung der Gemeinschaftsgerichte für Verwaltungssanktionen die allgemein anerkannten Rechtsschutzgrundsätze, die Gemeinschaftsgrundrechte[277] und die strafrechtlichen Garantien der EMRK.[278]

---

[272] Garzaniti/Gudofsky/Moffat, Antitrust Law Journal 2004, vol. 72, S. 159 ff., 186; näher Klees, EG-Kartellverfahrensrecht, § 6 Rn. 95 ff.

[273] Näher Nordsjo, European Competition Law Review 2006, vol. 27, S. 299 ff.; Schwarze/Weitbrecht, EG-Kartellverfahrensrecht, § 6 Rn. 51 ff.

[274] Schwarze/Weitbrecht, EG-Kartellverfahrensrecht, § 6 Rn. 48.

[275] Siehe zur Verhaltensentscheidung des Normadressaten unten zu Kapitel 4A.III., S. 157 und zum Einfluss der Geldbuße auf den Vergleich der Durchsetzungsformen unten zu Kapitel 5B.I.1.a.aa., S. 224.

[276] Mestmäcker/Schweitzer, EG-Wettbewerbsrecht, § 21 Rn. 9; a.A. Schwarze/Weitbrecht, EG-Kartell-verfahrensrecht, § 7 Rn. 16 ff.; Schwarze, EuZW 2003, S. 261 ff., 267 f., der wegen ihres Zweck und ihrer Höhe die Geldbuße nach Art. 23 VO 1/03 als strafrechtliche Sanktion einordnet und daher wegen des Grundsatzes "nullum crimen sine lege" die nähere Berechnungsgrundlagen der Geldbuße in der VO 1/03 selbst verlangt; ähnlich Möhlenkamp, in: Schwarze (Hrsg.), Die europäische Bußgeldpraxis aus Unternehmersicht, S. 121 ff., 125.

[277] EuG, Entscheidung vom 20. Februar 2001, Slg. 2001, II-729 Rn. 77 – Mannesmannröhrenwerke.

[278] EuGH, Entscheidung vom 8. Juli 1999, Slg. 1999, I-4235 – Polypropylen.

a. Voraussetzungen

Die Kommission kann wegen eines Verstoßes gegen Art. 81 EG gegen ein Unternehmen eine Geldbuße verhängen, wenn die in Art. 23 Abs. 2 lit. a VO 1/03 genannten Voraussetzungen vorliegen: Erforderlich ist zunächst wiederum ein Verstoß gegen Art. 81 EG.[279] Dieser Verstoß muss von dem Normadressaten zusätzlich vorsätzlich oder fahrlässig begangen werden, Art. 23 Abs. 2 VO 1/03. Der Verstoß ist vorsätzlich, wenn er in Kenntnis der Tatsachen, die die Tatbestandsvoraussetzungen von Art. 81 EG erfüllen, erfolgt. Das Bewusstsein, gegen ein Verbot zu verstoßen, ist hingegen nicht erforderlich.[280] Bei einem fahrlässigen Verstoß hätte der Normadressat bei gehöriger, im Rechtsverkehr zu erwartender Sorgfalt erkennen müssen, dass das fragliche Verhalten gegen Art. 81 EG verstößt.[281] Dieser strenge Sorgfaltsmaßstab für die Unternehmen lässt wenig Raum für Irrtümer, die das Verschulden ausschließen können. Im Freistellungssystem der VO 17 wurde dieser strenger Verschuldensmaßstab auch damit begründet, dass die Unternehmen die Möglichkeit hatten, von der Kommission eine Freistellung der fraglichen Tätigkeit zu erhalten.[282] Ob im System der Legalausnahme für die Unternehmen, die nun zu einer Selbstveranlagung gezwungen sind, insbesondere bei den unbestimmten Freistellungsvoraussetzungen des Art. 81 Abs. 3 EG ein geringerer Sorgfaltsmaßstab gelten wird, ist noch nicht absehbar.[283] Bei der Entscheidung wird aber zu berücksichtigen sein, dass ein weniger strenger Sorgfaltsmaßstab zu einer verringerten Abschreckungswirkung auf die Unternehmen führen kann.

Bei Vorliegen dieser Voraussetzungen ist die Geldbuße regelmäßig verwirkt. Allerdings können im Einzelfall ausnahmsweise die aus dem Gemeinschaftsrecht als allgemeinen Rechtsgrundsätzen abgeleiteten Rechtfertigungsgründe der Notwehr und des Notstands der Sanktionierung des Verstoßes entgegenstehen.[284] Die Kommission besitzt zudem bei Vorliegen dieser Voraussetzungen ein Entschließungsermessen hinsichtlich der Verhängung einer Geldbuße, das allerdings – außerhalb des Anwendungsbereichs der leniency-Regelung – nur selten einer Geldbuße entgegensteht.[285]

---

[279] Siehe zu den Voraussetzungen bereits oben zu Kapitel 2B.II., S. 24.

[280] Mestmäcker/Schweitzer, EG-Wettbewerbsrecht, § 21 Rn. 21 m.w.N.

[281] Näher Bellamy/Child, EC Competition Law, S. 12-082 ff.

[282] EuGH, Entscheidung vom 13. Februar 1979, Slg. 1979, 461 ff. – Hoffmann-LaRoche (Vitamine); EuG, Entscheidung vom 21. Februar 1995, Slg. 1995, II – S. 289 ff., Rn. 360 – SPO.

[283] Dreher/Thomas, WuW 2004, S. 8 ff., 12 ff. sprechen sich für eine Lockerung aus; Überblick bei Klees, EG-Kartellverfahrensrecht, § 10 Rn. 109 ff.

[284] Mestmäcker/Schweitzer, EG-Wettbewerbsrecht, § 21 Rn. 23 m.w.N.

[285] Klees, EG-Kartellverfahrensrecht, § 10 Rn. 56 m.w.N.

b. Adressat

Der Adressat der Geldbuße ist identisch mit dem Adressaten des Verbots des Art. 81 EG, also Unternehmen und Unternehmensvereinigungen, denen der Verstoß zuzurechnen ist. Träger des Unternehmens und damit Adressat der Sanktion können sowohl juristische als auch natürliche Personen sein.[286] Die Kommission ist jedoch insbesondere in Konzernkonstellationen auch befugt, den Adressaten aus Erwägungen der verfahrensrechtlichen Zweckmäßigkeit zu bestimmen.[287]

Die verschiedenen Beteiligten, gegen die wegen desselben Wettbewerbsverstoßes Geldbußen verhängt werden, haften – anders als bei zivilrechtlichen Schadensersatzansprüchen – lediglich für die gegen sie verhängte Sanktion und nicht auch gesamtschuldnerisch für die Geldbußen, die gegen die anderen am Verstoß beteiligten Unternehmen verhängt werden. Lediglich im Falle der Zahlungsunfähigkeit einer Unternehmensvereinigung haften ihre Mitglieder gesamtschuldnerisch für die gegen die Unternehmensvereinigung verhängte Geldbuße, § 23 Abs. 4 VO 1/03. Ebenso haften die Unternehmen als Teile einer Unternehmensgruppe, die verschiedene Beiträge zu einem Wettbewerbsverstoß geleistet haben, und sonstige Unternehmen, die als wirtschaftliche Einheit gehandelt haben und sich daher das Verhalten des jeweils anderen Unternehmens zurechnen lassen, gesamtschuldnerisch.[288]

Dem Unternehmen sind dabei Verhaltensweisen und Kenntnisse aller natürlichen Personen zuzurechnen, die rechtlich befugt oder tatsächlich fähig waren, für das Unternehmen zu handeln.[289] Diese natürlichen Personen, die für das Unternehmen tätig werden, sind nach den EG-Wettbewerbsregeln nicht selbst Adressat einer Geldbuße. Dies stellt einen Unterschied des Gemeinschaftsrechts gegenüber dem US-amerikanischen Kartellrecht dar, das auch die verantwortlichen Entscheidungsträger innerhalb des Unternehmens mit einer Geldbuße und sogar einer Freiheitsstrafe belegt.[290] Eine solche persönliche Verantwortlichkeit der natürlichen Personen innerhalb eines Unternehmens kann eine zusätzliche Abschreckungswirkung auf die Entschei-

[286] Wils, World Competition 2005, vol. 28, S. 117 ff., 125 weist darauf hin, dass die Verhängung einer Geldbuße gegenüber einer natürlichen Person denkbar ist, in der bisherigen Praxis der Kommission jedoch noch nicht vorgekommen ist.

[287] Mestmäcker/Schweitzer, EG-Wettbewerbsrecht, § 21 Rn. 14; Klees, EG-Kartellverfahrensrecht, § 10 Rn. 123 ff.

[288] Klees, EG-Kartellverfahrensrecht, § 10 Rn. 50.

[289] Mestmäcker/Schweitzer, EG-Wettbewerbsrecht, § 21 Rn. 14, 17 ff. m.w.N.

[290] Siehe nur Wise, in: Dannecker/Jansen (Hrsg.), Competition Law Sanctioning in the EU, S. 195 ff., 200 f.

dungsträger, die für das Unternehmen handeln, ausüben und damit die Durchsetzung unterstützen. Dies wird im Rahmen des Vergleichs der Durchsetzungsformen zu berücksichtigen sein.[291]

c. Berechnung

Bei der Festsetzung der Höhe der Geldbuße besitzt die Kommission einen weiten Ermessenspielraum.[292] Die Höhe der Geldbuße, die die Kommission im Einzelfall wegen des Verstoßes gegen Art. 81 EG verhängt, wird von Art. 23 VO 1/03 umrissen (zu aa.) und in den Leitlinien für das Verfahren zur Festsetzung von Geldbußen[293] (im Folgenden "Geldbußen-Leitlinien") näher umschrieben (zu bb.).

aa. Höchstgrenze

Die Höchstgrenze der Geldbuße für Verstöße gegen Art. 81 EG liegt bei 10 % des im vorausgehenden Geschäftsjahr weltweit erzielten Gesamtumsatzes des betroffenen Unternehmens, Art. 23 Abs. 2 S. 2 VO 1/03.[294] Diese absolute Obergrenze steht in keinem Zusammenhang zu dem mit dem Verstoß verursachten gesellschaftlichen Schaden oder den damit erzielten privaten Vorteil. Vielmehr wird durch das Abstellen auf den insgesamt erzielten Umsatz eine Verbindung allein zur Größe des betroffenen Unternehmens hergestellt und damit eine Geldbuße verhindert, die den wirtschaftlichen Fortbestand des Unternehmens gefährden könnte.[295]

Innerhalb dieser absoluten Obergrenze beschränkt vor allem der Grundsatz der Verhältnismäßigkeit die Höhe der Geldbuße: So muss die Geldbuße zur Erreichung der verfolgten Ziele geeignet und erforderlich sein.[296] Ferner muss die Geldbuße in einem

---

[291] Siehe noch unten zu Kapitel 5B.I.1.c., S. 235.

[292] Kritisch hierzu unter Verweis auf das Bestimmtheitsgebot Soltész/Steinle/Bielesz, EuZW 2003, S. 202 ff., 207 f.; allgemein zur Bußgeldbemessung siehe Flocken, Bußgeldbemessung.

[293] Leitlinien für das Verfahren zur Festsetzung von Geldbußen gemäß Artikel 23 Absatz 2 Buchstabe a) der Verordnung (EG) Nr. 1/2003 vom 28. Juni 2006, ABl. 2006 Nr. C 210 S. 2 ff. vom 1. September 2006; zur Vorgängerregelung siehe Leitlinien für das Verfahren zur Festsetzung von Geldbußen, die gemäß Artikel 15 Absatz 2 der Verordnung Nr. 17 und gemäß Artikel 65 Absatz 5 EGKSÜVertrag festgesetzt werden, ABl. 1998 Nr. C 9/3 vom 14. Januar 1998.

[294] Dem entspricht nun auch die Neuregelung nach der 7. GWB-Novelle in § 81 Abs. 4 S. 2 GWB für das deutsche Kartellrecht; angesichts der Unbestimmtheit der Höhe kritisch hierzu Weitbrecht, EuZW 2003, S. 69 ff., 73.

[295] EuG, Entscheidung vom 9. Juli 2003, Slg. 2003. II-2597 ff. Rn. 200 – Archer Daniels Midland Company; bereits grundlegend EuGH, Entscheidung vom 7. Juni 1983, Slg. 1983, 1825 ff. Rn. 119 – Musique diffusion francaise, zu dem insoweit gleichlautenden Art. 15 Abs. 2 VO 17; Camilli, ACLE-Paper 2005, S. 23.

[296] Mestmäcker in Immenga/Mestmäcker, EG-WBR Bd. 1, Einl. A, Rn. 34.

angemessenen Verhältnis zu dem angestrebten Zweck stehen.[297] Im Rahmen der Verhältnismäßigkeitsprüfung können daher die Höhe des gesellschaftlichen Schadens, den der Wettbewerbsverstoß verursacht, sowie der private Gewinn, den der Normadressat aus dem Verstoß gezogen hat, berücksichtigt werden. Diese Begrenzungen der Sanktionshöhe standen allerdings in der jüngeren Praxis der Kommission nicht den teilweise ganz erheblichen Geldbußen entgegen, die die Kommission gegen Beteiligte von Hardcore-Kartellen verhängt hat.[298]

bb. Berechnungsmaßstäbe

Bei der Festsetzung der Geldbuße im Einzelfall muss die Kommission gemäß Art. 23 Abs. 3 VO 1/03 die Schwere und die Dauer der Zuwiderhandlung berücksichtigen.[299] Die konkrete Berechnung der Geldbußen erfolgt nach den Regeln der Geldbußen-Leitlinien (zu (1)). Ferner müssen die Regeln der leniency-Mitteilung bei der Festsetzung berücksichtigt werden (zu (2)).

(1) Leitlinien zur Geldbußenberechnung

Um die Ausübung des Ermessens, das die Kommission bei der Festsetzung von Geldbußen besitzt, für die Normadressaten vorhersehbarer zu machen, hatte die Kommission im Jahr 1998 die ersten Geldbußen-Leitlinien erlassen, die die nähere Ausgestaltung des Verfahrens zur Geldbußbemessung regelten.[300] Seit kurzem gelten die neuen Geldbußen-Leitlinien vom 28. Juni 2006, mit denen die bisherige Praxis der Geldbußenberechnung teilweise modifiziert wird.[301] Die nähere Ausgestaltung der Geldbußenberechnung durch die Leitlinien ist erforderlich, da die VO 1/03 selbst neben der Höchstgrenze für Geldbußen lediglich die Schwere und Dauer der Zuwiderhandlung als Bemessungskriterien enthält, Art. 23 Abs. 3 VO 1/03. Zur Bestimmung der Schwere der Zuwiderhandlung können verschiedene Faktoren herangezogen werden, wie etwa die besonderen Umstände des Wettbewerbsverstoßes, der Kontext der Zuwider-

297 EuGH, Entscheidung vom 11. Juli 1989, Slg. 1989, 2237, 2269 Rn. 21 – Schräder.

298 Siehe nur das Vitamin-Kartell, in dem insgesamt Geldbußen i.H.v. 855,23 Mio. Euro verhängt wurden, Kommission, Pressemitteilung vom 21. November 2001, IP/01/1625 (COMP 37.512); für einen Überblick über verhängte Geldbußen siehe Veljanovski, World Competition 2007, vol. 30, S. 65 ff.

299 Auch insoweit ist das deutsche Kartellrecht nach der 7. GWB-Novelle dem europäischen angeglichen, vgl. § 81 Abs. 4 S. 4 GWB.

300 Diese Leitlinien wurden auch vom EuGH gebilligt, siehe EuGH, Entscheidung vom 28. Juni 2005, ABl. Nr. C 205, 1 vom 20. August 2005 – Pre-insulated pipes.

301 Siehe hierzu Engelsing, WuW 2007, S. 470 ff. sowie aus rechtsökonomischer Sicht Wils, World Competition 2007, vol. 30, S. 197 ff.

handlung sowie die Größe und die Wirtschaftskraft des Normadressaten.[302] Ferner kann der Effekt auf die betroffenen Märkte berücksichtigt werden, insbesondere die Größe des betroffenen Umsatzes und die Höhe des kartellbedingten Preisaufschlags.[303]

Das Verfahren zur Festsetzung der Geldbuße durch die Kommission läuft dabei wie folgt ab:[304] Zunächst errechnet die Kommission einen Grundbetrag der Geldbuße anhand der Schwere und der Dauer der Zuwiderhandlung (Abschnitt 1 der Geldbußen-Leitlinien). Dabei wird nunmehr ein bestimmter Anteil am Umsatz, der sich nach der Schwere des Verstoßes richtet und bis zu 30 % reichen kann, mit der Anzahl der Jahre der Zuwiderhandlung multipliziert.[305] Bei der Bestimmung des Anteils am Umsatz wird u.a. die Art des Wettbewerbsverstoßes, der Marktanteil der beteiligten Unternehmen und der Umfang des betroffenen Marktes berücksichtigt.[306] Neu ist zudem, dass unabhängig von der Dauer der Zuwiderhandlung eine "Eintrittsgebühr" von 15 % bis 20 % des betroffenen Jahresumsatzes zu dem Grundbetrag hinzuaddiert werden kann.[307]

Der so ermittelte Grundbetrag kann sodann durch erschwerende Umstände erhöht oder durch mildernde Umstände herabgesetzt werden. Diese Umstände sind in Abschnitt 2 der Geldbußen-Leitlinien – nicht abschließend – aufgezählt. So wirken beispielsweise die Wiederholung des Verstoßes, die Rolle als Anführer und die Verweigerung der Zusammenarbeit mit der Kommission erschwerend, während die rein passive Mitwirkung an dem Verstoß, die tatsächliche Nichtanwendung der Vereinbarung und die bloß fahrlässige Begehung sowie berechtigte Zweifel an der Rechtswidrigkeit des Verhaltens mildernd wirken.

Für die Durchsetzung interessant ist, dass die Geldbuße erhöht werden kann, "damit ihr Betrag die aus der Zuwiderhandlung erzielten widerrechtlichen Gewinne übersteigt, sofern diese Gewinne geschätzt werden können".[308] Somit wird, auch wenn die Geldbuße nicht auf einen konkreten Mehrerlös bezogen ist, sondern vor allem der

---

[302] Klees, EG-Kartellverfahrensrecht, § 10 Rn. 57 m.w.N.
[303] Geldbußen-Leitlinien Rn. 13; Camilli, ACLE-Paper 2005, S. 27; EuG, Entscheidung vom 9. Juli 2003, Slg. 2003. II-2597 ff. Rn. 148 ff. – Archer Daniels Midland Company.
[304] Zur Bemessung der Geldbuße allgemein: Bellamy/Child, EC Competition Law, S. 12-087 ff; zu den verschiedenen Einflussfaktoren in der Entscheidungspraxis Smith, Competition Law, Rn. 9.25 ff.
[305] Geldbußen-Leitlinien Rn. 19-21.
[306] Geldbußen-Leitlinien Rn. 22.
[307] Geldbußen-Leitlinien Rn. 25.
[308] Geldbußen-Leitlinien Rn. 31

Ahndung des Verstoßes und der Abschreckung dient, der von dem Normadressaten erzielte rechtswidrige Vorteil dennoch berücksichtigt.[309] Dies ist für die Abschreckungswirkung der Sanktion wichtig, wie zu zeigen sein wird.[310] Wegen dieses mittelbaren Zusammenhangs zwischen dem Mehrerlös und der Höhe der Geldbuße hat zudem der Bundesfinanzhof in einer jüngeren Entscheidung angenommen, dass ein Teil der kartellrechtlichen Geldbuße der Abschöpfung des Mehrerlöses diene und damit steuerlich abzugsfähig sei.[311] Auf die steuerrechtliche Qualifizierung soll hier angesichts der begrenzten Auswirkung auf das Durchsetzungssystem jedoch nicht näher eingegangen werden.

(2) Leniency-Regelung

Ferner gewährt die Kommission gemäß ihrer leniency-Mitteilung einen Erlass bzw. eine Ermäßigung der Geldbuße, wenn ein Normadressat Informationen über seinen Normverstoß der Kommission zur Verfügung stellt.[312] Diese oben bereits dargestellte Regelung (siehe oben zu I.3.b.) muss die Kommission neben den allgemeinen Kriterien aus den Geldbußen-Leitlinien bei der Bemessung der Geldbuße berücksichtigen.

Auf dem soeben aufgezeigten Weg ermittelt die Kommission die Höhe der Geldbuße für jedes an dem Verstoß beteiligte Unternehmen individuell. Die so ermittelten Geldbußen werden so dann in der das Verfahren abschließende Entscheidung gegen die beteiligten Unternehmen verhängt. Die Höhe der von der Kommission festgesetzten Geldbuße kann dabei von den Gemeinschaftsgerichten in dem Verfahren der gerichtlichen Überprüfung der Kommissionsentscheidung uneingeschränkt nachgeprüft und gegebenenfalls sowohl zu Gunsten als auch zu Lasten des Normadressaten abgeändert werden, Art. 31 VO 1/03.

---

309 Siehe zur insoweit ähnlichen Ahndungsgeldbuße im GWB nach der 7. GWB-Novelle Achenbach/Wegner, ZWeR 2006, S. 49 ff.

310 Siehe unten zu Kapitel 5B.I.1.b.bb.; S. 234 f.

311 BFH, Entscheidung 24. März 2004, BB 2004, 2121 ff.; zustimmend Hahn, IStR 2004, S. 786 ff., 787 f.; Feddersen in Grabitz/Hilf, EU-Recht, nach Art. 83 EG, Art. 23 Rn. 234; a.A. FG Rheinland-Pfalz, Entscheidung vom 15. Juli 2003, DStRE 2003, 1313 ff.; zur steuerrechtlichen Behandlung von Geldbußen, die zum Teil den wirtschaftlichen Vorteil aus dem Verstoß abschöpfen: BGH, Entscheidung vom 25. April 2005, WRP 2005, 1015 ff. und bereits BGH, Entscheidung vom 24. April 1991, WuW/E BGH 2718 ff.; Scholz/Haus, EuZW 2002, S. 682 ff.; Achenbach, BB 2000, S. 1116 ff.

312 Näher zur leniency-Regelung Levy/O'Donoghue, World Competition 2004, vol. 27, S. 75 ff.; Arp/Swaak, European Competition Law Review 2003, vol. 24, S. 9 ff.; Ysewyn/Jordan, European Competition Law Review 2003, vol. 24, S. 235 ff.; Jephcott, European Competition Law Review 2002, vol. 23, S. 378 ff., und bereits oben zu Kapitel 3B.I.3.b., S. 63.

cc. Zinsen

In der Entscheidung legt die Kommission auch den Fälligkeitstermin für die Geldbuße und den Beginn der Laufzeit und die Höhe der Verzugszinsen fest. Die Gemeinschaftsgerichte haben dabei der Kommission das Recht zuerkannt, Verzugszinsen i.H.v. 3,5 Prozentpunkten über dem Refinanzierungszinssatzes der Europäischen Zentralbank zu erheben, um den Normadressaten keinen Vorteil aus einer verspäteten Zahlung zu gewähren.[313]

d. Verjährung

Der Verstoß gegen Art. 81 EG unterliegt der Verfolgungsverjährung nach Art. 25 VO 1/03. Diese beträgt fünf Jahre (Abs. 1 lit. b) ab Begehung bzw. Beendigung der Zuwiderhandlung (Abs. 2), wird durch jede auf Ermittlung oder Verfolgung der Zuwiderhandlung gerichtete Handlung der Kommission oder einer nationalen Wettbewerbsbehörde unterbrochen (Abs. 3, 5) und ruht während eines anhängigen Verfahrens vor dem EuGH (Abs. 6).[314] Die vor Ablauf der Frist der Verfolgungsverjährung ergangene Entscheidung stellt einen vollstreckbaren Titel i.S.v. Art. 256 EG dar und kann nach mitgliedstaatlichem Zivilprozessrecht vollstreckt werden, wobei die Vollstreckungsverjährung fünf Jahre ab Bestandskraft der Entscheidung beträgt, Art. 26 VO 1/03.

3. Sonstige Sanktionen der Kommission

Neben den zentralen Sanktionen der Verhaltenspflicht und der Geldbuße kann die Kommission noch weitere Sanktionen verhängen, die allerdings in ihrer Bedeutung für das Durchsetzungssystem nicht mit den zuvor genannten Sanktionen zu vergleichen sind und daher nur der Vollständigkeit halber kurz erwähnt werden sollen.

So kann die Kommission in den in Art. 24 VO 1/03 abschließend aufgezählten Fällen auch Zwangsgelder zur Verhinderung zukünftiger Zuwiderhandlungen gegen die Wettbewerbsregeln verhängen. Diese Zwangsgelder können unabhängig von einem Verschulden des Normadressaten und auch neben einer Geldbuße bis zu einer Höhe von 5 % des durchschnittlichen Tagesumsatzes des Normadressaten verhängt werden, wenn der Normadressat zum Abstellen eines Verstoßes gegen Art. 81 EG (Art. 24

---

313 St. Rspr., EuGH, Entscheidung vom 25. Oktober 1983, Slg. 1983, 3151, Rn. 141 ff. – AEG/Kommission; Entscheidung vom 14. Juli 1995, Slg. 1995, II-2169, Rn. 46 ff. – CB/Kommission.

314 Hierzu näher Mestmäcker/Schweitzer, EG-Wettbewerbsrecht, § 21 Rn. 27 ff.; Klees, EG-Kartellverfahrensrecht, § 10 Rn. 150 ff.

Abs. 1 lit. a VO 1/03), zur Befolgung einer einstweiligen Maßnahme (lit. b), zur Einhaltung einer Verpflichtungszusage (lit. c), zur Erteilung einer Auskunft (lit. d) oder zur Duldung einer Nachprüfung (lit. e) bewegt werden soll.[315]

4. Sonstige Sanktionen in anderen Rechtsordnungen

Die Verhaltenspflichten und die Geldbußen stehen auch in den meisten anderen Rechtsordnungen im Mittelpunkt der öffentlichen Durchsetzung des Kartellverbots. Jedoch existieren daneben in einigen Rechtsordnungen auch noch weitere Sanktionsformen, auf die im Folgenden kurz eingegangen werden soll, um Alternativen für die bestehenden gemeinschaftsrechtlichen Sanktionen aufzuzeigen, die den Erfolg des Durchsetzungssystems steigern könnten und daher bei dem Vergleich der Durchsetzungsformen zu berücksichtigen sind.[316]

a. Vorteilsabschöpfung

Das deutsche Bundeskartellamt hat bei der Durchsetzung von Art. 81 EG nach deutschem Verfahrens- und Sanktionsrecht die Möglichkeit, den wirtschaftlichen Vorteil, den der Normadressat aus dem Wettbewerbsverstoß erlangt hat, abzuschöpfen, § 34 GWB.[317] Der kartellbedingte Vorteil ist nach der Rechtsprechung der Differenzbetrag zwischen den tatsächlichen Einnahmen, die aufgrund des Wettbewerbsverstoßes erzielt werden, und den Einnahmen, die das durch die Kartellabsprachen bevorzugte Unternehmen ohne den Wettbewerbsverstoß erzielt hätte.[318] Der Begriff des wirtschaftlichen Vorteils ist dabei entsprechend der zu § 17 Abs. 4 OWiG entwickelten Rechtsgrundsätzen auszulegen und erfasst nicht nur einen Geldgewinn, sondern auch sonstige Vorteile, wie eine Verbesserung der Marktposition des Normadressaten durch Zurückdrängen eines Wettbewerbers.[319] Zur Abschöpfung dieses wirtschaftlichen Vorteils wird dem Normadressaten die Zahlung eines entsprechenden Geldbetrages auferlegt.

Diese durch die 7. GWB-Novelle erheblich erweiterte Sanktion der Vorteilsabschöpfung kann vom Bundeskartellamt bei jedem schuldhaftem Verstoß gegen Art. 81 EG verhängt werden, sofern die Durchführung keine unbillige Härte darstellt (§ 34 Abs. 3

[315] Näher Mestmäcker/Schweitzer, EG-Wettbewerbsrecht, § 21 Rn. 1 ff.
[316] Siehe hierzu noch unten zu Kapitel 5B.I.1., S. 222.
[317] Ausführlich zur weitgehend identischen "Mehrerlösabschöpfung" nach § 81 Abs. 2 GWB a.F. Müther, Vorteilsabschöpfung nach OWiG, S. 79 ff.
[318] St. Rspr. zum kartellbedingte Mehrerlös, siehe BGH, Entscheidung vom 24. April 1991, WuW 2718, 2719 – Bußgeldbemessung; BGH, Entscheidung vom 29. Juni 2005, WuW/E DE-R 1567 – Berliner Transportbeton I.
[319] Hartog/Noack, WRP 2005, S. 1396 ff., 1405 unter Verweis auf die Regierungsbegründung.

GWB). Die Höhe des abzuschöpfenden Vorteils ist häufig nur schwierig zu ermitteln, kann jedoch gemäß § 34 Abs. 4 GWB geschätzt werden.

Die Vorteilsabschöpfung ermöglicht es, dem Normadressaten seinen rechtswidrigen Gewinn aus dem Wettbewerbsverstoß zu nehmen und somit die Abschreckungswirkung auf den Normadressaten zu erhöhen.[320] Auf ein Verschulden kommt es hierbei nicht an, da die Vorteilsabschöpfung nicht als Strafe gilt, sondern lediglich eine Bereicherung des Normadressaten verhindern soll.[321]

Allerdings ist die Vorteilsabschöpfung subsidiär gegenüber einer Schadensersatzleistung und einer Geldbuße, sofern hiermit der wirtschaftliche Vorteil bereits abgeschöpft wurde, § 34 Abs. 2 GWB. Dadurch verliert die Vorteilsabschöpfung ihre zusätzliche Abschreckungswirkung, wenn daneben eine abschöpfende Geldbuße (§ 81 Abs. 5 S. 1 GWB) oder ein zivilrechtlicher Schadensersatzanspruch, der den Vorteil des Normadressaten abschöpft, erfolgreich durchgesetzt wird.

b. Strafrechtliche Sanktionen

In verschiedenen Kartellrechtsordnungen sind bestimmte Wettbewerbsverstöße sogar mit strafrechtlichen Sanktionen belegt.

So sieht das US-amerikanische Kartellrecht für Verstöße gegen den Sherman Act strafrechtliche Sanktionen vor, die auf Anklage durch das öffentliche Durchsetzungsorgan von einem Gericht verhängt werden. Dabei sind sowohl das Unternehmen als juristische Person als auch die individuellen Entscheidungsträger innerhalb des Unternehmens Adressaten der Sanktion. Diese besteht in einer Geldstrafe gegenüber dem Unternehmen und in einer Geld- oder auch Freiheitsstrafe gegenüber den verantwortlichen Entscheidungsträgern.[322] Auch wenn die strafrechtlichen Sanktionen für alle Verstöße gegen den Sherman Act, also sowohl für horizontale als auch für vertikale Wettbewerbsbeschränkungen, gelten, werden strafrechtliche Sanktionen in der Rechtspraxis von den US-Behörden allein bei Hardcore-Kartellen verhängt, da diese auch aus US-amerikanischer Sicht wegen der erheblichen gesellschaftlichen Schäden als beson-

---

320 Siehe hierzu noch näher zu Kapitel 4A.III.3.a., S. 159; Müther, Vorteilsabschöpfung nach OWiG, S. 128 schlägt daher die Einführung einer entsprechenden Regelung für die EG-Wettbewerbsregeln vor.

321 Hartog/Noack, WRP 2005, S. 1396 ff., 1405 unter Verweis auf die Regierungsbegründung.

322 Wils, World Competition 2005, vol. 28, S. 117 ff., 123; Wise, in: Dannecker/Jansen (Hrsg.), Competition Law Sanctioning in the EU, S. 195 ff., 200; siehe für einen rechtsvergleichenden Überblick Federmann, Kriminalstrafen im Kartellrecht.

ders verhinderungswürdig gelten.[323] Die Berechnung der Sanktion erfolgt dabei nach den allgemeinen strafrechtlichen US Sentencing Guidelines, die – bei einer nicht unerheblichen Flexibilität im Detail – allgemein erfordern, dass die Geldstrafe jedenfalls den privaten Gewinn des Normadressaten aus dem Verstoß oder den bei den Opfern verursachten Schaden übersteigt.[324] Insoweit gehen die US Sentencing Guidelines davon aus, dass bei Preisabsprachen der verursachte Schaden bei den Opfern 20 % des Umsatzes des Normadressaten auf dem betroffenen Markt entspricht.[325] Diese strafrechtlichen Sanktionsmöglichkeiten führen in der US-amerikanischen Praxis auch tatsächlich zu substantiellen Sanktionen insbesondere bei Hardcore-Kartellen.[326]

Auch in Großbritannien sind Hardcore-Kartelle seit 2003 gemäß Section 188 des Enterprise Act 2002 nach dem US-amerikanischen Vorbild unter bestimmten Voraussetzungen mit strafrechtlichen Sanktionen für das Unternehmen und die verantwortlichen Entscheidungsträger, Freiheitsstrafe bis zu fünf Jahren und/oder Geldstrafe, belegt.[327] In ähnlicher Weise wurde auch das irische Kartellrecht mit strafrechtlichen Sanktionen ausgestattet.[328] Allerdings gibt es in anderen Ländern auch die Tendenz, zumindest die sonstigen Wettbewerbsbeschränkungen zu entkriminalisieren.[329]

In Deutschland sind strafrechtliche Sanktionen hingegen allein für den Sonderfall wettbewerbsbeschränkender Absprachen bei Ausschreibungen (§ 298 StGB) vorgesehen.[330] Alle sonstigen Wettbewerbsverstöße werden lediglich als Ordnungswidrigkeit nach dem GWB verfolgt.

---

323 Wise, in: Dannecker/Jansen (Hrsg.), Competition Law Sanctioning in the EU, S. 195 ff., 203; Wils, World Competition 2005, vol. 28, S. 117 ff., 124 m.w.N.

324 Wise, in: Dannecker/Jansen (Hrsg.), Competition Law Sanctioning in the EU, S. 195 ff., 202.

325 Näher zu den Berechnungen nach den Sentencing Guidelines Wise, in: Dannecker/Jansen (Hrsg.), Competition Law Sanctioning in the EU, S. 195 ff., 200 ff.

326 Für einen Überblick über die jüngere Praxis der öffentlichen Kartellrechtsdurchsetzung in den USA siehe Griffin, Annual Proceedings of the Fordham Corporate Law Institute on International Antitrust Law & Policy 2003, S. 29 ff., S. 1 ff.; Magney/Anderson, World Competition 2004, vol. 27, S. 101 ff.

327 Näher Furse/Nash, International Company and Commercial Law Review 2004, vol. 15, S. 138 ff., 141 ff.; Reinmann/Krohs, WuW 2003, S. 739 ff.; MacNeil, European Competition Law Review 2003, vol. 24, S. 151 ff., zu den Auswirkungen der strafrechtlichen Sanktion auf das Durchsetzungsverfahren.

328 Siehe hierzu Massey, Competition Law Review 2004, vol. 1, S. 23 ff.; Andrews, European Competition Law Review 2002, vol. 23, S. 469 ff.

329 Siehe zu einem entsprechenden Vorschlag im kanadischen Kartellrecht Collins/Eatrides, World Competition 2003, vol. 26, S. 381 ff.; zur erfolgten Abschaffung strafrechtlicher Sanktionen in Österreich Huber, European Competition Law Review 2003, vol. 24 S. N97 ff.

330 § 298 StGB erfordert als abstraktes Gefährdungsdelikt keine Täuschungshandlung und keinen Vermögensschaden; liegen diese jedoch vor, kommt daneben auch eine Strafbarkeit wegen Betrugs (§ 263 StGB) in Betracht, siehe BGH, Entscheidung vom 11. Juli 2001, BGHSt 47, 83 ff.;

Wodurch sich strafrechtliche Sanktionen im Gegensatz zu verwaltungsrechtlichen Sanktionen auszeichnen und wie die Grenzziehung erfolgen soll, ist für den Erfolg des Durchsetzungssystems nicht von Bedeutung.[331] Wichtig sind vielmehr die Auswirkungen von strafrechtlichen Sanktionen auf den Durchsetzungserfolg.

Die wesentlichste Auswirkung strafrechtlicher Sanktionen dürfte in der Eröffnung eines höheren Sanktionsrahmens liegen. Daneben stehen den Behörden bei der Verfolgung von Straftaten regelmäßig stärkere Ermittlungsbefugnisse zu.[332] Allerdings sind die Verfahrensanforderungen und die Verteidigungsrechte des Betroffenen in einem strafrechtlichen Verfahren ebenfalls höher, wodurch auch die Verfahrenskosten entsprechend höher sind.

Mit strafrechtlichen Sanktionen ist häufig auch eine Verantwortlichkeit der natürlichen Personen innerhalb des Unternehmens verbunden,[333] die wegen ihrer spezifischen Auswirkungen auf die Durchsetzung die nachfolgende separate Behandlung rechtfertigt. Bei der öffentlichen Durchsetzung von Art. 81 EG durch die Kommission wäre für die Verhängung strafrechtlicher Sanktionen allerdings aus rechtsstaatlichen Gründen eine grundlegende Änderung des Verfahrens erforderlich, nach der die Kommission nicht mehr selbst die Sanktionsentscheidung erlässt, sondern – wie die Staatsanwaltschaft – als Anklagebehörde vor den Gemeinschaftsgerichte die Verhängung der strafrechtlichen Sanktion beantragt.[334]

c. Sanktionen gegen die Entscheidungsträger

Die soeben aufgezählten Rechtsordnungen, die strafrechtliche Sanktionen für Kartellrechtsverstöße vorsehen, richten diese Sanktionen auch gegen die verantwortlichen natürlichen Personen, die für das Unternehmen handeln. Diese Sanktionen können an-

---

hierzu Lampert/Gotting, European Competition Law Review 2003, vol. 24, S. 30 f.; Stockmann, in: Schwarze (Hrsg.), Instrumente zur Durchsetzung des EG-Wettbewerbsrechts, S. 93 ff., S. 94.

331 Hierzu näher Wils, World Competition 2005, vol. 28, S. 117 ff., 118 f.

332 Wils, World Competition 2003, vol. 26, S. 567 ff., 567.

333 Dieser Zusammenhang ist jedoch rein tatsächlicher Natur, siehe auch Wils, World Competition 2005, vol. 28, S. 117 ff., 118.

334 Siehe hierzu Wils, World Competition 2004, vol. 27, S. 201 ff.; zur Möglichkeit der Kommission im Wege der Annexkompetenz auch strafrechtliche Regelungen in Richtlinien aufzunehmen, siehe EuGH, Entscheidung vom 13. September 2005, Kommission u.a./Parlament u.a., EuZW 2005, 632 ff.

ders als bei Unternehmen neben eine Geldstrafe auch die Form einer Freiheitsstrafe annehmen.[335]

Ob eine solche strafrechtliche Sanktion für natürliche Personen bei Verstößen gegen Art. 81 EG im Gemeinschaftssekundärrecht ohne Verletzung des Vertrages eingeführt werden kann, ist zweifelhaft.[336] Für den Erfolg des Durchsetzungssystems und damit für diese Untersuchung ist wichtig, wie sich eine solche Sanktion auf das Verhalten der Unternehmen als Normadressaten auswirkt, so dass auf die gemeinschaftsrechtliche Zulässigkeit strafrechtlicher Sanktionen hier nicht näher einzugehen ist. Die Auswirkungen einer persönlichen Verantwortlichkeit der Entscheidungsträger innerhalb des Unternehmens sollen im Rahmen des Vergleichs der Durchsetzungsformen untersucht werden.[337]

5. Zusammenfassung zu den Sanktionen der öffentlichen Durchsetzung

Die EG-Wettbewerbsregeln verwenden als Sanktion wegen des Verstoßes gegen Art. 81 EG neben den Verhaltenspflichten vor allem Geldbußen gegen die Unternehmen. Diese Geldbußen berechnen sich nach der Art und Schwere des Wettbewerbsverstoßes und können auch den wirtschaftlichen Vorteils des Normadressaten aus dem Verstoß berücksichtigen. Sanktionen strafrechtlicher Natur sieht das geltende Sanktionsrecht auf europäischer Ebene ebenso wenig vor wie Sanktionen gegen die Entscheidungsträger innerhalb der Unternehmen.

III. Gerichtliche Überprüfung

Abschließend muss noch kurz das Verfahren der gerichtlichen Überprüfung der Entscheidungen, mit denen die Kommission die Sanktionen verhängt, dargestellt werden. Denn dieses Verfahren besitzt wiederum Einfluss auf die gesellschaftlichen Kosten des Verfahrens der öffentlichen Durchsetzung, die bei dem Vergleich der Durchsetzungsformen wichtig sind.[338]

Die Entscheidungen der Kommission können von dem betroffenen Normadressaten durch eine Klage vor den Gemeinschaftsgerichten angefochten werden. So kann der

---

335 Siehe zu diesem Unterschied aus ökonomischer Sicht noch unten zu Kapitel 4A.IV.2.b.cc, S. 181 ff. und allgemein Shavell, Economic Analysis of Law, Chapter 21.
336 Wils, World Competition 2005, vol. 28, S. 117 ff., 156 ff. hält strafrechtliche Sanktionen hingegen für möglich.
337 Siehe hierzu noch unten zu Kapitel 5B.I.1.c., S. 235.
338 Siehe noch unten zu Kapitel 5B.II.1.b., S. 263.

Adressat der Kommissionsentscheidung, die einen Verstoß gegen Art. 81 EG feststellt und eine Geldbuße verhängt, die Erklärung der Nichtigkeit gemäß Art. 230 Abs. 4 EG und die Aufhebung oder Reduzierung der Geldbuße gemäß Art. 31 VO 1/03 i.V.m. Art. 229 EG beantragen. Das erstinstanzlich zuständige Europäische Gericht erster Instanz (EuG) prüft dabei als Tatsacheninstanz umfassend, ob die Kommission zuständig war, ob die vorgelegten Beweismittel über die Beteiligung des Normadressaten an dem Verstoß gegen Art. 81 EG die verhängte Sanktion rechtfertigen, ob die verfahrensrechtlichen Vorschriften eingehalten wurden und ob die Kommission ihr Ermessen fehlerfrei ausgeübt hat.[339] Das EuG kann dabei nicht nur die Kommissionsentscheidung unbeschränkt nachprüfen (Art. 31 S. 1 VO 1/03), sondern kann die Geldbuße auch "aufheben, herabsetzen oder erhöhen" (Art. 31 S. 2 VO 1/03).[340] Diese von Art. 229 EG ausdrücklich zugelassene Durchbrechung der sonst geltenden Befugnisabgrenzung zwischen Kommission und den Gemeinschaftsgerichten ermöglicht es dem EuG, die Geldbußentscheidung der Kommission weitgehend abzuändern.[341] Die Entscheidung des EuG kann mit einem vor dem EuGH verhandelten Rechtsmittel angefochten werden, wobei die Prüfung durch den EuGH grundsätzlich auf die Klärung von Rechtsfragen beschränkt ist, Art. 225 Abs. 1 Unterabsatz 2 EG, Art. 56, 58 Satzung des Gerichtshofs.[342]

Die Kommission ist gemäß Art. 2 S. 1 VO 1/03 verpflichtet, die Voraussetzungen des Art. 81 Abs. 1 EG nachzuweisen, während die Beweislast hinsichtlich der Freistellungsvoraussetzungen des Art. 81 Abs. 3 EG gemäß Art. 2 S. 2 VO 1/03 den Normadressaten trifft.[343] Wegen der Pflicht der Kommission zur Aufklärung des Sachverhalts innerhalb des Verwaltungsverfahrens ist dies jedoch in Übereinstimmung mit der Rechtsprechung zur Lage unter der VO 17 lediglich als Pflicht zur Darlegung der Umstände, die die Freistellung begründen, zu verstehen.[344]

Die Erfolgsquote der gerichtlichen Anfechtung von Kommissionsentscheidungen im Bereich Hardcore-Kartelle ist in den letzten Jahren relativ gering gewesen, lediglich

---

339 Siehe nur Feddersen in Grabitz/Hilf, EU-Recht, nach Art. 83 EG, Art. 31 Rn. 10 m.w.N.

340 Zur Möglichkeit der Heraufsetzung der Geldbuße kritisch Soltész/Rolofs, EuZW 2006, S. 327 ff.

341 Feddersen in Grabitz/Hilf, EU-Recht, nach Art. 83 EG, Art. 31 Rn. 17 f.

342 Siehe nur Feddersen in Grabitz/Hilf, EU-Recht, nach Art. 83 EG, Art. 31 Rn. 1 ff.; Schwarze/Weitbrecht, EG-Kartellverfahrensrecht, § 10 Rn. 9 f. jeweils m.w.N.

343 Dies entspricht der Rechtsprechung der Gemeinschaftsgerichte vor der VO 1/03, Schwarze/Weitbrecht, EG-Kartellverfahrensrecht, § 11 Rn. 33 m.w.N.

344 Klees, EG-Kartellverfahrensrecht, § 5 Rn. 20 f.; wegen der Verletzung der Unschuldsvermutung ablehnend jedenfalls zur Geltung im deutschen Verwaltungsverfahren Schwarze/Weitbrecht, EG-Kartellverfahrensrecht, § 11 Rn. 38; Hirsch, ZWeR 2003, S. 233 ff., 242.

sechs Prozent der Kläger errangen eine vollständige Aufhebung der gegen sie verhängten Geldbuße, während ein Drittel vollständig erfolglos blieb und der Rest von gut 60 Prozent eine – meist nur geringe – Ermäßigung der Geldbuße erreichte.[345] Ein noch deutlicheres Bild zeichnet sich bei der weiteren Anfechtung der erstinstanzlichen Entscheidung vor dem EuGH ab, bei dem beinahe drei Viertel aller Rechtsbehelfe ohne jeden Erfolg bleiben.[346]

IV. Zusammenfassung zur öffentlichen Durchsetzung von Art. 81 EG

Es wurde gezeigt, dass die öffentliche Durchsetzung von Art. 81 EG durch die Kommission in einem recht aufwendigen öffentlich-rechtlichen Verfahren erfolgt, die Kommission jedoch über gewichtige Informationsmittel verfügt und hohe Geldbußen gegen die Unternehmen als Normadressaten des Art. 81 EG verhängen kann.

C. Private Durchsetzung von Art. 81 EG

Unter privater Durchsetzung soll hier – wie bereits beschrieben – die Geltendmachung von zivilrechtlichen Ansprüchen und Einwendungen von privaten Durchsetzungsagenten gegenüber dem Normadressaten des Art. 81 EG verstanden werden.[347] Die zivilrechtlichen Regelungen hinsichtlich der privaten Durchsetzung von Art. 81 EG ergeben sich dabei sowohl aus dem mitgliedstaatlichem als auch aus dem Gemeinschaftsrecht und bieten den privaten Durchsetzungsagenten verschiedene Instrumente zur Durchsetzung. Diese sollen dem Einzelnen vor allem den Schutz seiner individuellen Rechte und einen Ausgleich für erlittene Schäden liefern.[348]

Die kartellzivilrechtlichen Regelungen in den verschiedenen Mitgliedstaaten sind bisher nicht harmonisiert und unterscheiden sich sowohl hinsichtlich der zur Verfügung gestellten Instrumente als auch hinsichtlich der prozessualen Regeln ganz erheblich.[349] In allen Mitgliedstaaten war die private Durchsetzung von Art. 81 EG in der bisherigen kartellrechtlichen Praxis im Vergleich zur öffentlichen Durchsetzung von unterge-

345 Harding/Gibbs, European Law Review 2005, vol. 30, S. 349 ff., 363 ff. liefern einen statistischen Überblick über den Erfolg der gerichtlichen Anfechtung von Kommissionsentscheidungen in Kartellsachen.
346 Harding/Gibbs, European Law Review 2005, vol. 30, S. 349 ff., 367.
347 Siehe bereits oben zu Kapitel 1C.III.3.b., S. 14.
348 Zu den einzelnen Funktionen der privaten Durchsetzung siehe noch ausführlich unten zu Kapitel 4 B.II.2., S. 212.
349 Siehe Ashurst-Report, Comparative Report, S. 1 ff. für einen ausführlichen Überblick über die Rechtslage der privaten Kartellrechtsdurchsetzung in den verschiedenen Mitgliedstaaten.

ordneter praktischer Bedeutung.[350] Bei den wenigen Fällen privater Durchsetzung waren wegen der Informationsschwierigkeiten der privaten Durchsetzungsagenten Klagen von an dem Wettbewerbsverstoß Beteiligten[351] und das so genannte follow-on Verfahren die Regel, bei denen die privaten Durchsetzungsagenten die Informationen der Wettbewerbsbehörden über den Wettbewerbsverstoß ausnutzen konnten und damit infolge der reduzierten Unsicherheit über den Ausgang des Verfahrens einen stärkeren Anreiz besaßen.[352] Durch die VO 1/03 wurden jedoch verschiedene Regelungen eingeführt, die das ausdrückliche Ziel verfolgen, die private Durchsetzung zu fördern und dieser zu einem höheren Stellenwert zu verhelfen.

Die Instrumente zur Durchsetzung von Art. 81 EG lassen sich in zwei Kategorien einteilen: Einerseits ergibt sich aus dem Verstoß gegen Art. 81 EG die Einwendung der Nichtigkeit der fraglichen wettbewerbsbeschränkenden Vereinbarung. Dies kann als defensive private Durchsetzung von Art. 81 EG bezeichnet werden.[353] Andererseits begründet der Verstoß gegen Art. 81 EG auch Ansprüche für den privaten Durchsetzungsagenten gegen den verantwortlichen Normadressaten, so dass die Durchsetzung hier als offensiv bezeichnet werden kann.[354]

Hinsichtlich der defensiven Durchsetzung steht im Rahmen von Art. 81 EG die Berufung auf die Nichtigkeit einer Vereinbarung im Mittelpunkt der privaten Durchsetzung (zu I.), während bei der offensiven Durchsetzung der Schadensersatzanspruch des aus dem Verstoß Geschädigten im Zentrum steht (zu II.).[355] Daneben bestehen noch weitere Instrumente der privaten Durchsetzung wie Unterlassungs- und Beseitigungsansprüche, bereicherungsrechtliche Ansprüche und die Abschöpfung des wirtschaftlichen Vorteils des Normadressaten durch Verbände (zu III.).

---

350 Siehe nur Wurmnest, in: Behrens/Braun/Nowak, EG-Wettbewerbsrecht im Umbruch, S. 213 ff., 215 f. m.w.N.; knapp zu den Schwierigkeiten Woods/Sinclair/Ashton, Competition Policy Newsletter 2004, S. 31 ff.

351 Bornkamm, Roundtable, Fordham Corporate Law Institute on International Antitrust Law and Policy 2002, S. 421 ff., S. 422.

352 Rodger, European Competition Law Review 2003, vol. 24, S. 103 ff., 105; Kauper/Snyder, Georgetown Law Journal 1986, vol. 74, S. 1163 ff., 1168 f.

353 Bornkamm, Die Rolle des Zivilrichters bei der Kartellrechtsdurchsetzung, S. 5 ("defensive Berufung auf das Kartellverbot").

354 So Bundeskartellamt, Diskussionspapier Private Durchsetzung, S. 1.

355 Im Jahr 2004 waren in Deutschland von insgesamt 240 kartellzivilrechtlichen Verfahren knapp drei Viertel defensiver Natur (172 Verfahren) und nur ein Viertel offensiver Natur (68 Verfahren), von denen nur ein Drittel Erfolg hatten (23 Verfahren), siehe Böge/Ost, European Competition Law Review 2006, vol. 27, S. 197 ff., 197; für eine Übersicht über die kartellzivilrechtlichen Verfahren vor britischen Gerichten siehe Rodger, European Competition Law Review 2006, vol. 27, S. 241 ff., 279 ff., 341 ff.

I. Nichtigkeit der Vereinbarung

Die einzige gemeinschaftsrechtliche Rechtsfolge des Verstoßes gegen Art. 81 EG ist die Nichtigkeit der wettbewerbsbeschränkenden Vereinbarungen, die sich unmittelbar aus Art. 81 Abs. 2 EG ergibt.[356] Nichtigkeit bedeutet, dass das Rechtsgeschäft unwirksam ist und daher keine Rechtswirkungen gegenüber niemandem erzeugen kann. Daher bezieht sich die Rechtsfolge der Nichtigkeit naturgemäß allein auf Rechtsgeschäfte, insbesondere Verträge, da nur bei diesen Formen der Verhaltenskoordinierung eine rechtliche Nichtigkeit möglich ist.

1. Voraussetzungen

Voraussetzung für die Berufung auf die Nichtigkeit ist allein das Vorliegen eines Verstoßes gegen Art. 81 EG, also eine Verhaltensweise, die die Tatbestandsvoraussetzungen des Art. 81 Abs. 1 EG, nicht aber zugleich die Freistellungsvoraussetzungen des Art. 81 Abs. 3 EG erfüllt. Diese Voraussetzungen wurden bereits oben beschrieben, so dass auf die dortigen Ausführungen verwiesen werden kann.[357]

2. Berechtigte

Für die Durchsetzung ist wichtig, wer das Instrument des Nichtigkeitseinwands benutzen kann. Denn nur diese Personen können als private Durchsetzungsagenten tätig werden und so zur Durchsetzung beitragen.

Den Einwand der Nichtigkeit eines Vertrags kann grundsätzlich jedermann erheben, der von dem Vertrag betroffen wird. Dies sind infolge der relativen Wirkung von Verträgen vor allem die Vertragsparteien selbst, jedoch können sich auch Dritte auf die Nichtigkeit des Vertrags berufen.[358] Auch den Vertragsparteien ist die Berufung auf die Nichtigkeit trotz ihrer eigenen Beteiligung an dem Wettbewerbsverstoß und dem daraus möglicherweise folgenden Arglisteinwand grundsätzlich möglich. Denn der Grundsatz der praktischen Wirksamkeit des Gemeinschaftsrecht (effet utile) erfordert nach der Rechtsprechung des EuGH eine Geltendmachung der Nichtigkeit auch durch diese Personen, die ein eigenes wirtschaftliches Interesse am Vertrag besitzen.[359] Es ist

---

[356] Ein Rückgriff auf § 134 BGB ist daher überflüssig, K. Schmidt in Immenga/Mestmäcker, EG-WBR Bd. 1, Art. 85 Abs. 2 Rn. 19.

[357] Siehe oben zu Kapitel 2B.II., S. 24.

[358] Emmerich, Kartellrecht, S. 418 f.; Hempel, Privater Kartellrechtsschutz, S. 97 weist beispielhaft auf die unlauterkeitsrechtliche Ausnutzung eines fremden Vertragsbruch hin.

[359] EuGH, Entscheidung vom 20. September 2001, Slg. 2001, I-6297, 6323 Rn. 24 – Courage/Crehan; Hempel, Privater Kartellrechtsschutz, S. 97 f.; zur Anwendung von § 242 BGB siehe K. Schmidt in Immenga/Mestmäcker, EG-WBR Bd. 1, Art. 85 Abs. 2 Rn. 42.

jedoch nicht zu erwarten, dass die Beteiligten stets einen Anreiz besitzen, den Nichtigkeitseinwand durchzusetzen. Zwar besitzen die Vertragsparteien infolge ihrer Beteiligung die tatsächlichen Informationen über die Vereinbarung. Dies ermöglicht es, in rechtlich einfachen Fallgestaltungen, ohne ein vorhergehendes öffentliches Durchsetzungsverfahren der Kommission, den Nichtigkeitseinwand erfolgreich zu erheben und damit den Wettbewerbsverstoß zu beenden. Jedoch werden die Beteiligten nicht stets wissen, dass die Verhaltenskoordinierung gegen Art. 81 EG verstößt, da die Subsumtion häufig schwierig sein kann. Aber selbst wenn sie von der Wettbewerbswidrigkeit wissen, hat ein Beteiligter nur dann ein Interesse, den Nichtigkeitseinwand zu erheben, wenn sich die Umstände seit Abschluss der Vereinbarung geändert haben. Denn zur Zeit des Vertragsschlusses muss die Vereinbarung als Ganzes für ihn zumindest subjektiv vorteilhaft gewesen sein, sonst hätte er sie nicht abgeschlossen. Daher ist die Durchsetzung seitens eines der Beteiligten nur dann zu erwarten, wenn sich die geschäftlichen Umstände bzw. die Wahrnehmung durch den Beteiligten nach Abschluss geändert haben und die Vereinbarung für ihn nicht mehr vorteilhaft ist.

3. Wirkung

Der Begriff der Nichtigkeit in Art. 81 Abs. 2 EG ist gemeinschaftsrechtlich zu verstehen: Er muss entsprechend dem Zweck der Wettbewerbsregeln und in Anlehnung an die mitgliedstaatliche Rechtsordnung ausgefüllt werden, so dass auf mitgliedstaatliches Recht nur dann zurückzugreifen ist, soweit das Gemeinschaftsrecht für weitergehende Fragen der Nichtigkeit keine eigenen Regelungen enthält.[360]

Die Nichtigkeitsanordnung des Art. 81 Abs. 2 EG bewirkt die Nichtanerkennung der von den Beteiligten vereinbarten Rechtsfolgen durch das Recht. Dies führt insbesondere dazu, dass die in dem nichtigen Vertrag enthaltenen Leistungspflichten rechtlich nicht anerkannt werden und daher nicht mit den Mitteln des Rechts durchgesetzt werden können. Die Nichtigkeit kann folglich dem Verlangen auf Vertragserfüllung und auch dem Anspruch auf Schadensersatz statt der Leistung (§§ 280 ff. BGB) entgegengehalten werden, da der Schadensersatzanspruch auf eine Umgehung des Kartellverbots hinauslaufen würde.[361] Die Nichtigkeit wirkt dabei unmittelbar (ex lege), ohne

---

360 K. Schmidt in Immenga/Mestmäcker, EG-WBR Bd. 1, Art. 85 Abs. 2 Rn. 23; Hempel, Privater Kartellrechtsschutz, S. 97.

361 BGH, Entscheidung vom 10. Juli 1969, WuW/E BGH 1039 f. – Auto-Lok; Hempel, Privater Kartellrechtsschutz, S. 105; Mestmäcker/Schweitzer, EG-Wettbewerbsrecht, § 22 Rn. 7; Lettl, ZHR 2003, vol. 167, S. 473 ff., 478 f.

dass es einer vorhergehender Entscheidung bedarf (Art. 1 Abs. 1 VO 1/03), gegenüber jedermann und besteht von Anfang an (ex tunc).[362]

Die gegenständliche Reichweite der Nichtigkeit beschränkt sich grundsätzlich auf die gegen Art. 81 EG verstoßenden Klauseln eines Vertrags. Allerdings werden auch die übrigen Klauseln des Vertrags von der Nichtigkeitswirkung erfasst, wenn sie sich von den wettbewerbsbeschränkenden Klauseln nicht trennen lassen, weil sie zur Wirksamkeit der verbotenen Klauseln beitragen.[363] Im Übrigen richtet sich nach der Rechtsprechung des EuGH die Nichtigkeit der übrigen Vertragsteile nach dem jeweils einschlägigen mitgliedstaatlichen Recht unter Berücksichtigung der Zwecke der Wettbewerbsregeln,[364] so dass in Deutschland gemäß § 139 BGB im Zweifel von der Gesamtnichtigkeit des Vertrags auszugehen ist. Folgeverträge, die von den Beteiligten in Durchführung der verbotswidrigen Vereinbarung mit Dritten geschlossen werden, sind hingegen nicht von der Nichtigkeitsfolge erfasst.[365]

4. Prozessualer Rahmen

Die Nichtigkeit kann in Klagen vor einem mitgliedstaatlichen Gericht auf verschiedene Weise geltend gemacht werden: In den allermeisten Fällen wird die Nichtigkeit als Einwendung in einer Klage auf Erfüllung einer vertraglichen Pflicht durch den Beklagten erhoben, der mit dem erfolgreichen Verweis auf die Nichtigkeit des Vertrags seine Leistungspflicht beseitigt. Jedoch kann die Nichtigkeit prozessual auch im Rahmen einer Feststellungsklage gemäß § 256 ZPO geltend gemacht werden, in der die Feststellung begehrt wird, dass die fragliche Vereinbarung wegen des Wettbewerbsverstoßes nichtig ist und vertragliche Ansprüche daher nicht bestehen.[366]

---

362 Mestmäcker/Schweitzer, EG-Wettbewerbsrecht, § 22 Rn. 7 f.; K. Schmidt in Immenga/Mestmäcker, EG-WBR Bd. 1, Art. 85 Abs. 2 Rn. 39 ff. jeweils m.w.N. zur Rechtsprechung; ausführlich zum Umfang der Unwirksamkeit Fuchs, Kartellvertrag und Bereicherung, S. 32 ff.

363 Siehe bereits EuGH, Entscheidung vom 13. Juli 1966, Slg. 1966, 321, 392 – Grundig/Consten; Emmerich, Kartellrecht, S. 419; zum Ganzen: K. Schmidt in Immenga/Mestmäcker, EG-WBR Bd. 1, Art. 85 Abs. 2 Rn. 44 ff.; Mestmäcker/Schweitzer, EG-Wettbewerbsrecht, § 22 Rn. 9 ff. jeweils m.w.N.

364 EuGH, Entscheidung vom 14. Dezember 1983, Slg. 1983, 4173, 4183 f – Kerpen; EuGH, Entscheidung vom 30. April 1998, Slg. 1998, I-2055, 2101 Rn. 51 – Cabour.

365 EuGH, Entscheidung vom 14. Dezember 1983, Slg. 1983, 4173, 4183 f – Kerpen; auch zur Abgrenzung von erfassten Ausführungsgeschäften: K. Schmidt in Immenga/Mestmäcker, EG-WBR Bd. 1, Art. 85 Abs. 2 Rn. 57 ff.; Mestmäcker/Schweitzer, EG-Wettbewerbsrecht, § 22 Rn. 17 f. jeweils m.w.N.

366 Gröning, WRP 2000, S. 882 ff., 882; Schwarze/Weitbrecht, EG-Kartellverfahrensrecht, § 11 Rn. 17.

Zur Entscheidung von Klagen, in denen der Nichtigkeitseinwand des Art. 81 Abs. 2 EG erhoben wird, sind gemäß § 87 GWB die Landgerichte, dort funktional die Kammer für Handelssachen, ausschließlich zuständig.

Die Partei, die sich auf die Nichtigkeit des Vertrags beruft, muss die Tatbestandsvoraussetzungen von Art. 81 Abs. 1 EG darlegen und beweisen, während die andere Partei gemäß Art. 2 VO 1/03 das Vorliegen der Freistellungsvoraussetzungen des Art. 81 Abs. 3 EG nachweisen muss. Dies kann für die privaten Durchsetzungsagenten von großer Bedeutung sein, da insbesondere die Freistellungsvoraussetzungen häufig nur aufgrund einer komplexen wirtschaftlichen Betrachtung der Marktverhältnisse nachgewiesen werden können.

5. Zusammenfassung zur Sanktion der Nichtigkeit

Die Einwendung der Nichtigkeit eines Vertrags, der gegen Art. 81 EG verstößt, ist ein Instrument der defensiven Kartellrechtsdurchsetzung, das in der Praxis häufig von einer am Vertrag beteiligten Parteien als Verteidigungsmittel gegen vertragliche Leistungsansprüche verwendet wird.[367] Ob die Beteiligten jedoch häufig genug einen Anreiz zur Durchsetzung besitzen, um ein ausreichendes Durchsetzungsniveau sicherzustellen, erscheint angesichts der dargestellten Interessenlage zweifelhaft.

II. Schadensersatz

Die wichtigste zivilrechtliche Rechtsfolge eines Verstoßes gegen Art. 81 EG ist der Anspruch des Geschädigten auf Ersatz des ihm infolge des Verstoßes entstandenen Schadens. Dieser Schadensersatzanspruch soll hier entsprechend seiner großen Bedeutung für die Durchsetzung ausführlich dargestellt werden. Hierzu müssen vorab die einschlägige Anspruchsgrundlage (zu 1.) und die möglichen Inhaber eines Schadensersatzanspruchs (zu 2.) bestimmt werden. Danach müssen die Anspruchsvoraussetzungen (zu 3.), der Anspruchsinhalt (zu 4.) sowie der Anspruchsgegner (zu 5.) erörtert werden, bevor auf prozessuale Aspekte einzugehen sein wird (zu 6.).

1. Anspruchsgrundlage

Bei dem Schadensersatzanspruch wegen Verstoßes gegen Art. 81 EG stellt sich zunächst die grundsätzliche Frage, ob die Anspruchsgrundlage bereits aus dem Gemein-

---

[367] Schmidt, Zeitschrift für Europäisches Privatrecht 2004, S. 881 ff., 886 erwartet auch nach der Verfahrensreform vor allem den Kartelleinwand gegen Vertragsklagen in der kartellzivilrechtlichen Praxis.

schaftsrecht folgt (zu a.) oder dem Recht des jeweiligen Mitgliedstaats zu entnehmen ist (zu b.).

a. Gemeinschaftsrecht

Weder im primären noch im sekundären Gemeinschaftsrecht findet sich eine ausdrückliche Anspruchsgrundlage hinsichtlich des Schadensersatzes wegen eines Verstoßes gegen Art. 81 EG. Ob sich aus dem Gemeinschaftsrecht gleichwohl selbständig Schadensersatzansprüche ableiten lassen, ist nicht abschließend geklärt. Entsprechend der Rechtsprechung des EuGH zur Staatshaftung wird vertreten, dass aus der horizontalen Direktwirkung die Zubilligung eines gemeinschaftsrechtlichen Schadensersatzanspruches logisch folge.[368] In der Rechtsprechung der Gemeinschaftsgerichte ist ein solcher eigenständiger gemeinschaftsrechtlicher Schadensersatzanspruch hingegen bisher nicht anerkannt worden[369] und wird auch in der kartellrechtlichen Literatur überwiegend abgelehnt.[370]

Angesichts des Bestehens der Schadensersatzansprüche, die nach dem mitgliedstaatlichen Recht gegeben sind, ist ein solcher gemeinschaftsrechtlicher Anspruch nicht zwingend erforderlich, wenngleich eine Vereinheitlichung der Schadensersatzansprüche durch Gemeinschaftsrecht gemäß Artt. 94, 95 EG möglich sein dürfte.[371]

Das Gemeinschaftsrecht beeinflusst jedoch das Recht der Mitgliedstaaten insofern, als aus den gemeinschaftsrechtlichen Grundsätzen Vorgaben für die Ausgestaltung des mitgliedstaatlichen Rechts zu Schadensersatzansprüchen und seiner Durchsetzung folgen: So sind die Mitgliedstaaten verpflichtet, bei der Anwendung des Gemeinschaftsrechts die volle Wirksamkeit seiner Bestimmungen zu gewährleisten und die gemeinschaftsrechtlich begründeten Rechte des Einzelnen zu schützen.[372] Neben diesem

---

368 Siehe die Schlussanträge des Generalanwalts van Gerven in EuGH, Entscheidung vom 13. April 1994, Slg. 1994, I-1209, 1250 Rn. 43 – Banks; Jones, Private Enforcement, S. 78; Mäsch, EuR 2003, S. 825 ff., 825; Komnimos, Common Market Law Review. 2002, vol. 39, S. 447 ff., 466 ff; Winterstein, European Competition Law Review 1995, vol. 16, S. 49 ff., 50 f.

369 In diesem Sinne EuG, Entscheidung vom 18. September 1992, Slg. 1992, II-2223 Rn. 50 – Automec II.

370 Ablehnend Brinker, in: Schwarze (Hrsg.), Schadensersatz Sanktion für Wettbewerbsverstöße, S. 107 ff., S. 109; Lettl, ZHR 2003, vol. 167, S. 473 ff., 476 f.; Wurmnest, in: Behrens/Braun/Nowak, EG-Wettbewerbsrecht im Umbruch, S. 213 ff., 217 ff.

371 Mestmäcker, EBOR 2000, S. 405 ff., 426; Bulst, Schadensersatzansprüche der Marktgegenseite im Kartellrecht, S. 203 f. hält den dogmatischen Streit angesichts der zwingenden Vorgaben des EG-Rechts praktisch für folgenlos.

372 Bereits EuGH, Entscheidung vom 9. März 1978, Slg. 1978, 629, 643 Rn. 16 – Staatliche Finanzverwaltung/Simmenthal; Mestmäcker/Schweitzer, EG-Wettbewerbsrecht, § 22 Rn. 2.

Grundsatz der Effektivität geht der EuGH in ständiger Rechtsprechung vom Grundsatz der Äquivalenz aus, nach dem die Bedingungen bei der Anwendung des Gemeinschaftsrechts durch die mitgliedstaatlichen Rechtsordnungen nicht ungünstiger sein dürfen als für gleichartige Klagen nach mitgliedstaatlichem Recht.[373] Diese Grundsätze hat der EuGH in der *Courage*-Entscheidung mit dem Grundsatz des Individualschutzes der Wettbewerbsregeln verbunden, um die Verpflichtung der Mitgliedstaaten zu begründen, in ihren Rechtsordnungen Schadensersatzansprüche für die Verletzung der europäischen Wettbewerbsregeln vorzusehen.[374] Es bleibt mangels einschlägiger Gemeinschaftsregelung jedoch Sache des jeweiligen mitgliedstaatlichen Rechts, die zuständigen Gerichte zu bestimmen und die Verfahrensmodalitäten für Klagen zu regeln.[375]

Da sich der Schadensersatzanspruch wegen Verletzung von Art. 81 EG also nach mitgliedstaatlichem Recht richtet, das den gemeinschaftsrechtlichen Anforderungen an Effektivität und Äquivalenz genügen muss, muss zur Darstellung des Schadensersatzanspruchs als Mittel der privaten Durchsetzung von Art. 81 EG auf das Recht der Mitgliedstaaten zurückgegriffen werden. Die Regelungen des Schadensersatzes unterscheiden sich in den verschiedenen Rechtsordnungen teilweise erheblich. Ein ausführlicher Vergleich dieser verschiedenen mitgliedstaatlichen Regelungen übersteigt jedoch den Rahmen dieser Untersuchung, so dass hier nur auf die Darstellungen an anderer Stelle zu verweisen ist.[376] Vielmehr soll im Folgenden exemplarisch der Schadensersatzanspruch wegen eines Verstoßes gegen Art. 81 EG nach deutschem Kartellzivilrecht ausführlich dargestellt werden.

b. Mitgliedstaatliches Recht

Der Schadensersatzanspruch wegen eines Verstoßes gegen Art. 81 EG war im deutschen Recht bisher nicht spezialgesetzlich geregelt und richtete sich daher nach der allgemeinen Anspruchsgrundlage für Schadensersatzansprüche wegen Schutzgesetz-

---

[373] EuGH, Entscheidung vom 16. Dezember 1976, Slg. 1976, 1989, 1998 Rn. 5 – Rewe/ Landwirtschaftskammer Saarland; Mestmäcker/Schweitzer, EG-Wettbewerbsrecht, § 22 Rn. 2.

[374] EuGH, Entscheidung vom 20. September 2001, Slg. 2001, I-6297, 6324 Rn. 29 – Courage/Crehan; hierzu auch Bulst, Schadensersatzansprüche der Marktgegenseite im Kartellrecht, S. 194 ff.; Wurmnest, in: Behrens/Braun/Nowak, EG-Wettbewerbsrecht im Umbruch, S. 213 ff., 219 ff.

[375] EuGH, Entscheidung vom 20. September 2001, Slg. 2001, I-6297, 6324 Rn. 29 – Courage/Crehan; nach Köhler, GRUR 2004, S. 99 ff., 100 Fn. 5 soll auch die Regelung über die Verjährung, die Haftung von Teilnehmern und über das Mitverschulden hierunter fallen.

[376] Siehe Hempel, Privater Kartellrechtsschutz, S. 101 ff. zu den zivilrechtlichen Rechtsfolgen eines Verstoßes gegen die EG-Wettbewerbsregeln in den verschiedenen mitgliedstaatlichen Rechtsordnungen; umfassend Behrens, National Courts, S. und zuletzt auch die von der Kommission in Auftrag gegebene Untersuchung Ashurst-Report, Comparative Report, S..

verletzung gemäß § 823 Abs. 2 BGB i.V.m. Art. 81 EG, dessen Schutzgesetzqualität im Grundsatz anerkannt war.[377]

Seit der 7. GWB-Novelle enthält § 33 GWB auch eine Anspruchsgrundlage für Schadensersatzansprüche wegen des Verstoßes gegen Art. 81 EG, die dem gemeinschaftsrechtlichen Äquivalenz- und dem Effektivitätsgrundsatz genügt.

Die internationale Anwendbarkeit deutschen Rechts, die hier nicht vertieft werden soll, richtet sich nach § 130 Abs. 2 GWB und erfasst alle Wettbewerbsbeschränkungen, die sich unabhängig vom Ort ihrer Veranlassung im Inland auswirken.[378] Bei Anwendbarkeit deutschen Rechts richtet sich der Schadensersatzanspruch wegen eines Verstoßes gegen Art. 81 EG mithin nach § 33 GWB, dessen Voraussetzungen im Folgenden näher dargestellt werden sollen.

2. Anspruchsberechtigte

Für den Erfolg der privaten Durchsetzung von Art. 81 EG ist es wichtig, welche Personen berechtigt sind, einen Schadensersatzanspruch gegen den Normadressaten geltend zu machen. Denn nur dieser Personenkreis kann als privater Durchsetzungsagent tätig werden, dessen Wille zur Durchsetzung den Erfolg der privaten Durchsetzung maßgeblich bestimmt.[379] Daher muss der Anreiz der zur Durchsetzung berechtigten privaten Durchsetzungsagenten bei dem Vergleich der Durchsetzungsformen berücksichtigt werden.[380]

Der Kreis der Anspruchsberechtigten war bis zur 7. GWB-Novelle sehr eng gezogen: Ein Anspruch aus § 33 S. 1 GWB a.F. und aus § 823 Abs. 2 BGB i.V.m. Art. 81 EG setzte die Verletzung eines Schutzgesetzes voraus.[381] Hierzu forderte die Rechtsprechung der deutschen Gerichte überwiegend, dass sich das normwidrige Verhalten gezielt gegen den individualisierbaren Durchsetzungsagenten richtet, so dass der Kreis

377 Zur Rechtslage vor der 7. GWB-Novelle siehe Mestmäcker/Schweitzer, EG-Wettbewerbsrecht, § 22 Rn. 24 ff.

378 Zur Anwendbarkeit deutschen Rechts unter Berücksichtigung des Kommissionsentwurfs der Verordnung über das auf außervertragliche Schuldverhältnisse anzuwendende Recht ("Rom II") vom 20. Februar 2006, KOM (2006) 83, siehe Kommission, Grünbuch Private Durchsetzung, S. 12, Optionen 31-34; Zimmer/Leopold, EWS 2005, S. 149 ff., 150 f.; Radicati Di Brozolo, European Competition Law Review 2004, vol. 12, S. 780 ff.; aus englischer Sicht siehe Withers, Journal of Business Law 2002, S. 250 ff., 264 f.

379 Siehe zur Anreizstruktur privater Durchsetzungsagenten unten zu Kapitel 4B.II.1.a., S. 203.

380 Siehe hierzu noch unten zu Kapitel 5B.I.2.b., S. 243.

381 Ausführlich Breitkreutz, Kartellverbot als Schutzgesetz, S. 71 ff.

der Anspruchsberechtigten entsprechend klein war.[382] Auch die viel beachtete *Courage*-Entscheidung des EuGH, nach der die praktische Wirksamkeit des Kartellverbots gemeinschaftsrechtlich erfordert, dass nach mitgliedstaatlichem Recht "jedermann Ersatz des Schadens verlangen kann", der ihm durch die verbotene Verhaltenskoordinierung entstanden ist,[383] brachte vor Inkrafttreten der 7. GWB-Novelle keine wesentliche Änderung der restriktiven Rechtsprechung.[384] Diese restriktive Rechtsprechung war auch ein entscheidender Grund für die bisher geringe praktische Bedeutung der privaten Durchsetzung des Kartellrechts.[385]

Die 7. GWB-Novelle lässt nunmehr das Schutzgesetzerfordernis fallen und erklärt in § 33 Abs. 1 S. 1 GWB jeden "Betroffenen" zum Anspruchsberechtigten. Gemäß der Legaldefinition in § 33 Abs. 1 S. 3 GWB sind alle Mitbewerber und andere Marktteilnehmer betroffen, die durch den Verstoß beeinträchtigt sind.

Im Folgenden soll für verschiedene Gruppen von Personen, die als potentielle Geschädigte als private Durchsetzungsagenten hinsichtlich eines Schadensersatzanspruchs in Frage kommen, untersucht werden, ob sie i.S.v. § 33 Abs. 1 S. 1 GWB betroffen und mithin anspruchsberechtigt sind. Als Anspruchsberechtigte kommen die Wettbewerber der Beteiligten (zu a.), die Marktteilnehmer auf der Marktgegenseite (zu b.) sowie die an der Verhaltenskoordinierung beteiligten Unternehmen selbst (zu c.) in Betracht.[386] Ferner ist die Anspruchsberechtigung von Verbänden zu erörtern (zu d.).

a. Wettbewerber der Beteiligten

Marktteilnehmer, die im Wettbewerb mit den an der Verhaltenskoordinierung beteiligten Unternehmen stehen (Wettbewerber), waren bereits vor der 7. GWB-Novelle zur Durchsetzung eines Schadensersatzanspruchs berechtigt, wenn sie durch den Wettbewerbsverstoß am Marktzutritt gehindert oder andersartig unmittelbar behindert würden.[387] Diese Anspruchsberechtigung der Wettbewerber besteht auch nach der

382 Siehe die Nachweise bei Mestmäcker/Schweitzer, EG-Wettbewerbsrecht, § 22 Rn. 31 ff.; zuletzt LG Mainz, Entscheidung vom 15. Januar 2004, WuW/E DE-R 1349, 1351 – Vitaminpreise Mainz; LG Mannheim, Entscheidung vom 11. Juli 2003, GRUR 2004, 182, 183 f.

383 EuGH, Entscheidung vom 20. September 2001, Slg. 2001, I-6297, 6323 Rn. 26 – Courage/Crehan.

384 LG Mainz, Entscheidung vom 15. Januar 2004, WuW/E DE-R 1349, 1351 – Vitaminpreise Mainz; LG Mannheim, Entscheidung vom 11. Juli 2003, GRUR 2004, 182, 183 f.; hierzu kritisch Bulst, NJW 2004, S. 2201 ff., 2202 f.; Wurmnest, GPR 2004, S. 129 ff., 135.

385 Monopolkommission, Sondergutachten zur 7. GWB-Novelle, Rn. 38.

386 Siehe hierzu auch ausführlich Hempel, Privater Kartellrechtsschutz, S. 108 f.

387 BGH, Entscheidung vom 13. Oktober 1979, WuW/E BGH 1643, 1645 – BMW-Importe; Mestmäcker/Schweitzer, EG-Wettbewerbsrecht, § 22 Rn. 33 f. m.w.N.

7. GWB-Novelle weiter, da die Wettbewerber von dem Wettbewerbsverstoß i.S.v. § 33 Abs. 1 S. 1 GWB betroffen sein können.

Der Personenkreis der Wettbewerber besitzt ein deutliches Interesse an der Beendigung solcher Wettbewerbsverstöße, die ihnen einen unmittelbaren wirtschaftlichen Schaden zufügen, so dass sie in diesem Fall einen Anreiz zur Durchsetzung eines Schadensersatzanspruchs besitzen.[388] Hardcore-Kartelle haben nicht immer einen nachteiligen Effekt auf die Situation der Kartellaußenseiter. Vielmehr kann die kartellbedingte Preiserhöhung den Wettbewerbern höhere Gewinne infolge der ebenfalls erhöhten Preise und/oder größerer Verkaufsmengen als ohne das Kartell bringen (umbrella-Effekt).[389] Jedoch verwenden die Kartellmitglieder häufig unterstützende Maßnahmen, wie Ausschließlichkeitsbindungen und Lieferungsverweigerungen, durch die ein Wechsel ihrer Abnehmer zu den Kartellaußenseitern verhindert werden soll und den Wettbewerbern ein Schaden entstehen kann.[390] Diese vertikalen Wettbewerbsbeschränkungen führen häufig auch dazu, dass der Marktzutritt der potentiellen Wettbewerber erschwert oder verhindert wird, wodurch ihnen ein Schaden in Gestalt des entgangenen Gewinns aus ihrer wirtschaftlichen Tätigkeit auf diesem Markt entsteht.[391]

b. Marktgegenseite

Ferner können die Abnehmer bzw. Lieferanten[392] der an der Verhaltenskoordinierung beteiligten Unternehmen durch den Wettbewerbsverstoß geschädigt werden und daher betroffen i.S.v. § 33 Abs. 1 GWB sein. Zwischen diesen Marktteilnehmern auf der Marktgegenseite ist sowohl rechtlich als auch hinsichtlich ihrer Eigenschaften zwischen direkten Abnehmer (zu aa.) und mittelbar betroffenen Abnehmer (zu bb.) zu unterscheiden.

---

388 Monti, European Law Review 2002, vol. 27, S. 282 ff., 287; siehe hierzu noch unten zu Kapitel 5 B.I.2.b, S. 243 ff.

389 Ashurst-Report, Ökonomische Modelle zur Schadensberechnung, S. 14, 16.

390 Ashurst-Report, Ökonomische Modelle zur Schadensberechnung, S. 16.

391 Motta, Competition Theory, S. 362 ff., siehe bereits oben zu Kapitel 2B.III.2.a.bb., S. 48.

392 Im Folgenden soll mit Rücksicht auf die sprachliche Verständlichkeit nur von den Abnehmern als Anspruchsberechtigte auf der Nachfrageseite bei einer Wettbewerbsbeschränkung auf der Anbieterseite gesprochen werden; die Ausführungen gelten aber entsprechend für die Anspruchsberechtigung von Lieferanten als Anspruchsberechtigte auf der Anbieterseite in der umgekehrten Situation.

aa. Direkte Abnehmer

Bei horizontalen Wettbewerbsbeschränkungen stehen die direkten Abnehmer in einem vertraglichen Austauschverhältnis mit den an dem Wettbewerbsverstoß beteiligten Unternehmen und zahlen infolge des Verstoßes als Abnehmer überhöhte Preise für die Güter. Aber auch bei vertikalen Wettbewerbsbeschränkungen können Marktteilnehmer auf der Gegenseite eines selektiv vertreibenden Unternehmens von dem Wettbewerbsverstoß nachteilig betroffen werden und Schadensersatzansprüche besitzen.[393]

Vor der 7. GWB-Novelle wurde die Anspruchsberechtigung direkter Abnehmer von einem erheblichen Teil der Rechtsprechung lediglich mit der oben beschriebenen erheblichen Einschränkung der Finalität bejaht.[394] Lediglich ein kleiner Teil der Rechtsprechung hielt bereits unter dem alten GWB alle unmittelbaren Abnehmer für anspruchsberechtigt.[395] Unter der Geltung des neuen GWB in der Fassung der 7. GWB-Novelle sind die unmittelbaren Abnehmer von dem Wettbewerbsverstoß eindeutig i.S.v. § 33 Abs. 1 GWB "betroffen" und mithin zur Durchsetzung von Unterlassungs- und Schadensersatzansprüchen berechtigt. Nur diese weitere Fassung des Kreises der Anspruchsberechtigten dürfte mit den gemeinschaftsrechtlichen Vorgaben vereinbar sein, dass "jedermann" zum Geltendmachen eines Schadensersatzanspruchs berechtigt sein muss, um die volle praktische Wirksamkeit des Kartellverbots zu gewährleisten.[396] Dies erfasst auch die Verbraucher, wenn sich die Wettbewerbsbeschränkung unmittelbar gegen die letzte Marktstufe richtet.[397]

Die direkten Abnehmer können ein starkes Interesse an der Rechtsdurchsetzung besitzen, da der bei ihnen entstandene Schaden möglicherweise beträchtlich ist und daher einen großen Anreiz zur Durchsetzung darstellen kann. Allerdings sind auch Konstellationen vorstellbar, in denen die direkten Abnehmer die überhöhten Preise bei der Weiterveräußerung auf die nachfolgende Marktstufe abwälzen konnten und folglich keinen wirtschaftlichen Nachteil erleiden (hierzu sogleich). In jedem Fall ist die Be-

393 Wurmnest, in: Behrens/Braun/Nowak, EG-Wettbewerbsrecht im Umbruch, S. 213 ff., 241.

394 So bereits BGH, Entscheidung vom 4. April 1975, BGHZ 64, 232, 237 – Krankenhauszusatzversicherung; auch noch LG Mannheim, Entscheidung vom 11. Juli 2003, GRUR 2004, 182 ff. und LG Mainz, Entscheidung vom 15. Januar 2004, WuW/E DE-R 1349, 1351 – Vitaminpreise Mainz, die noch den Schutzgesetzcharakter von Art. 81 EG für die unmittelbaren Abnehmer des Vitaminkartells verneinten; siehe auch LG Berlin, Entscheidung vom 27. Juni 2003, 102 O 155/02.

395 OLG Stuttgart, Entscheidung vom 28. August 1998, WuW/E DE-R 161, 162 – Carpartner II; OLG Düsseldorf, Entscheidung vom 16. Juni 1998, WuW/E DE-R 143, 146 – Global One; auch LG Dortmund, Entscheidung 1. April 2004, WuW/E DE-R 1352 – Vitaminpreise Dortmund.

396 So auch Mestmäcker/Schweitzer, EG-Wettbewerbsrecht, § 22 Rn. 34; Köhler, GRUR 2004, S. 99 ff., 100 f.; a.A. Lübbig, WRP 2004, S. 1254 ff., 1255 f.

397 Wurmnest, in: Behrens/Braun/Nowak, EG-Wettbewerbsrecht im Umbruch, S. 213 ff., 242.

rechnung ihres Schadens für die direkten Abnehmern, die kartellbedingt höhere Preise für die Güter bezahlt haben, leichter als für andere Geschädigte.[398] Jedoch stehen die unmittelbaren Abnehmer in vertraglicher Beziehung zu dem Normadressaten. Diese Verbindung kann dem Anreiz zur Durchsetzung des Schadensersatzanspruchs entgegenstehen, da hiermit die Beendigung einer häufig wichtigen Geschäftsbeziehung verbunden sein wird.

bb. Indirekte Abnehmer

Indirekte Abnehmer sind solche Marktteilnehmer auf einer nachgelagerten Marktstufe, die keinen unmittelbaren vertraglichen Kontakt mit den an dem Wettbewerbsverstoß beteiligten Unternehmen haben. Diese indirekten Abnehmer werden durch den Wettbewerbsverstoß mittelbar geschädigt. Denn die Unternehmen, die auf dem nachgelagerten Markt Waren anbieten (Zwischenhändler) und infolge der horizontalen Wettbewerbsbeschränkung Produkte zu überhöhten Preisen bezogen haben, werden versuchen, diese Preiserhöhung ganz oder teilweise auf die nachfolgende Marktstufe abzuwälzen, indem sie ihrerseits höhere Preise verlangen (Weiterwälzen des Schadens, passing-on). Hierdurch entsteht den mittelbar Betroffenen auf den nachfolgenden Wirtschaftsstufen ein Schaden in Gestalt des kartellbedingten Preisaufschlags der Zwischenhändler.[399] Ob und in welchem Ausmaß der Zwischenhändler zur Weitergabe dieses Preisaufschlags in der Lage ist, hängt von verschiedenen Faktoren ab, insbesondere von der Nachfrageelastizität auf dem nachgelagerten Markt sowie von der Kostenstruktur und der Wettbewerbssituation der Zwischenhändler.[400]

Bisher wurde für diese mittelbar betroffenen Marktteilnehmer, zu denen insbesondere auch die Letztverbraucher gehören, die Anspruchsberechtigung in der Literatur überwiegend verneint. Denn das Kartellverbot schütze nur die Auswahlfreiheit der Marktgegenseite; diese wird jedoch nicht beschränkt, wenn Marktteilnehmern auf nachgelagerten Wirtschaftsstufen von einem nicht kartellrechtswidrig handelnden Zwischenhändler beziehen.[401] In der Rechtsprechung wurde die Frage der Anspruchsberechti-

[398] Ashurst-Report, Ökonomische Modelle zur Schadensberechnung, S. 13.

[399] Ob auch Abnehmer von Kartellaußenseitern einen Anspruch gegen die Kartellmitglieder auf Ersatz eines möglichen Schadens haben, der aus einer möglichen Preiserhöhung der Kartellaußenseiter ("umbrella-Effekt") besteht, erscheint zweifelhaft und kann hier nicht näher behandelt werden; näher Ashurst-Report, Ökonomische Modelle zur Schadensberechnung, S. 14.

[400] Ashurst-Report, Ökonomische Modelle zur Schadensberechnung, S. 32 f.; Hoseinian, World Competition 2005, vol. 28, S. 3 ff., 23.

[401] Bornkamm in Langen/Bunte, Kartellrecht, § 33 GWB Rn. 14; Roth in Glassen/Achenbach/Hahn, Frankfurter Kommentar, Bd. 4, § 33 GWB Rn. 50; K. Schmidt in Immenga/Mestmäcker, EG-WBR Bd. 1, Art. 85 Abs. 2 Rn. 81; Köhler, GRUR 2004, S. 99 ff., 101; Wurmnest, in: Beh-

gung indirekter Abnehmer soweit ersichtlich lediglich in einem obiter dictum vom OLG Düsseldorf angesprochen und verneint.[402]

Die neue Regelung des § 33 Abs. 1 GWB in der Fassung der 7. GWB-Novelle äußert sich nicht ausdrücklich zur Anspruchsberechtigung indirekter Abnehmer, der weit gefasste Wortlaut der Norm steht jedenfalls einer solchen Anspruchsberechtigung nicht entgegen. Im Grünbuch der Kommission werden hinsichtlich der Anspruchsberechtigung indirekter Abnehmer sämtliche denkbaren Varianten zur Diskussion gestellt.[403] Dies zeigt, wie kontrovers diese Frage der Anspruchsberechtigung indirekt Geschädigter derzeit diskutiert wird und wie offen der Ausgang der Diskussion ist.[404] Erschwerend kommt hinzu, dass die Frage der Anspruchsberechtigung indirekter Abnehmer nicht unabhängig von der Frage der Zulassung einer später näher darzustellenden passing-on defense des Normadressaten im Rahmen der Vorteilsausgleichung beantwortet werden kann.[405] Aus diesem Grund kann diese Frage an dieser Stelle nicht abschließend behandelt werden. Es sollen vielmehr nur knapp einige in der Diskussion vorgebrachte Argumente dargestellt werden, bevor erörtert wird, ob diese Erweiterung des Kreises der Anspruchsberechtigten für die private Durchsetzung von Art. 81 EG wünschenswert wäre.

Die Gegner einer Anspruchsberechtigung indirekter Abnehmer halten die Reichweite von Art. 81 EG als Schutzgesetz für nicht ausreichend,[406] wollen eine Mehrfachhaftung des Normadressaten vermeiden,[407] verweisen auf die unüberschaubare Anzahl von Anspruchstellern[408] und die komplexe Beweisführung beim Nachweis des Scha-

---

rens/Braun/Nowak, EG-Wettbewerbsrecht im Umbruch, S. 213 ff., 242; siehe auch den Ansatz von Bulst, Schadensersatzansprüche der Marktgegenseite im Kartellrecht, S. 250 ff.

402 OLG Düsseldorf, Entscheidung vom 16. Juni 1998, WuW/E DE-R 143, 148.

403 Kommission, Grünbuch Private Durchsetzung, S. 9 f., Option 21-24; Working Paper Private Durchsetzung, Rn. 156 ff.; kritisch wegen des Fehlens der grundlegenden Fragen Basedow, EuZW 2006, S. 97 ff.

404 Siehe auch die verschiedenen Kommentare interessierter Kreise zum Grünbuch der Kommission, http://ec.europa.eu/comm/competition/antitrust/others/actions_for_damages/gp_contributions.html

405 Kommission, Working Paper Private Durchsetzung, Rn. 176; siehe näher zur passing-on defense noch unten zu Kapitel 3C.II.4.b., S. 115.

406 Bornkamm in Langen/Bunte, Kartellrecht, § 33 Rn. 14; Roth in Glassen/Achenbach/Hahn, Frankfurter Kommentar, Bd. 4, § 33 GWB 1999 Rn. 50.

407 Köhler, GRUR 2004, S. 99 ff., 100; Al-Debí/Krause, ZGS 2006, S. 20 ff., 23 f. verneinen die Anspruchsberechtigung indirekter Abnehmer und verweisen sie auf einen Anspruch gegen den direkten Abnehmer auf Vertragsanpassung nach den Grundsätzen der Störung der Geschäftsgrundlage (§ 313 BGB), da dieser durch seinen – ungekürzten – Schadensersatzanspruch gegen den Normadressaten einen Vorteil erlangt hat.

408 LG Mannheim, Entscheidung vom 11. Juli 2003, GRUR 2004, 182 ff.

dens.[409] Mit ähnlicher Begründung hat der US Supreme Court in der *Illinois Brick* – Entscheidung die Anspruchsberechtigung mittelbarer Abnehmer (indirect purchaser) für das US-amerikanische Kartellrecht verneint.[410] Dabei stützte sich der Supreme Court neben der Gefahr kumulierter Schadensersatzansprüche maßgeblich auf die für das Durchsetzungssystem interessante Erwägung, dass der direkte Abnehmer der bessere private Durchsetzungsagent sei, da der indirekt Betroffene seinen Schaden und dessen Höhe nur sehr schwer nachweisen könne und außerdem das Interesse an der Anspruchsdurchsetzung infolge des häufig nur geringen Schadens bei dem Letztverbraucher zu gering sei.

Die Befürworter einer Anspruchsberechtigung mittelbarer Abnehmer verweisen hingegen darauf, dass eine solche Beschränkung des Kreises der Anspruchsberechtigten, mit der Vorgabe des EuGH aus der *Courage*-Entscheidung, dass jedermann zur Durchsetzung eines Schadensersatzanspruchs berechtigt sein muss, nicht vereinbar sei.[411] Denn die von Art. 81 EG geschützten Marktteilnehmer sind vor allem Dritte, also auch Abnehmer und Verbraucher, die durch den Wettbewerbsverstoß geschädigt werden,[412] was häufig lediglich mittelbar und indirekt geschieht. Ferner hinge die Anspruchsberechtigung der Verbraucher von der Vertriebsstruktur des Kartells ab, da die Verbraucher beim Fehlen von Zwischenhändlern als direkte Abnehmer zu qualifizieren wären, sodass zufällige Ergebnissen entstünden.[413] Da die indirekten Abnehmer auch die eigentlich wirtschaftlich geschädigten Marktteilnehmer sind, fördere die Zuerkennung von Ersatzansprüchen für diese Personengruppe zudem die Ausgleichsfunktion des Schadensersatzrechts.[414] Dabei könne der von den Gegnern beschriebenen Gefahr einer mehrfachen Inanspruchnahme des Normadressaten durch Zulassung der passing-on defense begegnet werden.[415]

---

409 Reich, Common Market Law Review 2005, vol. 42, S. 35 ff., 45 f.

410 Illinois Brick Co. v. Illinois, 431 US 720, 97 S.Ct. 2061, 52 L.Ed. 2d 707 (1977); für einen Überblick über Klagen indirekter Abnehmer im US-amerikanischen Kartellrecht siehe Davis, Antitrust Law Journal 1997, vol. 65, S. 375 ff., 381 ff.

411 Mestmäcker/Schweitzer, EG-Wettbewerbsrecht, § 22 Rn. 35; Monopolkommission, Sondergutachten zur 7. GWB-Novelle, Rn. 39; Brkan, World Competition 2005, vol. 28, S. 479 ff., 493 f.; Schütt, WuW 2004, S. 1124 ff., 1128 f.; a.A. LG Mainz, Entscheidung vom 15. Januar 2004, WuW/E DE-R 1349, 1350 – Vitaminpreise Mainz.

412 GA Mischo, Schlussanträge vom 22. März 2001 in Rs. C-453/99 – Courage.

413 Monopolkommission, Sondergutachten zur 7. GWB-Novelle, Rn. 39.

414 Bulst, EWS 2004, S. 62 ff., 64 f.; Afferni/Bulst, Zeitschrift für Europäisches Privatrecht 2005, S. 143 ff., 154 f. weisen auch auf die Möglichkeit von Ansprüchen nach den Regeln des Verschuldens bei Vertragsverhandlungen (§ 311 Abs. 2 BGB) hin.

415 Bulst, EWS 2004, S. 62 ff., 64 f.; siehe hierzu noch unten zu Kapitel 3C.II.4.b., S. 115.

Für die hier interessierende Frage der Durchsetzung von Art. 81 EG sind unabhängig von dem dogmatischen Meinungsstreit die Auswirkungen des Ausschlusses bzw. der Einbeziehung der Gruppe indirekter Abnehmer in den Kreis der privaten Durchsetzungsagenten auf den Erfolg der privaten Durchsetzung von Bedeutung. Die Gruppe der indirekten Abnehmer zeichnet sich zunächst durch ihre beträchtliche Größe aus. Der größere Kreis der privaten Durchsetzungsagenten erhöht einerseits die Wahrscheinlichkeit von Durchsetzungsaktivitäten, führt jedoch auch zu parallelen Verfolgungsmaßnahmen desselben Wettbewerbsverstoßes und den damit verbundenen gesellschaftlichen Kosten. Der Anreiz der indirekten Abnehmer zur Durchsetzung wird zwar nicht durch die Angst vor dem Abbruch der Geschäftsbeziehung oder anderen Vergeltungsmaßnahmen geschmälert, ist jedoch angesichts der regelmäßig nur geringen individuellen Schäden ohnehin gering, wenn keine gemeinschaftliche Durchsetzung zusammen mit anderen Geschädigten möglich ist. Zudem verfügen die indirekten Abnehmer regelmäßig weder über die erforderlichen Informationen hinsichtlich des Normverstoßes noch können sie die Höhe des ihnen entstandenen Schadens exakt beziffern, da sie keinen geschäftlichen Kontakt zu dem Normadressaten besitzen und als Verbraucher auch keine spezifischen Marktkenntnisse haben.[416]

c. Beteiligte des Wettbewerbsverstoßes

Schließlich kommen auch die an dem Wettbewerbsverstoß beteiligten Unternehmen selbst als Anspruchsberechtigte und damit als private Durchsetzungsagenten in Betracht. Insbesondere bei vertikalen Wettbewerbsbeschränkungen kann einem Vertragsteil aus der Durchführung des Vertrags mit dem zumeist wirtschaftlich stärkeren Vertragspartner ein Schaden entstehen, beispielsweise durch die vertragliche Vereinbarung von überhöhten Preisen für die ausschließlich abgenommenen Waren.[417]

Bisher verneinte die deutsche Literatur den Schutzgesetzcharakter von Art. 81 EG für die an der Verhaltenskoordinierung beteiligten Unternehmen mit Verweis auf den primären Drittschutzcharakter des Kartellverbots, so dass die Beteiligten keinen Schadensersatzanspruch gegen einander geltend machen konnten.[418] Der EuGH hat jedoch in seiner *Courage*-Entscheidung entschieden, dass die volle Wirksamkeit des Art. 81 EG erfordert, dass jedermann Ersatz des Schadens verlangen kann, der ihm durch ei-

---

[416] Monopolkommission, Sondergutachten zur 7. GWB-Novelle, Rn. 69.

[417] Dies entspricht der Situation, die der Courage-Entscheidung des EuGH zu Grunde lag, EuGH, Entscheidung vom 20. September 2001, Slg. 2001, I-6297 – Courage/Crehan.

[418] K. Schmidt in Immenga/Mestmäcker, EG-WBR Bd. 1, Art. 85 Abs. 2 Rn. 80; Roth in Glassen/Achenbach/Hahn, Frankfurter Kommentar, Bd. 4, § 33 GWB Rn. 39.

nen wettbewerbsbeschränkenden Vertrag entsteht.[419]. Aus dem in den meisten Mitgliedstaaten anerkannten Grundsatz, dass niemand aus seinem eigenen rechtswidrigen Verhalten einen Nutzen ziehen darf,[420] folgert der EuGH jedoch eine Einschränkung dieser grundsätzlichen Anspruchsberechtigung: Das Gemeinschaftsrecht steht einer innerstaatlichen Regelung nicht entgegen, die unter Beachtung der gemeinschaftsrechtlichen Grundsätze der Äquivalenz und Effektivität dem Beteiligten den Schadensersatzanspruch verwehrt, der eine erhebliche Verantwortung für den Wettbewerbsverstoß trägt.[421] Zur Beurteilung der Verantwortung der Vertragspartner ist der wirtschaftliche und rechtliche Rahmen, in dem die Vertragsparteien sich bewegen, und insbesondere die Stärke der Verhandlungsposition und das jeweilige Verhalten der beiden Parteien zu berücksichtigen.[422] Eine solche erhebliche Verantwortung liegt dann nicht vor, wenn der Anspruchsteller eine derart unterlegene Verhandlungsposition besaß, die ihm weder erlaubte, die Vertragsklauseln zu beeinflussen, noch die Möglichkeit verlieh, den Schadenseintritt zu verhindern.[423] Daher trifft in Fallkonstellationen, in denen der fragliche Vertrag Teil eines Netzes von ähnlichen Verträgen ist, den Vertragspartner des Netzinhabers regelmäßig keine erhebliche Verantwortung für den Verstoß.[424] Aber auch die Verwendung von Allgemeinen Geschäftsbedingungen durch einen Vertragsteil wird häufig ausreichen, um eine erhebliche Verantwortung des anderen Teils auszuschließen, wenn dieser praktisch nicht über die Bedingungen verhandeln konnte.[425].

Diese Entscheidung des EuGH trifft verbindliche gemeinschaftsrechtliche Vorgaben für die Ausgestaltung des mitgliedstaatlichen Rechts, so dass auch im deutschen Recht den Beteiligten an der Vereinbarung grundsätzlich ein Schadensersatzanspruch zustehen muss. Denn die Abschreckungswirkung dieser Ansprüche im Innenverhältnis der beteiligten Unternehmen kann zur effektiven Durchsetzung beitragen.[426] Diese Erweiterung des Kreises der Anspruchsberechtigten betrifft allerdings praktisch nur vertikale

---

419 EuGH, Entscheidung vom 20. September 2001, Slg. 2001, I-6297 Rn. 26 – Courage/Crehan; zum weiteren Ablauf des Falles, der der Vorabentscheidung zugrunde lag, vor den englischen Gerichten siehe Andreangeli, European Competition Law Review 2004, vol. 25, S. 758 ff., 759 ff.

420 "Ex dolo malo non oritur actio".

421 EuGH, Entscheidung vom 20. September 2001, Slg. 2001, I-6297, 6323 Rn. 31 – Courage/Crehan.

422 EuGH, Entscheidung vom 20. September 2001, Slg. 2001, I-6297, 6323 Rn. 32 – Courage/Crehan.

423 EuGH, Entscheidung vom 20. September 2001, Slg. 2001, I-6297, 6323 Rn. 33 – Courage/Crehan; Mestmäcker/Schweitzer, EG-Wettbewerbsrecht, § 22 Rn. 28 f, 32.

424 EuGH, Entscheidung vom 20. September 2001, Slg. 2001, I-6297, 6324 Rn. 34 – Courage/Crehan; Monti, European Law Review 2002, vol. 27, S. 282 ff., 294

425 Andreangeli, European Competition Law Review 2004, vol. 25, S. 758 ff., 759; Monti, European Law Review 2002, vol. 27, S. 282 ff., 294.

426 Lettl, ZHR 2003, vol. 167, S. 473 ff., 479.

Wettbewerbsbeschränkungen, da bei horizontalen Absprachen i.d.R. beide Beteiligte, die wirtschaftlich auf einer Stufe stehen, eine erhebliche Verantwortung an der Wettbewerbsbeschränkung tragen.[427]

Ob die Vergrößerung der Anzahl potentieller Durchsetzungsagenten dem Erfolg der privaten Durchsetzung von Art. 81 EG in diesen Konstellationen entscheidend weiterhilft, hängt davon ab, ob ein Vertragsteil den Anreiz besitzt, eine Klage gegen den anderen Vertragsteil zu erheben.[428] Dies wird nur dann der Fall sein, wenn die Wettbewerbsbeschränkung für den einen Vertragsteil nachteilig ist, da andernfalls kein wirtschaftliches Interesse an der Beendigung der Geschäftsbeziehung bestehen wird.[429]

d. Verbände

Weder Wirtschaftsverbände noch Verbraucherverbände sind nach geltendem Recht befugt, Schadensersatzansprüche wegen des Verstoßes gegen Art. 81 EG durchzusetzen. Dies ergibt sich aus § 33 Abs. 2 GWB, der lediglich für Unterlassungs- und Beseitigungsansprüche eine Anspruchsberechtigung von Wirtschaftsverbänden vorsieht.[430] Durch diesen Ausschluss der Verbände von der Durchsetzung von Schadensersatzansprüchen wird eine Möglichkeit zur kollektiven privaten Durchsetzung ausgelassen, die insbesondere bei Streuschäden, bei denen ein Wettbewerbsverstoß eine Vielzahl kleiner Schäden bei verschiedenen Marktteilnehmern verursacht, zu einer wirksamen Abschreckung bei vertretbaren gesellschaftlichen Durchsetzungskosten führen könnte.[431]

Im Ergebnis sind also grundsätzlich nur die Wettbewerber und Abnehmern und jedenfalls bei vertikalen Wettbewerbsbeschränkungen auch die Beteiligten der Vereinbarung zur Geltendmachung eines Schadensersatzanspruchs gemäß § 33 Abs. 3 GWB berechtigt.

3. Anspruchsvoraussetzungen

Nachdem nun geklärt ist, wer berechtigt ist, einen Schadensersatzanspruch wegen des Wettbewerbsverstoßes geltend zu machen, müssen nun die Voraussetzungen dieses

---

427 Wurmnest, in: Behrens/Braun/Nowak, EG-Wettbewerbsrecht im Umbruch, S. 213 ff., 229.

428 Siehe hierzu noch unten zu Kapitel 5B.I.2.b.bb(2)(d), S. 256.

429 Wurmnest, in: Behrens/Braun/Nowak, EG-Wettbewerbsrecht im Umbruch, S. 213 ff., 229.

430 Siehe hierzu noch unten zu Kapitel 3C.III.1., S. 146.

431 Für eine Anspruchsberechtigung von Verbraucherverbänden Monopolkommission, Sondergutachten zur 7. GWB-Novelle, Rn. 89 ff.; siehe hierzu unten zu Kapitel 3C.II.6.b., S. 124.

Anspruchs gemäß § 33 Abs. 3 GWB dargestellt werden. Die Tatbestandsmerkmale müssen von dem privaten Durchsetzungsagenten nachgewiesen werden, um im Zivilprozess einen Schadensersatzanspruch zugesprochen zu erhalten. Daher beeinflussen die nachzuweisenden Tatbestandsmerkmale den Aufwand des privaten Durchsetzungsagenten zur Beschaffung der entsprechenden Informationen und auch den Subsumtionsaufwand des Gerichts.[432]

a. Verstoß gegen Art. 81 EG

Zunächst ist gemäß § 33 Abs. 3 S. 1 GWB ein Verstoß gegen Art. 81 EG erforderlich. Es muss also eine wettbewerbsbeschränkende Verhaltenskoordinierung zwischen mehreren Unternehmen von zwischenstaatlicher Bedeutung i.S.v. Art. 81 Abs. 1 EG vorliegen, die nicht den Freistellungsvoraussetzungen des Art. 81 Abs. 3 EG genügt.[433]

b. Kausaler Schaden

Der Verstoß gegen Art. 81 EG muss einen kausalen Schaden bei dem Anspruchsteller verursachen. Ein Schaden ist dabei jede Beeinträchtigung eines von der Rechtsordnung anerkannten, vermögenswerten oder rein ideellen Interesses.[434] Zwischen dem Verstoß und dem Schadenseintritt muss zudem ein Zurechnungszusammenhang bestehen. Hierzu muss der Schaden adäquat-kausal auf dem Wettbewerbsverstoß beruhen. Der eingetretene Schaden muss ferner in Art und Umfang innerhalb des Schutzzwecks von Art. 81 EG liegen, der die Marktteilnehmer vor überhöhten Preisen und entgangenen Gewinnen infolge des Wettbewerbsverstoßes schützt.[435]

Der Nachweis dieser Kausalität zwischen dem Normverstoß und dem zu ersetzenden Schaden ist im Kartellrecht häufig sehr schwierig und kann eine komplexe ökonomische Analyse erfordern, der eine große Anzahl Fakten und ökonomischer Daten zugrunde liegen muss.[436] Denn die wirtschaftlichen Zusammenhänge, die zu einem Schaden führen, sind nur sehr schwierig gerichtsfest nachzuweisen. Dies stellt ein entscheidendes Problem der privaten Durchsetzung von Schadensersatzansprüchen wegen eines Verstoßes gegen Art. 81 EG dar und führt zu hohen gesellschaftlichen Kosten

---

432 Siehe hierzu noch unten zu Kapitel 5B.II.1.c.bb., S. 265.
433 Hinsichtlich der einzelnen Voraussetzungen des Verstoßes gegen Art. 81 EG kann auf die früheren Ausführungen verwiesen werden, siehe oben zu Kapitel 2B.II., S. 24.
434 Schiemann in Staudinger, Kommentar zum BGB, vor §§ 249 ff., Rn. 46.
435 Lettl, ZHR 2003, vol. 167, S. 473 ff., 488 f. m.w.N. zur Rechtsprechung.
436 Kommission, Working Paper Private Durchsetzung, Rn. 274.

der Durchsetzung, die auch dem Anreiz des privaten Durchsetzungsagenten zur Durchsetzung entgegenstehen können.[437]

c. Rechtswidrigkeit und Verschulden

Ferner muss die schadensbegründende Handlung, also der Wettbewerbsverstoß, nach allgemeinen Schadensersatzregeln, rechtswidrig erfolgen. Die Rechtswidrigkeit des Verstoßes gegen Art. 81 EG ist dabei regelmäßig gegeben und auch nicht durch eine etwaige Einwilligung des Anspruchstellers ausgeschlossen, da diese im Hinblick auf den Schutzzweck von Art. 81 EG unbeachtlich ist.[438]

Gemäß § 33 Abs. 3 S. 1 GWB ist ferner erforderlich, dass der Normadressat den Verstoß "vorsätzlich oder fahrlässig", also schuldhaft, begeht. Nach der ständigen Rechtsprechung des BGH ist im Kartellrecht ein Verschulden jedoch nur dann zu verneinen, wenn der Irrende bei Anwendung der im Verkehr erforderlichen Sorgfalt mit einer anderen Beurteilung durch die Gerichte nicht zu rechnen brauchte.[439] Durch diesen strengen Verschuldensmaßstab bleibt wenig Raum für einen verschuldensausschließenden Irrtum der Normadressaten.

Wegen dieses strengen Maßstabs dürfte das Verschuldenserfordernis, das formal eine Einschränkung des Schadensersatzanspruchs darstellt, mit den gemeinschaftsrechtlichen Vorgaben vereinbar sein. Zwar hat der EuGH entschieden, dass für die Schadensersatzpflicht nach mitgliedstaatlichem Recht wegen des Effektivitätsgrundsatzes kein Verschulden gefordert werden dürfe, das über einen hinreichend qualifizierten Verstoß gegen das Gemeinschaftsrecht hinausgeht.[440] Der EuGH selbst stellt in der *Courage*-Entscheidung aber auch auf das Verhalten und auch subjektive Elemente der Beteiligten ab, wenn er auf die Verantwortlichkeit jedes Beteiligten an dem Normverstoß eingeht.[441] Dies zeigt, dass auch subjektive Elemente bei der privaten Durchsetzung berücksichtigt werden können. Daher ist das Verschuldenserfordernis auch wegen seiner grundsätzlichen Bedeutung im Schadensersatzrecht als gemeinschaftsrechtskonform anzusehen.[442] Die Bedeutung dieser Frage erscheint jedoch für das

---

437 Zu den Schwierigkeiten der Schadensberechnung siehe sogleich zu Kapitel 3C.II.4.a., S. 109.
438 Lettl, ZHR 2003, vol. 167, S. 473 ff., 483.
439 BGH, Entscheidung vom 16. Dezember 1986, WuW/E BGH 2341, 2344 – Taxizentrale Essen.
440 EuGH, Entscheidung vom 5. März 1996, Slg. 1996, I-1029, 1156 Rn. 79 – Brasserie du Pecheur.
441 EuGH, Entscheidung vom 20. September 2001, Slg. 2001, I-6297, 6323 Rn. 32 – Courage/Crehan.
442 So auch Lettl, ZHR 2003, vol. 167, S. 473 ff., 484 f; Mestmäcker/Schweitzer, EG-Wettbewerbsrecht, § 22 Rn. 39; a.A. GA van Gerven, Schlussanträge in EuGH, Entscheidung vom 13. April 1990, Slg. 1990, I-1209, 1250 Rn. 43 ff.

deutsche Kartellzivilrecht ohnehin vergleichsweise gering, da der Fall, dass ein Unternehmen ohne Wissen und Wollen der Tatbestandsmerkmale gegen Art. 81 EG verstößt, selten vorkommen wird,[443] und diese Form des Verschuldenserfordernisses wegen seines strengen Maßstabs keine Erschwerung der Anspruchsdurchsetzung darstellt.[444] Angesichts strengerer Regelungen in anderen Mitgliedstaaten hat die Kommission in ihrem Grünbuch auch eine verschuldensunabhängige Haftung der Normadressaten für Kartellrechtsverstöße zur Diskussion gestellt,[445] die infolge der hohen Anforderungen an einen unverschuldeten Rechtsirrtum im deutschen Kartellrecht nicht erforderlich sein dürfte.[446]

Der Schadensersatzanspruch gemäß § 33 Abs. 3 GWB erfordert mithin einen rechtswidrigen und schuldhaften Verstoß gegen Art. 81 EG des Normadressaten, der einen kausalen Schaden bei dem privaten Durchsetzungsagenten verursacht.

4. Anspruchsinhalt

Liegen die soeben beschriebenen Tatbestandsvoraussetzungen des Schadensersatzanspruchs aus § 33 Abs. 3 GWB vor, muss geklärt werden, worauf sich der Anspruch bezieht. Der Inhalt des Schadensersatzanspruchs muss wegen seines Einflusses auf den Erfolg der privaten Durchsetzung bei dem Vergleich der Durchsetzungsformen berücksichtigt werden: Denn die Höhe der Sanktion des Schadensersatzanspruchs bestimmt maßgeblich die Abschreckungswirkung der privaten Durchsetzung auf die Normadressaten[447] und zugleich auch den Anreiz der privaten Durchsetzungsagenten zur Durchsetzung.[448] Um den Anspruchsinhalt zu ermitteln, muss die Berechnung des Schadens (zu a.) einschließlich etwaiger Minderungsgründe, wie die passing-on defense (zu b.) und das Mitverschulden (zu c.), dargestellt und auch auf die Regelung zu den Zinsen (zu d.) und zur Verjährung (zu e.) eingegangen werden.[449]

---

443 Mestmäcker/Schweitzer, EG-Wettbewerbsrecht, § 22 Rn. 39.

444 Kommission, Working Paper Private Durchsetzung, Rn. 101.

445 Kommission, Grünbuch Private Durchsetzung, S. 7, Optionen 11-13, Working Paper Private Durchsetzung, Rn. 101 ff.

446 Bundesrat, Ausschuss-Empfehlungen Grünbuch, Rn. 5.

447 Siehe hierzu unten zu Kapitel 5B.I.1.a.bb., S. 226.

448 Siehe hierzu unten zu Kapitel 5B.I.2.b.bb(1)(a), S. 248.

449 Ob darüber hinaus auch ein Anspruch auf Belieferung aus dem Schadensersatzanspruch abzuleiten ist, ist umstritten, siehe nur Wurmnest, in: Behrens/Braun/Nowak, EG-Wettbewerbsrecht im Umbruch, S. 213 ff., 244 f. m.w.N. zu Rechtsprechung und Literatur.

a. Schadensberechnung

Die Berechnung des ersatzfähigen Schadens folgt auch bei dem Verstoß gegen Art. 81 EG den allgemeinen Regeln des mitgliedstaatlichen Schadensersatzrechts unter Berücksichtigung der Vorgaben des Gemeinschaftsrechts. Die Schadensberechnung beeinflusst dabei den Aufwand, der bei der Durchsetzung des Schadensersatzanspruchs erforderlich ist, und somit die gesellschaftlichen Kosten der privaten Durchsetzung.[450]

aa. Differenzhypothese

Im deutschen Schadensersatzrecht werden Vermögensschäden ganz allgemein mit Hilfe der Differenzhypothese wertend ermittelt (§§ 249 ff. BGB). Hierzu ist ein Vergleich der tatsächlichen Vermögenslage des Geschädigten zur Zeit des schadensbegründenden Ereignisses mit der Vermögenslage, die ohne das schädigende Ereignis bestanden hätte, vorzunehmen.[451] Auch im Kartellrecht muss daher die Vermögenssituation des Geschädigten nach dem Wettbewerbsverstoß mit seiner hypothetischen Vermögenssituation ohne den Wettbewerbsverstoß verglichen werden.[452]

Bei Verstößen gegen Art. 81 EG werden typischerweise zwei verschiedene Schadensarten bei den verschiedenen Anspruchstellern verursacht: Einerseits entsteht den Geschädigten eine Vermögenseinbuße, wenn sie infolge des Wettbewerbsverstoßes überhöhte Preise für die von dem Normadressaten angebotenen Leistungen zahlen müssen (zu (1)). Andererseits kann der Wettbewerbsverstoß auch zu einem entgangenen Gewinn führen, den der Geschädigte infolge des Wettbewerbsverstoßes nicht erzielen konnte (zu (2)).[453]

(1) Hypothetischer Wettbewerbspreis

Bei einer Schädigung der direkten Abnehmer durch eine horizontale Wettbewerbsbeschränkung ist im Rahmen der Differenzhypothese der tatsächlich von dem Abnehmer für die Güter gezahlte Preis mit dem Preis, der ohne die Wettbewerbsbeschränkung, also unter Wettbewerbsbedingungen, vereinbart worden wäre, zu vergleichen.[454] Die-

---

[450] Zu den Kosten der Schadensberechnung siehe unten zu Kapitel 5B.II.1.d.bb(3), S. 269

[451] Keßler, BB 2005, S. 1125 ff., 1126; Köhler, GRUR 2004, S. 99 ff., 102; zur Relativierung des Ausgleichsprinzips siehe Wagner, Beilage zu NJW Heft 22/2006, S. 5 ff., These 2; Staudinger, NJW 2006, S. 2433 ff., 2434.

[452] Kommission, Working Paper Private Durchsetzung, Rn. 126.

[453] Ashurst-Report, Ökonomische Modelle zur Schadensberechnung, S. 8; siehe auch Bulst, Schadensersatzansprüche der Marktgegenseite im Kartellrecht, S. 286 ff.

[454] LG Dortmund, Entscheidung vom 1. April 2004, WuW/E DE-R 1352 f.; Köhler, GRUR 2004, S. 99 ff., 102; Schwartz, Georgetown Law Journal 1980, vol. 68, S. 1075 ff., 1084; Bulst, EWS

ser Preis, der ohne den Wettbewerbsverstoß gezahlt worden wäre, wird zumeist hypothetischer Wettbewerbspreis oder wettbewerbsanaloger Preis genannt.

Für die Berechnung dieses hypothetischen Wettbewerbspreises gibt es diverse Methoden, die in der von der Kommission in Auftrag gegebenen Studie zu den Voraussetzungen von Schadensersatzansprüchen bei Verstößen gegen die EG-Wettbewerbsregeln ("Ashurst-Report") umfassend in ihren Funktionsweisen und mit ihren jeweiligen Vor- und Nachteilen dargestellt worden sind.[455] Ohne auf die verschiedene Methoden im Einzelnen einzugehen, sei hier nur gesagt, dass die Bandbreite von einfachen Vergleichsmethoden bis hin zu sehr komplexen ökonometrischen Modellen reicht.[456]

In der deutschen Rechtsprechung wurde der hypothetische Wettbewerbspreis von der Rechtsprechung bisher durch einen Rückgriff auf die Verhältnisse auf dem betreffenden Markt vor Beginn und nach Beendigung der wettbewerbswidrigen Verhaltenskoordinierung oder auf verwandten kartellfreien Märkten ermittelt (Vergleichsmarktkonzept).[457] Das so erzielte Ergebnis, das der richterlichen Schätzung nach § 287 ZPO unterliegt, wird einer normativen Kontrolle unterzogen, die sich an der Haftungsgrundlage und der darauf beruhenden Vermögensminderung orientiert.[458]

Diese vergleichsweise einfache Berechnungsmethode im Wege des Vergleichsmarktkonzepts bietet den Gerichten den Vorteil, dass die zur Entscheidung berufenen Zivilrichter das Ergebnis der Berechnung besser nachvollziehen können. Ferner müssen nur relativ wenige Daten zur Verfügung stehen, wodurch auch geringere Verfolgungskosten verursacht werden als bei komplexeren Berechnungsmethoden. Da eine exakte Be-

2004, S. 62 ff., 64 f.; a.A. LG Mannheim, Entscheidung vom 11. Juli 2003, GRUR 2004, 182 ff.; OLG Karlsruhe, Entscheidung vom 28. Januar 2004, WuW/E DE-R 1229 ff., wo die Gewinnspannen des Abnehmers (Zwischenhändler) verglichen werden, zustimmend Koch, WuW 2005, S. 1210 ff.; Lübbig, WRP 2004, S. 1254 ff., 1256 ff.

455 Ashurst-Report, Ökonomische Modelle zur Schadensberechnung, S. 17 ff.

456 Für einen kurzen Überblick siehe Bundeskartellamt, Diskussionspapier Private Durchsetzung, S. 21 ff.; Kommission, Working Paper Private Durchsetzung, Rn. 130 ff; ausführlich Ashurst-Report, Ökonomische Modelle zur Schadensberechnung, S. 17 ff.; allgemein zur Verwendung ökonometrischer Modelle in kartellrechtlichen Prozessen Baker/Rubinfeld, American Law and Economics Review 1999, vol. 1, S. 386 ff.

457 Köhler, GRUR 2004, S. 99 ff., 103; hierzu auch Bulst, Schadensersatzansprüche der Marktgegenseite im Kartellrecht, S. 294 ff.; a.A. Lübbig, WRP 2004, S. 1254 ff., 1256 f., der sowohl das räumliche, sachliche und zeitliche Vergleichsmarktkonzept wegen seiner Schwächen bei der Bestimmung eines genauen Wertes bei der Bemessung des Schadensersatzanspruchs für ungeeignet hält.

458 BGH, Entscheidung vom 26. September 1997, WM 1997, 2309, 2311.

stimmung des Schadens dank der Möglichkeit der richterlichen Schätzung der Schadenshöhe (§ 287 ZPO) entbehrlich ist, kann auch diese einfachere Berechnungsmethode zu Ergebnissen führen, die für den Erfolg der Schadensersatzklage genügen können.

Gleichwohl ist die Berechnung des hypothetischen Wettbewerbspreises und damit die gesamte Schadensberechnung wegen der Komplexität der wirtschaftlichen Vorgänge und den Ungewissheiten über die Kausalzusammenhänge der vielen Faktoren, die den Preis eines Guts bestimmen, mit großen Unsicherheiten verbunden und bereitet in der Praxis erhebliche Schwierigkeiten. Diese Schwierigkeiten sind besonders groß, wenn die Durchsetzungsagenten nicht über die erforderlichen Informationen über das Marktgeschehen verfügen, die für eine verlässliche Hypothese erforderlich sind.

(2) Entgangener Gewinn

Der Schaden des Anspruchstellers kann sich auch daraus ergeben, dass ihm infolge des Wettbewerbsverstoßes Gewinne entgangen sind, die er ohne den Wettbewerbsverstoß gemacht hätte, § 252 BGB.[459] Dieser entgangene Gewinn entsteht insbesondere bei den Wettbewerbern der rechtswidrig handelnden Normadressaten infolge von Wettbewerbsbeschränkungen, die keine Hardcore-Kartelle darstellen. So kann beispielsweise ein Wettbewerber, dem durch die Wettbewerbsbeschränkung der Marktzutritt unmöglich gemacht wurde, seinen entgangenen Gewinn für den Zeitraum, in dem er nicht auf dem Markt tätig werden konnte, als Schaden ersetzt verlangen. In gleicher Weise können am Markt präsente Wettbewerber ihren entgangenen Gewinn infolge der Wettbewerbsbeschränkung geltend machen. Bei Berechnung dieses Schadens können hilfsweise auch der Wertverlust des behinderten Unternehmens oder die frustrierten Aufwendungen für den Marktzutritt berücksichtigt werden.[460]

Aber auch die Abnehmer eines Hardcore-Kartells können einen entgangenen Gewinn geltend machen, der ihnen dadurch entstanden ist, dass sie aufgrund der überhöhten Preise ihrerseits weniger Waren auf der nachgelagerten Handelsstufe absetzen konnten als sie es mit wettbewerbskonformen Preisen gekonnt hätten.[461]

---

459 Dies erkennt auch der EuGH allgemein für das Kartellzivilrecht an, EuGH, Entscheidung vom 13. Juli 2006, Az.: C 295/04, C298/04; näher zu diesen Schäden Lettl, ZHR 2003, vol. 167, S. 473 ff., 487 ff.; Ashurst-Report, Ökonomische Modelle zur Schadensberechnung, S. 35 ff.; Monopolkommission, Sondergutachten zur 7. GWB-Novelle, Rn. 62 f.

460 Wurmnest, in: Behrens/Braun/Nowak, EG-Wettbewerbsrecht im Umbruch, S. 213 ff., 242; Hempel, Privater Kartellrechtsschutz, S. 46 m.w.N.

461 Bulst, NJW 2004, S. 2201 ff., 2202 mit einer Diskussion der jüngeren Rechtsprechung.

Für die Berechnung des ersatzfähigen entgangenen Gewinns existieren verschiedene Methoden, um die Differenz zwischen dem tatsächlichen Gewinn des Anspruchstellers und dem hypothetischen Gewinn, den der Anspruchsteller ohne den Wettbewerbsverstoß gemacht hätte, zu ermitteln. Die verschiedenen Berechnungsmethoden benutzen Elemente der Buchhaltung, der Finanzierung sowie der Volkswirtschaftslehre und unterscheiden sich in dem gewählten Ansatzpunkt (Umsatz, Marktwert, Assets des Unternehmens).[462] Dabei sind jeweils schwierige Fragen, wie die Dauer der Auswirkungen des Wettbewerbsverstoßes, steuerliche Effekte und die Diskontierung zukünftiger Verluste, zu beantworten.[463] Aus diesem Grunde sind auch diese Methoden wirtschaftlich komplex und bereiten daher ähnliche Schwierigkeiten wie die Bestimmung des hypothetischen Wettbewerbspreises.[464]

Es hat sich gezeigt, dass die Berechnung des ersatzfähigen Schadens bei Verstößen gegen Art. 81 EG außerordentlich schwierig sein kann, sowohl bei der Berechnung des hypothetischen Wettbewerbspreises als auch bei der Berechnung des entgangenen Gewinns. Denn in beiden Fällen müssen ökonomisch komplexe Zusammenhänge zur Ermittlung der hypothetischen Marktsituation ohne den Wettbewerbsverstoß berücksichtigt werden. Hierfür müssen viele Informationen und Daten über den betreffenden Markt gesammelt und verwertet werden, was nicht nur erhebliche gesellschaftliche Kosten verursachen kann, sondern einigen privaten Durchsetzungsagenten mangels Zugang zu diesen Informationen praktisch unmöglich sein kann. Zudem zeigen sich auch hier die Schwierigkeiten, dynamische wirtschaftliche Vorgänge im Rahmen eines notwendigerweise formalen Prozessrechts zu erfassen.[465]

bb. Berücksichtigung des Vorteils des Normadressaten

Entsprechend der grundlegenden Funktion des deutschen Schadensersatzrechts, den bei dem Anspruchsteller infolge des Normverstoßes entstandenen Schaden auszugleichen, steht der Schaden des Anspruchstellers im Mittelpunkt der Schadensberechnung. Aus ökonomischer Sicht wäre es auch denkbar, die Sanktion anhand des rechtswidrigen Vorteils, den der Normadressat aus dem Verstoß erlangt, zu berechnen.[466]

---

462 Ashurst-Report, Ökonomische Modelle zur Schadensberechnung, S. 37 ff.
463 Ashurst-Report, Ökonomische Modelle zur Schadensberechnung, S. 36.
464 Kommission, Working Paper Private Durchsetzung, Rn. 141; Bulst, Schadensersatzansprüche der Marktgegenseite im Kartellrecht, S. 298 hält den Nachweis für möglich, auch wenn die Schätzung sehr angreifbar ist.
465 Bumiller in Wiedemann, Kartellrecht, § 59 Rn. 3.
466 Für eine schadensorientierte Sanktion Schwartz, Georgetown Law Journal 1980, vol. 68, S. 1075 ff., 1082 f.

In diese Richtung geht die Neuregelung der 7. GWB-Novelle in § 33 Abs. 3 S. 3 GWB, nach der bei der Entscheidung über den Umfang des Schadens nach § 287 ZPO insbesondere der anteilige Gewinn berücksichtigt werden kann, den das Unternehmen durch den Verstoß erlangt hat. Hiermit soll laut der Regierungsbegründung zur 7. GWB-Novelle die Schadensberechnung in den Fällen erleichtert werden, in denen die hypothetischen Marktverhältnisse nur unter großen Schwierigkeiten ermittelt werden können.[467] Der Gewinn des Normadressaten berechnet sich dabei aus den Umsatzerlösen abzüglich der Herstellungskosten der erbrachten Leistungen und der angefallenen Betriebskosten, ohne auch die Gemeinkosten und andere betriebliche Aufwendungen zu umfassen, die auch ohne den Wettbewerbsverstoß angefallen wären.[468] Dieser Gewinn kann dabei insbesondere bei der Berechnung des entgangenen Gewinns des Durchsetzungsagenten ein guter Maßstab sein, wenn der Normadressat sich mit dem Wettbewerbsverstoß in eine Position versetzt hat, die sonst dem Durchsetzungsagenten zugekommen wäre. Insgesamt besteht häufig ein Zusammenhang zwischen dem privaten Gewinn des Normadressaten und den Schäden bei dem Betroffenen, so dass der oft leichter zu bestimmende private Gewinn des Normadressaten als Näherungswert für die Schäden der Durchsetzungsagenten verwendet werden kann.[469] Es bleibt jedoch im Grundsatz dabei, dass der erlittene Schaden des Durchsetzungsagenten kompensiert werden soll, der Gewinn des Normadressaten soll insofern nur die Berechnung des Schadens erleichtern, ohne über den Betrag des Schadens hinauszugehen.[470]

Diese Neuregelung im Kartellzivilrecht ähnelt der ständigen Rechtsprechung des BGH im Immaterialgüterrecht, wonach der Geschädigte bei Verletzung von Immaterialgüterrechten im Rahmen der dreifachen Schadensberechnung die Herausgabe des Verletzergewinns verlangen kann.[471] Auch hier wird – jedenfalls in der dogmatischen Be-

[467] Begründung des Gesetzentwurfs der Bundesregierung, BT-DS. 15/3640, S. 26 unter Verweis auf das von der Rechtsprechung entwickelten Instituts der alternativen Schadensberechnung im Bereich des Gewerblichen Rechtsschutzes und des ergänzenden Leistungsschutzes nach § 1 UWG; zweifelnd hinsichtlich der Bestimmtheit und der Systemgerechtigkeit der Neuregelung Meessen, WuW 2005, S. 1115 ff., 737.

[468] Hartog/Noack, WRP 2005, S. 1396 ff., 1404 unter Verweis auf die Regierungsbegründung; Schütt, WuW 2004, S. 1124 ff., 1130 mit Hinweis auf die entsprechende jüngere Rechtsprechung zum Geschmacksmusterrecht.

[469] Posner, Antitrust, S. 270; allg. Shavell, American Economic Review 1987, vol. 77, S. 584 ff., 589.

[470] Fuchs, WRP 2005, S. 1384 ff., 1395; Bechtold, DB 2004, S. 235 ff., 239; Kahlenberg/Haellmigk, BB 2004, S. 389 ff., 394; Hempel, WuW 2004, S. 362 ff., 368; Meessen, WuW 2004, S. 733 ff., 738 f. halt den Ersatz eines über den Schaden hinausgehenden Vorteils sogar für verfassungswidrig.

[471] Grundlegend BGH, Entscheidung vom 8. Mai 1956, BGHZ 20, 345 ff. unter Bezugnahme auf die st. Rspr. des Reichsgerichts; siehe hierzu ausführlich Müller, Punitive Damages, S. 101 ff.

gründung – der herauszugebende Vorteil des Normadressaten lediglich als Berechnungshilfe für den erstattungsfähigen Schaden verwendet.

Schließlich ähnelt die Neuregelung auch der Regelung des britischen Kartellzivilrechts, das dem privaten Durchsetzungsagenten ebenfalls die Möglichkeit bietet, im Wege des Schadensersatzes den rechtswidrig erlangten Vorteil des Normadressaten abzuschöpfen (disgorgement damages). Diese Berechnung des Schadensersatzes nach der Höhe des privaten Vorteils des Normadressaten ist dort insbesondere bei vorsätzlichen Normverstößen möglich und bietet den Vorteil, besser und nachvollziehbarer zu berechnen zu sein, als die Höhe des – sogleich näher darzustellenden – Strafschadensersatzes.[472]

cc. Überkompensatorische Ansprüche

Der Zweck des Schadensersatzrechts besteht vor allem in der Kompensation erlittener Schäden, indem der Geschädigte so gestellt wird, wie er ohne den Normverstoß stünde, aber eben auch nicht besser (§ 249 BGB).[473] Der Schadensausgleich ist mithin das tragende Prinzip des deutschen Schadensersatzrechts.[474] Eine Bestrafung mittels einer Entschädigung des Geschädigten, die über den Ausgleich des entstandenen Schadens hinausgeht (überkompensatorischer Schadensersatz, Strafschadensersatz),[475] ist daher im geltenden System des zivilrechtlichen Schadensersatzes grundsätzlich nicht bezweckt.[476]

Einen anderen Ansatz verfolgt das US-amerikanische Kartellzivilrecht, das dem Kläger das Dreifache seines aus dem Verstoß erlittenen Schadens (treble damages) zuspricht,[477] ohne dem Gericht insofern ein Ermessen einzuräumen, § 4 (a) Clayton

472 Rodger, European Competition Law Review 2003, vol. 24, S. 103 ff., 111 f.

473 Keßler, BB 2005, S. 1125 ff., 1126 m.w.N.

474 Siehe nur Heinrichs in Palandt, BGB, vor § 249 Rn. 4.

475 Zur Terminologie siehe Müller, Punitive Damages, S. 8.

476 Art. 24 des Kommissionsentwurfs zur Verordnung über das auf außervertragliche Schuldverhältnisse anzuwendende Recht vom 20. Februar 2006, Kom (2006) 83 endgültig, ("Rom II") erklärt die Anwendung einer Norm, die Schadensersatzes mit Strafcharakter als Rechtsfolge vorsieht, mit den wesentlichen Rechtsgrundsätzen der Gemeinschaft für unvereinbar; siehe bereits den früheren Kommissionsentwurf vom 22. Juli 2003, KOM (2003) 427 und die Vorschläge des Europäischen Parlaments vom 6. Juli 2005, Dok Nr. 10812/02 CODEC 590 JUSTCIV 132; die Verabschiedung eines gemeinsamen Standpunkts ist derzeit nicht absehbar, Wagner, EuZW 2006, S. 424 ff., 425.

477 Für einen Überblick über die private Kartellrechtsdurchsetzung in den USA siehe Bulst, Schadensersatzansprüche der Marktgegenseite im Kartellrecht, S. 40 ff.; Disner, Global Competition 2004, S. 16 ff.; zur Qualifikation des nach US-amerikanischen Kartellrecht nachzuweisenden Schadens ("antitrust damages") ausführlich Davis, Antitrust Law Journal 2003, vol. 70, S. 697 ff.; aus ökonomischer Sicht siehe Fisher, World Competition 2006, vol. 29, S. 383 ff.

Act.[478] Diese charakteristische Regelung des US-amerikanischen Kartellrechts bezweckt neben dem Ersatz des Schadens auch ganz maßgeblich die Abschreckung von Kartellrechtsverstößen durch die naturgemäß höheren zivilrechtlichen Sanktionen, die Strafcharakter besitzen.[479] Diesem Vorbild folgend sieht nun auch das britische Kartellzivilrecht unter bestimmten Voraussetzungen die Möglichkeit vor, bei der Verletzung von Art. 81 EG einen Strafschadensersatz (exemplary damages) zu verhängen, der den Schaden bei dem Anspruchsteller übersteigt. Dies ist insbesondere dann möglich, wenn der Verstoß darauf ausgerichtet war, einen rechtswidrigen Vorteil zu erlangen, was jedenfalls bei Hardcore-Kartellen anzunehmen sein wird.[480]

Sowohl die Kommission in ihrem Grünbuch als auch die Monopolkommission in ihrem Sondergutachten zur 7. GWB-Novelle haben vorgeschlagen, einen Schadensersatz in doppelter Höhe des tatsächlich erlittenen Schadens einzuführen.[481] Die Einführung eines Strafschadensersatzes im deutschen Kartellzivilrecht stünde zwar im Einklang mit Gemeinschaftsrecht,[482] würde jedoch eine grundlegende Änderung des bestehenden Schadensersatzsystems bedeuten. Ob eine solche Neuregelung insgesamt zu begrüßen ist, soll im Rahmen des Vergleichs der Durchsetzungsformen erörtert werden.[483]

b. Passing-on

Ein weiteres Problem der Schadensbestimmung bereiten solche Fallgestaltungen, in denen der direkte Abnehmer des kartellbedingt überteuerten Gutes diese Preiserhöhung ganz oder teilweise an seine Abnehmer auf der nachgelagerten Stufe weitergeben kann (Schadensabwälzung, passing-on). Das Ausmaß der weitergegebenen Preiserhöhung hängt dabei insbesondere von der Nachfrageelastizität auf dem nachgelagerten

478 § 4 Clayton Act, 38 Stat. 730, 731, as amended, 15 U.S.C. § 15 (2000); Besanko/Spulber, The American Economic Review 1990, vol. 80, S. 870 ff., 883 halten in einem ökonomischen Modell einen solchen Multiplikator des Schadensersatzes bei der privaten Durchsetzung für erforderlich.

479 St. Rspr. der US-Gerichte, Brunswick Corp. v. Pueblo Bowl-o-Mat Inc., 439 US 477, 485 f., 97 S. Ct. 690, 50 L.Ed. 2d 701 (1977).

480 Smith, Competition Law, S. 110 f.

481 Kommission, Grünbuch Private Durchsetzung, S. 8, Option 16; Working Paper Private Durchsetzung, Rn. 116 ff., 150; Kroes, Speech, Cour de Cassation 2005,S. 5; Monopolkommission, Sondergutachten zur 7. GWB-Novelle, Rn. 83.

482 Wurmnest, in: Behrens/Braun/Nowak, EG-Wettbewerbsrecht im Umbruch, S. 213 ff., 239 Fn. 134 unter Verweis auf EuGH, C-46/93 und C-48/93, Slg. 1996, I-1029, Rn. 89 – Brasserie du pêcheur.

483 Siehe unten zu Kapitel 5B.I.1.a.bb(2), S. 228.

Markt sowie von der Kostenstruktur und der Wettbewerbssituation der direkten Abnehmer ab.[484]

Die Behandlung dieser Einwendung des Normadressaten gegenüber dem Schadensersatzanspruch seiner direkten Abnehmer, die verbreitet als passing-on defense bezeichnet wird, ist für das deutsche Kartellzivilrecht bisher nicht geklärt.[485] In der jüngeren Rechtsprechung der Instanzgerichte wird die passing-on defense teilweise bereits bei der Frage der Schadensentstehung behandelt: So verneinte das OLG Karlsruhe in seiner Entscheidung zum Vitaminkartell im Rahmen einer wertenden Betrachtung bereits das Vorliegen eines Vermögensschadens des Klägers, da der kartellbedingt überhöhte Einkaufspreis lediglich einen Kostenfaktor im betriebswirtschaftlichen Ablauf darstelle, der in den Verkaufspreis eingehe und von dem Kläger an die nächste Marktstufe weitergegeben worden sei.[486] In der Literatur wird die passing-on defense hingegen ganz überwiegend unter dem Aspekt der Vorteilsausgleichung behandelt.[487] Hiefür spricht, dass bereits mit dem Abschluss des Vertrags den Abnehmern eine Vermögenseinbuße entsteht (Primärschaden), der lediglich später durch eigene Anstrengungen des Geschädigten entfallen kann.[488] Nur dies dürfte auch mit der Neufassung des § 33 Abs. 3 S. 2 GWB durch die 7. GWB-Novelle vereinbar sein, dessen Formulierung, wonach "der Schaden nicht deshalb ausgeschlossen ist, weil die Ware [...] weiterveräußert wurde" zeigt, dass die Weitergabe der erhöhten Preise eine Frage der Schadensausgleichung ist.[489] Aus dieser Einordnung des passing-on als Frage der Vorteilsausgleichung folgt auch, dass der Normadressat die Darlegungs- und Beweislast für die Weitergabe der Preiserhöhungen trägt.[490]

---

[484] Ashurst-Report, Ökonomische Modelle zur Schadensberechnung, S. 32 f.; Hoseinian, World Competition 2005, vol. 28, S. 3 ff., 23.

[485] Siehe hierzu ausführlich Bulst, Schadensersatzansprüche der Marktgegenseite im Kartellrecht, S. 102 ff.

[486] OLG Karlsruhe, Entscheidung vom 28. Januar 2004, WuW/E DE-R 1229, 1230 ff. – Vitaminpreise; ähnlich schon die Vorinstanz LG Mannheim, Entscheidung vom 11. Juli 2003, GRUR 2004, 182 ff; zustimmend Lübbig, WRP 2004, S. 1254 ff., 1257 f.; Beninca, WuW 2004, S. 604 ff., 606 f.; kritisch Keßler, BB 2005, S. 1125 ff., 1126 f.

[487] Köhler, GRUR 2004, S. 99 ff., 102; Hempel, Privater Kartellrechtsschutz, S. 47 f.; Wurmnest, in: Behrens (Hrsg.), Europäisches Wettbewerbsrecht im Umbruch, S. 213 ff., 242

[488] Köhler, GRUR 2004, S. 99 ff., 102; Wurmnest, in: Behrens (Hrsg.), Europäisches Wettbewerbsrecht im Umbruch, S. 213 ff., 242.

[489] Bundeskartellamt, Diskussionspapier Private Durchsetzung, S. 10; Hartog/Noack, WRP 2005, S. 1396 ff., 1403.

[490] Heinrichs in Palandt, BGB, Vorb. vor § 249 Rn. 123 m.w.N.

Ob nach geklärter Einordnung die passing-on defense zugelassen werden soll, ist jedoch auch nach der 7. GWB-Novelle offen.[491]

Ganz allgemein ist für eine Vorteilsausgleichung nach ständiger Rechtsprechung ein adäquater Zusammenhang zwischen dem schädigenden Ereignis und dem Vorteil erforderlich. Außerdem muss die Vorteilsausgleichung dem Zweck des Schadensersatzes entsprechen und darf weder den Geschädigten unzumutbar belasten noch den Schädiger unbillig entlasten.[492] Die kartellrechtliche Literatur lehnt eine Vorteilsausgleichung im Wege der passing-on defense bei Verstößen gegen die Wettbewerbsregeln überwiegend ab.[493] Denn die Vorteilsausgleichung würde zu einer unbilligen Entlastung des Normadressaten führen, zumal die Fähigkeit zur Weitergabe der höheren Preise häufig auch gerade auf einem eigenen Verkaufseinsatz des Abnehmers beruhe.[494] Dies dürfte angesichts der Bedeutung von Art. 81 EG und angesichts der bestehenden Schwierigkeiten bei der Durchsetzung von Schadensersatzansprüchen wegen Wettbewerbsverstößen zutreffend sein. Andererseits besteht in Ausnahmefällen die Gefahr einer doppelten Inanspruchnahme des Normadressaten.[495] Ob dabei in einem vom Normadressaten zu beweisenden Ausnahmefall, in dem die Weitergabe aufwands- und risikofrei und ohne einen Umsatzrückgang möglich war, die Vorteilsausgleichung wegen der grundlegenden Ausgleichsfunktion des Schadensersatzrechts möglich ist,[496] kann hier nicht abschließend beantwortet werden. Die Behandlung der passing-on defense hängt zudem eng mit der Anspruchsberechtigung von indirekten Abnehmern ab,[497] so dass hier eine umfassende und einheitliche Entscheidung über die kohärente Ausgestaltung des Durchsetzungssystems zu treffen ist. Dabei ist ein Kompromiss zwischen der vollständigen Kompensation aller erlittener Schäden bei allen

491 Bericht des Ausschusses für Wirtschaft und Arbeit, BT-Drucksache 15/5049 vom 9. März 2005, S. 49; ausführlich hierzu Bulst, Schadensersatzansprüche der Marktgegenseite im Kartellrecht, S.; für eine ökonomische Betrachtung der passing-on defense siehe Dubow, European Competition Law Review 2003, vol. 24, S. 238 ff.

492 St. Rspr., siehe nur BGH, Entscheidung vom 2. April 2001, NJW-RR 2001, 1450 f.

493 Ablehnend van Gerven, IBA Conference, Antitrust Reform in Europe, 9.-11.März 2005 16 f.; Lettl, ZHR 2003, vol. 167, S. 473 ff., 487 f.; Köhler, GRUR 2004, S. 99 ff., 103; Brinker, in: Schwarze (Hrsg.), Schadensersatz Sanktion für Wettbewerbsverstöße, S. 107 ff., S. 113; Wurmnest, in: Behrens (Hrsg.), Europäisches Wettbewerbsrecht im Umbruch, S. 213 ff., 243; Brkan, World Competition 2005, vol. 28, S. 479 ff., 495 f.

494 Wurmnest, in: Behrens (Hrsg.), Europäisches Wettbewerbsrecht im Umbruch, S. 213 ff., 243; Brinker, in: Schwarze (Hrsg.), Schadensersatz Sanktion für Wettbewerbsverstöße, S. 107 ff., S. 113; Lettl, ZHR 2003, vol. 167, S. 473 ff., 487 f.

495 Brkan, World Competition 2005, vol. 28, S. 479 ff., 496 hält diese ausnahmsweise Gefahr wegen der Bedeutung eines funktionierenden Durchsetzungssystems für hinnehmbar.

496 So Bundeskartellamt, Diskussionspapier Private Durchsetzung, S. 12.

497 Siehe hierzu oben zu Kapitel 3C.II.2.b.bb., S. 96.

Betroffenen und den Erfordernissen eines effektiven Durchsetzungssystems zu finden.[498]

Die Zulassung bzw. Verwehrung der passing-on defense hat erhebliche Auswirkungen auf den Umfang von Schadensersatzansprüchen von Zwischenhändlern als direkten Abnehmer eines Kartells.[499] Der Umfang des Schadensersatzanspruchs beeinflusst seinerseits die Abschreckungswirkung auf den Normadressaten und auch den Anreiz der direkten Abnehmer, als Durchsetzungsagenten aktiv zu werden. Ferner würde ein Ausschluss der passing-on defense zu einem geringeren Ermittlungsaufwand bei der Berechnung der Schadensersatzhöhe führen.

c. Mitverschulden

Ein Mitverschulden des Schadensersatzberechtigten wirkt sich gemäß der allgemeinen schadensersatzrechtlichen Regelung des § 254 BGB, der auch für kartellrechtliche Ansprüche gilt, anspruchsmindernd auf den Schadensersatzanspruch aus. Die Obliegenheit zur Schadensminderung, deren Verletzung den Schadensersatzanspruch vermindert, besteht vor allem bei Geltendmachung eines infolge der Wettbewerbsbeschränkung entgangenen Gewinns. Insbesondere muss ein privater Durchsetzungsagent, der durch die Wettbewerbsbeschränkung von dem Markt ausgeschlossen werden soll, versuchen, sich andere Absatz- und Bezugswege zu beschaffen, um seinen entgangenen Gewinn möglichst gering zu halten.[500]

d. Zinsen

Die Verzinsung des Schadensersatzanspruchs ist wegen des nicht unerheblichen Zeitablaufs vom Schadenseintritt bis zur Schadensersatzleistung ein essentieller Teil des Schadensausgleichs.[501] Gemäß § 33 Abs. 3 S. 4 GWB ist die Geldschuld, die sich aus einem kartellrechtlichen Schadensersatzanspruch ergibt, bereits ab dem Zeitpunkt der Schadenseintritts zu verzinsen. Der Zinssatz beträgt dabei für Unternehmen acht Prozentpunkte über dem jeweiligen Basiszinssatz und fünf Prozentpunkte über dem Basiszinssatz für Verbraucher, § 33 Abs. 3 S. 5 GWB i.V.m. §§ 288, 289 S. 1 BGB. Diese Verzinsungspflicht bereits ab Schadenseintritt und nicht erst ab Rechtshängigkeit

---

498 Kommission, Working Paper Private Durchsetzung, Rn. 179 f.

499 Bulst, NJW 2004, S. 2201 ff., 29 bezeichnet die Schadensabwälzung als zentrales Problem der privaten Kartellrechtsdurchsetzung.

500 Wurmnest, in: Behrens/Braun/Nowak, EG-Wettbewerbsrecht im Umbruch, S. 213 ff., 242.

501 Kommission, Working Paper Private Durchsetzung, Rn. 122 unter Verweis auf die Rechtsprechung des EuGH.

soll verhindern, dass der Schädiger aus der Verzögerung der Schadensregulierung einen Vorteil zu Lasten des geschädigten Klägers zieht.[502] Durch diese klägerfreundliche Regelung, die auch in dem Grünbuch der Kommission angesprochen wird, wird der Klageanreiz der Durchsetzungsagenten gesteigert, da ihr Anspruch entsprechend größer ist.[503]

e. Verjährung

Der Schadensersatzanspruch aus § 33 GWB unterliegt als deliktsrechtlicher Anspruch den allgemeinen Verjährungsregeln.[504] Somit beträgt die Verjährungsfrist gemäß § 195 BGB grundsätzlich drei Jahre, die mit Ablauf des Jahres beginnt, in dem der Anspruch entsteht und der Anspruchsberechtigte von den anspruchsbegründenden Umständen Kenntnis erlangt oder ohne grobe Fahrlässigkeit erlangen müsste (§ 199 Abs. 1 BGB), ohne Rücksicht auf diese Kenntnis in zehn Jahren ab Entstehung des Anspruchs (§ 199 Abs. 3 BGB).

Durch die 7. GWB-Novelle ist eine Neuregelung eingeführt worden, die das Risiko des Ablaufs der Verjährungsfrist für die privaten Durchsetzungsagenten bei der Verfolgung von Schadensersatzansprüchen im Nachgang zu einem öffentlichen Durchsetzungsverfahren reduziert: Gemäß § 33 Abs. 5 GWB wird die Verjährung des Schadensersatzanspruchs während eines laufenden Verwaltungsverfahrens der Kommission oder einer mitgliedstaatlichen Wettbewerbsbehörde wegen des Verstoßes gegen Art. 81 EG gehemmt i.S.v. § 204 BGB. Eine solche Regelung wird von der Kommission in ihrem Grünbuch auch für andere Mitgliedstaaten vorgeschlagen.[505] Hierdurch wird sichergestellt, dass der Geschädigte auch bei einem langwierigen Verwaltungsverfahren dessen Abschluss abwarten kann und in den Genuss der Tatbestandswirkung[506] der behördlichen Entscheidung kommen kann, ohne die Verjährung seines Anspruchs befürchten zu müssen.[507] Dies reduziert das Risiko für den privaten Durchsetzungsagenten und steigert damit seinen Anreiz zur Durchsetzung. Da dieser Vorteil jedoch nur für follow-on Klagen besteht, kann diese Regelung gleichzeitig den Anreiz der privaten Durchsetzungsagenten zur eigenständigen Durchsetzungstätigkeit verrin-

---

502 Kahlenberg/Haellmigk, BB 2005, S. 1509 ff., 1514.

503 Kommission, Grünbuch Private Durchsetzung, S. 8, Option 17; Working Paper Private Durchsetzung, Rn. 123 f.; Schütt, WuW 2004, S. 1124 ff., 1132.

504 Roth in Glassen/Achenbach/Hahn, Frankfurter Kommentar, Bd. 4, § 33 GWB, Rn. 191.

505 Kommission, Grünbuch Private Durchsetzung, S. 13, Option 36.

506 Hierzu siehe unten zu Kapitel 3C.II.6.c.bb(2), S. 131.

507 Kahlenberg/Haellmigk, BB 2005, S. 1509 ff., 1514 f.; zur Tatbestandswirkung noch unten zu Kapitel 3C.II.6.c.bb(2), S. 131.

gern, da ein Abwarten einer behördlichen Entscheidung durch die klägerfreundliche Verjährungsregeln attraktiver wird.[508]

5. Anspruchsgegner

Für den Durchsetzungserfolg kann auch wichtig sein, wer Schuldner des Schadensersatzanspruchs ist. Denn die Eigenschaften des Schuldners, insbesondere seine Zahlungsfähigkeit, können den Anreiz der privaten Durchsetzungsagenten zur Durchsetzung beeinflussen.[509]

Schuldner des Schadensersatzanspruchs ist jedes Unternehmen als Normadressat von Art. 81 EG, das an dem Verstoß beteiligt ist. Die am Verstoß beteiligten Unternehmen sind als Teilnehmer i.S.v. § 830 BGB anzusehen und haften daher auch für solche Geschäfte, die nur ein anderes Unternehmen in Ausführung der Vereinbarung mit Dritten schließt, da alle beteiligten Unternehmen durch ihre Beteiligung an der Verhaltenskoordinierung einen notwendigen Beitrag für die Schadensentstehung leisten.[510] Die Haftung der beteiligten Unternehmen ist dabei gesamtschuldnerisch (§§ 840 Abs. 1, 421 ff. BGB), so dass der Geschädigte seinen gesamten Schaden von einem der beteiligten Normadressaten seiner Wahl ersetzt verlangen kann.

Die gesamtschuldnerische Haftung erhöht den Anreiz des Geschädigten zur Anspruchsdurchsetzung, da er nicht die Folgen einer möglichen Insolvenz eines der beteiligten Normadressaten tragen muss. Gleichzeitig erhöht das Insolvenzrisiko, das mithin von den beteiligten Normadressaten untereinander zu tragen ist, die Abschreckungswirkung des Schadensersatzanspruchs, da jeder einzelne Normadressat befürchten muss, auch den auf den insolventen Beteiligten entfallenden Teil des Schadens ersetzen zu müssen.

Um diesen Effekt der gesamtschuldnerischen Haftung noch zu verstärken, ist im US-amerikanischen Kartellrecht der Innenregress zwischen den Mitgliedern eines Kartells ausgeschlossen.[511] Ein solcher Ausschluss von Ausgleichsansprüchen zwischen den

---

[508] Kommission, Working Paper Private Durchsetzung, Rn. 271; siehe hierzu noch unten zu Kapitel 5 B.I.2.b.aa(1), S. 243.

[509] Siehe hierzu unten zu Kapitel 5B.I.1.c., S. 235.

[510] Köhler, GRUR 2004, S. 99 ff., 101 entgegen LG Mannheim, Entscheidung vom 11. Juli 2003, GRUR 2004, 182 ff.

[511] Texas Industries, Inc. v. Radcliff Materials, Inc., 451 US630, 101 S.Ct. 2061, 68 L.Ed. 2d 250 (1981); Easterbrook/Landes/Posner, Journal of Law and Economics 1980, vol. 23, S. 331 ff.,

Gesamtschuldnern im Innenverhältnis wird auch für das deutsche Kartellzivilrecht vorgeschlagen und mit dem Gedanken der Rechtsschutzverweigerung begründet.[512] Der Regressausschluss birgt jedoch auch die Gefahr einer existenzvernichtenden Haftung eines Normadressaten und gibt dem Geschädigten ein kraftvolles Drohmittel in Vergleichsverhandlungen mit einem der beteiligten Normadressaten.[513] Ein solcher genereller Ausschluss des Innenregresses erhöht jedoch jedenfalls die Höhe der möglicherweise zu leistenden Schadensersatzsanktion, die der einzelne Beteiligte bei seiner Entscheidung über die Begehung des Wettbewerbsverstoßes berücksichtigen muss. Daher besitzt diese vorgeschlagene Regelung das Potential, die Abschreckungswirkung für die Normadressaten zu steigern.

Die Entscheidungsträger innerhalb des Unternehmens sind hingegen nicht Schuldner des Schadensersatzanspruchs aus § 33 Abs. 3 GWB. Eine persönliche Haftung dieser Personen auf Schadensersatz gegenüber den Geschädigten wäre nach geltendem Recht allenfalls im Wege einer gesellschaftsrechtlichen Haftung wegen der Verletzung einer kaufmännischen Sorgfaltspflicht durch die Vorstandsmitglieder einer Aktiengesellschaft denkbar (§ 93 Abs. 5 AktG). Hiernach könnten die Vorstandsmitglieder gegenüber der Gesellschaft für den Schaden ersatzpflichtig sein, der der Gesellschaft infolge des Wettbewerbsverstoßes entstanden ist, den die Vorstandsmitglieder sorgfaltspflichtwidrig begangen oder ermöglicht haben. Der Schaden der Gesellschaft bestünde dabei in der Geldbuße und sonstigen Vermögenseinbußen, die die Gesellschaft infolge des Wettbewerbsverstoßes erleidet. Dieser Ersatzanspruch der Gesellschaft kann gemäß § 93 Abs. 5 AktG auch von den Gläubigern der Gesellschaft gegenüber den Vorstandsmitgliedern – durch Klage auf Zahlung an sich selbst und nicht an die Gesellschaft[514] – geltend gemacht werden, wenn der Gläubiger von der Gesellschaft keine Befriedigung erlangen kann und eine gröbliche Sorgfaltspflichtverletzung der Vorstandsmitglieder vorliegt (§ 93 Abs. 5 S. 2 Hs. 1 AktG).[515] Diese persönliche Haftung, die insbesondere dann möglich wäre, wenn kein System der kartellrechtlichen Selbsteinschätzung, die nach der VO 1/03 erforderlich ist, eingerichtet und praktiziert wird,[516] ist wegen ihrer engen Grenzen jedenfalls bisher lediglich theoretischer Natur. Denn angesichts der Nachrangigkeit der persönlichen Haftung gegenüber der Haftung

---

344 ff. halten diese Regelung von einem rechtsökonomischen Standpunkt angesichts der Risikoscheu der Normadressaten und der Gefahr von Fehlern für nicht eindeutig vorzugswürdig.

512 Lettl, ZHR 2003, vol. 167, S. 473 ff., 491 f.; hiergegen Köhler, GRUR 2004, S. 99 ff., 101 Fn. 12.

513 Baker, Loyola Consumer Law Review 2004, vol. 16, S. 379 ff., 387 ff.

514 Hüffer in Hüffer, Aktiengesetz, § 93 Rn. 34 m.w.N.

515 Siehe hierzu Hüffer in Hüffer, Aktiengesetz, § 93 Rn. 31 ff.

516 Schwintowski/Klaue, WuW 2005, S. 370 ff., 377 f.

der Gesellschaft und dem Erfordernis der groben Sorgfaltspflichtwidrigkeit sind diesem Anspruch in der Rechtspraxis enge Grenzen gesetzt. Infolge dieser Beschränkungen in seinem praktischen Erfolg kann der Schadensersatzanspruch gegen die Vorstandsmitglieder aus § 93 Abs. 5 AktG nicht als relevante Grundlage für eine persönliche Haftung der Entscheidungsträger innerhalb des Unternehmens für infolge von Wettbewerbsverstößen verursachten Schäden angesehen werden und soll daher hier nicht weiter vertieft werden.

Auch die Einführung einer kartellrechtsspezifischen persönlichen Haftung der verantwortlichen Entscheidungsträger für den mit dem Wettbewerbsverstoß verursachten Schaden ist wegen des begrenzten Vermögens der Entscheidungsträger nur von begrenztem Nutzen, um das Verhalten dieser natürlichen Personen innerhalb des Unternehmens zu beeinflussen, da eine das Vermögen des Schuldners übersteigende Sanktion sein Verhalten nicht hinreichend beeinflussen kann.[517] Das Fehlen einer realistischen Möglichkeit, die Entscheidungsträger innerhalb des Unternehmens im Wege der privaten Durchsetzung persönlich haften zu lassen, muss bei dem Vergleich der Durchsetzungsformen berücksichtigt werden.[518]

6. Prozessualer Rahmen

Nachdem die materiell-rechtlichen Voraussetzungen eines Schadensersatzanspruchs wegen Verstoßes gegen Art. 81 EG dargestellt worden sind, muss nun noch auf den prozessualen Rahmen seiner Durchsetzung eingegangen werden. Dieser Aspekt ist für die Durchsetzung von besonderer Bedeutung, da die verfahrensrechtliche Ausgestaltung der Anspruchsdurchsetzung die gesellschaftlichen Durchsetzungskosten der privaten Durchsetzungsagenten und auch ihren Anreiz zur Durchsetzung maßgeblich beeinflusst.

Die Verfahrensregeln für die Schadensersatzklage wegen Verstoßes gegen Art. 81 EG richten sich – wie bereits ausgeführt – nach deutschem Recht, das die gemeinschaftsrechtlichen Grundsätze der Äquivalenz und der Effektivität beachten muss.[519] Die wesentlichen verfahrensrechtlichen Bestimmungen über das zuständige Gericht (zu a.), die Verbindung von Klagen mehrerer Durchsetzungsagenten (zu b.), die Beweisregeln

[517] Siehe zum Vermögen des Anspruchsgegners als absolute Grenze einer monetären Sanktion unten zu Kapitel 4A.IV.2.b.cc(1), S. 182.
[518] Siehe hierzu unten zu Kapitel 5B.I.1.c., S. 235.
[519] EuGH, Entscheidung vom 20. September 2001, Slg. 2001, I-6297, 6324 Rn. 29 – Courage/Crehan.

(zu c.), die zivilprozessualen Informationsmittel (zu d.) und die Kostentragungsregeln (zu e.) sollen nun dargestellt werden.

a. Zuständiges Gericht

Zunächst muss geklärt werden, welches Gericht zur Entscheidung über den Schadensersatzanspruch zuständig ist. Dabei ist insbesondere die internationale Zuständigkeit der Zivilgerichte angesichts der verschiedenen Verfahrensregeln in den Mitgliedstaaten für die privaten Durchsetzungsagenten von Bedeutung.

Die internationale Zuständigkeit deutscher Zivilgerichte bei unerlaubten Handlungen ergibt sich aus Art. 5 Nr. 3 EuGVVO.[520] Danach gilt für unerlaubte Handlungen, wie einem Verstoß gegen Art. 81 EG, das Tatortprinzip, was sowohl den Ort der Rechtsgutverletzung (Erfolgsort) als auch den Ort der ursächlichen Handlung (Handlungsort) erfasst.[521] Vor allem die Bestimmung des Handlungsorts birgt bei Wettbewerbsverstößen, die sich auf den Gemeinsamen oder einen weltweiten Markt beziehen, erhebliche Schwierigkeiten. Diese Unklarheiten ermöglichen es, dass die privaten Durchsetzungsagenten sich das Gericht des Mitgliedstaats aussuchen können, bei dem sie sich infolge der dort geltenden Verfahrensregeln die größte Aussicht auf Erfolg versprechen (forum shopping).[522] Auch bei der Bestimmung des anwendbaren Rechts für Schadensersatzansprüche wegen des Wettbewerbsverstoßes sollte unter Berücksichtigung des insoweit einschlägigen Kommissionsvorschlags zur Rom II – Verordnung eine möglichst eindeutige Kollisionsregel gefunden werden.[523]

Bei bestehender internationaler Zuständigkeit sind in Deutschland die Landgerichte erstinstanzlich zur Entscheidung über einen Schadensersatzanspruch wegen des Verstoßes gegen Art. 81 EG sachlich ausschließlich zuständig, dort funktionell die Kam-

520 Verordnung (EG) Nr. 44/2001 des Rates vom 22. Dezember 2000 über die gerichtliche Zuständigkeit und die Anerkennung und Vollstreckung von Entscheidungen in Zivil- und Handelssachen, ABl. 2001 Nr. L 12, 1 ff.

521 Zur Frage der internationalen Zuständigkeit deutscher Gerichte bei kartellrechtlichen Schadensersatz-ansprüchen ausführlich: Zimmer/Leopold, EWS 2005, S. 149 ff., 149 f. m.w.N.; aus englischer Sicht: Withers, Journal of Business Law 2002, S. 250 ff., 255 f.; zum viel beachteten Empagran-Fall im US-amerikanischen Kartellrecht (417 F. 3d 1267 (D.C. Cir. 2005), WuW/E KRInt 103 ff.) siehe Meessen, WuW 2005, S. 1115 ff.

522 Kommission, Working Paper Private Durchsetzung, Rn. 237 ff.; Garzaniti/Gudofsky/Moffat, Antitrust Law Journal 2004, vol. 72, S. 159 ff., 195 f.; Bulst, EWS 2004, S. 403 ff., 405 f.; zu den Auswirkungen auf die gesellschaftlichen Kosten der privaten Durchsetzung siehe noch unten zu Kapitel 5B.II.1.e.bb, S. 274.

523 Siehe bereits oben zu Kapitel 3C.II.1.b., S. 95; siehe auch die Vorschläge der Kommission, Grünbuch Private Durchsetzung, S. 12, Optionen 31-34; allgemein Zimmer/Leopold, EWS 2005, S. 149 ff., 150 f.

mern für Handelssachen, § 87 GWB. Für die Entscheidung über Rechtsmittel sind das Oberlandesgericht und schließlich der Kartellsenat des BGH zuständig (§§ 92-94 GWB).[524] Diese Konzentration von kartellzivilrechtlichen Streitigkeiten bei den Kammern für Handelssachen führt bereits in der ersten Instanz zu einem gewissen Grad der Spezialisierung der zur Entscheidung berufenen Gerichte. Infolge des höheren Spezialisierungsgrades dieser Gerichte im Vergleich zu Gerichten mit einer ganz allgemeinen Zuständigkeit sind die Fehleranfälligkeit und damit die gesellschaftlichen Fehlerkosten geringer.[525]

b. Mehrere Kläger

Neben dem zuständigen Gericht ist für den Erfolg der privaten Durchsetzung auch wichtig, ob und wie mehrere Geschädigte den Wettbewerbsverstoß gemeinschaftlich in einem einzigen Verfahren verfolgen können.[526] Denn bei der gemeinschaftlichen Durchsetzung müssen die Verfahrensschritte und die Prüfung von Anspruchsvoraussetzungen nur einmal vorgenommen werden, wodurch in der Summe geringere Kosten der gerichtlichen Verfolgung entstehen. Dies spart nicht nur gesellschaftliche Durchsetzungskosten, sondern verringert auch die Kosten für den einzelnen Durchsetzungsagenten und steigert damit seinen Anreiz, den Schadensersatzanspruch auch tatsächlich durchzusetzen.

aa. Geltende Rechtslage

Nach deutschem Zivilprozessrecht muss der Kläger einer Schadensersatzklage grundsätzlich auch Inhaber des geltend gemachten Anspruchs sein. Eine gemeinschaftliche Durchsetzung von Ansprüchen mehrerer Anspruchsteller in einem einheitlichen Verfahren ist nur nach den Regeln über die Streitgenossenschaft (§§ 59 ff. ZPO) möglich. Diese erfordern, dass zwischen den Ansprüchen der Streitgenossen ein sachlicher Zusammenhang besteht, der eine gemeinsame Verhandlung und eine Entscheidung zweckmäßig macht. Die Streitgenossenschaft ermöglicht folglich die gemeinschaftliche Durchsetzung von Schadensersatzansprüchen wegen der Verletzung von Art. 81 EG von mehreren privaten Durchsetzungsagenten, die von demselben Wettbewerbsverstoß geschädigt wurden. Da die Geschädigten eines Wettbewerbsverstoßes sich

---

[524] Zur Bedeutung von Schiedsgerichtsverfahren im Bereich von Art. 81 EG unter Berücksichtigung der Neuregelungen der VO 1/03 siehe Schmidt, BB 2006, S. 1397 ff.; Eilmansberger, SchiedsVZ 2006, S. 5 ff.

[525] Garzaniti/Gudofsky/Moffat, Antitrust Law Journal 2004, vol. 72, S. 159 ff., 197 zweifeln die Eignung der Zivilgerichte zur Entscheidung kartellrechtlicher Streitigkeiten allgemein an; siehe hierzu noch unten zu Kapitel 5B.II.3.b.bb(2), S. 305.

[526] van Gerven, EUI Workshop 2001, S. 31.

untereinander jedoch häufig nicht kennen werden, besitzt diese Form der gemeinschaftlichen Durchsetzung enge praktische Grenzen. Ferner ist auch die Streitgenossenschaft in ihrer prozessualen Wirkung begrenzt, da jedes Prozessrechtsverhältnis zwischen einem Streitgenossen und dem Beklagten grundsätzlich selbständig bleibt. Daher ist die Kostenersparnis durch die Streitgenossenschaft für die privaten Durchsetzungsagenten gering.
Eine andere Möglichkeit zur Bündelung der Ansprüche verschiedener Geschädigter in einem einzelnen Zivilprozess liegt in der Abtretung der Ansprüche an eine Person, die zur Durchführung der Klage bereit ist und einen entsprechend größeren Anspruch durchsetzt.[527] Dies ist allerdings mit erheblichen Transaktionskosten verbunden, da der zur Durchsetzung willige Kläger im ersten Schritt die Geschädigten des Wettbewerbsverstoßes finden und sie sodann zur Abtretung ihrer Ansprüche veranlassen muss. Diese Form der gebündelten Durchsetzung von Schadensersatzansprüchen ist nur dann zu erwarten, wenn die Anzahl der Geschädigten klein ist. Bei Streuschäden, die insbesondere auf der Stufe der Letztverbraucher entstehen, ist ein solches Vorgehen hingegen wegen der damit verbundenen Transaktionskosten in der Praxis unwahrscheinlich.

Über diese Möglichkeiten hinaus existieren im deutschen Zivilprozessrecht keine Instrumente, die eine gemeinschaftliche Durchsetzung von Schadensersatzansprüchen ermöglichen würden. Auch die Möglichkeit einer Verbandsklage ist gemäß § 33 Abs. 2 GWB auf die Durchsetzung von Unterlassungsansprüchen wegen eines Wettbewerbsverstoßes begrenzt und bietet daher keine Möglichkeit, die bei den Mitgliedern des Verbandes entstandenen Schäden ersetzt zu verlangen.[528] Zudem ist das Klagerecht von Verbraucherverbänden i.S.v. § 4 UKlaG, das im Regierungsentwurf der 7. GWB-Novelle noch vorgesehen war, im endgültigen Gesetzestext nicht mehr enthalten, so dass eine Verbandsklage, mit der ein Verbraucherverband die Schäden seiner Mitglieder ersetzt verlangen könnte, im deutschen Kartellrecht derzeit nicht existiert.

Das weitgehende Fehlen einer zivilprozessualen Möglichkeit zur gemeinschaftlichen Verfolgung vieler ähnlich gelagerter Schadensersatzansprüche wegen desselben Wett-

---

[527] Bundeskartellamt, Diskussionspapier Private Durchsetzung, S. 5 verweist auf einen aktuellen Fall, in dem sich die belgischen Gesellschaft "Cartel Damage Claims" die Ansprüche von rund 30 kleinen und mittelgroßen Zementkunden abtreten ließ und nun die Kartellanten (Dyckerhoff, Lafarge und die ehemalige Readymix-Gruppe) auf Schadensersatz in Höhe von insgesamt 144 Mio. Euro verklagt; siehe auch http://www.cdcag.com/.

[528] Die Möglichkeit zur Vorteilsabschöpfung durch Verbände gemäß § 34 a GWB gehört nicht hierher, da mit diesem Instrument nicht ein Schaden ersetzt sondern ein rechtswidrige Vorteil abgeschöpft werden soll und dieser Vorteil zudem dem Bundeshaushalt und nicht dem Verband zukommt.

bewerbsverstoßes behindert die private Durchsetzung insbesondere dort, wo die Anzahl der Geschädigten groß, der individuelle Schaden des Einzelnen jedoch gering ist (Streuschäden). Denn in diesem Fall ist die Aufwendung der Kosten einer selbständigen Durchsetzung des Schadensersatzanspruchs im Klageweg angesichts des geringen Schadens für den Geschädigten nicht lohnend.[529] Wenn aber die Durchsetzung der Schadensersatzansprüche in der Praxis nicht zu erwarten ist, können diese Ansprüche und damit die private Durchsetzung die Normadressaten auch nicht von dem Wettbewerbsverstoß abschrecken.

bb. Reformüberlegungen

In anderen Rechtsordnungen besteht hingegen zum Teil bereits die Möglichkeit, Schadensersatzansprüche vieler Geschädigter wegen eines Wettbewerbsverstoßes gemeinschaftlich in einem einheitlichen Verfahren zu verfolgen.[530] Die Regelungen in den verschiedenen Ländern unterscheiden sich in Inhalt und Ausmaß jedoch zum Teil erheblich.[531] Die Erfahrungen mit der gemeinschaftlichen Verfolgung in diesen Rechtsordnungen berücksichtigt die Kommission bei ihren Vorschlägen in dem Grünbuch. Daher soll zunächst kurz die Sammelklage im US-amerikanischen Kartellzivilrecht dargestellt werden (zu (1)), bevor auf die Reformvorschläge für die gemeinschaftliche Durchsetzung von Art. 81 EG eingegangen wird (zu (2)).

(1) US-amerikanische class action

Die Sammelklage (class action) spielt bei der privaten Durchsetzung im US-amerikanischen Kartellzivilrecht eine zentrale Rolle. In Ermangelung einer speziellen kartellrechtlichen Regelung ergeben sich die Voraussetzungen für die Sammelklage aus den allgemeinen zivilprozessualen Regeln.[532] Dabei klagt ein Repräsentant, meist ein spezialisierter Anwalt, stellvertretend für einen ganzen Personenkreis (class), dessen Mitglieder von dem gleichen oder sehr ähnlichen Wettbewerbsverstoß betroffen sind, jedoch nicht einzeln bestimmbar sein müssen. In diesen Verfahren müssen ge-

---

529 Siehe noch unten zu Kapitel 5B.I.2.b.bb(1)(c), S. 250.

530 In Schweden existiert eine weitreichende kartellrechtliche Sammelklage, Kommission, Working Paper Private Durchsetzung, Rn. 196 m.w.N.; auch im britischen Kartellzivilrecht besteht für bestimmte Vereinigungen die Möglichkeit, Schadensersatzansprüche von einer Vielzahl von Verbrauchern mit deren Zustimmung gerichtlich zu verfolgen, Section 47B Competition Act 1998, näher Rodger, European Competition Law Review 2003, vol. 24, S. 103 ff., 108; Kommission, Working Paper Private Durchsetzung, Rn.197.

531 Siehe zu den unterschiedlichen Verfahren der kollektiven Anspruchsdurchsetzung (opt-in, opt-out) OECD, Background Paper Consumer Dispute Resolution, S. 27 ff.

532 Insbesondere Fed. R. Civ. P. 23, siehe näher Lang, World Competition 2001, vol. 24, S. 285 ff., 287 f. m.w.N.

meinsame Rechts- und Tatsachenfragen zur Entscheidung stehen, die Anzahl potentieller Geschädigter muss groß, der eingetretene Schaden typisch und die Sammelklage insgesamt angemessen sein.[533] Bei einer solchen Sammelklage kann die Anzahl der vertretenen Geschädigten insbesondere durch das fehlende Erfordernis einer ausdrücklichen Zustimmung der Geschädigten zur Rechtsverfolgung sehr groß sein.[534] Hierdurch kann auch der ersetzt verlangte Schaden entsprechend groß sein, wodurch einerseits die Abschreckungswirkung auf die Normadressaten steigt und andererseits auch der Anreiz des Repräsentanten, der im Wege eines Erfolgshonorars prozentual an der erstrittenen Schadensersatzsumme partizipiert, stark ist.[535] Dieser Anreiz für den Repräsentanten am Erfolg der Sammelklage infolge seines Erfolgshonorars ist für das Funktionieren des Sammelklagesystems von besonderer Bedeutung, da der Repräsentant die zur erfolgreichen Durchsetzung erforderlichen Aufwendungen mit eigenen Mitteln trägt.[536]

Ob eine Sammelklage ohne ein Erfolgshonorar für den Repräsentanten, das im deutschen Prozessrecht verboten ist (§ 49 b Abs. 2 BRAO), überhaupt funktionieren könnte, erscheint angesichts der entscheidenden Anreizwirkung dieses Vergütungskonzepts zweifelhaft. Die Einführung eines solchen Erfolgshonorars nach US-amerikanischen Vorbild begegnet jedoch gewichtigen Bedenken angesichts der Missbrauchsgefahr der class action durch Anwälte, die als Repräsentant allein eigene finanzielle Interessen verfolgen, ohne die Interessen der vertretenen Geschädigten zu berücksichtigen. Ferner widerspricht die Erstreckung der Rechtskraft der Gerichtsentscheidung auf sämtliche Mitglieder der class, unabhängig von ihrer Kenntnis von dem Verfahren, der Dispositionsmaxime des deutschen Zivilprozessrechts und beschränkt auch das Recht auf rechtliches Gehör.[537]

(2) Reformvorschläge auf europäischer Ebene

Wegen dieser rechtlichen und praktischen Bedenken gegen die class action im US-amerikanischen Kartellrecht gehen die Überlegungen der Kommission zu den ver-

---

533 Näher Bulst, Schadensersatzansprüche der Marktgegenseite im Kartellrecht, S. 50 f.; Hempel, Privater Kartellrechtsschutz, S. 217 f.; Lang, World Competition 2001, vol. 24, S. 285 ff., 287 f.

534 Hempel, Privater Kartellrechtsschutz, S. 216 Fn. 1419 berichtet von einem Fall, in dem die class aus mindestens 12,5 Mio. Mitgliedern bestand.

535 Kritisch Carrington, Bitburger Gespräche Jahrbuch 2003, S. 33 ff., S. 49 ff.

536 Näher Lang, World Competition 2001, vol. 24, S. 285 ff., 288 f.; zur Anreizstruktur der Repräsentanten Klement/Neeman, Journal of Law, Economics and Organization 2004, vol. 20, S. 102 ff.; zur Gefahr strategischen Verhaltens des Repräsentanten Junghans, Gefahren der Gruppenklage.

537 Bundeskartellamt, Diskussionspapier Private Durchsetzung, S. 30 f.

schiedenen Möglichkeiten einer Sammelklage von Geschädigten eines Wettbewerbsverstoßes in ihrem Grünbuch stärker in die Richtung von Sammelklagen, bei denen nur die Schäden individualisierter oder individualisierbarer Personen einbezogen werden.[538] Dabei wird insbesondere die Anspruchsdurchsetzung durch Verbraucherverbände, die die Schäden ihrer Mitglieder für diese ersetzt verlangen, hervorgehoben.[539] Durch die Beschränkung auf die Ansprüche der Mitglieder bzw. der sonst individualisierten Personen werden die rechtlichen Schwierigkeiten der Rechtskrafterstreckung vermieden und auch die Schadenshöhe und damit der Anreiz zum Missbrauch geringer, so dass die in der US-amerikanischen Praxis beobachteten Probleme vermieden oder zumindest in ihren Auswirkungen maßgeblich entschärft werden können.[540]

Es bleibt abzuwarten, welche Schritte auf europäischer Ebene schließlich unternommen werden. Ohne näher auf die Einzelheiten der verschiedenen vorgeschlagenen Formen der Sammelklage einzugehen, sollen die Auswirkungen der gemeinschaftlichen Durchsetzung im Rahmen des Vergleichs der Durchsetzungsformen untersucht werden.[541]

cc. Musterverfahren

Eine andere Möglichkeit zur Behandlung einer großen Anzahl Klagen wegen desselben Normverstoßes wird im deutschen Zivilprozessrecht seit jüngstem in kapitalmarktrechtlichen Streitigkeiten genutzt: Das am 1. November 2005 in Kraft getretene Kapitalanleger-Musterverfahrensgesetz (KapMuG)[542] ermöglicht es bei Schadensersatzansprüchen wegen falscher öffentlicher Kapitalmarktinformationen, die verbindliche Klärung einer Rechtsfrage oder einer Anspruchsvoraussetzung durch einen Musterentscheid eines Oberlandesgerichts zu erreichen. Hierfür sind mindestens zehn gleichge-

---

538 Kommission, Grünbuch Private Durchsetzung, S. 9 f., Optionen 25, 26; Kommission, Working Paper Private Durchsetzung, Rn. 192; hierzu auch OECD, Background Paper Consumer Dispute Resolution, S. 29 ff. mit einem Überblick über die Situation in den verschiedenen Rechtsordnungen; zur aktuelen Diskussion siehe auch Polverino, World Competition 2007, vol. 30, S. 479 ff.

539 Im US-amerikanischen Kartellrecht besteht in ähnlicher Weise – allerdings für den state attorney general als einem öffentlichen Durchsetzungsorgan – die Möglichkeit, von dem Normadressaten Ersatz für die Schäden verlangt, die durch den Wettbewerbsverstoß bei den Bürgern des betreffenden Staates entstanden sind und von diesen wegen der geringen individuellen Schadenssummen nicht selbständig verfolgt werden können ("parens patriae-Verfahren"); die Bedeutung ist allerdings gering geblieben; siehe hierzu näher Hempel, Privater Kartellrechtsschutz, S. 183; Lang, World Competition 2001, vol. 24, S. 285 ff., 299 f.; Wise, in: Dannecker/Jansen (Hrsg.), Competition Law Sanctioning in the EU, S. 195 ff., 206.

540 In diesem Sinne auch Brkan, World Competition 2005, vol. 28, S. 479 ff., 500 f.

541 Siehe unten zu Kapitel 5B.II.1.e.bb(2), S. 276.

542 Gesetz über Musterverfahren in kapitalmarktrechtlichen Streitigkeiten vom 16. August 2005, BGBl. I 2005, S. 2437 ff. vom 19. August 2005.

richtete Verfahren erforderlich (§ 4 Abs. 1 KapMuG). Während des Musterverfahrens werden sämtliche Verfahren, die von der im Musterverfahren zu treffenden Feststellung abhängen, von Amts wegen ausgesetzt (§ 7 KapMuG) und die Verfahrensbeteiligten dem Musterverfahren beigeladen (§ 8 Abs. 3 KapMuG). Der Musterentscheid bindet die Prozessgerichte in allen Verfahren, die von der im Musterverfahren getroffenen Entscheidung abhängt (§ 16 KapMuG). Durch dieses Musterverfahren wird erreicht, dass ein Tatbestandsmerkmal des Schadensersatzanspruchs, das in einer Vielzahl verschiedener Klagen entscheidungsrelevant ist, nur einmal untersucht werden muss. Damit wird die Belastung der Gerichte verringert und die gesellschaftlichen Kosten der Rechtsdurchsetzung sinken, worauf bei dem Vergleich der Durchsetzung noch näher einzugehen sein wird.[543]

c. Beweisregeln

Die Verfahrensregeln über die Darlegungs- und Beweispflichten der Prozessparteien sind im Kartellzivilrecht von besonderer Bedeutung. Denn der Nachweis der Anspruchsvoraussetzungen mit den Mitteln des Zivilprozessrechts ist zum Teil aus faktischen Gründen der fehlenden Beweismittel, zum Teil wegen ihrer wirtschaftlichen Komplexität oft nur sehr schwer möglich.[544] Daher beeinflussen die Beweisregeln die Erfolgsaussichten und damit den Anreiz der privaten Durchsetzungsagenten. Außerdem beeinflussen die Beweisregeln auch das Ausmaß der gesellschaftlichen Kosten der gerichtlichen Verfolgung, die bei der privaten Durchsetzung entstehen.

Nach dem Grundsatz der Beweislastverteilung im Zivilprozess (zu aa.) soll auf im Kartellzivilrecht bereits bestehende Beweiserleichterungen eingegangen werden (zu bb.), bevor weitergehende Erleichterungen der Beweislast für die privaten Durchsetzungsagenten untersucht werden sollen (zu cc.).

aa. Grundsatz

Der Anspruchsteller ist entsprechend den allgemeinen beweisrechtlichen Grundsätzen prinzipiell für sämtliche Anspruchsvoraussetzungen darlegungs- und beweispflichtig, so dass der private Durchsetzungsagent als Kläger eines Schadensersatzprozesses das Vorliegen eines Verstoßes gegen Art. 81 EG, die aktive Beteiligung des Beklagten hieran sowie einen Schaden und dessen kausale Verursachung durch den Wettbe-

543 Siehe unten zu Kapitel 5B.II.1.e.bb(2), S. 276.
544 Wurmnest, in: Behrens/Braun/Nowak, EG-Wettbewerbsrecht im Umbruch, S. 213 ff., 228.

werbsverstoß nachweisen muss.[545] Dazu stehen den Parteien allgemein die zivilprozessualen Beweismittel (Urkundsbeweis, Zeugenbeweis, Sachverständigenbeweis, Augenschein, Parteivernehmung) zur Verfügung, die von der jeweils darlegungs- und beweispflichtigen Partei angeboten werden müssen.

Diese grundsätzliche Beweislastverteilung kann zu großen Beweisschwierigkeiten für private Durchsetzungsagenten bei der Durchsetzung von Schadensersatzansprüchen führen, da sowohl der Verstoß gegen Art. 81 EG als auch der kausale Schaden häufig nur sehr schwer zu beweisen ist, insbesondere wenn der private Durchsetzungsagent nicht selbst an dem Wettbewerbsverstoß beteiligt ist.[546] Zum Beweis des Wettbewerbsverstoßes sind nämlich regelmäßig Unterlagen und Informationen erforderlich, die nur die beteiligten Unternehmen besitzen. Angesichts der sehr begrenzten Vorlagepflichten der nicht beweispflichtigen Partei im deutschen Zivilprozessrecht sind die Informationen über den Normverstoß für die privaten Durchsetzungsagenten nur sehr schwer in einer gerichtlich zu verwertenden Form zu erhalten. Ähnlich schwer kann auch der Beweis der Kausalität zwischen dem Wettbewerbsverstoß und dem Schaden sein, da der Kläger zwar einen Umsatzrückgang angeben kann, die unmittelbare Verursachung durch die Wettbewerbsbeschränkung jedoch kaum eindeutig nachzuweisen ist.[547] Zudem kann der Nachweis des Schadens den privaten Durchsetzungsagenten dazu zwingen, betriebsinterne Vorgänge und sensible Daten offen zu legen, wodurch der private Durchsetzungsagent von der Klage abgehalten werden kann.

bb. Bestehende Erleichterungen

Um die Schwierigkeiten der privaten Durchsetzungsagenten bei der Beweisführung zu verringern und damit die private Durchsetzung zu erleichtern, wurden insbesondere im Rahmen der VO 1/03 und der 7. GWB-Novelle verschiedene Beweiserleichterungen eingeführt.[548] Diese betreffen vor allem die Beweislast für die Freistellungsvoraussetzungen (zu (1)), die Tatbestandswirkung von Entscheidungen der öffentlichen Durchsetzung (zu (2)) sowie die Schadensberechnung (zu (3)). An dieser Stelle sollen diese

---

[545] Näher zu den Beweisanforderungen Dalheimer in Grabitz/Hilf, EU-Recht, nach Art. 83 EG, Art. 2 Rn. 6 ff.; siehe auch Hempel, Privater Kartellrechtsschutz, S. 69 ff.

[546] Monopolkommission, Sondergutachten zur 7. GWB-Novelle, Rn. 40; siehe zu diesen Problemen der Informationsgewinnung noch unten zu Kapitel 5B.II.2.b.aa., S. 282.

[547] Monopolkommission, Sondergutachten zur 7. GWB-Novelle, Rn. 40.

[548] Für geringfügige Forderungen sieht zudem der Verordnungsvorschlag der Kommission verschiedene Verfahrensvereinfachungen auch hinsichtlich der Beweisanforderungen vor, siehe Vorschlag der Kommission für eine Verordnung des Europäischen Parlaments und des Rates zur Einführung eines europäischen Verfahrens für geringfügige Forderungen vom 15. März 2005, KOM(2005) 87.

Beweiserleichterungen lediglich kurz dargestellt werden, bevor im Rahmen des Vergleichs der Durchsetzungsformen ihre Auswirkungen auf die private Durchsetzung untersucht werden.

(1) Beweislast für Freistellungsvoraussetzungen

Für das Vorliegen der Freistellungsvoraussetzungen des Art. 81 Abs. 3 EG ist der Normadressat beweispflichtig, Art. 2 S. 2 VO 1/03. Diese Beweislastverteilung wird vom GWB zwar nicht ausdrücklich wiederholt, soll nach der Begründung des Regierungsentwurfs aber auch für Schadensersatzansprüche nach dem GWB gelten[549] und entspricht auch der allgemeinen Regeln der zivilprozessualen Beweislastverteilung, dass der Beklagte die für ihn vorteilhaften Tatbestände darlegen und beweisen muss.[550]

Da es somit dem Normadressaten obliegt, die Freistellungsvoraussetzungen des Art. 81 Abs. 3 EG für seine Verhaltenskoordinierung darzulegen und zu beweisen, muss der private Durchsetzungsagent allein die Voraussetzungen von Art. 81 Abs. 1 EG und seinen kausalen Schaden nachweisen. Dies erleichtert dem privaten Durchsetzungsagenten die Verfolgung seines Schadensersatzanspruchs erheblich, da der Nachweis der Freistellungsvoraussetzungen besonders aufwendig und schwierig sein kann, weil eine vollständige Analyse des Marktes und der Auswirkungen der Verhaltenskoordinierung auf den Wettbewerb erforderlich sein kann. Dadurch steigert diese Beweislastverteilung den Anreiz des privaten Durchsetzungsagenten zur Durchsetzung[551] und reduziert auch die gesellschaftlichen Kosten der Durchsetzung, da dem Normadressaten der Nachweis der Freistellungsvoraussetzungen dank seines besseren Zugangs zu den relevanten Informationen einfacher möglich ist.[552]

(2) Tatbestandswirkung anderer Entscheidungen

Da die private Durchsetzungsaktivitäten häufig in zeitlicher Nachfolge zu einem Verfahren der Wettbewerbsbehörde erfolgen (follow-on), kann auf die dort bestandskräftigen Feststellungen über den Normverstoß auch im zivilprozessualen Verfahren zurückgegriffen werden und damit die Darlegungs- und Beweispflicht des Durchsetzungsagenten verkürzt werden.

So entfalteten Entscheidungen der Kommission zu einem Verstoß gegen Art. 81 EG bereits seit der *Masterfoods*-Entscheidung des EuGH Verbindlichkeit in ihren Feststel-

549 Siehe Begründung des Gesetzentwurfs der Bundesregierung, BT-DS. 15/3640 S. 23 und S. 44.
550 Wurmnest, in: Behrens/Braun/Nowak, EG-Wettbewerbsrecht im Umbruch, S. 213 ff., 228.
551 Siehe hierzu unten zu Kapitel 5B.I.2.b.bb(2)(e), S. 257.
552 Siehe hierzu unten zu Kapitel 5B.II.1.d.bb(2)., S. 269.

lungen für die mitgliedstaatlichen Gerichte, die später über zivilrechtliche Ansprüche wegen desselben Normverstoßes zu entscheiden hatten.[553] Dasselbe gilt gemäß Art. 16 VO 1/03 für Entscheidungen der Kommission.[554] Die mit der 7. GWB-Novelle eingeführte Regelung des § 33 Abs. 4 GWB begründet nunmehr eine entsprechende Bindungs- oder Tatbestandswirkung für sämtliche kartellbehördliche und gerichtliche Entscheidungen der Mitgliedstaaten, die einen Verstoß gegen Art. 81 EG feststellen.[555] So ist das Zivilgericht, das über einen Schadensersatzanspruch entscheidet, zugunsten des Geschädigten an die Annahme eines Verstoßes gegen Art. 81 EG gebunden, wenn ein solcher Verstoß durch eine bestandskräftige Entscheidung einer mitgliedstaatlichen Wettbewerbsbehörde oder der Kommission festgestellt ist, § 33 Abs. 4 S. 1 GWB.[556] Dieselbe Bindungswirkung entfalten auch rechtskräftige Gerichtsentscheidungen, die infolge der Anfechtung von verwaltungs- oder bußgeldrechtlichen Entscheidungen ergangen sind, Art. 33 Abs. 4 S. 2 GWB.

Inhaltlich ist diese Tatbestandswirkung auf das Vorliegen eines Verstoßes gegen Art. 81 EG beschränkt und gilt räumlich lediglich für das Hoheitsgebiet der entscheidenden Wettbewerbsbehörde.[557] Für den Schadensumfang können die Feststellungen aus der Geldbußenentscheidung hingegen keine Bindungswirkung entfalten, da die Schadenshöhe lediglich eine Bemessungsgrundlage der Geldbuße ist und die Feststellung dementsprechend für den Schadensersatzprozess nicht genau genug sind.[558] Ferner dürften die Feststellungen wegen der Rechtsweggarantie des Art. 19 Abs. 4 GG nur gegenüber solchen Normadressaten gelten, die infolge ihrer Beteiligung an dem öffentlich-rechtlichen Verfahren die Möglichkeit hatten, die Entscheidung der Wett-

---

553 EuGH, Entscheidung vom 14. Dezember 2000, Slg. 2000, I-11369 Rn. 52 – Masterfoods/HB; hierzu Kamann/Horstkotte, WuW 2001, S. 458 ff., 464 f.

554 Die Kommission stellt in ihrem Grünbuch eine Verbindlicherklärung behördlicher Entscheidungen für sämtliche Mitgliedstaaten zur Diskussion, Grünbuch Private Durchsetzung, S. 7, Option 8.

555 Näher Meyer, GRUR 2006, S. 27 ff., 29 ff.; kritisch hinsichtlich der Anerkennung von Entscheidungen ausländischer Wettbewerbsbehörden Monopolkommission, Sondergutachten zur 7. GWB-Novelle, Rn. 49 ff.

556 Siehe zur britischen Regelung in Section 58A(1) Competition Act Rodger, European Competition Law Review 2003, vol. 24, S. 103 ff., 108 f.; zur ähnlichen Regelung im US-amerikanischen Kartellrecht, wo behördliche Entscheidungen gemäß 15 U.S.C. § 16(a) als prima facie-Beweis des Wettbewerbsverstoßes im nachfolgenden Zivilverfahren wirken Bauer, Loyola Consumer Law Review 2004, vol. 16, S. 303 ff., 311 f.; Waller, Chicago-Kent Law Review 2003, vol. 78, S. 207 ff., 210; Lang, World Competition 2001, vol. 24, S. 285 ff., 300.

557 Begründung des Gesetzentwurfs der Bundesregierung, BT-DS. 15/3640, S. 54; Kahlenberg/Haellmigk, BB 2005, S. 1509 ff., 1514; Meyer, GRUR 2006, S. 27 ff., 30.

558 Monopolkommission, Sondergutachten zur 7. GWB-Novelle, Rn. 43.

bewerbsbehörde anzugreifen.[559] Daher gilt die Tatbestandswirkung nicht bei solchen Normadressaten, gegen die infolge ihrer erfolgreichen Teilnahme an dem leniency-Programm keine Geldbuße verhängt wird. Dieser Ausschluss der Tatbestandswirkung kann den Anreiz der Normadressaten zur Informationspreisgabe und zur Kooperation mit den Wettbewerbsbehörden steigern, da der Nutzen aus der Informationsweitergabe für das kooperierende Unternehmen nicht nur in der reduzierten Geldbuße sondern zusätzlich auch darin liegt, dass Schadensersatzansprüche von privaten Durchsetzungsagenten im Nachgang zum öffentlichen Durchsetzungsverfahren nicht erleichtert werden.[560]

Auf Seiten der privaten Durchsetzungsagenten soll die Tatbestandswirkung – und kann allein – die follow-on Klagen erleichtern, indem die Durchsetzungskosten der privaten Durchsetzungsagenten verringert werden, da die sonst kostspielige Beschaffung von Informationen über den Wettbewerbsverstoß durch die Tatbestandswirkung wesentlich erleichtert wird.[561] Eigenständige Verfahren der privaten Durchsetzung werden von der Tatbestandswirkung behördlicher Entscheidungen hingegen ebenso wenig erfasst wie die Durchsetzung von Unterlassungs- und Beseitigungsansprüchen sowie die defensive Durchsetzung im Wege der Einwendung der Nichtigkeit, da § 33 Abs. 4 GWB allein für Schadensersatzansprüche gilt.[562]

(3) Schadensberechnung

Auch der Nachweis seines Schadens infolge des Wettbewerbsverstoßes fällt den privaten Durchsetzungsagenten häufig schwer, da sowohl eine kartellbedingte Preiserhöhung als auch ein entgangener Gewinn infolge der wirtschaftlichen Komplexität des Sachverhalts nur schwer exakt beziffert und nachgewiesen werden kann.

Die allgemein im Zivilprozess geltende Regelung des § 287 ZPO erlaubt es dem Gericht, bei einem Schadensersatzanspruch die Höhe des Schadens im Rahmen seiner freier Beweiswürdigung zu schätzen. Dies erleichtert die private Durchsetzung von Schadensersatzansprüchen erheblich, wenn die Gerichte von dieser Möglichkeit

[559] So auch Bundeskartellamt, Diskussionspapier Private Durchsetzung, S. 13 Fn. 47; Monopolkommission, Sondergutachten zur 7. GWB-Novelle, Rn. 44; Hempel, WuW 2005, S. 137 ff., 144; Meyer, GRUR 2006, S. 27 ff., 31 f.; Schütt, WuW 2004, S. 1124 ff., 1131.

[560] Monopolkommission, Sondergutachten zur 7. GWB-Novelle, Rn. 44.

[561] Siehe zu den Auswirkungen auf die Durchsetzungskosten unten zu Kapitel 5B.II.1.d.bb(1)., S. 268.

[562] Kritisch hierzu Monopolkommission, Sondergutachten zur 7. GWB-Novelle, Rn. 45.

Gebrauch machen.[563] Ferner kann die Regelung des § 287 ZPO auch auf die Frage der Entstehung des Schadens in der Gestalt angewendet werden, dass die Entstehung eines Schadens bereits dann zu bejahen ist, wenn hierfür eine überwiegende Wahrscheinlichkeit streitet.[564] Auch dies kann die Anspruchsdurchsetzung erleichtern, wenn bereits die Entstehung eines Schadens infolge des Wettbewerbsverstoßes schwierig nachzuweisen ist.

Die Schadensberechnung soll durch die 7. GWB-Novelle weiter erleichtert werden, indem die Neuregelung in § 33 Abs. 3 S. 3 GWB dem Gericht im Rahmen seiner Schätzung der Schadenshöhe nach § 287 ZPO ermöglicht, den anteiligen Gewinn des Normadressaten aus dem Wettbewerbsverstoß zu berücksichtigen.[565] Die Berücksichtigung des Gewinns des Normadressaten kann die Schadensberechnung vereinfachen, wenn die hypothetischen Marktverhältnisse, anhand derer der Schaden des Durchsetzungsagenten berechnet wird, nur sehr schwer zu ermitteln sind.[566] Ein Anspruch auf Rechnungslegung gegen den Normadressaten, wie er noch im Regierungsentwurf vorgesehen war, ist im Gesetz nicht mehr enthalten, obwohl diese Anspruch dem privaten Durchsetzungsagenten die Bestimmung des Gewinns des Normadressaten erheblich erleichtert hätte.[567] Schließlich ist nochmals darauf hinzuweisen, dass der Gewinn des Normadressaten allein bei der Berechnung des Schadens des Durchsetzungsagenten berücksichtigt wird, ohne über den Betrag des Schadens hinauszugehen.

cc. Weitergehende Beweiserleichterungen

Die dargestellten bestehenden Beweiserleichterungen reichen häufig nicht aus, um dem privaten Durchsetzungsagenten bei Art. 81 EG die erfolgreiche Durchsetzung seines materiell-rechtlich bestehenden Schadensersatzanspruchs im Zivilprozess zu ermöglichen. Daher werden von der Kommission in ihrem Grünbuch weitergehende Beweiserleichterungen diskutiert, um die private Durchsetzung von Art. 81 EG zu verbessern.

---

563 So hat das LG Dortmund, Entscheidung vom 1. April 2004, WuW/E DE-R 1352 f., die Preisdifferenz vor und nach Beendigung des Vitaminkartells als einen ausreichenden Anhaltspunkt für die Schätzung des Schadens angesehen; so auch Köhler, GRUR 2004, S. 99 ff., 103.

564 Oetker in Rebmann, Münchener Kommentar zum BGB, § 249 Rn. 455 m.w.N.; siehe auch Bulst, Schadensersatzansprüche der Marktgegenseite im Kartellrecht, S. 138 f.

565 Siehe hierzu bereits oben zu Kapitel 3C.II.4.a.bb., S. 112.

566 Begründung des Gesetzentwurfs der Bundesregierung, BT-DS. 15/3640, S. 26; siehe zur Anreizwirkung unten zu Kapitel 5B.I.2.b.bb(2)(e), S. 257 und zu den Durchsetzungskosten unten zu Kapitel 5B.II.1.d.bb(3)., S. 269.

567 Zum Regierungsentwurf Monopolkommission, Sondergutachten zur 7. GWB-Novelle, Rn. 58.

Eine vollständige Beweislastumkehr zugunsten des privaten Durchsetzungsagenten ist infolge der gemeinschaftsrechtlichen Vorgabe in Gestalt der Beweislastverteilung des Art. 2 VO 1/03 ausgeschlossen[568] und angesichts des Missbrauchspotentials wohl auch nicht wünschenswert. Möglich sind hingegen Beweiserleichterungen, wie eine Verlagerung bzw. Einschränkung der Beweislast bei Bestehen einer Informationsasymmetrie zwischen den Parteien.[569] Insbesondere für Tatsachen, die aus der Einflusssphäre der nicht beweispflichtigen Partei stammen, wird diese Partei auch in anderen Rechtsbereichen (z.B. Produkthaftung) zur Darlegung dieser Tatsachen verpflichtet.[570] So ist vorstellbar, dass der private Durchsetzungsagent lediglich bestimmte Anhaltspunkte darlegen und beweisen muss, aus denen auf den Wettbewerbsverstoß geschlossen werden kann, und es dem Beklagten obliegt, den vom Kläger gesetzten Anschein zu erschüttern, indem er das Gericht über die Hintergründe seiner fraglichen Geschäftspraxis informiert.[571] Ferner wird von der Kommission auch eine Regelung zur Diskussion gestellt, nach der die ungerechtfertigte Weigerung einer Partei, der anderen Partei Beweise auszuhändigen, Einfluss auf die Beweislast hat.[572]

Daneben erwägt die Kommission für Verbraucherklagen mit einem Streitwert von bis zu 2.000 Euro weitere Erleichterungen entsprechend dem allgemeinen Vorschlag einer Verordnung zur Einführung eines europäischen Verfahrens für geringfügige Forderungen,[573] die die Hindernisse für die durch den Wettbewerbsverstoß geschädigten Verbraucher bei der Erhebung einer Schadensersatzklage mit relativ geringen Streitwert verringern soll.[574] Hierzu soll die Verfahrenseinleitung den Verbrauchern durch vorgefertigte Formulare ohne die Hinzuziehung eines Anwalts möglich sein und dem Gericht ein Spielraum bei der Bestimmung der Beweismittel und des Umfangs der zu erhebenden Beweise eingeräumt werden.[575]

---

568 Wurmnest, in: Behrens/Braun/Nowak, EG-Wettbewerbsrecht im Umbruch, S. 213 ff., 232.

569 Kommission, Grünbuch Private Durchsetzung, S. 7, Option 9; so bereits auch schon Hirsch, ZWeR 2003, S. 233 ff., 242.

570 Monopolkommission, Sondergutachten zur 7. GWB-Novelle, Rn. 56.

571 Basedow, EBOR 2001, S. 443 ff., 466 ff.; Hirsch, ZWeR 2003, S. 233 ff., 242; Wurmnest, in: Behrens/Braun/Nowak, EG-Wettbewerbsrecht im Umbruch, S. 213 ff., 233; ähnlich Monopolkommission, Sondergutachten Folgeprobleme der EG-Verfahrensreform, S. 47 f.

572 Kommission, Grünbuch Private Durchsetzung, S. 7, Option 10.

573 Vorschlag der Kommission für eine Verordnung des Europäischen Parlaments und des Rates zur Einführung eines europäischen Verfahrens für geringfügige Forderungen vom 15. März 2005, KOM(2005) 87.

574 Kommission, Working Paper Private Durchsetzung, Rn. 188 ff.

575 Kommission, Working Paper Private Durchsetzung, Rn. 190.

Diese weitergehenden Beweiserleichterungen können die private Durchsetzung von Art. 81 EG einfacher und kostengünstiger machen und den Anreiz der privaten Durchsetzungsagenten zur Durchsetzung ihrer Schadensersatzansprüche steigern.[576] Jedoch muss auch das steigenden Missbrauchspotential einer weit reichenden Beweiserleichterung zugunsten einer Partei berücksichtigt werden, das zu fehlerhaften Entscheidungen und Vergleichsabschlüssen führen kann, wenn das Risiko einer Verteidigung auch für den normtreuen Normadressaten infolge der für ihn ungünstigen Beweisregeln zu groß wird.

d. Zivilprozessuale Informationsmittel

Neben den Beweisregeln ist auch der tatsächliche Zugang zu den Beweismitteln für den Erfolg jeder Klage wichtig. Nach deutschem Zivilprozessrecht gilt der Beibringungsgrundsatz, der die Parteien grundsätzlich dazu zwingt, den Tatsachenstoff, den sie in den Prozess einführen und damit zum Gegenstand der Urteilsfindung machen wollen, selbst vorzutragen und ggf. zu beweisen. Das Zivilgericht verfügt dabei – anders als die Kommission im Verfahren der öffentlichen Durchsetzung – nicht über die Befugnis, eigene Ermittlungen durchzuführen.[577]

Daher sind die zivilprozessualen Regelungen über die Aufklärungspflichten des Beklagten für den privaten Durchsetzungsagenten im Kartellrecht besonders wichtig, da er regelmäßig nicht bereits selbst alle Informationen und Beweismittel zum Nachweis sämtlicher Tatbestandsmerkmale besitzt. Die bestehenden zivilprozessualen Aufklärungspflichten sind sehr begrenzt (zu aa.), so dass eine Ausweitung der Aufklärungspflichten diskutiert wird. Daneben besteht bei der privaten Durchsetzung auch die Möglichkeit, aus anderen Quellen, insbesondere von der Kommission, Informationen über den Wettbewerbsverstoß zu erhalten (zu bb.).

aa. Zivilprozessuale Aufklärungspflichten

Das deutsche Zivilprozessrecht kennt keine allgemeine Aufklärungs- oder Offenbarungspflicht der nicht beweispflichtigen Prozesspartei.[578] Vielmehr muss die beweispflichtige Person grundsätzlich sämtliche Umstände zum Nachweis der Tatbestandsmerkmale selbst darlegen und beweisen, ohne auf Informationen der gegnerischen Par-

---

576 Siehe zu der Anreizwirkung unten zu Kapitel 5B.I.2.b.bb(2)(e), S. 257 und zu den gesellschaftlichen Durchsetzungskosten unten zu Kapitel 5B.II.1.d.bb(4)., S. 270.

577 Wurmnest, in: Behrens/Braun/Nowak, EG-Wettbewerbsrecht im Umbruch, S. 213 ff., 226 f. m.w.N.

578 Siehe nur Leipold in Stein/Jonas, ZPO, § 138 Rn. 2.

tei oder Ermittlungen des Gerichts zurückgreifen zu können. Lediglich in sehr engen Grenzen kann das Gericht gemäß §§ 142, 144 ZPO die nicht beweispflichtige Partei zur Vorlage von näher bestimmten Urkunden oder Gegenständen (§§ 421 ff. ZPO) auffordern.[579]

Auch der gewohnheitsrechtlich anerkannte allgemeine materiell-rechtliche Anspruch auf Auskunft gegen den Anspruchsgegner besteht als Hilfsanspruch nur in engen Grenzen: So muss der Inhaber des Schadensersatzanspruchs in entschuldbarer Weise über den Anspruchsumfang im Ungewissen sein und nicht in der Lage sein, in zumutbarer Weise die zur Durchsetzung erforderlichen Auskünfte selbst zu beschaffen. Der Anspruchsgegner muss zudem in einer besonderen rechtlichen Beziehung zum Anspruchsberechtigten stehen und ihm muss die Auskunftserteilung unschwer möglich sein.[580] Wegen dieser engen Grenzen kann der materiell-rechtliche Auskunftsanspruch nicht bereits zur Aufklärung des Vorliegens eines Wettbewerbsverstoßes eingesetzt werden, sondern allenfalls zur Ermittlung der Schadenshöhe. Daher ist die Bedeutung dieses Hilfsanspruchs in der Praxis relativ gering.

Um die private Durchsetzung bei der Gewinnung der erforderlichen Informationen zu erleichtern, wird derzeit über die Ausweitung der zivilprozessualen Aufklärungs- und Vorlagepflichten diskutiert. Auf die entsprechenden Vorschläge und ihre Auswirkungen auf die gesellschaftlichen Kosten der Informationsgewinnung bei der privaten Durchsetzung soll im Rahmen des Vergleichs der Durchsetzungsformen ausführlich eingegangen werden.[581]

bb. Zusammenarbeit mit der Kommission

Neben den zivilprozessualen Aufklärungspflichten, die dem privaten Durchsetzungsagenten die Möglichkeit geben, von dem Normadressaten selbst Informationen über den Wettbewerbsverstoß zu erhalten, besteht in einem gewissen Umfang auch die Möglichkeit, die bei den Wettbewerbsbehörden vorhandenen Informationen im Zivilprozess zu verwenden. So kann die Kommission die privaten Durchsetzungsagenten (zu (1)) und die mitgliedstaatlichen Gerichte mit Informationen versorgen (zu (2)),

---

[579] Wurmnest, in: Behrens/Braun/Nowak, EG-Wettbewerbsrecht im Umbruch, S. 213 ff., 233 f. m.w.N.; Hempel, Privater Kartellrechtsschutz, S. 76; Bundesrat, Ausschuss-Empfehlungen Grünbuch, Rn. 5.

[580] Hempel, Privater Kartellrechtsschutz, S. 59 m.w.N.

[581] Siehe unten zu Kapitel 5B.II.2.b.aa(2)(c), S. 285.

wozu auch ein bisher nur diskutiertes Anzeigesystem für Wettbewerbsverstöße in der Lage wäre (zu (3)).

(1) Privater Durchsetzungsagent – Kommission

Für den Geschädigten eines Wettbewerbsverstoßes besteht zunächst die Möglichkeit, bei dem Bundeskartellamt Einsicht in die Akten eines vorhergehenden Verwaltungsverfahrens zu nehmen, § 406 e StPO. Ein solches Recht zur Einsichtnahme steht im Verfahren der Kommission nur solchen Unternehmen zu, die sich als Adressat der Kommissionsentscheidung hiergegen verteidigen müssen, Art. 15 VO 773/04. Lediglich bei Zurückweisung einer Beschwerde steht dem Beschwerdeführer ein begrenztes Recht auf Akteneinsicht gemäß Art. 8 VO 773/04 zu.[582] Andere Durchsetzungsagenten haben hingegen nach geltendem Recht keinen Anspruch auf Akteneinsicht.[583]

Dieses sehr beschränkte Informationsrecht der privaten Durchsetzungsagenten auf europäischer Ebene behindert die private Durchsetzung, da die so erlangten Informationen den privaten Durchsetzungsagenten bei der Durchsetzung seines Schadensersatzanspruchs entscheidend weiterhelfen können. Allerdings ist eine solche Ausnutzung der behördlichen Informationen durch den privaten Durchsetzungsagenten nur dann möglich, wenn zuvor ein behördliches Verfahren stattgefunden hat (follow-on Verfahren).[584] Hierüber hinaus erwägt die Kommission in ihrem Grünbuch, alle Beteiligten eines Verwaltungsverfahrens zu verpflichten, sämtliche der Wettbewerbsbehörde vorgelegten Dokumente auch einem privaten Durchsetzungsagenten in einem Zivilprozess zugänglich zu machen.[585] Dies soll jedoch nicht für die Dokumente gelten, die ein Normadressat im Rahmen der leniency-Regelung vorgelegt hat. Diese Normadressaten will die Kommission durch einen weitestmöglichen Ausschluss des Akteneinsichts-

582 Den Unterschied zwischen dem Akteneinsichtsrecht des betroffenen Normadressaten und dem Beschwerdeführer hebt auch die Kommission hervor, siehe Mitteilung der Kommission über die Regeln für die Einsicht in Kommissionsakten in Fällen einer Anwendung der Artikel 81 EG und 82 EG-Vertrag, Artikel 53, 54 und 57 des EWR-Abkommens und der Verordnung (EG) Nr. 139/2004, ABl. 2005 Nr. C 325/7 vom 22. Dezember 2005, Rn. 30 ff.

583 Klees, EG-Kartellverfahrensrecht, § 5 Rn. 76 f. auch zur Anwendung der VO (EG) Nr. 1049/2001 vom 30. Mai 2001 über den Zugang der Öffentlichkeit zu Dokumenten des Europäischen Parlaments, des Rates und der Kommission, ABl. 2001 Nr. L 145, 43.

584 Siehe zur Verwendung von behördlichen Informationen bei der privaten Durchsetzung noch unten zu Kapitel 5B.II.2.b.aa(2)(d), S. 289 und zu Kapitel 6C.II.2., S. 332.

585 Kommission, Grünbuch Private Durchsetzung, S. 6, Option 6; Working Paper Private Durchsetzung, Rn. 95; zur Missbrauchsgefahr bei der Verwendung behördlicher Informationen in der privaten Durchsetzung Che/Earnhart, The RAND Journal of Economics 1997, vol. 28, S. 120 ff.

rechts privilegieren, um die Attraktivität der leniency-Regelung nicht zu schmälern.[586] Diese Regelung böte dem privaten Durchsetzungsagenten im follow-on Verfahren die Möglichkeit, Beweismittel für seine zivilprozessuale Durchsetzung zu erlangen und damit seine Durchsetzung zu erleichtern, verminderte jedoch gleichzeitig den Anreiz der am Verwaltungsverfahren beteiligten Normadressaten, solche Informationen bereits im Verwaltungsverfahren preiszugeben, die sie – auch bei einem entsprechendem Schutz von Geschäftsgeheimnissen und anderen vertraulichen Informationen – nicht anderen Marktteilnehmern zugänglich machen wollen. Zudem wäre eine solche Pflicht zur umfassenden Vorlage von Dokumenten mit höheren Kosten verbunden als ein Recht zur Einsichtnahme in die Akten der Kommission für den privaten Durchsetzungsagenten, das auch mit dem zivilprozessualen Beibringungsgrundsatz besser zu vereinbaren wäre.[587]

(2) Zivilgericht – Kommission

Neben diesen Informationsrechten des privaten Durchsetzungsagenten besteht auch für die mitgliedstaatlichen Zivilgerichte die Möglichkeit, in kartellzivilrechtlichen Streitigkeiten von der Kommission wirtschaftliche, sachliche und rechtliche Informationen anzufordern, die sich in ihrem Besitz befinden.[588] Hierzu kann das Gericht verpflichtet sein, wenn der private Durchsetzungsagent zur Beschaffung der erforderlichen Urkunde nicht imstande ist (§§ 142, 432 ZPO). Ob die betreffenden Informationen von der Kommission zuvor durch eigene Ermittlungstätigkeit oder im Wege des Austausches im Netzwerk der Wettbewerbsbehörden als Beweismittel für den Nachweis eines Wettbewerbsverstoßes im Verfahren der öffentlichen Durchsetzung erhoben wurden, ist dabei grundsätzlich unerheblich.[589] Daneben kann das Zivilgericht die Kommission auch um Stellungnahmen zu Rechtsfragen bitten. Die Pflicht zur loyalen Zusammenarbeit aus Art. 10 EG kann sowohl die mitgliedstaatlichen Gerichte zur Vorlage einer Anfrage, als auch die Kommission zur Beantwortung der Anfrage zwingen.[590] Die

---

586 Siehe auch den Entwurf der Kommission zur Neufassung der Leniency-Mitteilung vom 22. Februar 2006, in dem der Schutz der Dokumente und Informationen der kooperationswilligen Normadressaten hervorgehoben wird (Rn. 7, 28).

587 Bundesrat, Ausschuss-Empfehlungen Grünbuch, Rn. 5 verweist ebenfalls auf einen Anspruch auf Einsichtnahme anstelle einer Pflicht zur Vorlage von Dokumenten, die mit dem zivilprozessualen Beibringungsgrundsatz kollidieren würde.

588 Bekanntmachung der Kommission über die Zusammenarbeit zwischen der Kommission und den Gerichten der EU-Mitgliedstaaten bei der Anwendung der Artikel 81 und 82 des Vertrags, ABl. 2004, Nr. C 101/54 vom 27. April 2004, Rn. 29; im Folgenden "Bekanntmachung über die Zusammenarbeit mit Gerichten".

589 Klees, EG-Kartellverfahrensrecht, § 8 Rn. 52.

590 Wurmnest, in: Behrens/Braun/Nowak, EG-Wettbewerbsrecht im Umbruch, S. 213 ff., 227 f.; Gerber/Cassinis, European Competition Law Review 2006, vol. 27, S. 51 ff., 54 f. sprechen von einem

Auskunftsersuchen werden regelmäßig aufgrund eines Beweisantrags einer Partei durch Beweisbeschluss ergehen, können allerdings nunmehr infolge der unbedingten Regelung in Art. 15 Abs. 1 VO 1/03 wohl auch auf eigene Initiative des Gerichts erfolgen.[591] Diesem eigenständigen Auskunftsersuchen des Gerichts sind jedoch wegen der zivilprozessualen Dispositionsmaxime enge Grenzen gesetzt.[592] Die Kommission bemüht sich, die Anfragen, in denen das mitgliedstaatliche Gericht die Übermittlung von tatsächlichen Informationen begehrt, innerhalb eines Monats zu beantworten, sofern ihr die angeforderte Information vorliegt.[593] Eine über die Weitergabe bereits vorhandener Informationen hinausgehende Amtshilfe der Kommission ist hingegen nicht vorgesehen, so dass die Kommission keine Ermittlungen zur Gewinnung der angeforderten Information anstellen wird.[594] Ferner muss die Kommission bei der Weitergabe von Informationen die Geschäftsgeheimnisse der betroffenen Unternehmen wahren. Hierzu verpflichtet die Kommission die anfragenden Gerichte, ihrerseits für die Geheimhaltung der Informationen Sorge zu tragen.[595] Bei Anfragen zu einer Stellungnahme der Kommission zu Rechtsfragen hat sich die Kommission eine Frist von vier Monaten auferlegt, um die Anfrage zu beantworten.[596] Dies führt zu einer deutlichen Verfahrensbeschleunigung im Vergleich zu einer – daneben noch immer mögliche – Vorlagefrage an den EuGH gemäß Art. 234 EG.[597]

Die angefragten Informationen der Kommission betreffen nicht unmittelbar den der Klage zugrunde liegenden Anspruch und besitzen auch keine Bindungswirkung für das entscheidende Gericht.[598] Das Gericht kann vielmehr frei über den Beweiswert der gelieferten Informationen entscheiden, die nach deutschem Zivilprozessrecht als amt-

---

erweiterten Netzwerk, zu dem neben sämtlichen Wettbewerbsbehörden auch die mitgliedsstaatlichen Gerichte gehören.

591 Strittig, siehe Wurmnest, in: Behrens/Braun/Nowak, EG-Wettbewerbsrecht im Umbruch, S. 213 ff., 235 m.w.N. auch zur gegenteiligen Ansicht.

592 Für eine großzügige Handhabung der Hinweis- und Erörterungspflicht des Gerichts Jaeger, WuW 2000, S. 1062 ff., 1073.

593 Bekanntmachung über die Zusammenarbeit mit Gerichten, Rn. 22.

594 Schwarze/Weitbrecht, EG-Kartellverfahrensrecht, § 11 Rn. 46; Klees, EG-Kartellverfahrensrecht, § 8 Rn. 52.

595 Klees, EG-Kartellverfahrensrecht, § 8 Rn. 53 f.; Schwarze/Weitbrecht, EG-Kartellverfahrensrecht, § 11 Rn. 47 auch zur Kollision mit dem Gebot rechtlichen Gehörs der Parteien im Zivilprozess.

596 Bekanntmachung über die Zusammenarbeit mit Gerichten, Rn. 28.

597 Schwarze/Weitbrecht, EG-Kartellverfahrensrecht, § 11 Rn. 48; Lenaerts/Gerard, World Competition 2004, vol. 27, S. 313 ff., 335 weisen auf die längere Verfahrensdauer des Vorlageverfahrens hin; Hirsch, in: Schwarze (Hrsg.), Instrumente der Wettbewerbsdurchsetzung, S. 135 ff., 144 erwartet eine erheblich Zunahme der Vorlageverfahren; Ehlermann/Atanasiu, European Competition Law Review 2002, vol. 23, S. 72 ff., 79 f. befürchten hingegen keinen dramatischen Anstieg.

598 Bekanntmachung über die Zusammenarbeit mit Gerichten, Rn. 19, 29; Klees, EG-Kartellverfahrens-recht, § 8 Rn. 60.

liche Auskünfte i.S.v. § 273 Abs. 2 Nr. 2 ZPO anzusehen sind, wobei die Kommission wie ein Sachverständiger zu behandeln ist.[599] Gemäß Art. 15 Abs. 3 VO 1/03 ist die Kommission nicht auf eine Anfrage des mitgliedstaatlichen Gerichts angewiesen, um eine Stellungnahme in dem gerichtlichen Verfahren abzugeben, vielmehr kann sie aus eigener Initiative gegenüber den mitgliedstaatlichen Gerichten Stellungnahmen abgeben, sofern dies zur kohärenten Anwendung der Wettbewerbsregeln in der Gemeinschaft erforderlich ist.[600] Die Kommission kann die Beantwortung der Anfrage nur in ganz engem Rahmen verweigern, insbesondere will die Kommission keine Informationen über den Normadressaten weitergeben, der erfolgreich an dem leniency-Programm teilgenommen hat, um die Attraktivität der leniency-Regelung nicht zu gefährden.[601]

Um die Transparenz der Entscheidungspraxis der Zivilgerichte in den Mitgliedstaaten zu erhöhen und den privaten Durchsetzungsagenten die Einschätzung ihrer Erfolgsaussichten zu erleichtern, veröffentlicht die Kommission zudem einen Überblick über die Entscheidungspraxis der mitgliedstaatlichen Gerichten.[602] Im Rahmen des Grünbuchs stellt die Kommission auch einen allgemeinen Zugang nationaler Gerichte zu Dokumenten, die sich im Besitz der Kommission befinden, zur Diskussion, wobei die Vertraulichkeit von Geschäftsgeheimnissen gewährleistet werden muss.[603] Die Auswirkungen dieser Zusammenarbeit auf die private Durchsetzung von Art. 81 EG sollen im Rahmen des Vergleichs der Durchsetzungsformen untersucht werden.[604]

(3) Anzeigesystem?

Nach Abschaffung des Freistellungssystems durch die VO 1/03 besteht für die privaten Durchsetzungsagenten ebenso wie für die Kommission nicht mehr die Möglichkeit, aus den Anmeldungen von potentiell freistellungsfähigen Wettbewerbsbeschrän-

---

599 Wurmnest, in: Behrens/Braun/Nowak, EG-Wettbewerbsrecht im Umbruch, S. 213 ff., 235 f.; im Einzelnen strittig, siehe nur Klees, EG-Kartellverfahrensrecht, § 8 Rn. 62 m.w.N.

600 Näher hierzu Klees, EG-Kartellverfahrensrecht, § 8 Rn. 76 ff.

601 Bekanntmachung über die Zusammenarbeit mit Gerichten, Rn. 26, hierzu Klees, EG-Kartellverfahrensrecht, § 8 Rn. 55.

602 Bekanntmachung über die Zusammenarbeit mit Gerichten, Rn. 20, siehe die Datenbank kartellrechtlicher Entscheidungen mitgliedstaatlicher Gerichte auf der Website der Kommission: http://europa.eu.int/comm/competition/antitrust/national_courts/index_en.html; McCurdy, European Competition Law Review 2004, vol. 25, S. 509 ff., 512 weist auf das Fehlen umfassender kommerzieller Datenbanken nach USA-amerikanischem Vorbild in Europa hin, die durch die Veröffentlichungen seitens der Kommission entbehrlich sein könnten.

603 Kommission, Grünbuch Private Durchsetzung, S. 6, Option 7; Working Paper Private Durchsetzung, Rn. 96.

604 Siehe unten zu Kapitel 5B.II.2.b.aa(2)(d), S. 289.

kungen durch die Normadressaten Informationen zu erlangen, die zur Durchsetzung verwendet werden könnten. Auch der Vorschlag zur Schaffung einer Pflicht zur bloßen Anzeige wettbewerbsbeschränkender Vereinbarungen, die die Freistellungsvoraussetzungen erfüllen und damit im System der Legalausnahme ohne weiteres rechtmäßig sind, wurde nicht umgesetzt.[605] Eine solche Anzeige wettbewerbsbeschränkender Verhaltenskoordinierungen durch die Normadressaten selbst würde allen Durchsetzungsagenten Informationen über potentielle Wettbewerbsverstöße liefern und so die Durchsetzung erleichtern. Eine Pflicht zur Anzeige kann allerdings nur für potentiell freigestellte Vereinbarungen funktionieren, da der Normadressat bei den stets verbotenen Kernbeschränkungen keinen Anreiz zur Preisgabe von Informationen besitzt. Aber auch bei den potentiell freigestellten sonstigen Wettbewerbsbeschränkungen müsste das Durchsetzungssystem Anreize für den Normadressaten schaffen, um diesen zur Preisgabe von Informationen zu veranlassen, die stets das Risiko einer Sanktionierung für den Normadressaten erhöhen. Diese Anreize könnten in der Verringerung einer Sanktion für angezeigte Vereinbarungen liegen, die insbesondere bei einer öffentlich-rechtlichen Geldbuße ohne weiteres möglich wäre. Ob diese Verringerung der Geldbuße jedoch ausreichen würde, um auch nicht völlig eindeutig freigestellte Vereinbarungen zur Anzeige zu bringen, erscheint jedoch zweifelhaft, da mit der Anzeige die Gefahr einer Verfolgung für den Normadressaten deutlich steigt.

(4) Zusammenfassung zur Zusammenarbeit mit der Kommission

Insgesamt ermöglicht die Zusammenarbeit mit der Kommission den privaten Durchsetzungsagenten bereits jetzt, im Zivilprozess auf Informationen aus dem öffentlichen Durchsetzungsverfahren zuzugreifen. Diese Möglichkeiten sind jedoch wegen des berechtigten Interesses des Normadressaten an Geheimhaltung seiner Geschäftsgeheimnisse begrenzt und produzieren ihrerseits weitere Kosten. Dennoch ist die Nutzung der in einem vorhergehenden öffentlichen Durchsetzungsverfahren gewonnenen Erkenntnisse – und vor allem dort ist die Nutzung behördlicher Informationen möglich – eine gute Möglichkeit, die zur Durchsetzung erforderlichen Informationen nur einmal zu beschaffen und damit die gesellschaftlichen Kosten der Durchsetzung zu verringern und gleichzeitig den Anreiz der privaten Durchsetzungsagenten zur Durchsetzung zu steigern.[606]

---

[605] In diesem Sinne Rittner, WuW 2003, S. 451,.
[606] Siehe zum Zusammenspiel der Durchsetzungsformen noch unten zu Kapitel 6C.II.2., S. 332.

e. Kostentragungsregeln

Schließlich beeinflussen auch die Regelungen zur Kostentragung den Anreiz der Durchsetzungsagenten zur Durchsetzung ihrer Ansprüche, da diese Kosten bei ihrer Entscheidung über die Anspruchsdurchsetzung zu berücksichtigen sind.[607]

In Deutschland gelten für Kartellzivilverfahren grundsätzlich die allgemeinen zivilprozessualen Kostentragungsregeln der §§ 91 ff. ZPO, nach denen die Gerichts- und die außergerichtlichen Kosten der Parteien von der unterliegenden Partei zu tragen sind. Die Höhe der Gerichts- und Anwaltskosten richtet sich dabei maßgeblich nach dem Streitwert der Klage. Die Vereinbarung eines Erfolgshonorars ist Rechtsanwälten auch im Kartellrecht nicht gestattet, § 49 b Abs. 2 BRAO.

Die mit der 7. GWB-Novelle eingeführte Regelung des § 89 a GWB enthält jedoch eine besondere Kostentragungsregel für Kartellzivilverfahren, indem sie eine einseitig begünstigende Streitwertherabsetzung ermöglicht und damit das teilweise ganz erhebliche Kostenrisiko des privaten Durchsetzungsagenten verringert: Auf Antrag kann das Gericht den Streitwert der Wirtschaftslage einer Partei anpassen, wenn die Partei glaubhaft machen kann, dass die Belastung mit den Prozesskosten nach dem vollen Streitwert ihre wirtschaftliche Lage erheblich gefährden würde. Dies hat zur Folge, dass der private Durchsetzungsagent im Falle des Unterliegens sowohl die Gerichtskosten als auch die Kosten des eigenen Anwalts und die von ihm zu tragenden außergerichtlichen Kosten der Gegenpartei nur nach dem verringerten Streitwert zu tragen hat, § 89 a Abs. 1 S. 4 GWB.[608] Im Falle seines Unterliegens hat der Normadressat ebenfalls die Gerichtskosten nach dem verringerten Streitwert, die als außergerichtliche Kosten zu erstattenden Gebühren des Rechtsanwalts des privaten Durchsetzungsagenten jedoch nach dem vollen Streitwert zu entrichten, § 89 a Abs. 1 S. 5 GWB, so dass ihm die Streitwertherabsetzung insofern nicht zu Gute kommt.[609] Die damit er-

---

[607] Baker, Loyola Consumer Law Review 2004, vol. 16, S. 379 ff., 386 f.; Kommission, Working Paper Private Durchsetzung, Rn. 214; allgemein zur Kostentragungsregel von einem rechtsökonomischen Standpunkt Shavell, Economic Analysis of Law, S. 428 ff.; siehe hierzu auch noch unten zu Kapitel 5B.I.2.b.bb(2)(e), S. 257.

[608] Die Streitwertherabsetzung steht beiden Parteien, dem privaten Durchsetzungsagenten und dem Normadressaten, offen. In der Praxis dürfte aber ganz regelmäßig allein der private Durchsetzungsagent die Voraussetzungen für die Streitwertherabsetzung erfüllen.

[609] Kahlenberg/Haellmigk, BB 2005, S. 1509 ff., 1515 sprechen daher unter Verweis auf die Regierungsbegründung von einer Art "Erfolgshonorar" des Anwalts, der private Durchsetzungsagenten vertritt.

zielte Verringerung des Kostenrisikos bietet den privaten Durchsetzungsagenten einen größeren Anreiz zur Durchsetzung ihrer Ansprüche.[610]

Einen Schritt weiter geht das US-amerikanische Verfahrensrecht in Kartellsachen:[611] Entsprechend der allgemeinen US-amerikanischen zivilprozessualen Kostentragungsregel trägt die unterliegende Partei die Gerichtskosten, jede Partei aber stets – unabhängig vom Obsiegen – ihre eigenen außergerichtlichen Kosten. Hiervon weicht die US-amerikanische Regelung im Kartellzivilverfahren ab und ermöglicht es – nur – dem Kläger, im Falle seines Obsiegens auch seine Anwaltskosten erstattet zu bekommen (Section 4 (a) Clayton Act). Auch diese Regelung fördert den Anreiz der privaten Durchsetzungsagenten zur Klage, da sie selbst im Fallen des Unterliegens vor Gericht nicht befürchten müssen, die gegnerischen Anwaltskosten tragen zu müssen, jedoch im Obsiegensfalle ihre eigenen (Anwalts-) Kosten ersetzt bekommen. Darüber hinaus ermöglicht die im US-amerikanischen Recht bestehende Möglichkeit, eine Art Erfolgshonorar (contingent fees) zu vereinbaren, das Kostenrisiko für den privaten Durchsetzungsagenten praktisch vollständig zu eliminieren: Bei Vereinbarung einer solchen contingent fee erhält der Anwalt im Obsiegensfalle einen bestimmten, meist prozentualen Anteil des gewonnenen Betrages, erhält aber im Unterliegensfall kein Honorar von dem Kläger. Diese Möglichkeit kann einen risikoscheuen Durchsetzungsagenten auch bei unklaren Erfolgsaussichten zur Durchsetzung eines Schadensersatzanspruchs veranlassen, wenn der Anwalt aufgrund seiner Einschätzung der Erfolgsaussichten bereit ist, das Kostenrisiko im Gegenzug zu seiner Erfolgsbeteiligung zu tragen.[612]

Auch auf europäischer Ebene wird eine weitere Reduzierung des Kostenrisikos für die privaten Durchsetzungsagenten bei der Kartellrechtsdurchsetzung diskutiert, da erkannt wurde, dass die Kostentragungsregeln insbesondere bei rechtlich oder tatsächlich schwierig abzuschätzenden Fällen und bei geringen Forderungssummen ein Hindernis für die private Durchsetzung darstellen können.[613] So stellt die Kommission in ihrem Grünbuch Regelungen zur Diskussion, die abweichend von der Kostentragungsregel dem unterliegenden Kläger nur dann die Verfahrenskosten auferlegen, wenn die Rechtsverfolgung offensichtlich mutwillig war, oder dem Gericht zumindest die Mög-

---

610 Zustimmend Monopolkommission, Sondergutachten zur 7. GWB-Novelle, Rn. 96 ff.; Kahlenberg/Haellmigk, BB 2005, S. 1509 ff., 1515.

611 Dort sind die Kosten anwaltlicher Beratung besonders hoch, Salop/White, Georgetown Law Journal 1986, vol. 74, S. 1001 ff., 1049 schätzten bereits 1986 die jährlichen Anwaltsgebühren in allen Kartellsachen auf 200-250 Mio. Dollar.

612 Siehe hierzu noch unten zu Kapitel 5B.I.2.b.bb(2)(e), S. 257.

613 Kommission, Working Paper Private Durchsetzung, Rn. 216 f.

lichkeit geben, bei Verfahrensbeginn durch Beschluss die Kostentragungspflicht des Klägers auch im Unterliegensfall auszuschließen.[614]

Ferner wird für Klagen von Verbrauchern im Rahmen des Vorschlags für eine Verordnung zur Einführung eines europäischen Verfahrens für geringfügige Forderungen, die für sämtliche Rechtsbereiche gelten soll, vorgeschlagen, für Forderungen bis zu einer Höhe von 2.000 Euro neben der bereits erwähnten Verfahrensvereinfachungen auch die Erstattung der gegnerischen Anwaltskosten für die unterliegende Partei auszuschließen, wenn diese eine natürliche Person ist und nicht anwaltlich vertreten war. Auch wenn diese Regelung wegen dem Anwaltszwang vor den zur Entscheidung von Kartellrechtsstreitigkeiten ausschließlich zuständigen Landgerichten im deutschen Kartellzivilrecht keine Anwendung finden wird, zeigt sich ein Problembewusstsein der Kommission bezüglich der Anreizprobleme bei kartellrechtlichen Klagen von individuell nur gering geschädigten Verbrauchern.[615]

Insgesamt können die im deutschen Kartellzivilrecht bereits eingeführte Möglichkeit zur einseitig begünstigenden Herabsetzung des Streitwerts und die auf europäischer Ebene diskutierten Kostentragungsregelungen das Kostenrisiko für die privaten Durchsetzungsagenten reduzieren und somit ihren Anreiz zur Durchsetzung ihrer Schadensersatzansprüche steigern.

7. Zusammenfassung zur Sanktion des Schadensersatzes

Der Schadensersatzanspruch gemäß § 33 Abs. 3 GWB wegen Verstoß gegen Art. 81 EG ist das wichtigste Instrument der privaten Durchsetzung. Die Reichweite des Kreises der Anspruchsberechtigten ist insbesondere hinsichtlich der Anspruchsberechtigung von indirekten Abnehmern bisher nicht abschließend geklärt. Bei der Entscheidung hierüber müssen einerseits die zu erwartenden Kosten der Durchsetzung durch eine Vielzahl von Durchsetzungsagenten und andererseits das Potential zur Abschreckung von Normverstößen durch die Ansprüche dieses Personenkreises berücksichtigt werden.

Der Nachweis der Anspruchsvoraussetzungen bereitet den privaten Durchsetzungsagenten insbesondere hinsichtlich des Verstoßes gegen Art. 81 EG und hinsichtlich des kausalen Schadens häufig erhebliche Probleme. Von den bereits existierenden Beweis-

[614] Kommission, Grünbuch Private Durchsetzung, S. 10, Option 27.
[615] Kommission, Working Paper Private Durchsetzung, Rn. 188 ff.

erleichterungen fördert die Tatbestandswirkung behördlicher Entscheidungen die private Durchsetzung im follow-on Verfahren am stärksten. Die größten Schwierigkeiten bestehen jedoch weiterhin in dem zivilprozessualen Nachweis eines kausalen Schadens, die durch die Bezugnahmen auf den anteiligen Gewinn des Normadressaten in § 33 Abs. 3 S. 3 GWB nur begrenzt erleichtert werden kann.

III. Sonstige Instrumente der privaten Durchsetzung

Nach der Darstellung der Einwendung der Nichtigkeit und des Schadensersatzanspruchs sollen nun noch knapp weitere Instrumente der privaten Durchsetzung von Art. 81 EG nach deutschem Kartellzivilrecht dargestellt werden. Diese bestehen aus dem negatorischen Rechtschutz durch Unterlassungs- und Beseitigungsansprüche (zu 1.), der Vorteilsabschöpfung durch Verbände (zu 2.) und aus Ansprüchen aus ungerechtfertigter Bereicherung (zu 3.).

1. Unterlassung und Beseitigung

Neben dem Schadensersatzanspruch besteht für die Betroffenen gemäß § 33 Abs. 1 GWB auch ein verschuldensunabhängiger Unterlassungsanspruch gegen den Normadressaten. Dieser Unterlassungsanspruch spielt in der bisherigen kartellzivilrechtlichen Praxis insbesondere bei Missbrauchsverfahren und bei vertikalen Wettbewerbsbeschränkungen eine wichtigere Rolle als der Schadensersatzanspruch.[616]

Die Kreis der Anspruchsberechtigten ist entsprechend den bei dem Schadensersatzanspruch dargestellten Regeln zu ziehen,[617] so dass sowohl die Wettbewerber der Normadressaten als auch die Abnehmer und Lieferanten auf der Marktgegenseite und auch die am Wettbewerbsverstoß beteiligten Unternehmen einen Anspruch auf Unterlassung durchsetzen können. Der Unterlassungsanspruch setzt lediglich einen Verstoß der Vereinbarung gegen Art. 81 EG voraus, ohne dass ein Verschulden erforderlich wäre. Erforderlich ist jedoch eine Wiederholungsgefahr, die bereits dann besteht, wenn ein Verstoß erstmalig droht, § 33 Abs. 1 S. 2 GWB.

Die Durchsetzung des Unterlassungsanspruchs ist insoweit einfacher als die eines Schadensersatzanspruchs, da hier der Nachweis eines kausalen Schadens entfällt und somit im Wesentlichen lediglich der Verstoß des Normadressaten gegen Art. 81 EG nachgewiesen werden muss. Der Unterlassungsanspruch richtet sich dabei auf Schaf-

[616] Wurmnest, in: Behrens/Braun/Nowak, EG-Wettbewerbsrecht im Umbruch, S. 213 ff., 245
[617] Siehe bereits oben zu Kapitel 3C.II.296.

fung rechtmäßiger Zustände für die Zukunft, die insbesondere die Herstellung und Abwicklung von Geschäftsbeziehungen betreffen können. Die Durchsetzung ist beinahe ausschließlich eigenständig, also ohne ein vorhergehendes Verfahren der Wettbewerbsbehörden. Denn in dem Verwaltungsverfahren wird dem Normadressaten das wettbewerbswidrige Verhalten bereits untersagt, so dass die private Durchsetzung eines Unterlassungsanspruchs ganz regelmäßig nicht mehr erforderlich ist. Daher ist auch das Fehlen der Bindungswirkung von Entscheidungen der Wettbewerbsbehörden aus § 33 Abs. 4 GWB, die allein für Schadensersatzansprüche gilt, bei der Durchsetzung von Unterlassungsansprüchen von geringerer Bedeutung.[618]

Der eng mit dem Unterlassungsanspruch verwandte Anspruch auf Beseitigung war bereits vor der 7. GWB-Novelle gewohnheitsrechtlich über §§ 823 Abs. 2, 1004 BGB analog i.V.m. Art. 81 EG anerkannt und ist nunmehr in § 33 Abs. 1 GWB ausdrücklich geregelt.[619] Dieser Anspruch ist auf Beseitigung einer fortdauernden Beeinträchtigung des Betroffenen gerichtet und kann daher auch auf die Vornahme einer bestimmten Handlung gerichtet sein, wenn nur diese die Beeinträchtigung beendet.[620] Der Beseitigungsanspruch gemäß § 33 Abs. 1 GWB ergänzt damit die zivilrechtliche Durchsetzung von Art. 81 EG, wo ein Unterlassungs- und ein Schadensersatzanspruch nicht dem Begehren des privaten Durchsetzungsagenten entsprechen.

Diese negatorischen Ansprüche auf Unterlassung und Beseitigung sind für die privaten Durchsetzungsagenten wichtig, wenn deren zukünftige Marktsituation im Mittelpunkt des Interesses steht. Damit ergänzen diese Ansprüche das System der privaten Durchsetzung, bei dem der Anspruch auf Schadensersatz im Mittelpunkt steht und die größte Abschreckungswirkung auf die Normadressaten ausübt.

Die Ansprüche auf Unterlassung und Beseitigung aus § 33 Abs. 1 GWB können auch durch rechtsfähige Verbände zur Förderung gewerblicher Interessen i.S.v. § 33 Abs. 2 GWB geltend gemacht werden, wenn die Wettbewerbsbeschränkung die Interessen ihrer Mitglieder berührt. Der Anspruch des Verbands ist unabhängig von den eigenen Ansprüchen der betroffenen privaten Durchsetzungsagenten und kann daher auch dann durchgesetzt werden, wenn der Betroffene infolge seiner wirtschaftlichen Abhängig-

---

618 Kritisch dennoch Fuchs, WRP 2005, S. 1384 ff., 1395; Monopolkommission, Sondergutachten zur 7. GWB-Novelle, Rn. 45.

619 Näher zum Beseitigungsanspruch nach der 7. GWB-Novelle Fritzsche, WRP 2006, S. 42 ff., ff.

620 Fritzsche, WRP 2006, S. 42 ff., 43.

keit von dem Normadressaten von der Durchsetzung seines Anspruchs absieht.[621] Von § 33 Abs. 2 GWB erfasst werden lediglich Wirtschaftsverbände, die die gewerblichen Interessen ihrer Mitglieder fördern, die auf dem betroffenen Markt tätig sind. Verbraucherverbände i.S.v. § 4 UKlaG sind hingegen – anders als noch in § 33 Abs. 2 Nr. 2 des Regierungsentwurfs zur 7. GWB-Novelle – nicht berechtigt, die negatorischen Ansprüche durchzusetzen. Hierdurch wird eine Gruppe potentieller Durchsetzungsagenten, die insbesondere die Interessen der Verbraucher schützen, von der privaten Durchsetzung ausgeschlossen, so dass der Schutz der Verbraucher insoweit weiterhin allein den Wettbewerbsbehörden obliegt.[622]

2. Vorteilsabschöpfung durch Verbände

Die 7. GWB-Novelle hat das Verbandsklagerecht erweitert und ermöglicht es in § 34 a GWB den Wirtschaftsverbänden i.S.v. § 33 Abs. 2 GWB unter bestimmten Voraussetzungen, den wirtschaftlichen Vorteil, den der Normadressat aus dem Wettbewerbsverstoß erlangt hat, abzuschöpfen.[623] Diese Vorteilsabschöpfung durch Verbände erfolgt nur bei vorsätzlichen Verstößen gegen Art. 81 EG, die eine Vielzahl von Abnehmern betreffen, und ist subsidiär zu der Vorteilsabschöpfung durch die Wettbewerbsbehörden (§ 34 a Abs. 1 a.E. GWB) und zu den Schadensersatzansprüchen der tatsächlich Geschädigten (§ 34 a Abs. 2 GWB). Auch hier war im Regierungsentwurf zur 7. GWB-Novelle die Klagebefugnis von Verbraucherverbänden i.S.v. § 4 UKlaG enthalten, die nicht Gesetz geworden ist. Hierdurch ist die Verfolgung von Wettbewerbsverstößen, die zu Streuschäden unter den Verbrauchern führen, im Wege der privaten Durchsetzung weniger wahrscheinlich geworden, da die Verbraucherverbände in diesen Fällen am ehesten einen Anreiz zur Durchsetzung besitzen.[624]

Aber auch an der Wirksamkeit der Vorteilsabschöpfung durch Verbände können Zweifel bestehen, da der abgeschöpfte Vorteil nicht dem klagenden Verband selbst zusteht, sondern vielmehr an den Bundeshaushalt abzuführen ist, § 34 a Abs. 1 GWB. Dem Verband, der mit seiner Klage auf Vorteilsabschöpfung durchdringt, steht lediglich ein Anspruch auf Erstattung der für die Geltendmachung des Anspruchs erforderlichen Aufwendungen zu, für den subsidiär – bei Ausfall des Beklagten – das Bundeskartellamt bis zur Höhe des abgeschöpften Vorteils haftet, § 34 a Abs. 4 S. 2, S. 3 GWB.

---

621 Hempel, Privater Kartellrechtsschutz, S. 56 f.
622 Für eine Anspruchsberechtigung von Verbraucherverbänden auch Monopolkommission, Sondergutachten zur 7. GWB-Novelle, Rn. 85 ff.
623 Zur lauterkeitsrechtlichen Parallelnorm des § 10 UWG siehe Schaub, GRUR 2005, S. 918 ff.
624 Hartog/Noack, WRP 2005, S. 1396 ff., 1405.

Durch diese Verteilung des erfolgreich abgeschöpften Vorteils ist der Anreiz der Wirtschaftsverbände zur Durchsetzung dieses Anspruchs, dessen Voraussetzungen ohnehin eng sind, sehr begrenzt, da der Aufwendungsersatz gerade keine eigenständige Belohnung für die mit Risiken behaftete Klage liefert.[625] Insbesondere wenn der Vorteil des Normadressaten nur schwer nachzuweisen ist, werden die Wirtschaftsverbände, die ihre Tätigkeit gegenüber ihren Mitgliedern wirtschaftlich rechtfertigen müssen, kein Interesse an der Erhebung einer Klage mit ungewissem Ausgang haben. Aus diesen Gründen bleibt der praktische Erfolg dieses neuen Instruments der privaten Durchsetzung von Art. 81 EG mit Skepsis abzuwarten.[626]

3. Ungerechtfertigte Bereicherung

Schließlich kommen auch bereicherungsrechtliche Ausgleichansprüche zwischen den Beteiligten der wettbewerbswidrigen Vereinbarung gemäß §§ 812 ff. BGB in Betracht. Denn infolge der Nichtigkeit der Vereinbarung (Art. 81 Abs. 2 EG) fehlt den von den Beteiligten erbrachten Leistungen der Rechtsgrund. Dem Ausgleich solcher ungerechtfertigten Bereicherungen durch das mitgliedstaatliche Recht steht das Gemeinschaftsrecht nicht entgegen.[627] Bei der Anwendung des Bereicherungsrechts und insbesondere seiner Rückforderungsschranken (§§ 814 Hs. 1, 818 Abs. 3, 817 S. 2 BGB) ist der Schutzzweck des Kartellverbots jedoch zu berücksichtigen und eine Umgehung der Wertungen der Wettbewerbsregeln zu verhindern.[628] Der Ausschluss von bereicherungsrechtlichen Ansprüchen kann dabei die Instabilität der wettbewerbsbeschränkenden Vereinbarung verstärken, da der vorleistende Beteiligte infolge der Nichtigkeit Gefahr läuft, seine Leistung ohne jeglichen Ausgleich zu erbringen, wenn der andere Beteiligte die Erbringung der Gegenleistung verweigert. Denn wenn dem Erfüllungsanspruch ohnehin die Nichtigkeit entgegensteht, bleibt dem Vorleistenden allein ein bereicherungsrechtlicher Ausgleichsanspruch, dessen Ausschluss mithin zu einem wirtschaftlichen Verlust für ihn führt. Das damit verbundene höhere wirtschaftliche

---

[625] Bundesrat, Ausschuss-Empfehlungen Grünbuch, Rn. 14 bezeichnet diese Regelung als "missglückt" und schlägt aus Anreizgründen eine zumindest anteilige Beteiligung des Verbandes an dem abgeschöpften Vorteil vor.

[626] Fuchs, WRP 2005, S. 1384 ff., 1391 geht wegen dieser Schwierigkeiten ebenfalls davon aus, dass dieses Instrument in der Praxis weitgehend wirkungslos bleiben wird.

[627] EuGH, Entscheidung vom 20. September 2001, Slg. 2001, I-6297 Rn. 30 – Courage/Crehan m.w.N. zur Rechtsprechung.

[628] Im Einzelnen ist hier Vieles umstritten, siehe Wurmnest, in: Behrens/Braun/Nowak, EG-Wettbewerbsrecht im Umbruch, S. 213 ff., 239 f.; K. Schmidt in Immenga/Mestmäcker, EG-WBR Bd. 1, Art. 85 Abs. 2 Rn. 74; Baur/Weyer in Glassen/Achenbach/Hahn, Frankfurter Kommentar, Bd. 4, Art. 81 Zivilrechtsfolgen, Rn. 141; Hempel, Privater Kartellrechtsschutz, S. 105 jeweils m.w.N.

Risiko kann dazu beitragen, den Normadressaten von der wettbewerbswidrigen Verhaltenskoordinierung abzuschrecken.[629]

Auf die Voraussetzungen der einzelnen Ausschlussgründe für einen bereicherungsrechtlichen Anspruch muss hier nicht im Detail eingegangen werden, da die Bedeutung der bereicherungsrechtlichen Ausgleichsansprüche für die private Durchsetzung von Art. 81 EG im Vergleich zu den zuvor dargestellten Ansprüchen und Einwendungen von untergeordneter Bedeutung ist.[630]

IV. Zusammenfassung zur privaten Durchsetzung von Art. 81 EG

Bei der privaten Durchsetzung von Art. 81 EG ist der Schadensersatzanspruch gemäß § 33 Abs. 3 GWB von größter Bedeutung. Denn nur dieses Instrument der privaten Durchsetzung kann den Betroffenen Ersatz der entstandenen Schäden liefern, deren Höhe teilweise beträchtlich sein kann. Daneben ist die Erhebung des Nichtigkeitseinwands im Wege der defensiven Durchsetzung im Rahmen eines Vertragsverhältnisses in der bisherigen Fallpraxis besonders häufig vorgekommen. Die übrigen Ansprüche auf Unterlassung und Beseitigung sowie aus ungerechtfertigter Bereicherung spielen hingegen lediglich eine untergeordnete Rolle.

Wegen seiner überragenden Bedeutung soll der Schadensersatzanspruch im Folgenden im Mittelpunkt der Betrachtung stehen und auf die übrigen Mittel der privaten Durchsetzung nur dann eingegangen werden, wenn ihre Besonderheiten bei dem entsprechenden Aspekt eine Hervorhebung erfordern.

---

[629] Zäch, Rückabwicklung verbotener Kartellleistungen, S. 82 ff., 103.
[630] Siehe hierfür ausführlich Fuchs, Kartellvertrag und Bereicherung, S. 115 ff.

Kapitel 4 Ökonomische Theorie der Rechtsdurchsetzung

Die rechtsökonomische Theorie kann bei dem Vergleich der Durchsetzungsformen – wie sich zeigen wird – wichtige Erkenntnisse liefern. Hierzu muss zunächst die ökonomische Theorie der optimalen Rechtsdurchsetzung erläutert werden (zu A.), bevor auf die ökonomische Theorie der öffentlichen und privaten Durchsetzung einzugehen sein wird (zu B.).

A. Allgemeine ökonomische Theorie der Rechtsdurchsetzung

Um die ökonomische Theorie der Rechtsdurchsetzung darstellen zu können, müssen zunächst einige Grundlagen des rechtsökonomischen Ansatzes erläutert werden. Hierzu soll zunächst auf die Grundlagen der Institutionenökonomik (zu I.) sowie die üblichen Annahmen der ökonomischen Theorie (zu II.) eingegangen werden, bevor das ökonomische Modell der Verhaltenssteuerung (zu III.) und sodann das Modell der optimalen Rechtsdurchsetzung (zu IV.) dargestellt werden.

I. Grundlagen der ökonomischen Analyse des Rechts (Institutionenökonomik)

Die ökonomische Analyse des Rechts stellt einen Teilbereich der Neuen Institutionenökonomik dar und verwendet bei der Betrachtung eines Rechtsgebiets oder einer Rechtsnorm die Instrumentarien der Wirtschaftswissenschaften.[631] Die Neue Institutionenökonomik unterscheidet sich teilweise von der neoklassischen Theorie der Ökonomie, besitzt jedoch auch erhebliche Übereinstimmungen: Beide Lehren basieren auf dem methodologischen Individualismus, führen also das Handeln von Kollektiven auf das Verhalten einzelner Individuen zurück, gehen von dem Menschenbild des homo oeconomicus aus und trennen zwischen den Restriktionen und Präferenzen der Individuen.[632] Die neoklassische Theorie strebt eine effiziente Allokation von knappen Ressourcen durch ein marktwirtschaftliches System flexibler Preise bei vollständiger Konkurrenz von Anbietern und Nachfragern an, die zur Wohlfahrtsmaximierung der Gesellschaft führt. Der wesentliche Unterschied zwischen neoklassischen Theorie und der Neuen Institutionenökonomik besteht darin, dass die neoklassische Theorie Transaktionskosten außer Betracht lässt und mithin ihre Ergebnisse unabhängig von den

---

[631] Posner, Journal of Institutional and Theoretical Economics 1993, vol. 149, S. 73 ff., 82 f. sieht Unterschiede zwischen der Neuen Institutionenökonomik und der Recht und Ökonomik-Strömung vor allem in Wortwahl und Schwerpunktsetzung.

[632] Erlei/Leschke/Sauerland, Neue Institutionenökonomik, S. 51.

jeweiligen Institutionen erzielt. Die Neue Institutionenökonomik untersucht hingegen gerade auch die Auswirkungen von Institutionen auf das Marktergebnis.[633] Auch wenn in der ökonomischen Literatur eine einheitliche Definition nicht existiert, kann unter dem Begriff Institution für den Zweck der vorliegenden Untersuchung ein System formaler und informeller Regeln einschließlich der Vorkehrungen zu deren Durchsetzung verstanden werden, die bestimmte Verhaltensweisen in wiederkehrenden Situationen verbieten, gebieten oder erlauben.[634] Diese Definition ist offensichtlich weiter als das umgangssprachliche Verständnis des Begriffes Institution und reicht von der Kultur der Gesellschaft über ihre Verfassung und Gesetze bis hin zur Aufbauorganisation von Unternehmen und den von ihnen gestalteten Verträgen.[635]

Die Berücksichtigung der Institutionen bei der Analyse menschlichen Verhaltens bietet den Vorteil, dass damit auch der Einfluss der Institutionen auf das Verhalten von Individuen berücksichtigt werden kann, der in der Lebenswirklichkeit zweifelsfrei besteht.[636] Ferner können die mit der Inanspruchnahme von Institutionen verbundenen Transaktionskosten berücksichtigt werden.

Die ökonomische Analyse des Rechts benutzt diesen allgemeinen Ansatz der Neuen Institutionenökonomik, betrachtet aber – insofern enger als die Neue Institutionenökonomik – aus der Fülle aller Institutionen allein die Gesetze – und ihre Durchsetzung – in ihrem Einfluss auf das Verhalten der Individuen, um die optimale Ausgestaltung des Rechtssystems zu ermitteln.[637]

Diesem Ansatz der ökonomischen Analyse folgend sollen bei dem Vergleich der Durchsetzungsformen in dieser Untersuchung die Auswirkungen von Art. 81 EG und des Durchsetzungssystems auf das Verhalten der Normadressaten und der Durchsetzungsagenten im Zentrum stehen.

---

633 Für eine Einführung in die Neue Institutionenökonomik: Richter/Furubotn, Neue Institutionenökonomik, S. 7 f.; Erlei/Leschke/Sauerland, Neue Institutionenökonomik, S. 23 ff. mit einem Überblick über die historische Entwicklung.

634 Richter/Furubotn, Neue Institutionenökonomik, S. 7 f.; zu den verschiedenen Definitionen siehe: Erlei/Leschke/Sauerland, Neue Institutionenökonomik, S. 23 ff.

635 Erlei/Leschke/Sauerland, Neue Institutionenökonomik, S. 25.

636 Grundlegend zu diesem Ansatz: Calabresi/Melamed, Harvard Law Review 1972, vol. 85, S. 1089 ff., 1089 ff.

637 Siehe hierzu allgemein Behrens, Ökonomische Grundlagen des Rechts,.

II. Annahmen

Die von dem rechtsökonomischen Ansatz verwendete ökonomische Theorie basiert auf dem so genannten Ökonomischen Paradigma, dessen wesentliche Annahmen im Folgenden dargestellt werden sollen.

1. Methodologischer Individualismus

Ausgangspunkt der modernen ökonomischen Theorie ist der oben bereits kurz angesprochene methodologische Individualismus: Das Individuum steht als Ausgangspunkt und Träger aller Entscheidungen in einer Gesellschaft im Mittelpunkt der Betrachtung. Dabei werden die verschiedenen Präferenzen der Individuen hervorgehoben. Das Verhalten von Kollektiven wird mithin auf das Handeln der Einzelpersonen zurückgeführt, da nur die Individuen eigene Präferenzen und mithin einen Willen besitzen.[638] Bei der Betrachtung der Rechtsdurchsetzung müssen also die Auswirkungen des Durchsetzungssystems auf das Verhalten des Individuums im Vordergrund stehen.

2. Homo oeconomicus

Für die gesamte ökonomische Theorie grundlegend ist der Begriff homo oeconomicus, der mit seinem rationalen Verhalten seinen eigenen Nutzen maximiert.[639] Hiermit werden genau genommen zwei Annahmen über das Individuum zugleich erfasst: Einerseits die Annahme der individuellen Rationalität und andererseits die Annahme des Eigeninteresses:

Die Annahme der individuellen Rationalität führt dazu, dass das Individuum seine Handlungsmöglichkeiten anhand eines Kosten-Nutzen-Kalküls bewertet und sich zwischen zwei Handlungsmöglichkeiten gemäß dem relativen Vorteil entscheidet.[640] Dieser Vorteil richtet sich nach den Präferenzen des Individuums, die es mit seinem Verhalten maximiert. Dabei werden die Präferenzen des Individuums streng von den Restriktionen getrennt, die den Handlungsspielraum des Individuums einschränken.[641] Die Präferenzen des Individuums sind Ausdruck seiner Wertvorstellungen und von der

---

638 Richter/Furubotn, Neue Institutionenökonomik, S. 3; Janson, Ökonomische Theorie im Recht, S. 24 f. weist auf die Parallele zum heutigen Rechtsverständnis autonomer Individuum als Menschenbild hin.

639 Vgl. Erlei/Leschke/Sauerland, Neue Institutionenökonomik, S. 2 ff.; Friedman, Journal of Political Economy 1999, vol. 107, S. 259 ff., 262; ausführlich auch Janson, Ökonomische Theorie im Recht, S. 26 ff.

640 Erlei/Leschke/Sauerland, Neue Institutionenökonomik, S. 4; ausführlich Janson, Ökonomische Theorie im Recht, S. 26 ff.

641 Janson, Ökonomische Theorie im Recht, S. 27 f.

Ökonomik als Datum hinzunehmen. Die Restriktionen des Handlungsspielraums des Individuums bestehen – soweit hier von Interesse – in der Beschränkung der zur Verfügung stehenden Ressourcen (Budgetbeschränkung). Wegen dieser Knappheit der Ressourcen und der grundsätzlich unbegrenzten menschlichen Bedürfnissen führt die Annahme des homo oeconomicus dazu, dass das Individuum die Verhaltensentscheidungen trifft, die seine Präferenzen unter den gegebenen Begrenzungen bestmöglich erfüllt.

Nur wenn diese Annahme für die Normadressaten zutrifft, kann das Recht (und das System seiner Durchsetzung) das Verhalten der Normadressaten maßgeblich beeinflussen. Denn nur ein rationales Individuum, das seinen privaten Nutzen maximiert, muss bei seiner Verhaltensentscheidung über einen Normverstoß die Rechtsfolge, die das Recht für den Verstoß androht, als Kostenfaktor berücksichtigen.

In vielen Rechtsbereichen mag diese Annahme rationalen Verhaltens angreifbar sein, weil die Normadressaten in der Rechtswirklichkeit – insbesondere bei emotional motivierten Verstößen[642] – häufig nur über eine begrenzte Rationalität verfügen.[643] Für wirtschaftlich motivierte Normverstöße, wie Verstöße gegen Art. 81 EG oder andere kartellrechtliche Normen, erscheint die Annahme der Rationalität hingegen durchaus angemessen.[644] Denn in dem wirtschaftlichen Rahmen des Art. 81 EG ist ein rationales nutzenmaximierendes Verhalten der Unternehmen ohnehin erforderlich, um im Wettbewerb mit anderen Konkurrenten auf dem Markt bestehen zu können. Daher ist zu erwarten, dass die Unternehmen auch bei der Entscheidung über den Wettbewerbsverstoß rational handeln und ihren eigenen Nutzen zu maximieren suchen.[645]

3. Informationen

Die ökonomische Theorie macht regelmäßig weitere unterstützende Annahmen über die Informationen, die den Individuen bei ihren Verhaltensentscheidungen zugänglich sind.

---

642 Siehe zum Strafrecht: Dau-Schmidt, Duke Law Journal 1990, S. 1 ff.

643 Näher zum Problem der beschränkten Rationalität: Schäfer/Ott, Ökonomische Analyse des Zivilrechts, S. 65 ff.; Kreps, in: The new Palgrave Dictionary of Economics and the Law, vol. 1, S. 168 ff.

644 Wise, in: Dannecker/Jansen (Hrsg.), Competition Law Sanctioning in the EU, S. 195 ff., 198; ähnlich auch Ehrlich, Journal of Economic Perspectives 1996, vol. 10, S. 43 ff.,44 f.

645 Siehe hierzu noch unten zu Kapitel 5A.II., S. 218.

Nach der neoklassischen Theorie besitzt jedes Individuum grundsätzlich vollständige und vollkommene Information: Jedes Individuum kennt in jeder Situation sämtliche Handlungsalternativen und ihren jeweiligen Nutzen. Entscheidet das Individuum unter Unsicherheit, kennt es nicht die genauen Konsequenzen seines Verhaltens sondern lediglich Wahrscheinlichkeiten, mit denen ein bestimmter Nutzen aus dem Verhalten resultiert. Ein Unternehmen, das seine Entscheidung über einen Verstoß gegen Art. 81 EG nach einem Vergleich von Kosten und Nutzen trifft, besäße danach alle Informationen über seinen Gewinn aus dem Verstoß, über die Höhe der angedrohten Sanktion sowie über die Wahrscheinlichkeit, mit der die Sanktion verhängt wird.

Eine solche idealisierende Annahme kann nie vollständig mit der Lebenswirklichkeit übereinstimmen. Vielmehr wird in der Realität die Kenntnis sämtlicher Handlungsalternativen und dem jeweils damit verbundenen Nutzen bei den Normadressaten ebenso beschränkt sein wie die vollständige und konsistente Bewertung möglicher Ergebnisse.[646] In der Praxis besitzt der Normadressat also nicht alle Informationen über die Parameter, die er bei seiner Entscheidung über den Normverstoß berücksichtigen muss, und er kann diese Informationen auch nicht immer richtig bewerten. Bei der Rechtsdurchsetzung sind dem Normadressaten insbesondere die exakte Höhe der Sanktion und die Überführungswahrscheinlichkeit häufig nicht genau bekannt. Durch die tatsächliche Verhängung von Sanktionen im Fall von Verstößen, kann die Informationslage der Normadressaten verbessert werden,[647] wobei schwerwiegende Sanktionen wegen ihrer größeren Beachtung in der Öffentlichkeit einen größeren Informationsgewinn produzieren.[648] Die Einschätzungsfehler der Normadressaten über die Sanktion und die Wahrscheinlichkeit ihrer Verhängung kann das Durchsetzungssystem aber auch durch eine aktive Informationspolitik reduzieren, die zur Verbreitung von – zutreffenden – Informationen führt und damit die Fehlvorstellungen der Normadressaten reduziert.[649]

Auch für die Durchsetzungsagenten und die im Streitfall entscheidenden Gerichte sind Informationen über den Normverstoß von offensichtlicher Bedeutung. Da auch die

---

[646] Siehe zur "bounded rationality" Erlei/Leschke/Sauerland, Neue Institutionenökonomik, S. 9 xf.; Richter/Furubotn, Neue Institutionenökonomik, S. 4.

[647] Siehe Ben-Shahar, International Review of Law and Economics 1997, vol. 17, S. 409 ff., 415 ff. für ein dynamisches Modell mit einem Lerneffekt der Normadressaten.

[648] Ben-Shahar, International Review of Law and Economics 1997, vol. 17, S. 409 ff., 418 f.

[649] Ben-Shahar, International Review of Law and Economics 1997, vol. 17, S. 409 ff., 418; siehe Garoupa, European Journal of Law and Economics 1999, vol. 7, S. 183 ff., 184, 188 ff. für ein ökonomisches Modell der optimalen Informationsvermittlung und der privaten Nachfrage nach Informationen in Abhängigkeit von den Kosten der Informationsverbreitung.

Gerichte nicht über vollständige und vollkommene Informationen über die Normverstöße verfügen, entstehen Fehler bei der Durchsetzung, die bei der Ausgestaltung des Durchsetzungssystems berücksichtigt werden müssen.[650]

4. Risikoeinstellung

Eine weitere wesentliche Annahme der ökonomischen Theorie ist die Einstellung der Individuen zu Risiken. Unter Unsicherheit – beispielsweise über die Verhängung der Sanktion – entsteht für das Individuum ein Erwartungswert, der das Produkt des Wertes der Sanktion und der Wahrscheinlichkeit ihres Eintritts darstellt. Ist das Individuum allein an diesem Erwartungswert interessiert, dann spricht die ökonomische Theorie von Risikoneutralität.[651] Führt ein ungewisser Erwartungswert bei einem Individuum hingegen zu einem geringeren Nutzen als ein sicher eintretender Erwartungswert, so ist das Individuum risikoscheu. Schließlich kann ein Individuum auch einen Nutzen aus der Ungewissheit ziehen, wenn es risikofreudig ist.[652]

In der ökonomischen Theorie der Rechtsdurchsetzung wird zumeist von Risikoneutralität der Normadressaten ausgegangen,[653] zum Teil wird jedoch auch die Auswirkung der Risikoscheu bzw. –präferenz untersucht.[654] Für den Bereich des Kartellrechts erscheint die Annahme von Risikoneutralität der Normadressaten hinsichtlich der Folgen des Normverstoßes wegen ihrer Unternehmenseigenschaft regelmäßig sachgemäß.[655] Denn Unternehmen, insbesondere gesellschaftsrechtlich strukturierte, sind bei ihren wirtschaftlichen Entscheidungen in der Regel risikoneutral. Entscheidend hierfür ist, dass Individuen, die sich als Investoren an Unternehmen beteiligen, durch eine Diversifikation ihrer Risiken risikoneutral werden: Wenn Investoren auf dem Markt für Kapitalanlagen ihre Investitionen auf eine Vielzahl von Unternehmen verteilen, sind sie

650 Siehe zu den gesellschaftlichen Kosten von Fehlern bei der Durchsetzung unten zu Kapitel 4 A.IV.2.b.bb(2), S. 176.

651 Erlei/Leschke/Sauerland, Neue Institutionenökonomik, S. 108; Cooter/Ulen, Law and Economics, S. 50 ff.

652 Näher Erlei/Leschke/Sauerland, Neue Institutionenökonomik, S. 108 ff. und Varian, Mikroökonomie, S. 204 ff.

653 Polinsky/Shavell, Journal of Economic Literature 2000, vol. 38, S. 45 ff., 47 bezeichnen jedenfalls für monetäre Sanktionen die Annahme von Risikoneutralität von Normadressaten als üblich.

654 Siehe z. B. Becker/Stigler, Journal of Legal Studies 1974, vol. 3, S. 1 ff., 17; Polinsky/Shavell, Journal of Economic Literature 2000, vol. 38, S. 45 ff., 61.

655 Anders für Kartellanten ohne nähere Begründung Block/Sidak, Georgetown Law Journal 1980, vol. 68, S. 1131 ff., 1135; unter Hinweis auf die Risikoscheu von Managern Austin, Duke Law Journal 1978, S. 1353 ff., 1357 f.

hinsichtlich der Verhaltensentscheidung des einzelnen Unternehmens risikoneutral, da sie bei dessen Scheitern nicht sofort in ihrer wirtschaftlichen Existenz bedroht sind.[656]

Aus diesen Gründen soll für den Gang der vorliegenden Untersuchung grundsätzlich von der Risikoneutralität der Normadressaten ausgegangen werden.

III. Ökonomisches Modell der Verhaltenssteuerung

Um zu verdeutlichen, in welcher Weise das Rechtssystem auf das Verhalten des einzelnen Normadressaten Einfluss nimmt, ist es sinnvoll, das ökonomische Modell der Verhaltenssteuerung, das sich aus den soeben beschriebenen Annahmen über das Verhalten der Individuen ergibt, auf den Komplex der Rechtsdurchsetzung anzuwenden. Dabei ist insbesondere zu untersuchen, welche Parameter bei der Verhaltensentscheidung der Normadressaten von Bedeutung sind und wie der Staat auf diese Parameter durch die Ausgestaltung des Durchsetzungssystems Einfluss nehmen kann.

Hierzu soll zunächst die Verhaltensentscheidung von Individuen beschrieben werden (zu 1.), die auf einem Vergleich des privaten Nutzens (zu 2.) und der privaten Kosten aus dem Normverstoß beruht (zu 3.). Sodann wird der Einfluss des Durchsetzungssystems auf die Verhaltensentscheidung erörtert (zu 4.). Eine kurze Zusammenfassung beschließt diesen Abschnitt (zu 5.).

1. Verhaltensentscheidung von Individuen

Das hier dargestellte ökonomische Modell der Verhaltenssteuerung durch das Rechtssystem baut auf der allgemeinen ökonomischen Theorie der Verhaltensentscheidungen von Individuen auf. Danach trifft ein Individuum seine Verhaltensentscheidungen aufgrund eines Vergleichs seiner (erwarteten) privaten Kosten mit dem (erwarteten) privaten Nutzen aus der fraglichen Handlung. In einem Modell mit nur zwei Handlungsalternativen (Normbefolgung, Normverstoß) wird ein Normadressat also dann gegen die Norm verstoßen, wenn das normwidrige Verhalten ihm einen größeren privaten Netto-Nutzen bietet als das normgemäße Verhalten.[657] Der Normadressat vergleicht also das Verhältnis von Kosten und Nutzen des Normverstoßes mit dem Verhältnis von Kosten und Nutzen der Normbefolgung. Geht man davon aus, dass das normge-

[656] Siehe zu diesem und weiteren Argumenten für die Annahme von Risikoneutralität von Unternehmen: Williamson, Ökonomische Institutionen, S. 326.
[657] Becker, Journal of Political Economy 1968, vol. 76, S. 169 ff., 176.

mäße Verhalten dem Normadressaten keinen Gewinn bringt,[658] dann ist der Netto-Nutzen des Normadressaten aus der Normbefolgung gleich null. Damit ist für die Verhaltensentscheidung des Normadressaten nur noch von Bedeutung, ob der Normverstoß ihm mehr Nutzen als Kosten bringt.[659] Die Annahme, dass die Normbefolgung dem Normadressaten keinen Gewinn bringt, erscheint für Art. 81 EG sinnvoll, weil das normtreue Verhalten nach der Wettbewerbstheorie keinen privaten Gewinn des Normadressaten zulässt, da er bei vollständiger Konkurrenz lediglich zu marginalen Kosten verkaufen kann und somit keinen Gewinn aus seinem wettbewerbsgemäßen Verhalten zieht. Folglich betrachtet der Normadressat bei seiner Verhaltesentscheidung allein seinen Netto-Nutzen aus dem Verstoß. Also wird er gegen Art. 81 EG verstoßen, wenn sein erwarteter privater Nutzen aus dem Verstoß größer ist als seine erwarteten privaten Kosten (positiver Netto-Nutzen).[660] Hingegen wird der Verstoß unterbleiben, wenn die erwarteten Kosten den erwarteten Nutzen aus dem Normverstoß übersteigen.[661]

2. Privater Nutzen aus dem Normverstoß

Der private Nutzen eines Normadressaten aus dem Normverstoß besteht in dem Vorteil, den er aus dem normwidrigen Verhalten ziehen kann. Dieser Vorteil besteht bei Verstößen gegen Art. 81 EG aus dem zusätzlichen wirtschaftlichen Gewinn, den der Normadressat aus der Wettbewerbsbeschränkung erhält. Die Höhe dieses Gewinns hängt von der Art und dem Ausmaß der Wettbewerbsbeschränkung ab.[662] Diesen Gewinn muss der Normadressat mit der Wahrscheinlichkeit seiner Realisierung diskontieren, um zu berücksichtigen, dass er den Gewinn nur erhält, wenn der Normverstoß nicht aufgedeckt wird (erwarteter Gewinn).

Diesen privaten Gewinn des Normadressaten aus dem Normverstoß kann das Rechtssystem nicht beeinflussen, muss ihn hingegen als Datum hinnehmen und bei der Ausgestaltung des Durchsetzungssystems berücksichtigen. Denn die Höhe des privaten Gewinns bestimmt den Anreiz des Normadressaten, gegen die Norm zu verstoßen.

---

658 So Shavell, American Economic Review 1987, vol. 77, S. 584 ff., 586.

659 Veljanovski, in: Hawkins/Thomas, Enforcing Regulation, S. 171 ff., 175; Wils, Optimal Enforcement, S. 13 verweist auf die empirische Studie von Feinberg in Journal of Common Market Studies (1985) vol. 23, 373 ff.

660 Schmidtchen, German Working Papers in Law and Economics 2004, S. 1 ff., 6.

661 Garoupa, European Economic Review 2001, vol. 45, S. 1765 ff., 1765.

662 Siehe hierzu oben zu Kapitel 2B.III., S. 35.

3. Private Kosten des Normverstoßes

Seinen erwarteten privaten Nutzen vergleicht der Normadressat mit seinen Kosten aus dem Normverstoß, um seine Entscheidung über den Normverstoß zu treffen. Diese privaten Kosten des Normadressaten bestehen vor allem aus dem Wert der erwarteten Sanktion für den Verstoß (zu a.) und den Kosten der Begehung des Normverstoßes (zu b.).

a. Erwarteter Sanktionswert

Der erwartete Sanktionswert ist das Produkt der Sanktion für den Normverstoß und der Wahrscheinlichkeit ihrer Verhängung gegen den Normadressaten. Die Höhe der Sanktion für sich allein ist für den rationalen Normadressaten nicht relevant, da er bei seiner Verhaltensentscheidung nicht weiß, ob ihm der Verstoß nachgewiesen werden kann und die Sanktion gegen ihn verhängt wird. Daher muss der Normadressat die Sanktion mit der Wahrscheinlichkeit diskontieren, dass die Sanktion gegen ihn tatsächlich verhängt wird. So hat beispielsweise für das Unternehmen, das über einen Verstoß gegen Art. 81 EG nachdenkt, eine Geldbuße i.H.v. 1 Mio. EUR, die mit einer Wahrscheinlichkeit von 25 Prozent verhängt wird, einen erwartete Sanktionswert i.H.v. 250.000 EUR (1 Mio. x 0,25).

Die gesetzlich angeordnete Sanktion für den Normverstoß und die sich aus dem Durchsetzungssystem ergebende Überführungswahrscheinlichkeit stellen als erwarteten Sanktionswert den wichtigsten Teil der Kosten des Normadressaten aus dem Normverstoß dar. Da das Durchsetzungssystem sowohl die Sanktion festlegt als auch über die Durchsetzungsmaßnahmen die Überführungswahrscheinlichkeit bestimmt, liegt hierin das wesentliche Mittel zur Steuerung des Verhaltens der Normadressaten.

Neben der gesetzlich angeordneten Sanktion kann der Verstoß gegen Art. 81 EG noch weitere Kosten für den Normadressaten verursachen: Die stigmatisierende Wirkung einer Sanktion, die insbesondere im strafrechtlichen Bereich zu beobachten ist,[663] besteht bei Art. 81 EG zwar mangels strafrechtlicher Sanktionen bisher nicht. Jedoch kann sich auch aus der Verhängung anderer Sanktionen eine rufschädigende Wirkung ergeben, die zu wirtschaftlichen Nachteilen für den Normadressaten führt. So ist es vorstellbar, dass der Normadressat infolge des bekannt gewordenen Normverstoßes Geschäftsbeziehungen zu den Geschädigten verliert und auch wegen des mit der Sanktion verbundenen Unwerturteils nachteilige Effekte auf seinen Ruf bei potentiellen

---

[663] Posner, Columbia Law Review 1985, vol. 85, S. 1193 ff., 1204.

Geschäftspartnern erwarten muss.[664] Diese Effekte waren im Kartellrecht bisher traditionell gering, da dem Kartellrechtsverstoß kein besonderer Unwertgehalt zugeschrieben wurde. Dies hat sich jedoch in der letzten Zeit geändert, so dass eine gewisse Rufschädigung durch die Aufdeckung eines Wettbewerbsverstoßes entstehen dürfte. Da das Rechtssystem auf diese Rufschädigung nur bedingt Einfluss nehmen kann und die Kosten für den Normadressaten im Vergleich zu der gesetzlich angeordneten Sanktion gering sind, sollen die Kosten aus einer Rufschädigung hier jedoch vernachlässigt werden.

b. Kosten der Begehung

Neben diesen Kosten, die dem Normadressaten allein im Falle seiner Überführung entstehen, verursacht der Normverstoß selbst Kosten für den Normadressaten. Neben den Kosten der physischen Begehung kann der Normverstoß weitere Kosten zur Verheimlichung des Verstoßes verursachen, um eine Aufdeckung und Sanktionierung zu verhindern. Bei Verstößen gegen Art. 81 EG ist hier insbesondere an die erforderlichen Maßnahmen zur Überwachung der anderen Unternehmen innerhalb eines Kartells und an sonstige Maßnahmen zur Geheimhaltung der Vereinbarung zu denken. Die hieraus entstehenden Kosten des Normadressaten können teilweise erhebliche Ausmaße annehmen.[665]

Schließlich muss der Normadressat auch die Kosten berücksichtigen, die ihm nach der Aufdeckung des Verstoßes bei seiner Rechtsverteidigung entstehen. Diese Kosten umfassen neben dem Einsatz der eigenen Zeit und den Kosten der vorgerichtlichen anwaltlichen Beratung auch die Kosten eines gerichtlichen Verfahrens, dessen Kosten der Normadressat im Unterliegensfalle tragen muss.

4. Verhaltenssteuerung durch Abschreckung

Auf die Verhaltensentscheidung von Individuen versucht das Rechtssystem mit den ihm zur Verfügung stehenden Mitteln Einfluss zu nehmen, um das gesellschaftlich schädliche Verhalten, das von der Norm verboten wird, zu verhindern.

Um sich die Einflussnahmemöglichkeiten des Rechtssystems zu verdeutlichen, ist es hilfreich, die eben dargestellten Zusammenhänge bei der Verhaltensentscheidung for-

---

[664] So Jost, Effektivität von Recht, S. 271 für das Umweltrecht.

[665] Das Durchsetzungssystem kann auf diese Kosten allerdings lediglich mittelbar Einfluss nehmen, siehe unten zu Kapitel 3B.I.3.b., S. 63.

malisiert zu betrachten (zu a.). Danach soll die Einflussnahmemöglichkeit des Rechtssystems (zu b.) und der Zweck der Sanktion vom Standpunkt der ökonomischen Theorie erläutert werden (zu c.).

a. Modell der Verhaltensentscheidung

Der Zusammenhang zwischen den privaten Kosten und dem privaten Nutzen aus dem Normverstoß bei der Verhaltensentscheidung des Normadressaten kann in einem sehr einfachen Modell dargestellt werden:

$$EU = (1-p)*G - p*S \quad (1)$$

, wo

EU	= erwarteter privater Netto-Nutzen des Normadressaten aus dem Normverstoß
p	= Überführungswahrscheinlichkeit des Normverstoßes
G	= privater Gewinn des Normadressaten aus dem Normverstoß
S	= monetärer Wert der Sanktion aus dem Normverstoß bei Überführung (per Definition negativ)

wenn $EU > 0$ ➔ Normverstoß

$$(1-p)*G - p*S > 0$$

$$(1-p)*G > p*S \quad (2)$$

Aus Gleichung (2) ergibt sich das bereits oben verbal dargestellte Ergebnis, dass der Normadressat gegen die Norm verstößt, wenn sein erwarteter Gewinn hieraus den Wert der erwarteten Sanktion übersteigt.

b. Einfluss des Rechtssystems

Bereits aus diesem sehr einfachen Modell wird der Einfluss des Durchsetzungssystems auf die Verhaltensentscheidung der Normadressaten deutlich: Um den Normverstoß zu verhindern, muss das Durchsetzungssystem dafür Sorge tragen, dass der Wert der erwarteten Sanktion den erwarteten privaten Gewinn des Normadressaten übersteigt. Das Durchsetzungssystem kann dabei lediglich die Sanktion und die Überführungswahrscheinlichkeit beeinflussen, während der private Gewinn des Normadressaten durch die Art und die Umstände des Normverstoßes bestimmt wird.

Somit stehen dem Durchsetzungssystem als Mittel zur Steuerung des Verhaltens der Normadressaten die Sanktion und die Überführungswahrscheinlichkeit zur Verfügung, die die erwartete Sanktion für den Normverstoß ausmachen. Aus dem erwarteten Sanktionswert ergibt sich daher die Abschreckungswirkung, die das Durchsetzungssystem auf die Normadressaten ausübt.[666]

Bei einem höheren Wert der Sanktion und/oder einer höheren Überführungswahrscheinlichkeit steigt der erwartete Sanktionswert für den Normadressaten, so dass der private Gewinn des Normadressaten häufiger übertroffen wird. Daher werden bei höheren Sanktionserwartungswerten weniger Verstöße begangen, nämlich nur solche, die dem Normadressaten einen noch höheren privaten Gewinn bringen.[667] Auf diese grundlegende Erkenntnis der Verhaltenssteuerung durch die Veränderung des erwarteten Sanktionswerts wird bei der Ermittlung der optimalen Ausgestaltung des Durchsetzungssystems zurückzukommen sein.

Aus dem Modell wird schließlich auch deutlich, dass die Höhe des Sanktionswerts und die Überführungswahrscheinlichkeit Substitute bei der Rechtsdurchsetzung sind,[668] da verschiedene Kombinationen dieser Variablen denselben Sanktionserwartungswert und damit das gleiche Durchsetzungsniveau bewirken können.[669] Denn eine Verringerung der Überführungswahrscheinlichkeit kann durch die entsprechende Erhöhung der Sanktion so ausgeglichen werden, dass der erwartete Sanktionswert unverändert bleibt. Dies ist bei der Ausgestaltung des Durchsetzungssystems wegen der Auswirkungen auf die gesellschaftlichen Kosten der Durchsetzung zu berücksichtigen.

Das dargestellte Modell der Verhaltenssteuerung lässt sich einfach auf die Gesamtheit der Normadressaten übertragen, wenn man davon ausgeht, dass die Normadressaten im hier relevanten Bereich im Wesentlichen identische Präferenzen besitzen. Betont man hingegen die Unterschiede zwischen den verschiedenen Individuen, dann ergibt sich die Abschreckung nicht mehr aus dem Produkt von Sanktion und Wahrscheinlichkeit ihrer Verhängung in Abhängigkeit von dem privaten Gewinn, und ein ungleich

[666] Daher kann die Kombination von Sanktionshöhe und Überführungswahrscheinlichkeit, die die erwartete Sanktion ergibt, auch als "Durchsetzungsniveau" bezeichnet werden.
[667] Becker, Journal of Political Economy 1968, vol. 76, S. 169 ff., 177; Landes/Posner, Journal of Legal Studies 1975, vol. 4, S. 1 ff., 4.
[668] Bebchuck/Kaplow, Journal of Legal Studies 1992, vol. 21, S. 365 ff., 365.
[669] Becker, Journal of Political Economy 1968, vol. 76, S. 169 ff., 178.

komplexerer Zusammenhang entsteht.[670] Da aber auch das einfache Modell für die Zwecke dieser Untersuchung hinreichend ist, um die relevanten Zusammenhänge aufzuzeigen, soll aus Gründen der Verständlichkeit der lebensnahen Annahme des einfachen Modells gefolgt werden, dass die verschiedenen Normadressaten ähnliche Präferenzen besitzen.

c. Zweck der Sanktion in der ökonomischen Theorie

Es hat sich gezeigt, dass der erwartete Sanktionswert im Mittelpunkt der ökonomischen Theorie der Verhaltenssteuerung im Bereich der Rechtsdurchsetzung steht. Die Auswirkungen dieses Werts auf das Verhalten des Normadressaten entsprechen der Idee der Prävention durch Abschreckung.[671] Zweck der Verhängung der Sanktion im Einzelfall ist nicht die Abschreckung des Normadressaten, der tatsächlich gegen die Norm verstoßen hat und offensichtlich von der angedrohten Sanktion nicht abgeschreckt wurde. Vielmehr verfolgt die Sanktion vorrangig das Ziel der Generalprävention, da die Sanktionierung Auswirkung auf das Verhalten der Normadressaten in ihrer Gesamtheit haben soll, indem bereits vor der Begehung des Normverstoßes das Verhältnis von Kosten und Nutzen so beeinflusst wird, dass normtreues Verhalten für den Normadressaten – wegen der zu befürchtenden Sanktion – vorzugswürdig ist. Daher werden bei funktionierender Abschreckung die Normverstöße bereits verhindert, noch bevor ein Schaden entsteht. Da die Anzahl der dennoch begangenen Normverstöße dann erheblich geringer sein wird, können bei rein ökonomischer Betrachtung die verbleibenden Schäden und ihre Kompensation vernachlässigt werden.[672]

5. Zusammenfassung zur Verhaltenssteuerung

Die rechtsökonomische Theorie der Durchsetzung geht realistisch davon aus, dass die Abschreckung eines Normadressaten von einem für ihn profitablen Normverstoß nur durch die Androhung einer Sanktion möglich ist, deren Verhängung der Normadressat auch tatsächlich mit einer hinreichenden Wahrscheinlichkeit erwarten muss. Daher wird ein Unternehmen von dem Verstoß gegen Art. 81 EG nur dann abgeschreckt, wenn der erwartete Sanktionswert, also der mit der Überführungswahrscheinlichkeit diskontierte Wert der Sanktion, für den Verstoß größer ist als der erwartete private

---

670 Siehe Henderson/Palmer, European Journal of Law and Economics 2002, vol. 13, S. 143 ff., 145 ff. für ein anderes ökonomischen Modell der Abschreckung in Anlehnung an eine gewöhnliche betriebswirtschaftliche Produktionsfunktion.

671 Siehe oben zu Kapitel 1C.II., S. 8.

672 Posner, Antitrust, S. 266 bezeichnet den Ausgleich von Schäden als "subsidiary"; siehe zu den Funktionen der privaten Durchsetzung noch unten zu Kapitel 4B.II.2., S. 212.

Gewinn des Unternehmens. Um die Verstöße gegen Art. 81 EG zu verhindern, muss das Durchsetzungssystem daher die Sanktion und die Überführungswahrscheinlichkeit für den Wettbewerbsverstoß entsprechend beeinflussen.

IV. Ökonomisches Modell der optimalen Rechtsdurchsetzung

Nachdem im Rahmen des Modells der Verhaltenssteuerung erläutert wurde, anhand welcher Kriterien die Normadressaten ihre Verhaltensentscheidung treffen, soll nun das allgemeine ökonomische Modell der gesellschaftlich optimalen Rechtsdurchsetzung erläutert werden. Dieses Modell muss für den in dieser Untersuchung durchgeführten Vergleich der verschiedenen Durchsetzungsformen dargestellt werden, da es den Referenzpunkt bei der Ausgestaltung des gesamten Durchsetzungssystems beschreibt, der auch bei der Wahl zwischen den beiden Durchsetzungsformen wichtig ist. Selbst wenn sowohl die öffentliche als auch die private Durchsetzung den Referenzpunkt der optimalen Durchsetzung im Einzelfall nicht erreichen können, ist die optimale Durchsetzung als Maßstab für die Entscheidung über die Durchsetzungsform als Wahl zwischen imperfekten Alternativen von Bedeutung.[673]

Die Neue Institutionenökonomik strebt bei der Ausgestaltung des Rechtssystems – wie bereits dargestellt[674] – nach der Lösung, die unter Berücksichtigung der Kosten der Inanspruchnahme des Durchsetzungssystems eine optimale Allokation der Ressourcen in der Gesellschaft liefert, bei der die gesellschaftlichen Gesamtkosten minimiert werden (zu 1.). Hierzu müssen die verschiedenen gesellschaftlichen Kosten des Normverstoßes analysiert werden (zu 2.), bevor dargestellt werden kann, wie die optimale Durchsetzung mit den Mitteln des Rechts erreicht werden kann (zu 3.).

1. Optimale Rechtsdurchsetzung

Das optimale System der Durchsetzung von Art. 81 EG muss also zu einer Minimierung der gesellschaftlichen Gesamtkosten aus einem Normverstoß führen.[675] Hierbei müssen insbesondere die gesellschaftlichen Kosten der Durchsetzung als Kosten aus dem Normverstoß berücksichtig werden (zu a.). Um diese Zusammenhänge deutlicher zu machen, soll ein sehr einfaches Modell der optimalen Rechtsdurchsetzung darge-

---

[673] Nach Komesar, Imperfect Alternatives, S. 6 f. kann jede institutionelle Wahl nur nach dem relativen Vergleich mit den alternativen Institutionen erfolgen; zur optimalen Sanktion im Kartellrecht Wils, World Competition 2006, vol. 29, S. 183 ff.

[674] Siehe hierzu oben zu Kapitel 4A.I., S. 151.

[675] Viscusi/Vernon/Harrington, Economics of Regulation and Antitrust, S. 10 sprechen insoweit ähnlich vom "Maximieren des Netto-Nutzens der Regulierung für die Gesellschaft" und berücksichtigen die Kosten und den Nutzen der staatlichen Regulierung.

stellt werden (zu b.), bevor das optimale Durchsetzungsniveau untersucht wird (zu c.) und die gewonnenen Erkenntnisse knapp zusammengefasst werden (zu d.)

a. Berücksichtigung der gesellschaftlichen Durchsetzungskosten

Die gesellschaftlichen Gesamtkosten des Normverstoßes würden nur dann durch die vollständige Abschreckung sämtlicher Verstöße gegen Art. 81 EG minimiert, wenn die Durchsetzung kostenlos möglich wäre.[676] Denn die vollständige Abschreckung aller Normverstöße würde zwar die Schäden aus dem Normverstoß verhindern, jedoch zur Abschreckung der Verstöße gleichzeitig den Einsatz so vieler Durchsetzungsressourcen erfordern, dass die mit der Durchsetzung verbundenen gesellschaftliche Kosten größer wären als die dadurch vermiedenen Schäden.

Berücksichtigt man hingegen entsprechend dem Ansatz der Neuen Institutionenökonomik auch die Kosten aus der Inanspruchnahme des Systems der Rechtsdurchsetzung als Institution, so muss das optimale Durchsetzungssystem auch die gesellschaftlichen Kosten, die aus der Aufdeckung, der Verfolgung und der Sanktionierung von Verstößen entstehen, in Ansatz bringen.[677]

Das optimale Durchsetzungssystem darf also nur solange weitere Ressourcen zur Durchsetzung einsetzen, wie die hiermit verbundene Steigerung der gesellschaftlichen Durchsetzungskosten geringer ist als die mit der verstärkten Durchsetzung erzielte Verringerung der gesellschaftlichen Schäden aus dem Verstoß.[678] Dieser Zusammenhang zwischen den verschiedenen gesellschaftlichen Kosten des Normverstoßes kann auch in Kategorien von Kosten und Nutzen der Rechtsdurchsetzung beschrieben werden: Die gesellschaftlichen Kosten der Rechtsdurchsetzung bestehen in dem Einsatz der Ressourcen zur Aufdeckung, Verfolgung und Sanktionierung der Normverstöße. Der gesellschaftliche Nutzen der Rechtsdurchsetzung liegt demgegenüber in der Vermeidung bzw. Verringerung der Schäden, die durch die Normverstöße entstehen.[679]

---

676 Yeung, Melbourne University Law Review 1999, vol. 23, S. 440 ff., 444 f, 456; Schwartz, Georgetown Law Journal 1980, vol. 68, S. 1075 ff., 1082; allgemein Shavell, Journal of Law and Economics 1993, vol. 36, S. 255 ff., 257, der auch das Konzept des "effizienten Normverstoßes" beschreibt, das bei Art. 81 EG dank seines Absatzes 3 nicht anwendbar sein dürfte; siehe hierzu auch Posner, Antitrust, S. 267.

677 Allgemein für die Berücksichtigung der Kosten der Institutionen bei der rechtsökonomischen Analyse Komesar, Imperfect Alternatives, S. 28 f.; zu diesen Kosten sogleich zu 2.

678 Grundlegend Becker, Journal of Political Economy 1968, vol. 76, S. 169 ff., 180 f.; Schwartz, Georgetown Law Journal 1980, vol. 68, S. 1075 ff., 1079 f.; Schmidtchen, German Working Papers in Law and Economics 2004, S. 1 ff., 4; Hoseinian, World Competition 2005, vol. 28, S. 3 ff.

679 Polinsky, Journal of Legal Studies 1980, vol. 9, S. 105 ff., 112.

Wegen des Zusammenhangs zwischen den Kosten der Durchsetzung und den Schäden aus dem Normverstoß muss das optimale Durchsetzungssystem also genau das Niveau der Rechtsdurchsetzung wählen, auf dem jede weitere Erhöhung des Durchsetzungsgrads mehr Kosten der Durchsetzung verursachen würde, als die Gesellschaft durch die gesteigerte Normeinhaltung gewinnen würde.[680] Dieses Durchsetzungsniveau kann in ökonomischer Terminologie als das Niveau beschrieben werden, auf dem der marginale Nutzen der Durchsetzung den marginalen Kosten entspricht.[681]

b. Modell der optimalen Rechtsdurchsetzung

Die dargestellten Zusammenhänge lassen sich durch ein formales Modell der optimalen Rechtsdurchsetzung verdeutlichen. Das hier verwendete sehr einfache Modell der optimalen Rechtsdurchsetzung lehnt sich an dem grundlegenden Modell *Beckers*[682] an und soll formal zeigen, wie und unter welchen Abhängigkeiten die gesellschaftlichen Gesamtkosten des Normverstoßes minimiert werden müssen.

$$\mathbf{L\ (S, A) = D\ (O) + C\ (A)} \qquad (3)$$

, wo

L (S, A)	= gesellschaftliche Gesamtkosten des Normverstoßes
D (O)	= direkte gesellschaftliche Kosten aus dem Normverstoß [= Schaden]
O (p, S)	= Anzahl der begangenen Normverstöße [= Durchsetzungsniveau]
S	= monetärer Wert der Sanktion
A	= Ausmaß der eingesetzten Durchsetzungsressourcen [näherungsweise p * O (= Aufklärungsrate)]
C (A)	= gesellschaftliche Kosten der Durchsetzung C' (A) > 0, also positiver (d.h. steigernder) Einfluss des Einsatz von Durchsetzungsressourcen auf die Durchsetzungskosten
p (A)	= Überführungswahrscheinlichkeit für den Normverstoß p' (A) > 0, p'' (A) < 0, also positiver, aber abnehmender marginaler Einfluss des Einsatzes der Durchsetzungsressourcen auf die Überführungswahrscheinlichkeit

$$\min_{S, A}\ \mathbf{L\ (S, A) = D\ [O\ (p\ (A), S)] + C\ (A)} \qquad (4)$$

---

680 Schwartz, Georgetown Law Journal 1980, vol. 68, S. 1075 ff., 1079 f.; Block/Sidak, Georgetown Law Journal 1980, vol. 68, S. 1131 ff., 1131; siehe hierzu noch unten zu Kapitel 4A.IV.3., S. 185.

681 Becker, Journal of Political Economy 1968, vol. 76, S. 169 ff., 182; Shavell, American Economic Review 1987, vol. 77, S. 584 ff., 587 f.; Stigler, Journal of Political Economy 1970, vol. 78, S. 526 ff., 532 f.; Schmidtchen, German Working Papers in Law and Economics 2004, S. 1 ff., 6 ff.

682 Becker, Journal of Political Economy 1968, vol. 76, S. 169 ff., 181.

Sprachlich ausgedrückt besagt das Modell: Die gesellschaftlichen Kosten des Normverstoßes sind die Summe aus den direkten gesellschaftlichen Kosten des Normverstoßes, also den verursachten Schäden, und den gesellschaftlichen Kosten der Durchsetzung (Gleichung (3)). Im Optimum der Durchsetzung wird diese Summe der gesellschaftlichen Kosten minimiert (Gleichung (4)). Diese Minimierung der gesellschaftlichen Kosten führt zur Wohlfahrtsmaximierung in der Gesellschaft.

Im Rahmen des Modells soll neben den üblichen Standardannahmen eines ökonomischen Modells[683] weiter angenommen werden, dass das Durchsetzungsniveau nur Auswirkungen auf das Ob nicht aber auf das Wie des Normverstoßes hat. Mit anderen Worten wird ein Normadressat entweder auf dem gegebenen Durchsetzungsniveau abgeschreckt oder nicht, eine Verringerung der Schäden aus dem Verstoß kann das Durchsetzungssystem jedoch nicht bewirken.

c. Bestimmung des optimalen Durchsetzungsniveaus

Das Modell zeigt deutlich das grundlegende Problem der Rechtsdurchsetzung, nämlich, dass zwischen den verschiedenen gesellschaftlichen Kosten des Normverstoßes eine Interdependenz besteht: Wird eine Norm streng durchgesetzt, d. h. werden Verstöße mit allen zur Verfügung stehenden Mitteln verfolgt (hohes Durchsetzungsniveau), sind wegen der großen Abschreckungswirkung weniger Normverstöße zu erwarten, was zu geringeren gesellschaftlichen Schäden aus dem Normverstoß führt. Auf der anderen Seite ist für einen solchen Durchsetzungsgrad ein hoher Einsatz von Durchsetzungsressourcen erforderlich, wodurch die gesellschaftlichen Kosten der Durchsetzung entsprechend hoch sind. Werden Verstöße gegen eine Norm hingegen nur lax verfolgt (niedriges Durchsetzungsniveau), werden mehr Normverstöße und damit höhere Schäden bei den Opfern zu registrieren sein. Gleichzeitig fallen jedoch die Kosten der Durchsetzung entsprechend geringer aus.

Dabei hängt das optimale Durchsetzungsniveau, also die optimale Höhe des erwarteten Sanktionswerts, maßgeblich von den Charakteristika des Normverstoßes ab. Zunächst bestimmt die Höhe der mit dem Normverstoß verursachten gesellschaftlichen Schäden den Grad der Verhinderungswürdigkeit des Normverstoßes und damit auch die Höhe des optimalen erwarteten Sanktionswerts. So sind i.R.v. Art. 81 EG die gesellschaftlichen Schäden eines Hardcore-Kartells – wie gezeigt – ungleich höher als die Schäden einer sonstigen Wettbewerbsbeschränkung, was ein höheres Durchsetzungsniveau

683 Siehe hierzu oben zu Kapitel 4A.II., S. 153.

rechtfertigt, das durch höhere Sanktionen und verstärkte Durchsetzungsaktivitäten erreicht wird. Denn die höheren gesellschaftlichen Kosten aus der verstärkten Durchsetzung werden von der Verringerung der gesellschaftlichen Schäden des Normverstoßes überkompensiert, so dass bei hohen Schäden des Normverstoßes ein höheres Durchsetzungsniveau optimal ist.[684]

Auch die Höhe des privaten Gewinns, den der Normadressat aus dem Normverstoß zieht, beeinflusst das optimale Durchsetzungsniveau. Denn bei hohen privaten Gewinnen ist ein entsprechend hoher erwarteter Sanktionswert erforderlich, um den Normadressaten von dem Verstoß abzuschrecken und damit die gesellschaftlichen Schäden des Verstoßes zu verhindern. Schließlich spielt auch die auf den Eigenschaften des Normverstoßes beruhende Höhe der Durchsetzungskosten für das optimale Durchsetzungsniveau eine Rolle: Ist die Durchsetzung kostspielig, ist – ceteris paribus – ein geringeres Durchsetzungsniveau optimal, da eine Erhöhung des erwarteten Sanktionswerts nur mit den entsprechend höheren Durchsetzungskosten zu erzielen wäre und diese die resultierende Reduktion der Schäden aus dem Normverstoß übersteigen würden.[685]

d. Zusammenfassung zur optimalen Durchsetzung

Das rechtsökonomische Modell der optimalen Durchsetzung strebt die Minimierung sämtlicher Kosten aus dem Normverstoß, zu denen auch die gesellschaftlichen Kosten der Durchsetzung zählen (hierzu sogleich zu 2.). Hierzu muss das optimale Durchsetzungssystem die Sanktion und das Ausmaß der zur Durchsetzung eingesetzten Ressourcen (Überführungswahrscheinlichkeit) so bestimmen, dass das kostenminimierende Durchsetzungsniveau erreicht wird.

Das hieraus folgende Ergebnis, dass im optimalen System der Rechtsdurchsetzung nur die optimale Anzahl und nicht alle Normverstöße verhindert werden,[686] mag als ausdrücklich erklärtes Ziel des Durchsetzungssystems aus juristischer Sicht zunächst überraschen. Es kann jedoch kein Zweifel bestehen, dass dieses Ergebnis jedenfalls mit

---

684 Stigler, Journal of Political Economy 1970, vol. 78, S. 526 ff., 527; für eine Diskussion der "marginalen Abschreckung" von Normadressaten als Argument gegen die Verhängung der maximalen Sanktion siehe Posner, Columbia Law Review 1985, vol. 85, S. 1193 ff., 1207 f.

685 Auf diesen Zusammenhang weist die ökonomische Literatur der optimalen Rechtsdurchsetzung regelmäßig hin: Becker, Journal of Political Economy 1968, vol. 76, S. 169 ff., 205; Becker/Stigler, Journal of Legal Studies 1974, vol. 3, S. 1 ff., 4 f; Posner, Columbia Law Review 1985, vol. 85, S. 1193 ff., 1201; van Tulder/van der Torre, International Review of Law and Economics 1999, vol. 19, S. 471 ff., 474.

686 Schmidtchen, German Working Papers in Law and Economics 2004, S. 1 ff., 3 erklärt dies mit den Opportunitätskosten der Sicherheit (Normbefolgung).

dem tatsächlichen Zustand der Rechtsdurchsetzung in wohl jedem Rechtsbereich durchaus übereinstimmt. Diese empirische Beobachtung unterstützt den Befund, dass auch bei Berücksichtigung von normativen Werten eine vollständige Verhinderung jeglicher Normverstöße von der Gesellschaft nicht gewollt ist. Vielmehr ist es das Ziel der Durchsetzung, den Grad an Normeinhaltung zu erreichen, den sich die Gesellschaft zu leisten bereit oder imstande ist.[687] Der plausibelste Grund hierfür dürften angesichts der Sozialschädlichkeit des normwidrigen Verhaltens die mit der Rechtsdurchsetzung verbundenen Kosten sein.

2. Gesellschaftliche Kosten des Normverstoßes

Die verschiedenen Kosten des Normverstoßes, deren Summe das optimale Durchsetzungssystem minimiert, sollen nun näher untersucht werden. Diese gesellschaftlichen Kosten bestehen vor allem aus den durch das normwidrige Verhalten verursachten Schäden (zu a.) und den gesellschaftlichen Kosten, die bei der Durchsetzung entstehen (zu b.).[688]

a. Direkte Kosten des Normverstoßes

Mit dem Normverstoß verursacht der Normadressat zunächst gesellschaftliche Kosten, die sich aus den Auswirkungen seines Verhaltens auf andere Rechtsträger ergeben. Diese Schäden bestehen üblicherweise vor allem in der Verletzung von absolut geschützten Rechtsgütern.[689] Bei einem Verstoß gegen Art. 81 EG besteht der Schaden der Betroffenen hingegen zumeist in einem entgangenen Gewinn oder in dem Umverteilungsschaden bestehend aus der Differenz zwischen dem kartellbedingten und dem hypothetischen Wettbewerbspreis.[690]

Neben diesen Schäden bei anderen Rechtsträgern produziert der Verstoß gegen Art. 81 EG weitere gesellschaftliche Kosten, indem er zu einer ineffizienten Allokation von Ressourcen führt.[691] So führen die kartellbedingt überhöhten Preise in Verbindung mit der entsprechend verringerten Absatzmenge – wie bereits ausgeführt – zu einer ineffi-

---

687 Stigler, Journal of Political Economy 1970, vol. 78, S. 526 ff., 526 f; Garoupa, Journal of Economic Surveys 1997, vol. 11, S. 267 ff., 267.

688 Grundlegend Becker, Journal of Political Economy 1968, vol. 76, S. 169 ff., 172 ff., 179.

689 Shavell, Journal of Law and Economics 1993, vol. 36, S. 255 ff., 256.

690 Siehe Becker, Journal of Political Economy 1968, vol. 76, S. 169 ff., 173 zur Berücksichtigung von Umverteilungsschäden bei der ökonomischen Betrachtung; zu diesen Schäden aus Wettbewerbsbeschränkungen bereits oben zu Kapitel 2B.III., S. 35.

691 Block/Sidak, Georgetown Law Journal 1980, vol. 68, S. 1131 ff., 1131.

zienten Ressourcenallokation, die einen Nettowohlfahrtsverlust (deadweight loss) darstellt.[692]

Die exakte Quantifizierung dieser gesellschaftlichen Schäden kann insbesondere im Kartellrecht große Probleme bereiten oder vielleicht sogar unmöglich sein, da dies infolge der Dynamik wirtschaftlicher Vorgänge die Auswertung zahlreicher, komplexer Daten erfordert und nicht immer eindeutige Ergebnisse liefern kann. Eine punktgenaue Festlegung der Schadenshöhe ist jedoch für die Bestimmung des optimalen Niveaus der Durchsetzung erforderlich, wodurch sich fundamentale Schwierigkeiten ergeben können. Für den in dieser Untersuchung angestrebten Vergleich der Durchsetzungsformen ist ein exaktes Quantifizieren der Schäden hingegen nicht erforderlich. Denn die optimale Durchsetzung dient bei diesem Vergleich lediglich als Referenzpunkt bei der Betrachtung der Durchsetzungsformen, deren Einfluss auf den Durchsetzungserfolg qualitativ beschrieben werden soll. Daher können die verbleibenden Ungenauigkeiten bei der Bestimmung des Optimums hingenommen werden.

b. Kosten der Durchsetzung

Neben den direkten Schäden verursacht ein Normverstoß aber noch weitere gesellschaftliche Kosten in Gestalt der Durchsetzungskosten. Denn um die Normadressaten von dem sozialschädlichen Verhalten abzuschrecken, müssen die Durchsetzungsagenten im Rahmen des Durchsetzungssystems Ressourcen einsetzen, die zur Aufdeckung und Sanktionierung der Verstöße führen. Diese Aktivitäten der Durchsetzungsagenten zur Durchsetzung haben ihre Ursache in dem Normverstoß und stellen daher gesellschaftliche Kosten des Normverstoßes dar.[693]

Diese gesellschaftlichen Kosten der Durchsetzung lassen sich nach den verschiedenen Phasen des Durchsetzungsverfahrens chronologisch in die Kosten der Aufdeckung des Normverstoßes und der Ermittlung des Verantwortlichen (zu aa.), die Kosten der gerichtlichen Verfolgung (zu bb.) und schließlich die Kosten der Sanktionierung (zu cc.) unterteilen.

[692] Siehe bereits oben zu Kapitel 2B.III.1.a.aa., S. 37.
[693] Die Kosten des Ressourceneinsatzes bestehen dabei entsprechend dem üblichen ökonomischen Ansatz in der entgangenen Möglichkeit zum Einsatz dieser Ressourcen in einem anderen Bereich, siehe Stigler, Journal of Political Economy 1970, vol. 78, S. 526 ff., 531.

aa. Aufdeckung

Im ersten Schritt der Rechtsdurchsetzung müssen die Durchsetzungsagenten die Information erlangen, dass ein Normverstoß stattgefunden hat. Hierzu ist zunächst die Feststellung eines Sachverhalts erforderlich, der sämtliche Tatbestandsmerkmale der Norm erfüllt. In einem weiteren Schritt muss dann ermittelt werden, wer für den Normverstoß verantwortlich ist. Dies erfordert die Zuordnung des beobachteten Verhaltens zu einem Normadressaten mittels Tatsachen, die dessen Verantwortlichkeit begründen.

Die Gewinnung von Informationen über den Normverstoß und den verantwortlichen Normadressaten ist regelmäßig kostspielig, da der Normadressat nicht bereit sein wird, sein privates Wissen über den Verstoß der Öffentlichkeit zugänglich zu machen. Die Kosten der Aufdeckung sind daher im Wesentlichen Kosten der Informationsgewinnung. Ihre Höhe hängt maßgeblich davon ab, ob der Durchsetzungsagent die relevanten Informationen über den Normverstoß bereits besitzt bzw. durch welche Maßnahmen er sie erlangen kann. Die Höhe der Kosten der Informationsgewinnung hängt daher mittelbar von der Existenz unmittelbar Geschädigter (zu (1)) und der Verheimlichungsfähigkeit des Normverstoßes ab (zu (2)).

(1) Existenz von unmittelbar Geschädigten

Wesentliches Charakteristikum eines Normverstoßes ist die Existenz von Opfern: Bei Normverstößen, die unmittelbar Geschädigte treffen, ist die Informationslage besser als bei Verstößen, die keine unmittelbar Geschädigten treffen. Denn der Geschädigte wird einen Normverstoß regelmäßig bemerken und daher wichtige Informationen besitzen, die er selbst zur Verfolgung einsetzen oder an andere Durchsetzungsagenten weitergeben kann.[694] Auf der anderen Seite sind die Kosten der Informationsgewinnung entsprechend höher, wenn das normwidrige Verhalten keine unmittelbar Geschädigten trifft.[695]

Zwar wird der Geschädigte nicht immer sofort alle zur Überführung des verantwortlichen Normadressaten erforderlichen Informationen besitzen, insbesondere wird dem Geschädigten häufig die Identität des Verantwortlichen nicht bekannt sein. Nichtsdes-

---

694 Becker, Journal of Political Economy 1968, vol. 76, S. 169 ff., 188.

695 Posner, Columbia Law Review 1985, vol. 85, S. 1193 ff., 1201; van Tulder/van der Torre, International Review of Law and Economics 1999, vol. 19, S. 471 ff., 474.

totrotz stellt der Geschädigte eine wertvolle Quelle für Informationen über den Normverstoß dar, durch die die Kosten der Aufdeckung regelmäßig verringert werden.[696]

Der Wert des Geschädigten als Informationsquelle hängt jedoch auch davon ab, ob der Geschädigte einen Anreiz zur Offenlegung seiner Informationen hat. Dieser Anreiz wird infolge der Schädigung durch den Normverstoß ganz überwiegend vorhanden sein, insbesondere wenn der Geschädigte mit Hilfe des Durchsetzungssystems einen Ausgleich seines erlittenen Schadens erhalten kann. In Ausnahmefällen, in denen der Geschädigte von dem Schädiger wirtschaftlich abhängig ist oder mit anderen Vergeltungsmaßnahmen für den Fall der Informationsweitergabe rechnen muss, kann dieser Anreiz jedoch auch fehlen. Dies kann bei Verstößen gegen Art. 81 EG insbesondere bei den durch eine Vertikalvereinbarung gebundenen Beteiligten der Fall sein, wenn sie von dem anderen Beteiligten wirtschaftlich abhängig sind.[697]

(2) Verheimlichung des Normverstoßes

Die Kosten des Informationszugangs werden auch dadurch beeinflusst, wie gut sich die Informationen über den Normverstoß von dem Normadressaten verheimlichen lassen. Kann der Normadressat durch sein Verhalten vor oder nach dem Normverstoß die Entdeckung des Verstoßes oder seiner Verantwortlichkeit erschweren, sind die für die Durchsetzung erforderlichen Informationen nur mit höheren Kosten zu erlangen. Die Aufdeckungskosten bei Normverstößen, die in der Öffentlichkeit begangen werden oder aus sonstigen Gründen schwieriger zu vertuschen sind, sind hingegen entsprechend geringer. Im Bereich des Art. 81 EG kann dieser Unterschied in den Durchsetzungskosten bei dem Vergleich zwischen Ausschließlichkeitsbindungen, die leicht zu erkennen sind, und Preiskartellen, die infolge der Heimlichkeit ihres Abschlusses nur schwer aufzudecken sind, verdeutlicht werden.[698] Daher werden die Kosten der Aufdeckung bei Hardcore-Kartellen höher sein als bei vertikalen Wettbewerbsbeschränkungen.

Schließlich beeinflusst auch die Zeit, die zwischen dem Normverstoß und seiner Aufdeckung vergeht, regelmäßig die Höhe der Kosten der Informationsgewinnung. Denn je länger der Zeitraum zwischen Normverstoß und Aufdeckung ist, desto schwieriger ist die (gerichtsfeste!) Überführung des Verantwortlichen, da die Beweismittel, insbe-

696 Becker/Stigler, Journal of Legal Studies 1974, vol. 3, S. 1 ff., 4 f.
697 Siehe oben zu Kapitel 2B.III.2., S. 45.
698 Beispiel von Posner, Antitrust, S. 272; siehe zum Zugang zu Informationen bei den verschiedenen Wettbewerbsbeschränkungen oben zu Kapitel 2B.III., S. 35.

sondere Zeugenaussagen, regelmäßig schlechter zugänglich und weniger aussagekräftig werden.[699]

Zusammenfassend lässt sich festhalten, dass die Kosten der Aufdeckung eines Normverstoßes im Wesentlichen Kosten der Informationsgewinnung sind, deren Höhe ganz entscheidend von der Existenz von Opfern und von der Verheimlichungsfähigkeit des Normverstoßes abhängt.

bb. Verfolgung

Ist der Normverstoß formlos festgestellt und der Verantwortliche individualisiert, so muss aus rechtsstaatlichen Gründen der Normverstoß dem beschuldigten Normadressaten in dem gesetzlich geregelten Verfahren vor einer Behörde oder vor einem Gericht nachgewiesen werden, bevor eine Sanktion verhängt werden kann.

Bei dieser verfahrensrechtlichen Verfolgung des Normverstoßes entstehen dem Durchsetzungsagenten weitere Kosten, da er das Verfahren durch Einsatz seiner Zeit betreiben muss und seine Informationen über den Normverstoß in einer gerichtlich verwertbaren Form vorlegen muss. In ähnlicher Weise entstehen dem Normadressaten Kosten durch seine Rechtsverteidigung in dem Verfahren, die insbesondere in der aufgewendeten Zeit und den Kosten der Rechtsberatung bestehen. Außerdem führt die Inanspruchnahme des gesetzlich vorgesehenen Verfahrens auch zu Kosten des Staats, der die entsprechenden Institutionen für das Verfahren vorhält. Schließlich müssen die gesellschaftlichen Kosten etwaiger fehlerhafter Entscheidungen berücksichtigt werden.[700]

Alle genannten Kosten, auf die sogleich näher eingegangen wird, sind als gesellschaftliche Kosten der Verfolgung des Normverstoßes zu qualifizieren. Für die Qualifikation als gesellschaftliche Kosten ist es unerheblich, wer die jeweiligen Kosten zunächst tragen muss, da gesellschaftlich allein die Entstehung der Kosten entscheidend ist. Die Kostentragung muss jedoch im Hinblick auf das begrenzte Budget der öffentlichen

699 Becker, Journal of Political Economy 1968, vol. 76, S. 169 ff., 205 Fn. 67.

700 Zu den Kosten des Gerichtsverfahrens in zivilrechtlichen und öffentlich-rechtlichen Streitigkeiten unter Hervorhebung der Fehlerkosten ausführlich: Posner, Journal of Legal Studies 1973, vol. 2, S. 399 ff.

Durchsetzungsorgane[701] und auf den Anreiz der Durchsetzungsagenten zur Klageerhebung berücksichtigt werden.[702]

Es sei an dieser Stelle angemerkt, dass die hier gewählte Trennung zwischen der Phase der Aufdeckung und der Verfolgung des Normverstoßes sich nicht immer randscharf durchhalten lässt. Insbesondere wird es häufig vorkommen, dass bereits in der Aufdeckungsphase erhebliche Investitionen getätigt werden, um den Verstoß nicht nur formlos aufzudecken, sondern den Verstoß auch gerichtsfest nachweisen zu können. Denn dies ist schließlich regelmäßig das Ziel sämtlicher Durchsetzungsaktivitäten. Trotz dieser Überschneidungen erscheint die grundsätzliche Trennung jedoch tauglich, gerade auch um sich ein klareres Bild von den verschiedenen Formen der Durchsetzungskosten zu machen.

Die gesellschaftlichen Kosten der Verfolgung eines Normverstoßes bestehen also in den direkten Kosten des gerichtlichen Verfahrens (zu (1)) und den gesellschaftlichen Kosten fehlerhafter Entscheidungen (zu (2)).[703]

(1) Direkte Kosten der Verfolgung

Der Durchsetzungsagent muss bei der Verfolgung des Normverstoßes seine eigene Zeit und weitere Ressourcen einsetzen, um die Verwirklichung sämtlicher Tatbestandsmerkmale der Norm entsprechend den geltenden Verfahrensregeln und mit den jeweils zugelassenen Beweismitteln so nachzuweisen, dass das Gericht von dem Normverstoß und der Verantwortlichkeit des beschuldigten Normadressaten überzeugt ist. Das Ausmaß dieser Kosten hängt von den jeweiligen Verfahrens- und Beweisregeln (Beweislastverteilungen und Beweisstandards) und auch maßgeblich davon ab, ob der Durchsetzungsagent die Informationen über den Normverstoß in einer als Beweismittel verwertbaren Form bereits vorliegen hat oder diese ihm nur schwer zugänglich sind. Der Zugang zu den erforderlichen Informationen stellt daher auch einen wesentlichen Teil der gesellschaftlichen Kosten der Verfolgung dar. Schließlich können dem Durchsetzungsagenten auch weitere Kosten anwaltlicher Beratung entstehen.[704]

---

701 Siehe Bauer, Loyola Consumer Law Review 2004, vol. 16, S. 303 ff., 310 zur Durchsetzung des US-amerikanischen Kartellrechts.

702 Siehe hierzu Polinsky/Rubinfeld, Journal of Legal Studies 1988, vol. 17, S. 151 ff., 151 ff, die die Auswirkungen der Verfolgungskosten auf die Durchsetzung in einem Modell der Schadensersatzhaftung betrachten; näher unten zu Kapitel 4B.II.1.a., S. 203.

703 Posner, Journal of Legal Studies 1973, vol. 2, S. 399 ff., 401.

704 Komesar, Imperfect Alternatives, S. 127 weist daneben auf die Kosten der Information über Rechtsfragen hin, die ein Kläger am günstigsten von einem Rechtsanwalts erhalten kann.

In ähnlicher Weise entstehen dem beschuldigten Normadressaten im gerichtlichen Verfahren Kosten der Verteidigung, insbesondere durch einen rechtlichen Beistand und durch den Einsatz seiner eigenen Zeit, die zunächst private Kosten für den Normadressaten darstellen, aber zugleich als Teil der gesellschaftlichen Kosten des Normverstoßes anzusehen sind.

Ferner entstehen dem Staat aus der Verfolgung von Normverstößen Kosten aus dem Vorhalten und der Inanspruchnahme des Justizsystems. Neben den Gemeinkosten des Justizsystems (z.B. Bau und Betrieb der erforderlichen Gebäude), die unabhängig von der Anzahl der gerichtlichen Verfahren sind, entstehen durch jedes einzelne Verfahren weitere variable Kosten aus der Inanspruchnahme der Zeit des zuständigen Personals, das die Sache bearbeitet. Das Ausmaß dieser variablen Kosten hängt neben der Komplexität der zu beurteilenden Sache maßgeblich von der Ausgestaltung des Verfahrens ab, da die Verfahrensregeln den Arbeitsaufwand der Behörde und des Gerichts bestimmen.

Die Verfahrensregeln sind daher neben dem Zugang zu den relevanten Informationen der entscheidende Faktor, der die Höhe der gesellschaftlichen Verfolgungskosten beeinflusst. Denn das Verfahrensrecht entscheidet einerseits über den Umfang des vorgeschriebenen Verfahrens, der insbesondere durch die vorgesehenen Schutzrechte des Normadressaten beeinflusst wird.[705] Andererseits legt das Verfahrensrecht auch die Beweisregeln und –standards fest, denen die Informationen über den Normverstoß genügen müssen. So kann das Verfahrensrecht nur bestimmte Beweismittel zulassen, den Standard des Beweises, der für die Verhängung der Sanktion erforderlich ist, festlegen und die Darlegungs- und Beweislast zwischen den Parteien verteilen. Das Verfahrensrecht bestimmt daher den Aufwand, der in dem Durchsetzungsverfahren betrieben wird und beeinflusst damit die direkten Verfolgungskosten, aber auch die Anfälligkeit des Verfahrens für Fehler, auf deren gesellschaftliche Kosten gleich näher einzugehen ist (unten zu (2)).

Allgemein wird man dabei feststellen können, dass sich die Verfahrensregeln nach Art und Schwere der verhängten Sanktion unterscheiden und mithin ein Zusammenhang zwischen der Schwere der Sanktion und der Höhe der Verfolgungskosten besteht. Dieser Zusammenhang zeigt sich beispielhaft bei einem Vergleich der Verfahren, in denen

[705] Siehe zu den Schutzrechten bei der öffentlichen Durchsetzung bereits oben zu Kapitel 3B.I.2.c., S. 59, und zum Vergleich der Durchsetzungsformen unten zu Kapitel 5B.II.1.b., S. 263.

verwaltungsrechtliche bzw. strafrechtliche Sanktionen verhängt werden: Das verwaltungsrechtliche Verfahren wird regelmäßig geringere Beweisstandards aufweisen als das strafrechtliche Verfahren. Zudem ist das verwaltungsrechtliche Verfahren einfacher ausgestaltet, da insbesondere die besonderen Schutz- und Verteidigungsrechte des beschuldigten Normadressaten weniger stark ausgeprägt und auch die oft nur schwer nachzuweisenden subjektiven Elemente von geringerer Bedeutung sind.[706] Dies muss bei der Diskussion über die Einführung strafrechtlicher Sanktionen für Verstöße gegen Art. 81 EG berücksichtigt werden.[707]

Das Zivilprozessrecht, das bei der privaten Durchsetzung von Art. 81 EG Anwendung findet, ist hinsichtlich der Beweis- und Verfahrensregeln hingegen einfacher ausgestaltet und verursacht daher geringere Verfolgungskosten als bei der öffentlichen Durchsetzung infolge der strengeren Verfahrensregeln entstehen.[708]

Schließlich ist zu berücksichtigen, dass innerhalb derselben Verfahrensart die Verfolgungskosten mit der Höhe der Sanktion steigen. Denn das Gericht wird regelmäßig strengere Anforderungen an den Nachweis eines Normverstoßes stellen, wenn eine besonders hohe Sanktion verhängt werden soll.[709] Daher dürften die Verfolgungskosten bei Art. 81 EG für Hardcore-Kartelle angesichts der infolge der großen Schäden entsprechend hohen Sanktionen höher sein als für sonstige Wettbewerbsbeschränkungen.

(2) Fehlerkosten

Das Verfahren zur Durchsetzung von Normverstößen kann weitere gesellschaftliche Kosten verursachen, wenn am Ende eine falsche Entscheidung getroffen wird, also ein vermeintlicher Normverstoß sanktioniert oder ein tatsächlicher Normverstoß nicht sanktioniert wird.

---

706 Garoupa/Gomez-Pomar, American Law and Economics Review 2004, vol. 6, S. 410 ff., 417; Schwarze/Weitbrecht, EG-Kartellverfahrensrecht, § 7 Rn. 6.

707 Siehe hierzu noch unten zu Kapitel 5B.I.1.c., S. 235.

708 Siehe zu den Beweisregeln bei der privaten Durchsetzung oben zu Kapitel 3C.II.6.c., S. 129 , und zum Vergleich der Durchsetzungsformen unten zu Kapitel 5B.II.1.d., S. 267.

709 Andreoni, The RAND Journal of Economics 1991, vol. 22, S. 385 ff., 393 f. verwendet dieses Argument gegen Beckers Ergebnis der maximalen Sanktion.

Diese Fehler sind auch bei der Durchsetzung von Art. 81 EG – ebenso wie in allen anderen Lebensbereichen – unausweichlich.[710] Die Gründe hierfür sind vielfältig: Zunächst sind die dem Gericht zugänglichen Informationen unausweichlich unvollständig.[711] So kann die Information über die ökonomischen Daten, die für den Nachweis eines Verstoßes gegen Art. 81 EG erforderlich sein können (z.B. Kostenstruktur und Umsatz des Normadressaten, Nachfragefunktion der Verbraucher), fehlerhaft sein.[712] Ebenso kann die Information von den Durchsetzungsagenten falsch interpretiert werden, und auch das Recht kann falsch ausgelegt werden.

Die ökonomische Theorie der Rechtsdurchsetzung geht dabei davon aus, dass Fehler in der Abweichung von dem objektiv Richtigen bestehen und damit auch letztinstanzliche Urteile fehlerhaft sein können. Diese Betrachtungsweise lässt sich in der Rechtspraxis nur sehr schwer umsetzen, da dort die letztverbindliche Klärung eines Streitfalles durch das letztinstanzliche Urteil aus praktischen Erwägungen als richtig gelten muss. Gleichwohl muss bei der Ausgestaltung des Durchsetzungssystems die Fehleranfälligkeit der verschiedenen Durchsetzungssysteme berücksichtigt werden. Daher müssen bei einem Vergleich der Durchsetzungsformen die Kosten fehlerhafter Entscheidungen als Teil der gesellschaftlichen Kosten der Verfolgung des Normverstoßes berücksichtigt werden.[713] Die verschiedenen Arten der Fehler (zu (a)) und die damit verbundenen gesellschaftlichen Kosten (zu (b)) sollen nun erläutert werden.

(a) Arten der Fehler

Fehler bei der Durchsetzung können zunächst dazu führen, dass ein Normadressat für einen tatsächlich begangenen Normverstoß nicht verantwortlich gemacht wird (Fehler des Typs I). In gleicher Weise kann ein Fehler auch dazu führen, dass ein unschuldiger Normadressat für einen in Wahrheit nicht begangenen Normverstoß zur Verantwortung gezogen wird (Fehler des Typs II).[714] Diese Fehler führen dann zu gesellschaftlichen Kosten, wenn sie den Gerichten unterlaufen, die sowohl in der privaten als auch

710 McChesney, Georgetown Law Journal 1980, vol. 68, S. 1103 ff., 1104; Rasmusen, International Review of Law and Economics 1995, vol. 15, S. 101 ff., 102 begründet dieses Ergebnis ökonomisch mit dem abnehmenden marginalen Nutzen der Sorgfaltsanstrengungen des Gerichts.

711 Yeung, Melbourne University Law Review 1999, vol. 23, S. 440 ff., 446; Shavell, American Economic Review 1987, vol. 77, S. 584 ff., 585.

712 Schinkel/Tuinstra, SSRN-Paper 2003, S. 1 ff., 5.

713 Siehe Shavell, Economic Analysis of Law, 450 ff.; Rasmusen, International Review of Law and Economics 1995, vol. 15, S. 101 ff., 102 ff. für ein ökonomisches Modell der Fehlerkosten im Rahmen der optimalen Rechtsdurchsetzung; Garoupa, Economica 1998, vol. 65, S. 479 ff., 484 ff., der die Auswirkungen der fehlerhaften Wahrnehmung der Behörde auf die optimale Sanktion erörtert.

714 Polinsky/Shavell, Journal of Law, Economics and Organization 1989, vol. 5, S. 99 ff., 99.

der öffentlichen Durchsetzung zur letztverbindlichen Entscheidung über die Sanktionsverhängung berufen sind. Unterläuft ein solcher Fehler den Durchsetzungsagenten oder dem Normadressaten selbst, haben sie lediglich eine falsche Vorstellung über den Erfolg der Durchsetzung, die allerdings im Ergebnis ebenfalls zu gesellschaftlichen Kosten führen kann.[715]

(b) Kosten fehlerhafter Entscheidungen

Die Verurteilung Unschuldiger (Fehler des Typs II) verursacht gemäß der ökonomischen Theorie unmittelbar Kosten bei dem zu Unrecht Verurteilten in Gestalt der zu Unrecht auferlegten Sanktion, aber auch weitere gesellschaftliche Kosten in Gestalt des Unbehangens aller Bürger über die fälschliche Verurteilung.[716] Neben diesen unmittelbaren Folgen verursachen die Fehler bei der Durchsetzung mittelbar noch weitere gesellschaftliche Kosten.

(aa) Verringerte Abschreckungswirkung

Fehler bei der Durchsetzung besitzen einen nicht zu unterschätzenden Einfluss auf den Erfolg des Durchsetzungssystems, das auf Abschreckung aufbaut. Denn die Erwartung von Fehlern bei der Durchsetzung reduziert die Abschreckungswirkung des Durchsetzungssystems:

Fehler des Typs I (ausbleibende Sanktionierung eines tatsächlich begangenen Normverstoßes) reduzieren die Wahrscheinlichkeit der Sanktionsverhängung für Normadressaten. Denn die Erwartung eines solchen Fehlers bei der Durchsetzung führt zu der Aussicht, auch im Fall eines Verstoßes der Sanktion entgehen zu können, und mithin zu einem geringeren erwarteten Sanktionswerts, die ein Normadressat bei der Entscheidung über den Normverstoß berücksichtigt.[717]

Fehler des Typs II (Sanktionierung eines nur vermeintlichen Normverstoßes) reduzieren hingegen den Nutzen bzw. erhöhen die Kosten aus der Normbefolgung für den Normadressaten, wenn er trotz normgemäßem Verhalten mit einer gewissen Wahr-

[715] Siehe hierzu unten zu Kapitel 5B.II.3., S. 296.
[716] Rasmusen, International Review of Law and Economics 1995, vol. 15, S. 101 ff., 102.
[717] Schwartz, Georgetown Law Journal 1980, vol. 68, S. 1075 ff., 1077 f.; Schinkel/Tuinstra, SSRN-Paper 2003, S. 1 ff., 5 f.

scheinlichkeit eine Sanktionierung befürchten muss.[718] Diese höheren Kosten des normgemäßen Verhaltens führen dazu, dass der Unterschied in den Kosten zwischen der Normbefolgung und dem Normverstoß für die Normadressaten geringer wird und sich somit die Abschreckungswirkung des Durchsetzungssystems reduziert.

Aus diesen Gründen verringern Fehler bei der Durchsetzung die Abschreckungswirkung des Durchsetzungssystems auf die Normadressaten und führen folglich zu einer höheren Anzahl von Normverstößen.[719] Dieser Effekt ist allerdings empirisch nur sehr schwer zu messen, da er einerseits von der Feststellbarkeit von Fehlern des Typs I und des Typs II und andererseits auch von der Wahrnehmung der Fehlerwahrscheinlichkeit durch die Normadressaten abhängt.[720]

(bb) Risikotragung und Vermeidungsverhalten

Die Erwartung von Fehlern bei der Durchsetzung führt außerdem zu Vermeidungsverhalten der Normadressaten und zu einer ineffizienten Allokation von Ressourcen, da die Normadressaten von erlaubten Verhaltensweisen, die möglicherweise fehlerhaft als Normverstoß eingestuft werden, Abstand nehmen.[721] Hierdurch entsteht ein gesellschaftlicher Wohlfahrtsverlust, indem legales – und damit sozialnützliches – Verhalten aus Furcht vor einer fälschlichen Verurteilung unterbleibt.

Außerdem entstehen weitere Kosten in Gestalt der Risikotragung normtreuer Normadressaten. Denn der Normadressat, der sich normgemäß verhält, muss wegen der Möglichkeit von Fehlern bei der Durchsetzung damit rechnen, eventuell fälschlich eines Verstoßes bezichtigt zu werden (Fehler des Typs II). Wegen der Unsicherheit hierüber muss auch der risikoneutrale Normadressat dieses Risiko und die damit verbundenen Kosten tragen, die für risikoscheue Normadressaten noch höher sind. Dieses Problem wird bei der Durchsetzung von Art. 81 EG insbesondere im Bereich freistellungsfähiger Wettbewerbsbeschränkungen relevant. Denn in dem rechtlich und ökonomisch komplexen Bereich des Art. 81 Abs. 3 EG ist die Gefahr einer fälschlichen Sanktionie-

---

718 Polinsky/Shavell, Journal of Economic Literature 2000, vol. 38, S. 45 ff., 60 f; Schinkel/Tuinstra, SSRN-Paper 2003, S. 1 ff., 5 f.; Polinsky/Shavell, Journal of Law, Economics and Organization 1989, vol. 5, S. 99 ff., 100.

719 Stigler, Journal of Political Economy 1970, vol. 78, S. 526 ff., 528; Garoupa, International Review of Law and Economics 1997, vol. 17, S. 423 ff., 425; siehe für ein ökonomisches Modell dieses Effekts: Schinkel/Tuinstra, SSRN-Paper 2003, S. 1 ff., 6 ff.

720 Schwartz, Georgetown Law Journal 1980, vol. 68, S. 1075 ff., 1078.

721 Yeung, Melbourne University Law Review 1999, vol. 23, S. 440 ff., 446; Posner, Columbia Law Review 1985, vol. 85, S. 1193 ff., 1206; Block/Sidak, Georgetown Law Journal 1980, vol. 68, S. 1131 ff., 1137 f. allgemein zum Kartellrecht.

rung erlaubten Verhaltens besonders groß, vor allem unter dem System der Legalausnahme, das keine vorherige Freistellungsentscheidung vorsieht und eine Selbstveranlagung erfordert.

(cc) Anreiz der Durchsetzungsagenten

Die Möglichkeit von Fehlern bei der Durchsetzung hat schließlich auch einen Einfluss auf den Anreiz der privaten Durchsetzungsagenten zum Einsatz ihrer Durchsetzungsressourcen.[722]

Fehler des Typs I reduzieren den Anreiz der Durchsetzungsagenten, einen tatsächlichen Normverstoß zu verfolgen, da die Erwartung eines solchen Fehlers die Erfolgsaussichten des Durchsetzungsagenten bei der Verfolgung eines tatsächlich begangenen Normverstoßes reduziert. Die verringerte Erfolgsaussicht führt dazu, dass der Durchsetzungsagent verstärkt damit rechnen muss, infolge seines Unterliegens im Prozess die Kosten des Verfahrens zu tragen, wodurch seine Kosten der Verfolgung steigen und sein erwartete Netto-Nutzen aus der Durchsetzung sinkt. Fehler des Typs II erhöhen hingegen den Anreiz für die Durchsetzungsagenten, auch vermeintliche Normverstöße zu verfolgen, da eine Chance besteht, auch bei normgemäßem Verhalten des Normadressaten infolge eines Fehlers des Gerichts im Prozess zu obsiegen.[723] Diese Verfolgung normgemäßen und damit sozialnützlichen Verhaltens verursacht gesellschaftliche Kosten, denen kein gesellschaftlicher Nutzen gegenübersteht. Die Fehler bei der Durchsetzung wirken sich dabei wegen der besonderen Anreizstruktur privater Durchsetzungsagenten insbesondere auf den Anreiz dieser Durchsetzungsagenten aus. Daher kann eine hohe Fehleranfälligkeit des Durchsetzungssystems zu Problemen bei der privaten Durchsetzung führen.

(dd) Höhe der Fehlerkosten

Die Höhe der gesellschaftlichen Kosten von Fehlern bei der Durchsetzung hängt von verschiedenen Faktoren ab.

Die Durchsetzung einer Norm, deren Tatbestandsvoraussetzungen rechtlich oder wirtschaftlich komplex sind, verursacht wegen der größeren Fehleranfälligkeit höhere Fehlerkosten.[724] Daneben ist die Qualifikation der Entscheidungsträger für die Fehlerkos-

[722] Schwartz, Georgetown Law Journal 1980, vol. 68, S. 1075 ff., 1078 f.
[723] Polinsky/Shavell, Journal of Law, Economics and Organization 1989, vol. 5, S. 99 ff., 104.
[724] Siehe hierzu unten zu Kapitel 5B.II.3.b.aa., S. 301.

ten von Bedeutung, da gut qualifizierte Entscheidungsträger weniger anfällig für Fehler sind.[725] Außerdem beeinflusst die Höhe der Sanktion die Fehlerkosten, weil höhere Sanktionen eine entsprechend stärkere Auswirkung auf das Verhalten der Normadressaten und der Durchsetzungsagenten haben.[726] Schließlich haben auch die Verfahrens- und Beweisregeln einen erheblichen Einfluss auf die Fehlerkosten: Strengere Beweisregeln führen zu einer genaueren Prüfung des Falles und vermeiden so die fälschliche Verurteilung Unschuldiger, können allerdings auch die Gefahr erhöhen, tatsächliche Normverstöße nicht erfolgreich verfolgen zu können.[727] Ein aufwendigeres Verfahren verringert die Fehleranfälligkeit des Durchsetzungssystems und die damit verbundenen gesellschaftlichen Kosten. So kann insbesondere die erweiterte Überprüfung der erstinstanzlichen Entscheidung ebenso die Fehleranfälligkeit verringern wie die aufwendige Ausgestaltung des erstinstanzlichen Verfahrens selbst, da die Sanktion dann erst nach einer genaueren Prüfung verhängt wird. Allerdings verursachen die strengeren Verfahrensregeln höhere gesellschaftliche Kosten des Verfahrens, da eine genauere Prüfung einen vermehrten Einsatz von Ressourcen erfordert. Daher kann die Genauigkeit der Überprüfung nicht bis zum Maximum verfolgt werden, es ist vielmehr ein optimales Niveau zu finden, das die Gesamtkosten unter Berücksichtigung der Fehlerkosten und der Kosten der gerichtlichen Verfolgung minimiert.[728]

Zusammenfassend lässt sich festhalten, dass die gesellschaftlichen Kosten der Verfolgung des Normverstoßes also neben den im Durchsetzungsverfahren aufgewendeten Kosten der Beteiligten und des Staats auch die Kosten von Fehlern bei der Durchsetzung erfassen.

cc. Sanktionierung

Ist der Normadressat schließlich des Normverstoßes in dem dafür vorgeschriebenen Verfahren des Normverstoßes überführt, wird gegen ihn eine Sanktion verhängt. Die Vollstreckung der Sanktion verursacht nochmals Kosten, die Teil der gesellschaftli-

[725] Siehe hierzu unten zu Kapitel 5B.II.3.b.bb., S. 303.

[726] Dieser Zusammenhang wird in der ökonomischen Literatur als Begründung für höhere Beweisanforderungen bei höheren Sanktion verwendet, Rasmusen, International Review of Law and Economics 1995, vol. 15, S. 101 ff., 102 f.; Garoupa/Gomez-Pomar, American Law and Economics Review 2004, vol. 6, S. 410 ff., 415 m.w.N. zur ökonomischen Literatur.

[727] Garoupa, International Review of Law and Economics 1997, vol. 17, S. 423 ff., 425.

[728] Siehe hierzu Posner, Economic Analysis, S. 563 ff; Shavell, Economic Analysis of Law, 451; Garoupa, International Review of Law and Economics 1997, vol. 17, S. 423 ff., 424 f; ausführlich zur ökonomisch optimalen Ausgestaltung des Beweisrechts Posner, Stanford Law Review 1999, vol. 51, S. 1477 ff., 1483 f.; zum Kartellrecht Block/Sidak, Georgetown Law Journal 1980, vol. 68, S. 1131 ff., 1138.

chen Kosten der Durchsetzung sind: Die Sanktion verursacht zunächst bei dem Normadressaten Kosten. Außerdem kann das Vollstrecken der Sanktion Kosten bei der vollstreckenden Person verursachen. Bei der Betrachtung der gesellschaftlichen Kosten der Sanktionierung muss zwischen monetären (zu (1)) und non-monetären Sanktionen (zu (2)) unterschieden werden.

(1) Monetäre Sanktionen

Unter monetären Sanktionen sind alle Sanktionsformen zu verstehen, die sich durch Zahlung eines Geldbetrages auszeichnen. Ob die Geldleistung als Geldstrafe, Geldbuße (Art. 23 VO 1/03) oder als Schadensersatz (§ 33 Abs. 3 GWB) bezeichnet wird, ist dabei ökonomisch ebenso ohne Bedeutung wie die Person des Empfängers der Geldleistung.[729] Die monetäre Sanktion führt zunächst lediglich zu einem Geldtransfer von dem Sanktionsschuldner an den Sanktionsgläubiger. Dieser pure Transfer von Vermögenswerten verbraucht selbst keine Ressourcen und verursacht daher keine gesellschaftlichen Kosten. Allein das Eintreiben des Geldbetrags, sollte dieser nicht freiwillig geleistet werden, kann gesellschaftliche Kosten verursachen.[730] Die Kosten des Eintreibens werden jedoch regelmäßig gering sein, jedenfalls solange der Normadressat – wie bei Art. 81 EG regelmäßig der Fall – hinreichend solvent ist, um die Sanktion auch leisten zu können.[731] Anders kann die Situation sein, wenn die Sanktion die Zahlungsfähigkeit des Normadressaten übersteigt, da die gesellschaftlichen Kosten einer Insolvenz erheblich sein können.[732]

Schließlich kann die Sanktionierung eine stigmatisierende Wirkung haben, die der Normadressat neben der eigentlichen monetären Sanktion in seiner Interaktion mit anderen Personen in der Zukunft nachteilig spüren kann und bei ihm weitere Kosten verursacht.[733] Gerade im Bereich des Kartellrechts ist die stigmatisierende Wirkung einer Sanktion jedenfalls bisher so gering, dass sie hier vernachlässigt werden kann.

---

[729] Posner, American Criminal Law Review 1980, vol. 17, S. 409 ff., 412 ordnet auch ein Berufsverbot als monetäre Sanktion ein, da dem Normadressaten hiermit zukünftige Einkünfte aus der Ausübung eines bestimmten Berufs unmöglich gemacht werden.

[730] Becker, Journal of Political Economy 1968, vol. 76, S. 169 ff., 180, Shavell, Journal of Law and Economics 1993, vol. 36, S. 255 ff., 258; Polinsky/Shavell, Journal of Economic Literature 2000, vol. 38, S. 45 ff., 58; Polinsky/Shavell, Journal of Public Economics 1984, vol. 24, S. 89 ff., 92.

[731] Posner, American Criminal Law Review 1980, vol. 17, S. 409 ff., 410, 412.

[732] Posner, Economic Analysis, S. 222.

[733] Posner, Economic Analysis, S. 222, 224 f. weist auf die Möglichkeit hin, mittels Sanktionen mit besonders starkem Stigmatisierungseffekt die Kosten der Sanktionierung zu reduzieren.

(2) Non-monetäre Sanktionen

Non-monetäre Sanktionen zeichnen sich als Gegenstück zu monetären Sanktionen dadurch aus, dass sie in anderen Formen als dem Transfer von Geld bestehen. Hier ist – neben einer im Bereich von Art. 81 EG nicht relevanten Entflechtungsverpflichtung[734] – vor allem an die strafrechtliche Sanktion der Freiheitsentziehung zu denken, die bei der Diskussion um die Einführung strafrechtlicher Sanktionen im Kartellrecht im Gespräch ist.[735] Hierbei ist zu berücksichtigen, dass die gesellschaftlichen Kosten einer Freiheitsentziehung beachtlich sind: Nicht nur ist das Einsperren einer Person kostspielig im Hinblick auf die Kosten des Baus und Unterhalts der Gefängnisse sowie der Bewachung und Verpflegung der Insassen. Vielmehr wird darüber hinaus dem Insassen auch der Einsatz seiner Arbeitskraft außerhalb des Gefängnisses unmöglich gemacht, wodurch zusätzliche gesellschaftliche Kosten entstehen.[736] Gerade dieser verhinderte Einsatz der Arbeitskraft der Insassen kann im Kartellrecht dazu führen, dass wirtschaftlich produktive Personen aus den Unternehmen von einer weiteren nützlichen, rechtmäßigen Beschäftigung abgehalten werden. Daher sind die damit verbundenen gesellschaftlichen Kosten der Freiheitsentziehung bei Art. 81 EG entsprechend hoch.[737] Gleichwohl kann die Freiheitsstrafe auch im Kartellrecht wegen ihrer überragender Abschreckungswirkung gewollt sein, die hiermit verbundenen gesellschaftlichen Kosten aus der entgangenen Möglichkeit der bestmöglichen sozialnützlichen Beschäftigung der Entscheidungsträger müssen jedoch berücksichtigt werden.

Wegen dieser erheblichen gesellschaftlichen Kosten kann die non-monetäre Sanktion im Allgemeinen nur als ultima ratio angesehen werden, wenn der Einsatz monetärer Sanktionen die Normadressaten nicht von dem Verstoß abschrecken kann.[738] Die non-monetäre Sanktion besitzt eine höhere maximale Abschreckungswirkung als eine monetäre Sanktion und kann den Normadressaten daher auch dann noch Normverstöße

---

[734] Posner, Antitrust, S. 269; Shavell, American Economic Review 1987, vol. 77, S. 584 ff., 585.

[735] Allgemein zur Sanktion der Freiheitsstrafe aus ökonomischer Sicht Polinsky, Law and Economics, Chapter 11.

[736] Becker, Journal of Political Economy 1968, vol. 76, S. 169 ff., 179 f; Shavell, Journal of Law and Economics 1993, vol. 36, S. 255 ff., 258; Kaplow, Journal of Public Economics 1990, vol. 42, S. 245 ff., 247; Wils, Optimal Enforcement, S. 16; Posner, Antitrust, S. 270.

[737] Posner, American Criminal Law Review 1980, vol. 17, S. 409 ff., 410 spricht sich daher für die Verwendung von monetären Sanktionen für die Sanktionierung von "white-collar crimes" aus.

[738] Posner, Antitrust, S. 270, Wils, Optimal Enforcement, S. 16 f; Shavell, American Economic Review 1987, vol. 77, S. 584 ff., 590; Polinsky/Shavell, Journal of Economic Literature 2000, vol. 38, S. 45 ff., 2000, 71; Ehrlich, International Review of Law and Economics 1982, vol. 2, S. 3 ff., 6; für ein ökonomisches Modell der optimalem Verwendung von monetären und non-monetären Sanktionen siehe Polinsky/Shavell, Journal of Public Economics 1984, vol. 24, S. 89 ff.,

abschrecken, wenn die monetäre Sanktion sein Vermögen – als absolute Grenze der monetären Sanktion – übersteigt und ihn daher nicht ausreichend von dem Verstoß abschrecken kann.

Solange eine monetäre Sanktion zur Abschreckung ausreicht, beeinflusst die Wahl der Durchsetzungsform die Sanktionierungskosten nicht, da sowohl in der öffentlichen als auch der privaten Durchsetzung von Art. 81 EG monetäre Sanktionen verhängt werden. Ist allerdings der Einsatz einer Freiheitsstrafe zur Abschreckung der Normadressaten erforderlich, ist die öffentliche Durchsetzung erforderlich, da strafrechtliche Sanktionen aus rechtstaatlichen Gründen grundsätzlich nicht im Wege der privaten Durchsetzung verhängt werden können.[739]

c. Sonstige Kosten

Schließlich kann ein Normverstoß weitere gesellschaftliche Kosten durch das Verhalten der potentiellen Geschädigten verursachen: Ein rationales, nutzenmaximierendes Individuum wird Vorkehrungen dagegen treffen, Opfer eines Normverstoßes zu werden, wenn sein erwarteter Schaden die Kosten seiner Schutzanstrengungen, die den Normverstoß vermeiden, übersteigt.[740] Diese Schutzanstrengungen erfordern den Einsatz tatsächlicher Ressourcen und stellen damit gesellschaftliche Kosten des Normverstoßes dar, da sie im Hinblick auf den Verstoß getätigt werden.

Solche Schutzanstrengungen werden vor allem dann getätigt, wenn eine vollständige Kompensation der Geschädigten nicht möglich ist, sei es weil die Kompensation naturgemäß unvollkommen ist oder weil der Erhalt der Kompensationsleistung unsicher ist (Prozess- und Insolvenzrisiko). Die Aussicht auf die erfolgreiche Durchsetzung von Schadensersatzansprüchen, die zu einer vollständigen Kompensation führen, reduziert hingegen den Anreiz, Schutzmaßnahmen zu ergreifen.[741]

---

[739] Für einen historischen Ausnahmefall siehe Friedman, Journal of Political Economy 1999, vol. 107, S. 259 ff., 264 mit der Durchsetzung des Strafrechts in England des 18. Jahrhunderts, in der Privaten die gerichtliche Verfolgung von Straftaten oblag.

[740] Becker, Journal of Political Economy 1968, vol. 76, S. 169 ff., 200; Hylton, The RAND Journal of Economics 1996, vol. 27, S. 197 ff., 197, Stigler, Journal of Political Economy 1970, vol. 78, S. 526 ff., 528.

[741] Breit/Elzinga, Antitrust Penalty Reform, S. 84 ff. sehen sogar die Möglichkeit, dass in der Aussicht auf die treble damages nach US-amerikanischen Kartellrecht Abnehmer absichtlich Produkte von einem Kartell beziehen, um später in den Genuss des Schadensersatz zu gelangen; hierzu Hempel, Privater Kartellrechtsschutz, S. 270.

Bei Art. 81 EG sind etwaige Schutzanstrengungen der potentiellen Geschädigten insgesamt wenig erfolgsversprechend. Allein der vollständige Verzicht auf die Geschäftsbeziehung zu einem verdächtigen Marktteilnehmer oder ein Ausweichen auf Produkte anderer Anbieter könnte das Risiko einer Schädigung infolge einer Wettbewerbsbeschränkung reduzieren.[742] Da die Abnehmer aber den Wettbewerbsverstoß nur sehr schwer feststellen können, können sie auch nur sehr schwer Schutzmaßnahmen treffen. Daher fallen die Schutzanstrengungen der potentiell Geschädigten bei der Durchsetzung Art. 81 EG nicht so stark ins Gewicht und sollen hier als unausgesprochener Teil der gesellschaftlichen Durchsetzungskosten betrachtet werden, ohne auf sie im Einzelnen einzugehen.

d. Zusammenfassung zu den gesellschaftlichen Kosten des Normverstoßes

Die gesellschaftlichen Kosten der Durchsetzung bestehen aus den Kosten der Aufdeckung, der Verfolgung und der Sanktionierung des Normverstoßes. Die gesellschaftlichen Kosten der Aufdeckung bestehen vor allem aus Kosten der Informationsgewinnung, deren Höhe vom Zugang der Durchsetzungsagenten zu den erforderlichen Informationen abhängt. Die gesellschaftlichen Kosten der Verfolgung bestehen aus den direkten Kosten der am Verfahren Beteiligten und den Fehlerkosten. Die Höhe dieser Kosten hängt neben dem Informationszugang vor allem von den Verfahrensregeln und der Komplexität der Norm ab. Die gesellschaftlichen Kosten der Sanktionierung hängen schließlich von der Art und der Höhe der verhängten Sanktion ab.

3. Erreichen der optimalen Durchsetzung

Nachdem nun die optimale Durchsetzung und die zu minimierenden gesellschaftlichen Kosten des Normverstoßes dargestellt wurden, soll nun erörtert werden, wie diese optimale Durchsetzung erreicht werden kann.

a. Instrumente des Durchsetzungssystems

Hierzu stehen dem Staat bei der Ausgestaltung des Durchsetzungssystems zwei Instrumente zur Verfügung: Das Durchsetzungssystem bestimmt die Sanktion für den Normverstoß, deren Rahmen in der Norm festgelegt ist und die im Einzelfall – meist von einem staatlichen Gericht –konkret festgesetzt wird. Ferner bestimmt das Durchsetzungssystem die Höhe der Überführungswahrscheinlichkeit, indem es das Ausmaß

[742] Landes, University of Chicago Law Review 1983, vol. 30, S. 652 ff., 675 f. weist darauf hin, dass durch das verringerte Ausweichen auf andere Anbieter in der Aussicht auf eine Kompensation der Schäden auch die gesellschaftlichen Kosten des Kartells (deadweight loss) reduziert werden.

der Durchsetzungsaktivitäten der Durchsetzungsagenten bestimmt.[743] Das Produkt dieser Variablen bildet den erwarteten Sanktionswert für den Normverstoß, der die Abschreckungswirkung auf den Normadressaten ausübt und so das Durchsetzungsniveau bestimmt (Gleichung (2), S. 161). Da beide Faktoren unmittelbar den erwarteten Sanktionswert beeinflussen, können sie als Substitute beim Erreichen eines bestimmten Durchsetzungsniveaus angesehen werden:[744] Eine Erhöhung der Sanktion bei konstanten Durchsetzungsressourcen führt ebenso wie eine entsprechende Erhöhung des Ausmaßes der eingesetzten Ressourcen bei konstanter Sanktion zu einem höheren erwarteten Sanktionswert und mithin zu einer verstärkten Abschreckungswirkung und damit zu weniger Normverstößen.[745]

b. Optimale Kombination von Sanktion und Überführungswahrscheinlichkeit

Wenn die Sanktion und die Überführungswahrscheinlichkeit, die sich unmittelbar aus dem Ausmaß der eingesetzten Durchsetzungsressourcen ergibt, Substitute sind, stellt sich die Frage, wie die Sanktion und das Ausmaß der Durchsetzungsressourcen optimal zu kombinieren sind.

Die Erhöhung der Sanktion ist im Vergleich zur Erhöhung der eingesetzten Durchsetzungsressourcen gesellschaftlich kostengünstiger, da eine höhere Sanktion allein zu einem höheren erwarteten Sanktionierungswert und entsprechenden Kosten des Normadressaten führt, wobei lediglich die gesellschaftlichen Kosten aus der Sanktionierung steigen, die gesellschaftlichen Kosten der Aufdeckung und Verfolgung jedoch nicht erhöht werden.[746] Hieraus folgerte *Gary S. Becker* bereits im Jahre 1968 für den Bereich von monetären Sanktionen, dass zum Erreichen des gewünschten Durchsetzungsniveaus die Verwendung der maximal möglichen Sanktion und einer entsprechend geringen Überführungswahrscheinlichkeit optimal ist.[747]

---

[743] Stigler, Journal of Political Economy 1970, vol. 78, S. 526 ff., 527; zum Einfluss auf die Durchsetzungsagenten siehe unten zu Kapitel 4B.I.1.a., S. 189 und zu Kapitel 4B.II.1.b., S. 207.

[744] Yeung, Melbourne University Law Review 1999, vol. 23, S. 440 ff., 446; Block/Sidak, Georgetown Law Journal 1980, vol. 68, S. 1131 ff., 1132; Polinsky/Shavell, American Economic Review 1979, vol. 69, S. 880 ff., 880; zur Sondersituation des beschränkten Vermögens des Normadressaten, in der Sanktion und Überführungswahrscheinlichkeit keine Substitute sind, siehe Garoupa, European Economic Review 2001, vol. 45, S. 1765 ff., 1766 ff.

[745] Landes/Posner, Journal of Legal Studies 1975, vol. 4, S. 1 ff., 4; Becker, Journal of Political Economy 1968, vol. 76, S. 169 ff., 177; a.A. Henderson/Palmer, European Journal of Law and Economics 2002, vol. 13, S. 143 ff., die einen komplexeren Zusammenhang bei der Produktion von Abschreckungswirkung sehen.

[746] Posner, Columbia Law Review 1985, vol. 85, S. 1193 ff., 1206 f.

[747] Becker, Journal of Political Economy 1968, vol. 76, S. 169 ff.

Denn mit der maximalen Sanktion kann ein erwarteter Sanktionswert erreicht werden, der bei einer geringeren Sanktion nur mit einer entsprechend höheren Überführungswahrscheinlichkeit und den damit verbundenen Kosten des Einsatzes von Durchsetzungsressourcen zu erzielen wäre.[748] Die maximale monetäre Sanktion entspricht dabei dem gesamten Vermögen des Normadressaten.

Beckers extremes Ergebnis einer Kombination von maximaler Sanktion und minimaler Überführungswahrscheinlichkeit zum Erreichen des optimalen Durchsetzungsniveaus ist von einem juristischen Standpunkt offensichtlicher Kritik ausgesetzt, die hier nur kurz ausgesprochen sei: Das Schuldprinzip sowie das Übermaßverbot des Art. 20 Abs. 3 GG verbieten verfassungsrechtlich eine Sanktion, die außer Verhältnis zu dem Unwert des Normverstoßes steht. Wird ein Normverstoß maximal sanktioniert, dieser Verstoß aber nur selten aufgedeckt und sanktioniert, kann das Durchsetzungssystem auch ohne einen formalen Verstoß gegen das Gleichheitsgebots, insbesondere von der Bevölkerung, als unfair angesehen werden.[749] Eine Sanktion, die sich zu weit von dem moralischen Konsens in der Gesellschaft entfernt, stellt die wahrgenommene Legitimität des gesamten Rechtssystems in Frage und führt zu einem Verlust des Vertrauens der Normadressaten in das System, ohne das kein Rechtssystem funktionieren kann.[750] Auch in der ökonomischen Literatur sah sich Becker vielfältiger Kritik ausgesetzt. Vor allem werden diverse Konstellationen aufzeigt, in denen das optimale Durchsetzungssystem mit einer geringeren als der maximalen Sanktion und einer entsprechend erhöhten Überführungswahrscheinlichkeit arbeitet.[751] So zeigen verschiedene Autoren beispielsweise für kollusive Ausbeutungsverstöße wie Wettbewerbsbeschränkungen i.S.v. Art. 81 EG, dass die maximale Sanktion für jede Art des Normverstoßes zu einer Nivellierung der Sanktion führt, die den Anreiz zur Begehung schwerer Normverstöße erhöhen kann und damit kontraproduktiv wirkt.[752] Bei Berücksichtigung dieser Argumente, ist die optimale Sanktion nicht stets die maximale, sondern regelmäßig eine

[748] Polinsky/Shavell, Journal of Public Economics 1984, vol. 24, S. 89 ff., 93.

[749] Bebchuck/Kaplow, International Review of Law and Economics 1993, vol. 13, S. 217 ff., 223 f., Block/Sidak, Georgetown Law Journal 1980, vol. 68, S. 1131 ff., 1134 Fn. 20.

[750] Yeung, Melbourne University Law Review 1999, vol. 23, S. 440 ff., 454; für ein ökonomische Modell der Fairness bei der Rechtsdurchsetzung siehe Polinsky/Shavell, American Law and Economics Review 2000, vol. 2, S. 223 ff., 227 ff.

[751] Für einen guten Überblick über die ökonomischen Einwände siehe Garoupa, Journal of Economic Surveys 1997, vol. 11, S. 267 ff.

[752] Stigler, Journal of Political Economy 1970, vol. 78, S. 526 ff., 527; Polinsky/Shavell, Journal of Economic Literature 2000, vol. 38, S. 45 ff., 63; Block/Sidak, Georgetown Law Journal 1980, vol. 68, S. 1131 ff., 1134 f.

submaximale Sanktion kombiniert mit einer entsprechend erhöhten Überführungswahrscheinlichkeit.[753]

Diese Erkenntnisse müssen auch bei der Wahl der Durchsetzungsform berücksichtigt werden. Denn die Höhe der verhängten Sanktion unterscheidet sich regelmäßig zwischen der öffentlichen und der privaten Durchsetzung. So ist bei der Durchsetzung von Art. 81 EG die öffentlich-rechtliche Geldbuße im Gegensatz zu dem zivilrechtlichen Schadensersatzanspruch nicht durch den verursachten Schaden bei den individuellen Opfern begrenzt und erfasst daher einen höheren Sanktionsrahmen.

4. Zusammenfassung zum ökonomischen Modell der optimalen Rechtsdurchsetzung

Die ökonomische Theorie der Rechtsdurchsetzung baut auf dem ökonomischen Modell der Verhaltenssteuerung der Normadressaten auf und strebt das optimale Durchsetzungssystem an, das die gesellschaftlichen Gesamtkosten aus dem Normverstoß minimiert. Die gesellschaftlichen Kosten des Normverstoßes bestehen neben den direkten Schäden aus dem Normverstoß auch aus den gesellschaftlichen Kosten der Aufdeckung, Verfolgung und Sanktionierung des Normverstoßes. Um das optimale Durchsetzungsniveau zu erreichen, bestimmt das Durchsetzungssystem die Sanktion und das Ausmaß der eingesetzten Durchsetzungsressourcen genau so, dass die Abschreckungswirkung des erwarteten Sanktionswerts auf die Normadressaten die optimale Anzahl Normverstöße verhindert.

B. Ökonomische Theorie der öffentlichen und privaten Durchsetzung

Im Folgenden sollen die öffentliche Durchsetzung (zu I.) und die private Durchsetzung von Art. 81 EG (zu II.) mit den Mitteln der ökonomischen Theorie analysiert werden.

I. Öffentliche Durchsetzung

Die öffentliche Durchsetzung wird zunächst allgemein nach ihren von der ökonomischen Theorie hervorgehobenen Charakteristika dargestellt (zu 1.), bevor konkret auf die öffentliche Durchsetzung von Art. 81 EG durch die Kommission (zu 2.) und auf ihre Funktionen eingegangen wird (zu 3.).

[753] Polinsky/Shavell, American Law and Economics Review 2000, vol. 2, S. 223 ff., 224 f.

1. Allgemeine Charakteristika der öffentlichen Durchsetzung

Die ökonomische Analyse der öffentlichen Durchsetzung stützt sich auf die soeben beschriebene allgemeine ökonomische Theorie der Rechtsdurchsetzung und berücksichtigt die Besonderheiten, die sich bei der Verhängung öffentlich-rechtlicher Sanktionen durch ein öffentliches Durchsetzungsorgan ergeben. Hierbei ist wichtig, wie bei der öffentlichen Durchsetzung das Durchsetzungsniveau bestimmt wird (zu a.) und welchen Grad an Flexibilität das System der öffentlichen Durchsetzung bietet (zu b.).

a. Bestimmung des Durchsetzungsniveaus

Im Mittelpunkt der ökonomischen Theorie der öffentlichen Durchsetzung steht die Fähigkeit des Gesetzgebers, mit Hilfe des Durchsetzungssystems das Ausmaß der Rechtsdurchsetzung – und damit in der Theorie die Anzahl der begangenen Normverstöße und die damit verbundenen Schäden – unmittelbar festzulegen.[754] Denn bei der öffentlichen Durchsetzung kann der Gesetzgeber die Höhe der Sanktion für den Normverstoß im Gesetz selbst festlegen und – jedenfalls theoretisch – gleichzeitig auch das Ausmaß der zur Rechtsdurchsetzung eingesetzten Ressourcen über das Budget, das er im Haushalt dem öffentlichen Durchsetzungsorgan zuteilt, bestimmen. Da dieses Ausmaß des Ressourceneinsatzes nach der ökonomischen Theorie der Rechtsdurchsetzung unmittelbar die Überführungswahrscheinlichkeit bestimmt, besitzt der Gesetzgeber danach die Möglichkeit, beide Faktoren des erwarteten Sanktionswerts und somit die Abschreckungswirkung des Durchsetzungssystems unmittelbar zu bestimmen.[755]

aa. Zielsetzung des Gesetzgebers

Ob die Einwirkungsmöglichkeit des Gesetzgebers zum optimalen Durchsetzungsniveau führt, das die gesellschaftlichen Kosten des Normverstoßes minimiert, hängt von den Annahmen über die Zielsetzung des Gesetzgebers ab: Betrachtet man den Gesetzgeber als wohlwollenden Staatsphilosophen, der die gesellschaftliche Wohlfahrt maximieren will,[756] ergibt sich das Ziel der optimalen Durchsetzung bereits aus dieser Rolle des Gesetzgebers. Im ökonomischen Schrifttum wird der Gesetzgeber hingegen teilweise als eigennützige Einheit angesehen, die ihren eigenen Nutzen aus der Durch-

---

754 Polinsky, Journal of Legal Studies 1980, vol. 9, S. 105 ff., 110; Schwartz, Georgetown Law Journal 1980, vol. 68, S. 1075 ff., 1083.

755 Polinsky, Journal of Legal Studies 1980, vol. 9, S. 105 ff., 110.

756 Shavell, Economic Analysis of Law, Shavell, S. 445; Friedman, Journal of Political Economy 1999, vol. 107, S. 259 ff., 262; Garoupa/Klerman, American Law & Economics Review 2002, vol. 4, S. 116 ff.

setzung beispielsweise in Gestalt der Sanktionseinnahmen maximiert.[757] In einer Demokratie, in der die Bürger das Verhalten des Gesetzgebers überwachen und zur Grundlage ihrer Entscheidung bei der nächsten Wahl machen können, ist dem Gesetzgeber ein solches Verhalten, das von den Wählern als ungerecht erkannt wird, jedoch nicht möglich. Daher soll – ohne eine vertiefte Auseinandersetzung mit der umfangreichen Literatur zur politischen Ökonomie – für die Belange dieser Untersuchung davon ausgegangen werden, dass der Gesetzgeber die Wohlfahrt der Gesellschaft maximieren will und somit die optimale Durchsetzung anstrebt.

bb. Zielsetzung des Durchsetzungsorgans

Da der Gesetzgeber nur die Rahmenbedingungen für die Durchsetzung setzen kann, die konkrete Durchsetzungstätigkeit jedoch dem zuständigen Durchsetzungsorgan obliegt, muss auch die Zielsetzung des Durchsetzungsorgans berücksichtigt werden.

Die optimale Durchsetzung wird unproblematisch erreicht, wenn man den Gesetzgeber und das Durchsetzungsorgan als eine Einheit betrachtet, zwischen der keine Divergenz der Interessen und der Ziele besteht.[758] Denn dann ergibt sich der Wille des öffentlichen Durchsetzungsorgans zur optimalen Durchsetzung bereits aus seinem eigenen Ziel der Wohlfahrtsmaximierung.[759]

(1) Eigennützige Ziele

Die ökonomische Theorie betrachtet den Staat und seine Untergliederungen jedoch als juristische Fiktion und versucht das Verhalten des Staats dadurch vorherzusagen, dass die einzelnen Entscheidungsträger innerhalb der Organisation und deren Verhalten betrachtet werden.[760] Daher berücksichtigt die ökonomische Theorie der öffentlichen Durchsetzung auch, dass die Interessen des öffentlichen Durchsetzungsorgans von denen des Gesetzgebers abweichen können. Folglich wird es fraglich, ob die Budgethoheit und die entsprechenden Kontrollrechte des Gesetzgebers ausreichen, um auf das Durchsetzungsverhalten des öffentlichen Durchsetzungsorgans so einzuwirken, dass

[757] Friedman, Journal of Political Economy 1999, vol. 107, S. 259 ff., 262; Garoupa/Klerman, American Law & Economics Review 2002, vol. 4, S. 116 ff., 117.

[758] Allgemein hierzu siehe Becker/Stigler, Journal of Legal Studies 1974, vol. 3, S. 1 ff.; Landes/Posner, Journal of Legal Studies 1975, vol. 4, S. 1 ff.; Polinsky, Journal of Legal Studies 1980, vol. 9, S. 105 ff.

[759] Veljanovski, in: Hawkins/Thomas, Enforcing Regulation, S. 171 ff., 175 geht vom Ziel der Kostenminimierung der Behörde aus.

[760] Zur öffentlichen Kartellrechtsdurchsetzung aus Sicht der Theorie der politischen Ökonomie siehe Gal, in: Hawk (Hrsg.), International Antitrust Law and Policy, Ch. 23, S..

neben der Sanktionshöhe auch die Überführungswahrscheinlichkeit entsprechend dem Ziel des Gesetzgebers optimal bestimmt werden kann. Denn die gesetzlich eingeräumten Befugnisse müssen von dem Durchsetzungsorgan mit den ihm zur Verfügung gestellten Mitteln auch tatsächlich ausgeübt werden, um in der Rechtswirklichkeit die Überführungswahrscheinlichkeit und damit das Durchsetzungsniveau zu beeinflussen. Hierzu ist neben der rechtlichen Möglichkeit auch der entsprechende Wille der Mitarbeiter erforderlich, die für das Durchsetzungsorgan tätig werden.

Grundsätzlich ist im Rahmen einer ökonomischen Analyse anzunehmen, dass jedes Durchsetzungsorgan bei seiner Durchsetzungstätigkeit eigennützige Interessen verfolgt.[761] Daher ist nicht zu erwarten, dass sich das Durchsetzungsorgan bei seiner Tätigkeit ohne weiteres loyal zu dem Ziel des Gesetzgebers verhält.[762]

Das eigennützige Ziel des öffentlichen Durchsetzungsorgans kann dabei vor allem in der Steigerung der eigenen Macht bzw. des eigenen Prestiges oder in der Minimierung des Arbeitsaufwands bestehen. Da auch Lobbygruppen auf das Verhalten des Durchsetzungsorgans einzuwirken versuchen, wird die Zielsetzung des öffentlichen Durchsetzungsorgans insgesamt von einem Bündel von Einflüssen bestimmt.[763] Die Möglichkeit zur Einflussnahme von Lobbygruppen auf das Verhalten des Durchsetzungsorgans ist jedoch bei sektorspezifisch tätigen Behörden regelmäßig größer als bei einem für sämtliche Wirtschaftsbereiche zuständigen Durchsetzungsorgan.[764]

Zusätzlich können auch die Interessen des einzelnen Mitarbeiters innerhalb des Durchsetzungsorgans von dem Ziel des Gesetzgebers und auch von dem Ziel des Durchsetzungsorgans abweichen. Die Zielsetzungen der einzelnen Mitarbeiter müssen bei der Analyse des Verhaltens des Durchsetzungsorgans ebenfalls berücksichtigt werden, da ihr Verhalten letztendlich das des Durchsetzungsorgans ausmacht.[765] Die Ziele der natürlichen Personen innerhalb einer Organisation können vielschichtig sein und wer-

---

761 McChesney, Georgetown Law Journal 1980, vol. 68, S. 1103 ff., 1108; siehe auch bereits Niskanen, American Economic Review 1968, vol. 58, S. 293 ff., 293.

762 Jost, Effektivität von Recht, S. 271; Viscusi/Vernon/Harrington, Economics of Regulation and Antitrust, S. 38 bezeichnen eine andere Vorstellung als naiv.

763 Siehe Gal, in: Hawk (Hrsg.), International Antitrust Law and Policy, Ch. 23, S. 1 ff. zu diesem Einfluss auf die Kartellrechtsdurchsetzung; Viscusi/Vernon/Harrington, Economics of Regulation and Antitrust, S. 38 ff. stellen verschiedene ökonomische Modelle der Anreizstruktur eines öffentlichen Durchsetzungsorgans dar, verweisen im Ergebnis jedoch auch auf die Vielzahl von Einflussfaktoren.

764 Baker, The Journal of Economic Perspectives 2003, vol. 17, S. 27 ff., 41 f.

765 Jost, Effektivität von Recht, S. 271.

den sich auch von Person zu Person unterscheiden. Allerdings lassen sich allgemeine Ziele ausmachen, die häufig anzutreffen sind: So beschreibt beispielsweise *Posner* das Ziel von Richtern bei der Erfüllung ihrer Aufgaben allgemein mit der Maximierung ihres Einkommens, ihrer Freizeit und ihres Prestiges,[766] was dem Ziel von Mitarbeitern in einem öffentlichen Durchsetzungsorgan weitestgehend ähneln dürfte.

(2) Kontrolle des Durchsetzungsorgans

Infolge dieser Divergenz zwischen den Zielen des Gesetzgebers und den Zielen des Durchsetzungsorgans sowie seiner Mitarbeiter macht die ökonomische Theorie der öffentlichen Durchsetzung ein typisches Prinzipal-Agenten-Problem bei der öffentlichen Durchsetzung aus.[767] Dieses Problem ist der ökonomischen Theorie aus anderen Bereichen bekannt, so dass die dort gefundenen Ergebnisse zur Lösung des Problems herangezogen werden. Um dieses Prinzipal-Agenten-Problem zu lösen, muss der Gesetzgeber ein System schaffen, das die Zielsetzungen des Durchsetzungsorgans und des Gesetzgebers in Einklang miteinander bringt: So kann der Gesetzgeber insbesondere dadurch Einfluss auf die Zielsetzung des Durchsetzungsorgans und seiner Mitarbeiter ausüben, dass er den Verfahrenrahmen, in dem das Organ arbeitet, so ausgestaltet, dass ein Abweichen vom Ziel des Gesetzgebers schwierig ist. Ferner kann der Gesetzgeber das Budget des Durchsetzungsorgans[768] und die Entlohnung der Mitarbeiter in einer Weise regeln, die Anreize für das Durchsetzungsorgan schafft, seine Zielsetzung der des Gesetzgebers anzunähern.[769] Dies kann durch die Sanktionierung von abweichendem Verhalten des Durchsetzungsorgans geschehen, beispielsweise durch disziplinarrechtliche Maßnahmen gegen einen einzelnen Mitarbeiter, der bei seiner Durchsetzungsaktivität den Zielsetzungen des Gesetzgebers zuwider gehandelt hat.[770] Ebenso ist an eine Zuständigkeitsverschiebung zum Nachteil des Durchsetzungsorgans

---

766 Posner, Economic Analysis, S. 524; ausführlich zur Anreizstruktur von Richtern Posner, Supreme Court Economic Review 1993, vol. 3, S. 1 ff.; zur Anreizstruktur von Behörden aus ökonomischer Sicht Niskanen, American Economic Review 1968, vol. 58, S. 293 ff.

767 Garoupa/Jellal, European Journal of Law and Economics 2002, vol. 14, S. 5 ff.; allgemein zu Prinzipal-Agenten-Problemen innerhalb des Staats siehe Richter/Furubotn, Neue Institutionenökonomik, S. 54 f.

768 Das Budget muss ausreichend sein, um den Einsatz genügender Durchsetzungsressourcen zu ermöglichen; teilt der Gesetzgeber dem Durchsetzungsorgan ein zu geringes Budget zu, kann die optimale Durchsetzung nicht erreicht werden, was dem Gesetzgeber lediglich bei politisch unattraktiven Aufgaben recht sein kann, siehe Thymm, Kontrollproblem der Stiftung,.

769 Gerber, European Competition Law Review 2001, vol. 22, S. 122 ff., 129; Schwartz, Georgetown Law Journal 1980, vol. 68, S. 1075 ff., 1093 Fn. 62; für ein ökonomisches Modell des Prinzipal-Agenten-Problems bei unvollständiger Überprüfbarkeit des Verhaltens des Durchsetzungsorgans siehe Besanko/Spulber, Journal of Law, Economics and Organization 1989, vol. 5, S. 25 ff.

770 Für ein ökonomisches Modell der Sanktionierung von Mitarbeitern des Durchsetzungsorgans siehe Becker/Stigler, Journal of Legal Studies 1974, vol. 3, S. 1 ff., 6 ff.

zu denken, das seine Durchsetzungsaufgabe entgegen den Zielen des Gesetzgebers ausgeübt hat. Hierzu ist der Aufbau eines Systems zur internen Überwachung des Verhaltens des Durchsetzungsorgans und seiner Mitarbeiter erforderlich, das zu Kosten führt, die von der ökonomischen Theorie der öffentlichen Durchsetzung als Transaktionskosten bezeichnet werden.[771] Als Alternative zu dieser repressiven Überwachung wird in der ökonomischen Literatur teilweise eine überdurchschnittliche oder eine erfolgsabhängige Entlohnung[772] der zur Durchsetzung zuständigen Mitarbeiter genannt, die beispielsweise in einem prozentualen Teil der verhängten Sanktion bestehen kann.[773]

Aus diesen Mitteln zur Anreizsetzung und zur Kontrolle des Verhaltens des Durchsetzungsorgans folgert die ökonomische Theorie der öffentlichen Durchsetzung überwiegend, dass es dem Gesetzgeber zumeist gelingen wird, das Verhalten des Durchsetzungsorgans in seinem Sinne zu beeinflussen, so dass auch das Durchsetzungsorgan und seine Mitarbeiter das Ziel einer optimalen Durchsetzung verfolgen.[774] Demgemäß besitzt der Gesetzgeber nach der ökonomischen Theorie bei der öffentlichen Durchsetzung einen starken Einfluss auf den erwarteten Sanktionswert und damit auf die Abschreckungswirkung, da neben der Sanktion auch die Überführungswahrscheinlichkeit als anderer Faktor des erwarteten Sanktionswerts beeinflussen werden kann.

b. Flexibilität des Durchsetzungssystems

Die ökonomische Theorie der öffentlichen Durchsetzung hebt ferner hervor, dass die öffentliche Durchsetzung von einem hohen Maß an Flexibilität bei der Durchsetzung geprägt ist. So kann das jeweilige Durchsetzungsniveau einfach verändert werden (zu aa.), und auch die Durchsetzung im Einzelfall kann dank des verwaltungsrechtlichen Ermessens flexibel gestaltet werden (zu bb.).

---

771 Richter/Furubotn, Neue Institutionenökonomik, S. 55.

772 Becker/Stigler, Journal of Legal Studies 1974, vol. 3, S. 1 ff., 6 f., zeigen in ihrem Modell als Alternative zu einer vollständigen Überwachung die überdurchschnittliche Bezahlung der Mitarbeiter auf, da die Angst vor dem Verlust dieser höheren Einnahmen die Abschreckungswirkung der Sanktion der Entlassung auf die Mitarbeiter erhöht.

773 Zu den Vor- und Nachteilen der erfolgsabhängigen Belohung von Durchsetzungsagenten siehe Polinsky/Shavell, Journal of Public Economics 2001, vol. 81, S. 1 ff., 3, 22 f.; zu einer Anwendung eines allgemeinen Modells zu Verträgen mit Anreizwirkungen auf die Rechtsdurchsetzung siehe Harris/Raviv, The American Economic Review 1978, vol. 68, S. 20 ff., 28 f.

774 Veljanovski, in: Hawkins/Thomas, Enforcing Regulation, S. 171 ff., 175 geht vom Ziel der Kostenminimierung der Behörde aus; Besanko/Spulber, The Economic Journal 1989, vol. 99, S. 408 ff., 408 gehen vom Ziel der Maximierung der gesellschaftlichen Wohlfahrt aus.

aa. Bestimmung des Durchsetzungsniveaus

Die ökonomische Theorie der öffentlichen Durchsetzung betont, dass bei der öffentlichen Durchsetzung die Möglichkeit besteht, das Durchsetzungsniveau flexibel zu verändern und an die aktuellen Gegebenheiten anzupassen. Diese Möglichkeit ergibt sich für den Gesetzgeber aus seiner Fähigkeit, durch die Anpassung des Budgets des Durchsetzungsorgans das Ausmaß der eingesetzten Durchsetzungsressourcen und damit die Überführungswahrscheinlichkeit für den Normverstoß zu bestimmen. Die Veränderung des Budgets kann dabei jährlich bei der Verabschiedung des Haushalts geschehen, ohne dass eine Änderung der im Gesetz vorgesehenen Sanktion erforderlich wäre.[775] Diese Form der Beeinflussung ermöglicht dem Gesetzgeber zudem eine indirekte Kontrolle der Durchsetzungsaktivitäten des öffentlichen Durchsetzungsorgans, die bei der privaten Durchsetzung fehlt.[776]

Ferner muss das öffentliche Durchsetzungsorgan bei Verfolgung des Ziels der optimalen Durchsetzung nicht darauf achten, möglichst viele und möglichst hohe Sanktionen zu verhängen, um auf diesem Wege die Einnahmen aus seiner Durchsetzungstätigkeit zu erhöhen, da es hieraus keinen unmittelbaren Nutzen zieht. Dadurch wird die Durchsetzung flexibler, und es können auch solche gesellschaftlich verhinderungswürdigen Normverstöße verfolgt werden, bei denen die Kosten der Durchsetzung für das Durchsetzungsorgan die Höhe der schließlich verhängten Sanktion übersteigt.[777]

bb. Ermessen

Ein weiteres von der ökonomischen Theorie der Rechtsdurchsetzung hervorgehobenes Charakteristikum der öffentlichen Durchsetzung, das zur Flexibilität beiträgt, ist das verwaltungsrechtliche Institut des Ermessens.

Häufig wird dem öffentlichen Durchsetzungsorgan von der durchzusetzenden Norm ein Spielraum bei der Entscheidung eingeräumt, ob ein Normverstoß im Einzelfall verfolgt und sanktioniert werden soll.[778] Dies geschieht regelmäßig auf der Rechtsfolgenseite der Norm (Ermessen im rechtstechnischen Sinne), indem das Ob der Sanktion

[775] Allgemein zu diesem Problem Stigler, Journal of Political Economy 1970, vol. 78, S. 526 ff., 534 f.

[776] Allgemein zur staatliche Kontrolle eines öffentlichen Durchsetzungsorgans Landes/Posner, Journal of Legal Studies 1975, vol. 4, S. 1 ff., 39 f.

[777] Allgemein Landes/Posner, Journal of Legal Studies 1975, vol. 4, S. 1 ff., 15.

[778] Für ein ökonomisches Modell des Ermessens siehe Fenn/Veljanovski, The Economic Journal 1988, vol. 98, S. 1055 ff.; zum Ermessen der Kommission bei der Verhängung von Geldbußen Furse, European Competition Law Review 1995, vol. 16, S. 110 ff.

(Entschließungsermessen) oder die Auswahl zwischen verschiedenen Sanktionen (Auswahlermessen) der pflichtgemäßen Entscheidung des Durchsetzungsorgans überlassen bleibt. In Normbereichen, in denen die Durchsetzung ausschließlich öffentlich ist, ermöglicht die Ausübung von Ermessen eine Auswahl der verfolgten Normverstöße: Verhaltensweisen, die nach dem – unvermeidlich ungenauen – Wortlaut der Norm als Verstöße zu qualifizieren wären, aber gesellschaftlich nicht verhinderungswürdig sind, müssen von dem öffentlichen Durchsetzungsorgan, das den Zweck der jeweiligen Norm berücksichtigen kann, nicht verfolgt und sanktioniert werden.[779] Daher können Schwächen und Ineffizienzen des Gesetzes, die mit der Komplexität der Norm zusammenhängen, durch die Ausübung von Ermessen entschärft werden, indem das öffentliche Durchsetzungsorgan den der Norm zugrunde liegenden Zweck bei der Durchsetzung berücksichtigt.[780]

Die Kehrseite dieser Flexibilität bei der Durchsetzung ist das geringere Maß der Kontrollierbarkeit des Durchsetzungsverhaltens der öffentlichen Durchsetzungsagenten. Denn eine Ermessensentscheidung unterliegt nur in beschränktem Maße der gerichtlichen Kontrolle. Angesichts der oben beschriebenen Eigeninteressen der einzelnen Mitarbeiter der Durchsetzungsorgane ergibt sich daher die Gefahr der Verfolgung eigener Interessen und von Korruption, die bei jeder Delegation von Durchsetzungsmacht zumindest latent existiert.[781] Dieser Effekt des Ermessens muss bei der Bewertung der öffentlichen Durchsetzung berücksichtigt werden, kann allerdings durch interne Verfahrensregeln und Überwachungsmaßnahmen regelmäßig unter Kontrolle gebracht werden.

2. Charakteristika der öffentlichen Durchsetzung von Art. 81 EG durch die Kommission

Die öffentliche Durchsetzung von Art. 81 EG durch die Kommission unterscheidet sich punktuell von dem soeben geschilderten Bild, das die ökonomische Theorie von der öffentlichen Durchsetzung einer Norm hat. Dies gilt vor allem für die Möglichkeit zur Bestimmung des Durchsetzungsniveaus (zu a.), während das Maß an Flexibilität der Durchsetzung auch bei Art. 81 EG hinreichend groß ist (zu b.).

---

779 Landes/Posner, Journal of Legal Studies 1975, vol. 4, S. 1 ff., 38 f; Schwartz, Georgetown Law Journal 1980, vol. 68, S. 1075 ff., 1093.

780 Schwartz, Georgetown Law Journal 1980, vol. 68, S. 1075 ff., 1093; Fenn/Veljanovski, The Economic Journal 1988, vol. 98, S. 1055 ff., 1069.

781 Mookherjee/Png, The Economic Journal 1995, vol. 105, S. 145 ff., 145.

a. Bestimmung des Durchsetzungsniveaus bei der öffentlichen Durchsetzung von Art. 81 EG

Auch bei der Untersuchung der öffentlichen Durchsetzung von Art. 81 EG durch die Kommission ist die grundsätzliche Unterscheidung zwischen dem Gesetzgeber, der die Regeln des Durchsetzungssystems bestimmt, und dem öffentlichen Durchsetzungsorgan, das die tatsächliche Durchsetzung der Norm gemäß den Regeln des Durchsetzungssystems bewirken soll, sinnvoll. Denn nicht nur in Nationalstaaten, sondern auch in der Europäischen Gemeinschaft als supranationaler Gemeinschaft bestehen sowohl in der Funktion als auch in den Zielen Unterschiede zwischen dem Europäische Rat (im Folgenden "Rat"), der unter Mitwirkung des Europäischen Parlaments (im Folgenden "Parlament") für die Gemeinschaft Gesetze verabschiedet, auf der einen Seite und der Kommission, die als öffentliches Durchsetzungsorgan zur Durchsetzung von Art. 81 EG berufen ist, auf der anderen Seite.

Daher gilt auch bei der öffentlichen Durchsetzung von Art. 81 EG, dass die optimale Durchsetzung nach der ökonomischen Theorie nur dann erreicht wird, wenn Rat und Parlament einerseits das Ziel der optimalen Durchsetzung verfolgen und andererseits auch das Durchsetzungsverhalten der Kommission ihrem Ziel entsprechend beeinflussen können.

Aus den oben allgemein dargestellten Gründen wird man auch bei der öffentlichen Durchsetzung von Art. 81 EG davon ausgehen können, dass Rat und Parlament als Gesetzgeber eine optimale Rechtsdurchsetzung anstreben, da auch der Rat jedenfalls indirekt über die Wahlen in den Mitgliedsstaaten wie das Parlament einer demokratischen Kontrolle unterliegt.[782] Wie Rat und Parlament das Durchsetzungsverhalten der Kommission entsprechend dieser Zielsetzung beeinflussen können, hängt jedoch von ihrem Verhältnis zur Kommission (zu aa.) und von den Verhältnis der Kommission als Organ zu ihren Mitarbeitern ab (zu bb.).

aa. Verhältnis von Kommission und Rat/Parlament

Schwierigkeiten bei der Anwendung der ökonomischen Theorie auf die öffentliche Durchsetzung von Art. 81 EG bestehen angesichts der fehlenden Möglichkeit zur passgenauen Übertragung des Schemas der im Nationalstaat üblicherweise vorhandenen Organe auf die in der Europäischen Gemeinschaft existierenden Organe. Für die Belange der Untersuchung des Durchsetzungssystems von Art. 81 EG ist es jedoch

[782] Siehe bereits oben zu Kapitel 4B.I.1.a.aa., S. 189.

ausreichend, den Rat und das Parlament als die Organe anzusehen, die dem Gesetzgeber in einem Nationalstaat entsprechen, wie er von der ökonomischen Theorie der öffentlichen Durchsetzung verstanden wird. Die Kommission, die in der Gemeinschaft vielfältige Aufgaben – insbesondere auch als Hüterin der Verträge und im Gesetzgebungsverfahren – besitzt und daher weder mit den Verfassungsorganen im staatlichen Zusammenhang noch mit herkömmlichen Organen internationaler Organisationen zu vergleichen ist, soll hier dem Untersuchungsgegenstand entsprechend allein in ihrer Funktion als öffentliches Durchsetzungsorgan, das zur Verfolgung von Wettbewerbsverstößen zuständig ist, betrachtet werden. Die Aufgabe der Kommission zur Durchsetzung von Art. 81 EG ist ein Unterteil ihrer allgemeinen Verpflichtung aus dem EG-Vertrag, das ordnungsgemäße Funktionieren und die Entwicklung des Gemeinsamen Marktes zu gewährleisten, Art. 211 EG. Die Kommission ist als Kollegialorgan organisiert und besteht aus derzeit 25 Mitgliedern, die in voller Unabhängigkeit zum Wohl der Gemeinschaft ihre Aufgaben erfüllen (Art. 213 Abs. 2 EG) und ihre Entscheidung nach dem Mehrheitsprinzip treffen, Art. 219 EG.[783]

Bei der Betrachtung der öffentlichen Durchsetzung von Art. 81 EG aus dem Blickwinkel der ökonomischen Theorie ist wichtig, wie Rat und Parlament auf das Verhalten der Kommission Einfluss nehmen können. Denn diese Einflussnahmemöglichkeit befähigt sie, das Durchsetzungsverhalten der Kommission und damit das Niveau der öffentlichen Durchsetzung von Art. 81 EG entsprechend ihrem Ziel der optimalen Durchsetzung zu bestimmen.[784]

Trotz der Unabhängigkeit der Kommissionsmitglieder deutet sich in verschiedenen Regelungen an, dass die Kommission im Rahmen der Vorgaben des Rats (und des Parlaments) handelt.[785] So vermitteln die starke Stellung des Rats bei der Ernennung der Kommission (Art. 214 EG) und seine Möglichkeit, gemäß Art. 213 Abs. 2 EG die Anzahl der Kommissionsmitglieder zu ändern sowie gemäß Art. 210 EG die Bezüge und sonstige Vergütungen für die Mitglieder der Kommission festzusetzen, einen nicht unerheblichen Einfluss auf das Verhalten der Kommission. Ferner kann der Rat stets das Durchsetzungsverhalten der Kommission durch Antrag an den EuGH auf seine Rechtmäßigkeit kontrollieren lassen (Artt. 230, 232 EG) und im äußersten Fall auch

---

783 Siehe hierzu auch die Geschäftsordnung der Kommission vom 15. November 2005, ABl. 2005 Nr. L 347 S. 83 ff. vom 30. Dezember 2005.

784 Siehe bereits oben zu Kapitel 4B.I.1.a., S. 189 ff.

785 Oppermann, Europarecht, § 5 Rn. 102.

die Amtsenthebung der Kommission vor dem EuGH beantragen (Art. 216 EG).[786] Schließlich kann der Rat auch durch seine starke Position bei der Festsetzung des Haushalts der Gemeinschaft, der auch die Verwaltungskosten und damit das Budget der Kommission umfasst, das Verhalten der Kommission beeinflussen.[787]

Darüber hinaus besitzt auch das Parlament gewisse Möglichkeiten, das Verhalten der Kommission zu kontrollieren und zu beeinflussen. So kann das Parlament gemäß Art. 197 Abs. 3 EG stets schriftliche und mündliche Anfragen an die Kommission richten. Es erörtert ferner den jährlichen Gesamtbericht der Kommission (Art. 200 EG) und muss auch zur Ernennung der Kommission seine Zustimmung erteilen (Art. 214 Abs. 2 UAbs. 3 EG). Vor allem aber besitzt das Parlament das Recht, durch einen Misstrauensantrag gemäß Art. 201 EG die Mitglieder der Kommission dazu zwingen, ihr Amt niederzulegen,[788] wodurch ein starker politischer Druck auf die Kommission ausgeübt werden kann, wenn das Parlament mit der Aufgabenerfüllung der Kommission nicht einverstanden ist.

Schließlich sehen die Verfahrensregeln, die für das Durchsetzungsverhalten der Kommission gelten, verschiedene Beteiligungs- und Anhörungsrechte (z.B. für die Mitgliedsstaaten im Beratenden Ausschuss, Art. 14 VO 1/03) vor, die es der Kommission erschweren, andere als die im Gesetz vorgesehenen Aspekte bei ihrer Tätigkeit zu berücksichtigen.

Durch diese Instrumente können Rat und Parlament das Verhalten der Kommission bei der Durchsetzung von Art. 81 EG – wenngleich ein unmittelbarer Eingriff in das konkrete Durchsetzungsverfahren nicht möglich ist – zumindest indirekt beeinflussen. Die Möglichkeit zur Einflussnahme ist dabei nur weniger schwächer ausgeprägt als bei einem Gesetzgeber im Nationalstaat gegenüber dem zur Rechtsdurchsetzung berufenen Ministerium. Daher können Rat und Parlament das Durchsetzungsniveau bei der öffentlichen Durchsetzung von Art. 81 EG zwar geringfügig weniger genau festlegen als von der ökonomischen Theorie erwartetet. Der verbleibende Unterschied dürfte jedoch nicht so erheblich sein, dass er das Ergebnis hinsichtlich der Bestimmung der

[786] Streinz, Europarecht, Rn. 294 hält u.a. diese Instrumente für die wichtigsten bei der Kontrolle der Kommission durch den Rat.
[787] Oppermann, Europarecht, § 11 Rn. 39 ff. weist auf die starke Position des Rates bei der Erstellung des Haushaltsplanes hin.
[788] Hierauf weist Oppermann, Europarecht, § 5 Rn. 102 besonders hin.

optimalen Durchsetzungsniveaus bei der öffentlichen Durchsetzung von Art. 81 EG beeinflussen würde.

Daher kann auch bei der öffentlichen Durchsetzung von Art. 81 EG davon ausgegangen werden, dass das Verhalten der Kommission als Kollegialorgan das Ziel der optimalen Durchsetzung verfolgt.

Bei der öffentlichen Durchsetzung von Art. 81 EG ist aber auch zu berücksichtigen, dass nach der VO 1/03 die mitgliedstaatlichen Wettbewerbsbehörden eine wichtige Rolle bei der Verfolgung von Wettbewerbsverstößen zukommt.[789] Durch die – hier nicht näher betrachtete – Zuständigkeit verschiedener Wettbewerbsbehörden aus unterschiedlichen Mitgliedsstaaten vervielfältigen sich die entsprechenden Prinzipal-Agenten-Verhältnisse, so dass die Einflussnahme auf das Durchsetzungsverhalten bei der öffentlichen Durchsetzung schwieriger wird. Um dieses Problem abzumildern, bemüht sich die Kommission, durch die Veröffentlichung von Bekanntmachungen und Leitlinien die Grundsätze der Kartellrechtsanwendung deutlich zu machen und so für die einheitliche Rechtsanwendung durch die verschiedenen mitgliedstaatlichen Wettbewerbsbehörden bei der öffentlichen Durchsetzung von Art. 81 EG zu sorgen.

bb. Verhältnis der Kommission als Organ zu ihren Mitarbeitern

Jedoch müssen auch bei der Untersuchung der öffentlichen Durchsetzung von Art. 81 EG die Möglichkeiten zur Einflussnahme der Kommission als Kollegialorgan auf den mit der tatsächlichen Durchsetzungstätigkeit beauftragten Fallbearbeiter in der zuständigen Generaldirektion Wettbewerb ausreichend sein, um das Ziel der optimalen Durchsetzung zu verwirklichen. Denn in diesem Innenverhältnis kann auch bei der öffentlichen Durchsetzung von Art. 81 EG das von der ökonomischen Theorie der öffentlichen Durchsetzung beschriebene Prinzipal-Agenten-Problem bestehen, wenn der Fallbearbeiter andere Zielsetzungen verfolgt als die Kommission als Kollegialorgan.

In diesem Verhältnis zwischen Kommission und ihren Mitarbeitern bestehen jedoch auch bei der Durchsetzung von Art. 81 EG die üblichen Mittel zur Kontrolle und Überwachung des Verhaltens der einzelnen Mitarbeiter, wie sie von der ökonomischen Theorie der öffentlichen Durchsetzung dargestellt werden.[790] Denn im Innenverhältnis ist die Kommission mit der Generaldirektion Wettbewerb als dem zur Durchsetzung

[789] Siehe bereits oben zu Kapitel 3B.I.1, S. 56.
[790] Siehe beretis oben zu Kapitel 4B.I.1.a.bb(2), S. 192.

von Art. 81 EG zuständigen Unterbau hierarchisch strukturiert, was sich insbesondere in dem Weisungsrecht des zuständigen Kommissionmitglieds gegenüber den Mitarbeitern in der Generaldirektion, die den einzelnen Fall bearbeiten, zeigt.[791]

Infolge dieser hierarchischen Struktur der Kommission im Innenverhältnis kann entsprechend den Ergebnissen der ökonomischen Theorie der öffentlichen Durchsetzung davon ausgegangen werden, dass ausreichend Instrumente zur Verfügung stehen, um das Verhalten der Mitarbeiter der Generaldirektion Wettbewerb bei der öffentlichen Durchsetzung von Art. 81 EG auf eine Linie mit der Zielsetzung der optimalen Durchsetzung der Kommission zu bringen.

Somit kann im Ergebnis auch bei der öffentlichen Durchsetzung von Art. 81 EG durch die Kommission entsprechend der ökonomischen Theorie der öffentlichen Durchsetzung davon ausgegangen werden, dass dank der Möglichkeiten zur Einflussnahme auf das Durchsetzungsverhalten der Kommission – mögen sie auch nur indirekt sein – das Ziel der optimalen Durchsetzung verfolgt wird.

b. Flexibilität der öffentlichen Durchsetzung von Art. 81 EG

Hinsichtlich der Flexibilität der öffentlichen Durchsetzung, wie sie von der ökonomischen Theorie hervorgehoben wird,[792] ergeben sich bei der öffentlichen Durchsetzung von Art. 81 EG durch die Kommission keine Besonderheiten. Denn die Kommission verfügt insbesondere über einen gewissen Ermessensspielraum, der von den Gemeinschaftsgerichten anerkannt ist und eine flexible Durchsetzung ermöglicht.

3. Funktionen der öffentlichen Durchsetzung

Abschließend soll nun noch kurz auf die Funktionen der öffentlichen Durchsetzung eingegangen werden, die insbesondere die Abschreckung normwidrigen Verhaltens (zu a.), daneben aber auch andere Zwecke erfassen (zu b.).

a. Abschreckungsfunktion

Die grundlegende Funktion der öffentlichen Durchsetzung besteht darin, die Befolgung des Normbefehls durch die Normadressaten sicherzustellen. Zu diesem Zweck sorgt die öffentliche Durchsetzung für eine ausreichende Abschreckungswirkung auf

---

791 Siehe Art. 19 Abs. 2 der Geschäftsordnung der Kommission vom 15. November 2005, ABl. 2005 Nr. L 347 S. 83 ff. vom 30. Dezember 2005; Streinz, Europarecht, Rn. 349.

792 Siehe oben zu Kapitel 4B.I.1.b., S. 193 ff.

die Normadressaten, indem das öffentliche Durchsetzungsorgan genügend Ressourcen in die Aufdeckung und Verfolgung der Verstöße investiert. Denn nur durch die tatsächliche Durchsetzung der angedrohten Sanktion kann der mit der jeweiligen Norm verfolgte Zweck auch in der Rechtspraxis verwirklicht werden.[793]

In Verbindung mit dem Schutzzweck der durchzusetzenden Norm besitzt die öffentliche Durchsetzung von Art. 81 EG mithin die Funktion, das öffentliche Interesse an einem unbeschränkten Wettbewerb dadurch zu wahren, dass durch die Androhung von Sanktionen und die Investition in die Aufdeckung von Normverstößen die Normadressaten von einem Verstoß abgeschreckt werden.[794] Daher ist die öffentliche Durchsetzung von Art. 81 EG ein wichtiges Instrument, um wettbewerbswidrige Praktiken zu unterbinden und andere Marktteilnehmer vor den hiermit verbundenen Schäden zu schützen und letztendlich eine wettbewerbsfähige Wirtschaft zu schaffen und zu erhalten.[795]

Folglich ist die Abschreckung von Wettbewerbsverstößen die zentrale Funktion der öffentlichen Durchsetzung von Art. 81 EG.

b. Weitere Funktionen

Neben der grundlegenden Abschreckungsfunktion wird auch auf die rechtsfortbildende Wirkung der öffentlichen Durchsetzung verwiesen.[796] Öffentliche Durchsetzungsorgane können sich bei ihrer Auswahl der von ihnen verfolgten Fällen teilweise auch von dem Gedanken der Rechtsfortbildung leiten lassen und daher auch wirtschaftlich uninteressante, aber rechtlich bedeutsame Fälle behandeln. Hierbei müssen die öffentlichen Durchsetzungsorgane nicht allein die Erfolgsaussichten ihres Falles berücksichtigen, sondern können auch darauf abstellen, dass die Durchsetzungstätigkeit im Einzelfall die zugrunde liegende Problemfrage durch eine behördliche oder gerichtliche Entscheidung einer Klärung zuführen kann, die für eine Vielzahl weiterer Fälle von Bedeutung ist. Hierfür ist die mit Art. 10 VO 1/03 eingeführte Entscheidungsform der Feststellung der Nichtanwendbarkeit durch die Kommission, die aus Gründen des öffentlichen Interesses ergehen kann, ein gutes Beispiel.

---

793 Siehe bereits oben zu Kapitel 1C.II., S. 8.
794 Hempel, Privater Kartellrechtsschutz, S. 236.
795 Kommission, Grünbuch Private Durchsetzung, S. 3.
796 Hempel, Privater Kartellrechtsschutz, S. 236 f.

Daneben können bei der öffentlichen Durchsetzung auch wirtschaftspolitische Gesichtspunkte berücksichtigt werden, da das öffentliche Durchsetzungsorgan nicht auf Einnahmen aus seiner Durchsetzungstätigkeit angewiesen ist und ein entsprechendes Ermessen bei der Durchsetzung besitzt.[797]

4. Zusammenfassung zur öffentlichen Durchsetzung

Die ökonomische Theorie der öffentliche Durchsetzung hebt neben ihrer Abschreckungsfunktion allgemein hervor, dass der Gesetzgeber eine starke Einflussnahmemöglichkeit auf das Durchsetzungsergebnis besitzt, da er neben der Sanktion auch das Ausmaß der eingesetzten Durchsetzungsressourcen über das Budget des Durchsetzungsorgans beeinflussen kann. Dies gilt auch mit kleineren Einschränkungen bei der öffentlichen Durchsetzung von Art. 81 EG durch die Kommission, da Rat und Parlament auf das Verhalten der Kommission in der dargestellten Weise Einfluss nehmen können. Ferner verweist die ökonomische Theorie der öffentlichen Durchsetzung auf das hohe Maß an Flexibilität der Durchsetzung, das aus dem fehlenden Zwang zur Profitmaximierung sowie aus dem verwaltungsrechtlichen Ermessen folgt und auch bei der öffentlichen Durchsetzung von Art. 81 EG durch die Kommission vorhanden ist.

Auf die mit der öffentlichen Durchsetzung verbundenen gesellschaftlichen Kosten soll ausführlich bei dem Vergleich der Durchsetzungsformen eingegangen werden.[798]

II. Private Durchsetzung

Nun soll die private Durchsetzung unter Berücksichtigung der Erkenntnisse der rechtsökonomischen Theorie der Rechtsdurchsetzung dargestellt werden. Hierzu sollen wiederum die rechtsökonomischen Charakteristika der privaten Durchsetzung dargestellt werden (zu 1.), bevor auf ihre Funktionen einzugehen ist (zu 2.).

1. Charakteristika der privaten Durchsetzung

Das Ziel des Gesetzgebers besteht bei einer rechtsökonomischen Betrachtung auch in einem System der privaten Durchsetzung darin, das gesellschaftlich optimale Durchsetzungsniveau zu erreichen. Der Gesetzgeber muss bei der privaten Durchsetzung daher die Verhaltensmuster der privaten Durchsetzungsagenten betrachten (zu a.) und deren Verhalten so beeinflussen, dass die optimale Durchsetzung erreicht wird (zu b.).

---

[797] Hempel, Privater Kartellrechtsschutz, S. 237 verweist insoweit auf die fusionskontrollrechtliche Ministererlaubnis (§ 42 GWB) im deutschen Kartellrecht.

[798] Siehe hierzu unten zu Kapitel 5B.II, S. 261 ff.

a. Nutzenmaximierende Durchsetzung

Für die privaten Durchsetzungsagenten, die mit der erforderlichen Durchsetzungsbefugnis ausgestattet sind und ihre Ressourcen zur Durchsetzung einsetzen sollen, gilt die allgemeine Annahme der ökonomischen Theorie, dass sie rational handeln und ihren privaten Nutzen maximieren.[799] Private Durchsetzungsagenten betrachten also bei ihrer Durchsetzungsaktivität allein ihre private Kosten und ihren privaten Nutzen aus der Durchsetzung. Um ihren Netto-Nutzen zu maximieren, gestalten sie ihre Durchsetzungsaktivitäten für sich optimal und setzen folglich ihre Ressourcen nur soweit für die Rechtsdurchsetzung ein, als der für sie damit verbundene erwartete – private –Nutzen größer ist als die erwarteten – privaten – Kosten.[800] Daneben dürfen für die Durchsetzungsagenten keine anderen Verhaltensalternativen existieren, die ihnen einen größeren Netto-Nutzen bringen als der Einsatz eigener Durchsetzungsressourcen (siehe hierzu noch unten zu b.cc.).

Die privaten Kosten (zu aa.) und der private Nutzen der privaten Durchsetzungsagenten (zu bb.) sollen nun näher untersucht werden, um ihr privates optimales Durchsetzungsverhalten zu bestimmen (zu cc.).

aa. Private Kosten der Rechtsdurchsetzung

Die privaten Kosten der Durchsetzung für den Durchsetzungsagenten bestehen zum einen in den Kosten der Aufdeckung eines Normverstoßes, die ganz maßgeblich von der Verfügbarkeit der erforderlichen Informationen über den Normverstoß abhängen. Denn entsprechend den gesellschaftlichen Kosten der Aufdeckung bestehen auch die privaten Kosten der Durchsetzung zum größten Teil aus Kosten der Informationsgewinnung.[801] Daher sind die privaten Kosten der Durchsetzung geringer – und die private Durchsetzung erfolgreicher –, wenn der private Durchsetzungsagent die zum Nachweis eines Verstoßes gegen Art. 81 EG erforderlichen Informationen bereits besitzt oder diese einfach erlangen kann.

---

799 Friedman, Journal of Political Economy 1999, vol. 107, S. 259 ff., 262; siehe bereits oben zu Kapitel 4A.II.2., S. 153; nach Möschel, WuW 2007, S. 483 ff. ist die daraus resultierende Missbrauchsgefahr der stärkste Einwand gegen eine Verstärkung der privaten Durchsetzung im Kartellrecht.

800 Shavell, S. 390; siehe Landes/Posner, Journal of Legal Studies 1975, vol. 4, S. 1 ff., 3 ff. und Friedman, Journal of Legal Studies 1984, vol. 13, S. 379 ff., mit jeweils einem ökonomischen Modell der privaten Durchsetzung.

801 Zu den gesellschaftlichen Kosten der Aufdeckung siehe oben zu Kapitel 4A.IV.2.b.aa., S. 171.

Ferner entstehen dem privaten Durchsetzungsagenten weitere Kosten bei der gerichtlichen Verfolgung des Normverstoßes.[802] Diese umfassen neben den Prozesskosten und den Kosten der Rechtsberatung auch den Einsatz der eigenen Zeit, wobei diese Kosten insbesondere von der Größe und der Komplexität der Sache abhängen. Die Kosten der Aufdeckung und des Zeitaufwands muss der private Durchsetzungsagent stets tragen. Die Gerichtskosten und erstattungsfähige außergerichtliche Kosten der Rechtsberatung muss der private Durchsetzungsagent hingegen unter der zivilprozessualen Kostentragungsregel nur dann tragen, wenn er im Prozess unterliegt (§§ 91 ff. ZPO).[803] Sie sind daher mit der Wahrscheinlichkeit des Unterliegens im Prozess zu diskontieren.

Schließlich können dem privaten Durchsetzungsagenten weitere Kosten entstehen, wenn er wegen seiner Durchsetzungstätigkeit Vergeltungsmaßnahmen seitens des betroffenen Normadressaten befürchten muss.[804] Diese Vergeltung kann von der erlaubten und regelmäßig zu erwartenden Beendigung etwaiger Vertragsbeziehungen bis hin zu verbotenen Zwangsmitteln reichen, derer sich mafiaartige Vereinigungen häufig bedienen. Im Bereich von Art. 81 EG kommen diese Vergeltungsmaßnahmen insbesondere bei Vertikalbeschränkungen häufig vor, zumeist in Gestalt der Beendigung bestehender Geschäftsbeziehungen.[805]

bb. Privater Nutzen der Rechtsdurchsetzung

Der private Nutzen, den der private Durchsetzungsagent aus der Durchsetzung zieht, besteht in sämtlichen Vorteilen, die er aus der erfolgreichen Durchsetzung erhält.

Diese Vorteile des privaten Durchsetzungsagenten bestehen bei der Durchsetzung eines Schadensersatzanspruchs in dem Wert des Schadensersatzes, den der Normadressat an ihn leisten muss. Die Sanktion des Schadensersatzes begründet einen Vermögenstransfer vom Normadressaten zum privaten Durchsetzungsagenten und soll eine in der Vergangenheit liegende Beeinträchtigung ausgleichen. Der Schadensersatz und seine Auswirkungen auf das Verhalten der Durchsetzungsagenten sollen hier im Mittelpunkt der Betrachtung stehen, da der Schadensersatzanspruch – wie bereits dargestellt – das wohl wichtigste Mittel der privaten Durchsetzung von Art. 81 EG ist und

[802] Ein außergerichtlicher Vergleich, der die Kosten des gerichtlichen Verfahrens vermeidet, soll hier nicht näher betrachtet werden, siehe hierzu Shavell, Economic Analysis of Law, Shavell, S. 401 ff.
[803] Siehe hierzu bereits oben zu Kapitel 3C.II.6.e., S. 143.
[804] Wils, Optimal Enforcement, S. 18; Hempel, Privater Kartellrechtsschutz, S. 252.
[805] Siehe hierzu noch unten zu Kapitel 5B.I.2.b.bb(2)(d), S. 256.

den privaten Durchsetzungsagenten den größten Nutzen aus der Durchsetzung bringt.[806]

Neben diesem Nutzen aus einer Sanktion, die der private Durchsetzungsagent erhält, kann jedoch auch die Aussicht auf das zukünftige Unterbleiben eines normwidrigen Verhaltens für den privaten Durchsetzungsagenten, der von diesem Verhalten unmittelbar beeinträchtigt wird, einen Nutzen bieten. Die erfolgreiche Durchsetzung eines Unterlassungsanspruchs kann dem privaten Durchsetzungsagenten auch einen weiteren wirtschaftlichen Nutzen bringen, der insbesondere in der Verbesserung der eigenen Marktposition durch die Schwächung eines Konkurrenten liegen kann.

Dieser Nutzen des privaten Durchsetzungsagenten begründet seinen Anreiz, eigene Ressourcen zur Durchsetzung einzusetzen. Dabei muss sämtlicher privater Nutzen mit der Wahrscheinlichkeit des Obsiegens in dem Verfahren und der Verhängung der erstrebten Sanktion diskontiert werden, um den erwarteten privaten Nutzen zu kalkulieren.

cc. Private optimale Durchsetzung

Der private Durchsetzungsagent vergleicht bei der Entscheidung, ob er einen Normverstoß verfolgen will, die für ihn damit verbundenen Kosten mit seinem erwarteten Nutzen. Dabei wird der private Durchsetzungsagent die Norm nur dann durchsetzen, wenn der in Aussicht stehende erwartete Nutzen aus der Durchsetzung die damit verbundenen erwarteten Kosten übersteigt.

(1) Konzentration auf die privaten Kosten und Nutzen

Die Konzentration auf das private Kosten-Nutzen-Verhältnis ist grundlegend für das Durchsetzungsverhalten der privaten Durchsetzungsagenten. Er führt zu einem für den privaten Durchsetzungsagenten optimalen Level an Durchsetzungsaktivitäten, bei dem seine marginalen Kosten seinem marginalen Nutzen aus der Durchsetzung entsprechen. Alle anderen Folgen seiner Durchsetzungstätigkeit, die den privaten Durchsetzungsagenten nicht selbst treffen, werden von den privaten Durchsetzungsagenten hingegen nicht berücksichtigt.[807]

---

[806] Siehe bereits oben zu Kapitel 3C.II., S. 93.

[807] Shavell, Economic Analysis of Law, Shavell, S. 391 ff.; Shavell, Journal of Legal Studies 1997, vol. 26, S. 575 ff., 578 f.

Die Fixierung auf die privaten Kosten und Nutzen der privaten Durchsetzungsagenten führt jedoch dazu, dass die private Durchsetzung nicht ohne weiteres die gesellschaftlich optimale Durchsetzung erreicht. Lediglich wenn die privaten Kosten und Nutzen des Durchsetzungsagenten mit den gesellschaftlichen Kosten und Nutzen vollständig korrelieren würden, würde die Durchsetzungsentscheidung nach dem privaten Kosten-Nutzen-Verhältnis zu einer gesellschaftlich effizienten Durchsetzung führen, die nur solche Normverstöße verfolgt, bei denen der gesellschaftliche Nutzen hieraus die gesellschaftlichen Kosten übersteigt.[808] Zwischen den privaten Kosten und Nutzen des Durchsetzungsagenten und den gesellschaftlichen Kosten und Nutzen besteht jedoch kein systematischer Zusammenhang.[809] So unterscheiden sich die privaten Kosten der gerichtlichen Verfolgung von den mit der Klage verbundenen gesellschaftlichen Kosten, und auch der Nutzen aus der erfolgreichen Durchsetzung unterscheidet sich für den Durchsetzungsagenten und für die Gesellschaft.[810]

(2) Folgen

Die Diskrepanz zwischen privaten und gesellschaftlich Kosten und Nutzen der Durchsetzung kann dazu führen, dass die Norm bei der privaten Durchsetzung im Vergleich zu dem gesellschaftlich optimalen Niveau in zu geringem Maß oder im Übermaß durchgesetzt wird: Da die privaten Durchsetzungsagenten ihren privaten Nutzen maximieren, ist es denkbar, dass sie mehr als das gesellschaftlich optimale Maß an Durchsetzungsressourcen einsetzen. Dies ist auch deshalb möglich, weil der Einsatz von Durchsetzungsressourcen bei der privaten Durchsetzung nicht durch ein bestimmtes Budget des Durchsetzungsagenten begrenzt ist, da dieser sich auf einem funktionierenden Kapitalmarkt die erforderlichen Mittel für seine Durchsetzungsmaßnahmen besorgen kann.[811] In diesem Fall wird in der ökonomischen Theorie von Überdurchsetzung der Norm gesprochen, weil die oberhalb des optimalen Niveaus liegende Durchsetzung höhere gesellschaftliche Kosten verursacht als sie gesellschaftlichen Nutzen in Gestalt der verringerten Schäden aus Normverstößen produziert.[812] Das Problem der Überdurchsetzung tritt allerdings nur dort auf, wo die Sanktion so ausgestaltet ist, dass sie einen zu starken positiven Anreiz auf die privaten Durchsetzungs-

---

808 Stephenson, Virginia Law Review 2005, vol. 91, S. 93 ff., 108.

809 Siehe Kaplow, Journal of Legal Studies 1986, vol. 15, S. 371 ff., zu dem Unterschied zwischen den privaten und den gesellschaftlichen Kosten der Durchsetzung.

810 Shavell, Journal of Legal Studies 1997, vol. 26, S. 575 ff., 588 f.; Stephenson, Virginia Law Review 2005, vol. 91, S. 93 ff., 115.

811 Landes/Posner, Journal of Legal Studies 1975, vol. 4, S. 1 ff., 37.

812 Siehe Landes/Posner, Journal of Legal Studies 1975, vol. 4, S. 1 ff., 10 ff. für eine ökonomische Darstellung des Problems der Überdurchsetzung.

agenten ausübt. Dies ist in dem bisher bestehenden System der Kartellrechtsdurchsetzung in der EG nicht der Fall, muss allerdings bei der Diskussion über die Einführung eines Strafschadensersatzes oder anderer verfahrensrechtlicher Erleichterungen, die den Anreiz zur Durchsetzung steigern sollen, berücksichtigt werden.[813]

Die weitaus realistischere Möglichkeit besteht darin, dass die private Durchsetzung zu einer zu geringen Durchsetzung führt, die das gesellschaftlich optimale Durchsetzungsniveau nicht erreicht (Unterdurchsetzung). Die Unterdurchsetzung einer Norm kann sich daraus ergeben, dass der in Aussicht gestellte Nutzen für den privaten Durchsetzungsagent angesichts seiner Durchsetzungskosten nicht groß genug ist, um ihm einen ausreichenden Anreiz zur Durchsetzung zu bieten. Dies wird insbesondere dann häufig der Fall sein, wenn die Kosten der Informationsgewinnung für den privaten Durchsetzungsagenten besonders hoch sind.

Insgesamt muss das Durchsetzungssystem diese möglichen Abweichungen der privaten Durchsetzung vom optimalen Durchsetzungsniveau bekämpfen, indem es auf die Kosten und den Nutzen der privaten Durchsetzungsagenten so Einfluss nimmt, dass die gesellschaftlich optimale Durchsetzung, die die gesellschaftlichen Kosten des Normverstoßes minimiert, erreicht wird.[814]

b. Einfluss des Durchsetzungssystems

Um auf die Kosten und den Nutzen der privaten Durchsetzungsagenten und damit auf ihren Anreiz zur Durchsetzung Einfluss zu nehmen, stehen dem Durchsetzungssystem prinzipiell zwei Variablen zur Verfügung, die Sanktion (zu aa.) und die Ausgestaltung des Verfahrensrechts (zu bb.). Daneben kann das Durchsetzungssystem aber auch die Existenz von Alternativen zum Einsatz eigener Durchsetzungsressourcen und damit den Anreiz der privaten Durchsetzungsagenten beeinflussen (zu cc.).

aa. Sanktion

Die Sanktion, die das Gesetz für den Normverstoß androht, stellt ein wichtiges Mittel zur Beeinflussung des Verhaltens der privaten Durchsetzungsagenten dar. Denn für die

---

[813] Kritisch zum Ausmaß der privaten Kartellrechtsdurchsetzung in den USA z.B. McCurdy, European Competition Law Review 2004, vol. 25, S. 509 ff., 515; Ginsburg, Journal of Competition Law and Economics 2005, vol. 1, S. 427 ff.; Kobayashi, George Mason University Working Paper 02-04, S.; a.A. Baker, The Journal of Economic Perspectives 2003, vol. 17, S. 27 ff., 41, der das Vorliegen einer Überdurchsetzung im US-amerikanischen Kartellrecht bezweifelt.

[814] Siehe Shavell, Journal of Legal Studies 1997, vol. 26, S. 575 ff., 586 f. zu prozessualen Regelungen zur Beeinflussung des Ausmaßes, in dem das Gerichtssystem in Anspruch genommen wird.

privaten Durchsetzungsagenten, die ihre Entscheidung zur Durchsetzung nach ihrem Kosten-Nutzen-Verhältnis treffen, stellt vor allem die Sanktion ihren privaten Nutzen aus der Durchsetzung dar, jedenfalls wenn die Sanktion – wie der Schadensersatz – in einem Transfer vom Normadressaten zum Durchsetzungsagent besteht. Daher kann das Durchsetzungssystem das Durchsetzungsverhalten der privaten Durchsetzungsagenten durch die Ausgestaltung der Art und der Höhe der Sanktion beeinflussen, da die Sanktion den Anreiz zur Durchsetzung darstellt.

Die Sanktion für den jeweiligen Normverstoß kann der Gesetzgeber unmittelbar in der Norm festlegen. Das Ausmaß der Durchsetzungsaktivitäten der privaten Durchsetzungsagenten kann der Gesetzgeber im Rahmen der privaten Durchsetzung damit jedoch nicht unmittelbar bestimmen. Lediglich mittelbar kann das Durchsetzungssystem über die Bestimmung der Sanktion Einfluss auf das Durchsetzungsverhalten der privaten Durchsetzungsagenten nehmen, da ihr Anreiz auch von anderen Faktoren abhängt.

Hieraus entstehen große Schwierigkeiten für den Gesetzgeber, der bei der privaten Durchsetzung nur die Sanktion bestimmen kann, um das optimale Durchsetzungsniveau zu erreichen.[815] Das Problem besteht darin, dass die Sanktion den Anreiz für die privaten Durchsetzungsagenten beeinflusst. Hierdurch bestimmt die Sanktion also das Maß der von den privaten Durchsetzungsagenten eingesetzten Durchsetzungsressourcen. Die Durchsetzungsressourcen bestimmen jedoch die Überführungswahrscheinlichkeit und damit die Abschreckungswirkung auf den Normadressaten.[816] Daher bestimmt die Sanktion sowohl den Anreiz der privaten Durchsetzungsagenten zur Durchsetzung der Norm als auch gleichzeitig den Anreiz der Normadressaten zur Normbefolgung (Abschreckung). Ein und dieselbe Sanktion kann aber regelmäßig diese beiden Aufgaben nicht gleichzeitig optimal erfüllen.[817] So führt eine erhöhte Sanktion zu einem stärkeren Anreiz für die privaten Durchsetzungsagenten, Ressourcen zur Durchsetzung einzusetzen. Dies erhöht dann die Überführungswahrscheinlichkeit, so dass die erwartete Sanktion und damit die Abschreckungswirkung auf den Normadressaten doppelt erhöht wird, nämlich durch die höhere Sanktion und durch die gleichzeitig

815 Wils, Optimal Enforcement, S. 18.

816 Schwartz, Georgetown Law Journal 1980, vol. 68, S. 1075 ff., 1092 f.

817 Friedman, Journal of Legal Studies 1984, vol. 13, S. 379 ff., 395; Polinsky, Georgetown Law Journal 1986, vol. 74, S. 1231 ff., 1234 f. schlägt unter Verweis auf Schwartz, Georgetown Law Journal 1980, vol. 68, S. 1075 ff., daher vor, dem privaten Durchsetzungsagenten mehr zu geben, als der verurteilte Normadressat als Sanktion leisten muss ("decoupling").

höhere Überführungswahrscheinlichkeit.[818] Daher wird die Steuerung des Durchsetzungsniveaus für den Gesetzgeber bei der privaten Durchsetzung komplizierter und das Erreichen des Optimums schwieriger.[819]

bb. Ausgestaltung des Verfahrensrechts

Das Durchsetzungssystem kann das Ausmaß der von den privaten Durchsetzungsagenten eingesetzten Durchsetzungsressourcen und damit das Durchsetzungsniveau außerdem durch die Ausgestaltung des Verfahrensrechts beeinflussen.

Denn das Verfahrensrecht beeinflusst die Kosten der Durchsetzung für die privaten Durchsetzungsagenten und mithin ihr Kosten-Nutzen-Verhältnis bei der Entscheidung über die Durchsetzung. Wenn das Verfahrensrecht die Klage privater Durchsetzungsagenten gegen Normadressaten durch bestimmte klägerfreundliche Regelungen erleichtert, verringern sich die privaten Durchsetzungskosten. Dadurch steigt der Anreiz der privaten Durchsetzungsagenten, vermehrt Ressourcen zur Durchsetzung einzusetzen. Hierdurch steigt dann die Überführungswahrscheinlichkeit und mithin die Abschreckungswirkung auf die Normadressaten.

Erschwert das Verfahrensrecht hingegen die prozessuale Anspruchsdurchsetzung, steigen die privaten Durchsetzungskosten und die private Durchsetzung erfolgt seltener. Durch die geringere Durchsetzungsaktivität sinkt die Überführungswahrscheinlichkeit und damit die Abschreckungswirkung der privaten Durchsetzung.

Das Durchsetzungssystem kann mithin die Durchsetzungsaktivität der privaten Durchsetzungsagenten auch durch die Ausgestaltung des Verfahrens beeinflussen. Dies kann durch Regelungen über das Verfahren und die Kostentragung sowie über die Beweislast und die Beweisstandards erfolgen, welche auf die privaten Kosten der Durchsetzung einwirken. Auf die einzelnen verfahrens- und beweisrechtlichen Erleichterungen bei der privaten Durchsetzung von Art. 81 EG, die bereits dargestellt wurden,[820] soll im Rahmen des Vergleichs der Durchsetzungsformen bei Art. 81 EG näher eingegangen werden.

---

818 Block/Sidak, Georgetown Law Journal 1980, vol. 68, S. 1131 ff., 1134 schlagen insoweit eine Begrenzung des Schadensersatzanspruchs vor; ähnlich Friedman, Journal of Legal Studies 1984, vol. 13, S. 379 ff., 395.

819 Polinsky/Shavell, American Law and Economics Review 2000, vol. 2, S. 223 ff., 236.

820 Siehe oben zu Kapitel 3C.II.6., S. 122.

cc. Existenz von Alternativen

Der Anreiz des privaten Durchsetzungsagenten zur Durchsetzung hängt neben dem Verhältnis seiner Kosten und seines Nutzens aus der Durchsetzung schließlich auch von der Existenz und dem Nutzen von Verhaltensalternativen ab, die ihm offen stehen. Ist der Netto-Nutzen aus diesen Verhaltensalternativen größer als sein Netto-Nutzen aus der Durchsetzung, wird der private Durchsetzungsagent dieses alternative Verhalten bevorzugen und daher nicht zur Durchsetzung aktiv werden. Das Durchsetzungssystem kann auf diese Anreizsituation insofern Einfluss nehmen, als es teilweise auf die Existenz und die Attraktivität der Verhaltensalternativen einwirken kann. Diese Verhaltensalternativen bestehen bei der privaten Durchsetzung von Art. 81 EG vor allem in einer Beschwerde an die Kommission (zu (1)) und in der Inaktivität im Vertrauen auf die Durchsetzungsaktivität anderer privater Durchsetzungsagenten (zu (2)).

(1) Beschwerde zur Wettbewerbsbehörde

Der private Durchsetzungsagent kann zunächst, statt eigene Ressourcen in die Aufdeckung eines Verstoßes gegen Art. 81 EG einzusetzen, eine Beschwerde bei der Kommission einreichen.[821] Alle zur Durchsetzung berechtigten privaten Durchsetzungsagenten besitzen das zum Einreichen einer Beschwerde erforderliche berechtigte Interesse und können damit Beschwerdeführer im Verfahren der öffentlichen Durchsetzung der Kommission sein.[822]

Der wesentliche Nutzen aus der Beschwerde besteht für den privaten Durchsetzungsagenten darin, dass er die Kosten der Aufdeckung und Verfolgung einsparen kann, da diese Durchsetzungsmaßnahmen auf die erfolgreiche Beschwerde von der Kommission mit ihren überlegenen Ermittlungsbefugnissen durchgeführt werden. Zwar kann der private Durchsetzungsagent als Beschwerdeführer in dem Verfahren vor der Kommission nicht den Ersatz seiner Schäden von dem Normadressaten erlangen, dies ist jedoch in einem zeitlich nachgelagerten Zivilprozess möglich, in dem er sodann auf die Ermittlungsergebnisse der Kommission zurückgreifen kann.

Wie das Durchsetzungssystem auf die Attraktivität dieser Verhaltensalternative einwirken kann, um den Anreiz der privaten Durchsetzungsagenten zur Durchsetzung zu

[821] Smith, Competition Law, Rn. 5.10.
[822] Siehe bereits oben zu Kapitel 3B.I.3.a., S. 62.

steigern, wird noch im Rahmen des Vergleichs der Durchsetzungsformen bei Art. 81 EG zu untersuchen sein.[823]

(2) Free-riding

Der privaten Durchsetzung ist ferner das so genannte Trittbrettfahrer-Problem (free-riding) immanent, wenn mehrere private Durchsetzungsagenten zur Durchsetzung befugt sind: Die Durchsetzungsaktivitäten eines einzelnen privaten Durchsetzungsagenten können positive Auswirkungen auf die übrigen privaten Durchsetzungsagenten haben. So kann die Durchsetzungsaktivität eines privaten Durchsetzungsagenten in einigen Fällen, insbesondere bei der Durchsetzung von Unterlassungsansprüchen, den Normadressaten bereits von dem Normverstoß abschrecken und damit die schädigende Wirkung des Normverstoßes auch zugunsten der übrigen privaten Durchsetzungsagenten verhindern. In anderen Fällen, insbesondere bei der Verfolgung von Schadensersatzansprüchen, kann die Verfolgung eines Normverstoßes die Informationslage der übrigen privaten Durchsetzungsagenten so verbessern, dass die spätere Anspruchsdurchsetzung nur geringere Kosten verursacht. Da die Durchsetzungsaktivitäten für jeden privaten Durchsetzungsagenten kostspielig sind, besteht immer ein Anreiz, die anderen privaten Durchsetzungsagenten die Durchsetzungsaktivitäten vornehmen zu lassen, um so von der erhöhten Abschreckung oder der verbesserten Informationslage zu profitieren, ohne eigene Ressourcen aufwenden zu müssen.[824] Dieser Anreiz zum free-riding reduziert den Einsatz von Durchsetzungsressourcen und dadurch auch die Abschreckungswirkung der privaten Durchsetzung.

Dieses grundsätzliche Problem der privaten Durchsetzung kann mit der Ausgestaltung des Durchsetzungssystems nur schwer beeinflusst werden, muss jedoch dennoch bei dem Vergleich der Durchsetzungsformen berücksichtigt werden.[825]

c. Zusammenfassung zu den Charakteristika der privaten Durchsetzung

Insgesamt ist die private Durchsetzung also durch die Konzentration der privaten Durchsetzungsagenten auf ihr privates Kosten-Nutzen-Verhältnis geprägt. Hieraus ergibt sich eine vergleichsweise geringere Einwirkungsmöglichkeit des Staats auf das Durchsetzungsergebnis, da das Durchsetzungssystem lediglich mittelbar über die

---

[823] Siehe unten zu Kapitel 5B.I.2.b.aa(1), S. 243.

[824] Siehe zu diesem Problem: Landes/Posner, Journal of Legal Studies 1975, vol. 4, S. 1 ff., 29.

[825] Siehe unten zu Kapitel 5B.I.2.b.aa(2), S. 246.

Sanktionierung und das Verfahrensrecht auf die für private Durchsetzungsagenten maßgebliche Anreizstruktur einwirken kann.

2. Funktionen der privaten Durchsetzung

Nachdem die Charakteristika der privaten Durchsetzung dargestellt worden sind, soll nun kurz auf die rechtlichen und ökonomischen Funktionen eines Systems der privaten Durchsetzung eingegangen werden. Die Funktionen der privaten Durchsetzung sind vielschichtig und bestehen vor allem im Individualschutz (zu a.), im Ausgleich erlittenen Unrechts (zu b.), aber auch in der Abschreckung normwidrigen Verhaltens (zu c.) und der Ergänzung der öffentlichen Durchsetzung (zu d.).

a. Individualschutzfunktion

Die aus rechtlicher Sicht vielleicht wesentlichste Funktion der privaten Durchsetzung ist – auch bei Art. 81 EG – der Individualschutz. Hiermit ist die vom Rechtssystem geschaffene Möglichkeit für den Einzelnen gemeint, seine eigenen Interessen gegen Beeinträchtigungen durch andere Rechtssubjekte zu verteidigen.[826] Indem das Rechtssystem den Geschädigten eigene Ansprüche zuerkennt, die sie gegen den Verantwortlichen durchsetzen können, vermittelt das Rechtssystem den Einzelnen eine wesentliche Möglichkeit, ihre eigenen Interessen mit den Mitteln des Rechts selbstbestimmt wahrzunehmen. Es ist auch Ausdruck der Handlungsfreiheit der Einzelnen und der auf Eigeninitiative aufbauenden Wirtschaftsordnung, wenn eine Norm von den Personen durchgesetzt wird, die infolge ihrer unmittelbaren Betroffenheit ein eigenes Interesse an der Normbefolgung durch die Normadressaten besitzen.[827] Daher kann die private Durchsetzung auch als Konkretisierung des Subsidiaritätsprinzips angesehen werden, da ein Eingreifen des Staats solange nicht erforderlich ist, wie Private ihre Ansprüche gegen Normadressaten effektiv durchsetzen und damit die Einhaltung der Norm sicherstellen können.[828]

b. Ausgleichsfunktion

Daneben hat die private Durchsetzung im Wege der Geltendmachung von Schadensersatzansprüchen die Funktion, erlittene Schäden bei den Geschädigten auszugleichen. So soll der Schadensersatzanspruch gemäß § 33 Abs. 2 GWB bei der privaten Durch-

---

[826] Bundeskartellamt, Diskussionspapier Private Durchsetzung, S. 2.

[827] Hempel, Privater Kartellrechtsschutz, S. 239 spricht von der "Selbsthilfefunktion" der privaten Durchsetzung.

[828] Linder, Kartellrechtliche Privatklage, S. 57 f.

setzung den Schaden kompensieren, den ein Normadressat mit dem Verstoß gegen Art. 81 EG bei dem Geschädigten verursacht hat.[829] Diese Ausgleichsfunktion ist grundlegend für das deutsche Schadensersatzrecht.[830]

Bei einer streng ökonomischen Betrachtung, die maßgeblich auf die Abschreckungswirkung der Sanktion abstellt, ist die Kompensation erlittener Schäden als reiner Transfer von Vermögen allerdings grundsätzlich unerheblich.[831] Denn dieser tatsächliche Transfer betrifft allein die Distribution des Vermögens zwischen den Beteiligten. Aus ökonomischer Sicht wichtig sind allein die präventiven Auswirkung des Schadensersatzes auf das Verhalten der Individuen, also die Abschreckungswirkung auf den Normadressaten (hierzu sogleich zu c.) und der Anreiz für private Durchsetzungsagenten.

Gleichwohl wird es in der Gesellschaft als ein Gebot der Gerechtigkeit angesehen, dass derjenige, der durch einen anderen geschädigt wird, von diesem Ersatz des erlittenen Schadens verlangen kann.[832] Daher würde ein Durchsetzungssystem, das keine solche Möglichkeit zum Ausgleich von Schäden vorsieht, von der Gesellschaft als unfair angesehen werden und nicht funktionsfähig sein.[833] Wegen dieser Bedeutung der Kompensation von Schäden im Wege der privaten Durchsetzung muss die Ausgleichsfunktion der privaten Durchsetzung auch bei einer rechtsökonomischen Betrachtung Berücksichtigung finden.[834] Schadensersatzansprüche können bei vorsätzlichen unerlaubten Handlungen zudem auch bei einer rein ökonomischen Betrachtung Vorteile bieten, die darin bestehen, dass die Aussicht auf Ersatz des erlittenen Schadens den

829 Wils, Optimal Enforcement, S. 21; Hempel, Privater Kartellrechtsschutz, S. 237; Linder, Kartellrechtliche Privatklage, S. 55 f.

830 Siehe bereits oben zu Kapitel 3C.II.4.a., S. 109.

831 Wils, Optimal Enforcement, S. 21; Schwartz, Georgetown Law Journal 1980, vol. 68, S. 1075 ff., 1086 f. weist darauf hin, dass der Ausgleich jedenfalls dann erstrebenswert ist, wenn der Geschädigte zugleich am besten zur Durchsetzung geeignet ist und der Schadensausgleich daher als kostenloses Nebenprodukt zu haben ist.

832 Kommission, Working Paper Private Durchsetzung, Rn. 4 bezeichnet die Kompensation als "fundamental".

833 Dorman, Georgetown Law Journal 1980, vol. 68, S. 1113 ff., 1117 hält daher den Ausgleich erlittener Schäden für ein effektives System der Kartellrechtsdurchsetzung für unverzichtbar.

834 Schwartz, Georgetown Law Journal 1980, vol. 68, S. 1075 ff., 1086 f. weist darauf hin, dass die Kompensation in das rechtsökonomische System der Durchsetzung integriert werden kann, wenn der normative Wert der Kompensation bestimmt werden kann.

Anreiz der Geschädigten reduziert, gesellschaftlich ineffiziente Aufwendungen zum Schutz ihrer Rechtsgüter vor rechtswidrigen Beeinträchtigungen zu treffen.[835]

c. Abschreckungsfunktion

Die aus ökonomischer Sicht wichtigste Funktion der privaten Durchsetzung besteht darin, die Normadressaten von dem Normverstoß abzuschrecken (Abschreckungs- oder Präventionsfunktion).[836]

Die Abschreckungswirkung der privaten Durchsetzung ist bei einer ökonomischen Betrachtung von besonderem Interesse, da die private Durchsetzung insoweit unmittelbar Einfluss auf die Verhaltensentscheidung der Normadressaten ausübt und somit das verbotene sozialschädliche Verhalten und die damit verbundenen gesellschaftlichen Kosten vermeiden kann. Besonders deutlich besteht die Abschreckungswirkung der privaten Durchsetzung beim Schadensersatzanspruch, da der Schadensersatz offensichtlich einen Kostenfaktor für den Normadressaten bei dessen Entscheidung über den Normverstoß darstellt und somit eine präventive Wirkung entfaltet.[837] Dies erkennt auch der EuGH für die private Durchsetzung der EG-Wettbewerbsregeln an, wenn er ausspricht, dass der Schadensersatzanspruch die Durchsetzungskraft der Wettbewerbsregeln erhöhen und die Normadressaten von Wettbewerbsverstößen abhalten kann.[838]

Aber auch die anderen zivilrechtlichen Sanktionen des Wettbewerbsverstoßes besitzen eine Abschreckungsfunktion, da auch sie Kosten für den Normadressaten verursachen. So verursacht die Nichtigkeitsfolge des Art. 81 Abs. 2 EG für den Normadressaten das Risiko, dass der anderen Vertragspartei der Vertragsbruch rechtsfolgenlos möglich ist.[839] Ist die Erfüllung des Vertrags für den Normadressaten von besonderer wirtschaftlicher Bedeutung, beispielsweise weil dem Vertrag eine große vertragsspezifi-

---

835 Landes, University of Chicago Law Review 1983, vol. 30, S. 652 ff., 673; ausführlich zu vorsätzlichen unerlaubten Handlungen Landes/Posner, International Review of Law and Economics 1981, vol. 1, S. 127 ff.

836 Hoseinian, World Competition 2005, vol. 28, S. 3 ff., 6 f. hält die Abschreckungswirkung bei der privaten Durchsetzung der EG-Wettbewerbsregeln für die wichtigste Funktion; aus ökonomischer Sicht Block/Nold/Sidak, Journal of Political Economy 1981, vol. 89, S. 429 ff., 444; Baker, Journal of Law, Economics and Organization 1988, vol. 4, S. 385 ff., 386.

837 Schmidt, Kartellverfahrensrecht, S. 329; Zekoll/Rahlf, JZ 1999, S. 384 ff., 391; Diemer, European Competition Law Review 2006, vol. 27, S. 309 ff., 311; siehe auch Kommission, Working Paper Private Durchsetzung, Rn. 5 f.; zum US-amerikanischen Kartellzivilrecht Carrington, Bitburger Gespräche Jahrbuch 2003, S. 33 ff., S. 35 f.

838 EuGH, Entscheidung vom 20. September 2001, Slg. 2001, I-6297 Rn. 27 – Courage/Crehan.

839 Hempel, Privater Kartellrechtsschutz, S. 242 f.

sche Investition zugrunde liegt, kann die aus der Nichtigkeit folgende Unsicherheit über die Vertragserfüllung des anderen Teils ausreichen, um den Normadressaten zu einem normgemäßen Verhalten zu veranlassen. Andererseits ist die Nichtigkeitsfolge von nur geringer Bedeutung für den Normadressaten, wenn die Vertragsbeziehung ersetzbar ist und der Normadressat nicht durch spezifische Investitionen oder durch Vorleistung ein Erfüllungsrisiko eingegangen ist.

d. Ergänzung und Kontrolle der öffentlichen Durchsetzung

Bei einer Norm, die sowohl privat als auch öffentlich durchgesetzt wird, kann die private Durchsetzung schließlich die Funktion haben, die öffentliche Durchsetzung zu ergänzen.[840]

Die private Durchsetzung kann die öffentliche Durchsetzung zunächst dadurch ergänzen, dass sie in Bereichen, in denen die privaten Durchsetzungsagenten besonders gut zur Durchsetzung befähigt sind, die Aktivität des öffentlichen Durchsetzungsorgans entbehrlich macht. Hierdurch kann das Budget des öffentlichen Durchsetzungsorgans in Bereichen eingesetzt werden, wo es seinerseits einen komparativen Vorteil gegenüber den privaten Durchsetzungsagenten besitzt.[841] Die komparativen Vorteile der privaten Durchsetzung bestehen insbesondere in Bereichen, in denen die privaten Durchsetzungsagenten privates Wissen über den Normverstoß besitzen, das sie bei der Durchsetzung ausnutzen können.[842] Die Geschädigten besitzen durch ihre Nähe zu dem Normverstoß häufig Sonderwissen über den Normverstoß und seine Umstände, das einem öffentlichen Durchsetzungsorgan nicht ohne weiteres zugänglich ist. Dies kann sich aus einer eigenen mittelbaren Beteiligung des Geschädigten an dem Normverstoß oder auch schlicht aus seiner wirtschaftlichen Nähe zu dem Verhalten des Normadressaten ergeben, der beispielsweise auf demselben Markt aktiv ist. Besonders deutlich tritt dieser private Wissensvorsprung bei Verstößen innerhalb einer Vertragsbeziehung hervor, wo die Beteiligten naturgemäß ein überlegendes Wissen über den Vertragsinhalt besitzen. Dies ermöglicht es insbesondere solche Wettbewerbsverstöße zu verfolgen, die nicht von allgemeiner Bedeutung sind und daher von der Kommission wegen ihres begrenzten Budgets nicht aufgegriffen werden können.[843]

---

[840] So die Kommission für den Bereich des Kartellrechts, siehe Erwägungsgrund 7 zur VO 1/03.

[841] Siehe zum Zusammenspiel der beiden Durchsetzungsformen noch unten zu Kapitel 6C.I., S. 328 ff.

[842] Hempel, Privater Kartellrechtsschutz, S. 245 f.; Linder, Kartellrechtliche Privatklage, S. 41 f.

[843] Bundeskartellamt, Diskussionspapier Private Durchsetzung, S. 3; siehe zum Zusammenspiel der Durchsetzungsformen noch unten zu Kapitel 6B., S. 322.

Ferner kann bei der kombinierten Durchsetzung einer Norm die private Durchsetzung als Kontrolle der öffentlichen Durchsetzungstätigkeit fungieren: Versagt die öffentliche Durchsetzung bei der Verfolgung eines Normverstoßes – beispielsweise infolge politischer Einflussnahme oder ideologischer Erwägungen – kann die private Durchsetzung einspringen. Denn die privaten Durchsetzungsagenten sind von den politischen oder ideologischen Erwägungen, die das öffentliche Durchsetzungsorgan von der Durchsetzung abgehalten haben, unbeeinflusst, da sie sich allein von ihrem Profitstreben leiten lassen und mithin ihre zivilrechtlichen Ansprüche stets durchsetzen.[844]

3. Zusammenfassung zur privaten Durchsetzung

Es hat sich gezeigt, dass die private Durchsetzung bei einer rechtsökonomischen Betrachtung durch das Profitstreben der privaten Durchsetzungsagenten, die ihre Durchsetzungstätigkeit an ihrem Kosten-Nutzen-Verhältnis ausrichten, gekennzeichnet wird. Das Durchsetzungssystem kann lediglich über die Sanktion, das Verfahrensrecht und die Ausgestaltung der Alternativen zur eigenen Durchsetzungstätigkeit auf das Durchsetzungsverhalten der privaten Durchsetzungsagenten Einfluss nehmen, damit die verschiedenen dargestellten Funktionen der privaten Durchsetzung optimal erfüllt werden.

[844] Paulis, Annual Proceedings of the Fordham Corporate Law Institute on International Antitrust Law & Policy 2002, S. 381 ff., S. 394; Hempel, Privater Kartellrechtsschutz, S. 240 f.; Stephenson, Virginia Law Review 2005, vol. 91, S. 93 ff., 110 f. zum US-amerikanischen Recht.

Kapitel 5 Vergleich der öffentlichen und privaten Durchsetzung von Art. 81 EG

Nunmehr sollen die Erkenntnisse der ökonomischen Theorie der Durchsetzung von Rechtsnormen auf die öffentliche und private Durchsetzung von Art. 81 EG im Wege eines Vergleichs der beiden Durchsetzungsformen angewendet werden. Dabei ist zunächst zu zeigen, dass die ökonomische Theorie zur Betrachtung der Durchsetzung von Art. 81 EG geeignet ist (zu A.). Sodann sollen die Erkenntnisse der rechtsökonomischen Theorie der Durchsetzung von Rechtsnormen bei dem Vergleich der beiden Durchsetzungsformen hinsichtlich ihres Einflusses auf den Erfolg der Durchsetzung von Art. 81 EG miteinander verglichen werden (zu B.).

A. Eignung des rechtsökonomischen Ansatzes

Der rechtsökonomische Ansatz, bei dem die verschiedenen gesellschaftlichen Kosten aus dem Normverstoß im Mittelpunkt stehen, ist für die Analyse der Rechtsdurchsetzung im Allgemeinen (zu I.) und bei der Betrachtung der öffentlichen und privaten Durchsetzung von Art. 81 EG im Besonderen gut geeignet (zu II.).

I. Eignung für die Analyse der Rechtsdurchsetzung im Allgemeinen

Für die Analyse der Rechtsdurchsetzung im Allgemeinen eignet sich die vom rechtsökonomischen Ansatz verwendete Neue Institutionenökonomik als theoretisches Modell, weil bei der Durchsetzung einer Norm das Erreichen des gesellschaftlichen Optimums das Ziel staatlichen Handelns sein muss und dieses Optimum nicht ohne Berücksichtigung der mit der Durchsetzung verbundenen Kosten gefunden werden kann. Die ökonomische Theorie erlaubt somit einen klaren Blick auf den Umstand, dass die Kosten der Durchsetzung ebenso wie die Schäden aus den Normverstößen gesellschaftliche Kosten darstellen, die bei der Ausgestaltung und bei der Beurteilung des Erfolges des Durchsetzungssystems gegeneinander abgewogen werden müssen.

Der rechtsökonomische Ansatz ist allgemein auch für den Vergleich der öffentlichen und privaten Durchsetzung geeignet. Denn die mit der Durchsetzung verbundenen gesellschaftlichen Kosten können sich zwischen den verschiedenen Durchsetzungsformen ebenso unterscheiden wie deren Erfolg bei der Abschreckung des normwidrigen Verhaltens. So ermöglicht es nur der rechtsökonomische Ansatz, bei einem Vergleich der Vor- und Nachteile der Durchsetzungsformen systematisch auch die gesellschaftlichen Kosten der jeweiligen Durchsetzungsform zu berücksichtigen und damit zu einem Ergebnis zu gelangen, das neben dem Erfolg der Durchsetzungsform auch die mit ihrem Einsatz verbundenen Kosten beachtet.

Die Konzentration dieses Ansatzes auf die Minimierung der gesellschaftlichen Kosten des Normverstoßes kann dabei im Rahmen einer juristischen Betrachtung eher akzeptabel erscheinen, wenn man auch nicht-ökonomische Ziele der Norm und Präferenzen der Individuen als Faktoren betrachtet, die die gesellschaftlichen Kosten des Normverstoßes beeinflussen, und diese in ein umfassendes ökonomisches Modell integriert.[845]

II. Eignung für die Analyse der Durchsetzung von Art. 81 EG

Jedes ökonomische Modell ist jedoch nur insoweit geeignet, einen Beitrag zur Lösung von praktischen Problemen zu liefern, als die im Rahmen der Theorie getroffenen Annahmen über das Verhalten der jeweiligen Akteure auch in der Rechtswirklichkeit zutreffen (zu 1.) und die in dem ökonomischen Modell verwendeten Werte in der Realität bestimmbar sind (zu 2.).

1. Annahmen

Deshalb ist zunächst zu untersuchen, ob die Annahmen der ökonomischen Theorie im Bereich der Durchsetzung von Art. 81 EG zutreffend sind. In manchen Bereichen des Rechts mag die für die ökonomische Theorie grundlegende Annahme eines rationalen, nutzenmaximierenden Normadressaten in der Praxis nur selten tatsächlich zutreffen. Insbesondere in Bereichen, wo sich das Verhalten der Individuen – wie häufig im Strafrecht – nicht an wirtschaftlichen Vorteilen orientiert, müssen bei der Untersuchung der Rechtsdurchsetzung auch soziologische, psychologische und andere Aspekte berücksichtigt werden, wenn eine umfassende und abschließende Behandlung des Themenbereichs angestrebt wird.[846]

---

[845] Posner, Stanford Law Review 1999, vol. 51, S. 1477 ff., 1485.

[846] Siehe van Tulder/van der Torre, International Review of Law and Economics 1999, vol. 19, S. 471 ff., zur Berücksichtigung kriminologischer und wirtschaftlicher Aspekte in einem makroökonomischen Modell zur Strafrechtsdurchsetzung; zum Strafrecht Dau-Schmidt, Duke Law Journal 1990, S. 1 ff.

In dem wirtschaftlich bestimmten Bereich des Kartellverbots des Art. 81 EG sind die Annahmen der ökonomischen Theorie hingegen regelmäßig auch in der Rechtswirklichkeit erfüllt. Die Normadressaten sind im Bereich des Kartellrechts Unternehmen, die in einem wirtschaftlichen Zusammenhang die Entscheidung über den Normverstoß als eine betriebswirtschaftliche Verhaltensentscheidung rational nach einem Vergleich ihrer erwarteten Kosten und Nutzen treffen.[847] Denn im Wettbewerb mit anderen ist eine rationale, nutzenmaximierende Entscheidung des Unternehmens über seine wirtschaftliche Aktivität erforderlich und daher auch bei der Entscheidung über den Verstoß gegen Art. 81 EG zu erwarten.

Aus der Rationalität der Normadressaten folgt auch eine große Elastizität des Verhaltens der Normadressaten gegenüber Veränderungen des Durchsetzungssystems: Der ökonomische Begriff der Elastizität beschreibt, wie sensibel die Normadressaten auf eine Veränderung des erwarteten Sanktionswerts reagieren.[848] Bei Unternehmen ist diese Elastizität groß, da die Unternehmen rational über ihr Verhalten entscheiden und Normverstöße daher in Reaktion auf eine Erhöhung des erwarteten Sanktionswerts und die daraus folgende Verschlechterung ihres Kosten-Nutzen-Verhältnisses reduzieren werden.[849] Dies ermöglicht es, das Verhalten der Normadressaten durch die Ausgestaltung des Durchsetzungssystems zu beeinflussen und mit den Instrumenten der Ökonomie zu untersuchen.

Ferner sind die Unternehmen als Normadressaten des Art. 81 EG regelmäßig in der Lage, auch sehr hohe monetäre Sanktionen zu tragen. Dies ermöglicht es dem Durchsetzungssystem, das Verhalten der Normadressaten durch hohe monetäre Sanktionen zu beeinflussen, ohne die für Gläubiger und Investoren kostspielige Insolvenz des Normadressaten zu riskieren.[850]

Schließlich ist die rechtsökonomische Theorie der Durchsetzung für die Untersuchung von Art. 81 EG auch deswegen geeignet, weil der Verstoß gegen Art. 81 EG in aller Regel bewusst geschieht. Bei solchen bewussten Normverstößen muss das Durchset-

---

[847] Wise, in: Dannecker/Jansen (Hrsg.), Competition Law Sanctioning in the EU, S. 195 ff., 198.; Rosochowicz, European Competition Law Review 2004, vol. 25, S. 752 ff., weist treffend darauf hin, dass Kartellrechtsverstöße weder aus Armut noch aus Leidenschaft begangen werden; siehe bereits oben zu Kapitel 4A.II.2., S. 153.

[848] Becker, Journal of Political Economy 1968, vol. 76, S. 169 ff., 205.

[849] Becker, Journal of Political Economy 1968, vol. 76, S. 169 ff., 205 verwendet zur Veranschaulichung die begrifflichen Gegenüberstellung von "crimes of passion" und "calculating crimes".

[850] Posner, Antitrust, S. 271.

zungssystem nicht wie bei Verstößen, die das fahrlässige Nebenprodukt eines sozialnützlichen Verhaltens sind (z.B. Unfälle), für optimale Sorgfaltsbemühungen des Normadressaten sorgen, sondern die Normadressaten vielmehr bei möglichst geringen Kosten von dem Verstoß weitmöglichst abschrecken.[851]

2. Bestimmbarkeit der relevanten Werte

Neben den Annahmen der ökonomischen Theorie müssen auch die Werte, die von dem Modell der optimalen Durchsetzung verwendet werden, in der Rechtswirklichkeit zumindest mit einem hinreichenden Grad an Präzision bestimmbar sein, damit das Modell zu Ergebnissen kommen kann, die auch in der Praxis Geltung haben können.

Die ökonomische Theorie der Rechtsdurchsetzung verwendet als Werte zur Bestimmung der optimalen Durchsetzung vor allem den gesellschaftlichen Schaden aus dem Normverstoß sowie die gesellschaftlichen Kosten der Durchsetzung.[852] Die genaue Bestimmung dieser Werte bei der Durchsetzung von Art. 81 EG erscheint insbesondere infolge des Problems der Bemessung der mit einem Wettbewerbsverstoß verbundenen gesellschaftlichen Schäden in der kartellrechtlichen Praxis äußerst schwierig. Denn diese gesellschaftlichen Kosten sind infolge der ökonomischen Komplexität des Marktgeschehens nur sehr schwer exakt zu beziffern.

Ein solcher Versuch der exakten zahlenmäßigen Bestimmung dieser Werte und des optimalen Durchsetzungsniveau wird an dieser Stelle auch nicht unternommen. Für den Vergleich der beiden Durchsetzungsformen ist es allein von Bedeutung, wie sich der Einsatz der verschiedenen Durchsetzungsformen auf den Durchsetzungserfolg auswirkt. Das optimale Durchsetzungsniveau muss dafür nicht aufgrund einer Quantifizierung der verursachten Kosten genau bestimmt werden. Der Einfluss der Durchsetzungsformen auf den Erfolg des Durchsetzungssystems insgesamt soll hier vielmehr nur qualitativ beschrieben werden, um die Zusammenhänge, die bei der Ausgestaltung des Durchsetzungssystems berücksichtigt werden müssen, besser verstehen zu können.

Aus diesen Gründen verspricht der rechtsökonomische Ansatz wichtige Erkenntnisse für den Vergleich der öffentlichen und privaten Durchsetzung von Art. 81 EG.

---

851 Siehe zum Unterschied zwischen fahrlässigen und vorsätzlichen Verstößen im Kartellrecht Landes, University of Chicago Law Review 1983, vol. 30, S. 652 ff., 672; für eine allgemeine ökonomische Analyse unerlaubter Handlungen Landes/Posner, International Review of Law and Economics 1981, vol. 1, S. 127 ff.

852 Siehe bereits oben zu Kapitel 4A.IV.1.b., S. 166.

B. Anwendung der ökonomischen Theorie der Rechtsdurchsetzung auf die öffentliche und private Durchsetzung von Art. 81 EG

Der Erfolg des Durchsetzungssystems bestimmt sich gemäß der rechtsökonomischen Theorie nach der Summe der gesellschaftlichen Kosten eines Normverstoßes, also sowohl nach den gesellschaftlichen Schäden aus den Normverstößen als auch nach den gesellschaftlichen Kosten der Durchsetzung. Bei dem Vergleich der öffentlichen und privaten Durchsetzung muss der Einfluss der Durchsetzungsform auf diese gesellschaftlichen Kosten im Mittelpunkt der Betrachtung stehen. Danach ist ihre Fähigkeit zur gesellschaftlich optimalen Durchsetzung zu bewerten.

Die jeweilige Durchsetzungsform beeinflusst das Ausmaß der gesellschaftlichen Schäden aus Normverstößen durch die von ihr ausgehende Abschreckungswirkung auf die Normadressaten, die sich aus der verhängten Sanktion und der Überführungswahrscheinlichkeit ergibt.[853] Dieser Einfluss der Abschreckungswirkungswirkung der jeweiligen Durchsetzungsform auf die gesellschaftlichen Schäden aus Normverstößen, der auch als gesellschaftlicher Nutzen der Durchsetzungsform bezeichnet werden kann, muss daher für die öffentliche und die private Durchsetzung untersucht werden (zu I.).

Ferner müssen die gesellschaftlichen Kosten der öffentlichen und privaten Durchsetzung von Art. 81 EG bei dem Vergleich berücksichtigt werden, da auch die Kosten der Aufdeckung, Verfolgung und Sanktionierung als gesellschaftliche Kosten des Normverstoßes anzusehen sind und sich zwischen den beiden Durchsetzungsformen unterscheiden (zu II.).[854]

I. Abschreckungswirkung der Durchsetzungsform

Die Fähigkeit, die erforderliche Abschreckungswirkung auf die Normadressaten auszuüben, ist eine Grundvoraussetzung für ein gesellschaftlich optimales, d.h. kostenminimierendes Durchsetzungssystem. Kann die gewählte Durchsetzungsform nicht die erforderliche Abschreckungswirkung auf die Normadressaten ausüben, werden zu viele Normverstöße begangen und die damit verbundenen gesellschaftlichen Schäden verursacht.

---

[853] Siehe bereits oben zu Kapitel 4A.IV.1., S. 164.
[854] Ähnlich Stephenson, Virginia Law Review 2005, vol. 91, S. 93 ff., 106.

Die Abschreckungswirkung auf die Normadressaten ergibt sich – wie bereits dargestellt – aus dem erwarteten Sanktionswert, die der Normadressat bei seiner Verhaltensentscheidung als Kosten des Wettbewerbsverstoßes berücksichtigen muss.[855] Den Sanktionserwartungswert beeinflusst das Durchsetzungssystem einerseits durch den Wert der Sanktion, die in der jeweiligen Durchsetzungsform verhängt wird (zu 1.), und durch die Überführungswahrscheinlichkeit, die sich aus dem Ausmaß der von den jeweiligen Durchsetzungsagenten zur Durchsetzung eingesetzten Ressourcen ergibt (zu 2.).

In der Darstellung ergeben sich hier allerdings Schwierigkeiten, die den Interdependenzen zwischen der Sanktion und dem Ausmaß der von den Durchsetzungsagenten eingesetzten Durchsetzungsressourcen geschuldet sind. Denn bei der privaten Durchsetzung beeinflusst die Sanktion nicht nur die Abschreckungswirkung auf die Normadressaten, sondern auch den Anreiz für die privaten Durchsetzungsagenten, ihre Ressourcen zur Durchsetzung einzusetzen, und damit die Überführungswahrscheinlichkeit.[856] In gleicher Weise beeinflussen die Kosten der Durchsetzung sowohl die gesellschaftlichen Gesamtkosten des Normverstoßes aber gleichzeitig auch den Anreiz für private Durchsetzungsagenten und damit die Überführungswahrscheinlichkeit bei der privaten Durchsetzung. Trotz dieser Wechselwirkungen zwischen den verschiedenen Faktoren für den Durchsetzungserfolg soll die Darstellung dieser Faktoren hier getrennt erfolgen, um die mit der rechtsökonomischen Theorie gewonnene Übersichtlichkeit hinsichtlich der zu berücksichtigenden Faktoren nicht zu gefährden und somit auch die jeweils relevanten Aspekte im Zusammenhang erörtern zu können.

1. Sanktion

Die für den Normverstoß verhängte Sanktion ist für die von der Rechtsdurchsetzung erzeugte Abschreckungswirkung auf die Normadressaten grundlegend.[857] Die Sanktionen für Verstöße gegen Art. 81 EG unterscheiden sich in Art und Höhe zwischen der öffentlichen und privaten Durchsetzung. Daher muss für beide Durchsetzungsformen untersucht werden, ob die jeweils verhängte Sanktion eine ausreichende Abschreckungswirkung ausüben kann. Dies hängt zunächst von der Höhe der Sanktion im Verhältnis zu dem privaten Vorteil der Normadressaten ab (zu a.). Ferner muss bei der Betrachtung der verschiedenen Sanktionsformen berücksichtigt werden, ob bei der

[855] Siehe bereits oben zu Kapitel 4A.III.3., S. 159.
[856] Siehe bereits oben zu Kapitel 4B.II.1.b.aa., S. 207.
[857] Siehe bereits oben zu Kapitel 4A.III.4.c., S. 163.

Bemessung der Sanktion die für die optimale Abschreckung relevanten Faktoren berücksichtigt werden (zu b.) und ob der Adressat der Sanktion richtig gewählt ist (zu c.).

a. Höhe des Sanktionswerts

Um den Normadressaten von dem Wettbewerbsverstoß abzuschrecken, muss der Sanktionswert so hoch sein, dass er in Verbindung mit der Überführungswahrscheinlichkeit einen erwarteten Sanktionswert ergibt, der den erwarteten privaten Vorteil des Normadressaten aus dem Verstoß übersteigt.[858] Daher spielt der Wert der in der jeweiligen Durchsetzungsform verhängten Sanktion eine wichtige Rolle für die Abschreckungswirkung auf die Normadressaten.

Da der erwartete Sanktionswert den privaten Vorteil des Normadressaten aus dem Wettbewerbsverstoß übertreffen muss, hilft die Berücksichtigung dieses Vorteils bei der Berechnung des Sanktionswerts, um einen zur Abschreckung ausreichend hohen Sanktionswert zu erreichen.[859] Denn die Berücksichtigung des Vorteils ermöglicht es unmittelbarer, den privaten Gewinn mit dem erwarteten Sanktionswert – bei Berücksichtigung der Überführungswahrscheinlichkeit – zu übertreffen und den Normadressaten damit von dem Verstoß abzuschrecken.[860]

Ob die für Verstöße gegen Art. 81 EG verhängten Sanktionen unter Berücksichtigung der Vorteile von Normadressaten zur Abschreckung von Wettbewerbsverstößen in der Lage sind, soll nun für die öffentliche (zu aa.) und die private Durchsetzung (zu bb.) untersucht werden.

---

858 Siehe bereits oben zu Kapitel 4A.III.4., S. 160.

859 Die Berechnung der optimalen Sanktion ist in der ökonomischen Literatur nicht einheitlich; für eine Berechnung nach dem Vorteil des Normadressaten Block/Sidak, Georgetown Law Journal 1980, vol. 68, S. 1131 ff., 1132; Yeung, Melbourne University Law Review 1999, vol. 23, S. 440 ff.; für eine Berechnung nach den gesellschaftlichen Kosten eines ineffizienten Normverstoßes Landes, University of Chicago Law Review 1983, vol. 30, S. 652 ff., 656 f.; bei Art. 81 EG dürfte die differenzierte Ausgestaltung des Verbots- und Freistellungstatbestands, die effiziente Verhaltensweisen nicht verbieten, für eine Berechnung nach dem Vorteil des Normadressaten sprechen.

860 Yeung, Melbourne University Law Review 1999, vol. 23, S. 440 ff., 456; a.A. Souam, International Journal of Industrial Organization 2001, vol. 19, S. 1 ff., 21, der nach der Häufigkeit von Verstoßmöglichkeiten differenziert..

aa. Öffentliche Durchsetzung

Die Kommission kann den Normadressaten bei einem Verstoß gegen Art. 81 EG im Wege der öffentlichen Durchsetzung zur Abstellung der Zuwiderhandlung verpflichten (Art. 7 Abs. 1 VO 1/03) und eine Geldbuße verhängen (Art. 23 Abs. 3 VO 1/03).[861] Die bloße Aussicht auf eine Verfügung der Kommission, in der das rechtswidrige Verhalten für die Zukunft untersagt wird, kann allein den Normadressaten regelmäßig nicht von dem Verstoß abschrecken. Denn die zukunftsgerichtete Verhaltensuntersagung belässt dem Normadressaten zunächst die bisher erzielten Gewinne aus dem Verstoß und verursacht daher keine weiteren Kosten für den Normadressaten, die eine hinreichende Abschreckungswirkung auf ihn ausüben würden.

Die von der Kommission verhängte Geldbuße verursacht hingegen Kosten für den Normadressaten und kann diesen daher von einem Verstoß abschrecken. Die Geldbuße berücksichtigt dabei den Vorteil des Normadressaten aus dem Verstoß mittelbar, indem bei ihrer Bemessung im Rahmen der Schwere des Verstoßes auf die konkreten Auswirkungen auf den Markt abgestellt wird. Dies ermöglicht es, über die Größe des betroffenen Umsatzes und die Höhe des kartellbedingten Preisaufschlags den privaten Gewinn des Normadressaten zu berücksichtigen. Daneben stellen die Geldbußen-Leitlinien ausdrücklich klar, dass der von den Normadressaten aus dem Normverstoß erzielte wirtschaftliche Vorteil bei der Bemessung der Geldbuße berücksichtigt werden kann.[862]

Die Geldbußen-Leitlinien sprechen ferner ausdrücklich davon, dass bei der Bemessung der Geldbuße sicherzustellen ist, dass die Geldbuße eine hinreichende abschreckende Wirkung entfaltet.[863] Dies ermöglicht es, auch die Überführungswahrscheinlichkeit bei der Bemessung der Geldbuße zu berücksichtigen und somit zu einer Sanktion zu gelangen, deren Erwartungswert den privaten Vorteil des Normadressaten aus dem Wettbewerbsverstoß übersteigt.

Auch die rechtlichen Grenzen der Geldbuße stehen der Verhängung einer ausreichend hohen Sanktion nicht entgehen. Die absolute Begrenzung der Geldbuße auf 10 % des gesamten Vorjahresumsatzes des Unternehmens (Art. 23 Abs. 2 S. 2 VO 1/03) ist eine so hoch angesetzte Grenze, dass bei praktisch allen Verstößen gegen Art. 81 EG eine

861 Siehe hierzu oben zu Kapitel 3B.II., S. 71.
862 Geldbußen-Leitlinien Rn. 31; so auch schon Geldbußen-Leitlinien (1998) Ziffer 5 lit. b.
863 Geldbußen-Leitlinien Rn. 31; so auch schon Geldbußen-Leitlinien (1998) Ziffer 1 A.

Geldbuße mit ausreichender Abschreckungswirkung möglich ist. Auch der Grundsatz der Verhältnismäßigkeit begrenzt zwar die Höhe der Geldbuße, dürfte aber einer Sanktion mit ausreichender Abschreckungswirkung nicht entgegenstehen, da die Abschreckung von Normverstößen ein im Rahmen der Verhältnismäßigkeitsprüfung zu berücksichtigender Aspekt ist.

Da diese Regeln der Geldbußbemessung bei allen Verstößen gegen Art. 81 EG gelten, ist die Geldbuße mithin bei sämtlichen Arten der Wettbewerbsbeschränkungen i.S.v. Art. 81 EG zur Abschreckung des normwidrigen Verhaltens fähig. Dies gilt auch für Hardcore-Kartelle, bei denen infolge des großen privaten Vorteils des Normadressaten und der geringen Überführungswahrscheinlichkeit eine entsprechend hohe Geldbuße erforderlich ist, um eine ausreichende Abschreckungswirkung sicherzustellen.[864]

Auch wenn die gesetzliche Regelung mithin eine Sanktionshöhe ermöglicht, die zur Abschreckung geeignet ist, müssen gleichwohl solche Einzelfälle berücksichtigt werden, in denen der private Vorteil des Normadressaten aus dem Verstoß so hoch ist, dass die entsprechend hohe Geldbuße die Zahlungsfähigkeit des Unternehmens übersteigen und damit zur Insolvenz des Unternehmens führen würde. Dies gilt insbesondere für Hardcore-Kartelle, bei denen infolge der guten Verheimlichungsfähigkeit die Überführungswahrscheinlichkeit gering ist und daher in bestimmten Fallkonstellationen besonders hohe Sanktionen erforderlich sein können. Durch die Insolvenz des Normadressaten infolge der Geldbuße würden gesellschaftliche Kosten entstehen und zudem der Wettbewerb auf dem Markt durch den Marktaustritt des betroffenen Unternehmens möglicherweise verringert, so dass eine solche Sanktion nicht erstrebenswert ist.[865] In diesen Fällen stellt eine zusätzliche persönliche Sanktionierung der Entscheidungsträger in den Unternehmen eine Möglichkeit dar, die Abschreckungswirkung des Durchsetzungssystems zu erhöhen, ohne die gesellschaftlichen Kosten einer Insolvenz des Unternehmens zu verursachen. Eine solche derzeit bei der Durchsetzung von Art. 81 EG nicht existierende persönliche Sanktion gegen die Entscheidungsträger könnte sowohl die Gestalt einer Geld- als auch einer Freiheitsstrafe annehmen, die eine erhebliche Abschreckungswirkung entfalten würde. Dabei sind aber auch die ungleich höheren gesellschaftlichen Kosten der Sanktionierung bei einer Freiheitsstrafe zu berücksichtigen.[866]

---

864 OECD, Second Cartel Report, S. 27.
865 OECD, Second Cartel Report, S. 28.
866 Siehe hierzu noch unten zu Kapitel 5B.I.1.c., S. 235.

bb. Private Durchsetzung

Bei den im Rahmen der privaten Durchsetzung von Art. 81 EG verhängten Sanktionen kann hingegen zweifelhaft sein, ob ihre Höhe eine ausreichende Abschreckungswirkung auf die Normadressaten ermöglicht. Hier muss zwischen dem derzeit bestehenden kompensatorischen (zu (1)) und einem überkompensatorischen Schadensersatzanspruch (zu (2)) unterschieden werden.

(1) Kompensatorischer Schadensersatzanspruch

Die wichtigste zivilrechtliche Sanktion für den Verstoß gegen Art. 81 EG, der Schadensersatzanspruch gemäß § 33 Abs. 3 GWB, beruht grundsätzlich auf dem im deutschen Schadensersatzrecht vorherrschenden Prinzip der Naturalrestitution, das sich aus der Ausgleichfunktion der privaten Durchsetzung ableitet. Daraus folgt, dass der Schadensersatzanspruch grundsätzlich auf den bei dem Opfer entstandenen Schaden begrenzt ist, da eine höhere Sanktion zu einem Transfer führen würde, der nicht mit der Kompensation erlittener Schäden zu begründen ist.[867]

(a) Verhältnis von Schaden und Vorteil

Wenn der Schadensersatzanspruch eines privaten Durchsetzungsagenten auf seinen infolge des Wettbewerbsverstoßes erlittenen Schaden begrenzt ist, muss dieser Schaden mit dem Vorteil des Normadressaten aus dem Verstoß gegen Art. 81 EG verglichen werden, um feststellen zu können, ob die Sanktion des Schadensersatzanspruches eine ausreichende Abschreckungswirkung erzeugt. Für das Funktionieren des Durchsetzungssystems ist dabei nicht der Fall des einzelnen Normadressaten und Durchsetzungsagenten wichtig, sondern vielmehr die typische Situation, in der sich die Normadressaten und die privaten Durchsetzungsagenten regelmäßig befinden.

Ist der Vorteil des Normadressaten üblicherweise so groß wie der Schaden des Durchsetzungsagenten, dann kann der Schadensersatzanspruch allein die Normadressaten in der Regel nicht von dem Verstoß abschrecken: Denn solange der Normadressat lediglich eine Sanktion befürchten muss, die gleich seinem Vorteil ist und mit der Wahrscheinlichkeit der erfolgreichen Durchsetzung zu diskontieren ist, ist der erwartete Sanktionswert kleiner als sein erwarteter privater Vorteil aus dem Normverstoß. Nur wenn die erfolgreiche Durchsetzung des Schadensersatzanspruchs mit der Wahrscheinlichkeit von 100 % sicher zu erwarten ist, ist der Normadressat in dieser Kons-

[867] Siehe oben zu Kapitel 3C.II.4.a., S. 109.

tellation indifferent zwischen Normverstoß und normtreuem Verhalten. Bei dem Vergleich des erwarteten Sanktionswerts und dem privaten Vorteil ist allerdings zu berücksichtigen, dass von dem Vorteil des Normadressaten seine Kosten aus der Begehung des Verstoßes abzuziehen sind. Dies kann den Vorteil des Normadressaten erheblich schmälern, so dass die Sanktion eher – in Abhängigkeit von der Überführungswahrscheinlichkeit – zur Abschreckung geeignet sein kann. Ferner muss der Normadressat auch die Kosten seiner Verteidigung in dem Durchsetzungsverfahren zu der Sanktion hinzuzählen, um seine erwarteten Gesamtkosten aus dem Normverstoß zu ermitteln, die entsprechend höher sein werden.[868] Auch eine gesamtschuldnerische Haftung jedes beteiligten Normadressaten für den gesamten verursachten Schaden erhöht die Sanktion für den Normadressaten, die durch einen Ausschluss des Innenregresses noch weiter gesteigert werden kann.[869]

Ist der mit dem Verstoß gegen Art. 81 EG bei dem Durchsetzungsagenten verursachte Schaden hingegen regelmäßig größer als der Vorteil des Normadressaten, könnte der Schadensersatzanspruch grundsätzlich eine ausreichende Abschreckungswirkung auf die Normadressaten ausüben. Allerdings hängt die Abschreckungswirkung auch hier von der Überführungswahrscheinlichkeit ab, da selbst ein im Verhältnis zum Vorteil hoher Schaden nur bei einer entsprechenden Überführungswahrscheinlichkeit zu einem erwarteten Sanktionswert führt, der den Vorteil des Normadressaten übersteigt. Zudem hängt das Verhältnis von Sanktion und Vorteil ganz maßgeblich davon ab, ob alle privaten Durchsetzungsagenten, die von dem Verstoß geschädigt werden, ihren Anspruch auch tatsächlich geltend machen. Ist der Schaden auf viele Durchsetzungsagenten verteilt, ist regelmäßig nur eine teilweise Durchsetzung zu erwarten und die vom Normadressaten zu berücksichtigende Sanktion daher in diesen Fällen oft geringer als sein privater Vorteil.

Bei den von Art. 81 EG verbotenen Wettbewerbsbeschränkungen ist der rechtswidrige Vorteil der Normadressaten in aller Regel allenfalls so groß wie die Summe der Schäden aller Betroffenen. Denn selbst bei einem Hardcore-Kartell als der schärfsten Form der Wettbewerbsbeschränkung besteht der Vorteil eines Normadressaten in der künstlichen Preiserhöhung, also der Differenz zwischen dem kartellbedingten Preis und dem hypothetischen Wettbewerbspreis.[870] In diesem Fall entsprechen sich der Vorteil des Normadressaten und die individuellen Schäden der Betroffenen, so dass nur eine sehr

[868] Siehe bereits oben zu Kapitel 4A.III.3.b., S. 160.
[869] Siehe hierzu bereits oben zu Kapitel 3C.II.5., S. 120.
[870] Siehe oben zu Kapitel 2B.III.1.a.cc., S. 41.

hohe Überführungswahrscheinlichkeit oder die sonstigen vom Normadressaten zu berücksichtigen Kosten des Normverstoßes (Aufbau und Unterhalt des Kartells, Verteidigungskosten) zu einer ausreichenden Abschreckungswirkung führen würden.

(b) Berücksichtigung des Vorteils

Der zivilrechtliche Schadensersatzanspruch berechnet sich im Einzelfall nach der Differenzhypothese, d.h. nach der zu kompensierenden Differenz zwischen der Vermögenslage des privaten Durchsetzungsagenten, die durch den Normverstoß entstanden ist, und der hypothetischen Lage, die ohne den Verstoß bestehen würde. Der rechtswidrige Vorteil des Normadressaten wird daher bei der Bemessung des Schadensersatzes grundsätzlich nicht berücksichtigt. Eine Ausnahme von diesem Grundsatz bildet die bereits angesprochene neue Regelung des § 33 Abs. 3 S. 3 GWB, wonach der Vorteil des Normadressaten bei der Bemessung des Schadensersatzes im Rahmen der richterlichen Schätzung gemäß § 287 ZPO als anteiliger Gewinn berücksichtigt werden kann. Diese alternative Berechnungsmöglichkeit soll, ohne in der Höhe über den Schaden des privaten Durchsetzungsagenten hinauszugehen, die Anspruchsdurchsetzung erleichtern, wenn die Berechnung des Schadens mit großen Schwierigkeiten verbunden ist.[871] Daher kann diese Regelung zwar Beweisschwierigkeiten der privaten Durchsetzungsagenten beim Nachweis ihres Schadens verringern,[872] sie führt jedoch nicht zu einer relevanten Steigerung des Sanktionswerts.

Wegen der Begrenzung des Anspruchs auf den tatsächlich bei dem individuellen Durchsetzungsagenten verursachten Schaden kann auch die Berücksichtigung des Vorteils des Normadressaten bei der Schadensberechnung die Abschreckungswirkung der privaten Durchsetzung nicht nachhaltig steigern. Lediglich die Wahrscheinlichkeit der erfolgreichen Durchsetzung des Schadensersatzanspruchs kann durch diese Möglichkeit der alternativen Schadensberechnung gesteigert werden und so die Abschreckungswirkung der privaten Durchsetzung zumindest in einem begrenzten Maße verbessern.

(2) Überkompensatorischer Schadensersatzanspruch

Ohne die Beschränkung des Anspruchs der privaten Durchsetzungsagenten auf ihren tatsächlichen Schaden, die dem deutschen Schadensersatzrecht zugrunde liegt, könnte

---

871 Siehe hierzu bereits oben zu Kapitel 3C.II.4.a.bb, S. 112.
872 Siehe hierzu noch unten zu Kapitel 5B.II.1.c., S. 264.

die zivilrechtliche Sanktion des Schadensersatzes eine größere Höhe annehmen und damit eine stärkere Abschreckungswirkung auf die Normadressaten ausüben.

(a) Wirkung

Ein solcher überkompensatorischer Schadensersatzanspruch erlaubt es, auch den Vorteil des Normadressaten bei der Bemessung des Schadensersatzanspruchs zu berücksichtigen und insgesamt den Sanktionswert zu erhöhen. Ein Strafschadensersatz, wie er im US-amerikanischen und britischen Kartellrecht existiert,[873] bewirkt zunächst dank des höheren Sanktionswerts eine entsprechend größere Abschreckungswirkung auf die Normadressaten. Daher kann der Normadressat bei Verhängung eines Strafschadensersatzes auch bei einer geringen Überführungswahrscheinlichkeit von dem Wettbewerbsverstoß abgeschreckt werden.[874] Die gesteigerte Sanktionshöhe ist insbesondere in solchen Fallkonstellationen wichtig, in denen der Vorteil des Normadressaten aus dem Verstoß in etwa dem Schaden der privaten Durchsetzungsagenten entspricht und ein einfacher Schadensersatzanspruch daher auch bei einer hohen Überführungswahrscheinlichkeit nicht zur Abschreckung geeignet ist.[875]

Darüber hinaus stellt die Aussicht auf ein Vielfaches des erlittenen Schadens einen starken Anreiz für die privaten Durchsetzungsagenten dar, der infolge des Prozessrisikos bei einem rein kompensatorischen Schadensersatzanspruchs häufig fehlt.[876]

(b) Diskussion

Die Kommission schlägt in ihrem Grünbuch unter Verweis auf die Anreizwirkung für die privaten Durchsetzungsagenten bei Hardcore-Kartellen einen Schadensersatz in doppelter Höhe des tatsächlich erlittenen Schadens vor.[877] Auch die Monopolkommission hatte bereits in ihrem Sondergutachten zur 7. GWB-Novelle den Vorschlag gemacht, einen zweifachen Schadensersatz einzuführen.[878] Dabei wird auf die Schadensersatzansprüche der GEMA bei Urheberrechtsverletzungen verwiesen, bei denen ein hundertprozentiger Zuschlag zum Normaltarif gewährt wird, den der BGH unter Ver-

[873] Siehe hierzu oben zu Kapitel 3C.II.4.a.cc., S. 114

[874] Monopolkommission, Sondergutachten zur 7. GWB-Novelle, Rn. 83; Bundeskartellamt, Diskussionspapier Private Durchsetzung, S. 27 f.

[875] Monopolkommission, Sondergutachten zur 7. GWB-Novelle, Rn. 76.

[876] Monopolkommission, Sondergutachten zur 7. GWB-Novelle, Rn. 75; siehe zum Anreiz noch unten zu Kapitel 5B.I.2.b.bb(1)(a), S. 248.

[877] Kommission, Grünbuch Private Durchsetzung, S. 8, Option 16; Working Paper Private Durchsetzung, Rn. 116 ff., 150; Kroes, Speech, Cour de Cassation 2005,S. 5.

[878] Monopolkommission, Sondergutachten zur 7. GWB-Novelle, Rn. 83.

weis auf die sonst fehlende Anreize für die Normadressaten, die urheberrechtlichen Regelungen zu beachten, wegen der besonderen Verletzlichkeit von Urheberrechten gebilligt hat.[879] Dieser Zuschlag wird mit den Kosten der Überwachungsorganisation, die die GEMA zur Verfolgung von Urheberrechtsverletzungen unterhält, gerechtfertigt, obwohl es an der Kausalität zwischen dem konkreten Normverstoß und diesen Kosten des Überwachungsapparates fehlt.[880] In ähnlicher Weise wird im europäischen Sortenschutzrecht ein Schadensersatz in Höhe der vierfachen Lizenzgebühr als Mindestschaden des Sortenschutzinhabers festgelegt.[881] Ferner wird in der Literatur auf die Richtlinie zum Zahlungsverzug[882] verwiesen, die mit einem Zinssatz von sieben Prozentpunkten über dem Refinanzierungssatz der EZB für verspätet Zahlungen im geschäftlichen Verkehr sanktionierende Elemente enthält.[883] Ferner wird auch die Rechtsprechung des BGH zur Verletzung des Persönlichkeitsrechts herangezogen, wo der Ausgleichsgedanke des Schadensersatzrechts zugunsten des Präventionszwecks in den Hintergrund trete.[884]

Auch die Rechtsprechung zur dreifachen Schadensberechnung bei der Verletzung von Immaterialrechtsgütern wird als Beleg dafür angeführt, dass überkompensatorische Sanktionen dem deutschen Schadensersatzrecht nicht fremd sind: Diese Rechtsprechung gestattet dem Inhaber eines Immaterialgüterrecht im Falle der Verletzung dieses Rechts seinen Vermögensschadens nach seiner Wahl auf dreifache Weise zu berechnen: Er kann – wie üblich – den Ersatz des konkret nachgewiesenen Schadens, die Zahlung einer angemessenen Lizenzgebühr oder die Herausgabe des Verletzergewinns verlangen.[885] Die Lizenzgebühr und der Verletzergewinn sind jedoch nicht ohne weiteres mit dem Schaden des Rechtsinhabers identisch, sie gehen vielmehr über einen

879 Monopolkommission, Sondergutachten zur 7. GWB-Novelle, Rn. 79 unter Verweis auf BGH, Entscheidung vom 24. Juni 1955, BGHZ 17, 376 und BGH, Entscheidung vom 10. März 1972, BGHZ 59, 286.

880 Kritisch zu dieser Begründung Müller, Punitive Damages, S. 126 ff.

881 Wurmnest, in: Behrens/Braun/Nowak, EG-Wettbewerbsrecht im Umbruch, S. 213 ff., 226 unter Verweis auf die einschlägigen Richtlinien.

882 Richtlinie des Europäischen Parlaments und des Rates zur Bekämpfung von Zahlungsverzug im Geschäftsverkehr vom 29. Juni 2000, ABl. 2000, Nr. L 200/35.

883 Wurmnest, in: Behrens/Braun/Nowak, EG-Wettbewerbsrecht im Umbruch, S. 213 ff., 226; Monopolkommission, Sondergutachten Folgeprobleme der EG-Verfahrensreform, S. Rn. 73; Basedow, EBOR 2001, S. 443 ff., 466.

884 Monopolkommission, Sondergutachten zur 7. GWB-Novelle, Rn. 80 unter Verweis auf BGH, Entscheidung vom 5. Dezember 1995, NJW 1996, 984; weitere Beispiele für überkompensatorischen Schadensersatz aus Präventionsgründen bei Müller, Punitive Damages, S. 137 ff.

885 St. Rspr. des BGH, siehe nur Entscheidung vom 8. Mai 1956, BGHZ 20, 345 ff. unter Bezugnahme auf die st. Rspr. des Reichsgerichts; siehe zu dieser Rechtsprechung ausführlich Müller, Punitive Damages, S. 101 ff.

konkret berechneten Schaden hinaus und werden daher teilweise als überkompensatorisch angesehen.[886] Die Rechtsprechung hat allerdings auch in diesen Fällen nie offen von dem grundsätzlichen Kompensationsgedanken Abstand genommen, diese Form der Schadensberechnung vielmehr mit den Besonderheiten des Immaterialgüterrechts begründet.[887]

Die Einführung eines überkompensatorischen oder Strafschadensersatzes im deutschen Kartellzivilrecht stünde zwar im Einklang mit Gemeinschaftsrecht,[888] würde jedoch eine grundlegende Änderung des bestehenden Schadensersatzsystems bedeuten, das dem Ausgleich erlittener Schäden dient, aber eine Bereicherung des Anspruchstellers verbietet, die über die Kompensation hinausgeht. Zudem stehen einem Strafschadensersatzanspruch schwerwiegende rechtliche Bedenken entgegen: Der BGH hat in einer Entscheidung über die – im Ergebnis abgelehnte – Vollstreckbarkeitserklärung eines US-amerikanischen Urteils, das dem Kläger über materielle Schäden hinaus pauschal einen Strafschadensersatz (punitive damages) zugesprochen hatte, ausgeführt, dass diese Form des Schadensersatzes mit dem Bestrafungsmonopol des Staates und den entsprechenden Verfahrensgarantien unvereinbar ist und damit gegen den materiellen ordre public des §§ 723 Abs. 2, 328 Abs. 1 Nr. 4 ZPO verstößt.[889] Außerdem begründete ein solcher Strafschadensersatz wegen seiner Höhe eher die Gefahr, dass private Durchsetzungsagenten im Streben nach hohen Sanktionen absichtlich auch normgemäßes Verhalten des Normadressaten verfolgen. Denn dies böte ihnen die Chance, infolge eines Fehlers des entscheidenden Gerichts bei der Bewertung des Falles oder aus einem Vergleich mit einem Normadressaten, der die Risiken eines Prozesses scheut, einen finanziellen Vorteil zu erlangen.[890]

(c) Würdigung

Über die Einführung eines Strafschadensersatzes in das deutsche Kartellzivilrecht lässt sich rechtlich trefflich streiten. Die von den Befürwortern angeführten Beispiele rich-

---

886 Müller, Punitive Damages, S. 104 ff. m.w.N.

887 Siehe BGHZ 57, 116 ff., 118 – Wandsteckdose II.

888 Wurmnest, in: Behrens/Braun/Nowak, EG-Wettbewerbsrecht im Umbruch, S. 213 ff., 239 Fn. 134 unter Verweis auf EuGH, C-46/93 und C-48/93, Slg. 1996, I-1029, Rn. 89 – Brasserie du pêcheur.

889 BGH, Entscheidung vom 4. Juni 1992, NJW 1992, 3096, 3103 f.; zustimmend Böge/Ost, European Competition Law Review 2006, vol. 27, S. 197 ff., 201 f; a.A. Zekoll/Rahlf, JZ 1999, S. 384 ff., 391f.

890 Bundesrat, Ausschuss-Empfehlungen Grünbuch, Rn. 6; Böge/Ost, European Competition Law Review 2006, vol. 27, S. 197 ff., 202; ebenfalls kritisch Diemer, European Competition Law Review 2006, vol. 27, S. 309 ff., 315; siehe zu diesen gesellschaftlichen Kosten absichtlicher Fehler bei der Durchsetzung unten zu Kapitel 5B.II.3.a., S. 296.

terrechtlicher Erweiterungen des Schadensersatzanspruchs in bestimmten Rechtsbereichen zeigen das dort bestehende praktische Bedürfnis für höhere Sanktionen, sind jedoch auch in ihrer Herleitung von einer anderen Qualität als die Einführung eines doppelten Schadensersatzanspruchs durch ein förmliches Gesetz. Zudem lässt sich die Rechtsprechung zum Immaterialgüterrecht nicht ohne weiteres auf das Kartellrecht übertragen, da das Kartellrecht vor allem einen funktionsfähigen Wettbewerb als Institution schützt und nicht – wie das Immaterialgüterrecht – bestimmte Erwerbschancen bestimmten Vermögensträgern zuweist und daher ein über den Schaden des Durchsetzungsagenten hinausgehender Gewinn des Normadressaten der Allgemeinheit und nicht den Durchsetzungsagenten zugewiesen werden sollte.[891]

Bei der Diskussion über einen überkompensatorischen Schadensersatzanspruch für Verstöße gegen Art. 81 EG ist außerdem zu berücksichtigen, dass diese schwerwiegende zivilrechtliche Sanktion auch im US-amerikanischen Kartellrecht praktisch nur gegen Hardcore-Kartelle verhängt wird und auch wohl nur dort zu rechtfertigen ist. Bei dieser Art von Wettbewerbsbeschränkungen ist jedoch wegen ihrer besonderen gesellschaftlichen Schädlichkeit stets auch die Tätigkeit der Wettbewerbsbehörden zu erwarten. Dies entspricht dem erklärten Willen der Kommission, ihre Ressourcen verstärkt zur Aufdeckung von Hardcore-Kartellen einzusetzen. Es ist zudem auch nicht zu erwarten, dass die private Durchsetzung dieser Wettbewerbsverstöße eigenständig erfolgen wird, da selbst in der US-amerikanischen Kartellrechtspraxis trotz der dort vorhandenen zivilprozessualen Erleichterungen für den Kläger (discovery, Sammelklage, contigent fee) die meisten Schadensersatzklagen im Nachgang zu behördlichen Durchsetzungsverfahren erhoben werden.[892]

Wenn aber die private Durchsetzung damit nicht allein für die Abschreckung des normwidrigen Verhaltens sorgen muss, sondern der Normadressat sowohl einen zivilrechtlichen Schadensersatzanspruch als auch eine öffentlich-rechtliche Geldbuße zu befürchten hat, kann die zur Abschreckung erforderliche Summe der verhängten Sanktionen auch durch eine entsprechend hohe Geldbuße erreicht werden. Eine solche Geldbuße im Verfahren der öffentlichen Durchsetzung ist bei Hardcore-Kartellen ohnehin wegen den gesamtwirtschaftlichen Schäden erforderlich, die nicht einem indivi-

---

891 Bundesrat, Ausschuss-Empfehlungen Grünbuch, Rn. 7; ablehend gegenüber einem überkompensatorischen Schadensersatzanspruch und für den Ausbau der Gewinnabschöpfung im allgemeinen Schadensersatzrecht Wagner, Beilage zu NJW Heft 22/2006, S. 5 ff., Thesen 15, 16; Staudinger, NJW 2006, S. 2433 ff., 2434.

892 Holmes, European Competition Law Review 2004, vol. 25, S. 25 ff., 28.

duellen Durchsetzungsagenten zugeordnet werden können.[893] Wird eine Geldbuße ohnehin neben dem Schadensersatzanspruch verhängt, ist ein höheres Sanktionsniveau sowohl hinsichtlich der rechtlichen Rechtfertigung als auch im Hinblick auf die tatsächliche Durchsetzung leichter im Wege der öffentlichen Durchsetzung zu erreichen.

Der mit der Einführung eines überkompensatorischen Schadensersatzes verbundene Systembruch des Kartellzivilrechts im Verhältnis zum sonstigen Schadensersatzrecht kann daher vermieden werden, weil er für eine ausreichende Abschreckung selbst bei den besonders schwer zu verhindernden Hardcore-Kartellen wegen der Möglichkeit, eine Geldbuße im Wege der öffentlichen Durchsetzung zu verhängen, nicht erforderlich ist.

b. Berücksichtigung der relevanten Faktoren

Neben der eben erörterten Frage, ob die von der jeweiligen Durchsetzungsform verhängte Sanktion eine ausreichende Abschreckungswirkung auf die Normadressaten entfalten kann, muss auch untersucht werden, ob bei der Bemessung der jeweiligen Sanktion die Faktoren berücksichtigt werden, die für die optimale Durchsetzung relevant sind.

Die für die optimale Durchsetzung relevanten Faktoren wurden bereits oben ausführlich dargestellt. Sie bestehen neben den Vorteilen der Normadressaten insbesondere in den gesellschaftlichen Kosten von Normverstößen, also in den Schäden infolge von Normverstößen und den gesellschaftlichen Kosten der Rechtsdurchsetzung.[894] Für die Kosten ist wichtig, ob die relevanten Faktoren in der Praxis auch tatsächlich festgestellt werden können und welche Kosten dabei verursacht werden.

aa. Private Durchsetzung

Bei der Bemessung des Schadensersatzanspruchs wegen eines Verstoßes gegen Art. 81 EG wird allein der Schaden bei dem individuellen privaten Durchsetzungsagenten ermittelt und kompensiert. Dieser Schaden des einzelnen Durchsetzungsagenten entspricht regelmäßig nicht dem gesamten gesellschaftlichen Schaden des Normverstoßes, der als Teil der gesellschaftlichen Kosten bei der optimalen Durchsetzung berücksichtigt werden muss. Denn sobald von mehreren Geschädigten nicht alle privaten Durchsetzungsagenten ihre Ansprüche durchsetzen, entspricht die verhängte Sanktion

---

[893] Siehe oben zu Kapitel 2B.III.1.a.aa., S. 37.
[894] Siehe oben zu Kapitel 4A.IV., S. 164.

nicht der Summe der gesellschaftlichen Schäden. Dieses Problem verschärft sich mit zunehmender Anzahl der Geschädigten, da es dann immer wahrscheinlicher wird, dass nicht alle Geschädigten ihren Anspruch durchsetzen, zumal auch der Anreiz der Geschädigten zur Durchsetzung bei einer größeren Streuung des Schadens infolge ihrer kleineren Schäden geringer wird.

Ferner folgt aus der Konzentration auf den Ersatz des Schadens, der bei einem individuellen Geschädigten entstanden ist, dass sonstige Wohlfahrtsverluste, die nicht einem einzelnen Individuum zugeordnet werden können, bei der privaten Durchsetzung mit Schadensersatzansprüchen nicht berücksichtigt werden. Dies führt insbesondere bei Hardcore-Kartellen dazu, dass die Wohlfahrtsverluste des Kartells (deadweight loss) bei der Bemessung des Schadensersatzanspruchs nicht beachtet werden können.[895] Hierdurch kann die im Wege der privaten Durchsetzung verhängte Sanktion eine im Verhältnis zur gesellschaftlichen optimalen Durchsetzung zu geringe Abschreckungswirkung erzielen.

Die Ermittlung des Schadens des individuellen Durchsetzungsagenten ist also insgesamt für die Bewertung der gesellschaftlichen Schäden des Normverstoßes ein Näherungswert von nur begrenzter Aussagekraft und berücksichtigt die übrigen relevanten Werte, wie den Vorteil des Normadressaten, nicht.

bb. Öffentliche Durchsetzung

Die im Wege der öffentlichen Durchsetzung verhängte Geldbuße kann hingegen nicht nur den wirtschaftlichen Vorteil des Normadressaten, sondern auch den gesamten gesellschaftlichen Schaden, den der Verstoß verursacht, bei der Bemessung der Sanktionshöhe berücksichtigen.

Denn die Geldbuße ist nicht auf die Betrachtung des bei einem bestimmten Opfer verursachten Schadens beschränkt, sondern kann vielmehr auch sonstige gesellschaftliche Kosten, die durch den Verstoß verursacht werden, in die Bemessung der Geldbuße einbeziehen. Dies geschieht bei Verstößen gegen Art. 81 EG im Rahmen der Bestimmung der Schwere des Verstoßes, die sich aus den konkreten Auswirkungen auf den Markt ergibt.[896] Aus dieser Art der Sanktionsbemessung ergibt sich die Möglichkeit,

---

895 Schwartz, Georgetown Law Journal 1980, vol. 68, S. 1075 ff., 1084 f. differenziert zwischen den Abnehmern und Wettbewerbern, kommt jedoch zum gleichen Ergebnis.

896 Siehe bereits oben zu Kapitel 3B.II.2.c.bb(1), S. 78.

sowohl bei einer breiten Streuung des gesellschaftlichen Schadens auf eine Vielzahl von Geschädigten als auch bei einem großen gesellschaftlichen Wohlfahrtsverlust, der keinem bestimmten Individuum zuzuordnen ist, die gesellschaftlichen Kosten bei der Bemessung der Geldbuße als Maßstab zu nehmen.

Allerdings kann auch im Rahmen der Bemessung der Geldbuße die Bestimmung der gesellschaftlichen Kosten des Normverstoßes mit Schwierigkeiten verbunden sein. Diese Schwierigkeiten sind jedoch einer Rechtsdurchsetzung, die in einem in tatsächlicher Hinsicht komplexen Rechtsgebiet operiert, stets immanent und für die Wahl der Durchsetzungsform daher nicht entscheidend.

Abschließend sei noch auf einen Vorteil der Berücksichtigung des Umsatzes des Normadressaten als absolute Höchstgrenze der Geldbuße (Art. 23 Abs. 2 S. 2 VO 1/03) hingewiesen: Da der Umsatz als Näherungswert für das Vermögen des Unternehmens angesehen werden kann, wird durch das Abstellen auf den Umsatz berücksichtigt, dass die Abschreckungswirkung der Sanktion sich nach dem Vermögen der Normadressaten unterscheiden kann, da ein konstanter Sanktionswert einen Normadressaten mit nur geringem Vermögen härter trifft als einen vermögenden Normadressaten.[897] Dies ermöglicht es, die Sanktion den Eigenschaften des jeweiligen Normadressaten anzupassen, sodass die optimale Abschreckungswirkung erzielt wird.

Bei dem Vergleich der Durchsetzungsformen zeigt sich also, dass die im Rahmen der öffentlichen Durchsetzung verhängte Sanktion der Geldbuße die für die optimale Durchsetzung relevanten Faktoren besser berücksichtigen kann als die bei der privaten Durchsetzung verhängte Sanktion des Schadensersatzes.

c. Adressat der Sanktion

Neben der Frage der Höhe und der Berechnung der Sanktion kann auch die Bestimmung des Adressaten der Sanktion einen Einfluss auf die Abschreckungswirkung des Durchsetzungssystems auf die Normadressaten haben. Da bei der Durchsetzung von Art. 81 EG das Verhalten von Unternehmen beeinflusst werden muss, die durch natürliche Personen handeln, stellt sich hier die Frage, ob die Sanktion sich gegen das Un-

[897] Siehe Polinsky/Shavell, The American Economic Review 1991, vol. 81, S. 618 ff.; Garoupa, Economica 1998, vol. 65, S. 479 ff., die wegen dieses Zusammenhangs Beckers maximale Sanktion bei vorhandenen Unterschieden im Vermögen der Normadressaten ablehnen.

ternehmen (zu aa.) oder gegen die Entscheidungsträger innerhalb des Unternehmens richten sollte (zu bb.), um die erforderliche Abschreckungswirkung zu erzielen.

aa. Unternehmen

Die Normadressaten von Art. 81 EG sind Unternehmen, genauer: deren Rechtsträger, d.h. ganz regelmäßig Gesellschaften und juristischen Personen, für die natürliche Personen als Entscheidungsträger handeln. Adressat der öffentlich-rechtlichen Geldbuße nach Art. 23 VO 1/03 ist ebenso wie der Anspruchsgegner bei dem Schadensersatzanspruch nach § 33 Abs. 3 GWB demgemäß der Unternehmensträger, der als Normadressat von Art. 81 EG den Wettbewerbsverstoß begangen hat.[898]

Die Unternehmensträger sind grundsätzlich auch die richtigen Adressaten der Sanktion, da der Wettbewerbsverstoß ihnen zuzurechnen ist und die Investoren des Unternehmens auch die Möglichkeit haben, das Verhalten der für den Unternehmensträger handelnden natürlichen Personen, d.h. die Entscheidungsträger innerhalb des Unternehmens, zu kontrollieren.

bb. Entscheidungsträger innerhalb der Unternehmen

Eine persönliche Haftung der Entscheidungsträger innerhalb des Unternehmens ist bei der öffentlichen Durchsetzung durch die Kommission bisher nicht vorgesehen und auch im Rahmen der privaten Durchsetzung – abgesehen von der praktisch bedeutungslosen gesellschaftsrechtlichen Haftung gemäß § 93 Abs. 5 AktG – nicht existent.[899]

Die Einführung einer persönlichen Verantwortlichkeit natürlicher Personen innerhalb eines Unternehmens für den von ihnen initiierten Wettbewerbsverstoß des Unternehmens ist grundsätzlich sowohl bei der öffentlichen als auch bei der privaten Durchsetzung möglich. Allerdings ist bei der persönlichen Haftung der Entscheidungsträger auf Schadensersatz im Rahmen der privaten Durchsetzung zu berücksichtigen, dass diese Ansprüche angesichts ihrer Höhe insbesondere bei Hardcore-Kartellen häufig die Zahlungsfähigkeit der natürlichen Person übersteigen werden. Die öffentliche Durchset-

---

898 Siehe oben zu Kapitel 3B.II.2.b., S. 76 zur Geldbuße und Kapitel 3C.II.5., S. 120 zum Schadensersatz.

899 Eine gesellschaftsrechtliche Außenhaftung wegen der Verletzung einer kaufmännischen Sorgfaltspflicht gemäß § 93 Abs. 5 AktG, ist wegen ihrer Subsidiarität gegenüber der Haftung der Gesellschaft und der Beschränkung auf gröbliche Sorgfaltspflichtverletzungen praktisch nicht relevant, siehe bereits oben zu Kapitel 3C.II.5., S. 120 f.

zung eignet sich hingegen infolge ihres breiteren Sanktionsspektrums, das auch nonmonetäre Sanktionen wie die Freiheitsstrafe umfasst, grundsätzlich besser, um auf das Verhalten der Entscheidungsträger einzuwirken.

Die OECD hat bereits im Jahre 1998 die Einführung von effektiven Sanktionen auch gegen natürliche Personen bei Wettbewerbsverstößen von Unternehmen in die nationalen Kartellrechtsordnungen vorgeschlagen.[900] Um diesen Vorschlag beurteilen zu können, müssen die Auswirkungen von Sanktionen gegen die Entscheidungsträger auf das Durchsetzungssystem betrachtet werden.

(1) Gesteigerte Abschreckungswirkung

Die ausschließliche Verhängung von Sanktionen gegen das Unternehmen verhindert die unmittelbare Beeinflussung des Verhaltens der Entscheidungsträger innerhalb des Unternehmens durch eine Sanktion, die diese natürlichen Personen persönlich in ihren eigenen Rechten und Interessen trifft.[901] Die Sanktionierung von Individuen kann in Kombination mit der daneben fortbestehenden Verantwortlichkeit des Unternehmens zu einer verbesserten Abschreckungswirkung führen, da die Entscheidungsträger zusätzlich zu den Risiken für das Unternehmen auch ihr eigenes Risiko bei der Entscheidung über den Verstoß gegen Art. 81 EG in Betracht ziehen müssen.[902] Kann die persönliche Verantwortlichkeit den Entscheidungsträger von dem Verstoß abschrecken, wird gleichzeitig auch das Unternehmen von dem Verstoß abgehalten.[903] Dies ist dann besonders wichtig, wenn die Unternehmensträger (ausnahmsweise) nicht in der Lage sind, das Verhalten der Entscheidungsträger zu beeinflussen und Wettbewerbsverstöße zu verhindern, die im Widerspruch zu den Interessen der Unternehmensträger stehen.[904] Die zusätzliche Abschreckungswirkung der Sanktion für den Entscheidungsträger kann zudem extrem hohe Sanktionen für das Unternehmen entbehrlich machen

---

[900] OECD, Council recommendation hard core cartels, A I. 1. a. = S. 3.

[901] Wils, Optimal Enforcement, S. 17; Hempel, Privater Kartellrechtsschutz, S. 276; Baker, George Washington Law Review 2001, vol. 69, S. 693 ff., 697.

[902] OECD, EU Competition Law and Policy, S. 72; Rosochowicz, European Competition Law Review 2004, vol. 25, S. 752 ff., 755 spricht sich für die Kombination von Sanktionen gegen die juristische Person und die verantwortlichen Entscheidungsträger innerhalb der juristischen Person aus.

[903] OECD, Cartels: Sanctions against Individuals, S. 7.

[904] Wils, World Competition 2005, vol. 28, S. 117 ff., 156 ff.; Posner, American Criminal Law Review 1980, vol. 17, S. 409 ff., weist darauf hin, dass Sanktionen gegen Individuen so lange vermieden werden sollten, wie die Sanktion gegen das Unternehmen ausreichend hoch ist, unterstellt die Kontrolle der Entscheidungsträger durch das Unternehmen funktioniert.

und damit die Gefahr einer Insolvenz des Unternehmens und die damit verbundenen gesellschaftlichen Kosten vermeiden.[905]

(2) Anreiz zur Informationspreisgabe

Eine weitere wichtige Auswirkung der persönlichen Verantwortlichkeit der Entscheidungsträger besteht darin, dass diese natürlichen Personen ein eigenständiges Interesse an der Offenlegung von Informationen gegenüber den Wettbewerbsbehörden im Gegenzug zu einer Reduzierung der eigenen Sanktion erhalten.[906] Die Einführung einer leniency-Regelung für natürliche Personen könnte eine weitere wichtige Informationsquelle für die Wettbewerbsbehörden schaffen. Denn die persönliche Haftung kann den Entscheidungsträgern einen Anreiz zur Kooperation mit den Wettbewerbsbehörden vermitteln, der sich von dem Anreiz zur Kooperation für das Unternehmen unterscheidet.[907] Hierdurch würde die Wahrscheinlichkeit gesteigert, dass jemand die Wettbewerbsbehörden mit Informationen über den Wettbewerbsverstoß versorgt, da die Entscheidungsträger ohne eine persönliche Haftung kein eigenes unmittelbares Interesse an der Weitergabe von Informationen besitzen.[908]

Auch die Erfahrungen aus dem US-amerikanischen Kartellrecht, das auch die Entscheidungsträger mit Sanktionen belegt und über eine entsprechende leniency-Regelung für diese natürlichen Personen verfügt, sind durchaus positiv und sprechen für eine Ausweitung des Kreises der Adressaten kartellrechtlicher Sanktionen und für eine entsprechende Erweiterung der leniency-Regelung.[909]

(3) Sanktionsform

Die Sanktionen gegen die Entscheidungsträger können bei der öffentlichen Durchsetzung von Art. 81 EG verschiedene Formen annehmen: Zunächst können Geldbußen auch gegen die verantwortlichen natürlichen Personen innerhalb des Unternehmens verhängt werden, wie es nach deutschem Kartellverwaltungs- bzw. Ordnungswidrig-

---

905 OECD, Second Cartel Report, S. 28.

906 Baker, George Washington Law Review 2001, vol. 69, S. 693 ff., 697.

907 Baker, George Washington Law Review 2001, vol. 69, S. 693 ff., 707 f. hebt die praktische Bedeutung der Informationen von Personen innerhalb des Unternehmens für den Erfolg der Durchsetzung hervor.

908 OECD, Cartels: Sanctions against Individuals, S. 18.

909 OECD, Cartels: Sanctions against Individuals, S. 8; Wils, World Competition 2005, vol. 28, S. 117 ff., 142 f.

keitenrecht bereits der Fall ist.[910] Ferner ist auch ein Berufsverbot für die verantwortlichen Entscheidungsträger oder der Entzug einer Gewerbeerlaubnis denkbar.[911] Eine noch größere Abschreckungswirkung übt jedoch eine Freiheitsstrafe auf die Entscheidungsträger aus, die es sich als Geschäftsleute nicht vorstellen können, Zeit im Gefängnis zu verbringen.[912] Ferner ist bei einer Freiheitsstrafe die Kompensation eines Entscheidungsträgers durch das Unternehmen, dem der Wettbewerbsverstoß zugute kommt, nicht oder nur sehr schwer möglich, während bei einer monetären Sanktion das Unternehmen einen Entscheidungsträger intern von der Sanktion freistellen kann.[913] Allerdings ist auch zu berücksichtigen, dass eine Freiheitsstrafe deutlich höhere gesellschaftliche Sanktionskosten verursacht und auch bereits die Verfolgung wegen der strengeren strafrechtlichen Verfahrens- und Beweisregeln kostspieliger ist.

Angesichts des zusätzlichen Abschreckungspotentials, das Sanktionen gegen die verantwortlichen Entscheidungsträger innerhalb des Unternehmens besitzen, und angesichts des zusätzlichen Anreizes der natürlichen Personen zur Preisgabe von Informationen gegenüber den Wettbewerbsbehörden könnte diese Ausweitung des Adressatenkreises einer öffentlich-rechtlichen Sanktion die Durchsetzung von Art. 81 EG deutlich verbessern. Hierbei würden keine wesentlich höheren gesellschaftlichen Kosten der Durchsetzung entstehen, da lediglich die persönliche Verantwortung des einzelnen Entscheidungsträgers zusätzlich nachgewiesen werden müsste, während die übrigen Voraussetzungen einer Sanktion ohnehin von den Wettbewerbsbehörden erhoben werden. Lediglich bei strafrechtlichen Sanktionen wie der Freiheitsstrafe würden die gesellschaftlichen Kosten der Verfolgung und der Sanktionierung ansteigen. Daher erscheint diese Ausweitung des Kreises der Sanktionsadressaten bei der öffentlichen Durchsetzung zur allgemein angestrebten Verbesserung der Durchsetzung von Art. 81 EG geeignet.[914]

---

910 Siehe zu den Adressaten der Sanktionen im deutschen Kartellverwaltungsrecht Achenbach in Glassen/Achenbach/Hahn, Frankfurter Kommentar, Bd. 5, Vorb. zu § 81 GWB, Rn. 47 ff.

911 Wils, World Competition 2005, vol. 28, S. 117 ff., 147; OECD, Cartels: Sanctions against Individuals, S. 17.

912 OECD, Cartels: Sanctions against Individuals, S. 17; Calvani, in: Annual Proceedings of the Fordham Corporate Law Institute on International Antitrust Law & Policy 2003, S. 1 ff., S. 3; Wils, World Competition 2005, vol. 28, S. 117 ff., 143 ff., der zusätzlich auf die starke moralische Signalwirkung einer Freiheitsstrafe hinweist.

913 OECD, Cartels: Sanctions against Individuals, S. 17 und S. 21 f. zu den Problemen einer strafrechtlichen Sanktion.

914 Siehe hierzu noch unten zu Kapitel 5D.II., S. 314.

d. Zusammenfassung zur Sanktion

Insgesamt besitzt die im Wege der öffentlichen Durchsetzung verhängte Sanktion der Geldbuße gemäß Art. 23 VO 1/03 Vorteile bei der Durchsetzung von Art. 81 EG gegenüber dem bei der privaten Durchsetzung verhängten Schadensersatz gemäß § 33 Abs. 3 GWB. Diese Vorteile liegen insbesondere in der größeren Abschreckungswirkung und der Fähigkeit, die ökonomisch relevanten Faktoren besser berücksichtigen zu können als der kompensatorische Schadensersatzanspruch, der durch den konkreten Schaden des individuellen privaten Durchsetzungsagenten begrenzt ist. Eine Erweiterung der öffentlich-rechtlichen Sanktion in Gestalt der persönlichen Verantwortlichkeit der Entscheidungsträger bei der öffentlichen Durchsetzung dürfte ein größeres Potential für den Durchsetzungserfolg besitzen als die Einführung eines überkompensatorischen Schadensersatzanspruchs bei der privaten Durchsetzung.

2. Überführungswahrscheinlichkeit

Der andere Faktor, der neben der Sanktionshöhe den Wert der erwarteten Sanktion und somit die Abschreckungswirkung bestimmt, ist die Überführungswahrscheinlichkeit für den Wettbewerbsverstoß, die sich aus dem Ausmaß der von den Durchsetzungsagenten eingesetzten Ressourcen ergibt.[915] Da die Durchsetzungsagenten nur dann zur Verfolgung eines Normverstoßes aktiv werden, wenn sie neben der rechtlichen Befugnis auch einen entsprechenden Anreiz zum Einsatz ihrer eigenen Ressourcen zur Durchsetzung besitzen, muss das Durchsetzungssystem für einen ausreichenden Anreiz zur Durchsetzung sorgen.[916] Denn ohne einen solchen Anreiz für die Durchsetzungsagenten kann das Durchsetzungssystem nicht die Überführungswahrscheinlichkeit erreichen, die zur Abschreckung der Normadressaten erforderlich ist, so dass zu viele Wettbewerbsverstöße begangen und die damit verbundenen Schäden verursacht würden.

Daher muss untersucht werden, ob die zur Durchsetzung von Art. 81 EG berufenen Agenten einen ausreichenden Anreiz zur Durchsetzung besitzen. Da sich die Anreizstruktur zwischen den beiden Durchsetzungsformen grundlegend unterscheidet, soll zunächst die öffentliche Durchsetzung (zu a.) und dann die private Durchsetzung (zu b.) daraufhin untersucht werden, ob das Durchsetzungssystem des Art. 81 EG den

---

915 Siehe bereits oben zu Kapitel 4A.III.3.a., S. 159.

916 Siehe hierzu bereits oben zu Kapitel 4B.II.1.a., S. 203; Cattlet, Journal of International Banking Law and Regulation 2005, vol. 20, S. 305 ff., 307 hebt für die private Durchsetzung des Kartellrechts die Bedeutung der Anspruchsberechtigung und der Motivation der privaten Durchsetzungsagenten hervor.

jeweiligen Durchsetzungsagenten einen ausreichenden Anreiz zur Durchsetzung bietet und somit eine ausreichende Abschreckungswirkung auf die Normadressaten ausüben kann.

a. Ausreichender Anreiz für die öffentliche Durchsetzung

Zunächst ist zu untersuchen, ob und wann der Kommission als öffentliches Durchsetzungsorgan der erforderliche Anreiz zum Einsatz ihrer Ressourcen zur Verfolgung von Verstößen gegen Art. 81 EG fehlen kann. Hierfür ist die Anreizstruktur der Kommission (zu aa.) und das Vorhandensein ausreichender Durchsetzungsressourcen entscheidend (zu bb.).

aa. Anreizstruktur der öffentlichen Durchsetzungsorgane

Entsprechend der oben dargestellten Anreizstruktur öffentlicher Durchsetzungsorgane erhält die Kommission aus der erfolgreichen Durchsetzung keinen unmittelbaren privaten Nutzen und operiert als Gemeinschaftsorgan auch nicht unter dem Zwang der Maximierung der Einnahmen aus ihrer Durchsetzungstätigkeit. Aber auch bei öffentlichen Durchsetzungsorganen ist ein Anreiz zum Einsatz ihrer Ressourcen erforderlich, da die begrenzten Haushaltsmittel bestmöglich eingesetzt werden müssen und somit die Durchsetzung dort stattfinden muss, wo das Durchsetzungsorgan den größtmöglichen Effekt des Mitteleinsatzes erwartet.[917] Bei der Durchsetzung von Art. 81 EG berücksichtigt die Kommission daher auch, wie viel Erfolgsaussicht die Verfolgung eines Verstoßes bietet und wie groß ihre damit verbundenen Kosten sind. Bei Hardcore-Kartellen ist die Überführungswahrscheinlichkeit gering und die Kosten der Aufdeckung sind oft hoch, so dass ein entsprechend großer Anreiz für die Kommission erforderlich ist. Dieser große Anreiz ergibt sich aus der großen Öffentlichkeitswirkung, die die Verhängung einer hohen Geldbuße gegen ein Kartell verursacht, und dem daraus gesteigerten Ansehen der Kommission und ihrer Mitarbeiter. Aus der Verfolgung weniger öffentlichkeitswirksamer Wettbewerbsbeschränkungen erhält die Kommission hingegen eine entsprechend geringere Belohnung in Gestalt des gesteigerten Ansehens. Dies entspricht der öffentlich geäußerten Absicht der Kommission, sich im Rahmen ihrer Verfolgungstätigkeit bei Art. 81 EG auf die Verfolgung von Kernbeschränkungen zu konzentrieren.

[917] Siehe bereits oben zu Kapitel 4B.I.1.a.bb., S. 189.

bb. Ausreichende Durchsetzungsressourcen

Wenn die Anreizstruktur der Kommission mithin grundsätzlich keine Schwierigkeiten für das Erreichen der optimalen Durchsetzung verursacht, so muss im Rahmen der öffentlichen Durchsetzung jedoch auch berücksichtigt werden, ob das Durchsetzungsorgan über die erforderlichen Ressourcen zur Aufdeckung und Verfolgung von Normverstößen verfügt. Denn anders als bei der privaten Durchsetzung, wo die privaten Durchsetzungsagenten mit Hilfe des Kapitalmarkts stets auf ausreichend Ressourcen zur Verfolgung aussichtsreicher Ansprüche wegen eines Wettbewerbsverstoßes zurückgreifen können,[918] ist bei der öffentlichen Durchsetzung die Summe der zur Durchsetzung einzusetzenden Ressourcen durch das dem Durchsetzungsorgan zustehende Budget begrenzt.[919]

Die Kommission dürfte bei der Durchsetzung von Art. 81 EG allerdings über ein ausreichendes Budget zur Verfolgung von Wettbewerbsverstößen verfügen. Denn bei der Erstellung des Haushaltsplans der Gemeinschaft, der das Budget als Teil der Verwaltungsausgaben der Gemeinschaftsorgane festsetzt, besitzt der Rat den größten Einfluss auf die Ausgestaltung,[920] die Kommission selbst ist jedoch zum Vollzug des Haushaltsplans berufen.[921] Wie die Praxis der Kommission bei der Anwendung der Wettbewerbsregeln in den letzten Jahren gezeigt hat, sind sich die Gemeinschaftsorgane über die besondere Bedeutung der Einhaltung der Wettbewerbsregeln im Allgemeinen und des Kartellsverbots von Art. 81 EG im Besonderen bewusst, so dass nicht zu erwarten ist, dass der Kommission bei der Durchsetzung von Art. 81 EG absichtlich ein zu geringes Budget zugeteilt würde. Die stets bestehende Budgetgrenze öffentlicher Durchsetzungsorgane besteht gleichwohl natürlich auch bei der Kommission, ist jedoch als Ausdruck der Berücksichtigung der gesellschaftlichen Kosten der Durchsetzung als Teil der gesellschaftlichen Gesamtkosten aus dem Normverstoß zu betrachten.

Daher stellt auch das Budget der Kommission im Ergebnis kein Problem bei der öffentlichen Durchsetzung von Art. 81 EG dar, die mithin hinsichtlich des erforderlichen

918 Stephenson, Virginia Law Review 2005, vol. 91, S. 93 ff., 107 f.; Landes/Posner, Journal of Legal Studies 1975, vol. 4, S. 1 ff., 37; siehe bereits oben zu Kapitel 4B.II.1.a.cc, S. 205.

919 Siehe bereits oben zu Kapitel 4B.I.1.a.bb(2), S. 192.

920 Siehe bereits oben zu Kapitel 4B.I.2.a.aa., S. 196.

921 Oppermann, Europarecht, § 11 Rn. 42.

Anreizes der Durchsetzungsagenten aus den oben genannten Gründen[922] zur optimalen Durchsetzung geeignet ist.

b. Ausreichender Anreiz für die private Durchsetzung

Auch die private Durchsetzung kann nur dann die erforderliche Abschreckungswirkung erzielen, wenn der Anreiz für die privaten Durchsetzungsagenten zum Einsatz ihrer Durchsetzungsressourcen hinreichend groß ist, so dass auch hier der Anreiz neben der rechtlichen Durchsetzungsbefugnis eine zwingende Voraussetzung für das Funktionieren des Durchsetzungssystems ist.[923] Wegen des Ziels der privaten Durchsetzungsagenten, ihren privaten Netto-Nutzen aus der Durchsetzung zu maximieren, hängt ihr Anreiz zur Durchsetzung davon ab, ob ihr erwarteter Nutzen aus der Durchsetzung ihre erwarteten Kosten hieraus übersteigt und sie keine bessere Alternative zur eigenen Durchsetzungstätigkeit besitzen.

Um herauszufinden, ob die privaten Durchsetzungsagenten einen ausreichenden Anreiz zur Durchsetzung von Art. 81 EG besitzen, muss daher zunächst die Existenz von Alternativen zur eigenen Durchsetzung (zu aa.) und dann das Verhältnis der privaten Kosten und Nutzen der Durchsetzungsagenten aus der Durchsetzung von Art. 81 EG untersucht werden (zu bb.).

aa. Alternativen zur eigenen Rechtsdurchsetzung

Die Alternativen zur selbständigen Durchsetzung eines Normverstoßes beeinflussen den Anreiz der privaten Durchsetzungsagenten zum Einsatz ihrer Ressourcen zur Durchsetzung, wenn diese alternativen Verhaltensweisen für sie vorteilhafter sind. Die Alternativen zur eigenen Durchsetzung bestehen für den privaten Durchsetzungsagenten in der Beschwerde zur Kommission (zu (1)) und im Abwarten auf das Einschreiten anderer Durchsetzungsagenten (zu (2)).[924]

(1) Beschwerde

Die Beschwerde an die Kommission ist für den Geschädigten bei einem Wettbewerbsverstoß eine attraktive Möglichkeit, eigene Aufwendungen bei der Durchsetzung ein-

---

922 Siehe bereits oben zu Kapitel 4B.I.2.a.; S. 196 ff.

923 Zum Kreis der Anspruchsberechtigten, die als private Durchsetzungsagenten in Betracht kommen, siehe bereits oben zu Kapitel 3C.II.2., S. 96.

924 Siehe bereits oben zu Kapitel 4B.II.1.b.cc., S. 210.

zusparen, und reduziert daher den Anreiz der privaten Durchsetzungsagenten zum Einsatz eigener Ressourcen zur Aufdeckung von Verstößen gegen Art. 81 EG.
Der größte Vorteil der Beschwerde besteht für den potentiellen Durchsetzungsagenten darin, dass der Wettbewerbsverstoß durch das Verfahren der Kommission häufig schneller und einfacher abgestellt wird.[925] Ein weiterer wichtiger Vorteil besteht darin, dass die Kommission auf die Beschwerde hin die erforderlichen Ermittlungen über den Wettbewerbsverstoß selbst vornimmt. Daher muss der private Durchsetzungsagent diese Kosten der Aufdeckung des Verstoßes nicht mehr selbst tragen.[926] Ist für den privaten Durchsetzungsagenten nur das Abstellen des normwidrigen Verhaltens von Bedeutung, erschöpft sich seine Aktivität darin, die Beschwerde einzureichen und ggf. die Kommission mit ihm zugänglichen Informationen zu versorgen. Insofern kann der Durchsetzungsagent seine Kosten aus der Inanspruchnahme des Zivilgerichts (Aufdeckung, Gerichts- und Anwaltskosten, etc.) vermeiden und ist auch nicht gezwungen, eine kausale Schädigung seines Vermögens durch den Wettbewerbsverstoß nachzuweisen.[927] Allerdings besteht im zivilprozessualen Verfahren die Möglichkeit, die eigenen Verfahrenskosten im Falle des Obsiegens vor Gericht erstattet zu erhalten. Diese Möglichkeit ist im Beschwerdeverfahren vor der Kommission hingegen ausgeschlossen.[928]

Aber auch wenn die Kompensation erlittener Schäden das Ziel des privaten Durchsetzungsagenten ist, ist die Beschwerde eine attraktive Verhaltensalternative: Zwar bietet die Beschwerde nicht direkt die Möglichkeit, Ersatz für erlittene Schäden zu erhalten. Der private Durchsetzungsagent kann aber nach Abschluss des behördlichen Verfahrens eine Klage auf Schadensersatz gegen den Normadressaten erheben, bei der infolge der Verjährungshemmung für die Zeit des behördlichen Verfahrens gemäß § 33 Abs. 5 GWB auch keine Verjährung droht. In diesem follow-on Verfahren kann der private Durchsetzungsagent dann die Ermittlungsergebnisse aus dem Verfahren der Kommission aufgrund der Tatbestandswirkung (§ 33 Abs. 4 GWB) nutzen, die auf den überlegenen Ermittlungsbefugnissen der Kommission beruhen.[929]

925 Wurmnest, in: Behrens/Braun/Nowak, EG-Wettbewerbsrecht im Umbruch, S. 213 ff., 225; Hempel, Privater Kartellrechtsschutz, S. 156 f.; Holmes, European Competition Law Review 2004, vol. 25, S. 25 ff., 30 verweist insoweit auf die Schwierigkeiten des privaten Durchsetzungsagenten bei dem Nachweis der Kausalität zwischen Wettbewerbsverstoß und Schaden.
926 Garzaniti/Gudofsky/Moffat, Antitrust Law Journal 2004, vol. 72, S. 159 ff., 196.
927 Smith, Competition Law, Rn. 5.16.
928 Beschwerde-Bekanntmachung, Rn. 16; Smith, Competition Law, 5.17.
929 Smith, Competition Law, Rn. 5.16; zweifelnd Hempel, Privater Kartellrechtsschutz, S. 157.

Aus diesen Gründen kann die Beschwerde für den potentiellen privaten Durchsetzungsagenten eine aussichtsreiche Alternative zum Einsatz eigener Ressourcen zur Aufdeckung eines Verstoßes gegen Art. 81 EG darstellen. Dies gilt insbesondere für die Wettbewerber des Normadressaten, die von dem Wettbewerbsverstoß betroffen sind, aber keine ausreichende Kenntnis von der wettbewerbswidrigen Verhaltenskoordinierung besitzen, um diese in einem zivilprozessualen Verfahren selbständig nachweisen zu können. Aber auch private Durchsetzungsagenten auf der Marktgegenseite können in der beschriebenen Weise von einer Beschwerde profitieren.

Die privaten Durchsetzungsagenten besitzen mithin nur einen geringen Anreiz, zur eigenständigen Aufdeckung eines Verstoßes gegen Art. 81 EG eigene Ressourcen einzusetzen, sofern auch die Möglichkeit einer Beschwerde zur Kommission besteht. Aus diesem Grund hebt die Kommission in ihrer Beschwerde-Bekanntmachung hervor, dass sie nach der Rechtsprechung des EuG berechtigt ist, das für die Beschwerde erforderliche berechtigte Interesse des Beschwerdeführers zu verneinen und die Beschwerde zurückzuweisen, wenn der Beschwerdeführer den Schutz seiner Rechte durch eine Klage vor einem einzelstaatlichen Zivilgericht sichern kann.[930] Ferner weist die Kommission darauf hin, dass für Marktteilnehmer, die auf eine schnelle und verbindliche Lösung der Sachlage im Wege des vorläufigen Rechtsschutzes angewiesen sind, die private Durchsetzung größeren Erfolg verspricht, da vorläufiger Rechtsschutz vor den Zivilgerichten regelmäßig einfacher möglich ist als im Verfahren vor der Kommission.[931]

Trotz dieser Einschränkungen stellt die Beschwerde eine verlockende Alternative zur eigenen Durchsetzungsaktivität für die privaten Durchsetzungsagenten dar, die ihren Anreiz zur selbständigen Aufdeckung von Verstößen entsprechend reduziert. Angesichts ihrer überlegenen Ermittlungsbefugnisse wird die Kommission auch nicht alle Beschwerden mit dem Verweis auf den Zivilrechtsweg zurückweisen können, um so den Anreiz zu eigenen Ermittlungen der privaten Durchsetzungsagenten zu steigern, da die zivilrechtlichen Möglichkeiten in vielen Fällen nicht ausreichen werden, um den Wettbewerbsverstoß nachzuweisen. Die mit der 7. GWB-Novelle eingeführten Erleichterungen der follow-on Verfahren verringern den Anreiz der privaten Durchset-

[930] Beschwerde-Bekanntmachung, Rn. 17, 44 unter Verweis auf EuG, Entscheidung vom 18. September 1992, Slg. 1992, II-2223, Rn. 88 ff. – Automec II.

[931] Beschwerde-Bekanntmachung, Rn. 16; Smith, Competition Law, Rn. 5.17; siehe allgemein zum vorläufigen Rechtsschutz aus rechtsökonomischer Sicht Landes/Posner, Journal of Legal Studies 1994, vol. 23, S. 683 ff.

zungsagenten zur eigenständigen Durchsetzung weiter, da das Abwarten auf die Ergebnisse des Verfahrens vor der Kommission nun noch einfacher möglich ist. Hieraus kann sich ein ernstes Anreizproblem bei der privaten Durchsetzung entwickeln.

(2) Free-riding

Das oben bereits angesprochene Problem des free-riding besteht darin, dass sich jeder Durchsetzungsagent auf die Aktivität der jeweils anderen verlässt, um so die eigenen Kosten der Aufdeckung des Verstoßes einzusparen und trotzdem in den Genuss der erhöhten Abschreckungswirkung zu kommen und ggf. einen eigenen Schadensersatzanspruch später unter Verwendung der zuvor von anderen Durchsetzungsagenten kostspielig gesammelten Informationen zu verfolgen.[932]

Bei der Durchsetzung von Art. 81 EG besteht dieses Problem insbesondere dort, wo mehrere Durchsetzungsagenten gegen denselben Normverstoß vorgehen können. Bei der defensiven privaten Durchsetzung mittels des Nichtigkeitseinwands gegen den Vertrag gemäß Art. 81 Abs. 2 EG kann nur der jeweilige Vertragspartner aktiv werden und von der Rechtskraft des Urteils profitieren, so dass ein free-riding nicht möglich ist. Jedoch entsteht auch hier bei einem Netz von identischen oder ähnlichen Verträgen das Problem des free-riding, wenn die Feststellung der Nichtigkeit einer standardmäßig verwendeten Vereinbarung auch für die nicht am Verfahren beteiligten Betroffenen günstig ist, weil ein weiterer Rechtsstreit mit dem Normadressaten über dieselbe Frage unwahrscheinlich ist. In dieser Situation ist ein Abwarten für den einzelnen Normadressaten attraktiv und reduziert daher seinen Anreiz zur Durchsetzung.

Bei horizontalen Wettbewerbsbeschränkungen sind häufig mehrere Marktteilnehmer nachteilig von dem Normverstoß betroffen, so dass die Anzahl der potentiellen Durchsetzungsagenten entsprechend groß ist. Dies schafft die Möglichkeit, sich auf die Durchsetzungsaktivität von anderen zu verlassen. Dieses Problem ist wiederum stärker ausgeprägt, wenn Unterlassungsansprüche verfolgt werden, da hierbei bereits die erfolgreiche Durchsetzung durch einen Durchsetzungsagenten das normwidrige Verhalten beendet und daher allen betroffenen Marktteilnehmer unmittelbar nützt. Bei den Schadensersatzansprüchen, die bei der privaten Durchsetzung von Art. 81 EG im Vordergrund stehen, besteht daher das Problem des free-riding nicht in gleicher Weise, da jeder Durchsetzungsagent ein Interesse daran hat, seinen Schaden ersetzt zu erhalten, und hierfür die Verfolgung des eigenen Anspruchs erforderlich ist. Allerdings kann der

[932] Siehe hierzu bereits oben zu Kapitel 4B.II.1.b.cc(2), S. 211.

einzelne Durchsetzungsagent die Kosten der Aufdeckung einsparen, wenn er die Aufdeckung einem anderen Durchsetzungsagenten überlässt, der durch denselben Normverstoß betroffen ist, und erst danach seinen eigenen Anspruch gerichtlich durchsetzt.

Daher besteht insgesamt bei der privaten Durchsetzung von Art. 81 EG das Problem des free-riding, das den Anreiz der privaten Durchsetzungsagenten zur Aufdeckung verringert und daher der erfolgreichen privaten Durchsetzung entgegenstehen kann. Dies gilt insbesondere für horizontale Wettbewerbsbeschränkungen, die eine Vielzahl anderer Marktteilnehmer betreffen.

(3) Zusammenfassung zu den Alternativen zur eigenen Rechtsdurchsetzung

Die Alternativen zur eigenen Rechtsdurchsetzung bestehen für die privaten Durchsetzungsagenten in der Beschwerde und das Vertrauen auf die Aktivität anderer privater Durchsetzungsagenten. Die Existenz dieser Verhaltensalternativen verhindert nicht vollständig den Anreiz der privaten Durchsetzungsagenten zur Durchsetzung, insbesondere dann nicht, wenn einen Schadensersatzanspruch geltend gemacht werden kann. Allerdings fehlt dieser Anreiz in der Phase der Aufdeckung des Wettbewerbsverstoßes, da der einzelne Durchsetzungsagent die mit der Aufdeckung verbundenen Kosten einsparen kann, wenn er erfolgreich eine Beschwerde bei der Kommission erhebt oder die Aufdeckung durch andere private Durchsetzungsagenten abwartet. Die Phase der Aufdeckung ist jedoch ganz entscheidend für den Erfolg des Durchsetzungssystems und ein entsprechender Anreiz der Durchsetzungsagenten hier besonders wichtig. Die private Durchsetzung von Art. 81 EG ist in der gegenwärtigen Ausgestaltung jedoch nicht immer in der Lage, einen solchen Anreiz für die privaten Durchsetzungsagenten sicherzustellen.[933]

bb. Verhältnis von privaten Kosten und Nutzen der Rechtsdurchsetzung

Abgesehen von der Attraktivität der erörterten Verhaltensalternativen ergibt sich der Anreiz eines privaten Durchsetzungsagenten zum Einsatz seiner Ressourcen für die Rechtsdurchsetzung aus dem Verhältnis der für ihn damit verbundenen Kosten und Nutzen.

[933] Für einen entsprechenden Anreiz wäre ein grundlegend anderes System der privaten Durchsetzung erforderlich, das nur dem ersten Durchsetzungsagenten, der den Verstoß aufdeckt, auch einen Anspruch zuspricht; da dieses System jedoch in die vorhandene Rechtsordnung nur außerordentlich schwer zu integrieren wäre und auch neue Probleme schafft, soll hier auf eine Darstellung dieses in der ökonomischen Literatur diskutierte System verzichtet werden; siehe hierzu Polinsky, Journal of Legal Studies 1980, vol. 9, S. 105 ff., 107.

Der private Nutzen aus der Rechtsdurchsetzung besteht für den privaten Durchsetzungsagenten in der Sanktion, die er vor allem in Gestalt des Schadensersatzes bei erfolgreicher Durchsetzung erhält. Hier zeigen sich wieder die Wechselwirkungen zwischen dem Einfluss der Sanktion auf die Abschreckungswirkung und dem Anreiz für private Durchsetzungsagenten zur Rechtsdurchsetzung, der nun untersucht werden soll. Ist die Sanktion und somit der Nutzen des privaten Durchsetzungsagenten aus der Durchsetzung zu gering, so fehlt ihm der zur Durchsetzung erforderliche Anreiz, wodurch die Abschreckungswirkung der privaten Durchsetzung entsprechend gering ist (zu (1)).

Die privaten Kosten der Durchsetzung bestehen in dem Einsatz seiner Ressourcen zur Aufdeckung und Verfolgung des Verstoßes und hängen – wie die gesellschaftlichen Durchsetzungskosten – maßgeblich von dem Informationszugang und den Verfahrensregeln ab.[934] Im Folgenden wird nun zunächst allein der Einfluss der *privaten* Durchsetzungskosten auf den Anreiz des privaten Durchsetzungsagenten zur Rechtsdurchsetzung und damit auf deren Abschreckungswirkung sowie im Ergebnis auf die Höhe der gesellschaftlichen Schäden infolge der Wettbewerbsverstöße untersucht (zu (2)). Die weitgehend parallel laufenden *gesellschaftlichen* Durchsetzungskosten sollen im Anschluss im Zusammenhang erörtert werden sollen.[935]

(1) Niedriger Sanktionswert

Wenn die vom Durchsetzungssystem in Aussicht gestellte Sanktion dem privaten Durchsetzungsagenten nur einen geringen Nutzen bringt, können die mit der Durchsetzung verbundenen Kosten häufig dazu führen, dass der erforderliche Anreiz zur Durchsetzung fehlt. Das zu geringe Niveau der Sanktion kann sich aus diversen Umständen ergeben, die nun untersucht werden.

(a) Ausgestaltung und Grenzen der Sanktion

Der Grund für den zu geringen Nutzen des privaten Durchsetzungsagenten aus der Rechtsdurchsetzung und für den daraus resultierenden zu geringen Anreiz kann in der Ausgestaltung der Sanktion liegen: Die bloße Gewährung von kompensatorischen Schadensersatzansprüchen kann zu einem geringen Sanktionswert führen, wenn die ersatzfähigen Schäden des einzelnen Geschädigten im Verhältnis zu seinen Durchsetzungskosten niedrig sind. Dies führt zu einem zu geringen Anreiz zur Rechtsdurchset-

---

[934] Siehe bereits oben zu Kapitel 4B.II.1.a.aa., S. 203.
[935] Siehe unten zu Kapitel 5B.II., S. 261.

zung, der bei Art. 81 EG einer effektiven Abschreckung von Wettbewerbsverstößen im Wege der privaten Durchsetzung entgegenstehen kann.[936] Dies gilt insbesondere für Hardcore-Kartelle, bei denen infolge der geringen Überführungswahrscheinlichkeit und der entsprechend hohen Kosten der Aufdeckung eine große Belohnung des privaten Durchsetzungsagenten erforderlich ist, um einen ausreichenden Anreiz sicherzustellen. Ein überkompensatorischer Schadensersatzanspruch könnte für einen größeren Anreiz sorgen, ist jedoch aus den oben genannten Gründen im deutschen Kartellzivilrecht nicht wünschenswert.[937] Bei sonstigen Wettbewerbsbeschränkungen ist hingegen infolge des geringeren Schadens auch die als Belohnung in Aussicht gestellte Sanktion des Schadensersatzes gering. Dies führt zu einem geringen Anreiz zur Durchsetzung, der nur dann ausreichend ist, wenn die mit der Rechtsdurchsetzung verbundenen Kosten für den privaten Durchsetzungsagenten entsprechend niedrig sind (siehe hierzu sogleich zu (2)).

Einem Sanktionswert, der für einen ausreichenden Anreiz der privaten Durchsetzungsagenten erforderlich ist, können auch die rechtlichen Grenzen der Sanktion entgegenstehen. So kann insbesondere das rechtsstaatliche Übermaßverbot besonders hohe Sanktionen, die außer Verhältnis zu dem Normverstoß stehen, verbieten und damit bei einer geringeren Überführungswahrscheinlichkeit und hohen Durchsetzungskosten für einen zu geringen Anreiz für die privaten Durchsetzungsagenten führen.

Nur am Rande sei noch auf die Anreizwirkung der neu eingeführten Vorteilsabschöpfung durch Verbände gemäß § 34 a GWB hingewiesen, bei der die Verbände im Falle einer erfolgreichen Rechtsdurchsetzung lediglich ihre Verfahrenskosten ersetzt erhalten, während der abgeschöpfte Vorteil an den Bundeshaushalt geht.[938] Bei dieser Regelung erhält der hier als privater Durchsetzungsagent auftretende Verband also lediglich seine Aufwendungen ersetzt, die er zur Durchsetzung gemacht hat, ohne die Aussicht auf einen darüber hinausgehenden finanziellen Vorteil zu haben. Daher kann die Durchsetzung dieses Anspruchs durch Verbände nur mit einer besonderen Interessenlage eines Verbandes zur Förderung gewerblicher Interessen i.S.v. § 33 Abs. 2 GWB erklärt werden, die sich von dem Ziel der Profitmaximierung bei der Durchsetzung unterscheidet. Diese besondere Interessenlage eines Verbandes kann sich aus seiner Stellung ergeben, aufgrund der er einen Nutzen aus der erfolgreichen Durchsetzung

---

[936] Hempel, Privater Kartellrechtsschutz, S. 273; Landes/Posner, Journal of Legal Studies 1975, vol. 4, S. 1 ff.

[937] Siehe oben zu Kapitel 5B.I.1.a.bb(2), S. 228.

[938] Siehe oben zu Kapitel 3C.III.2., S. 148.

zieht, der nicht in dem Erhalt eines finanziellen Vorteils besteht, sondern sich aus der Steigerung seines Ansehens bei seinen Mitgliedern und anderen Marktteilnehmern ergeben kann. Ob dieser Nutzen aus der erfolgreichen Durchsetzung des Anspruchs auf Vorteilsabschöpfung gemäß § 34 a GWB ausreicht, um den Verbänden den erforderlichen Anreiz zur Durchsetzung zu bieten, bleibt abzuwarten.

(b) Zahlungsfähigkeit des Normadressaten

Die Sanktion des Schadensersatzes kann dem privaten Durchsetzungsagenten auch deswegen einen zu geringen Anreiz zur Durchsetzung bieten, weil er befürchten muss, die rechtskräftig verhängte Sanktion infolge der fehlenden Zahlungsfähigkeit des Normadressaten, die auf sein gesamtes Vermögen begrenzt ist, tatsächlich nicht zu erhalten.[939] Ist das Vermögen des Normadressaten zu gering, um die gesamte Sanktion Schadensersatz an den erfolgreichen privaten Durchsetzungsagenten leisten zu können, so kann der private Durchsetzungsagent nur einen Teil der Belohnung tatsächlich erhalten, wodurch sein Anreiz entsprechend geringer ist.

Dieses Problem ist bei der Durchsetzung von Art. 81 EG relativ schwach ausgeprägt, da die Normadressaten als Unternehmen regelmäßig über ausreichend finanzielle Mittel verfügen, um auch hohe Sanktion leisten zu können. Lediglich bei Hardcore-Kartellen, die wegen der großen Schäden und der geringen Überführungswahrscheinlichkeit besonders hohe Sanktionen zur effektiven Abschreckung erfordern, könnte die Sanktion im Einzelfall so hoch sein, dass sie die Zahlungsfähigkeit des Unternehmens übersteigt.[940]

(c) Streuschäden

Ein weiteres Problem für den Anreiz der privaten Durchsetzungsagenten kann auftreten, wenn die Schäden aus dem Wettbewerbsverstoß auf eine Vielzahl Geschädigter verteilt sind: Bei diesen Streuschäden ist der jeweilige Schaden jedes einzelnen Geschädigten gering, allein die Summe der verursachten Schäden kann groß sein. Daher ist auch der Schadensersatzanspruch des einzelnen Geschädigten so gering, dass er als Anreiz häufig nicht ausreichen wird, um ihn zum Einsatz seiner Ressourcen für die

939 Siehe bereits oben zu Kapitel 4A.IV.2.b.cc(1), S. 182.

940 Craycraft/Craycraft/Gallo, Review of Industrial Organization 1997, vol. 12, S. 171 ff., gelangen bei ihrer ökonometrischen Analyse der kartellrechtlichen Sanktion in den USA jedoch zu dem Ergebnis, dass die dort verhängten Sanktionen die Zahlungsfähigkeit der betroffenen Unternehmen nicht annähernd erreichen.

Rechtsdurchsetzung zu motivieren, obwohl die Durchsetzungsaktivität zur Abschreckung des normwidrigen Verhaltens gesellschaftlich sinnvoll wäre.

Eine Streuung des gesellschaftlichen Schadens ist insbesondere bei Hardcore-Kartellen zu beobachten, die die Konsumenten als direkte oder zumeist indirekte Abnehmer schädigen. Denn die Anzahl der Letztverbraucher, die die kartellierten Produkte kaufen, werden in großer Zahl geschädigt, wobei sich der individuelle Schaden jedes Konsumenten jedoch auf einen geringen Betrag beschränkt. Dieser geringe Schaden reicht nicht aus, um dem einzelnen Konsumenten einen Anreiz zur Verfolgung des Wettbewerbsverstoßes zu geben, der angesichts der damit verbundenen Kosten erforderlich wäre. Folglich ist eine Rechtsdurchsetzung durch die indirekten Abnehmer mangels eines ausreichenden Anreizes regelmäßig nicht zu erwarten.[941]

Allerdings könnte eine gemeinschaftliche Geltendmachung der Schadensersatzansprüche gegen den Normadressaten zu einer Verringerung der privaten Durchsetzungskosten jedes einzelnen Geschädigten führen und damit auch bei einem geringen Schaden den zur Durchsetzung erforderlichen Anreiz begründen.[942] Je größer die Zahl der Geschädigten ist, desto geringer wird jedoch auch dieser positive Effekt einer gruppenweisen Anspruchsdurchsetzung auf den Anreiz der Durchsetzungsagenten, da mit der Zahl der Geschädigten die Heterogenität der Gruppe zunimmt und somit auch die Verfolgungskosten steigen.[943] Eine solche gruppenweise Durchsetzung, die im deutschen Zivilprozessrecht nicht existiert, kann daher lediglich zu einer teilweisen Verbesserung der Anreizsituation der privaten Durchsetzungsagenten führen, das grundsätzliche Anreizproblem jedoch allein nicht lösen.

(d) Vollständige Durchsetzung

Besteht das gesellschaftlich optimale Durchsetzungsniveau infolge der enormen Schäden des Normverstoßes in Extremfällen in der vollständigen Abschreckung sämtlicher Normverstöße, ist der Anreiz der privaten Durchsetzungsagenten prinzipiell nicht aus-

---

941 Der zu geringe Anreiz der indirekten Abnehmers zur Durchsetzung war auch ein Argument des Supreme Court zur Verneinung der Anspruchsberechtigung indirekter Abnehmer im US-amerikanischen Kartellrecht, siehe Illinois Brick Co. v. Illinois, 431 US 720, 97 S.Ct. 2061, 52 L.Ed. 2d 707 (1977).

942 Posner, Antitrust, S. 227; Kommission, Working Paper Private Durchsetzung, Rn. 193; Komesar, Imperfect Alternatives, S. 130 f. mit Blick auf die US-amerikanische Gruppenklage; zu den Auswirkungen von Streuschäden auf die gesellschaftlichen Durchsetzungskosten siehe noch zu Kapitel 5B.II.1.e.bb(2), S. 276.

943 Komesar, Imperfect Alternatives, S. 131 f.

reichend, um dieses Durchsetzungsniveau zu erreichen. Denn bei einer vollständigen Abschreckung aller Normadressaten werden keine Sanktionen verhängt, deren Nutzen für die privaten Durchsetzungsagenten groß genug ist, um einen hinreichenden Anreiz zu Aufdeckungsaktivitäten darzustellen. Ein solcher Zustand vollständiger Durchsetzung einer Norm, die im Bereich des Kartellrechts die rechtlichen und institutionellen Rahmenbedingungen für die Markttransaktionen sichern soll, kann daher nicht das Ziel der privaten Durchsetzung sein, da in diesem Falle lediglich die Kosten der Durchsetzungsaktivitäten entstehen würden, ohne dass diesen Kosten entsprechende Einkünfte der privaten Durchsetzungsagenten gegenüberstünden, die ihnen als Anreiz dienen.[944] Auch die marginalen Einkünfte, die von den nicht abgeschreckten Normadressaten zu erzielen sein mögen, werden nicht ausreichen, um die Durchsetzungskosten zu decken, die auf einem derart hohen Niveau beträchtlich sind. Aus diesem Grund ist die nahezu vollständige Durchsetzung der Norm im Wege der privaten Rechtsdurchsetzung nicht zu erzielen.[945]

Eine nahezu vollständige Rechtsdurchsetzung kann im Rahmen von Art. 81 EG allenfalls für Hardcore-Kartelle wegen der sehr hohen gesellschaftlichen Schäden als optimal erwogen werden. Wenn die nahezu vollständige Durchsetzung im Wege der (ausschließlich) privaten Durchsetzung nicht zu erreichen ist, ist jedenfalls in diesem Bereich immer auch die öffentliche Durchsetzung erforderlich, um eine gesellschaftlich optimale Durchsetzung sicherzustellen. Dies entspricht auch der Grundregel, die in der ökonomischen Literatur aufgestellt wird, dass Normverstöße, die nur vergleichsweise geringe Schäden bei Dritten produzieren, eher im Wege der privaten Durchsetzung und Normverstöße mit großen gesellschaftlichen Schäden eher mittels öffentlicher Durchsetzung verfolgt werden sollten.[946]

(2) Private Kosten der Rechtsdurchsetzung

Neben dem zu geringen Nutzen des privaten Durchsetzungsagenten aus der Rechtsdurchsetzung können auch hohe private Kosten der Durchsetzung dem erforderlichen Anreiz entgegenstehen und somit zu einer geringen Abschreckungswirkung der privaten Durchsetzung führen. Diese privaten Kosten des privaten Durchsetzungsagenten

---

944 Polinsky, Journal of Legal Studies 1980, vol. 9, S. 105 ff., 113.

945 Garoupa/Klerman, American Law & Economics Review 2002, vol. 4, S. 116 ff., 133.

946 Zu diesem Ergebnis gelangen jeweils mit einem ökonomischen Modell: Polinsky, Journal of Legal Studies 1980, vol. 9, S. 105 ff., 105 ff.; Garoupa/Klerman, American Law & Economics Review 2002, vol. 4, S. 116 ff.; Stigler, Journal of Political Economy 1970, vol. 78, S. 526 ff., 528 f. begründet dies mit der steigenden marginalen Nachteiligkeit von schweren Normverstößen und dem abnehmenden marginalen Nutzen von Einkommen.

machen einen wesentlichen Teil der gesellschaftlichen Kosten der Durchsetzung aus, die im Anschluss im Gesamtzusammenhang aller gesellschaftlichen Kosten des Normverstoßes dargestellt werden sollen.[947]

(a) Private Informationskosten

Ein wesentlicher Teil der privaten Durchsetzungskosten sind die Kosten, die der private Durchsetzungsagent aufwenden muss, um in den Besitz der Informationen zu gelangen, die zum Nachweis der Anspruchsvoraussetzungen, also insbesondere des Wettbewerbsverstoßes und seines kausalen Schadens, erforderlich sind. Daher ist der Anreiz zur Durchsetzung gering, wenn die erforderlichen Informationen für den privaten Durchsetzungsagenten nur unter hohen Kosten zu erlangen sind.

Die Höhe dieser Kosten hängt maßgeblich von der Person des privaten Durchsetzungsagenten ab, da einige Durchsetzungsagenten infolge ihrer Beziehung zu dem Normadressaten und ihrer Marktposition bereits über die erforderlichen Informationen verfügen oder diese zumindest relativ leicht erlangen können. So besitzt der an dem Wettbewerbsverstoß beteiligte Durchsetzungsagent bereits die erforderlichen Informationen zum Nachweis des Wettbewerbsverstoßes, während die indirekten Abnehmer mangels eines direkten Kontakts zu dem Normadressaten nur sehr schwer in Besitz der erforderlichen Informationen gelangen können.

Außerdem hängt die Höhe der Informationskosten auch von den Mitteln der Informationsgewinnung ab, die das Zivilprozessrecht den privaten Durchsetzungsagenten bietet. Denn diese zivilprozessualen Informationsmittel bestimmen maßgeblich, wie der private Durchsetzungsagent die erforderlichen Informationen erlangen kann. Bei der privaten Durchsetzung von Art. 81 EG sind diese Informationsmittel nur sehr begrenzt vorhanden.[948] Eine Ausweitung der zivilprozessualen Aufklärungspflichten und die Zusammenarbeit der Kommission mit den mitgliedstaatlichen Zivilgerichten könnten die Informationskosten der privaten Durchsetzungsagenten verringern und damit ihren Anreiz zur Durchsetzung steigern. Da die Informationsmittel der privaten Durchsetzungsagenten auch ganz maßgeblich die gesellschaftlichen Kosten der privaten Durchsetzung beeinflussen, soll der Einfluss dieser Informationsmittel auf den Durchsetzungserfolg bei der Untersuchung der gesellschaftlichen Durchsetzungskosten im Ge-

---

947 Siehe hierzu unten zu Kapitel 5B.II., S. 261 ff.

948 Siehe hierzu oben zu Kapitel 3C.II.6.d., S. 136.

samtzusammenhang aller gesellschaftlichen Kosten des Normverstoßes behandelt werden.[949]

(b) Verheimlichungsfähigkeit des Wettbewerbsverstoßes

Die erfolgreiche Durchsetzung erfordert immer dann den Einsatz besonders vieler Ressourcen, wenn der Wettbewerbsverstoß für die Durchsetzungsagenten nur sehr schwer aufzudecken und erfolgreich zu verfolgen ist. Dies führt zu hohen privaten Durchsetzungskosten und verringert somit den Anreiz der privaten Durchsetzungsagenten zur Durchsetzung. Im Bereich von Art. 81 EG besteht vor allem bei Hardcore-Kartellen die Situation, dass die Wettbewerbsbeschränkungen infolge ihrer guten Verheimlichungsfähigkeit nur sehr schwer aufzudecken sind.[950] Der selbständige Nachweis des Verstoßes fällt den privaten Durchsetzungsagenten besonders schwer, weil hierfür gerichtlich verwertbare Beweismittel erforderlich sind, die zumeist nur bei dem Normadressaten selbst vorhanden sind, den privaten Durchsetzungsagenten jedoch die Möglichkeit fehlt, mit staatlichem Zwang auf diese Beweismittel zuzugreifen. Zudem ist der Wettbewerbsverstoß für private Durchsetzungsagenten auch infolge der wirtschaftlichen Komplexität mit den Mitteln des Zivilprozesses nur sehr schwer darzulegen. Daher sind die Erfolgsaussichten der privaten Durchsetzungsagenten und mithin ihr Anreiz entsprechend gering, wenn sie die erforderlichen Beweismittel nicht aus anderen Quellen erlangen können. Zusätzlich zu den Schwierigkeiten bei dem Nachweis des Wettbewerbsverstoßes verringern ähnliche Schwierigkeiten bei dem Nachweis des kausalen Schadens und dessen Höhe den Anreiz der privaten Durchsetzungsagenten zur Durchsetzung. Dadurch kann der Anreiz zur Rechtsdurchsetzung selbst dann gering sein, wenn der in Aussicht stehende Schadensersatz hoch ist.

(c) Komplexität

Die rechtliche und wirtschaftliche Komplexität der Tatbestandsvoraussetzungen, die zur erfolgreichen privaten Durchsetzung von Art. 81 EG nachgewiesen werden müssen, erhöht die privaten Kosten der Durchsetzung und verringert damit grundsätzlich den Anreiz zur Rechtsdurchsetzung.[951] Denn rechtlich komplexe Tatbestandsmerkmale und wirtschaftlich komplexe Zusammenhänge erfordern aufwendigere Maßnahmen zum Nachweis des Wettbewerbsverstoßes im gerichtlichen Verfahren. Diese Komplexität kann den privaten Durchsetzungsagenten zur Inanspruchnahme kostspieliger Be-

949 Siehe unten zu Kapitel 5B.II.2.b.aa(2), S. 283.

950 Siehe bereits oben zu Kapitel 2B.III.1.a.dd., S. 41.

951 Zu den Auswirkungen der Komplexität auf die gesellschaftlichen Kosten der fehlerhaften Durchsetzung siehe unten zu Kapitel 5B.II.3.b.aa., S. 301.

ratung durch spezialisierte Anwälte und Ökonomen zwingen. Sowohl der Nachweis des Wettbewerbsverstoßes als auch der Nachweis des entstandenen Schadens ist rechtlich, aber vor allem auch wirtschaftlich häufig so komplex, dass die hiermit verbundenen Kosten die privaten Durchsetzungsagenten von der Durchsetzung ihrer Ansprüche abhalten können.

Insbesondere bei den sonstigen Wettbewerbsbeschränkungen ist einerseits häufig ein aufwendiges Verfahren mit einer vollständigen Marktabgrenzung, mit der Bestimmung der betreffenden Marktanteile und auch mit einer ökonomisch fundierten Bewertung der Sachlage erforderlich,[952] und andererseits sind gleichzeitig die erlittenen Schäden der Durchsetzungsagenten relativ gering. Dies führt zu einem geringen Anreiz zur Rechtsdurchsetzung bei sonstigen Wettbewerbsbeschränkungen.[953]

Die Beweislastverteilung in Art. 2 VO 1/03 hinsichtlich der Freistellungsvoraussetzungen des Art. 81 Abs. 3 EG zu Lasten des Normadressaten verbessert die Anreizsituation für die privaten Durchsetzungsagenten bei sonstigen Wettbewerbsbeschränkungen, bei denen die wirtschaftlich sehr komplexen Freistellungsvoraussetzungen häufig von Bedeutung, aber nicht von den Durchsetzungsagenten vorzutragen und zu beweisen sind. Allerdings wird im Rahmen des "more economic approach" der Kommission zunehmend bereits die Erfüllung des Verbotstatbestandes des Art. 81 Abs. 1 EG, den der private Durchsetzungsagent beweisen muss, von der Marktstruktur abhängig gemacht.[954] Hierdurch wird der Nachweis des Verstoßes für die privaten Durchsetzungsagenten aufwendiger und ihr Anreiz entsprechend geringer.

Die Komplexität der Materie führt also zu hohen privaten Durchsetzungskosten und folglich zu einem geringen Anreiz der privaten Durchsetzungsagenten zur Durchsetzung von Ansprüchen bei Wettbewerbsverstößen, die relativ geringe Schäden verursachen. Dies kann Durchsetzungsaktivitäten öffentlicher Durchsetzungsorgane erfordern, die in der Lage sind, solche ökonomisch und juristisch komplexen, aber finanziell uninteressanten Fälle zu behandeln, da sie den erforderlichen Sachverstand besitzen und

952 Zu den sonstigen vertikalen Wettbewerbsbeschränkungen siehe oben zu Kapitel 2B.III.2.b., S. 49.

953 Zur Methodik der Marktabgrenzung siehe Hildebrand, World Competition 2002, vol. 25, S. 3 ff., 10 ff. und die Bekanntmachung der Kommission über die Definition des relevanten Marktes, ABl. C-372 vom 9. Dezember 1997; Waller, Chicago-Kent Law Review 2003, vol. 78, S. 207 ff., 230 f. hält daher bei sonstigen Wettbewerbsbeschränkungen eine Klage Privater ohne vorhergehendes behördliches Verfahren für unwahrscheinlich.

954 Bornkamm, Die Rolle des Zivilrichters bei der Kartellrechtsdurchsetzung, S. 12 f. nennt das Beispiel langfristiger Vertragsbindungen.

ihre Durchsetzungstätigkeit nicht von der Höhe der verhängten Sanktion leiten lassen müssen.

(d) Vergeltungsmaßnahmen

Die privaten Kosten der Durchsetzung können für den privaten Durchsetzungsagenten auch deshalb sehr hoch sein, weil er im Falle der Verfolgung des Wettbewerbsverstoßes mit Vergeltungsmaßnahmen des Normadressaten rechnen muss.[955] So kann es in einer wirtschaftlich wichtigen Vertragsbeziehung für den Durchsetzungsagenten ungünstiger sein, einen rechtlich zweifelsfreien Anspruch durchzusetzen und die Beendigung der Geschäftsbeziehung befürchten zu müssen, als mit dem Vertragspartner im Verhandlungswege eine einvernehmliche Lösung unter Verzicht auf die Durchsetzung des Anspruchs zu suchen.

Dieses Problem besteht bei der Durchsetzung von Art. 81 EG häufig im Falle vertikaler Wettbewerbsbeschränkungen, die in einer Vertragsbeziehung zwischen dem Normadressaten und dem gebundenen Durchsetzungsagenten enthalten sind. Ist der private Durchsetzungsagent an der wettbewerbswidrigen Verhaltenskoordinierung beteiligt, hat er zunächst ohnehin kein Interesse, etwaige Ansprüche gegen seinen Vertragspartner durchzusetzen. Denn die Vereinbarung muss auch für den privaten Durchsetzungsagenten vorteilhaft gewesen sein, sonst wäre er sie nicht eingegangen.[956] Daher besitzt er ohnehin nur dann einen Anreiz zur Rechtsdurchsetzung, wenn sich die Rahmenbedingungen für ihn geändert haben, so dass die Vereinbarung nicht mehr gewinnbringend ist. Denn solange die Beziehung für beide Seiten vorteilhaft ist, besteht offensichtlich für keinen Vertragsteil ein Interesse, Schadensersatz zu verlangen und damit die Vertragsbeziehung zu beenden.[957] Aber selbst wenn sich die Situation für einen Beteiligten verändert hat, kann sein Anreiz zur Rechtsdurchsetzung wegen der zu befürchtenden Vergeltungsmaßnahmen des Normadressaten fehlen. Denn der private Durchsetzungsagent ist dem Normadressaten regelmäßig wirtschaftlich unterlegen oder sogar von ihm abhängig. Insbesondere wenn die Vertragsbeziehung zu dem Normadressaten einen wesentlichen Teil der Geschäfte des privaten Durchsetzungsagenten ausmacht, ist die Beendigung dieser Vertragsbeziehung für die zukünftige Geschäftstätigkeit des Durchsetzungsagenten häufig so verheerend, dass die Aussicht auf einen

[955] Wils, Optimal Enforcement, S. 18; Hempel, Privater Kartellrechtsschutz, S. 252; siehe bereits oben zu Kapitel 4B.II.1.a.aa., S. 203.

[956] Wurmnest, in: Behrens/Braun/Nowak, EG-Wettbewerbsrecht im Umbruch, S. 213 ff., 229; Monti, European Law Review 2002, vol. 27, S. 282 ff., 287.

[957] Monti, European Law Review 2002, vol. 27, S. 282 ff., 287.

Schadensersatzanspruch keinen ausreichenden Anreiz zur Durchsetzung bieten kann.[958]

Für die direkten Abnehmer eines Kartells kann sich ein ähnliches Anreizproblem stellen, wenn die Abnehmer auf keine anderen Anbieter zur Deckung ihres Bedarfs ausweichen können.[959] Indirekte Abnehmer, insbesondere Letztverbraucher, müssen hingegen mangels direkter Vertragsbeziehung zu dem Normadressaten keine Vergeltung für die Durchsetzung etwaiger Ansprüche befürchten, so dass ihr Anreiz zur Durchsetzung hiervon nicht beeinträchtigt wird.[960]

Auf diese – legalen – Formen der Vergeltung seitens des Normadressaten kann das Durchsetzungssystem keinen Einfluss nehmen, da lediglich verbotene Vergeltungsmaßnahmen (Gewalt, Zwang) mit einer Sanktion bedroht werden. Daher führt die Aussicht auf Vergeltungsmaßnahmen durch den Normadressaten zu einem geringen Anreiz der privaten Durchsetzungsagenten, einen erkannten Wettbewerbsverstoß auch tatsächlich zu verfolgen.

(e) Verfahrensregeln

Schließlich beeinflussen auch die Verfahrensregeln die Durchsetzungskosten der privaten Durchsetzungsagenten und damit ihren Anreiz zur Verfolgung von Normverstößen. Hier spielen insbesondere die Regeln über die Kostentragung und die Beweislastverteilung im Zivilprozess eine Rolle.

Die deutsche zivilprozessuale Kostentragungsregel der §§ 91 ff. ZPO, nach der die Verfahrenskosten grundsätzlich der unterliegenden Partei auferlegt werden, erhöht die erwarteten Kosten des privaten Durchsetzungsagenten aus der gerichtlichen Verfolgung von Ansprüchen wegen des Wettbewerbsverstoßes und verringert daher seinen Anreiz zur Durchsetzung,[961] insbesondere bei den regelmäßig risikoscheuen Verbrauchern.[962] Hier könnten klägerfreundlichere Kostentragungsregeln, wie sie im US-amerikanischen Kartellzivilrecht bestehen, helfen, private Durchsetzungsagenten eher zur Durchsetzung eines Schadensersatzanspruchs zu bewegen.[963] Die bereits angespro-

---

958 Basedow, EuZW 2006, S. 97 ff., hält daher Schadensersatzklagen nur wahrscheinlich, wenn zwischen den Parteien keine Handelsbeziehungen (mehr) bestehen.

959 Hempel, Privater Kartellrechtsschutz, S. 85.

960 Monti, European Law Review 2002, vol. 27, S. 282 ff., 287.

961 Holmes, European Competition Law Review 2004, vol. 25, S. 25 ff., 35.

962 Incardona/Poncibo, European Competition Law Review 2005, vol. 26, S. 445 ff., 449 f.

963 Siehe zu den US-amerikanischen Kostentragungsregeln bereits oben zu Kapitel 3C.II.6.e., S. 142.

chene Neuregelung des § 89 a GWB über die einseitig begünstigende Streitwertherabsetzung zugunsten des Klägers, der eine erhebliche Gefährdung seiner wirtschaftlichen Lage glaubhaft macht,[964] geht einen Schritt in diese Richtung und ist geeignet, den Anreiz der privaten Durchsetzungsagenten zur Durchsetzung von Schadensersatzansprüchen wegen eines Wettbewerbsverstoßes infolge des geringeren Kostenrisikos zumindest in gewissen Maßen zu steigern.

Ferner verringern sich die Kosten der Durchsetzung für die privaten Durchsetzungsagenten durch die mit der VO 1/03 und der 7. GWB-Novelle eingeführten, klägerfreundlichen Verfahrensregeln wie die Beweislastverteilung zulasten des Normadressaten hinsichtlich der Freistellungsvoraussetzungen des Art. 81 Abs. 3 EG (Art. 2 S. 2 VO 1/03), die Bindungswirkung behördlicher und gerichtlicher Entscheidungen (§ 33 Abs. 4 GWB) und die Beweiserleichterung hinsichtlich des Nachweises der Schadenshöhe (§ 33 Abs. 3 S. 3 GWB). Da diese Verfahrensregeln den Anreiz der privaten Durchsetzungsagenten steigern können, aber auch einen maßgeblichen Einfluss auf die gesellschaftlichen Kosten der Durchsetzung haben, sollen diese Verfahrensregeln weiter unten umfassend und im Zusammenhang mit der Untersuchung der gesellschaftlichen Kosten der Durchsetzung insgesamt betrachtet werden.[965] Hier sollen lediglich vorab knapp die wesentlichen Auswirkungen der Verfahrensregeln auf den Anreiz der privaten Durchsetzungsagenten dargestellt werden:

So steigert die Tatbestandswirkung bei follow-on Verfahren den Durchsetzungsanreiz des privaten Durchsetzungsagenten, da ihm der Nachweis des Wettbewerbsverstoßes abgenommen wird, der ihm mangels Zugang zu den Unterlagen des Normadressaten nur sehr schwer möglich ist.[966] Auch die Erleichterung der Berechnung des Schadens durch Berücksichtigung des anteiligen Gewinns des Normadressaten kann den Anreiz des privaten Durchsetzungsagenten steigern, wenn der Gewinn des Normadressaten leichter zu berechnen ist oder wenn ihn die zur Berechnung seines Schadens notwendige Preisgabe von Geschäftszahlen und anderer interner Daten von der Durchsetzung abhalten würde.[967] Diese Beweiserleichterungen können zwar den Anreiz zur Durchsetzung in einem gewissen Maße erhöhen, es verbleiben jedoch die Schwierigkeiten für die privaten Durchsetzungsagenten, insbesondere bei dem Nachweis der Kausalität zwischen Verstoß und Schaden. Der Anreiz zu eigenständigen Verfahren der privaten

---

964 Siehe bereits oben zu Kapitel 3C.II.6.e., S. 143.
965 Siehe unten zu Kapitel 5B.II.1.d., S. 267 ff.
966 Hartog/Noack, WRP 2005, S. 1396 ff., 1405.
967 Siehe hierzu bereits oben zu Kapitel 3C.II.6.c.bb(3), S. 133.

Rechtsdurchsetzung ohne vorhergehendes öffentliches Durchsetzungsverfahren kann hingegen nur von solchen Beweiserleichterungen gesteigert, die bisher lediglich vorgeschlagen sind: Insbesondere die vorgeschlagene Regelung, wonach der private Durchsetzungsagent lediglich konkrete Anhaltspunkte für einen Wettbewerbsverstoß darlegen muss und der Normadressat zur Widerlegung des Anscheins verpflichtet ist, würde zu geringeren Kosten und einem entsprechend höheren Anreiz führen.[968] Dies wäre wegen der noch näher zu erörternden Bedeutung der eigenständigen privaten Durchsetzung von Art. 81 EG für den Erfolg des Durchsetzungssystems besonders wichtig.

Ob diese verfahrensrechtlichen Regelungen, die hinter den umfassenden klägerfreundlichen US-amerikanischen Regelungen des Kartellzivilrechts (Mehrfachschadensersatz, discovery, Sammelklage, Kostentragung) zurückbleiben, jedoch ausreichen, um eine erhebliche Steigerung des Anreizes der privaten Durchsetzungsagenten und somit der Anzahl der Kartellzivilverfahren zu erreichen, erscheint fraglich.[969] Denn private Durchsetzungsagenten müssen noch immer erhebliche Hindernisse bei der zivilprozessualen Durchsetzung ihres Schadensersatzanspruchs überwinden, insbesondere bei dem Nachweis der Kausalität zwischen Wettbewerbsverstoß und Schaden sowie bei der Berechnung des ersatzfähigen Schadens.

Insgesamt wird der Anreiz der privaten Durchsetzungsagenten zur Durchsetzung von Art. 81 EG bei sämtlichen Arten der Wettbewerbsbeschränkungen aus den dargestellten Gründen, die das Verhältnis von privaten Kosten und Nutzen aus der Rechtsdurchsetzung für private Durchsetzungsagenten betreffen, häufig unzureichend sein.

3. Zusammenfassung zur Abschreckungswirkung

Die Abschreckungswirkung auf die Normadressaten setzt sich aus der Sanktion und der Überführungswahrscheinlichkeit zusammen und ist für den Erfolg des Durchsetzungssystems von großer Bedeutung. Bei dem Vergleich zwischen der öffentlichen und der privaten Durchsetzung von Art. 81 EG haben sich im Hinblick auf die Abschreckungswirkung folgende Unterschiede ergeben:

---

[968] Siehe zu den vorgeschlagenen Beweiserleichterungen oben zu Kapitel 3C.II.6.c.cc., S. 134.

[969] So McCurdy, European Competition Law Review 2004, vol. 25, S. 509 ff., 515; auch Berrisch/Burianski, WuW 2005, S. 878 ff., 879 heben die vielfältigen Vorteile des US-amerikanischen Kartellzivilrechts für die privaten Durchsetzungsagenten hervor.

Die öffentliche Durchsetzung von Art. 81 EG ist bei allen Wettbewerbsbeschränkungen in der Lage, mit den ihr zur Verfügung stehenden Mitteln eine ausreichende Abschreckungswirkung zu erzielen und somit die optimale Durchsetzung zu erreichen. Hierzu befähigt sie die verhängte Sanktion (Geldbuße), deren Höhe für eine ausreichende Abschreckungswirkung sorgen kann, und die Anreizstruktur der Kommission, die den Einsatz der für eine ausreichende Überführungswahrscheinlichkeit erforderlichen Durchsetzungsressourcen ermöglicht. Gleichwohl ließe sich die Abschreckungswirkung der öffentlichen Durchsetzung durch die Einführung von Sanktionen gegen die Entscheidungsträger in den Unternehmen selbst noch weiter steigern.[970]

Die private Durchsetzung von Art. 81 EG mit der Hilfe von Schadensersatzansprüchen besitzt hingegen deutliche Schwierigkeiten, die erforderliche Abschreckungswirkung auf die Normadressaten auszuüben. Diese Schwierigkeiten ergeben sich vor allem aus der Begrenzung der Sanktion auf den individuellen Schaden des jeweiligen privaten Durchsetzungsagenten, die zu einer relativ geringen Sanktionshöhe führt, jedoch von dem bestehenden System des Schadensersatzrechts vorgegeben ist. Die Einführung eines überkompensatorischen Schadensersatzes würde zwar zu höheren Sanktionen führen, ist jedoch als Systembruch nach der hier vertretenen Ansicht infolge der bestehenden Rückgriffsmöglichkeit auf die öffentliche Durchsetzung nicht erforderlich. Ferner leidet die Abschreckungswirkung der privaten Durchsetzung von Art. 81 EG an einer zu geringen Überführungswahrscheinlichkeit, die auf den oft mangelnden Anreiz der privaten Durchsetzungsagenten zurückzuführen ist. Der Anreiz zur Rechtsdurchsetzung, der wegen der Verhaltensstruktur der privaten Durchsetzungsagenten für den Erfolg der privaten Durchsetzung fundamental ist, ist häufig zu gering, weil das Kosten-Nutzen-Verhältnis für die privaten Durchsetzungsagenten oft ungünstig ist. Die Gründe hierfür liegen vor allem in den hohen privaten Kosten der Rechtsdurchsetzung, die aus den sehr begrenzten zivilprozessualen Informationsmitteln, der Komplexität und den insbesondere bei vertikalen Wettbewerbsbeschränkungen häufig zu befürchtenden Vergeltungsmaßnahmen folgen.

Infolge dieser Schwierigkeiten wäre die Abschreckungswirkung eines Systems der Durchsetzung von Art. 81 EG, das allein auf die private Durchsetzung baut, zu gering, um das gesellschaftlich optimale Durchsetzungsniveau zu erreichen. Insbesondere bei Hardcore-Kartellen ist die Abschreckungswirkung des Schadensersatzes wegen des

970 Siehe hierzu noch unten zu Kapitel 5D.II., S. 314.

großen Profits der Normadressaten aus dem Verstoß und den Schwierigkeiten der privaten Durchsetzungsagenten bei der Durchsetzung ihrer Ansprüche zu gering.

II. Gesellschaftliche Kosten der Durchsetzung

Bei dem Vergleich der öffentlichen und privaten Durchsetzung von Art. 81 EG müssen auch die mit den verschiedenen Durchsetzungsformen verbundenen gesellschaftlichen Kosten betrachtet werden. Denn die mit der Durchsetzung einer Norm verbundenen gesellschaftlichen Kosten stellen einen wesentlichen Teil der gesellschaftlichen Gesamtkosten des Normverstoßes dar, die im Mittelpunkt der rechtsökonomischen Betrachtung stehen.

Bei diesem Vergleich der Durchsetzungskosten müssen sämtliche gesellschaftliche Kosten berücksichtigt werden, die bei der Durchsetzung entstehen, unabhängig davon, wer diese Kosten zu tragen hat. Daher ist es unerheblich, dass die private Durchsetzung für den Staat zunächst kostengünstiger ist, weil lediglich wenig staatliche Ressourcen, nämlich allein die Kosten aus dem Vorhalten des Gerichtssystems, eingesetzt werden müssen,[971] die Kosten der Aufdeckung und der Verfolgung jedoch von den privaten Durchsetzungsagenten zu tragen sind. Vielmehr sind auch die privaten Kosten der Rechtsdurchsetzung als gesellschaftliche Kosten des Normverstoßes zu berücksichtigen.[972]

Die wesentlichen Unterschiede zwischen den beiden Durchsetzungsformen bestehen dabei in den relativen Kosten der Durchsetzung (zu 1.), den Kosten des Informationszugangs (zu 2.) und den gesellschaftlichen Kosten der bei der Durchsetzung entstehenden Fehler (zu 3.).

1. Relative Kosten der Durchsetzung

Die verschiedenen Durchsetzungsformen haben infolge ihrer unterschiedlichen Charakteristika bei gleichen Ausgangsbedingungen, insbesondere hinsichtlich der vorhandenen Informationen über den Wettbewerbsverstoß, verschieden hohe relative Kosten der Durchsetzung. Vor allem unterscheiden sich die öffentliche und die private Durchsetzung in der Kostensensibilität der Durchsetzungsagenten (zu a.), den Verfahrensanforderungen (zu b.), den zur Verhängung einer Sanktion nachzuweisenden Tatbe-

---

[971] Linder, Kartellrechtliche Privatklage, S. 59 f.

[972] Die Auswirkungen der Durchsetzungskosten auf den Anreiz der privaten Durchsetzungsagenten wurden bereits soeben dargestellt, so dass hier allein die Folgen der Wahl der Durchsetzungsform auf die Höhe der gesellschaftlichen Durchsetzungskosten betrachtet werden müssen.

standsmerkmalen (zu c.), den Beweisregeln im Prozess (zu d.) und schließlich in der Anzahl der tätig werdenden Durchsetzungsagenten (zu e.).

a. Kostensensibilität

Die Kostensensibilität, mit der Durchsetzungsagenten ihre Ressourcen zur Durchsetzung einsetzen, beeinflusst die Höhe der Durchsetzungskosten. Mit Kostensensibilität soll dabei beschrieben werden, wie bewusst die jeweiligen Durchsetzungsagenten mit den ihnen zur Verfügung stehenden Ressourcen umgehen und wie sehr sie das Kosten-Nutzen-Verhältnis bei dem jeweiligen Einsatz der Mittel zur Durchsetzung als Maßstab für ihr Durchsetzungsverhalten nehmen.

Im Allgemeinen dürfte diese Kostensensibilität bei öffentlichen Durchsetzungsorganen geringer ausgeprägt sein als bei privaten Durchsetzungsagenten. Denn die Kommission muss als öffentliches Durchsetzungsorgan – anders als private Durchsetzungsagenten – nicht unter dem Ziel der Profitmaximierung arbeiten. Daher wird bei der Kommission ein geringeres Maß an Kostensensibilität zu erwarten sein, wodurch die relativen Kosten der öffentlichen Durchsetzung von Art. 81 EG – unter identischen Rahmenbedingungen – entsprechend höher sein dürften als die der privaten Durchsetzung.[973]

Bei der privaten Durchsetzung von Schadensersatzansprüchen gemäß § 33 GWB ist die Kostensensibilität der privaten Durchsetzungsagenten allerdings weniger stark ausgeprägt als bei der Durchsetzung eines Anspruchs, der nur dem ersten erfolgreichen Durchsetzungsagenten zusteht, wie es beispielsweise beim Finderlohn gemäß § 971 BGB geschieht (first-come, first-served).[974] Denn nur wenn die Durchsetzungsagenten um dieselbe Sanktion konkurrieren, funktioniert die Durchsetzung wie ein Markt, auf dem Wettbewerb zwischen den privaten Rechtssubjekten als Anbieter von Durchsetzungsressourcen herrscht.[975] Und nur dann übt die Wettbewerbssituation einen entsprechenden Druck auf die Marktteilnehmer aus, ihre privaten Kosten zu minimieren,

[973] Jones, World Competition 2004, vol. 27, S. 13 ff., 22; im Ergebnis allgemein ebenso Polinsky/Shavell, Journal of Economic Literature 2000, vol. 38, S. 45 ff., 46.
[974] Landes/Posner, Journal of Legal Studies 1975, vol. 4, S. 1 ff., 4; Schwartz, Georgetown Law Journal 1980, vol. 68, S. 1075 ff., 1096 ff.; Polinsky, Journal of Legal Studies 1980, vol. 9, S. 105 ff., 107 vergleicht eine monopolistische private Durchsetzung mit einer privaten Durchsetzung im Wettbewerb.
[975] Siehe hierzu Landes/Posner, Journal of Legal Studies 1975, vol. 4, S. 1 ff., 10 ff.

um auf dem Markt bestehen zu können.[976] Bei dem Schadensersatzanspruch gemäß § 33 GWB kann hingegen nur der jeweils Geschädigte seinen eigenen Anspruch durchsetzen,[977] so dass – auch wenn es mehrere Geschädigte gibt – insoweit keine Wettbewerbssituation zu anderen Durchsetzungsagenten besteht und dadurch auch der Druck zur Kostenminimierung geringer ist.[978]

Im Vergleich zur öffentlichen Durchsetzung kann jedoch infolge des Profitstrebens der privaten Durchsetzungsagenten noch immer von einer stärkeren Kostensensibilität und somit von geringeren relativen gesellschaftlichen Kosten der privaten Durchsetzung von Art. 81 EG ausgegangen werden.

b. Verfahrensanforderungen

Die Höhe der gesellschaftlichen Durchsetzungskosten hängt auch davon ab, welche Anforderungen das Recht an das Verfahren stellt, das zur Verhängung der Sanktion wegen des Wettbewerbsverstoßes führt. Je strenger die Anforderungen an das Durchsetzungsverfahren sind, desto aufwendiger und mithin kostenintensiver ist die Durchsetzung.

Hinsichtlich dieser Verfahrensanforderungen unterscheiden sich die öffentliche und private Durchsetzung von Art. 81 EG teilweise erheblich.

Die öffentliche Durchsetzung von Art. 81 EG ist an strengere Verfahrensanforderungen gebunden als die private Durchsetzung. Denn das öffentliche Durchsetzungsverfahren ist allgemein gekennzeichnet durch den Unterschied zwischen Staat und Einzelnem, der dem staatlichen Organ zwar stärkere Eingriffsrechte einräumt, dem Betroffenen aber gleichzeitig stärkere Schutzrechte gewährt.[979] So kann sich der Normadressat in diesem Subordinationsverhältnis auf die oben beschriebenen Verfahrensrechte zum Schutz seiner Interessen berufen, wie die Garantie rechtlichen Gehörs, das Recht auf Akteneinsicht und auf Schutz von Geschäftsgeheimnissen sowie das Recht auf Zuziehung eines Rechtsbeistandes und auf Schutz der Vertraulichkeit des Anwalt-

---

976 Diese Form der privaten Durchsetzung im Wettbewerb verursacht jedoch andere Kosten durch die Aktivität einer großen Anzahl Durchsetzungsagenten, hierzu sogleich zu Kapitel 5B.II.1.c., S. 264.

977 Garoupa/Klerman, American Law & Economics Review 2002, vol. 4, S. 116 ff., 132 Fn. 17 heben insoweit die Veräußerlichkeit des Anspruchs hervor.

978 Landes/Posner, Journal of Legal Studies 1975, vol. 4, S. 1 ff., 16 ff. sprechen in ihrem ökonomischen Modell von einer "monopolistischen Durchsetzung".

979 Siehe hierzu Vedder, Competition Law Review 2004, vol. 1, S. 5 ff., 11.

Mandanten-Verhältnisses.[980] Diese Verfahrensrechte führen ebenso wie das Verbot der Pflicht zur Selbstbelastung und die Unschuldsvermutung (Art. 6 EMRK) zu einem aufwendigeren Durchsetzungsverfahren, das entsprechend höhere gesellschaftliche Kosten verursacht.

Im Verfahren der privaten Durchsetzung sind hingegen die Verfahrensanforderungen weniger streng, da sich die Parteien des Rechtsstreits im Verhältnis der Gleichordnung gegenüberstehen. Der zivilprozessuale Beibringungsgrundsatz führt zudem zu einem geringeren Nachforschungsaufwand für das entscheidende Gericht, das allein die vorgetragenen Tatsachen beurteilen muss. Ferner ist bei der privaten Durchsetzung der Abschluss eines außergerichtlichen Vergleichs zwischen dem Durchsetzungsagenten und dem Normadressaten möglich, der das gesamte Verfahren der gerichtlichen Durchsetzung vermeidet und daher geringe gesellschaftliche Durchsetzungskosten verursacht.[981] Der Kommission ist hingegen lediglich möglich, eine im Verhandlungswege mit dem Normadressaten erzielte Verpflichtungszusage für verbindlich zu erklären (Art. 9 VO 1/03), wobei sie jedoch an den Grundsatz der Rechtmäßigkeit und an gewisse Verfahrensregeln gebunden ist.

Insgesamt verursachen die strengeren Verfahrensanforderungen bei der öffentlichen Durchsetzung von Art. 81 EG mithin höhere relative gesellschaftliche Durchsetzungskosten als bei der privaten Durchsetzung entstehen.

c. Tatbestandsmerkmale

Die Durchsetzungsformen unterscheiden sich auch danach, welche Tatbestandsmerkmale nachgewiesen werden müssen, um die Sanktion verhängen zu können. Die Quantität und vor allem die Qualität der nachzuweisenden Tatbestandsmerkmale beeinflusst die gesellschaftlichen Kosten der Durchsetzung erheblich, da die Verwirklichung eines rechtlich oder tatsächlich nur schwer zu erfassenden Tatbestandsmerkmals einen entsprechend größeren Ressourceneinsatz des Durchsetzungsagenten erfordern kann.

Die nachzuweisenden Tatbestandsmerkmale unterscheiden sich zwischen der öffentlichen und der privaten Durchsetzung von Art. 81 EG im Detail.

---

[980] Siehe bereits oben zu Kapitel 3B.I.2.c., S. 59.

[981] Allerdings verringert ein Vergleich auch die Abschreckungswirkung, da die in dem Vergleich vereinbarte Sanktion stets geringer als die gerichtliche ist; hierzu von einem ökonomischen Standpunkt siehe Polinsky/Rubinfeld, International Review of Law and Economics 1988, vol. 8, S. 109 ff.

aa. Öffentliche Durchsetzung

Die öffentliche Durchsetzung von Art. 81 EG erfordert für die Verhängung einer Sanktion im Grundsatz lediglich den Nachweis eines Verhaltens des Normadressaten, das die Tatbestandsvoraussetzungen des Art. 81 Abs. 1 EG erfüllt und nicht den Freistellungsvoraussetzungen des Art. 81 Abs. 3 EG entspricht. Daneben ist lediglich bei der Verhängung einer Geldbuße, nicht aber bei der Untersagung eines bestimmten Verhaltens, ein Verschulden des Normadressaten nachzuweisen, Art. 23 Abs. 1 VO 1/03.

Der Nachweis des Verstoßes gegen Art. 81 EG bereitet sowohl bei der öffentlichen als auch bei der privaten Durchsetzung häufig erhebliche praktische Schwierigkeiten, weil bereits das Verhalten des Normadressaten schwer nachzuweisen ist und auch die rechtliche Einordnung schwierig sein kann. Da dieses Problem jedoch bei beiden Durchsetzungsformen gleichermaßen besteht, ist es für den Vergleich der relativen Durchsetzungskosten unerheblich. Für den Vergleich der Durchsetzungsformen wichtig ist hingegen, dass im Rahmen der öffentlichen Durchsetzung für die Sanktionierung nicht der Eintritt eines konkreten Schadens bei einem individualisierten Marktteilnehmer nachgewiesen werden muss, um eine Geldbuße verhängen zu können.

bb. Private Durchsetzung

Bei der privaten Durchsetzung von Art. 81 EG im Wege des Schadensersatzanspruchs gemäß § 33 GWB ist hingegen neben dem Nachweis des Wettbewerbsverstoßes auch der Nachweis des Eintritts eines konkreten Schaden bei dem privaten Durchsetzungsagenten erforderlich. Zudem muss die Kausalität zwischen dem Wettbewerbsverstoß und dem Schadenseintritt nachgewiesen werden. Schließlich muss auch die konkrete Höhe des Schadens von dem privaten Durchsetzungsagenten dargelegt und bewiesen werden, da die Zuerkennung eines Schadensersatzanspruchs die Festlegung einer bestimmten Höhe des auszugleichenden Schadens erfordert.

Diese zusätzlichen Voraussetzungen, die im Rahmen der privaten Durchsetzung zur Verhängung eines Schadensersatzanspruchs erforderlich sind, bereiten in der kartellrechtlichen Praxis häufig große Schwierigkeiten. Die Entstehung eines Schadens und die Kausalität zwischen dem Wettbewerbsverstoß und dem Schadenseintritt ist wegen der komplexen wirtschaftlichen Zusammenhänge, die den Nachweis vieler teilweise ambivalenter Fakten erfordert, oft nur sehr schwer zu beweisen. Ferner kann der private Durchsetzungsagent die Höhe des Schadens häufig nur unter größten Anstrengungen nachweisen. Denn zur Bestimmung der Schadenshöhe ist ein Vergleich zwischen dem tatsächlichen und dem hypothetischen Wettbewerbspreis erforderlich.[982] Dieser hypothetische Wettbewerbspreis ist jedoch in belastbarer Form wegen der wirtschaftlichen Komplexität des Sachverhalts nur unter großen Anstrengungen und entsprechend hohen Kosten zu ermitteln.[983]

Diese Schwierigkeiten erhöhen – wenn sie nicht bereits der erfolgreichen Durchsetzung als solchen entgegenstehen – die gesellschaftlichen Kosten der privaten Durchsetzung im Vergleich zur öffentlichen Durchsetzung von Art. 81 EG, wo zwar der verursachte Schaden im Rahmen der Bußgeldbemessung berücksichtigt wird, eine genaue Bestimmung des individuellen Schadens, wie sie bei der privaten Durchsetzung erforderlich ist, jedoch entbehrlich ist.

Die private Durchsetzung von Art. 81 EG wird insoweit allerdings durch zivilprozessuale Regelung über die Schätzung des Schadensumfangs gemäß § 287 ZPO und die neue Regelung über die Berücksichtigung des anteiligen Gewinns des Normadressaten gemäß § 33 Abs. 3 S. 3 GWB erleichtert:[984] Insbesondere die Berücksichtigung des Vorteils des Normadressaten bei der Berechnung des zu ersetzenden Schadens verringert die Kosten der Durchsetzung, wenn der Vorteil des Normadressaten einfacher und damit kostengünstiger zu berechnen ist als der Schaden des Durchsetzungsagenten.[985] Allerdings sind auch zum Nachweis des Vorteils des Normadressaten Informationen über dessen Geschäftsbetrieb erforderlich, die dem privaten Durchsetzungsagenten nicht ohne weiteres zugänglich sind. Folglich wird die Berechnung des Vorteils für den privaten Durchsetzungsagenten nicht immer einfacher möglich sein als die Berechnung seines Schadens. Daher verringert auch diese Neuregelung die gesellschaftlichen Kosten der privaten Durchsetzung nur in einem beschränkten Maße, so dass der Kostenvorteil der öffentlichen Durchsetzung fortbesteht.

---

982 Siehe hierzu bereits oben zu Kapitel 3C.II.4.a.aa(1), S. 109.

983 Wegen diesen Kosten kann die Umverteilung, die im Wege des Schadensersatzes erzielt wird, aus rein ökonomischen Gründen nicht gerechtfertigt werden, Hempel, Privater Kartellrechtsschutz, S. 273 befürwortet die private Durchsetzung des deutschen Kartellrechts allerdings aus nichtökonomischen Gründen.

984 Siehe hierzu bereits oben zu Kapitel 3C.II.4.a.bb., S. 112.

985 Allerdings ist auch die Berechnung des Gewinns des Normadressaten wie die Mehrerlösberechnung mit Unwägbarkeiten verbunden, siehe Kanecke, WRP 2005, S. 1407 ff.

d. Beweisregeln

Auch die Anforderungen an den Nachweis der Tatbestandsmerkmale und die Verteilung der Beweislast können erhebliche Auswirkungen auf die gesellschaftlichen Kosten der Durchsetzung besitzen. Ist die beweispflichtige Partei nicht im Besitz der erforderlichen Informationen und Beweismittel, führt ein strenger Beweismaßstab zu deutlich höheren Durchsetzungskosten als eine Regel, die der anderen Partei, die über die Information verfügt, bereits dann den Beweis des Gegenteils auferlegt, wenn der von der beweispflichtigen Partei zu erbringende Nachweis des Tatbestandsmerkmal lediglich einem geringeren Maßstab genügt.

aa. Öffentliche Durchsetzung

Die Beweisregeln spielen bei der öffentlichen Durchsetzung von Art. 81 EG lediglich eine untergeordnete Rolle. Denn die Kommission ist im verwaltungsrechtlichen Verfahren ohnehin an den Grundsatz der Amtsermittlung gebunden und muss daher selbst alle relevanten Informationen über den möglichen Wettbewerbsverstoß erheben. Wegen der Pflicht der Kommission zur Aufklärung des Sachverhalts innerhalb des Verwaltungsverfahrens ist die Beweislastverteilung zulasten des Normadressaten in Art. 2 VO 1/03 hinsichtlich der Freistellungsvoraussetzungen in Übereinstimmung mit der Rechtsprechung zur Lage unter der VO 17 lediglich als Pflicht zur Darlegung der Umstände, die die Freistellung begründen, zu verstehen.[986]

Der Beweisstandard ist im Verfahren der öffentlichen Durchsetzung allerdings hoch, da die verhängten Sanktionen einschneidende Wirkungen bei dem Normadressaten haben können. Bei der Diskussion über die Einführung strafrechtlicher Sanktionen ist zu berücksichtigen, dass dann der Beweisstandard wegen der strengeren strafrechtlichen Maßstäbe weiter steigen würde.

bb. Private Durchsetzung

Bei der privaten Durchsetzung von Art. 81 EG sind die Beweisregeln hingegen von besonderer Bedeutung. Denn bei einem Verstoß gegen Art. 81 EG besitzt der Normadressat die relevanten Informationen über sein Verhalten, jedoch ist nach den allgemeinen zivilprozessualen Regeln der private Durchsetzungsagent als Anspruchsteller zum Nachweis des normwidrigen Verhaltens des Normadressaten verpflichtet. Infolge der Informationsasymmetrie zwischen dem Durchsetzungsagenten und dem Normadressa-

986 Siehe bereits oben zu Kapitel 3B.III., S. 86.

ten ist ein vollständiger Beweis des Wettbewerbsverstoßes durch den Durchsetzungsagenten mit einem größeren Ressourceneinsatz verbunden als der Nachweis des Gegenteils durch den Normadressaten, der die Informationen über sein Verhalten besitzt.

Um die Beweisschwierigkeiten der privaten Durchsetzungsagenten, die neben ihrer bereits untersuchten nachteiligen Auswirkungen auf den Anreiz zur Durchsetzung[987] auch zu hohen gesellschaftlichen Kosten der Durchsetzung von Art. 81 EG führen, zu verringern, sind verschiedene Beweiserleichterungen vorgeschlagen bzw. bereits eingeführt worden.[988]

(1) Tatbestandswirkung

Die mit der 7. GWB-Novelle eingeführte Tatbestandswirkung behördlicher und gerichtlicher Entscheidungen für das kartellzivilrechtliche Verfahren entbindet den privaten Durchsetzungsagenten im follow-on Verfahren davon, eigene Ressourcen zum Nachweis des Wettbewerbsverstoßes einzusetzen. Denn die Erkenntnisse, die im Verfahren der öffentlichen Durchsetzung gesammelt wurden, können dank der Tatbestandswirkung zum Nachweis des Wettbewerbsverstoßes im nachfolgenden Verfahren der privaten Durchsetzung genutzt werden, so dass keine weiteren Ressourcen zur nochmaligen Feststellung des Wettbewerbsverstoßes aufgewendet werden müssen. Dies verringert die gesellschaftlichen Kosten der privaten Durchsetzung maßgeblich, da der Nachweis des Wettbewerbsverstoßes für die privaten Durchsetzungsagenten insbesondere bei den gut zu verheimlichenden Hardcore-Kartellen häufig nur sehr schwer und unter großen Anstrengungen möglich ist.[989] Aber auch bei den sonstigen Wettbewerbsbeschränkungen werden die Kosten einer nochmaligen Analyse des Marktes und der Auswirkungen der Wettbewerbsbeschränkung vermieden, die infolge der wirtschaftlichen Komplexität dieser Wettbewerbsbeschränkungen erhebliche Kosten verursachen kann.

Ohne ein vorhergehendes Verfahren der öffentlichen Durchsetzung kann die Tatbestandswirkung hingegen prinzipiell keine Reduzierung der Kosten der privaten Durchsetzung bewirken, so dass diese Regelung vor allem bei der Betrachtung des Zusammenspiels der Durchsetzungsformen berücksichtigt werden muss.[990]

---

[987] Siehe hierzu oben zu Kapitel 5B.I.2.b.bb(2)(e), S. 257.
[988] Siehe zu den Beweisregeln bereits oben zu Kapitel 3C.II.6.c., S. 129.
[989] Befürwortend auch Brkan, World Competition 2005, vol. 28, S. 479 ff., 485.
[990] Siehe hierzu noch unten zu Kapitel 6C.II.2., S. 332.

(2) Freistellungsvoraussetzungen

In ähnlicher Weise verringert die Beweislastverteilung in Art. 2 VO 1/03 bezüglich der Freistellungsvoraussetzungen des Art. 81 Abs. 3 EG die gesellschaftlichen Kosten der privaten Durchsetzung. Denn der Nachweis des Vorliegens der Freistellungsvoraussetzungen durch den Normadressaten verursacht geringere Kosten als der Nachweis des Fehlens der Freistellungsvoraussetzungen durch den privaten Durchsetzungsagenten, da der Normadressat diesen Nachweis mit geringerem Aufwand erbringen kann. Der Normadressat verfügt nämlich über die Informationen, die zur Prüfung der Freistellungsvoraussetzungen erforderlich sind, da sie seinen Geschäftsbetrieb und den Markt betreffen, auf dem er tätig ist. Einem privaten Durchsetzungsagenten sind insbesondere die internen Informationen aus dem geschäftlichen Betrieb des Normadressaten nicht zugänglich, da er insofern über keine ausreichenden Informationsmittel verfügt. Aber auch die bei der Beurteilung der Freistellungsvoraussetzungen erforderlichen Daten über den relevanten Markt sind dem privaten Durchsetzungsagenten häufig nicht zugänglich, insbesondere wenn er nicht selbst als Wettbewerber des Normadressaten auf dem betroffenen Markt tätig ist.

Da dem Normadressaten der Nachweis der Freistellungsvoraussetzungen mithin einfacher möglich ist, kann die Beweislastverteilung des Art. 2 Abs. 2 VO 1/03 die gesellschaftlichen Kosten der privaten Durchsetzung reduzieren.

(3) Schaden

Auch die mit der 7. GWB-Novelle eingeführte Möglichkeit zur Berücksichtigung des anteiligen Gewinns des Normadressaten bei der Berechnung des zu ersetzenden Schadens gemäß § 33 Abs. 3 S. 3 GWB kann die gesellschaftlichen Kosten der privaten Durchsetzung von Art. 81 EG verringern. Denn wenn der Nachweis des anteiligen Gewinns des Normadressaten einfacher möglich ist als Nachweis des tatsächlichen Schadens des privaten Durchsetzungsagenten, verursacht diese Form der Berechnung des zu ersetzenden Schadens weniger gesellschaftliche Kosten.

Einen Schritt weiter geht der Vorschlag der Monopolkommission zur Erleichterung der privaten Durchsetzung des Kartellrechts, der sich an die Rechtsprechung zur dreifachen Schadensberechnung bei Verletzung von Patenten und Marken anlehnt und eine vom Normadressaten zu widerlegende Vermutung eines kausalen Schadens des privaten Durchsetzungsagenten beinhaltet, wenn dieser einen Preisanstieg auf dem von der Wettbewerbsbeschränkung betroffenen Markt darlegen kann.[991] Dies befreit den privaten Durchsetzungsagenten von der Pflicht zum vollen Nachweis der Kausalität zwischen dem Wettbewerbsverstoß und seinem Schaden und zwingt den Normadressaten, das Fehlen dieser Kausalität nachzuweisen. Ob dies dem Normadressaten leichter möglich ist und damit zu geringeren gesellschaftlichen Durchsetzungskosten führt, erscheint allerdings zweifelhaft. Denn die Verursachung des Schadens bei dem privaten Durchsetzungsagenten hängt von Umständen ab, die in der Sphäre des Geschädigten liegen und die für den Normadressaten daher nicht ohne weiteres zugänglich sind. Daher könnte eine solche Beweisregel allein wegen ihrer Anreizwirkung und damit zur Steigerung der privaten Durchsetzung, nicht jedoch im Hinblick auf die gesellschaftlichen Kosten der privaten Durchsetzung gerechtfertigt werden.

(4) Weitergehende Beweiserleichterungen

Die übrigen oben bereits dargestellten Vorschläge zu weitergehenden Beweiserleichterungen im Kartellzivilrecht[992] könnten die gesellschaftlichen Kosten der privaten Durchsetzung von Art. 81 EG noch stärker reduzieren, wenn sie die Partei mit dem Beweis eines Tatbestandsmerkmals belastet, die den Nachweis mit den geringsten Kosten führen kann.

Ein Vorschlag beinhaltet, dass der private Durchsetzungsagent lediglich bestimmte Anhaltspunkte darlegen und beweisen muss, aus denen auf den Wettbewerbsverstoß geschlossen werden kann, und es sodann dem beklagten Normadressaten obliegt, den vom Kläger gesetzten Anschein zu erschüttern, indem er das Gericht über die Hintergründe seiner fraglichen Geschäftspraxis informiert.[993] Dem Normadressaten wäre die Aufklärung der genauen Hintergründe seines in Rede stehenden Verhaltens einfach möglich, da diese Tatsachen aus seiner Einflusssphäre stammen.[994] Hierdurch würden die gesellschaftlichen Kosten der privaten Durchsetzung verringert, da der private Durchsetzungsagent ungleich mehr Kosten zur Gewinnung der im Besitz des Normadressaten befindlichen Informationen aufbringen müsste. In ähnlicher Weise führt die vorgeschlagene Ausweitung der Anscheinsbeweisregelung des § 20 Abs. 5 GWB ebenfalls dazu, dass die relevanten Informationen über den Wettbewerbsverstoß von

---

[991] Monopolkommission, Sondergutachten Folgeprobleme der EG-Verfahrensreform, S. 48.

[992] Siehe oben zu Kapitel 3C.II.6.c.cc., S. 134.

[993] Basedow, EBOR 2001, S. 443 ff., 466 ff.; Hirsch, ZWeR 2003, S. 233 ff., 242; Wurmnest, in: Behrens/Braun/Nowak, EG-Wettbewerbsrecht im Umbruch, S. 213 ff., 233; ähnlich Monopolkommission, Sondergutachten Folgeprobleme der EG-Verfahrensreform, S. 47 f.

[994] Monopolkommission, Sondergutachten zur 7. GWB-Novelle, Rn. 56.

dem Normadressaten beschafft werden, der hierzu besser in der Lage ist als die privaten Durchsetzungsagenten.

Diese Beweiserleichterungen für den privaten Durchsetzungsagenten, die den Normadressaten zur Vorlage von unternehmensinternen Informationen verpflichten, begründen allerdings auch die Gefahr, dass sie zur Beschaffung von unternehmensbezogenen Informationen durch die Durchsetzungsagenten missbraucht werden können. Diese Gefahr des Missbrauchs der Durchsetzungsbefugnis müsste von den Zivilgerichten durch konsequente Anwendung der Verfahrensregeln in angemessener Weise überwacht werden.

(5) Zusammenfassung zu den Beweisregeln

Es hat sich gezeigt, dass die Beweisregeln im Kartellzivilverfahren wichtig für die gesellschaftlichen Durchsetzungskosten sind und die bestehenden Beweiserleichterungen eine Reduzierung dieser Kosten bewirken können. Insofern weisen die neu eingeführten Regelungen über die Beweislastverteilung bezüglich der Freistellungsvoraussetzungen und über die Tatbestandswirkung behördlicher und gerichtlicher Entscheidungen in die richtige Richtung. Die vorgeschlagenen weitergehenden Beweiserleichterungen, insbesondere eine Anscheinsbeweisregelung hinsichtlich des Wettbewerbsverstoßes, könnten die gesellschaftlichen Kosten der Durchsetzung – vor allem für eigenständige Verfahren der privaten Durchsetzung ohne ein vorhergehendes behördliches Verfahren – weiter reduzieren.

e. Anzahl der Durchsetzungsagenten

Ein weiterer Aspekt, der die Höhe der gesellschaftlichen Durchsetzungskosten nachhaltig beeinflusst, ist die Anzahl der zur Durchsetzung eines bestimmten Verstoßes gegen Art. 81 EG tätigen Durchsetzungsagenten.

Wenden mehrere Durchsetzungsagenten Ressourcen zur Aufdeckung und Verfolgung desselben Wettbewerbsverstoßes auf, so vervielfachen sich die gesellschaftlichen Kosten der Durchsetzung. Wenn bereits die Durchsetzungstätigkeit eines einzelnen Durchsetzungsagenten zur Beendigung des verfolgten Normverstoßes und zur Abschreckung weiterer Normverstöße ausreicht, führt die Vervielfältigung der Durchsetzungsaktivitäten zu keinem weiteren gesellschaftlichen Nutzen und ist wegen der damit verbundenen Kosten gesellschaftlich ineffizient.[995] Die Vervielfachung der Durchsetzungskosten entsteht dabei vor allem im Bereich der Aufdeckung des Wettbewerbsverstoßes, wenn mehrere Durchsetzungsagenten zur Durchsetzung berechtigt sind und aktiv werden.[996]

Es sei bereits jetzt darauf hingewiesen, dass das Problem der Vervielfachung der gesellschaftlichen Durchsetzungskosten auch bei der Betrachtung der Kombination von öffentlicher und privater Durchsetzung berücksichtigt werden muss, da die mehrfache Durchsetzungstätigkeit von öffentlichen und privaten Durchsetzungsagenten dieselben Auswirkungen auf die Durchsetzungskosten besitzt (siehe hierzu noch zu Kapitel 6B.III.).

Bei der öffentlichen Durchsetzung (zu aa.) ist das Problem der vielfachen Durchsetzungstätigkeit weitaus weniger stark ausgeprägt als bei der privaten Durchsetzung von Art. 81 EG (zu bb.).

aa. Öffentliche Durchsetzung

Die öffentliche Durchsetzung erfolgt grundsätzlich ausschließlich durch das zuständige Durchsetzungsorgan, das den Normverstoß aufdeckt und verfolgt. Dies vermeidet die Vervielfachung der Durchsetzungskosten, da die Aktivitäten zur Aufdeckung und Verfolgung des Verstoßes infolge der Zuständigkeitsverteilung allein von dem zuständigen Durchsetzungsorgan und mithin nur einmal vorgenommen werden.

(1) Dezentrale Durchsetzung

Das neue System der dezentralen Durchsetzung von Art. 81 EG nach der VO 1/03 führt jedoch infolge der parallelen Zuständigkeit der Wettbewerbsbehörden der Mitgliedstaaten und der Kommission zu der Gefahr, dass mehrere Wettbewerbsbehörden Ressourcen zur Aufdeckung und Verfolgung desselben Wettbewerbsverstoßes aufwenden.[997] Hierdurch kann sich der Umfang der zur Aufdeckung desselben Normverstoßes eingesetzten Ressourcen vervielfachen, und eventuelle Skaleneffekte verlieren

---

995 Polinsky, Journal of Legal Studies 1980, vol. 9, S. 105 ff., 107; Landes/Posner, Journal of Legal Studies 1975, vol. 4, S. 1 ff., 29.

996 Polinsky/Shavell, Journal of Economic Literature 2000, vol. 38, S. 45 ff., 46; Landes/Posner, Journal of Legal Studies 1975, vol. 4, S. 1 ff., 30.

997 Siehe bereits oben zu Kapitel 3B.I.1., S. 56.

an Bedeutung.[998] Zur Vermeidung dieser Vervielfachung der Durchsetzungsaktivitäten sieht die Bekanntmachung der Kommission über die Zusammenarbeit mit den mitgliedstaatlichen Wettbewerbsbehörden[999] vor, dass diese Behörden mit der Kommission das ECN bilden und sich hierin gegenseitig über ihre Durchsetzungsaktivitäten informieren und diese koordinieren, Art. 11 ff. VO 1/03.[1000] Dadurch soll in einem möglichst frühen Stadium der Ermittlungen die Wettbewerbsbehörde, die in der besten Position zur Verfolgung und Ahndung des Wettbewerbsverstoßes ist, zur alleinigen Durchsetzung bestimmt werden.[1001] Hierdurch werden Parallelverfahren und die damit verbundenen vervielfachten Kosten der Durchsetzung in der Praxis wesentlich reduziert.[1002] Daher ist die Gefahr einer Vervielfachung der gesellschaftlichen Durchsetzungskosten infolge der Aktivitäten mehrerer Durchsetzungsagenten bei der öffentlichen Durchsetzung von Art. 81 EG insgesamt gering.

(2) Skaleneffekte

Darüber hinaus ermöglicht die öffentliche Durchsetzung durch ein einziges Durchsetzungsorgan die Ausnutzung von Skaleneffekten.[1003] Bei der Durchsetzung bestehen Skaleneffekte, wenn der Einsatz einer großen Menge an Durchsetzungsressourcen durch einen einzigen Durchsetzungsagenten einen größeren gesellschaftlichen Nutzen in Gestalt einer erhöhten Abschreckungswirkung verursacht als der Einsatz derselben Summe an Ressourcen durch eine Vielzahl von Durchsetzungsagenten. Dies ist insbesondere dann der Fall, wenn zur Aufdeckung von Normverstößen ein zentrales Informationssystem hilfreich ist, das Informationen über die Normverstöße und die auffällig gewordenen Normadressaten sammelt, um zukünftige Normverstöße besser verfol-

---

[998] Garzaniti/Gudofsky/Moffat, Antitrust Law Journal 2004, vol. 72, S. 159 ff., 176 f.; allgemein zur Frage der de-/ zentralen Durchsetzung des Kartellrechts auch im Vergleich zur de-/zentralen Gesetzgebung siehe van den Bergh/Camesasca, European Competition Law and Economics, S. 136 ff. und S. 140 ff.

[999] Bekanntmachung der Kommission über die Zusammenarbeit innerhalb des Netzes der Wettbewerbsbehörden, ABl. 2004, Nr. C 101/43 vom 27. April 2004, im Folgenden "ECN-Bekanntmachung".

[1000] Siehe zum Informationsaustausch im ECN bereits oben zu Kapitel 3B.I.3.c.aa., S. 65.

[1001] Zum Verfahren der Fallallokation näher ECN-Bekanntmachung, Rn. 6 ff.; Klees, EG-Kartellverfahrensrecht, § 7 Rn. 133 ff.; Garzaniti/Gudofsky/Moffat, Antitrust Law Journal 2004, vol. 72, S. 159 ff., 177 ff.

[1002] Paulis/De Smijter, IBA-Paper 2005, S. 7; McCurdy, European Competition Law Review 2004, vol. 25, S. 509 ff., 513 f. mit einem Vergleich zur Situation im US-Kartellrecht.

[1003] Landes/Posner, Journal of Legal Studies 1975, vol. 4, S. 1 ff., 29 f; Polinsky, Journal of Legal Studies 1980, vol. 9, S. 105 ff., 107; Stephenson, Virginia Law Review 2005, vol. 91, S. 93 ff., 108 weist hingegen ohne nähere Erläuterung auf die Möglichkeit von negativen Skaleneffekten bei der Durchsetzung durch nur ein Durchsetzungsorgan hin.

gen zu können.[1004] Denn zum Aufbau und Unterhalt eines solchen Systems ist der Einsatz erheblicher Ressourcen erforderlich, die von jedem einzelnen der vielen Durchsetzungsagenten nicht aufgebracht werden, da die Kosten für den Einzelnen zu groß sind und eine Koordination verschiedener Durchsetzungsagenten an den damit verbundenen Transaktionskosten scheitert. Ein klassisches Beispiel für ein solches Informationssystem, das gesellschaftlich sinnvoll aber teuer ist, ist das polizeiliche Register von Fingerabdrücken, das die Identifizierung von bereits auffällig gewordenen Personen erleichtert und damit die zukünftige Rechtsdurchsetzung fördern kann, aber schon beim Aufbau des erforderlichen Abfragenetzwerks erhebliche Kosten verursacht. Wegen dieser beträchtlichen Kosten stellen solche Informationssysteme häufig natürliche Monopole dar, deren Duplizierung keinen weiteren gesellschaftlichen Nutzen, aber weitere gesellschaftliche Kosten verursachen würde. Im Bereich des Kartellrechts ist die Einführung eines Registers von Wettbewerbsbeschränkungen im Rahmen der Diskussion über den Wechsel zum System der Legalausnahme vorgeschlagen worden.[1005] Dieses Register würde ein solches Informationssystem darstellen, das wegen der Skaleneffekte nur von einem einzelnen Durchsetzungsagenten und damit wohl nur im Wege der öffentlichen Durchsetzung eingeführt werden könnte.

Die ausschließliche Zuständigkeit eines einzigen Durchsetzungsorgans bei der öffentlichen Durchsetzung von Art. 81 EG vermeidet also weitgehend die Vervielfachung der gesellschaftlichen Kosten der Aufdeckung und Verfolgung und ermöglicht zudem das Ausnutzen etwaiger Skaleneffekte bei der Durchsetzung.

bb. Private Durchsetzung

Bei der privaten Durchsetzung von Art. 81 EG besteht hingegen zunächst die Möglichkeit, dass ein einzelner privater Durchsetzungsagent denselben Wettbewerbsverstoß vor Zivilgerichten verschiedener Länder verfolgt (forum shopping), da die Regeln über die internationale Zuständigkeit bei Verstößen gegen Art. 81 EG bisher nicht hinreichend geklärt sind.[1006] Dieses forum shopping führt zu einer Vervielfachung der gesellschaftlichen Kosten der Durchsetzung, so dass klarere Regeln zur internationalen Zuständigkeit der Zivilgerichte, die ein solches Verhalten der privaten Durchsetzungsagenten verhindern, erforderlich sind.

[1004] Polinsky/Shavell, Journal of Economic Literature 2000, vol. 38, S. 45 ff., 46.
[1005] Siehe bereits oben zu Kapitel 3C.II.6.d.bb(3), S. 141.
[1006] Siehe bereits oben zu Kapitel 3C.II.6.a., S. 123.

Neben dieser Gefahr der mehrfachen Durchsetzungsaktivität eines einzelnen Durchsetzungsagenten vor Zivilgerichten verschiedener Länder besteht bei der privaten Durchsetzung von Art. 81 EG darüber hinaus die schwerer wiegende Gefahr, dass mehrere private Durchsetzungsagenten ihre Ansprüche wegen desselben Normverstoßes innerhalb derselben Rechtsordnung durchsetzen und damit ebenfalls ineffizient viele Ressourcen zur Durchsetzung eingesetzt werden.

Wird nur ein einziger Markteilnehmer von dem Wettbewerbsverstoß beeinträchtigt, existiert das Problem vielfacher Durchsetzungstätigkeit naturgemäß nicht, da nur dieser eine Marktteilnehmer zur Durchsetzung eines Anspruchs berechtigt ist und aktiv werden kann. Dies kommt insbesondere bei dem Missbrauch einer marktbeherrschenden Stellung (Art. 82 EG) vor, wo sich das missbräuchliche Verhalten häufig gegen einen bestimmten Marktteilnehmer richtet. Aber auch im Bereich von Art. 81 EG kann sich der Wettbewerbsverstoß, beispielsweise bei einem Boykott, gegen einen einzelnen Marktteilnehmer richten.

Anders ist die Situation aber, wenn eine Vielzahl von Marktteilnehmern von dem Verstoß gegen Art. 81 EG beeinträchtigt wird und mithin mehrere Durchsetzungsagenten ihre Ansprüche wegen desselben Wettbewerbsverstoßes durchsetzen können. Denn in diesem Fall hat jeder Marktteilnehmer, wenn er zur Durchsetzung berechtigt ist, einen Anreiz, den Verstoß aufzudecken und seinen Schadensersatzanspruch in einem gerichtlichen Verfahren zu verfolgen, wodurch die Gefahr vielfacher Durchsetzungsaktivität entsteht.[1007]

Diese Situation ist typisch für Hardcore-Kartelle, die häufig viele Marktteilnehmer schädigen und mithin von vielen privaten Durchsetzungsagenten verfolgt werden können. Aber auch bei vertikalen Wettbewerbsbeschränkungen, die in einem Netzwerk von Verträgen enthalten sind, können viele private Durchsetzungsagenten ihre Ansprüche wegen desselben Normverstoßes verfolgen und damit hohe gesellschaftliche Durchsetzungskosten verursachen.

Das Ausmaß dieser Gefahr hängt vor allem von dem Kreis der Anspruchsberechtigten (zu (1)) und von den entsprechenden Verfahrensregeln ab (zu (2)).

[1007] Dies gilt bei Berücksichtigung des free-riding Problems jedenfalls bei Schadensersatzansprüchen, nachdem die Aufdeckung stattgefunden hat, siehe oben zu Kapitel 5B.I.2.b.aa(2), S. 246.

(1) Anspruchsberechtigung

Die Anzahl der aktiven Durchsetzungsagenten und damit die Gefahr vielfacher Durchsetzungsaktivitäten hängen zunächst entscheidend davon ab, wie weit der Kreis der Anspruchsberechtigten, die einen eigenen Anspruch wegen des Wettbewerbsverstoßes durchsetzen können, gezogen wird.[1008] Insbesondere bei Hardcore-Kartellen führt eine Anspruchsberechtigung für indirekte Abnehmer dazu, dass eine große Personengruppe zur Durchsetzung aktiv werden kann und damit eine erhebliche Steigerung der gesellschaftlichen Durchsetzungskosten verursacht.[1009] Dies wird häufig als der wesentliche Grund für die Verneinung von Ansprüchen der indirekten Abnehmer im US-amerikanischen Kartellzivilrecht durch die *Illinois Brick* – Entscheidung angesehen.[1010] Die Zahl der direkten Abnehmer eines Hardcore-Kartells ist hingegen zumeist deutlich kleiner, so dass die Beschränkung der Anspruchsberechtigung auf diesen Personenkreis zu einer Verringerung des Problems der Vervielfachung der Durchsetzungsaktivitäten führt.[1011]

(2) Verfahrensrecht

Die negativen Auswirkungen dieser Vervielfachung der Durchsetzungsaktivitäten können durch entsprechende verfahrensrechtliche Regelungen abgemildert werden: Sieht das Durchsetzungssystem Möglichkeiten vor, wie die Informationen über den Normverstoß, die ein Durchsetzungsagent erhoben hat, durch andere Durchsetzungsagenten bei der Verfolgung ihrer eigenen Ansprüche wegen desselben Verstoßes verwendet werden können, werden gesellschaftliche Kosten der Aufdeckung durch nachfolgende Durchsetzungsagenten eingespart. Solche Regelungen existieren im Zivilprozessrecht jedoch grundsätzlich nicht, so dass bei der privaten Durchsetzung von Art. 81 EG das Problem vielfacher Durchsetzungsaktivität und den damit verbundenen gesellschaftlichen Kosten systemimmanent ist.[1012]

1008 Siehe hierzu bereits oben zu Kapitel 3C.II.2., S. 96 ff.

1009 Landes/Posner, University of Chicago Law Review 1979, vol. 46, S. 602 ff.

1010 Illinois Brick Co. v. Illinois, 431 US 720, 97 S.Ct. 2061, 52 L.Ed. 2d 707 (1977); hierzu Bulst, Schadensersatzansprüche der Marktgegenseite im Kartellrecht, S. 68 ff.; Landes/Posner, University of Chicago Law Review 1979, vol. 46, S. 602 ff.

1011 Schinkel/Tuinstra, ACLE-Paper 2005, S. 1 ff. zeigen, dass die private Durchsetzung durch die Begrenzung des Kreises der Anspruchsberechtigten auch geschwächt werden kann, wenn die Normadressaten den direkten Abnehmern das Klagerecht durch eine (geringe) Kompensation abkaufen.

1012 Bei dem Zusammenspiel von privater und öffentlicher Durchsetzung besteht hingegen die Möglichkeit, die von der Wettbewerbsbehörde bereits erhobenen Informationen auch im Zivilprozess zu nutzen, siehe unten zu Kapitel 6C.II.2., S. 332.

Im Stadium der gerichtlichen Verfolgung kann die verfahrensrechtliche Möglichkeit einer gemeinschaftlichen Klage mehrerer Durchsetzungsagenten gegen den Normadressaten die Vervielfachung der Durchsetzungskosten verringern. Denn die gemeinschaftliche Verfolgung von Ansprüchen mehrerer Durchsetzungsagenten wegen desselben Wettbewerbsverstoßes in einem einheitlichen Verfahren kann gesellschaftliche Verfahrenskosten einsparen, da das gerichtliche Verfahren nur einmal stattfinden muss und die dort getroffenen Feststellungen für die Ansprüche aller beteiligten Durchsetzungsagenten gelten.[1013] Eine solche Möglichkeit einer gemeinschaftlichen Klage wegen des Verstoßes gegen Art. 81 EG besteht nach deutschem Zivilprozessrecht bisher in Gestalt der Regeln über die Streitgenossenschaft nur in einem sehr beschränkten Maße.[1014] Daher führt die mehrfache Durchsetzung von Schadensersatzansprüchen verschiedener Durchsetzungsagenten wegen desselben Wettbewerbsverstoßes zu einer ineffizienten Vervielfachung der gesellschaftlichen Kosten der privaten Durchsetzung.[1015]

Dieses Problem der privaten Durchsetzung wird durch die bereits eingeführte Tatbestandswirkung behördlicher Entscheidung in follow-on Verfahren abgemildert, da die Tatbestandswirkung für jeden privaten Durchsetzungsagenten die Kosten der Verfolgung reduziert, indem sie ihm den Nachweis des Wettbewerbsverstoßes abnimmt. Allerdings führt die Tatbestandswirkung nicht zu einem einheitlichen zivilgerichtlichen Verfahren, sondern reduziert lediglich die Durchsetzungskosten innerhalb des einzelnen Verfahrens.

Die oben bereits dargestellten Vorschläge zur Erleichterung der gemeinschaftlichen Durchsetzung von Schadensersatzansprüchen verschiedener privater Durchsetzungsagenten[1016] könnten die gesellschaftlichen Kosten aus der vielfachen Durchsetzungstätigkeit noch maßgeblicher reduzieren, indem sie für die Zusammenfassung der Anspruchsdurchsetzung zu einem einheitlichen gerichtlichen Verfahren sorgen.

[1013] Siehe hierzu Incardona/Poncibo, European Competition Law Review 2005, vol. 26, S. 445 ff., 449 unter besonderer Berücksichtigung der Situation der privaten Kartellrechtsdurchsetzung durch Verbraucher in Italien.

[1014] Siehe bereits oben zu Kapitel 3C.II.6.b.aa., S. 124.

[1015] Hempel, Privater Kartellrechtsschutz, S. 241 f. weist darauf hin, dass die große Anzahl der von privaten Durchsetzungsagenten angestrengten Verfahren aber auch die Normauslegung erleichtert und damit die Rechtssicherheit und Rechtsklarheit stärkt; dies dürfte zur Rechtfertigung der hohen gesellschaftlichen Kosten jedoch nicht genügen.

[1016] Siebe bereits oben zu Kapitel 3C.II.6.b.bb., S. 126.

So könnte das System eines Musterverfahrens nach dem Vorbild des KapMuG auch im kartellrechtlichen Bereich insbesondere bei eigenständigen privaten Durchsetzungsverfahren ohne ein vorhergehendes behördliches Verfahren die gesellschaftlichen Durchsetzungskosten verringern. Denn mit Hilfe eines Musterverfahrens könnte das Vorliegen eines Tatbestandsmerkmals des Schadensersatzanspruchs vieler privater Durchsetzungsagenten verbindlich in einem einheitlichen Verfahren geklärt werden. Allerdings kann ein Musterverfahren nicht solche Anspruchsvoraussetzungen verbindlich klären, die nicht für sämtliche Beteiligte identisch sind. Insbesondere ein kausaler Schaden und die Schadenshöhe müssen wegen der unterschiedlichen Umstände stets im Einzelfall von jedem Kläger individuell nachgewiesen werden.

Auch die dargestellten Vorschläge der Kommission in ihrem Grünbuch zur Möglichkeit einer gemeinschaftlichen Anspruchsverfolgung mehrerer privater Durchsetzungsagenten, die wegen der dargestellten Schwierigkeiten nicht das Ausmaß einer Sammelklage nach US-amerikanischen Muster annehmen, können die Probleme der massenhaften Durchsetzung von Ansprüchen verringern.[1017] So erscheint insbesondere die Durchsetzungsaktivität von Verbänden geeignet, die mehrfache Anspruchsdurchsetzung und die damit verbundenen Kosten durch ihre Mitglieder zu vermeiden. Jedoch müssen hierzu insbesondere bei der Durchsetzung von Schadensersatzansprüchen noch schwierige Fragen hinsichtlich der Verteilung des erstrittenen Schadensersatzes zwischen dem Verband und seinen Mitgliedern geklärt werden.

Insgesamt erscheinen die verschiedenen diskutierten Möglichkeiten einer gemeinschaftlichen Durchsetzung von Schadensersatzansprüchen wegen desselben Wettbewerbsverstoßes geeignet, die Gefahr der Vervielfachung der gesellschaftlichen Durchsetzungskosten, die bei der privaten Durchsetzung von Art. 81 EG besteht, zu verringern.

f. Zusammenfassung zu den relativen Kosten der Durchsetzung

Es wurde gezeigt, dass sich die öffentliche und die private Durchsetzung von Art. 81 EG hinsichtlich ihrer relativen gesellschaftlichen Kosten der Durchsetzung unterscheiden: So führt die im Allgemeinen geringere Kostensensibilität öffentlicher Durchsetzungsorgane sowie die strengere verfahrensrechtliche Ausgestaltung des Verfahrens der öffentlichen Durchsetzung zu höheren relativen Kosten der öffentlichen Durchsetzung von Art. 81 EG. Gewichtiger dürfte jedoch sein, dass die private Durchsetzung

[1017] Siehe bereits oben zu Kapitel 3C.II.6.b.bb(2), S. 127.

von Art. 81 EG mit der Kausalität zwischen Wettbewerbsverstoß und dem genau zu bestimmenden individuellen Schaden des privaten Durchsetzungsagenten Tatbestandsmerkmale besitzt, deren Nachweis wegen der damit verbundenen Schwierigkeiten erhebliche Kosten verursachen kann. Schließlich besteht bei der privaten Durchsetzung die Gefahr, dass viele private Durchsetzungsagenten gleichzeitig tätig werden und sich somit die gesellschaftlichen Durchsetzungskosten vervielfältigen. Mit den angesprochenen Verfahrensregeln lassen sich diese Schwierigkeiten der privaten Durchsetzung lediglich abmildern, ohne dass sie vollständig behoben werden könnten.

2. Informationskosten

Ein weiteres zentrales Element der gesellschaftlichen Kosten der Durchsetzung besteht in den Informationskosten: Der Zugang der Durchsetzungsagenten zu den Informationen, die für die Verhängung der Sanktion gegen den Normadressaten erforderlich sind, beeinflusst ganz maßgeblich die gesellschaftlichen Kosten der Aufdeckung des Normverstoßes, da die Kosten der Sachverhaltsermittlung ganz überwiegend aus Kosten der Informationsgewinnung bestehen.[1018] Da die Aufdeckungskosten ihrerseits einen ganz wesentlichen Teil der gesellschaftlichen Gesamtkosten des Normverstoßes darstellen, ist der Zugang zu den relevanten Informationen über den Normverstoß der wahrscheinlich wichtigste Faktor bei einem Vergleich der gesellschaftlichen Kosten der verschiedenen Durchsetzungsformen.[1019]

Die Höhe der gesellschaftlichen Informationskosten unterscheidet sich danach, ob die Durchsetzungsagenten die erforderlichen Informationen über den Normverstoß bereits besitzen (zu a.) oder erst beschaffen müssen (zu b.).[1020]

a. Nutzung bereits vorhandener Informationen

Besitzt ein Durchsetzungsagent bereits die für die Durchsetzung relevanten Informationen über den Normverstoß, ist es kostenminimierend, wenn dieser Durchsetzungsagent auch die Rechtsdurchsetzung betreibt. Denn die Kosten der Aufdeckung sind dann minimal und es verbleiben lediglich die gesellschaftlichen Kosten der Verfolgung des Normverstoßes. Selbst wenn diese Verfolgungskosten höher sind als bei der

---

1018 Siehe bereits oben zu Kapitel 4A.IV.2.b.aa., S. 171.

1019 Siehe hierzu Wils, Optimal Enforcement, S. 18.

1020 Shavell, Journal of Law and Economics 1993, vol. 36, S. 255 ff., 266 ff. unterscheidet danach, ob die privaten Durchsetzungsagenten die erforderlichen Informationen bereits besitzen oder diese erst sammeln müssen.

Durchsetzung durch einen anderen Durchsetzungsagenten, wird der Kostenvorteil im Stadium der Aufdeckung diese höheren Kosten zumeist kompensieren können.

aa. Private Durchsetzung

Besitzt ein privater Durchsetzungsagent bereits alle zum Nachweis seines Schadensersatzanspruchs erforderlichen Informationen, so ist die private Durchsetzung mithin kostengünstiger als die Einleitung eines Verfahrens durch ein öffentliches Durchsetzungsorgan.[1021] Diese Konstellation ist im Vertragsrecht häufig anzutreffen: Der in einem Vertragsverhältnis von seinem Vertragspartner Geschädigte besitzt häufig alle Informationen, die für die Durchsetzung eines Schadensersatzanspruchs erforderlich sind. Er kennt die Identität des Schädigers, die schädigende Handlung und unter Umständen auch den bei ihm daraus entstandenen Schaden.[1022] Im Bereich von Art. 81 EG besteht diese Situation am ehesten im Bereich vertikaler Wettbewerbsbeschränkungen, wenn der Geschädigte in einem Vertragsverhältnis mit dem Normadressaten steht und infolge seiner Beteiligung an der normwidrigen Vereinbarung bereits viele Informationen über den Wettbewerbsverstoß besitzt. Ferner kann der private Durchsetzungsagent aber auch ganz allgemein aus seiner eigenen wirtschaftlichen Tätigkeit auf dem betreffenden Markt und aus seinem Verhältnis zu dem Normadressaten praktische Kenntnisse über die Marktsituation und den Wettbewerbsverstoß besitzen, die für die Durchsetzung relevant sein können und die ein öffentliches Durchsetzungsorgan erst erheben müsste.[1023] So werden direkte Abnehmer infolge ihrer Marktstellung zumeist über bessere Marktkenntnisse verfügen als indirekte Abnehmer, die nicht im geschäftlichen Kontakt mit dem Normadressaten stehen und auch sonst – insbesondere als Verbraucher – keine Informationen über den vorgelagerten Markt besitzen.[1024] Noch bessere Informationen über die Gegebenheiten auf dem betreffenden Markt besitzen die Wettbewerber des Normadressaten aus ihrer eigenen Teilnahme auf dem Markt. Allerdings fehlen den Wettbewerbern zumeist die genauen Kenntnisse über die wettbewerbswidrige Vereinbarung, da diese ihnen nicht ohne weiteres zugänglich ist.

[1021] Stephenson, Virginia Law Review 2005, vol. 91, S. 93 ff., 108.

[1022] Diemer, European Competition Law Review 2006, vol. 27, S. 309 ff., 312; Shavell, Economic Analysis of Law, Shavell, S. 445 f. nimmt generell an, dass die privaten Durchsetzungsagenten zumindest so gute Informationen besitzen wie die öffentlichen Durchsetzungsorgane.

[1023] Polinsky/Shavell, Journal of Economic Literature 2000, vol. 38, S. 45 ff., 46 halten die private Durchsetzung im Allgemeinen nur unter diesen Voraussetzungen für Erfolg versprechend.

[1024] Monopolkommission, Sondergutachten zur 7. GWB-Novelle, Rn. 69; Landes/Posner, University of Chicago Law Review 1979, vol. 46, S. 602 ff.

Insgesamt werden die Situationen, in denen der private Durchsetzungsagent bereits alle zur Durchsetzung von Art. 81 EG erforderlichen Informationen besitzt, jedoch selten sein, da sämtliche Informationen über den Wettbewerbsverstoß und über den verursachten Schaden gerade bei dem anspruchsberechtigten Durchsetzungsagenten nicht oft vorhanden sind.

bb. Öffentliche Durchsetzung

Auf der anderen Seite existieren auch Bereiche, in denen das öffentliche Durchsetzungsorgan bereits Informationen über den Normverstoß besitzt und diese kostengünstig zur Durchsetzung einsetzen kann. Der Besitz von Informationen kann sich insbesondere aus einer Informationspflicht des Normadressaten gegenüber dem Staat ergeben, wie sie beispielsweise bei der Anmeldung von wettbewerbsbeschränkenden, aber freistellungsfähigen Vereinbarungen unter dem alten Freistellungssystem der VO 17 existierte. Aus diesen Informationen, die von dem Normadressat selbst stammen, kann das öffentliche Durchsetzungsorgan häufig den Verdacht eines Verstoßes ableiten, ein Durchsetzungsverfahren beginnen und dabei die vorhandenen Informationen verwenden.[1025] Unter dem neuen System der Legalausnahme entfällt diese Informationsquelle für die Kommission jedoch und wird durch die erweiterte Möglichkeit der verdachtsunabhängigen Sektorenuntersuchung gemäß Art. 17 VO 1/03 nicht vollständig kompensiert.[1026] Angesichts der über die Durchsetzung von Art. 81 EG hinausgehenden kartellrechtlichen Tätigkeit der Kommission ist es jedoch vorstellbar, dass sie aus ihrer sonstigen Tätigkeit, beispielsweise in der Zusammenschlusskontrolle, Informationen über Verhaltensweisen, die gegen Art. 81 EG verstoßen, erhält und diese zur Durchsetzung von Art. 81 EG verwenden kann.

Insgesamt werden jedoch auch bei der öffentlichen Durchsetzung von Art. 81 EG die Fälle, in denen die Kommission bereits alle zur erfolgreichen Durchsetzung erforderlichen Informationen besitzt, selten sein.

b. Beschaffung der Informationen

Wenn die Durchsetzungsagenten also regelmäßig die zur erfolgreichen Durchsetzung erforderlichen Informationen nicht bereits besitzen, kommt es für den Vergleich der öffentlichen und privaten Durchsetzung von Art. 81 EG entscheidend darauf an, unter

---

[1025] Bei der Betrachtung des Anmeldesystems müssen allerdings auch mit der Anmeldung verbundenen Kosten für die Normadressaten berücksichtigt werden, siehe bereits oben zu Kapitel 2B.II.2.b.aa., S. 28.

[1026] Siehe hierzu oben zu Kapitel 3B.I.3.d.cc., S. 69.

welcher Durchsetzungsform diese Informationen mit geringeren gesellschaftlichen Kosten zu beschaffen sind. Die Höhe der gesellschaftlichen Kosten der Informationsgewinnung hängt dabei neben der Art der zu beschaffenden Informationen ganz maßgeblich von den Informationsmitteln ab, die den Durchsetzungsagenten bei ihrer Durchsetzungstätigkeit zur Verfügung stehen und sich bei Art. 81 EG zwischen den beiden Durchsetzungsformen erheblich unterscheiden.

aa. Private Durchsetzung

Bei der privaten Durchsetzung von Art. 81 EG bestehen erhebliche Schwierigkeiten bei der Beschaffung der erforderlichen Informationen für die privaten Durchsetzungsagenten, wodurch entsprechend hohe gesellschaftliche Kosten entstehen. Die Schwierigkeiten resultieren aus der Art der bei der privaten Durchsetzung von Art. 81 EG benötigten Informationen (zu (1)) und den sehr begrenzten Informationsmitteln, die den privaten Durchsetzungsagenten zur Verfügung stehen (zu (2)).

(1) Benötigte Informationen

Die Informationen, die für die erfolgreiche private Durchsetzung von Art. 81 EG erforderlich sind, betreffen sämtliche Tatbestandsvoraussetzungen des Schadensersatzanspruchs und zeichnen sich vor allem durch ihre ökonomische und juristische Komplexität aus, die zu einem großen Aufwand für die privaten Durchsetzungsagenten und entsprechend hohen gesellschaftlichen Kosten der privaten Durchsetzung führt.

So ist bei vertikalen und sonstigen horizontalen Wettbewerbsbeschränkungen infolge des so genannten "more economic approach" im europäischen Kartellrecht bereits für den Nachweis des Verbotstatbestands des Art. 81 Abs. 1 EG erforderlich, dass bestimmte Marktstrukturen dargelegt werden, wozu umfassende ökonomische Kenntnisse und Informationen erforderlich sind, die dem privaten Durchsetzungsagenten oft nicht zugänglich sind.[1027] So ist für die erfolgreiche Durchsetzung beispielsweise der Nachweis eines Marktanteils des Normadressaten erforderlich, der über den Schwellen der Spürbarkeitsgrenze der de minimis-Bekanntmachung liegt.[1028] Infolge ihrer Marktstellung besitzen die Wettbewerber und direkten Abnehmer teilweise allgemeine Informationen über den betroffenen Markt; wirtschaftliche Daten über das Unternehmen des Normadressaten , wie zum Beispiel dessen Marktanteil, haben jedoch auch diese

---

[1027] Bornkamm, Die Rolle des Zivilrichters bei der Kartellrechtsdurchsetzung, S. 12; Bundeskartellamt, Diskussionspapier Private Durchsetzung, S. 29.

[1028] 10 % Marktanteil für horizontale und 15 % Marktanteil für vertikale Wettbewerbsbeschränkungen, de-minimis-Bekanntmachung, Rn. 7.

Durchsetzungsagenten ganz regelmäßig nicht. Dies zwingt den privaten Durchsetzungsagenten, Untersuchungen zu den ökonomisch schwierigen Fragen der Marktabgrenzung, zu den Marktanteilen des Normadressaten und zur Marktstruktur anzustellen, die erhebliche Kosten verursachen.

Solche Ermittlungen muss der private Durchsetzungsagent auch zum Nachweis der Kausalität zwischen dem Wettbewerbsverstoß und seinem Schaden ergreifen, da auch dieser Nachweis häufig die Darlegung komplexer wirtschaftlicher Daten erfordert. Gleiches gilt für den Nachweis der Schadenshöhe, da der hierfür zu ermittelnde hypothetische Wettbewerbspreis meist nur in einem umfassenden Gutachten unter Berücksichtigung der ökonomischen Zusammenhänge auf dem betreffenden Markt bestimmt werden kann.[1029]

Neben diesen Informationen wirtschaftlicher Art, die zum Nachweis der Tatbestandsvoraussetzungen des Schadensersatzanspruchs erforderlich sind, kann dem Durchsetzungsagenten auch faktisch die Kenntnis von dem – rechtlich eindeutigen – Wettbewerbsverstoß fehlen, da dieser von dem oder den Normadressaten geheim gehalten wird. Die Ermittlungen dieser faktischen wie auch wirtschaftlichen Informationen verursachen gesellschaftliche Kosten, deren Höhe von den Informationsmitteln abhängen, die den privaten Durchsetzungsagenten bei der Durchsetzung von Art. 81 EG zur Verfügung stehen.

(2) Informationsmittel bei der privaten Durchsetzung

Da der private Durchsetzungsagent regelmäßig nicht über die für eine erfolgreiche Durchsetzung erforderlichen Informationen verfügt, beeinflusst die Qualität der Mittel zur Informationsgewinnung, über die die privaten Durchsetzungsagenten verfügen, die gesellschaftlichen Kosten der privaten Durchsetzung.

Den privaten Durchsetzungsagenten stehen bei der privaten Durchsetzung von Art. 81 EG nur sehr begrenzte Informationsmittel zur Verfügung, welche die Durchsetzung kostspielig machen. So können die privaten Durchsetzungsagenten lediglich auf die wenigen bei ihnen bereits vorhandenen oder allgemein zugänglichen Informationsquellen zurückgreifen (zu (a)) und Informationen von dem Normadressaten lediglich mit Hilfe der sehr begrenzten zivilprozessualen Aufklärungspflichten erhalten (zu (b)), über deren Erweiterung derzeit diskutiert wird (zu (c)).

[1029] Siehe hierzu bereits oben zu Kapitel 3C.II.4.a., S. 109.

(a) Allgemeine Informationsquellen

Lediglich wenn der private Durchsetzungsagent an dem Wettbewerbsverstoß aktiv beteiligt ist, hat er bereits Kenntnis von dem Wettbewerbsverstoß, andernfalls ist es für ihn nur sehr schwer möglich, hiervon Kenntnis zu erlangen. Seine Marktstellung und Nähe zu dem Wettbewerbsverstoß erleichtert es dem privaten Durchsetzungsagenten, den ersten Verdacht eines Normverstoßes zu entwickeln, die weitere eigene Ermittlungen auslösen können.[1030] Darüber hinaus ist der Nachweis von offenkundigen Tatsachen im Zivilprozess nicht erforderlich (§ 291 ZPO) und auch allgemeine ökonomische Erfahrungssätze stehen allen privaten Durchsetzungsagenten beim Nachweis der Anspruchsvoraussetzungen offen.[1031]

Um die zum Nachweis der Anspruchsvoraussetzungen erforderlichen Informationen zu beschaffen, können private Durchsetzungsagenten allgemein zugängliche Informationen verwenden, wie Presseberichte oder allgemeine Veröffentlichungen der Wettbewerbsbehörden. Daneben können sie auf Informationen zurückgreifen, die ihnen aus ihrer Stellung als Teilnehmer auf dem betreffenden Markt offen stehen, wie z.B. interne Veröffentlichungen von Branchenverbänden.

Diese allgemeinen Informationsquellen werden jedoch regelmäßig nicht in der Lage sein, den privaten Durchsetzungsagenten sämtliche zur erfolgreichen Durchsetzung erforderlichen Informationen zu liefern, so dass andere Informationsmittel, die das Durchsetzungssystem den privaten Durchsetzungsagenten zur Verfügung stellt, von besonderer Bedeutung sind.

(b) Zivilprozessuale Aufklärungspflichten

Da der Normadressat die wesentlichen Informationen über den Wettbewerbsverstoß besitzt, sind vor allem die zivilprozessualen Aufklärungspflichten ein wichtiges Informationsmittel bei der privaten Durchsetzung von Art. 81 EG.

Zivilprozessuale Aufklärungs- und Vorlagepflichten führen dazu, dass die für die Durchsetzung relevanten Informationen von der Partei in den Prozess eingeführt, die über diese Informationen verfügt. Dieser Partei entstehen dabei nur minimale Kosten, während die andere Partei kostspielige Ermittlungen durchführen müsste, um diese

---

[1030] Daher sind Wettbewerber häufiger in eigenständigen Durchsetzungsverfahren und Abnehmer häufiger im follow-on Verfahren aktiv, siehe Kauper/Snyder, Georgetown Law Journal 1986, vol. 74, S. 1163 ff., 1184 f.

[1031] Kirchhoff, WuW 2004, S. 745 ff., 750.

Informationen in den Prozess einführen zu können. Somit können Aufklärungspflichten die Kosten der Informationsgewinnung und damit die gesellschaftlichen Kosten der privaten Durchsetzung reduzieren.[1032]

Den privaten Durchsetzungsagenten stehen bei der privaten Durchsetzung von Art. 81 EG derzeit lediglich die sehr begrenzten allgemeinen zivilprozessualen Aufklärungspflichten zur Verfügung, um Informationen von dem Normadressaten selbst zu erlangen.[1033] Diese begrenzten Aufklärungspflichten führen in aller Regel nicht dazu, dass die Informationen über den Wettbewerbsverstoß von dem Normadressat, der über diese Informationen verfügt, in den Prozess eingeführt werden. Daher kann das Fehlen weitergehender Aufklärungspflichten einer erfolgreichen privaten Durchsetzung entgegenstehen oder aber zumindest ganz erhebliche gesellschaftliche Kosten aus den Ermittlungen der privaten Durchsetzungsagenten verursachen.

(c) Ausweitung der Aufklärungspflichten

Angesichts dieser Schwierigkeiten bei der Informationsgewinnung für die privaten Durchsetzungsagenten wird über eine Ausweitung der Aufklärungspflichten im Kartellzivilrecht diskutiert, um die private Durchsetzung von Art. 81 EG zu erleichtern. Hierzu wird insbesondere auf die Regelung im US-amerikanischen Kartellzivilrecht verwiesen, das weitgehende Aufklärungspflichten und ein entsprechendes vorprozessuales Verfahren der Beweisermittlung verwendet (zu (aa)).[1034] Auf europäischer Ebene werden allerdings auch weniger weit reichende Aufklärungspflichten für die Unternehmen diskutiert (zu (bb)).

(aa) US-amerikanisches Discovery-Verfahren

Das US-amerikanische Kartellzivilrecht kennt weit reichende Aufklärungspflichten der Parteien. Zur praktischen Umsetzung der bereits vorprozessual bestehenden Aufklärungspflichten sieht das Prozessrecht ein Beweisermittlungsverfahren im Vorfeld der Hauptverhandlung vor, das unter dem Begriff "Discovery" bekannt ist und den Parteien die Möglichkeit bietet, auf das Tatsachen- und Beweismaterial der anderen Partei zuzugreifen, um es später im Prozess zu verwenden. Im Rahmen der Discovery sind die Parteien (und auch Dritte) verpflichtet, auf Verlangen der anderen Partei Do-

---

1032 Zur Anreizwirkung der Aufklärungspflichten siehe bereits oben zu Kapitel 5B.I.2.b.bb(2)(a), S. 253.

1033 Siehe bereits oben zu Kapitel 3C.II.6.d.aa., S. 136.

1034 Siehe hierzu mit einer rechtsökonomischen Betrachtung Shavell, Economic Analysis of Law, 426 ff.

kumente vorzulegen, unter Eid auszusagen und umfangreiche Fragenkataloge zu beantworten, soweit die begehrte Information vernünftigerweise zur Produktion von verwertbarem Beweismaterial führen kann.[1035] Die Discovery ermöglicht es den Klägern im US-amerikanischen Kartellzivilverfahren damit, wichtige Beweismittel zum Nachweis des Normverstoßes, die sich ausschließlich im Besitz des beklagten Normadressaten befinden, kostengünstig für den Prozess nutzbar zu machen und so ihrer Beweispflicht genügen zu können.[1036]

Ein solcher Ausforschungsbeweis ist dem deutschen Zivilprozessrecht hingegen gerade unbekannt, wodurch sich auch das Fehlen eines entsprechenden Beweisermittlungsverfahrens erklärt. Dies kann die Beweisführung des klagenden Durchsetzungsagenten erheblich erschweren, wenn sich die erforderlichen Beweismittel im Besitz des beklagten Normadressaten befinden, was insbesondere im kartellrechtlichen Bereich häufig der Fall ist.[1037] Die Einführung eines der US-amerikanischen Discovery entsprechenden Rechtsinstituts in das deutsche Zivilprozessrecht ist jedoch gleichwohl höchst unwahrscheinlich, da ein solches System der kontinentaleuropäischen Tradition des Zivilprozesses, insbesondere dem Beibringungsgrundsatz, der den gesamten Zivilprozess beherrscht, widerspricht und angesichts der damit verbundenen Schwierigkeiten auch nicht wünschenswert ist:[1038] Zunächst verursacht eine umfassende Aufklärungspflicht der Parteien in Verbindung mit einem entsprechenden vorprozessualen Beweisermittlungsverfahren selbst erhebliche gesellschaftliche Kosten. Die Parteien müssen ein beachtliches Maß der eigenen Zeit sowohl für die Ausarbeitung der eigenen Anfragen als auch für die Beantwortung der Auskunftsverlangen der Gegenseite aufbringen, die in der US-amerikanischen Rechtspraxis teilweise extreme Ausmaße angenommen haben.[1039] Häufig wird für den Beklagten schon zur Vermeidung dieser Kosten der Abschluss eines Vergleichs, unabhängig von der Berechtigung des An-

---

[1035] Rieckers, RIW 2005, S. 19 ff., 19 m.w.N.

[1036] Giudici, The Competition Law Review 2004, vol. 1, S. 61 ff., 81 f. hält das Fehlen eines solchen discovery-Verfahrens für ein großes Hindernis für die private Durchsetzung des Kartellrechts; Rieckers, RIW 2005, S. 19 ff., 20 ff. weist auf die Möglichkeit hin, auch bei Prozessen in Deutschland im Wege der Rechtshilfe gemäß 28 U.S.C. § 1782 (a) von der US-amerikanischen Discovery profitieren zu können, wenn der Beklagte seinen Sitz in den USA hat; der Anwendungsbereich dieser Regelung dürfte jedoch faktisch recht begrenzt sein.

[1037] Kommission, Grünbuch Private Durchsetzung, S. 5.

[1038] Ablehnend auch Monopolkommission, Sondergutachten Folgeprobleme der EG-Verfahrensreform, S. 47 f.

[1039] Hempel, Privater Kartellrechtsschutz, S. 211 berichtet von einem US-amerikanischen Fall, in dem 35 Mio. Dokumente vorgelegt werden mussten.

spruchs, vorteilhaft sein.[1040] Für die Bearbeitung des Auskunftsverlangens ist praktisch stets rechtlicher Sachverstand erforderlich, so dass auch nicht unerhebliche Kosten für den Rechtsbeistand aufgewendet werden müssen. Daneben birgt die Discovery auch die für ein Unternehmen wirtschaftlich äußerst gravierende Gefahr, dass teilweise auch vertrauliche Informationen aus dem Unternehmen – eventuell sogar gegenüber einem Wettbewerber – offen gelegt werden.[1041] Diese Gefahr stellt zudem ein erhebliches Erpressungspotential für private Durchsetzungsagenten dar, die unbegründete Klage erheben können, nur um einen normtreuen Normadressaten mit den Risiken und Kosten des Beweisermittlungsverfahrens zu bedrohen und dabei auf den Abschluss eines für sie günstigen Vergleichs hoffen. Dieses Erpressungspotential besteht infolge der riesigen Forderungssummen insbesondere bei Gruppenklagen, wie sie im US-amerikanischen Kartellzivilrecht möglich sind.

Diese Auswirkungen einer umfassenden Aufklärungspflicht nach US-amerikanischen Vorbild stellen gesellschaftliche Kosten dar, die so erheblich sein können, dass sie die gesellschaftlichen Vorteile einer verbesserten Informationslage bei allen Prozessparteien überwiegen.

Auch die Kommission stellt in ihrem Grünbuch zur privaten Durchsetzung nicht die Übernahme des US-amerikanischen Vorbilds zur Diskussion, sondern schlägt lediglich verschiedene Erweiterungen der bestehenden zivilprozessualen Aufklärungspflichten vor, die nunmehr betrachtet werden sollen.

(bb) Reformüberlegungen auf europäischer Ebene

Angesichts der Beweisschwierigkeiten der privaten Durchsetzungsagenten im Kartellrecht könnte die Einführung weiterreichender Aufklärungspflichten der beklagten Normadressaten die private Durchsetzung von Art. 81 EG erleichtern. Dies gilt insbesondere für eigenständige Klagen privater Durchsetzungsagenten, die nicht im Anschluss an ein behördliches Durchsetzungsverfahren erhoben werden und daher nicht von den dort erhobenen Informationen und Beweisen profitieren können.[1042]

1040 Bundeskartellamt, Diskussionspapier Private Durchsetzung, S. 27; McCurdy, European Competition Law Review 2004, vol. 25, S. 509 ff., 515.

1041 Hierzu Rieckers, RIW 2005, S. 19 ff., 20.

1042 Kommission, Grünbuch Private Durchsetzung, S. 5; siehe hierzu noch unten zu Kapitel 6E.I., S. 342; Berrisch/Burianski, WuW 2005, S. 878 ff., sehen auch nach der 7. GWB-Novelle große Schwierigkeiten für private Durchsetzungsagenten bei dem Nachweis des Wettbewerbsverstoßes ohne ein vorhergehendes Verfahren der öffentlichen Durchsetzung.

Die Kommission stellt hinsichtlich der Aufklärungspflichten verschiedene kartellzivilrechtliche Sonderregeln über die Offenlegung von Urkundsbeweisen zur Diskussion, die den Normadressaten auf Anordnung des Gerichts dazu verpflichten, die in seinem Besitz befindlichen Dokumente dem klagenden privaten Durchsetzungsagenten zugänglich zu machen.[1043] Hinsichtlich der Reichweite der Aufklärungspflicht wird von der Kommission erwogen, die Offenlegung eines näher bestimmten Dokuments davon abhängig zu machen, dass die klagende Partei die relevanten Fakten detailliert mit den ihr zugänglichen Beweisen dargelegt hat (Option 1),[1044] oder darüber hinaus auch durch gerichtliche Anordnung die Partei zur Offenlegung sämtlicher, nur dem Typ nach bestimmter Dokumente zu verpflichten (Option 2) bzw. die Partei dazu verpflichten, der anderen Partei ein Verzeichnis der in ihrem Besitz befindlichen relevanten Dokumenten zur Verfügung zu stellen (Option 3).[1045] Ferner wird erwogen, Sanktionen für die Vernichtung relevanter Beweismittel (Option 4) sowie eine Pflicht zur Aufbewahrung solcher Beweismittel einzuführen (Option 5).[1046]

Welche der zur Diskussion gestellten Erweiterungen der Aufklärungs- und Vorlagepflichten tatsächlich umgesetzt werden, bleibt abzuwarten. Sie besitzen jedoch das Potential, die Informationsasymmetrie zwischen dem Normadressaten und dem privaten Durchsetzungsagenten zu verringern und dadurch die private Durchsetzung zu erleichtern und somit die gesellschaftlichen Kosten der privaten Durchsetzung zu reduzieren. Allerdings müssen insoweit die praktischen Schwierigkeiten bei der Anwendung der Aufklärungspflichten ebenso berücksichtigt werden wie die hiermit verbundenen gesellschaftlichen Kosten. Insofern erscheint eine Sanktion für die Vernichtung von Beweisen sowie die Pflicht zur Aufbewahrung relevanter Beweise sinnvoll, um einer Pflicht zur Offenlegung von Beweismitteln auch praktische Wirksamkeit zu verleihen.[1047] Nichtsdestotrotz wird in der gerichtlichen Praxis die Vorlage von Dokumenten, die der private Durchsetzungsagent nicht kennt bzw. deren Existenz der Normad-

---

[1043] Kommission, Grünbuch Private Durchsetzung, S. 6, Frage A; Working Paper Private Durchsetzung, Rn. 89 ff.

[1044] Unter Verweis auf die entsprechende Regelung in Art. 6 Abs. 1 der Richtlinie zur Durchsetzung der Rechte des geistigen Eigentums (RL 2004/48/EG, ABl. 2004, L 157/45), Kommission, Working Paper Private Durchsetzung, Rn. 58, 90.

[1045] Die Kommission verweist insofern auf einen entsprechenden Vorschlag in dem Entwurf eines Europäischen Zivilverfahrensrechts, Working Paper Private Durchsetzung, Rn. 60, 91.

[1046] Kommission, Grünbuch Private Durchsetzung, S. 6; Working Paper Private Durchsetzung, Rn. 65 ff., 93.

[1047] Bundesrat, Ausschuss-Empfehlungen Grünbuch, Rn. 5 verweist auf die bestehende zivilprozessuale Regel in Deutschland, wonach das Gericht unter bestimmten Voraussetzungen die Behauptungen des privaten Durchsetzungsagenten über Inhalt der Urkunde als bewiesen annehmen kann, wenn der Normadressat die näher beschriebene Urkunde nicht beibringt (§ 427 ZPO).

ressat bestreitet, schwierig bleiben, wenn sich die Vorlagepflicht allein auf konkret bestimmte Dokumente bezieht. Zudem enthalten sogar Discovery-Verfahren in anderen Rechtsordnungen kein Recht zur physischen Durchsuchung der Geschäftsräume der Gegenpartei, die bei der öffentlichen Durchsetzung von Art. 81 EG wertvolle Beweismittel liefert.[1048] Eine weiter reichende allgemeine Pflicht zur Offenlegung sämtlicher relevanter Dokumente führt hingegen zu erheblichen Kosten, sowohl für den vorlegenden Normadressaten als auch den privaten Durchsetzungsagenten, der die vorgelegten Dokumente durcharbeiten muss. Darüber hinaus besteht auch ein nicht unerhebliches Missbrauchspotential, weil die privaten Durchsetzungsagenten die weit reichenden Offenlegungspflichten auch ohne einen Wettbewerbsverstoß zur Ausforschung anderer Unternehmen missbrauchen könnten.[1049] Um ein US-amerikanisches Ausmaß der Vorlagepflichten und die damit verbundenen gesellschaftlichen Kosten zu vermeiden, sollte die Pflicht zur Offenlegung einen begrenzten Umfang haben, der jedoch über das derzeitige Maß hinausgeht. Darüber hinaus könnte eine stärkere Einbeziehung des Gerichts in die Sachverhaltsaufklärung, insbesondere durch die Bestellung von Sachverständigen von Amts wegen auch ohne einen entsprechenden Antrag der beweispflichtigen Partei, die Missbrauchsgefahr reduzieren. Die hiermit verbundene Durchbrechung des zivilprozessualen Beibringungsgrundsatzes könnte gerade im Kartellrecht wegen des besonderen öffentlichen Interesses angemessen sein.[1050]

Ingesamt könnte also eine begrenzte Aufklärungspflicht des Normadressaten die Kosten der Informationsgewinnung und damit die gesellschaftlichen Kosten der privaten Durchsetzung von Art. 81 EG reduzieren.

(d) Verwendung von Informationen der Kommission

In follow-on Verfahren, die auch unter Geltung der VO 1/03 bei der privaten Durchsetzung von Art. 81 EG schwerpunktmäßig zu erwarten sind,[1051] können die privaten Durchsetzungsagenten zudem im gewissen Maße auf die Informationen der Kommission aus dem vorhergehenden Verfahren der öffentlichen Durchsetzung zurückgreifen.

[1048] Garzaniti/Gudofsky/Moffat, Antitrust Law Journal 2004, vol. 72, S. 159 ff., 196; Böge/Ost, European Competition Law Review 2006, vol. 27, S. 197 ff., 202.

[1049] Bundesrat, Ausschuss-Empfehlungen Grünbuch, Rn. 5 lehnt wegen dieser Missbrauchsgefahr solche Offenlegungspflichten ab.

[1050] Kirchhoff, WuW 2004, S. 745 ff., 751.

[1051] Schwarze/Weitbrecht, EG-Kartellverfahrensrecht, § 11 Rn. 25; Koenigs, DB 2003, S. 755 ff., 758 meint, dass die Kläger ohne ein vorhergehendes Verwaltungsverfahren regelmäßig nicht über die erforderlichen Informationen und Marktdaten verfügen, um die Anspruchsvoraussetzungen zu beweisen.

Durch dieses Informationsmittel verringern sich die gesellschaftlichen Kosten der Informationsgewinnung bei der privaten Durchsetzung, da lediglich die Kosten des Austauschs der Informationen entstehen, die sonst erforderlichen und kostspieligen eigenen Ermittlungen des privaten Durchsetzungsagenten unterbleiben können.

Der direkte Austausch von Informationen zwischen der Kommission und den privaten Durchsetzungsagenten erfolgt derzeit in einem sehr geringen Ausmaß, lediglich der Beschwerdeführer kann auf die nicht-vertraulichen Informationen aus dem Verfahren der Kommission in einem gewissen Rahmen zugreifen.[1052] Wichtiger ist hingegen der Austausch von Informationen zwischen der Kommission und dem mitgliedstaatlichen Zivilgericht, das über den Anspruch des privaten Durchsetzungsagenten entscheidet.[1053] Dieser Austausch von Informationen wurde durch die VO 1/03 verstärkt, die zivilprozessuale Dispositionsmaxime muss jedoch beachtet werden. Jede Stellungnahme der Kommission in Bezug auf den Wettbewerbsverstoß – tatsächlicher oder rechtlicher Art, auf Anfrage des Gerichts oder auf Initiative der Kommission – macht entsprechende eigene Ermittlungen der privaten Durchsetzungsagenten entbehrlich und reduziert damit die Kosten der Informationsgewinnung bei der privaten Durchsetzung. Dabei ist eine Stellungnahme der Kommission zu Rechtsfragen vor allem dann wichtig, wenn komplexe wirtschaftliche Zusammenhänge dem Gericht, das oft über wenig spezifisches Fachwissen hinsichtlich des Funktionierens von Märkten verfügen wird, erklärt werden müssen. Denn hierzu ist die Kommission dank ihres ökonomischen Sachverstands häufig eher in der Lage als der private Durchsetzungsagent selbst. Aber auch faktische Informationen über das Marktgeschehen kann die Kommission infolge ihrer eigenen Ermittlungen bereits besitzen und den Zivilgerichten zugänglich machen. Die mit dem Transfer verbundenen Kosten, die als gesellschaftliche Kosten der Durchsetzung ebenfalls berücksichtigt werden müssen, dürften stets geringer sein als die eingesparten Kosten der nochmaligen Informationsgewinnung durch die privaten Durchsetzungsagenten. Bei diesem Informationstransfer müssen jedoch auch die berechtigten Interessen der Normadressaten an dem Schutz ihrer Geschäftsgeheimnisse berücksichtigt werden, so dass der Transfer nicht pauschal sämtliche bei der Kommission vorhandenen Informationen erfassen kann. Ebenfalls müssen die Auswirkungen des Informationstransfers auf den Anreiz der Normadressaten zur Preisgabe von Informationen im Rahmen der leniency-Regelung berücksichtigt werden.[1054]

[1052] Siehe bereits oben zu Kapitel 3C.II.6.d.bb(1), S. 138.
[1053] Siehe hierzu oben zu Kapitel 3C.II.6.d.bb(2), S. 139.
[1054] Siehe hierzu noch unten zu Kapitel 6B.IV.2., S. 326 und zu Kapitel 6C.III.2., S. 338.

Insgesamt können die gesellschaftlichen Informationskosten bei der privaten Durchsetzung also durch den Transfer von Informationen der Kommission an die Zivilgerichte verringert werden, wobei jedoch bestimmte Grenzen berücksichtigt werden müssen.[1055] Allerdings funktioniert dieser Informationsaustausch nur im follow-on Verfahren der privaten Durchsetzung nach einem vorhergehenden öffentlichen Durchsetzungsverfahren, da die Kommission nur in diesem Fall Informationen über den Wettbewerbsverstoß besitzt, die für die private Durchsetzung nutzbar gemacht werden können. Lediglich allgemeine Marktdaten, über die die Kommission aus ihrer allgemeinen Tätigkeit verfügt, können auch bei einem eigenständigen privaten Durchsetzungsverfahren transferiert werden und damit den privaten Durchsetzungsagenten auch außerhalb von follow-on Verfahren nutzen. Diese Informationen allein genügen jedoch i.d.R. nicht, um den Wettbewerbsverstoß und die übrigen Anspruchsvoraussetzungen darzulegen, so dass die Unterstützung der privaten Durchsetzungsagenten durch die Informationen der Kommission in eigenständigen privaten Durchsetzungsverfahren geringer ausfällt.

(3) Zusammenfassung zu den Informationsmitteln bei der privaten Durchsetzung

Die bisher sehr begrenzten Informationsmittel der privaten Durchsetzungsagenten führen zu erheblichen gesellschaftlichen Kosten der Informationsgewinnung bei der privaten Durchsetzung. Die mit der VO 1/03 erweiterte Zusammenarbeit zwischen der Kommission und den mitgliedstaatlichen Zivilgerichten kann in follow-on Verfahren helfen, die Informationskosten zu reduzieren und dabei zugleich auch den Anreiz der privaten Durchsetzungsagenten zur sodann leichter möglichen Durchsetzung zu steigern.[1056] Hierzu ist die vorgeschlagene Ausweitung der bisher sehr begrenzten zivilprozessualen Aufklärungspflichten auch in eigenständigen Verfahren der privaten Durchsetzung fähig, da die Informationen hier unmittelbar von dem Normadressaten stammen. Wegen dieser Förderung der eigenständigen privaten Durchsetzung ist insbesondere die Ausweitung der Aufklärungspflichten zu begrüßen, wenngleich bei ihrer Ausgestaltung darauf zu achten ist, dass die hiermit verbundenen Kosten nicht unverhältnismäßig hoch werden.[1057]

[1055] Zum Zusammenspiel der Durchsetzungsformen siehe noch unten zu Kapitel 6C.II.2., S. 332.
[1056] Siehe hierzu bereits oben zu Kapitel 5B.I.2.b.bb(2)(a), S. 253.
[1057] Siehe hierzu noch unten zu Kapitel 6E.I., S. 342.

bb. Öffentliche Durchsetzung

Auch die Kommission besitzt bei der öffentlichen Durchsetzung von Art. 81 EG regelmäßig nicht bereits alle Informationen, die zum Nachweis des Wettbewerbsverstoßes und zur Verhängung einer Geldbuße erforderlich sind. Hierzu sind einerseits Informationen und Beweismittel über den Wettbewerbsverstoß erforderlich, die sich im Besitz des Normadressaten befinden und geheim gehalten werden, und andererseits zur korrekten Beurteilung des Sachverhalts auch Informationen über den betroffenen Markt.

Die somit erforderlichen Ermittlungen der Informationen sind der Kommission dank ihrer überlegenen Mittel der Informationsgewinnung einfacher und kostengünstiger möglich als privaten Durchsetzungsagenten.[1058] Dabei kann die Kommission vor allem auf die leniency-Regelung (zu (1)), ihre Ermittlungsbefugnisse (zu (2)) und sonstige Informationsmittel (zu (3)) zurückgreifen, die bereits bei der Darstellung der öffentlichen Durchsetzung von Art. 81 EG ausführlich dargestellt wurden.[1059]

(1) Leniency-Regelung

Die leniency-Regelung stellt eine überaus wichtige Quelle von verlässlichen Informationen über den Wettbewerbsverstoß für die Kommission dar. Der Anreiz für den Normadressaten, in Genuss der leniency-Regelung zu kommen, kann dazu führen, dass die am besten über den Verstoß informierte Person selbst die zur Durchsetzung erforderlichen Informationen liefert. So kann die leniency-Regelung einerseits Informationen über einen bisher vollständig unbekannten Wettbewerbsverstoß liefern und damit im Gegenzug zu dem Erlass der Geldbuße für den Informanten die gesellschaftlichen Kosten der Aufdeckung bei der öffentlichen Durchsetzung ganz erheblich reduzieren (Abschnitt A der leniency-Mitteilung). Andererseits kann die leniency-Regelung auch die Kosten der Verfolgung des Wettbewerbsverstoßes reduzieren, indem den bereits verdächtigten Unternehmen für eine Preisgabe von Informationen eine Reduzierung der Geldbuße in Aussicht gestellt wird (Abschnitt B der leniency-Mitteilung).[1060] Die Informationen betreffen vor allem das oft geheim gehaltene normwidrige Verhalten des Normadressaten, dessen Nachweis sonst erhebliche Schwierigkeiten und Kosten verursacht, aber auch sonstige Informationen über die Marktstruktur und die Marktposition der Normadressaten, die für die rechtliche Ein-

[1058] Bornkamm, Die Rolle des Zivilrichters bei der Kartellrechtsdurchsetzung, S. 13 f.; Monopolkommission, Sondergutachten Folgeprobleme der EG-Verfahrensreform, S. 46.

[1059] Siehe oben zu Kapitel 3B.I.3., S. 61.

[1060] Allgemein Kaplow/Shavell, Journal of Political Economy 1994, vol. 102, S. 538 ff.

ordnung des fraglichen Verhaltens wichtig sind. Dadurch erhält die Kommission harte, gerichtlich verwertbare Beweismittel aus erster Hand, die jedenfalls von dem kooperierenden Normadressaten in einem etwaigen gerichtlichen Verfahren auch nicht mehr inhaltlich angegriffen werden.[1061] Hierdurch werden die gesellschaftlichen Kosten der Durchsetzung erheblich verringert, da die Beschaffung der von den Normadressaten sonst geheim gehaltenen Informationen über den Wettbewerbsverstoß nur sehr schwer und mit entsprechend hohen Kosten zu erlangen sind.

Allerdings müssen auch die gesellschaftlichen Kosten berücksichtigt werden, die mit der leniency-Regelung verbunden sind. Der Ausfall bzw. die Verringerung der Geldbuße ist dabei nicht unmittelbar als gesellschaftliche Kosten der leniency-Regelung anzusehen, da die Geldbuße lediglich einen kostenneutralen Vermögenstransfer darstellt und das Ausbleiben dieses Transfers zunächst keine gesellschaftlichen Kosten verursacht.[1062] Jedoch führt die leniency-Regelung dazu, dass der Wert der erwarteten Sanktion für den Wettbewerbsverstoß sinkt, da die Normadressaten diese Möglichkeit einer verringerten Geldbuße infolge seiner späteren Kooperation bereits bei ihrer Verhaltensentscheidung über den Normverstoß berücksichtigen werden.[1063] Hierdurch wird die Abschreckungswirkung des Durchsetzungssystems geschmälert und der gesellschaftliche Nutzen der Durchsetzung verringert. Die geringere Abschreckungswirkung wird jedoch durch die verringerten gesellschaftlichen Kosten der Durchsetzung überkompensiert. Daneben muss noch ein weiterer positiver Effekt der leniency-Regelung bei der Durchsetzung von Art. 81 EG berücksichtigt werden: Die leniency-Regelung nutzt die Dynamik aus, die aus der Interaktion der mindestens zwei an der Willensübereinkunft beteiligten Normadressaten resultiert. Denn der Anreiz zur Aufdeckung des Kartells im Gegenzug zur Reduzierung der Geldbuße kann das Misstrauen zwischen den an dem Wettbewerbsverstoß beteiligten Normadressaten und damit die einer Kartellabsprache immanente Instabilität verstärken.[1064] Durch die erhöhte Instabilität wird der Wettbewerbsverstoß für die Normadressaten weniger lukrativ, da sie von einer kürzeren Dauer des Kartells bzw. von höheren Kosten zur Überwachung

---

[1061] Camilli, ACLE-Paper 2005, S. 16.

[1062] Zu den sonstigen Auswirkungen der leniency-Regelung siehe bereits oben zu Kapitel 3B.I.3.b., S. 63; zur Rechtmäßigkeit einer solchen Regelung siehe Wiesner, WuW 2005, S. 606 ff., und allgemein Wils, World Competition 2003, vol. 26, S. 567 ff.; Levy/O'Donoghue, World Competition 2004, vol. 27, S. 75 ff.; Ysewyn/Jordan, European Competition Law Review 2003, vol. 24, S. 235 ff.; Kovacic, Antitrust Law Journal 2003, vol. 71, S. 377 ff., schlägt als weitere Art der Informationsgewinnung das Bezahlen einer Belohnung für die Preisgabe von Informationen vor.

[1063] Zur ökonomischen Theorie der Verhaltenssteuerung ausführlich oben zu Kapitel 4A.III., S. 157.

[1064] Siehe oben zu Kapitel 2B.III.1.a., S. 36.

des Kartellverhaltens ausgehen müssen und folglich weniger Gewinne erwarten können.

Infolge dieser Auswirkungen auf das Durchsetzungssystem führt die leniency-Regelung zu einer Verringerung der gesellschaftlichen Kosten der öffentlichen Durchsetzung, vor allem infolge der in erheblichem Maße eingesparten Kosten der Aufdeckung und Verfolgung des Wettbewerbsverstoßes.

(2) Ermittlungsbefugnisse der Kommission

Ein weiteres wichtiges Mittel zur Gewinnung von Informationen sind die Ermittlungsbefugnisse der Kommission. Diese öffentlich-rechtlichen Informations- und Nachprüfungsrechte ermöglichen es der Kommission, von den Normadressaten im Wege des Auskunftsverlangens und im Wege der Beschlagnahme von Dokumenten auch gegen ihren Willen unter Anwendung von Zwangsmitteln die zur Durchsetzung relevanten Informationen zu erlangen.[1065] Dabei liefern die Auskunftsverlangen vor allem wichtige Daten über die Situation auf dem betreffenden Markt und die Marktstellung der Normadressaten, die für die juristische und ökonomische Beurteilung des fraglichen Verhaltens wichtig sind. Die mit Zwangsmitteln von dem verdächtigten Normadressaten erlangten Dokumente liefern darüber hinaus häufig die geheim gehaltenen Informationen, die das wettbewerbswidrige Verhalten tatsächlich beweisen. Daher liefern die Ermittlungsbefugnisse der Kommission in vielen Fällen die zur Verhängung einer Sanktion wegen des Verstoßes gegen Art. 81 EG erforderlichen Beweismittel und verursachen bei ihrer Ausübung lediglich geringe gesellschaftliche Kosten der Durchsetzung.

Diese Ermittlungsbefugnisse sind auch Folge des staatlichen Gewaltmonopols und des Amtsermittlungsgrundsatzes, der im öffentlich-rechtlichen Durchsetzungsverfahren gilt und der Kommission einen besseren Zugang zu Informationen ermöglicht als die privaten Durchsetzungsagenten im Zivilprozess besitzen.[1066]

Durch ihre mit Zwang ausgestatteten Ermittlungsbefugnisse verfügt die Kommission daher über ein sehr erfolgreiches Mittel, um die gerichtlich verwertbare Beweismittel

---

[1065] Siehe bereits oben zu Kapitel 3B.I.3.d., S. 67.

[1066] Klees, EG-Kartellverfahrensrecht, § 8 Rn. 25.

über den Wettbewerbsverstoß mit sehr geringen gesellschaftlichen Kosten zu erlangen, das privaten Durchsetzungsagenten nicht zur Verfügung steht.[1067]

(3) Sonstige Informationsmittel

Daneben besitzt die Kommission die Möglichkeit des Austausches von Informationen über den Wettbewerbsverstoß selbst und auch über die Marktverhältnisse mit anderen mitgliedstaatlichen Wettbewerbsbehörden innerhalb des ECN.[1068] Die Möglichkeit zum Austausch von Informationen besitzt die Kommission ferner in geringerem Umfang mit den sonstigen Wettbewerbsbehörden anderer Staaten außerhalb der EG. Dieser bloße Transfer vorhandener Informationen zwischen den verschiedenen Wettbewerbsbehörden verursacht nur geringe gesellschaftliche Kosten und ist ein effektives Mittel zur Gewinnung von Informationen über den Wettbewerbsverstoß und auch insbesondere über die relevanten Marktdaten, da diese Informationen bei der allgemeinen Tätigkeit der einzelnen Wettbewerbsbehörden gesammelt werden und auch in anderen Durchsetzungsverfahren verwendet werden können.

Auch die Möglichkeit zu verdachtsunabhängigen Sektoruntersuchungen ermöglicht es der Kommission, mit relativ geringerem Aufwand allgemeine Informationen über die Situation auf einem bestimmten Markt zu erhalten, aus der sich der Verdacht eines ansonsten unentdeckt gebliebenen Wettbewerbsverstoßes ergeben kann.[1069]

Schließlich stellen auch Beschwerden von Betroffenen eine kostengünstige Möglichkeit zur Informationsgewinnung für die Kommission dar, wenn die Betroffenen infolge ihrer Marktnähe den Verdacht eines Wettbewerbsverstoßes besitzen, diesen aber insbesondere infolge fehlender Ermittlungsbefugnisse nicht nachweisen können oder aus Furcht vor Vergeltungsmaßnahmen des Normadressaten nicht verfolgen wollen und sich daher an die Kommission wenden.[1070]

c. Zusammenfassung zu den Informationskosten

Zusammenfassend lässt sich für den Vergleich der Informationskosten Folgendes feststellen: Die verschiedenen schlagkräftigen Informationsmittel ermöglichen es der Kommission, sowohl die von den Normadressaten geheim gehaltenen Informationen über den Wettbewerbsverstoß als auch die relevanten wirtschaftlichen Marktdaten mit

---

[1067] OECD, Second Cartel Report, S. 23 f.
[1068] Siehe bereits oben zu Kapitel 3B.I.3.c.aa., S. 65.
[1069] Siehe hierzu oben zu Kapitel 3B.I.3.d.cc., S. 69.
[1070] Siehe hierzu bereits oben zu Kapitel 3B.I.3.a., S. 62.

vergleichsweise geringen gesellschaftlichen Kosten zu erheben und im Verfahren der öffentlichen Durchsetzung zu verwenden. Die Kommission kann dadurch einen Wettbewerbsverstoß häufiger und mit geringeren gesellschaftlichen Kosten nachweisen als dies privaten Durchsetzungsagenten, denen keine vergleichbaren Informationsmittel zur Verfügung stehen, möglich ist. Diese besseren Möglichkeiten der Informationsgewinnung der Kommission und die geringeren damit verbundenen gesellschaftlichen Kosten stellen daher einen ganz wesentlichen Vorteil der öffentlichen Durchsetzung von Art. 81 EG dar.

3. Fehlerkosten

Schließlich müssen auch die gesellschaftlichen Kosten, die sich aus einer fehlerhaften Durchsetzung ergeben, bei einem rechtsökonomischen Vergleich der Durchsetzungsformen bei Art. 81 EG berücksichtigt werden. Diese oben bereits beschriebenen gesellschaftlichen Fehlerkosten bestehen vor allem darin, dass die fälschliche Sanktionierung normgemäßen Verhaltens (Fehler des Typs II) ebenso wie das Unterbleiben der Sanktionierung normwidrigen Verhaltens (Fehler des Typs I) zu ineffizienten Verhaltensweisen der Normadressaten und einer verringerten Abschreckungswirkung des Durchsetzungssystems führt.[1071]

Bei dem Vergleich der Durchsetzungsformen kann hinsichtlich der Fehlerkosten zwischen absichtlichen Fehlern der Durchsetzungsagenten, die das Durchsetzungssystem missbrauchen, (zu a.) und unbewussten Fehlern bei der Durchsetzung (zu b.) unterschieden werden.

a. Missbräuchliche Durchsetzungsaktivitäten

Bei der Durchsetzung können die Durchsetzungsagenten absichtlich Fehler machen, indem sie wissentlich rechtmäßiges Verhalten als Verstoß verfolgen oder einen erkannten Normverstoß nicht verfolgen. Die Gefahr dieses Missbrauchs der Durchsetzungsbefugnis und der damit verbundenen gesellschaftlichen Kosten fehlerhafter Entscheidungen besteht bei der öffentlichen Durchsetzung (zu aa.) nur in geringerem Maße als bei der privaten Durchsetzung von Art. 81 EG (zu bb.).[1072]

[1071] Siehe bereits oben zu Kapitel 4A.IV.2.b.bb(2)(b), S. 178.

[1072] Siehe zu dieser Missbrauchsgefahr im Kartellrecht: Linder, Kartellrechtliche Privatklage, S. 65 ff.; Hempel, Privater Kartellrechtsschutz, S. 250 f.

aa. Öffentliche Durchsetzung

Bei der öffentlichen Durchsetzung von Art. 81 EG besteht die Gefahr absichtlicher Fehler bei der Durchsetzung lediglich in einem sehr begrenzten Ausmaß. Dies folgt aus der Anreizstruktur der Kommission als öffentlichem Durchsetzungsorgan, das seinen Nutzen aus der Durchsetzungstätigkeit nicht aus der verhängten Sanktion zieht.[1073] Durch die fehlende Fokussierung auf den finanziellen Erfolg ihrer Durchsetzungsaktivität dürfte der Kommission im Allgemeinen der Anreiz fehlen, absichtlich nur vermeintliche Wettbewerbsverstöße zu verfolgen (Fehler des Typs II).

Realistischer könnte hingegen die Gefahr erscheinen, dass die Kommission die Verfolgung eines – politisch möglicherweise erwünschten – Wettbewerbsverstoßes absichtlich unterlässt (Fehler des Typs I). Insgesamt dürfte auch diese Gefahr, wie die Erfahrungen in der Vergangenheit gezeigt haben, jedoch hinreichend gering sein, so dass bei der öffentlichen Durchsetzung keine wesentlichen gesellschaftlichen Kosten aus absichtlichen Fehlern bei der Durchsetzung zu erwarten sein dürften.

bb. Private Durchsetzung

Für den privaten Durchsetzungsagenten bestehen hingegen Anreize, das Durchsetzungssystem zu seinem Vorteil zu manipulieren, um seinen privaten Nutzen bei der Durchsetzung zu maximieren (rent-seeking).[1074]

Das Ziel der Profitmaximierung kann den privaten Durchsetzungsagent dazu verleiten, auch dem tatsächlich normtreuen Normadressaten in Kenntnis von der Rechtmäßigkeit des Verhaltens die Erhebung einer Klage anzudrohen (Fehler des Typs II).[1075] Denn der private Durchsetzungsagent kann einerseits auf einen Erfolg seiner Klage infolge einer falschen Beurteilung des Sachverhalts durch das Gericht hoffen, insbesondere wenn die rechtlichen und wirtschaftlichen Umstände des Falles kompliziert sind.

Noch mehr wird der private Durchsetzungsagent jedoch darauf hoffen, dass der fälschlich beschuldigte Normadressat risikoscheu ist und daher die Risiken und Kosten eines

---

1073 Siehe zur Anreizstruktur öffentlicher Durchsetzungsorgane oben zu Kapitel 4B.I.1.a.bb., S. 190.

1074 Polinsky/Shavell, Journal of Public Economics 2001, vol. 81, S. 1 ff., 1 f.; Friedman, Journal of Political Economy 1999, vol. 107, S. 259 ff., 264; für das Kartellrecht weist auch Möschel, WuW 2007, S.483 ff. hierauf hin.

1075 Kommission, Working Paper Private Durchsetzung, Rn. 12; Monopolkommission, Sondergutachten Folgeprobleme der EG-Verfahrensreform, S. 45; zu weiteren Möglichkeiten des Missbrauchs mit Beispielen aus dem englischen Strafrecht des 18. Jahrhunderts siehe Friedman, University of Chicago Law School Roundtable 1995, vol. 2, S. 475 ff., 477.

Gerichtsverfahrens vermeiden will und deswegen einen Vergleich mit dem Durchsetzungsagenten schließen wird. Im Kartellrecht kommt diese Form des Missbrauchs der Durchsetzungsbefugnis häufig in der Gestalt vor, dass ein Unternehmen einem Wettbewerber einen vermeintlichen Wettbewerbsverstoß vorwirft, um – zumeist im Wege eines Vergleichs – dessen Marktverhalten zu verändern.[1076] Es ist aber auch denkbar, dass ein Durchsetzungsagent einen vermeintlichen Schadensersatzanspruch gegen ein rechtstreues Unternehmen erhebt, um dieses zwecks Vermeidung der Prozessrisiken zu einem Vergleich zu bewegen.[1077]

Der Missbrauch der Durchsetzungsbefugnis kann ferner auch darin liegen, dass der private Durchsetzungsagent die Verfolgung eines tatsächlichen Wettbewerbsverstoßes (Fehler des Typs I) absichtlich unterlässt. Hierzu kann der Durchsetzungsagent durch die Bezahlung eines bestimmten Geldbetrages von dem Normadressaten veranlasst werden, was im Bereich der öffentlichen Durchsetzung sowohl für den Normadressaten als auch für den Durchsetzungsagenten als Bestechung strafbedroht ist (§§ 331 ff. StGB). Im Bereich der privaten Durchsetzung ist diese "Bestechung", die einem zivilrechtlichen Vergleich nicht unähnlich ist, hingegen grundsätzlich nicht strafbedroht, solange nicht die Entscheidungsträger innerhalb des Unternehmens zu dessen Nachteil handeln.

Das Ausmaß dieser Missbrauchsgefahr und der damit verbundenen gesellschaftlichen Fehlerkosten bei der privaten Durchsetzung von Art. 81 EG hängt von Art und Höhe der Sanktion (zu (1)) sowie von den Verfahrensregeln (zu (2)) ab.

(1) Einfluss der Sanktion

Die Art der Sanktion beeinflusst maßgeblich den Anreiz des privaten Durchsetzungsagenten zum Missbrauch seiner Durchsetzungsbefugnis: Nur wenn der private Durchsetzungsagent – wie bei einem Schadensersatzanspruch – der Nutznießer der vom Normadressaten zu leistende Sanktion ist, besteht ein Anreiz zur Verfolgung vermeint-

---

1076 Snyder/Kauper, Michigan Law Review 1991, vol. 90, S. 551 ff., kommen bei einer Untersuchung von 77 kartellrechtlichen Klagen von Wettbewerbern in den USA zu dem Ergebnis, dass die Mehrzahl dieser Klagen im Wissen von ihrer Unbegründetheit erhoben wurde.

1077 Austin, Duke Law Journal 1978, S. 1353 ff., 1360, 1367 f. zum US-amerikanischen Kartellrecht, bei dem infolge der Aussicht auf treble damages diese Gefahr noch größer ist; Cattlet, Journal of International Banking Law and Regulation 2005, vol. 20, S. 305 ff., 312 f. hebt die Missbrauchsgefahr für den Bankenbereich hervor.

licher Normverstöße.[1078] Kommt hingegen die von dem überführten Normadressaten zu leistende Sanktion nicht dem Durchsetzungsagenten zu Gute, weil die Sanktion entweder nicht transferiert werden kann (z.B. Freiheitsstrafe) oder an einen Dritten transferiert wird (z. B. Vorteilsabschöpfung durch Verbände nach § 34 a GWB, die dem Bundeshaushalt zugute kommt), besteht diese Gefahr absichtlicher Fehler hingegen nur in einem erheblich geringeren Maße. Denn bei diesen anreizneutralen Sanktionen geht der private Durchsetzungsagent bei einer erfolgreichen Durchsetzung leer aus und kann allein auf den Abschluss eines Vergleichs hoffen.[1079] Es darf aber nicht übersehen werden, dass eine anreizneutrale Sanktion gleichzeitig den Anreiz des privaten Durchsetzungsagenten zur Vornahme nicht-missbräuchlicher, also erwünschter Durchsetzungsanstrengungen reduziert, so dass diese Form der Sanktion nur praktikabel ist, wenn auch ohne diese Belohnung ein ausreichender Anreiz zur Durchsetzung vorhanden ist.[1080]

Bei dem Schadensersatzanspruch, der dem privaten Durchsetzungsagenten zu Gute kommt, hängt der Anreiz der privaten Durchsetzungsagenten zum Missbrauch von der Höhe des Anspruchs ab. Ein überkompensatorischer Schadensersatzanspruch, über dessen Einführung diskutiert wird, erhöht den Anspruch und damit auch den Anreiz der privaten Durchsetzungsagenten zur Verfolgung normgemäßen Verhaltens. Die daraus resultierenden höheren Fehlerkosten müssen bei der Ausgestaltung des Durchsetzungssystems berücksichtigt werden und können strengere und damit kostspieligere Beweis- und Verfahrensregeln erfordern, um die fälschliche Verurteilung Unschuldiger zu erschweren.

(2) Einfluss der Verfahrensregeln

Die Gefahr des Missbrauchs und die damit verbundenen gesellschaftlichen Kosten kann das Durchsetzungssystem auch durch die Ausgestaltung des Verfahrensrechts beeinflussen: Enthält das Verfahrensrecht Regelungen, die den privaten Durchsetzungsagenten gegenüber dem Normadressaten privilegieren, wird ein Obsiegen des privaten Durchsetzungsagenten wahrscheinlicher und der Anreiz zur Verfolgung vermeintlicher Wettbewerbsverstöße somit größer. Daher muss bei den in der Diskussion stehenden Erleichterungen für die privaten Durchsetzungsagenten berücksichtigt wer-

---

1078 Polinsky/Shavell, Journal of Public Economics 2001, vol. 81, S. 1 ff., 3, 22 f. beschreiben die Vor- und Nachteile der erfolgsabhängigen Belohung von Durchsetzungsagenten.

1079 Siehe Friedman, Journal of Political Economy 1999, vol. 107, S. 259 ff., 263 ff. für weitere Beispiele für eine "effiziente Durchsetzung mit ineffizienten Sanktionen".

1080 Siehe zu dem Anreiz von Verbänden zur Vorteilsabschöpfung oben zu Kapitel 3C.III.2., S. 148.

den, ob dem Normadressaten, der insbesondere bei Einführung klägerfreundlicher Beweisregeln eher das Fehlen von Anspruchsvoraussetzungen selbst darlegen muss, dieser Nachweis möglich ist.[1081] Denn nur dann ist ein Missbrauch der Durchsetzungsbefugnis durch den privaten Durchsetzungsagenten unwahrscheinlich. Kann der private Durchsetzungsagent hingegen darauf hoffen, dass es dem Normadressaten infolge der Komplexität der Materie nicht gelingt, das Gericht vom Fehlen des jeweiligen Tatbestandsmerkmals zu überzeugen, ist ein Missbrauch möglich.

Andererseits wird die Missbrauchsgefahr durch die Kostentragungsregeln der §§ 91 ff. ZPO verringert, da die erfolgsabhängige Kostentragung das Risiko, das mit einer unberechtigten Klage verbunden ist, für den normtreuen Normadressaten reduziert, und die Kosten einer solchen Klage für den privaten Durchsetzungsagent erhöht.[1082]

Wie klägerfreundliche Kostentragungs- und Verfahrensregeln die Gefahr des Missbrauchs steigern können, zeigt sich in den Erfahrungen des US-amerikanischen Kartellzivilrechts. Die dort geltende klägerfreundliche Kostentragungsregel und die weit reichende und kostspielige Discovery führen dazu, dass auch dem rechtstreuen Normadressaten aus dem Durchsetzungsverfahren unabhängig von seinem Ausgang erhebliche Kosten entstehen können. In Verbindung mit dem Risiko einer Verurteilung zu treble damages und der Möglichkeit von Sammelklagen können die US-amerikanischen Verfahrensregeln den Abschluss eines Vergleichs auch für den rechtstreuen Normadressaten vorteilhaft machen, um die Risiken eines Prozesses, in dem Geschworene über komplexe wirtschaftliche und rechtliche Fragen entscheiden, zu vermeiden.[1083] Dieses Missbrauchspotential und die damit verbundenen gesellschaftlichen Kosten müssen bei der Diskussion über die Einführung von klägerfreundlichen Verfahrensregeln berücksichtigt werden.

cc. Zusammenfassung zu den missbräuchlichen Durchsetzungsaktivitäten

Insgesamt sind private Durchsetzungsagenten infolge ihres Ziels der Nutzenmaximierung eher anfällig für absichtliche Fehler bei der Durchsetzung von Art. 81 EG, so dass die gesellschaftlichen Fehlerkosten bei der privaten Durchsetzung höher sein dürften als bei der öffentlichen Durchsetzung. Insbesondere die erfolgsabhängige Kos-

---

[1081] Siehe hierzu bereits oben zu Kapitel 5B.II.1.d.bb(4)., S. 270.
[1082] Auch die Kommission ist sich bei dem Versuch der Stärkung der privaten Kartellrechtsdurchsetzung dieser Gefahr bewusst, siehe Kommission, Working Paper Private Durchsetzung, Rn. 12.
[1083] McCurdy, European Competition Law Review 2004, vol. 25, S. 509 ff., 515; Wils, World Competition 2003, vol. 26, S. 473 ff., 480.

tentragungsregel und das Fehlen eines überkompensatorischen Schadensersatzes reduzieren jedoch die Anreize für einen Missbrauch, so dass die gesellschaftlichen Kosten absichtlicher Fehler insgesamt nicht zu stark ins Gewicht fallen dürften.

b. Unbewusste Fehler

Gewichtiger dürften die gesellschaftlichen Kosten unbewusster Fehler der Durchsetzungsagenten und vor allem der zur letztverbindlichen Entscheidung berufenen Gerichte sein.

Auch bei diesen unbewussten Durchsetzungsfehlern, die dieselben gesellschaftlichen Kosten verursachen wie absichtliche Fehler, wirkt sich die unterschiedliche Zielsetzung der öffentlichen und privaten Durchsetzungsagenten aus: Die Kommission muss die Fehlerkosten als Teil der gesellschaftlichen Gesamtkosten bei ihrem Durchsetzungsverhalten berücksichtigen. Private Durchsetzungsagenten hingegen berücksichtigen bei ihrer Durchsetzungstätigkeit infolge ihres Ziels der Maximierung ihres privaten Nutzens die Fehlerkosten nicht, da diese gesellschaftliche Kosten sie nicht unmittelbar berühren und die Sanktionierung Unschuldiger für sie lediglich eine weitere Quelle möglicher Einnahmen darstellt.[1084] Infolge der stärkeren Berücksichtigung der Fehlerkosten durch die Kommission dürften die gesellschaftlichen Kosten unbewusster Fehler bei der öffentlichen Durchsetzung von Art. 81 EG mithin grundsätzlich geringer sein als bei der privaten Durchsetzung. Dieses Ergebnis zeigt sich bei einer Betrachtung der Komplexität der durchzusetzenden Norm (zu aa.) und der Qualifikation der Entscheidungsträger (zu bb.), die auch die Höhe der gesellschaftlichen Fehlerkosten maßgeblich beeinflussen.

aa. Komplexität der Norm

Die Komplexität der Norm hat einen erheblichen Einfluss auf die Höhe der Fehlerkosten bei der Durchsetzung.[1085] Denn bei einer komplexen Norm ist die Einordnung eines Verhaltens als normwidrig schwierig. Hierdurch werden Fehler wahrscheinlicher und die gesellschaftlichen Fehlerkosten, einschließlich der Kosten der Risikotragung

---

1084 Garoupa, International Review of Law and Economics 1997, vol. 17, S. 423 ff., 425 f. schlägt zur Lösung dieses Problems die Einführung einer Sanktion gegen den privaten Durchsetzungsagenten bei Klageabweisung vor und weist in einem ökonomischen Modell deren Praktikabilität nach.

1085 Joskow, Journal of Law, Economics and Organization 2002, vol. 18, S. 95 ff., 99 f.; Easterbrook, Georgetown Law Journal 1987, vol. 76, S. 305 ff., 307.

der Normadressaten, steigen.[1086] Die Frage, ob eine bestimmte Verhaltenskoordinierung gegen Art. 81 EG verstößt, ist rechtlich sowie ökonomisch komplex und häufig selbst für die Normadressaten, die sämtliche tatsächlichen Informationen besitzen, nur schwer zu beantworten. Denn bereits die bei allen Wettbewerbsbeschränkungen erforderliche Prüfung des Verbotstatbestands des Art. 81 Abs. 1 EG erfordert oft eine umfassende Analyse der Marktstellung, wozu eine Abgrenzung des relevanten Markts ebenso erforderlich ist wie die umfassende Bestimmung der Wettbewerbsverhältnisse auf dem betreffenden Markt.[1087] Bei der Prüfung der Freistellungsvoraussetzungen des Art. 81 Abs. 3 EG, die bei den sonstigen Wettbewerbsbeschränkungen besonders relevant sind, ist ebenfalls eine umfassende Betrachtung des gesamten wirtschaftlichen Umfelds der beteiligten Unternehmen auf dem relevanten Markt erforderlich, die häufig noch komplexer und schwieriger ist.[1088] Hinzu kommt, dass insbesondere die Freistellungsvoraussetzungen des Art. 81 Abs. 3 EG einen hohen Grad an Unbestimmtheit besitzen und einer Wertung bedürfen, was die Subsumtion ebenfalls erschwert.[1089] Durch diese Schwierigkeiten bei der Subsumtion werden Fehler bei der Durchsetzung wahrscheinlicher und die damit verbundenen gesellschaftlichen Kosten folglich bedeutsamer.

Die Unbestimmtheit der Freistellungsvoraussetzung erfordert zudem eine flexible Durchsetzung, bei der nicht sämtliche unter den Wortlaut der Norm zu subsumierenden Sachverhalte verfolgt werden. Denn der notwendigerweise unpräzise Wortlaut kann auch nicht sozialschädliche Verhaltensweisen erfassen, so dass bei der Durchsetzung zusätzlich die Sozialschädlichkeit der fraglichen Verhaltensweise berücksichtigt werden muss. Infolge des Profitstrebens der Durchsetzungsagenten ist bei der privaten Durchsetzung von Art. 81 EG eine solche selektive Durchsetzung nicht möglich, die bei der öffentlichen Durchsetzung hingegen infolge der Anreizstruktur der Kommission möglich ist.[1090] Dadurch kann die Kommission das Durchsetzungsverfahren in Ausübung des ihr eingeräumten Verfolgungsermessens bereits zu einem frühen Zeitpunkt beenden und weitere Kosten einer gesellschaftlich fehlerhaften Durchsetzung

---

[1086] Kaplow, Journal of Law, Economics and Organization 1995, vol. 11, S. 150 ff., 150 f; Joskow, Journal of Law, Economics and Organization 2002, vol. 18, S. 95 ff., 99 f.; Evans, World Competition 2005, vol. 28, S. 93 ff., 95 f. verweist insoweit auf die Notwendigkeit von handhabbaren Tests für die Beurteilung des fraglichen Verhaltens.

[1087] Schwintowski/Klaue, WuW 2005, S. 370 ff., 371 f.

[1088] Schwintowski/Klaue, WuW 2005, S. 370 ff., 373 f.

[1089] Schmidt, BB 2003, S. 1237 ff., 1240.

[1090] Landes/Posner, Journal of Legal Studies 1975, vol. 4, S. 1 ff., 41; Schwartz, Georgetown Law Journal 1980, vol. 68, S. 1075 ff., 1093.

vermeiden.[1091] Bei der privaten Durchsetzung ist lediglich das zur Entscheidung über den Anspruch berufene Gericht imstande, Erwägungen der Sozialschädlichkeit bei der Durchsetzung zu berücksichtigen. Daher dürften die Kosten unbewusster Fehler bei der privaten Durchsetzung von Art. 81 EG insbesondere im Bereich sonstiger Wettbewerbsbeschränkungen höher sein als bei der öffentlichen Durchsetzung der mit Ermessen ausgestatteten Kommission.

Schließlich macht die Unbestimmtheit der Freistellungsvoraussetzungen auch eine Konkretisierung der Norm erforderlich, damit der Normbefehl für die Adressaten deutlich ist und sie die Folgen ihres Verhaltens fehlerfrei einschätzen können. Diese Konkretisierung kann durch behördliche Entscheidungen, die veröffentlicht werden und somit einem größerem Publikum zugänglich sind, einfacher erzielt werden als durch private Durchsetzungsaktivitäten, bei denen allenfalls eine der relativ seltenen obergerichtlichen Entscheidungen veröffentlicht wird. Allerdings können die von der Kommission veröffentlichen Leitlinien zur Auslegung von Art. 81 EG den privaten Durchsetzungsagenten bei der Bewertung ihrer Geschäftspraktiken helfen.

Insgesamt führt die wirtschaftliche und rechtliche Komplexität der unter Art. 81 EG fallenden Sachverhalte also zu potentiell hohen gesellschaftlichen Fehlerkosten, insbesondere bei sonstigen Wettbewerbsbeschränkungen, bei denen die unbestimmten und ökonomisch besonders komplexen Freistellungsvoraussetzungen erörtert werden müssen. Diese Fehler sind bei der privaten Durchsetzung von Art. 81 EG wegen der Anreizstruktur der privaten Durchsetzungsagenten im stärkeren Maße zu befürchten als bei der öffentlichen Durchsetzung durch die Kommission, so dass die gesellschaftlichen Fehlerkosten bei der privaten Durchsetzung insoweit entsprechend höher sein dürften.

bb. Qualifikation der Entscheidungsträger

Bei der Entscheidung, wie eine Norm durchgesetzt werden soll, muss auch die Qualifikation der Entscheidungsträger zur Subsumtion der Sachverhalte unter die Norm berücksichtigt werden.[1092] Denn diese Qualifikation der Durchsetzungsagenten und der Gerichte beeinflusst die Höhe der gesellschaftlichen Fehlerkosten, da einem qualifizierten Durchsetzungsagent ebenso wie einem qualifizierten Gericht, das schließlich

[1091] Stephenson, Virginia Law Review 2005, vol. 91, S. 93 ff., 116 f.; siehe zum Ermessen der Kommission bereits oben zu Kapitel 4B.I.1.b.bb., S. 194.
[1092] Komesar, Imperfect Alternatives, S. 138.

über die Verhängung der Sanktion entscheidet, seltener Fehler bei der Durchsetzung unterlaufen.

Diese Fähigkeit zur zutreffenden Beurteilung der Sachverhalte im Hinblick auf ihre (fehlende) Vereinbarkeit mit Art. 81 EG hängt maßgeblich von dem Grad der Spezialisierung der Durchsetzungsagenten (zu (1)) und der zur Entscheidung berufenen Gerichte (zu (2)) ab.[1093] Denn mit einer stärkeren Spezialisierung erlangen die Entscheidungsträger eine größere Erfahrung bei der Beurteilung der Sachverhalte, so dass ihnen seltener Fehler unterlaufen und somit geringere Fehlerkosten entstehen.[1094]

(1) Qualifikation der Durchsetzungsagenten

Der Grad der Spezialisierung und damit der Qualifikation der Durchsetzungsagenten zur Beurteilung kartellrechtlicher Sachverhalte unterscheidet sich zwischen der privaten (zu (a)) und der öffentlichen Durchsetzung (zu (b)).

(a) Private Durchsetzung

Im Rahmen der privaten Durchsetzung von Art. 81 EG unterscheidet sich die Spezialisierung und die Qualifikation der privaten Durchsetzungsagenten stark nach der Person des Anspruchsberechtigten: Wettbewerber und andere auf demselben Markt wie der Normadressat tätige Unternehmen werden häufig ein gutes Verständnis der wirtschaftlichen Sachfragen besitzen und möglicherweise auch bereits Erfahrungen mit der Durchsetzung von kartellrechtlichen Ansprüchen gesammelt haben. Private Durchsetzungsagenten auf der Marktgegenseite, insbesondere indirekte Abnehmer wie die Verbraucher, sind hingegen fachlich wenig qualifiziert und besitzen auch nur geringe bis keine Erfahrung mit kartellrechtlichen Streitigkeiten. Hier können allein entsprechend spezialisierte Interessenvertreter aus der Anwaltschaft fachliche Qualifikation und Erfahrung beisteuern. Dies ist jedoch erst möglich, wenn der private Durchsetzungsagent den Verdacht eines Wettbewerbsverstoßes entwickelt hat und sich um eine rechtliche Beratung bemüht.

1093 Schmidt, BB 2003, S. 1237 ff., 1241, 1244.

1094 Garoupa/Jellal, Journal of Law, Economics and Organization 2004, vol. 20, S. 192 ff., 194 ff. zeigen in einem dynamischen Modell der optimalen Durchsetzung, dass sich bei Berücksichtigung des Lerneffekts der Durchsetzungsagenten auch die allgemeinen Durchsetzungskosten verringern.

(b) Öffentliche Durchsetzung

Die Generaldirektion Wettbewerb der Kommission ist als öffentliches Durchsetzungsorgan hingegen stark auf kartellrechtliche Sachverhalte spezialisiert. Hierdurch besitzt sie eine große Erfahrung im kartellrechtlichen Bereich und verfügt dank dieser Erfahrung über ein gutes kartellrechtsspezifisches Wissen.[1095] Darüber hinaus ist die Generaldirektion Wettbewerb personell sowohl mit rechtlichem als auch ökonomischen Sachverstand ausgestattet, der ihre Qualifikation zur Beurteilung der wirtschaftlich komplexen Sachverhalten weiter verbessert.[1096]

Auch die Gefahr der Einflussnahme von Lobbygruppen auf das Durchsetzungsverhalten der Kommission ist angesichts der bereichsübergreifenden Zuständigkeit der Kommission geringer als dies bei einer nur sektorspezifisch tätigen Behörde der Fall wäre,[1097] was auch durch eine empirische Untersuchung der Kommissionsentscheidungen im Bereich der Zusammenschlusskontrolle bestätigt.[1098]

Infolge dieser Charakteristika ist die fachliche Qualifikation der Kommission als Durchsetzungsagent bei Art. 81 EG hoch und die Fehleranfälligkeit der öffentlichen Durchsetzung entsprechend gering. Daher sind bei der öffentlichen Durchsetzung von Art. 81 EG auch insoweit geringere gesellschaftliche Fehlerkosten zu befürchten als bei der privaten Durchsetzung.

(2) Qualifikation der Gerichte

Von noch größerer Bedeutung für die Fehleranfälligkeit des Durchsetzungssystems und damit für die gesellschaftlichen Fehlerkosten ist die Qualifikation der Gerichte, die bei der privaten Durchsetzung die Sanktion verhängen und bei der öffentlichen Durchsetzung auf Antrag die von der Kommission verhängte Sanktion überprüfen. Die Qualifikation der Gerichte zur Entscheidung über Sanktionen wegen des Verstoßes gegen Art. 81 EG hängt neben ihrer personellen Ausstattung wiederum vor allem von dem Grad ihrer Spezialisierung ab, da die mit der Spezialisierung einhergehende Erfahrung zu einer geringeren Fehleranfälligkeit führt.

1095 Pirrung, Erasmus Law and Economics Review 2004, vol. 1, S. 77 ff., 98 hebt dies ebenfalls hervor.

1096 Die Kommission verfügt neuerdings über einen Chefökonom, der einen Stab von zehn Wirtschaftsfachleuten besitzt und zu ökonomischen Fragestellungen innerhalb des Verfahrens behördenintern Stellung nehmen kann, siehe nur Kirchhoff, WuW 2004, S. 745 ff., 745.

1097 Baker, The Journal of Economic Perspectives 2003, vol. 17, S. 27 ff., 41 f.

1098 Siehe Bergman/Jakobsson/Razo, Uppsala University Dept of Economics Working Paper Series no.6/ 2003 S. 1 ff.

(a) Private Durchsetzung

Die Zivilgerichte sind mit ausschließlich juristisch ausgebildeten Richtern besetzt und entscheiden zudem über Fälle aus verschiedenen Rechtsgebieten.[1099] Zwar besteht bei der privaten Durchsetzung von Art. 81 EG in Deutschland gemäß § 87 GWB eine gewisse Bündelung der kartellzivilgerichtlichen Zuständigkeit bei den Landgerichten.[1100] Dort entscheidet eine Kammer für Handelssachen, die auch mit Handelsrichtern besetzt ist, die über einen wirtschaftlichen Hintergrund und ein entsprechendes Verständnis für wirtschaftliche Zusammenhänge verfügen. Auf der Ebene der Rechtsmittelgerichte entsteht zudem ein gewisser Grad der Spezialisierung durch die kombinierte Zuständigkeit desselben Gerichts für kartellzivilrechtliche und kartellverwaltungsrechtliche Streitigkeiten, die insbesondere dem Kartellsenat des BGH einen relativ hohen Grad der Spezialisierung vermittelt.[1101]

Jedoch dürften die Fälle privater Kartellrechtsdurchsetzung jedenfalls bisher in ihrer Anzahl zu gering sein, um eine ausreichende Erfahrung und Spezialisierung der Zivilrichter für die sichere Beurteilung der rechtlich und ökonomisch komplexen Fragen von Art. 81 EG zu gewährleisten.[1102] Diese Defizite der Zivilrichter bei der Anwendung der Wettbewerbsregeln hat auch die Kommission erkannt und daher Trainingsprogramme für Richter der mitgliedstaatlichen Zivilgerichte begonnen, die mittelfristig zu einer Verbesserung der Qualifikation der Zivilgerichte führen können.[1103] Ferner kann auch die Möglichkeit, von der Kommission Stellungnahmen zur Anwendung von Art. 81 EG anzufordern (Art. 15 VO 1/03), die Informationssituation für die Zivilrichter verbessern und damit zu weniger Fehlern führen.[1104]

1099 Komesar, Imperfect Alternatives, S. 138 f.

1100 Siehe hierzu bereits oben zu Kapitel 3C.II.6.a, S. 123.

1101 Rodger, European Competition Law Review 2003, vol. 24, S. 103 ff., 106 f. begrüßt daher, dass in Großbritannien nun das Competition Appeal Tribunal sowohl die Kartellverwaltungsentscheidungen gerichtlich überprüft und zugleich auch über Schadensersatzansprüche von Geschädigten des Kartellrechtsverstoßes entscheidet.

1102 Cattlet, Journal of International Banking Law and Regulation 2005, vol. 20, S. 305 ff., 311 f.; der Einsatz von Sachverständigen, die den erforderlichen speziellen Sachverstand besitzen, ist nicht in allen Mitgliedstaaten in gleichem Maße möglich, siehe Ashurst-Report, Comparative Report, S. 65 ff.

1103 Gerber, European Competition Law Review 2001, vol. 22, S. 122 ff., 128 hält die Schulung der Zivilrichter für grundlegend für den Erfolg der privaten Kartellrechtsdurchsetzung.

1104 Wegen dem damit verbundenen Ressourcenaufwand der Kommission wird ein solcher Informationsaustausch jedoch nicht in jedem kartellrechtlichen Zivilprozess in sämtlichen Mitgliedsstaaten möglich sein.

(b) Öffentliche Durchsetzung

Die Gemeinschaftsgerichte, die Entscheidungen der Kommission wegen eines Verstoßes gegen Art. 81 EG auf Antrag des Normadressaten überprüfen, sind mit sehr qualifizierten, juristisch ausgebildeten Richtern besetzt. In ihrer Tätigkeit sind die Gemeinschaftsgerichte infolge der großen Anzahl der zu überprüfenden kartellrechtlichen Entscheidungen der Kommission in einem stärkeren Maße auf kartellrechtliche Fragen spezialisiert. Der größte Vorteil besteht jedoch darin, dass die Gemeinschaftsgerichte bei der Überprüfung der Kommissionsentscheidungen auf die Ermittlungsakten und auch auf den bereichsspezifischen Sachverstand der auch mit ökonomisch ausgebildetem Personal ausgestatteten Kommission zurückgreifen können.[1105] Durch den Rückgriff auf die Ermittlungsergebnisse der Kommission ist die Tatsachenbasis gut, auf der das Gemeinschaftsgericht seine Entscheidung treffen muss. Und zugleich besitzen die zuständigen Richter über eine relativ große Erfahrung im kartellrechtlichen Bereich und sind daher bei ihren Entscheidungen weniger anfällig für Fehler.

Dadurch verfügen die Entscheidungsträger bei der öffentlichen Durchsetzung von Art. 81 EG über eine bessere Qualifikation, um die schwierigen Abgrenzungsfragen bei der Anwendung von Art. 81 EG zu lösen, als dies bei der privaten Durchsetzung der Fall ist. Die geringere Qualifikation der Entscheidungsträger steigert die Gefahr von Fehlern bei der privaten Durchsetzung und verursacht verstärkt die damit verbundenen gesellschaftlichen Kosten. Da bei der öffentlichen Durchsetzung auch missbräuchliche Durchsetzungsaktivitäten weniger zu befürchten sind als bei der privaten Durchsetzung, verursacht die private Durchsetzung von Art. 81 EG insgesamt höhere gesellschaftliche Kosten fehlerhafter Entscheidungen als die öffentliche Durchsetzung.

4. Zusammenfassung zu den gesellschaftlichen Kosten der Durchsetzung

Es hat sich gezeigt, dass sich die gesellschaftlichen Kosten, die mit der Durchsetzung von Art. 81 EG verbunden sind, zwischen der öffentlichen und privaten Durchsetzung unterscheiden. So führt insbesondere der nur sehr schwer nachzuweisende kausale Schaden und die häufig große Anzahl der privaten Durchsetzungsagenten trotz der strengeren Verfahrensanforderungen der öffentlichen Durchsetzung zu höheren relativen gesellschaftlichen Kosten der privaten Durchsetzung. Noch gravierender ist der Vorteil der öffentlichen Durchsetzung von Art. 81 EG bei den gesellschaftlichen Kosten der Informationsgewinnung, da die Informationsmittel der Kommission den zivilprozessualen Mitteln der privaten Durchsetzung überlegen sind und einen erheblichen

---

[1105] Stephenson, Virginia Law Review 2005, vol. 91, S. 93 ff., 116.

Kostenvorteil bewirken. Schließlich sind auch die gesellschaftlichen Kosten von Fehlern bei der Durchsetzung von Art. 81 EG infolge des Ziels der Nutzenmaximierung der privaten Durchsetzungsagenten und der höheren kartellrechtlichen Spezialisierung der Kommission und der Gemeinschaftsgerichte bei der öffentlichen Durchsetzung geringer.

C. Ergebnis des Vergleichs der Durchsetzungsformen bei Art. 81 EG

Die Anwendung der Erkenntnisse der rechtsökonomischen Theorie der Durchsetzung bei dem Vergleich der öffentlichen und privaten Durchsetzung von Art. 81 EG hat ergeben, dass die öffentliche Durchsetzung entscheidende Vorteile bietet und daher bei der Durchsetzung von Art. 81 EG unverzichtbar ist. Die Vorteile der öffentlichen Durchsetzung betreffen dabei vor allem die Art der verhängten Sanktion (zu I.), die Mittel der Informationsgewinnung (zu II.), die Anzahl der Durchsetzungsagenten, die zur Durchsetzung aktiv werden (zu III.), und die mit der Anreizstruktur zusammenhängenden Fehlerkosten (zu IV.).

I. Sanktion

Die Sanktion, die bei der erfolgreichen Durchsetzung gegen den Normadressaten verhängt wird, beeinflusst ganz maßgeblich die Abschreckungswirkung des Durchsetzungssystems und zugleich auch den Anreiz der Durchsetzungsagenten zum Einsatz ihrer Ressourcen zur Durchsetzung.

Um die erforderliche Abschreckungswirkung zu erzielen, muss die Sanktion hinreichend große Kosten für den Normadressaten verursachen, um in Verbindung mit der Überführungswahrscheinlichkeit (erwarteter Sanktionswert) seinen Vorteil aus dem Wettbewerbsverstoß zu übertreffen. Über ihren Einfluss auf die Abschreckungswirkung beeinflusst die Sanktion maßgeblich die Anzahl der begangenen Wettbewerbsverstöße und damit die Höhe der unmittelbaren gesellschaftlichen Schäden als einem wichtigen Teil der gesellschaftlichen Kosten des Wettbewerbsverstoßes.

Die im Verfahren der öffentlichen Durchsetzung verhängte Geldbuße bietet die Möglichkeit, ausreichend hohe Kosten für den Normadressaten zu verursachen und dabei auch seinen Vorteil aus dem Wettbewerbsverstoß zu berücksichtigen, so dass eine ausreichende Abschreckungswirkung erzielt werden kann. Denn die Kommission kann bei der Festsetzung der Geldbuße den wirtschaftlichen Vorteil des Normadressaten und auch die Überführungswahrscheinlichkeit berücksichtigen, da ihr bei der Bestimmung der Sanktionshöhe ein weiter Spielraum zusteht. Zudem ermöglichen die hohen absoluten Grenzen der Geldbuße (10 % des Jahresumsatzes, Art. 23 Abs. 2 VO 1/03) auch bei Hardcore-Kartellen ausreichend hohe Geldbußen, die auch bei einer geringeren Überführungswahrscheinlichkeit die erforderliche Abschreckungswirkung auf die Normadressaten ausüben können.

Der im Verfahren der privaten Durchsetzung verhängte Schadensersatz gemäß § 33 Abs. 3 GWB kann hingegen infolge seiner Begrenzung auf den konkreten Schaden des jeweiligen privaten Durchsetzungsagenten allein zumeist nicht im ausreichenden Maße für die Abschreckungswirkung sorgen, die zur Verhinderung der Wettbewerbsverstöße und den damit verbundenen gesellschaftlichen Schäden erforderlich wäre. Der geringe Umfang des Schadensersatzanspruchs führt dabei zugleich auch zu einem geringen Anreiz der privaten Durchsetzungsagenten, ihre Ansprüche wegen des Wettbewerbsverstoßes gegen den Normadressaten tatsächlich zu verfolgen, da ihr Nutzen aus der Durchsetzung entsprechend gering ist und häufig von ihren erheblichen Kosten aus der Durchsetzung übertroffen wird.

Die Einführung des in der Diskussion stehenden überkompensatorischen Schadensersatzanspruchs könnte sowohl die Abschreckungswirkung der privaten Durchsetzung als auch den Anreiz der privaten Durchsetzungsagenten erhöhen und damit die private Durchsetzung von Art. 81 EG verbessern. Jedoch stünde ein solcher Schadensersatz, der bewusst über das Maß des tatsächlichen Schadens des Durchsetzungsagenten hinausgeht, im Widerspruch zum grundlegenden Kompensationsgedanken des gesamten Schadensersatzrechts und kann durch eine ausreichend hohe Geldbuße aus dem parallelen Verfahren der öffentlichen Durchsetzung, die zu einer ausreichenden Abschreckungswirkung führt, vermieden werden. Zudem muss hinsichtlich der Verbesserung der Anreizsituation durch den überkompensatorischen Schadensersatzanspruch, der den privaten Durchsetzungsagenten einen großen Nutzen aus der Durchsetzung bringt, auch die hiermit verbundenen Steigerung der Missbrauchsgefahr, die zu entsprechenden höheren gesellschaftlichen Fehlerkosten führt, berücksichtigt werden.

II. Mittel der Informationsgewinnung

Einen ganz zentralen Vorteil der öffentlichen Durchsetzung von Art. 81 EG stellen die überlegenen Mittel der Informationsgewinnung der Kommission im Vergleich zu den beschränkten zivilprozessualen Informationsmitteln der privaten Durchsetzungsagenten dar.

Diese überlegenen Informationsmittel der Kommission führen dazu, dass die Kommission häufiger in der Lage ist, einen Wettbewerbsverstoß zu ermitteln und der Sanktionierung zuzuführen, als es den privaten Durchsetzungsagenten möglich ist. Denn die privaten Durchsetzungsagenten verfügen regelmäßig nicht über die erforderlichen Informationen und können diese mangels schlagkräftiger Informationsmittel auch nur schwer erlangen. Die zu erhebenden Informationen betreffen dabei alle von dem Durchsetzungsagenten nachzuweisenden Tatbestandsmerkmale und bereiten insbesondere bei dem Nachweis des Wettbewerbsverstoßes und des kausal verursachten Schadens große Schwierigkeiten. Diese Schwierigkeiten der privaten Durchsetzung von Art. 81 EG existieren insbesondere bei der Verfolgung von Hardcore-Kartellen, wo effektive Informationsmittel wegen der guten Verheimlichungsfähigkeit dieser Wettbewerbsbeschränkungen von großer Bedeutung sind.[1106] Die Kommission kann hingegen mit Hilfe der ihr zur Verfügung stehenden Informationsmittel, von denen die leniency-Regelung sowie ihre mit Zwangsrechten ausgestatteten Ermittlungsbefugnisse von überragender Bedeutung sind, die zur Durchsetzung erforderlichen Informationen erlangen und somit den Wettbewerbsverstoß der Sanktionierung zuführen.

Wegen der Schwierigkeiten der Informationsbeschaffung fehlt den privaten Durchsetzungsagenten häufig auch der erforderliche Anreiz zur Durchsetzung, so dass die Überführungswahrscheinlichkeit bei der privaten Durchsetzung sinkt. Denn infolge der schwierigen Ermittlungen sind die privaten Informations- und damit auch die Durchsetzungskosten hoch und der Anreiz der privaten Durchsetzungsagenten entsprechend gering. Zudem steigert die rechtliche und wirtschaftliche Komplexität der kartellrechtlichen Materie die Informations- und Verfolgungskosten der privaten Durchsetzungsagenten weiter und kann daher ebenfalls ihrem Anreiz zur Durchsetzung entgegenstehen.

Das Fehlen schlagkräftiger Informationsmittel führt neben dem Anreizproblem außerdem auch zu hohen gesellschaftlichen Kosten der privaten Durchsetzung. Bei der öffentlichen Durchsetzung sind die Kosten der Informationsgewinnung wegen der Ermittlungsbefugnisse der Kommission und der leniency-Regelung relativ gering. Dank

---

1106 Wegen der überlegenen Ermittlungsbefugnisse und der leniency-Regelung hält auch die Kommission die öffentliche Durchsetzung im Bereich von Hardcore-Kartellen für unverzichtbar, Kommission, Working Paper Private Durchsetzung, Rn. 13.

dieser geringeren Kosten der Informationsgewinnung sind die gesellschaftlichen Kosten der öffentlichen Durchsetzung von Art. 81 EG trotz der strengeren öffentlichrechtlichen Verfahrensregeln und der geringeren Kostensensibilität der Kommission insgesamt geringer als bei der privaten Durchsetzung.

Die vorgeschlagenen Beweiserleichterungen für die privaten Durchsetzungsagenten, insbesondere die zivilprozessualen Auskunfts- und Vorlagepflichten des Normadressaten und die verstärkte Zusammenarbeit der Zivilgerichte mit der Kommission, können die Informations- und Beweisschwierigkeiten der privaten Durchsetzungsagenten verringern und dadurch sowohl die gesellschaftlichen Kosten der privaten Durchsetzung verringern als auch den Anreiz zur Durchsetzung verstärken. Eine Regelung, die den Normadressaten zur Vorlage von ihm zugänglichen Informationen im Zivilprozess verpflichtet, bietet dabei im Vergleich zu der bereits eingeführten Tatbestandswirkung behördlicher Entscheidungen den Vorteil, dass hiermit eigenständige Verfahren der privaten Durchsetzung erleichtert werden. Gleichwohl verbleiben auch bei Einführung dieser erweiterten zivilprozessualen Informationsrechte der privaten Durchsetzungsagenten erhebliche Schwierigkeiten bei der privaten Durchsetzung von Art. 81 EG.

III. Anzahl der Durchsetzungsagenten

Ferner ergeben sich weitere Vorteile der öffentlichen Durchsetzung von Art. 81 EG hinsichtlich der Anzahl der zur Durchsetzung aktiv werdenden Durchsetzungsagenten, insbesondere bei Streuschäden, die vor allem ein Hardcore-Kartell bei einer Vielzahl jeweils nur in geringem Maße Geschädigter verursacht.

Bei diesen Streuschäden ist der Anreiz der privaten Durchsetzungsagenten schwach, da der Ersatz des geringen Schadens nur einen entsprechend geringen Nutzen aus der Durchsetzung verspricht und die mit der selbständigen Durchsetzung verbundenen Kosten für den privaten Durchsetzungsagenten zu hoch sind. Die Kommission kann hingegen als öffentliches Durchsetzungsorgan die Auswirkungen auf den gesamten Markt berücksichtigen und daher auch in Fällen von Streuschäden ein Durchsetzungsverfahren durchführen und bei der zu verhängenden Geldbuße sämtliche Schäden in die Berechnung der Sanktionshöhe mit einbeziehen.

Ist der Anreiz der privaten Durchsetzungsagenten hingegen ausreichend, um sie zur eigenständigen Durchsetzung zu motivieren, besteht die weitere Gefahr der vielfachen Durchsetzungstätigkeit wegen desselben Wettbewerbsverstoßes und der damit verbundenen Vervielfachung der gesellschaftlichen Durchsetzungskosten. Diese Gefahr besteht bei der öffentlichen Durchsetzung von Art. 81 EG nicht, da die Kommission und die ebenfalls zur Durchsetzung zuständigen mitgliedstaatlichen Wettbewerbsbehörden im ECN die ausschließliche Zuständigkeit eines einzigen Durchsetzungsorgans in einem frühen Verfahrensstadium festlegen, so dass im wesentlichen nur ein Durchsetzungsagent zur Verfolgung eines bestimmten Wettbewerbsverstoßes tätig wird.

Die insoweit für die private Durchsetzung von Art. 81 EG vorgeschlagene Einführung eines Verfahrens der gemeinschaftlichen Durchsetzung sowie einer Verbandsklage könnte diese gesellschaftlichen Kosten der vielfachen privaten Durchsetzung verringern. Gleichzeitig würden auch die Kosten der Verfolgung für die privaten Durchsetzungsagenten sinken, wodurch sich ihr Kosten-Nutzen-Verhältnis aus der Durchsetzung und damit ihr Anreiz entsprechend verbessert. Wegen den dargestellten Schwierigkeiten, die mit einer Gruppenklage verbunden sind, erscheint eine Verbandsklage auf Schadensersatz, wie sie im Referentenentwurf zur 7. GWB-Novelle enthalten war, vorzugswürdig.

IV. Anreizstruktur und Fehlerkosten

Schließlich ergeben sich auch aus den Unterschieden in der Anreizstruktur der privaten Durchsetzungsagenten und der Kommission als öffentliches Durchsetzungsorgan Nachteile der privaten Durchsetzung von Art. 81 EG.

Zunächst wird das Kosten-Nutzen-Verhältnis des privaten Durchsetzungsagenten nicht nur wegen der Schwierigkeiten der Informationsbeschaffung häufig zu schwach sein, um einen ausreichenden Einsatz von Durchsetzungsressourcen und eine entsprechende Überführungswahrscheinlichkeit zu gewährleisten, die für das optimale Durchsetzungsniveau erforderlich sind. Einem ausreichenden Anreiz zur Durchsetzung kann insbesondere die aus der wirtschaftlichen Abhängigkeit von dem Normadressaten folgende Angst des privaten Durchsetzungsagenten vor Vergeltungsmaßnahmen entgegenstehen. Ferner kann auch die Möglichkeit einer Beschwerde an die Kommission als Alternative zu eigenen Durchsetzungsaktivitäten des privaten Durchsetzungsagenten zu einem geringen Anreiz zur Durchsetzung führen. Insoweit ist der Ansatz der Kommission richtig, die Beschwerde zurückzuweisen, wenn der private Durchsetzungsagent seine Interessen im Wege der privaten Durchsetzung schützen kann. Die öffentliche Durchsetzung leidet hingegen nicht unter einem entsprechenden Anreizproblem, da die Kommission als öffentliches Durchsetzungsorgan nicht einen finanziellen Nutzen aus ihrer Durchsetzungsaktivität maximieren muss, sondern aus den oben genannten Gründen[1107] die gesellschaftlich optimale Durchsetzung anstrebt.

Die Anreizstruktur der privaten Durchsetzungsagenten führt schließlich im Zusammenwirken mit der geringeren kartellrechtlichen Erfahrung und der daraus resultierenden geringeren Qualifikation der Zivilgerichte und der privaten Durchsetzungsagenten zu einer stärkeren Fehleranfälligkeit der privaten Durchsetzung von Art. 81 EG und folglich zu höheren gesellschaftlichen Fehlerkosten. Dies ist wegen der rechtlichen und wirtschaftlichen Komplexität insbesondere bei der Verfolgung von sonstigen Wettbewerbsbeschränkungen ein Problem der privaten Durchsetzung.

D. Rechtspolitische Schlussfolgerungen aus dem Vergleich der Durchsetzungsformen bei Art. 81 EG

Diese Ergebnisse aus dem Vergleich der öffentlichen und privaten Durchsetzung von Art. 81 EG von einem rechtsökonomischen Standpunkt führen zu den folgenden rechtspolitischen Schlussfolgerungen hinsichtlich der Ausgestaltung des Durchsetzungssystems von Art. 81 EG.

I. Unverzichtbarkeit der öffentlichen Durchsetzung

Der Vergleich der Durchsetzungsformen hat gezeigt, dass die öffentliche Durchsetzung bei den allermeisten Wettbewerbsverstößen unverzichtbar ist, um bei Art. 81 EG eine ausreichende Abschreckungswirkung zu erzielen, die die Normadressaten von den Wettbewerbsverstößen tatsächlich abhält und damit die gesellschaftlichen Schäden aus dem Wettbewerbsverstoß vermeidet.

Hierfür entscheidend sind vor allem die öffentlich-rechtlichen Sanktionen, die dank ihrer Höhe eine starke Abschreckungswirkung auf die Normadressaten ausüben können und von der Kommission mit der erforderlichen Flexibilität verhängt werden können, sowie die überlegenen Mittel der Informationsgewinnung, die der Kommission zur Verfügung stehen. Diese Informationsmittel führen einerseits zu einer relativ hohen Überführungswahrscheinlichkeit für den Wettbewerbsverstoß bei der öffentlichen Durchsetzung von Art. 81 EG und einem entsprechend höheren erwarteten Sanktionswert, der Normadressaten eher von dem Verstoß abschreckt. Andererseits reduzieren die Informationsmittel der Kommission auch die gesellschaftlichen Kosten der öffent-

[1107] Siehe oben zu Kapitel 4B.I.2.a., S. 196 ff.

lichen Durchsetzung von Art. 81 EG, da die zur Durchsetzung erforderlichen Informationen somit für die Kommission einfacher und kostengünstiger zu erlangen sind.

Diese schlagkräftigen Informationsmittel der Kommission können den privaten Durchsetzungsagenten bei der privaten Durchsetzung auch bei einer weit reichenden Reform des Zivilprozessrechts nicht zur Verfügung gestellt werden. Denn beispielsweise die leniency-Regelung, die der Kommission wichtige Informationen über die Wettbewerbsverstöße liefert, lässt sich im Verfahren der privaten Durchsetzung schon wegen der Mehrzahl der privaten Durchsetzungsagenten nicht nachbilden. Und auch die mit Zwangsrechten unterstützten Ermittlungsbefugnisse der Kommission können den privaten Durchsetzungsagenten infolge des staatlichen Gewaltmonopols nicht in gleicher Weise zur Verfügung gestellt werden. Die verbleibenden Informationsmittel, die das Durchsetzungssystem den privaten Durchsetzungsagenten zur Verfügung stellen kann (zivilprozessuale Aufklärungspflichten, Informationsaustausch mit der Kommission), reichen nicht aus, um ein mit der öffentlichen Durchsetzung vergleichbares Wirkungsvermögen zu erreichen, das zu einer entsprechend hohen Überführungswahrscheinlichkeit für die Wettbewerbsverstöße und geringen gesellschaftlichen Durchsetzungskosten führen würde.

II. Weitere Verstärkung der öffentlichen Durchsetzung statt Ausweitung der privaten Durchsetzung

Wenngleich das bisherige Durchsetzungssystem von Art. 81 EG in der jüngeren Vergangenheit einige spektakuläre Wettbewerbsverstöße aufgedeckt hat, bleibt eine weitere Steigerung des Durchsetzungserfolgs angesichts der erheblichen gesellschaftlichen Schäden von Wettbewerbsverstößen insgesamt erstrebenswert. Infolge ihrer dargestellten Vorzüge ist die weitere Verstärkung der öffentlichen Durchsetzung hierzu besser geeignet als die derzeit im Mittelpunkt des Interesses stehende Ausweitung der privaten Durchsetzung von Art. 81 EG.

Hierbei dürfte vor allem die Erweiterung des Adressatenkreises der öffentlich-rechtlichen Sanktionen auf die Entscheidungsträger innerhalb der Unternehmen zur Verstärkung der öffentlichen Durchsetzung gegenüber der Einführung eines überkompensatorischen Schadensersatzanspruchs zur Stärkung der privaten Durchsetzung vorzugswürdig sein:

Die Erweiterung des Adressatenkreises bei der öffentlichen Durchsetzung ermöglicht es, auch den Entscheidungsträgern innerhalb des bisher ausschließlich von der Geldbuße bedrohten Unternehmens einen eigenen Anreiz zum rechtstreuen Verhalten des Unternehmens zu vermitteln. Da diese natürlichen Personen als Leitungsperson das Verhalten des Unternehmens steuern, kann das Durchsetzungssystem mit einer ausreichenden Abschreckungswirkung auf die Entscheidungsträger den Wettbewerbsverstoß des Unternehmens verhindern. Denn die Verhängung einer Sanktion gegen den Entscheidungsträger beeinflusst das Verhalten der natürlichen Personen in einem stärkeren Maße als die Geldbuße gegen das Unternehmen, da nur die persönliche Sanktion unmittelbar ihre eigenen Interessen und ihr eigenes Vermögen betrifft.

Eine solche Geldbuße auch gegen die verantwortlichen Entscheidungsträger würde dabei lediglich zu einer sehr geringen Steigerung der gesellschaftlichen Kosten der öffentlichen Durchsetzung führen. Denn der Wettbewerbsverstoß muss ohnehin bereits für die Verhängung der Geldbuße gegen das Unternehmen festgestellt werden, so dass lediglich die Verantwortlichkeit und ein Verschulden des konkreten Entscheidungsträgers zusätzlich nachgewiesen werden muss. Dies dürfte regelmäßig ohne größeren Aufwand möglich sein. Zudem würden die Entscheidungsträger durch die persönliche Sanktion ein eigenes Interesse an der Preisgabe von Informationen über den Wettbewerbsverstoß an die Kommission erhalten, so dass die Erweiterung des Adressatenkreises auch ein weiteres Mittel zur kostengünstigen Beschaffung von Informationen im Wege einer erweiterten leniency-Regelung schaffen würde.

Schließlich könnte im Wege der öffentlichen Durchsetzung nach US-amerikanischem Vorbild sogar eine strafrechtliche Freiheitsstrafe gegen den Entscheidungsträger verhängt und damit die Abschreckungswirkung nochmals drastisch erhöht werden. Aber auch weniger drastische non-monetäre Sanktionen, wie beispielsweise ein Berufsverbot, können den Entscheidungsträger empfindlich treffen und somit eine gewichtige Abschreckungswirkung ausüben. Eine solche non-monetäre Sanktion gegen die Entscheidungsträger wäre im Wege der privaten Durchsetzung nicht möglich und auch monetäre Sanktionen, wie die persönliche Haftung des Entscheidungsträgers für den verursachten Schaden, sind angesichts des im Verhältnis zu dem Unternehmen begrenzten Vermögens der natürlichen Personen nicht praktikabel.

Durch eine solche Erweiterung der öffentlichen Durchsetzung ließe sich mit geringen Kosten ein höheres Durchsetzungsniveau erzielen und damit die Durchsetzung von

Art. 81 EG weiter verbessern. Dieselbe Steigerung der Abschreckungswirkung ließe sich im Wege der privaten Durchsetzung allenfalls durch die Einführung eines überkompensatorischen Schadensersatzanspruchs für die privaten Durchsetzungsagenten erreichen. Denn ein überkompensatorischer Schadensersatzanspruch erhöht die Sanktion für den Normadressaten und zugleich den Anreiz für die privaten Durchsetzungsagenten, die einen größeren Nutzen aus ihrer Durchsetzungsaktivität ziehen können. Somit steigt nicht nur die Sanktion, sondern infolge des verbesserten Anreizes auch die Überführungswahrscheinlichkeit und somit im Ergebnis die Abschreckungswirkung der privaten Durchsetzung auf die Normadressaten. Da ein solcher überkompensatorischer Schadensersatzanspruch jedoch praktisch nur bei Hardcore-Kartellen zu rechtfertigen wäre, erfolgte die private Durchsetzung dieses Anspruchs immer neben dem Verfahren der öffentlichen Durchsetzung der Kommission, die Hardcore-Kartelle wegen den enormen gesellschaftlichen Schäden stets verfolgen wird. Hierdurch werden höhere gesellschaftliche Kosten der Durchsetzung verursacht als bei der rein öffentlichen Durchsetzung, die bei einer zusätzlichen Sanktionierung der Entscheidungsträger eine mindestens ebenbürtige Abschreckungswirkung auf die Normadressaten ausüben kann. Aus diesen Gründen kann der Systembruch, der im Schadensersatzrecht mit der Einführung eines überkompensatorischen Schadensersatzanspruchs verbunden wäre, vermieden werden, weil die so verstärkte öffentliche Durchsetzung das gesteigerte Durchsetzungsniveau mit geringeren gesellschaftlichen Kosten erreichen kann.

III. Anspruchsberechtigung indirekter Abnehmer

Auch die Anzahl der Durchsetzungsagenten, die einen Wettbewerbsverstoß verfolgen, kann die gesellschaftlichen Kosten der Durchsetzung vervielfachen und muss daher bei der Ausgestaltung insbesondere der privaten Durchsetzung berücksichtigt werden.

Die Gruppe der von dem Wettbewerbsverstoß Betroffenen, die ein Interesse an der Durchsetzung eines Schadensersatzanspruchs haben können, ist bei der privaten Durchsetzung von Art. 81 EG besonders bei den indirekten Abnehmern groß und begründet daher die Gefahr, durch vielfache Durchsetzungsaktivitäten zu ineffizient hohen gesellschaftlichen Kosten der Durchsetzung zu führen.[1108] Um diese Gefahr zu vermeiden, könnte das Durchsetzungssystem den indirekten Abnehmern, die zahlenmäßig ganz regelmäßig die größte Gruppe potentieller Durchsetzungsagenten darstellen, die Anspruchsberechtigung verweigern, die zur Durchsetzung von Schadenser-

[1108] Zur Gefahr vielfacher der vielfachen Durchsetzung siehe bereits oben zu Kapitel 5B.II.1.e.bb., S. 274.

satzansprüchen rechtlich erforderlich ist. Eine solche Verweigerung des Ersatzes tatsächlich entstandener Schäden kann zwar wegen den mit der Durchsetzung verbundenen gesellschaftlichen Kosten rechtsökonomisch gerechtfertigt werden, um die Gesamtkosten aus dem Normverstoß zu minimieren. Da die Verweigerung eines Schadensersatzanspruchs trotz eines erlittenen Schadens jedoch auch Aspekte der materiellen Gerechtigkeit und der Individualschutzfunktion der privaten Durchsetzung berührt, kann der Ausschluss der Anspruchsberechtigung, die eine Kompensation der erlittenen Schäden bei den indirekten Abnehmern in allen Fallkonstellationen verhindert, nur als ultima ratio verwendet werden. Die indirekten Abnehmer besitzen bei der Durchsetzung von Art. 81 EG bisher jedoch ohnehin so viele praktische Probleme, dass nicht zu erwarten ist, dass diese Gruppe privater Durchsetzungsagenten auf breiter Front Ressourcen zur Durchsetzung etwaiger Schadensersatzansprüche einsetzen wird. Insbesondere der Nachweis eines kausalen Schadens und seine Berechnung werden den indirekten Abnehmern so große Schwierigkeiten bereiten, dass der infolge des geringen individuellen Schadens entsprechend geringen Ersatzanspruchs regelmäßig keinen ausreichenden Anreiz zur Durchsetzung bewirken kann.

Auch wenn Durchsetzungsaktivitäten der indirekten Abnehmer durch Erleichterungen der privaten Durchsetzung wahrscheinlicher würden, könnte das Problem der vielfachen Durchsetzungsaktivitäten besser durch ein Verfahren der gemeinschaftlichen Anspruchsdurchsetzung dieser Geschädigten gelöst werden. Denn durch ein gemeinschaftliches Verfahren, das lediglich einmalig die Kosten der Prozessführung verursacht, können die gesellschaftlichen Kosten der Durchsetzung im Vergleich zur vielfachen parallelen privaten Durchsetzung deutlich gesenkt und gleichzeitig auch der Anreiz zur Durchsetzung gesteigert werden.

IV. Vorteilsabschöpfung

Schließlich können aus der rechtsökonomischen Betrachtung auch Schlussfolgerung über den Sinn der neu eingeführten Vorteilsabschöpfung durch Verbände gemäß § 34 a GWB als Mittel der privaten Durchsetzung gezogen werden.

Die Sanktion der Vorteilsabschöpfung besitzt gegenüber den übrigen Sanktionen der privaten Durchsetzung den Vorteil, dass sie nicht auf den individuellen Schaden des privaten Durchsetzungsagenten bezogen ist, sondern den wirtschaftlichen Vorteil betrifft, der den Anreiz des Normadressaten zum Verstoß begründet. Die Abschöpfung dieses Vorteils nimmt dem Normadressaten der Anreiz zur Begehung des Wettbewerbsverstoßes und schreckt ihn somit von der Verursachung des mit dem Verstoß verbundenen gesellschaftlichen Schadens ab. Daher ist diese Sanktion ebenso wie die alternative Schadensberechnung nach dem anteiligen Verletzergewinn bei der privaten Durchsetzung (§ 33 Abs. 3 S. 3 GWB) aus rechtsökonomischer Sicht grundsätzlich zu begrüßen.

Eine eigenständige Abschreckungswirkung kann die Vorteilsabschöpfung infolge ihrer Subsidiarität jedoch nur ausüben, wenn weder in einem Verfahren der öffentlichen Durchsetzung noch durch Schadensersatzansprüche privater Durchsetzungsagenten bereits der wirtschaftliche Vorteil bei dem Normadressaten abgeschöpft wurde. Da ein abgeschöpfter Vorteil dem Normadressaten zurückerstattet werden muss, wenn dieser nachträglich durch Schadensersatzansprüche dem Normadressaten entzogen wird, führt die Vorteilsabschöpfung in diesem Fall allein zur Steigerung der gesellschaftlichen Kosten der Durchsetzung, ohne einen Einfluss auf die Abschreckungswirkung zu haben. Daraus folgt die Empfehlung, die Vorteilsabschöpfung nur in solchen Fallkonstellationen anzuwenden, in denen die Durchsetzung von Schadensersatzansprüchen wegen praktischer Schwierigkeiten ausgeschlossen ist. Die derzeitige Regelung des § 34 a GWB führt jedoch nicht dazu, dass die Verbände – die ohnehin allein ihre Aufwendungen ersetzt erhalten, während der abgeschöpfte Vorteil dem Bundeshaushalt zufließt – dazu veranlasst würden, diesen Aspekt bei ihrer Durchsetzung der Vorteilsabschöpfung zu berücksichtigen.

Kapitel 6 Zusammenspiel der öffentlichen und der privaten Durchsetzung von Art. 81 EG

Die öffentliche Durchsetzung und die private Durchsetzung sind zwei Säulen der Durchsetzung der EG-Wettbewerbsregeln sind.[1109] Daher erfolgt die Durchsetzung von Art. 81 EG regelmäßig sowohl öffentlich als auch privat, wobei die beiden Durchsetzungsformen nebeneinander und unabhängig voneinander bestehen, sich jedoch ergänzen können.[1110] Aus diesem Grund sollen nun abschließend die Notwendigkeit und Ausgestaltung (zu A.) sowie die Auswirkungen einer Kombination der öffentlichen und privaten Durchsetzung von Art. 81 EG (zu B.) und sodann die optimale Ausgestaltung des Zusammenspiels der Durchsetzungsformen untersucht werden (zu C.). Zum Schluss sollen die Ergebnisse zusammengefasst (zu D.) und rechtspolitische Schlussfolgerungen zum Zusammenspiel der öffentlichen und privaten Durchsetzung von Art. 81 EG erörtert werden (zu E.).

A. Kombination von öffentlicher und privater Durchsetzung

Die Kombination der Durchsetzungsformen bei der Verfolgung von Verstößen gegen Art. 81 EG ist angesichts der Funktionen der privaten Durchsetzung notwendig (zu I.) und kann durch die entsprechende Ausgestaltung des Durchsetzungssystems leicht erreicht werden (zu II.).

I. Notwendigkeit der Kombination

Die soeben herausgearbeiteten Vorteile der öffentlichen Durchsetzung bei dem Erreichen der erforderlichen Abschreckungswirkung mit möglichst geringen gesellschaftlichen Kosten führen dazu, dass die öffentliche Durchsetzung bei Art. 81 EG aus einer rein ökonomischer Sicht, die allein auf die Abschreckungswirkung und die gesellschaftlichen Kosten der Durchsetzung abstellt, wegen ihrer Kostenvorteile vorzugswürdig ist.

[1109] Kommission, Working Paper Private Durchsetzung, Rn. 3; Klees, EG-Kartellverfahrensrecht, § 8 Rn. 1.

[1110] GA Geelhoed, Schlussanträge vom 26. Januar 2006, C-295/04, Rn. 64 – Manfredi-Lloyd Adriatico; das Verbot der Doppelbestrafung (ne bis in idem) wird hiervon nicht berührt, siehe hierzu Wils, World Competition 2003, vol. 26, S. 131 ff. und Klees, WuW 2007, S. 1222 ff.

Allerdings müssen bei einer rechtsökonomischen Betrachtung auch die unterschiedlichen Funktionen der beiden Durchsetzungsformen berücksichtigt werden.[1111] Denn die verschiedenen Funktionen der privaten Durchsetzung können ihre Verwendung trotz ihrer Kostennachteile gegenüber der öffentlichen Durchsetzung rechtfertigen, da nur mit ihrer Hilfe andere gesellschaftliche Ziele als die Abschreckung normwidrigen Verhaltens erreicht werden können.

1. Funktionen der privaten Durchsetzung

Nur mittels der privaten Durchsetzung kann dem Einzelnen durch das Durchsetzungssystem die Möglichkeit zum selbständigen Schutz seiner individuellen Interessen und Rechte vermittelt werden.[1112] Diese Möglichkeit zum Selbstschutz, der als Ausdruck der Handlungsfreiheit des Einzelnen in einem freiheitlichen Rechtsstaat von besonderer gesellschaftlicher Bedeutung ist, kann nur durch die Einräumung eigener Ansprüche des Geschädigten gegen den Schädiger sichergestellt werden. Daher kann der Individualschutz der Personen, die durch einen Wettbewerbsverstoß geschädigt werden, bei der Durchsetzung von Art. 81 EG allein durch die private Anspruchsdurchsetzung erreicht werden.

Ferner bietet die private Durchsetzung auch den einfachsten Weg zum Ausgleich von erlittenen Schäden zwischen Geschädigtem und Schädiger, der als Ausdruck der materiellen Gerechtigkeit insbesondere für die Wahrnehmung des Durchsetzungssystems durch die Bürger von überragender Bedeutung ist.[1113] Ein Ausgleich der mit dem Wettbewerbsverstoß verursachten Schäden bei den individuell Betroffenen ist im Wege der öffentlichen Durchsetzung allenfalls dadurch denkbar, dass die im Verfahren der öffentlichen Durchsetzung verhängte Sanktion im öffentlichen Durchsetzungsverfahren später an die Betroffenen entsprechend ihres jeweiligen individuellen Schadens verteilt wird. Ein solches Verfahren wäre jedoch umständlicher als die unmittelbare private Durchsetzung von Ersatzansprüchen der Geschädigten selbst und dürfte auch zu höheren gesellschaftlichen Kosten führen. Daher ist die private Durchsetzung auch bei Art. 81 EG am besten geeignet, für den Ausgleich erlittener Schäden der Betroffenen zu sorgen.

[1111] Siehe zu den Funktionen der öffentlichen Durchsetzung oben zu Kapitel 4B.I.3., S. 200 und zu den Funktionen der privaten Durchsetzung zu Kapitel 4B.II.2., S. 212; für eine Kombination beider Durchsetzungsformen auch Waller, World Competition 2006, vol. 29, S. 367 ff.

[1112] Siehe zur Individualschutzfunktion der privaten Durchsetzung oben Kapitel 4B.II.2.a., S. 212.

[1113] Siehe zur Ausgleichsfunktion der privaten Durchsetzung oben zu Kapitel 4B.II.2.b., S. 212; Dorman, Georgetown Law Journal 1980, vol. 68, S. 1113 ff., 1117.

Schließlich kann die private Durchsetzung die öffentlichen Durchsetzungsaktivitäten ergänzen und kontrollieren, wenn die Durchsetzungsformen nebeneinander zur Anwendung kommen.[1114] Denn die private Durchsetzung kann auch zur Verfolgung solcher Wettbewerbsverstöße beitragen, bei denen die Kommission infolge politischer Einflussnahme oder aus schlichtem Desinteresse nicht aktiv wird. Insofern kann die private Durchsetzung von Art. 81 EG zur Kontrolle der öffentlichen Durchsetzungstätigkeit beitragen. Darüber hinaus kann die Kooperation zwischen den Zivilgerichten und den Wettbewerbsbehörden (Art. 15 VO 1/03) auch dazu führen, dass die Wettbewerbsbehörden Kenntnis von kartellzivilrechtlichen Streitigkeiten erhalten und bei einer Häufung bestimmter wettbewerbsrechtlicher Probleme in einem Bereich bei ihrer öffentlichen Durchsetzungstätigkeit einen entsprechenden Schwerpunkt setzen können.[1115]

2. Auswirkungen der Funktionen der privaten Durchsetzung

Aus diesen Gründen erfüllt die private Durchsetzung auch bei Art. 81 EG wichtige gesellschaftliche Funktionen, die ihren Einsatz trotz der aufgezeigten Vorteile der öffentlichen Durchsetzung hinsichtlich der kostengünstig zu erzielenden und in ihrer Höhe ausreichenden Abschreckungswirkung rechtfertigen können. Die private Durchsetzung ist dabei jedoch als Ganzes lediglich neben der öffentlichen Durchsetzung vorstellbar, da sie allein nicht in einem hinreichenden Maße zur Abschreckung der Normverstöße zu vertretbaren Kosten in der Lage ist. Daher muss das Zusammenspiel der beiden Durchsetzungsformen von dem Durchsetzungssystem optimal ausgestaltet werden.[1116]

II. Ausgestaltung der Kombination

Die Verwendung sowohl öffentlicher und auch privater Durchsetzungsmittel für die Verfolgung desselben Normverstoßes ist in vielen Rechtsbereichen üblich und erfolgt auch bei der Durchsetzung von Art. 81 EG.

Die ausschließlich öffentliche Durchsetzung ist für den Bereich des Kartellrechts nur ganz vereinzelt gefordert worden[1117] und schon wegen der Individualschutz- und Aus-

---

1114 Siehe zur Ergänzungsfunktion der privaten Durchsetzung bereits zu Kapitel 4B.II.2.d, S. 215.
1115 Bundeskartellamt, Diskussionspapier Private Durchsetzung, S. 3.
1116 Siehe hierzu sogleich zu Kapitel 6, S. 319.
1117 Austin, Duke Law Journal 1978, S. 1353 ff., 1372 hebt die Vorteile einer ausschließlich öffentlichen Kartellrechtsdurchsetzung hervor; Schwartz, Georgetown Law Journal 1980, vol. 68, S. 1075 ff., 1095 hält eine auf Kompensation ausgerichtete private Durchsetzung für ineffizient.

gleichsfunktion der privaten Durchsetzung in der Rechtspraxis kaum vorstellbar. Auf der anderen Seite ist auch die ausschließlich private Durchsetzung von Art. 81 EG wegen ihrer dargestellten Schwierigkeiten praktisch kaum denkbar. Vielmehr erfolgt die private Durchsetzung von Art. 81 EG neben der öffentlichen Durchsetzung und soll diese ergänzen.[1118]

Rechtstechnisch geschieht die Kombination von öffentlicher und privater Durchsetzung bei Art. 81 EG dadurch, dass der Wettbewerbsverstoß sowohl nach der VO 1/03 einen von der Kommission zu verfolgenden Normverstoß darstellt und im Wege der öffentlichen Durchsetzung einer Sanktion unterliegt. Gleichzeitig löst der Wettbewerbsverstoß auch zivilrechtliche Rechtsfolgen in Gestalt der Nichtigkeit des Vertrags und des Schadensersatzanspruchs aus, die im Wege der privaten Durchsetzung von privaten Durchsetzungsagenten verfolgt werden.[1119]

Daher muss untersucht werden, welche Auswirkungen die Kombination der Durchsetzungsformen hat und wie die beiden Durchsetzungsformen optimal miteinander kombiniert werden können.

B. Auswirkungen der Kombination

Die Kombination von öffentlicher und privater Durchsetzung desselben Wettbewerbsverstoßes hat verschiedene Auswirkungen auf das Durchsetzungssystem. So führt die Kombination zu einer höheren Sanktionssumme (zu I.) und einer höheren Überführungswahrscheinlichkeit (zu II.), allerdings auch zu höheren Durchsetzungskosten (zu III.) und zu verschiedenen Wechselwirkungen zwischen den Durchsetzungsformen (zu IV.).

I. Höhere Sanktion

Die Kombination von öffentlicher und privater Durchsetzung führt zunächst zu einer Erhöhung des Sanktionswerts, den der Normadressat bei Begehung des Wettbewerbsverstoßes befürchten muss. Denn dadurch, dass neben die öffentlich-rechtliche Sanktion der Geldbuße die zivilrechtliche Sanktion des Schadensersatzes tritt, steigt die Ge-

[1118] Kommission, Working Paper Private Durchsetzung, Rn. 13 ff.

[1119] Anders erfolgt die Kombination insbesondere bei der Verfolgung von strafrechtlichen Privatklagedelikten, wo der Verstoß gegen das StGB sowohl durch die Staatsanwaltschaft als öffentliches Durchsetzungsorgan als auch durch den Verletzten als privaten Durchsetzungsagenten durchgesetzt wird.

samtsumme der Sanktionen, die im Falle der erfolgreichen Verfolgung des Wettbewerbsverstoßes von dem Normadressaten zu leisten sind.[1120] Dieser kumulierte Sanktionswert übt eine stärkere Abschreckungswirkung auf den Normadressaten aus als eine isolierte öffentliche oder isoliert privat-rechtliche Sanktion und kann daher zu einem höheren Durchsetzungsniveau führen.[1121]

Der Effekt eines höheren Sanktionswerts wird hingegen nicht bei der Vorteilsabschöpfung durch das Bundeskartellamt gemäß § 34 GWB oder durch Verbände gemäß § 34 a GWB erreicht, da die Vorteilsabschöpfung subsidiär zu Schadensersatzleistungen ist.[1122] Daher muss ein abgeschöpfter Vorteil an den Normadressaten zurückerstattet werden, wenn dieser Schadensersatz an die Geschädigten leistet (§ 34 Abs. 2 GWB), so dass insofern keine Erhöhung der Sanktion sondern lediglich eine Umverteilung stattfindet. Angesichts der mit diesem Verfahren verbundenen Kosten ist die Vorteilsabschöpfung nur dann sinnvoll, wenn eine erfolgreiche Durchsetzung von Schadensersatzansprüchen nicht zu erwarten und eine Rückerstattung des zuvor abgeschöpften Vorteils an den Normadressaten mithin nicht wahrscheinlich ist. Denn andernfalls verursacht diese Sanktion lediglich weitere gesellschaftliche Kosten der Durchsetzung ohne die Abschreckungswirkung zu erhöhen.

II. Höhere Überführungswahrscheinlichkeit

Zudem kann die Kombination der Durchsetzungsformen auch die Überführungswahrscheinlichkeit erhöhen, da bei der kombinierten öffentlichen und privaten Durchsetzung insgesamt eine größere Anzahl Durchsetzungsagenten Ressourcen zur Durchsetzung von Art. 81 EG einsetzen, so dass der Verstoß häufiger aufgedeckt und verfolgt wird. Diese höhere Überführungswahrscheinlichkeit führt zu einer stärkeren Abschreckungswirkung auf die Normadressaten und damit zu einem höheren Durchsetzungsniveau.[1123] Dies ist insbesondere dann von Bedeutung, wenn das Budget, das dem öffentlichen Durchsetzungsorgan zur Verfügung steht, nicht ausreicht, um eine ausrei-

---

[1120] Kommission, Working Paper Private Durchsetzung, Rn. 5 f.

[1121] Kroes, Speech, Cour de Cassation 2005, S. 2; GA Geelhoed, Schlussanträge vom 26. Januar 2006, C-295/04 et al (Manfredi ./. Lloyd Adriatico), Rn. 65; Linder, Kartellrechtliche Privatklage, S. 38 ff.; Hempel, Privater Kartellrechtsschutz, S. 239 f.; Waller, Chicago-Kent Law Review 2003, vol. 78, S. 207 ff., 221 ff. weist darauf hin, dass die Kombination von treble damages und empfindlichen Geldbußen bei horizontalen Kernbeschränkungen wie dem als Beispiel herangezogenen Vitamin-Kartell zu einer Sanktion führt, die deutlich über dem mit dem Verstoß verursachten Schaden liegt.

[1122] Siehe zur Vorteilsabschöpfung durch das Bundeskartellamt nach deutschem Kartellverwaltungsrecht bereits oben zu Kapitel 3B.II.4.a., S. 82 und zur Vorteilsabschöpfung durch Verbände zu Kapitel 3C.III.2., S. 148.

[1123] Kroes, Speech, Cour de Cassation 2005, S. 2.

chende Überführungswahrscheinlichkeit für den Normverstoß im Wege der öffentlichen Durchsetzung sicherzustellen, und somit erst die von den privaten Durchsetzungsagenten zusätzlich eingesetzten Ressourcen zum optimalen Durchsetzungsniveau führen.

Die Aufdeckung eines Verstoßes wird durch die Kombination der Durchsetzungsformen zudem auch dadurch wahrscheinlicher, dass die verschiedenen Durchsetzungsagenten in unterschiedlichen Bereichen besonders kompetent sind und auch ihre Schwerpunkte bei ihrer Durchsetzungsaktivität entsprechend setzen können, so dass sich die Gefahr, dass der Wettbewerbsverstoß nicht aufgedeckt wird, insgesamt verringert.[1124]

Die höhere Überführungswahrscheinlichkeit bei der kombinierten Durchsetzung führt also dazu, dass die Normadressaten bei einem Wettbewerbsverstoß eher mit der Verhängung der Sanktion rechnen und damit einen höheren erwarteten Sanktionswert bei ihrer Verhaltensentscheidung berücksichtigen müssen. Daraus ergibt sich eine entsprechend höhere Abschreckungswirkung.

III. Höhere Durchsetzungskosten

Auf der anderen Seite steigen durch die Durchsetzungsaktivität von sowohl öffentlichen als auch privaten Durchsetzungsagenten jedoch auch die mit der Durchsetzung verbundenen gesellschaftlichen Kosten. Denn mit der größeren Anzahl der zur Durchsetzung befugten Durchsetzungsagenten steigen auch die zur Durchsetzung eingesetzten Ressourcen.

Nur solange die vermehrt zur Durchsetzung eingesetzten Ressourcen zu einer Steigerung der Überführungswahrscheinlichkeit führen, steht den hiermit verbundenen höheren gesellschaftlichen Kosten ein entsprechender gesellschaftlicher Nutzen in Gestalt der erhöhten Abschreckungswirkung gegenüber. Häufig werden die verschiedenen Durchsetzungsagenten jedoch auch ihre Ressourcen zur Aufdeckung ein und desselben Wettbewerbsverstoßes einsetzen, wenngleich dieser Wettbewerbsverstoß bereits durch die Aktivität eines einzelnen Durchsetzungsagenten erfolgreich abgeschreckt werden könnte. Setzen die verschiedenen Durchsetzungsagenten mithin Ressourcen zur Ge-

---

1124 Bauer, Loyola Consumer Law Review 2004, vol. 16, S. 303 ff., 320 f. sieht einen solchen Vorteil auch in der parallelen Zuständigkeit von DOJ und FTC zur Durchsetzung des US-amerikanischen Kartellrechts.

winnung derselben Information über den Wettbewerbsverstoß ein, steht den vervielfachten gesellschaftlichen Kosten kein weiterer gesellschaftlicher Nutzen gegenüber, da die Abschreckungswirkung nicht beeinflusst wird. Daher ist eine solche mehrfache Durchsetzungsaktivität, die bei der kombinierten Durchsetzung zu befürchten sein kann, ineffizient.

Um dieses Problem der nutzlosen Vervielfachung der gesellschaftlichen Durchsetzungskosten zu vermeiden, dürften die Aktivitäten der öffentlichen und privaten Durchsetzungsagenten bei der Ausgestaltung des Durchsetzungssystems nicht isoliert nebeneinander betrachtet werden, sondern es ist ein Zusammenspiel zu ermöglichen, das die ineffiziente Steigerung der gesellschaftlichen Durchsetzungskosten infolge der kombinierten Durchsetzung minimiert.[1125]

IV. Wechselwirkungen zwischen den Durchsetzungsformen

Schließlich kann die Kombination von öffentlicher und privater Durchsetzung auch zu Wechselwirkungen zwischen den Durchsetzungsformen führen, die bei der optimalen Ausgestaltung des Durchsetzungssystems zu berücksichtigen sind.[1126] Diese Wechselwirkungen können sowohl positive (zu 1.) als auch negative Auswirkungen auf den Durchsetzungserfolg haben (zu 2.).

1. Positive Wechselwirkungen

Positive Wechselwirkungen der Kombination von öffentlicher und privater Durchsetzung existieren vor allem, wenn das öffentliche und das private Durchsetzungsverfahren wegen desselben Wettbewerbsverstoßes zeitlich nach einander ablaufen. So können insbesondere die Informationen und Ergebnisse des öffentlichen Durchsetzungsverfahrens im Rahmen des zeitlich nachfolgenden privaten Durchsetzungsverfahrens (follow-on) genutzt werden. Dabei kann die Aufdeckung eines Wettbewerbsverstoßes durch ein öffentliches Durchsetzungsorgan die nachfolgende private Durchsetzung von Schadensersatzansprüchen erst ermöglichen, wenn die privaten Durchsetzungsagenten erst durch das öffentliche Durchsetzungsverfahren von dem Verstoß Kenntnis erlangen.[1127] Ansonsten reduziert die Verwendung der bereits von der Kommission erhobenen Informationen die Kosten der nachfolgenden privaten Durchsetzung.

1125 Siehe zur entsprechenden Ausgestaltung des Durchsetzungssystems unten zu Kapitel 6C.II., S. 331.

1126 Schwartz, Georgetown Law Journal 1980, vol. 68, S. 1075 ff., 1095.

1127 Die Kommission sieht hierin einen positiven Effekt der leniency-Regelung auf die private Durchsetzung, da die im Rahmen des leniency-Antrags preisgegebenen Informationen den Beweis des

Auf der anderen Seite kann auch die Kommission als öffentliches Durchsetzungsorgan von den Durchsetzungsaktivitäten privater Durchsetzungsagenten profitieren, wenn es durch den Austausch von Informationen mit den mitgliedstaatlichen Zivilgerichten (Art. 15 VO 1/03) von einem Wettbewerbsverstoß Kenntnis erlangt, der bereits im Verfahren der privaten Durchsetzung verfolgt wird.

Dieser Informationstransfer verringert die Durchsetzungskosten im zeitlichen nachfolgenden Durchsetzungsverfahren und kann dadurch die Summe der gesellschaftlichen Kosten der kombinierten Durchsetzung reduzieren.[1128]

2. Negative Wechselwirkungen

Jedoch können die Wechselwirkungen zwischen den Durchsetzungsformen auch negativ sein, wenn die eine Durchsetzungsform die Durchführung und den Erfolg der anderen Durchsetzungsform erschwert.[1129]

Bei Art. 81 EG kann vor allem die private Durchsetzung die öffentliche Durchsetzung dadurch erschweren, dass die Normadressaten durch die Aussicht, im Wege der privaten Durchsetzung zum Ersatz des verursachten Schadens verurteilt zu werden, davon abgehalten werden, ihre Informationen über den Wettbewerbsverstoß im Rahmen der leniency-Regelung an die Kommission im Verfahren der öffentlichen Durchsetzung weiterzugeben.[1130] Denn die leniency-Regelung bewahrt den kooperierenden Normadressaten lediglich vor einer Geldbuße im öffentlichen Durchsetzungsverfahren, die zivilrechtlichen Schadensersatzansprüche werden durch die Teilnahme an der leniency-Regelung hingegen nicht ausgeschlossen. Da der Wettbewerbsverstoß durch die Kommissionsentscheidung allgemein bekannt wird, wird eine nachfolgende Durchsetzung von Schadensersatzansprüchen wahrscheinlicher und der Normadressat immer dann von der Kooperation im Rahmen der leniency-Regelung abgehalten, wenn diese Erleichterung der Schadensersatzansprüche für ihn schwerer wiegen, als die Reduzierung der Geldbuße.[1131]

Wettbewerbsverstoßes erleichtern und auch einen Anfangspunkt für die Berechnung des Schadens darstellen können, Kommission, Working Paper Private Durchsetzung, Rn. 228.

[1128] Siehe hierzu unten zu Kapitel 6C.II.2., S. 332.

[1129] Bundesrat, Ausschuss-Empfehlungen Grünbuch, Rn. 1 hebt hervor, dass die private Durchsetzung nicht die öffentliche Durchsetzung der Wettbewerbsregeln behindern darf.

[1130] Mehra, Temple Law Review 2004, vol. 77, S. 47 ff., 53 f. meint hingegen, dass die Möglichkeit für den Informanten, den anderen Beteiligten, die i.d.R. Wettbewerber sind, durch höhere Sanktion zu schaden, einen ausreichenden Anreiz zur Informationsweitergabe darstelle.

[1131] Auch das Bundeskartellamt, Diskussionspapier Private Durchsetzung, S. 31 weist auf die Gefahr eines Attraktivitätsverlust der leniency-Regelung hin; die Kommission hält hingegen diese Gefahr

Dieser Effekt wird noch verstärkt, wenn die im Rahmen des leniency-Verfahrens abgegebenen Erklärungen und die der Kommission vorgelegten Dokumente des kooperierenden Normadressaten von den privaten Durchsetzungsagenten im Verfahren der privaten Durchsetzung als Beweismittel verwendet werden können.[1132]

Die geringere Bereitschaft der Normadressaten zur Preisgabe von Informationen kann für die öffentliche Durchsetzung ein erhebliches Problem darstellen, da die leniency-Regelung ihre vielleicht wichtigste Quelle von Informationen über den Wettbewerbsverstoß ist. Ohne diese Informationen der Normadressaten selbst muss die Kommission bei ihrer Durchsetzungsaktivität auf andere Informationsmittel zurückgreifen, die entsprechend höhere gesellschaftliche Kosten verursachen.

Das Ausmaß dieser nachteiligen Auswirkungen der Kombination der Durchsetzungsformen hängt neben der Ausgestaltung dieser Kombination[1133] entscheidend von der Bedeutung der Schadensersatzansprüche für das Verhalten des Normadressaten ab. Bei dem bisher nur geringen Ausmaß der Schadensersatzansprüche bei Verstößen gegen Art. 81 EG ist dieser Nachteil der Kombination von nur geringer Bedeutung, allerdings muss dieser Aspekt bei der Diskussion über eine Ausweitung der privaten Durchsetzung von Art. 81 EG berücksichtigt werden.

C. Optimales Zusammenspiel

Da die Kombination von öffentlicher und privater Durchsetzung mithin sowohl positive Auswirkungen (höhere Sanktion, höhere Überführungswahrscheinlichkeit) als auch negative Auswirkungen (höhere Durchsetzungskosten, nachteilige Wechselwirkungen) auf den Durchsetzungserfolg besitzt, muss eine optimale Kombination der Durchsetzungsformen gefunden werden, die zu einer Arbeitsteilung zwischen privaten und öffentlichen Durchsetzungsagenten führt, welche die Summe der gesellschaftlichen Gesamtkosten aus dem Normverstoß minimiert.[1134]

---

für gering, da der Normadressat der zivilrechtlichen Haftung ohnehin ausgesetzt ist, Kommission, Working Paper Private Durchsetzung, Rn. 231; so auch Fuchs, WRP 2005, S. 1384 ff., 1392.

1132 Nordlander, European Competition Law Review 2004, vol. 25, S. 646 ff.; Guersent, Annual Proceedings of the Fordham Corporate Law Institute on International Antitrust Law & Policy 2003, S. 43 ff., 51 unter besonderem Hinweis auf das US-amerikanische discovery-Verfahren.

1133 Siehe hierzu unten zu Kapitel 6C.III., S. 336.

1134 Schmidtchen, German Working Papers in Law and Economics 2004, S. 1 ff., 4.

Das optimale Zusammenspiel der beiden Durchsetzungsformen muss die komparativen Vorteile der jeweiligen Durchsetzungsform ausnutzen (zu I.) und Mechanismen vorsehen, um die gesellschaftlichen Kosten der Durchsetzung (zu II.) und die nachteiligen Wechselwirkungen zu minimieren (zu III.).

I. Ausnutzen komparativer Vorteile

Beim Zusammenspiel der Durchsetzungsformen müssen die komparativen Vorteile der jeweiligen Durchsetzungsform berücksichtigt werden, da die ausschließliche Verwendung der besser geeigneten Durchsetzungsform zur Verfolgung eines Wettbewerbsverstoßes die erforderliche Abschreckungswirkung im stärkeren Maße und mit geringeren Kosten erzielen kann. Diese komparativen Vorteile betreffen vor allem den Zugang zu den erforderlichen Informationen, da die gesellschaftlichen Kosten der Durchsetzung zu einem ganz erheblichen Teil aus den Kosten der Informationsgewinnung bestehen.[1135]

1. Verwendung ausschließlich einer Durchsetzungsform

Die ausschließliche Verwendung nur einer Durchsetzungsform führt offensichtlich zu geringeren gesellschaftlichen Kosten der Durchsetzung und ist daher optimal, wenn hiermit die erforderliche Abschreckungswirkung erzielt werden kann und somit die gesellschaftlichen Schäden aus dem Wettbewerbsverstoß im entsprechenden Maße vermieden werden.

Eine ausschließlich öffentliche Durchsetzung von Art. 81 EG kann das Durchsetzungssystem konzeptionell nur schwer erreichen, da die private Durchsetzung wegen ihrer beschriebenen Funktionen rechtlich nicht ausgeschlossen werden kann und somit nach einem öffentlich-rechtlichen Verfahren der Kommission häufig follow-on Verfahren privater Durchsetzungsagenten stattfinden werden. Eine ausschließlich private Durchsetzung ist hingegen möglich, da die Kommission von ihrem Ermessen Gebrauch machen kann und solche Wettbewerbsverstöße nicht selbst verfolgen muss, die bereits von privaten Durchsetzungsagenten soweit verfolgt werden, dass eine ausreichende Abschreckungswirkung entsteht. Denn wenn die privaten Durchsetzungsagenten die zur Aufdeckung und Verfolgung der Normverstöße erforderlichen Informationen ebenso wie einen ausreichenden Anreiz zur Durchsetzung besitzen, verringern sich die gesellschaftlichen Durchsetzungskosten durch eine nur private Durchsetzung. Das öffentliche Durchsetzungsorgan sollte daher die Fähigkeit der privaten

---

[1135] Siehe bereits oben zu Kapitel 4A.IV.2.b.aa., S. 171 ff.

Durchsetzungsagenten zur erfolgreichen Abschreckung bestimmter Arten der Wettbewerbsverstöße berücksichtigen und seine Durchsetzungsaktivitäten auf andere Wettbewerbsverstöße konzentrieren, bei denen die privaten Durchsetzungsagenten mangels Zugangs zu den erforderlichen Informationen oder mangels Anreiz nicht zur erfolgreichen Durchsetzung in der Lage sind.[1136] Diesen Ansatz verfolgt auch die Kommission, wenn sie die Fähigkeit des Beschwerdeführers, Rechtsschutz im Wege der privaten Durchsetzung erlangen zu können, bei der Prüfung des Gemeinschaftsinteresses als Voraussetzung für ihr Tätigwerden berücksichtigt.[1137] Hierdurch werden die Kosten der öffentlichen Durchsetzung eingespart, wenn die privaten Durchsetzungsagenten zur effektiven Durchsetzung imstande sind, so dass in der Summe weniger gesellschaftliche Kosten der Durchsetzung verursacht werden.

Da die privaten Durchsetzungsagenten regelmäßig besseren Zugang zu Informationen über sonstige Wettbewerbsbeschränkungen insbesondere vertikaler Art besitzen, ist es das erklärte Bestreben der Kommission, in diesem Bereich weniger eigene Ressourcen zur Durchsetzung einzusetzen und diese Ressourcen vielmehr konzentriert für die Verfolgung von Kernbeschränkungen einzusetzen. Das hierdurch reduzierte Ausmaß der öffentlichen Durchsetzung bei sonstigen Wettbewerbsbeschränkungen kann von der privaten Durchsetzung allerdings nur dann ausgeglichen werden, wenn die privaten Durchsetzungsagenten zur effektiven Verfolgung dieser Wettbewerbsverstöße fähig sind.[1138] Nur dann führt die ausschließlich private Durchsetzung im Bereich sonstiger Wettbewerbsbeschränkungen zu geringeren gesellschaftlichen Kosten, da neben den geringeren Kosten der Durchsetzung auch die von der Abschreckungswirkung der nur privaten Durchsetzung beeinflussten Schäden aus dem Wettbewerbsverstoß zu berücksichtigen sind.

Eine solche Kombination von öffentlicher und privater Durchsetzung von Art. 81 EG, die dazu führt, dass nur die jeweils besser geeignete, weil mit besseren Informationen ausgestattete Durchsetzungsform einen Wettbewerbsverstoß verfolgt, wäre wegen der geringen gesellschaftlichen Durchsetzungskosten optimal.

[1136] Schwartz, Georgetown Law Journal 1980, vol. 68, S. 1075 ff., 1095 f.; Stephenson, Virginia Law Review 2005, vol. 91, S. 93 ff., 109; für einen außergewöhnlichen Vorschlag zum optimalen Zusammenspiel von öffentlicher und privater Kartellrechtsdurchsetzung siehe Rosenberg/Sullivan, Journal of Competition Law and Economics 2006, vol. 2, S. 159 ff.

[1137] Beschwerde-Bekanntmachung, Rn. 17.

[1138] Zweifelnd Waller, Chicago-Kent Law Review 2003, vol. 78, S. 207 ff., 230 ff.

2. Einfluss des Durchsetzungssystems

Bei den bisherigen Versuchen, die private Durchsetzung von Art. 81 EG zu stärken, wurden jedoch überwiegend Regelungen erlassen, die zu einer Erleichterung der follow-on Verfahren führen. Als follow-on Verfahren folgt das private Durchsetzungsverfahren einem vorherigen Verfahren der öffentlichen Durchsetzung, so dass nicht nur die Durchsetzungsform, die bei dem betreffenden Wettbewerbsverstoß über einen relativen Vorteil verfügt, zur Anwendung kommt, sondern vielmehr beide Durchsetzungsformen denselben Wettbewerbsverstoß verfolgen und damit zu mehrfachen Durchsetzungskosten führen. So erleichtern die Regelungen über die Tatbestandswirkung behördlicher Entscheidungen (§ 33 Abs. 4 GWB) sowie über die Hemmung der Verjährung von Schadensersatzansprüchen während eines Verfahrens der Wettbewerbsbehörden (§ 33 Abs. 5 GWB) lediglich follow-on Klagen der privaten Durchsetzungsagenten.[1139] Eigenständige private Durchsetzungsaktivitäten, die ohne ein solches vorhergehendes Verfahren der öffentlichen Durchsetzung auskommen und daher eine Vervielfachung der gesellschaftlichen Durchsetzungskosten vermeiden, werden durch diese Regelungen nicht begünstigt.[1140]

Allein die Beweislastregelung zulasten des Normadressaten hinsichtlich der Freistellungsvoraussetzungen (Art. 2 Abs. 2 VO 1/03) und die Erleichterung der Schadensberechnung (§ 33 Abs. 3 S. 4 GWB) kommen auch den privaten Durchsetzungsagenten zu Gute, die den Wettbewerbsverstoß eigenständig verfolgen. Dies gilt ferner auch für die diskutierten zivilprozessualen Beweiserleichterungen für die privaten Durchsetzungsagenten und die Aufklärungspflichten für den Normadressaten. Denn hierbei werden die relevanten Informationen verstärkt vom Normadressaten in den Zivilprozess eingeführt, so dass den privaten Durchsetzungsagenten die Durchsetzung auch ohne einen Rückgriff auf die Informationen aus einem vorhergehenden Verfahren der öffentlichen Durchsetzung möglich ist. Aus diesem Grund sind diese Beweiserleichterungen und Aufklärungspflichten besser geeignet, die komparativen Vorteile der privaten Durchsetzung auszunutzen und somit infolge des Verzichts auf die öffentliche Durchsetzung zu geringeren gesellschaftlichen Kosten der kombinierten Durchsetzung zu führen.

1139 Nazzini, European Business Law Review 2005, vol. 16, S. 245ff., betrachtet allein diese Form der Interaktion der Durchsetzungsformen.

1140 Basedow, EuZW 2006, S. 97 ff., hält eigenständige private Klagen insbesondere auch infolge des "more economic approach" im Kartellrecht für unwahrscheinlich, da die privaten Durchsetzungsagenten die erforderlichen Ermittlungen nicht anstellen können.

Erst wenn die alleinige Verwendung einer Durchsetzungsform nicht möglich oder nicht erfolgsversprechend ist, muss das Durchsetzungssystem Regelungen vorsehen, wie die kombinierte Verfolgung eines Wettbewerbsverstoßes durch sowohl öffentliche als auch private Durchsetzungsagenten zu einer möglichst geringen Steigerung der Durchsetzungskosten führt.

II. Reduzierung der Kosten der kombinierten Durchsetzung

Angesichts der Gefahr der Vervielfachung der zur Durchsetzung desselben Normverstoßes eingesetzten Ressourcen muss das optimale Durchsetzungssystem hinsichtlich der Kombination der Durchsetzungsformen Vorkehrungen treffen, welche der Vervielfachung der gesellschaftlichen Durchsetzungskosten entgegenwirken. Hierzu kann das Durchsetzungssystem ein einheitliches Verfahren der öffentlichen und privaten Durchsetzung vorsehen (zu 1.) oder Regelungen über die gemeinsame Nutzung von Informationen vorsehen (zu 2.), um vor allem die mehrfache Gewinnung von Beweismitteln und die damit verbundenen gesellschaftlichen Kosten zu vermeiden.

1. Einheitliches Durchsetzungsverfahren

Eine Möglichzeit zur Reduzierung der Kostensteigerung infolge der kombinierten Durchsetzung besteht in der Verschmelzung der Verfahren der öffentlichen und der privaten Durchsetzung. Ein solches einheitliches Durchsetzungsverfahren bewirkt, dass der Wettbewerbsverstoß nur ein einziges Mal gerichtlich festgestellt werden muss, um sowohl eine öffentlich-rechtliche als auch zugleich eine zivilrechtliche Sanktion verhängen zu können. Ein Beispiel für diese Verschmelzung der Verfahren ist das Verfahren der Verfolgung von deliktischen Schadensersatzansprüchen des Opfers einer Straftat als Annex zu dem strafrechtlichen Verfahren (§§ 403 ff. StPO), bei dem das Strafgericht sowohl eine strafrechtliche Sanktion als auch einen zivilrechtlichen Schadensersatzanspruch gegen den Straftäter verhängt.

Durch die Verschmelzung der Verfahren werden die mit einer doppelten Inanspruchnahme des Gerichtssystems verbundenen gesellschaftlichen Kosten vermieden. Dies führt allerdings nur dann zu einer erheblichen Verringerung der gesellschaftlichen Durchsetzungskosten, wenn die erforderlichen Informationen für die Verhängung der öffentlich-rechtlichen und zivilrechtlichen Sanktion identisch oder zumindest ähnlich sind. Denn nur dann wird die Verdoppelung der Kosten vermieden, die mit der Gewinnung derselben Informationen in zwei verschiedenen Verfahren verbunden ist.

Ein solches einheitliches Verfahren ist für die Durchsetzung von Art. 81 EG jedoch nicht praktikabel: Zunächst unterscheiden sich die Tatbestandsmerkmale, die zur Verhängung einer öffentlich-rechtlichen und zu einer zivilrechtlichen Sanktion nachgewiesen werden müssen, im Detail. So muss bei der privaten Durchsetzung von Art. 81 EG für einen Schadensersatzanspruch ein konkreter Schaden des einzelnen privaten Durchsetzungsagenten nachgewiesen und berechnet werden. Die damit verbundenen Schwierigkeiten entfallen bei der öffentlichen Durchsetzung von Art. 81 EG, so dass ein einheitliches Durchsetzungsverfahren schwieriger und komplexer wäre als das derzeitige Verfahren der öffentlichen Durchsetzung. Solange mit der Kommission jedoch ein Organ der Exekutive die öffentlich-rechtliche Sanktion wegen des Wettbewerbsverstoßes verhängt, stehen einer Verschmelzung der Verfahren der öffentlichen und privaten Durchsetzung zu einem einheitlichen Verfahren vor der Kommission auch grundlegende Erwägungen der Gewaltenteilung entgegen. Denn eine Behörde ist nicht zur Entscheidung über zivilrechtliche Ansprüche berufen, dies ist allein einem Gericht möglich. Im Durchsetzungsverfahren vor der Kommission wird das Stadium eines gerichtliches Verfahrens jedoch nicht immer erreicht, sondern lediglich dann, wenn der Normadressat die Entscheidung der Kartellbehörde anficht. Dieses fundamentale Problem könnte lediglich dadurch behoben werden, dass ein Gericht – wie in verschiedenen Rechtsordnungen bei der öffentlichen Durchsetzung des Kartellrechts üblich – auf Antrag der Kartellbehörde über die Verhängung der Sanktion entscheidet. Eine solche weit reichende Änderung des Durchsetzungssystems von Art. 81 EG ist auf europäischer Ebene jedoch nicht zu erwarten und angesichts der übrigen Schwierigkeiten einer Verfahrensverschmelzung auch nicht geeignet, die gesellschaftlichen Kosten einer kombiniert öffentlichen und privaten Durchsetzung entscheidend zu verringern.

2. Gemeinsame Nutzung von Informationen

Realistischer erscheint dagegen die Möglichkeit, durch die gemeinsame Nutzung von Informationen und Beweismitteln in den Verfahren der öffentlichen und der privaten Durchsetzung die gesellschaftlichen Kosten der kombinierten Durchsetzung zu reduzieren.

Erheben sowohl öffentliche als auch private Durchsetzungsagenten dieselben Informationen über den Normverstoß, vervielfachen sich die Kosten der Informationsgewinnung und damit die gesellschaftlichen Durchsetzungskosten. Ein Zurückgreifen auf die Informationen und Beweismittel, die Durchsetzungsagenten in dem einen Durchsetzungsverfahren bereits erhoben haben, kann die Kosten des Informationszugangs in dem anderen Durchsetzungsverfahren reduzieren.[1141] Denn der Transfer der Informationen zwischen den verschiedenen Durchsetzungsagenten ist kostengünstiger als die neuerliche Erhebung der Information. Hierzu muss der Transfer der Informationen allerdings rechtlich möglich sein und der Durchsetzungsagent auch von der Existenz der zu transferierenden Information wissen.

Dieser Transfer von bereits vorhandenen Informationen zwischen den Durchsetzungsformen erfolgt sowohl von den privaten Durchsetzungsagenten zur Kommission (zu a.) als auch – im weitaus stärkeren Ausmaß – von der Kommission zu den privaten Durchsetzungsagenten (zu b.).

a. Informationstransfer von privater zur öffentlichen Durchsetzung

Zunächst besteht die Möglichkeit, dass der Kommission durch die Ausgestaltung des Durchsetzungssystems Informationen zugänglich gemacht werden, die private Durchsetzungsagenten bereits erhoben haben. Dies geschieht insbesondere dadurch, dass den Zivilgerichten, die über Klagen privater Durchsetzungsagenten wegen eines Wettbewerbsverstoßes entscheiden, eine Pflicht zur Anzeige von kartellrechtlichen Entscheidungen auferlegt wird. Die Pflicht bestand in Deutschland zugunsten des Bundeskartellamts bereits seit längerem (§ 90 GWB) und ist mit der VO 1/03 auch zugunsten der Kommission eingeführt worden (Art. 15 VO 1/03).[1142] Auch wenn die Informationen, die die Kommission aus der Entscheidung und den zugrunde liegenden Akten des mitgliedstaatlichen Gerichts erhält, nicht im Rahmen eines öffentlichen Durchsetzungsverfahrens verwendet werden dürfen, erhält die Kommission auf diesem Wege Informationen über wesentliche kartellrechtliche Problemfelder in der wirtschaftlichen Praxis und kann ihre Durchsetzungsaktivität entsprechend ausrichten.[1143]

b. Informationstransfer von öffentlicher zur privaten Durchsetzung

Weitaus wesentlicher ist in der kartellrechtlichen Praxis die Vermittlung von Informationen in der anderen Richtung, von der Kommission an private Durchsetzungsagenten. Die Bedeutung dieses Informationstransfers ergibt sich aus dem überlegenen Informationsstand der Kommission, der aus ihren schlagkräftigen Mitteln zur Informati-

---

[1141] Siehe Earnhart, European Journal of Law and Economics 1998, vol. 6, S. 113 ff., zur Verwendung behördlicher Informationen in Schadensersatzprozessen im Umwelthaftungsrecht.

[1142] Siehe bereits oben zu Kapitel 3B.I.3.c.cc., S. 67.

[1143] Der Informationstransfer vom Geschädigten zur Kommission im Wege einer Beschwerde gehört hingegen nicht hierher, weil dabei lediglich die öffentliche Durchsetzung betrieben wird.

onsgewinnung folgt.[1144] Der Transfer der Informationen erfolgt dabei durch die Zusammenarbeit der Kommission mit den mitgliedstaatlichen Zivilgerichten, die bei der privaten Durchsetzung über die Sanktion entscheiden (zu aa.), durch die Tatbestandswirkung von Entscheidungen der Kommission im Zivilprozess (zu bb.) und in sonstiger Weise (zu cc).

aa. Zusammenarbeit Kommission – Zivilgerichte

Die Informationen, die im Verfahren der öffentlichen Durchsetzung erhoben wurden, können zunächst im Wege der Zusammenarbeit der Kommission mit den mitgliedstaatlichen Zivilgerichten für die private Durchsetzung verwendet werden. Denn das Zivilgericht, das über die Verhängung der Sanktion im Wege der privaten Durchsetzung entscheidet, kann die Kommission ersuchen, Informationen wirtschaftlicher, sachlicher und rechtlicher Art zur Verfügung zu stellen.[1145] Auch wenn die Kommission lediglich Sachinformationen unter Wahrung der Vertraulichkeit von Geschäftsgeheimnissen erteilt, ohne auf den Klagegrund einzugehen, und ihre Stellungnahmen für die unabhängig entscheidenden mitgliedstaatlichen Gerichte auch nicht verbindlich sind, können diese Informationen für den Erfolg der zivilgerichtlichen Klage von entscheidender Bedeutung sein. Jedoch erfordert diese Form der Informationsvermittlung den Einsatz nicht unerheblicher Ressourcen der Kommission und ist daher angesichts der Budgetbeschränkungen nur in engen Grenzen praktikabel, ohne die Kapazitäten der Kommission zu überfordern.[1146]

bb. Tatbestandswirkung

Mit geringerem Aufwand können hingegen die Informationen aus der öffentlichen Durchsetzung in einem zeitlich nachfolgenden Verfahren der privaten Durchsetzung in der Gestalt ausgenutzt werden, dass die bestandskräftigen Feststellungen der behördlichen Entscheidung hinsichtlich des Wettbewerbsverstoßes gemäß § 33 Abs. 4 GWB im Zivilprozess Tatbestandswirkung entfalten. Dank der Tatbestandswirkung muss der Wettbewerbsverstoß von dem Zivilgericht nicht mehr geprüft werden, so dass der private Durchsetzungsagent nicht nochmals Informationen hierüber erheben muss. Da der Nachweis des Wettbewerbsverstoßes für private Durchsetzungsagenten häufig besonders schwierig ist und diese Form des Informationstransfers selbst nur sehr geringe

[1144] Siehe oben zu Kapitel 3B.I.3., S. 61.
[1145] Bekanntmachung über die Zusammenarbeit mit den Gerichten, Rn. 27; siehe hierzu bereits oben zu Kapitel 3C.II.6.d.bb(2), S. 139.
[1146] Bundeskartellamt, Diskussionspapier Private Durchsetzung, S. 30 zu dem entsprechenden Problem in der deutschen Kartellrechtsdurchsetzung.

Kosten verursacht, ist diese Neuregelung geeignet, die gesellschaftlichen Kosten der kombinierten Durchsetzung zu reduzieren und gleichzeitig auch den Anreiz der privaten Durchsetzungsagenten zur Durchsetzung ihrer Ansprüche zu verbessern.[1147]

cc. Sonstiger Informationstransfer

Schließlich existieren noch verschiedene andere Wege, auf denen die Informationen der Kommission den privaten Durchsetzungsagenten zugänglich gemacht werden können:

Zunächst vermittelt das Akteneinsichtsrecht den privaten Durchsetzungsagenten selbst die Möglichkeit, die Informationen aus dem Verfahren der öffentlichen Durchsetzung zu erlangen und zur privaten Durchsetzung zu verwenden.[1148] Eine Ausweitung des bisher begrenzten Akteneinsichtsrechts könnte daher auch helfen, die gesellschaftlichen Kosten der kombinierten Durchsetzung zu reduzieren.[1149] Die Regelungen der Transparenz-Verordnung[1150] dürften allerdings für ein solches erweitertes Akteneinsichtsrecht nicht zur Anwendung kommen, da die detaillierte Regelung über das Akteneinsichtsrecht im Kartellverfahrensrecht als lex specialis gegenüber den Regelungen der Transparenz-Verordnung Vorrang genießen dürfte.[1151]

Auch die Veröffentlichung der Kommissionsentscheidungen kann den privaten Durchsetzungsagenten kostengünstig Informationen über das Vorliegen eines Wettbewerbsverstoßes liefern und somit die Kosten der kombinierten Durchsetzung verringern.

Bei zeitgleicher öffentlicher und privater Durchsetzungstätigkeiten hinsichtlich desselben Wettbewerbsverstoßes bietet die Möglichkeit zur Aussetzung des zivilgerichtlichen Verfahrens bis zur Entscheidung der Kommission die Chance, eine Verdoppelung der Durchsetzungsaktivitäten und der damit verbundenen Kosten zu vermeiden, da nur bei einer zeitlich nachfolgenden Durchführung des Zivilprozesses die darge-

---

1147 Bauer, Loyola Consumer Law Review 2004, vol. 16, S. 303 ff., 311 f. zum insoweit ähnlichen US-amerikanischen Kartellrecht (prima facie-Beweis).

1148 Siehe zu diesem Informationsmittel der privaten Durchsetzungsagenten bereits oben zu Kapitel 3 C.II.6.d.bb(1), S. 138.

1149 Zur gesteigerten Missbrauchsgefahr aus ökonomische Sicht Che/Earnhart, The RAND Journal of Economics 1997, vol. 28, S. 120 ff.

1150 Verordnung (EG) Nr. 1049/2001 des Europäischen Parlaments und des Rates vom 30. Mai 2001 über den Zugang der Öffentlichkeit zu Dokumenten des Europäischen Parlaments, des Rates und der Kommission, ABl. 2001 Nr. L 145, 43 vom 31. Mai 2001.

1151 Soltész/Marquier/Wendenburg, EWS 2006, S. 102 ff., mit einer kritischen Betrachtung der Entscheidung des EuG "Österreichische Banken", Rs. T-2/03.

stellten Mittel zur Verringerung der gesellschaftlichen Kosten der Durchsetzung, insbesondere die Tatbestandswirkung, verwendet werden können.[1152]

Insgesamt sieht das Durchsetzungssystem mithin verschiedene Möglichkeiten vor, wie durch die gemeinsame Nutzung von Informationen die gesellschaftlichen Kosten einer kombinierten öffentlichen und privaten Durchsetzung verringert werden können. Dabei ist die Tatbestandswirkung behördlicher Entscheidung gemäß § 33 Abs. 4 GWB wegen der geringen eigenen Kosten im besonderen Maße zur Reduzierung der gesellschaftlichen Durchsetzungskosten geeignet.

III. Minimierung der negativen Wechselwirkungen

Schließlich muss das optimale Durchsetzungssystem die negativen Wechselwirkungen der privaten Durchsetzung von Art. 81 EG auf den Erfolg der öffentlichen Durchsetzung minimieren. Diese negativen Wechselwirkungen bestehen in dem negativen Einfluss der privaten Durchsetzung auf die Bereitschaft der Normadressaten zur Preisgabe von Informationen im Rahmen der leniency-Regelung, wodurch die gesellschaftlichen Kosten der öffentlichen Durchsetzung, die in diesem Fall auf andere Informationsquellen zurückgreifen muss, steigen.[1153]

Bisher enthält das Durchsetzungssystem von Art. 81 EG keine Regelungen, die diese negative Wechselwirkung verringert. Die Behandlung dieses Problems gewinnt jedoch mit der angestrebten Verstärkung der privaten Durchsetzung des Kartellrechts an Bedeutung, da sich die Normadressaten hierdurch vermehrt zivilrechtlichen Ansprüchen ausgesetzt sehen und entsprechend häufiger von der Inanspruchnahme der leniency-Regelung abgeschreckt werden können. Als Instrumente zur Reduzierung der negativen Wechselwirkung kommen Beschränkungen der zivilrechtlichen Haftung des kooperierenden Normadressaten (zu 1.) sowie Beschränkungen des Informationstransfers zwischen Kommission und privaten Durchsetzungsagenten (zu 2.) in Betracht.

1. Beschränkung der zivilrechtlichen Haftung

Da die negative Wechselwirkung auf den zivilrechtlichen Ansprüchen beruht, deren Durchsetzung der Informant infolge der Preisgabe von Informationen über den Wettbewerbsverstoß verstärkt befürchten muss, könnte eine Beschränkung der zivilrechtli-

---

[1152] Art. 16 Abs. 1 S. 2 VO 1/03; siehe auch Bekanntmachung über die Zusammenarbeit mit Gerichten, Rn. 12; näher zur Aussetzung des Verfahrens im britischen Kartellzivilrecht Nazzini, European Competition Law Review 2003, vol. 24, S. 483 ff., 486 ff.

[1153] Siehe oben zu Kapitel 6B.IV.2., S. 326.

chen Haftung des Informanten dieses Problems lösen. Denn wenn der Informant nach einer erfolgreichen Teilnahme an der leniency-Regelung keiner oder nur einer verminderten zivilrechtlichen Haftung ausgesetzt ist, schreckt ihn diese nicht mehr von der Preisgabe der Informationen ab. Eine weitgehende Beschränkung der zivilrechtlichen Haftung kann vielmehr den Anreiz der Normadressaten zur Teilnahme an der leniency-Regelung sogar steigern.

a. Reduzierung des Schadensersatzanspruchs

Im US-amerikanischen Kartellrecht wurde zur Abschwächung dieses Problems bereits eine Haftungsprivilegierung hinsichtlich der zivilrechtlichen Schadensersatzansprüche für solche Normadressaten eingeführt, die im Rahmen der dortigen leniency-Regelung Informationen liefern: So müssen die Informanten nur noch einen einfachen und nicht wie üblich einen dreifachen Schadensersatz leisten (detrebling) und unterliegen dabei auch nicht mehr der gesamtschuldnerischen Haftung.[1154] Diese Regelung verringert die mit der zivilrechtlichen Haftung verbundenen Kosten für den Informanten erheblich und ist daher geeignet, seinen Anreiz zur Teilnahme an der leniency-Regelung zu steigern.

Eine solche Reduzierung des zu leistenden Schadensersatzes, wie sie im US-amerikanischen Kartellrecht infolge des Mehrfachschadensersatzes möglich ist, ist bei dem in Deutschland geltenden System des kompensatorischen Schadensersatzanspruchs kaum vorstellbar. Denn eine Reduzierung des Schadensersatzanspruchs des geschädigten privaten Durchsetzungsagenten auf ein Niveau, das hinter seinem tatsächlichen Schaden zurückbleibt, würde zu einer nicht zu rechtfertigenden Benachteiligung des Geschädigten führen.[1155] Daher wäre eine ähnliche Regelung lediglich nach Einführung eines überkompensatorischen Schadensersatzes möglich.[1156]

b. Beschränkung der gesamtschuldnerischen Haftung

Allerdings sind auch im bestehenden Schadensersatzsystem Beschränkungen der zivilrechtlichen Haftung des kooperierenden Normadressaten möglich, die den Anreiz zur Informationspreisgabe im Rahmen der leniency-Regelung erhöhen können. So hat die Kommission in ihrem Grünbuch vorgeschlagen, den Schadensersatz gegen den Infor-

---

1154 Antitrust Criminal Penalty Enhancement and Reform Act of 2004; siehe hierzu die Presseerklärung des DOJ vom 23. Juni 2004, http://www.usdoj.gov/public/press_releases/2004/204319.htm.

1155 Auf die Interessen der Verletzten weist auch hin Bundesrat, Ausschuss-Empfehlungen Grünbuch, Rn. 22.

1156 Kommission, Working Paper Private Durchsetzung, Rn. 235.

manten zu mindern, während die Forderungen gegen die anderen beteiligten Normadressaten, die gesamtschuldnerisch für den gesamten Schaden aus dem Wettbewerbsverstoß haften, unverändert Bestand haben.[1157] Auch ist eine Beschränkung der Haftung auf die Schadensersatzansprüche der eigenen Vertragspartner[1158] oder auf einen den Anteil des Informanten auf dem kartellierten Marktes entsprechenden Teilbetrag vorgeschlagen worden, indem der Informant von der gesamtschuldnerischen Haftung aller am Wettbewerbsverstoß beteiligten Unternehmen befreit wird.[1159] Durch diesen Ausschluss der gesamtschuldnerischen Haftung verringert sich das Risiko zivilrechtlicher Ansprüche für den Normadressaten, der daher eher zur Kooperation im Rahmen der leniency-Regelung bereit sein kann. Um die von dem Wettbewerbsverstoß Geschädigten durch diese Privilegierung nicht zu benachteiligen, sollte die Haftungsbegrenzung möglicherweise unter dem Vorbehalt stehen, dass die Geschädigten von den übrigen Beteiligten vollständigen Ersatz ihrer Schäden erhalten können.

Eine noch weitergehende Privilegierung bestünde in dem vollständigen Ausschluss der schadensersatzrechtlichen Haftung des Informanten, solange die Geschädigten von den anderen beteiligten, als Gesamtschuldner haftenden Unternehmen Ersatz ihrer Schäden erlangen können. Diese Privilegierung würde den Anreiz zur Inanspruchnahme der leniency-Regelung im stärksten Maße steigern und zudem das in einem Kartell stets latent bestehende Misstrauen zwischen den Beteiligten verstärken.

Die in der Diskussion stehende Begrenzungen der zivilrechtlichen Haftung des Informanten können die nachteiligen Wechselwirkungen zwischen der leniency-Regelung und der privaten Durchsetzung von Art. 81 EG verringern und eventuell sogar die Attraktivität der leniency-Regelung noch weiter steigern und hierdurch die öffentliche Durchsetzung weiter verbessern. Daher sind diese Neuregelungen grundsätzlich zu begrüßen.

2. Beschränkung des Informationstransfers

Die negativen Wechselwirkungen zwischen privater und öffentlicher Durchsetzung von Art. 81 EG lassen sich auch durch eine Privilegierung des Informanten auf einem anderen Gebiet verringern: Wenn der Informationstransfer von der Kommission zu

---

[1157] Kommission, Grünbuch Private Durchsetzung, S. 11, Option 29.

[1158] Böge/Ost, European Competition Law Review 2006, vol. 27, S. 197 ff., 198; Bundeskartellamt, Diskussionspapier Private Durchsetzung, S. 31.

[1159] Kommission, Grünbuch Private Durchsetzung, S. 11, Option 30; zustimmend Bundesrat, Ausschuss-Empfehlungen Grünbuch, Rn. 22.

den privaten Durchsetzungsagenten und den Zivilgerichten bezüglich der Beteiligung des Informanten beschränkt wird, wird den privaten Durchsetzungsagenten die Durchsetzung ihrer Schadensersatzansprüche erschwert und folglich das Risiko der zivilrechtlichen Haftung für den Informanten verringert.[1160] Denn der Informant kann davon ausgehen, dass sich die privaten Durchsetzungsagenten auf die für sie einfachere Durchsetzung von Schadensersatzansprüchen gegen die übrigen gesamtschuldnerisch haftenden Beteiligten an dem Wettbewerbsverstoß konzentrieren werden, solange diese hinreichend solvent sind. Erst wenn die übrigen Beteiligten nicht hinreichend solvent sind, ist damit zu rechnen, dass sie auch den für sie schwierigeren Weg wählen und mit selbst erhobenen Informationen die Durchsetzung ihrer Schadensersatzansprüche auch gegen den Informanten betreiben.

Diese Beschränkung des Transfers der Informationen aus dem Verfahren der öffentlichen Durchsetzung in das private Durchsetzungsverfahren lässt sich vor allem durch ein beschränktes Akteneinsichtsrecht der privaten Durchsetzungsagenten (zu a.), eine eingeschränkte Zusammenarbeit der Kommission mit den Zivilgerichten (zu b.) und eine beschränkte Tatbestandswirkung erreichen (zu c.).

a. Beschränktes Akteneinsichtsrecht

Eine spezielle Beschränkung des Akteneinsichtsrechts des Beschwerdeführers für solche Dokumente, die sich auf die Beteiligung des Informanten beziehen, würde die Gefahr der zivilrechtlichen Haftung für den Informanten verringern. Angesichts der bisher ohnehin engen Grenzen des Akteneinsichtsrechts gewinnt diese besondere Beschränkung erst bei der Umsetzung der vorgeschlagenen Erweiterung des Informationszugangs der privaten Durchsetzungsagenten eine größere Bedeutung.[1161] Daher erwägt die Kommission in ihrem Grünbuch zugunsten des Informanten einen Ausschluss der Offenlegung von Informationen gegenüber privaten Durchsetzungsagenten, der sich allerdings inhaltlich auf die in dem Antrag auf Anwendung der leniency-Regelung enthaltenen Informationen beschränken soll.[1162] In die gleiche Richtung zielt auch der jüngste Entwurf der Kommission zur Neufassung der leniency-Mitteilung aus 2006, in dem nicht nur eine entsprechende politische Erklärung (Rn. 7) enthalten ist,

[1160] Böge/Ost, European Competition Law Review 2006, vol. 27, S. 197 ff., 198; Gauer, IBA Conference 2005, S. 14 f.
[1161] Siehe zum Akteneinsichtrecht bereits oben zu Kapitel 3C.II.6.d.bb(1), S. 138.
[1162] Kommission, Grünbuch Private Durchsetzung, S. 11, Option 28.

sondern auch das Akteneinsichtsrecht begrenzt wird (Rn. 28).[1163] Der Ausschluss der Offenlegung muss jedoch auf das Akteneinsichtrecht beschränkt bleiben, um die Gefahr zu vermeiden, dass ein Normadressat die leniency-Regelung nur in Anspruch nimmt, um bestimmte bereits existierende Dokumente den privaten Durchsetzungsagenten auch im Rahmen eines Discovery-Verfahrens vorzuenthalten.[1164]

b. Beschränkte Zusammenarbeit mit den Zivilgerichten

Auch eine Beschränkung der Zusammenarbeit der Kommission mit den mitgliedstaatlichen Zivilgerichten bezüglich solcher Informationen, die eine Beteiligung des Informanten an dem Wettbewerbsverstoß betreffen, kann die Gefahr einer nachträglichen zivilrechtlichen Verfolgung für den Informanten verringern und somit auch die negativen Wechselwirkungen zwischen den Durchsetzungsformen abmildern. Daher hat die Kommission in ihrer Bekanntmachung über die Zusammenarbeit mit Gerichten bereits klargestellt, dass sie keine Informationen über den Informanten, der erfolgreich an dem leniency-Programm teilgenommen hat, weitergeben wird.[1165]

c. Beschränkte Tatbestandswirkung

Die Tatbestandswirkung gemäß § 33 Abs. 4 GWB, die die privaten Durchsetzungsagenten im follow-on Verfahren von dem Nachweis des Wettbewerbsverstoßes befreit, wirkt nur gegen die Adressaten der Kommissionsentscheidung und damit nicht auch gegen den Informanten, der nach der leniency-Regelung die Geldbuße erlassen bekommt und dadurch nicht Adressat der Entscheidung wird. Durch diese Begrenzung der Tatbestandswirkung steigt die Attraktivität der leniency-Regelung für die Normadressaten, da die Durchsetzung von Schadensersatzansprüchen gegenüber den Informanten nicht erleichtert wird und daher die Durchsetzung von Ansprüchen gegen die übrigen gesamtschuldnerisch haftenden Beteiligten wahrscheinlich ist.[1166]

Der Informant, der lediglich eine Reduzierung der Geldbuße für seine Kooperation erhält (Abschnitt B der leniency-Regelung), wird hingegen Adressat der Kommissi-

---

1163 Entwurf der Kommission zur Neufassung der Leniency-Mitteilung vom 22. Februar 2006; die gleiche Wirkung lässt sich nach deutschem Verfahrensrecht dadurch erreichen, dass bei der Gewährung der Akteneinsicht das Ermessen gemäß §§ 406 e, 475 StPO zugunsten des kooperierenden Normadressaten ausgeübt wird und die Akteneinsicht insoweit verwehrt wird, siehe Bundeskartellamt, Diskussionspapier Private Durchsetzung, S. 31

1164 Kommission, Working Paper Private Durchsetzung, Rn. 234.

1165 Bekanntmachung über die Zusammenarbeit mit Gerichten, Rn. 26, hierzu Klees, EG-Kartellverfahrensrecht, § 8 Rn. 55.

1166 Monopolkommission, Sondergutachten zur 7. GWB-Novelle, Rn. 44; zur Verwertung solcher Informationen siehe auch Jüntgen, WuW 2007, S. 128 ff.

onsentscheidung, so dass die Tatbestandswirkung auch gegen ihn wirkt. Daher kann sein Anreiz zur Kooperation mit der Kommission bisher von Furcht vor zivilrechtlichen Schadensersatzansprüchen geschmälert werden.

3. Zusammenfassung zur Minimierung der negativen Wechselwirkungen

Mit der angestrebten Verstärkung der privaten Durchsetzung von Art. 81 EG werden die negativen Wechselwirkungen zwischen den beiden Durchsetzungsformen an Bedeutung gewinnen und die Einführung einer (oder mehrerer) der beschriebenen Regelungen zur Verringerung dieses Problems erforderlich machen. Insoweit erscheint es sachgerecht, sowohl eine Beschränkung der zivilrechtlichen Haftung für den kooperierenden Normadressaten vorzusehen als auch die Informationsgewinnung der privaten Durchsetzungsagenten hinsichtlich der Beteiligung des Informanten an dem Wettbewerbsverstoß nicht aktiv durch die Kommission zu unterstützen.

D. Ergebnis Zusammenspiel der Durchsetzungsformen bei Art. 81 EG

Wegen ihrer weitergehenden Funktionen muss die private Durchsetzung neben der öffentlichen Durchsetzung von Art. 81 EG zur Anwendung kommen. Die kombinierte öffentliche und private Durchsetzung erfordert eine Ausgestaltung des Zusammenspiels der Durchsetzungsformen, die die bestmögliche Abschreckungswirkung bei möglichst geringen gesellschaftlichen Kosten erzielt.

Die geringsten Durchsetzungskosten verursacht die ausschließliche Verwendung einer einzigen Durchsetzungsform zur Verfolgung bestimmter Wettbewerbsverstöße. Eine nur private Durchsetzung von Art. 81 EG sorgt jedoch aus den dargestellten Gründen nur selten für eine ausreichende Abschreckungswirkung auf die Normadressaten, da die zivilrechtlichen Sanktionen und der Anreiz der privaten Durchsetzungsagenten zur Durchsetzung angesichts der bestehenden Beweisschwierigkeiten häufig zu gering sind. Jedoch ist auch eine ausschließlich öffentliche Durchsetzung von Art. 81 EG wegen der Individualschutzfunktion der privaten Durchsetzung, die den Verletzten die Kompensation ihrer Schäden aus dem Wettbewerbsverstoß ermöglicht, nicht sachgerecht.

Da die Durchsetzung von Art. 81 EG folglich sowohl durch öffentliche als auch private Durchsetzungsagenten erfolgen wird, muss das Durchsetzungssystem Regelungen zur Vermeidung einer unnützen Verdopplung der gesellschaftlichen Durchsetzungskosten vorsehen. Weil ein einheitliches Verfahren der öffentlichen und privaten Durchsetzung von Art. 81 EG nicht praktikabel ist, muss das Durchsetzungssystem die gemeinsame Nutzung von Informationen fördern, um die gesellschaftlichen Kosten der Informationsgewinnung zu verringern. Hierbei helfen die bereits eingeführten Regelungen über den Transfer der Informationen von der Kommission in das follow-on Verfahren der privaten Durchsetzung, insbesondere die Tatbestandswirkung und die Zusammenarbeit der Kommission mit den mitgliedstaatlichen Zivilgerichten.

Schließlich muss das Durchsetzungssystem Regelungen treffen, um die negativen Wechselwirkungen zwischen den Durchsetzungsformen zu minimieren. Hierbei ist das Problem der negativen Auswirkungen einer verstärkten privaten Durchsetzung von Art. 81 EG auf die Bereitschaft der Normadressaten zur Kooperation im Rahmen der leniency-Regelung von dem derzeitigen Durchsetzungssystem noch nicht hinreichend gelöst. Zur Steigerung des Anreizes der Normadressaten zur Kooperation mit der Kommission eignen sich vor allem die dargestellten Privilegierungen des Informanten hinsichtlich seiner zivilrechtlichen Haftung, insbesondere der Ausschluss der gesamtschuldnerischen Haftung. Aber auch die teilweise bereits bestehende Beschränkung des Transfers von Informationen der Kommission über die Beteiligung des Informanten an dem Wettbewerbsverstoß kann die Gefahr einer zivilrechtlichen Haftung für den Informanten verringern und die negativen Wechselwirkungen damit reduzieren.

E. Rechtspolitische Schlussfolgerungen für das Zusammenspiel von privater und öffentlicher Durchsetzung bei Art. 81 EG

Aus diesen Ergebnissen ergeben sich rechtspolitische Schlussfolgerungen für die Ausgestaltung des Durchsetzungssystems, um das Zusammenspiel der Durchsetzungsformen bei Art. 81 EG zu verbessern. Diese Schlussfolgerungen betreffen die Ausgestaltung der allgemein angestrebten Erleichterung der privaten Durchsetzung (zu I.) sowie Regelungen zur Sicherstellung der Funktionsfähigkeit der leniency-Regelung im Rahmen der öffentlichen Durchsetzung auch bei einer verstärkten privaten Durchsetzung von Art. 81 EG (zu II.).

I. Förderung der eigenständigen privaten Durchsetzung

Es hat sich gezeigt, dass die ausschließliche Verwendung der privaten Durchsetzung von Art. 81 EG für bestimmte Wettbewerbsverstöße, bei denen die privaten Durchsetzungsagenten infolge ihrer guten Informationslage einen ausreichenden Anreiz zur

Durchsetzung besitzen und daher eine hinreichende Abschreckungswirkung erzielen können, die geringsten gesellschaftlichen Durchsetzungskosten verursacht und daher das bestmögliche Zusammenspiel der Durchsetzungsformen darstellt.

Aus diesem Grunde muss das Durchsetzungssystem, das die private Durchsetzung erleichtern will, vorzugsweise solche Regelungen enthalten, die eine eigenständige private Durchsetzung fördern. Denn die private Durchsetzung im follow-on Verfahren erfolgt definitionsgemäß zusätzlich zu einem vorhergehenden Verfahren der öffentlichen Durchsetzung und verursacht daher die mit der kombinierten Durchsetzung verbundenen gesteigerten gesellschaftlichen Kosten.

Die bisherigen Erleichterungen der privaten Durchsetzung betreffen vor allem das follow-on Verfahren und können daher das Ziel der ausschließlich privaten Durchsetzung für bestimmte Wettbewerbsverstöße nicht erreichen: Die mit der 7. GWB-Novelle eingeführte Tatbestandswirkung behördlicher Entscheidungen gemäß § 33 Abs. 4 GWB und die Hemmung der Verjährung von Schadensersatzansprüchen während des Verwaltungsverfahrens der Kommission gemäß § 33 Abs. 5 GWB erleichtern ausschließlich die private Durchsetzung im follow-on Verfahren. Auch der verstärkte Informationsaustausch zwischen der Kommission und den mitgliedstaatlichen Zivilgerichten gemäß Art. 15 VO 1/03 sowie die vorgeschlagene Ausweitung der Informationsrechte der privaten Durchsetzungsagenten gegenüber der Kommission können nur dann die bei der Kommission befindlichen Informationen für die private Durchsetzung ausnutzen, wenn die Kommission diese Informationen zuvor in einem Verfahren der öffentlichen Durchsetzung erhoben hat.

Hingegen könnten verstärkte zivilprozessuale Aufklärungspflichten des Normadressaten gegenüber den privaten Durchsetzungsagenten und andere Beweiserleichterungen für die privaten Durchsetzungsagenten auch und gerade die eigenständige private Durchsetzung ohne ein vorhergehendes Verwaltungsverfahren der Kommission erleichtern. Denn dank der Aufklärungspflichten können die privaten Durchsetzungsagenten von dem Normadressaten selbst Informationen über den Wettbewerbsverstoß erhalten, wodurch sie insoweit weniger von den Informationen der Kommission oder eigenen aufwendigen Ermittlungsmaßnahmen abhängig sind.[1167] Dies kann den Anreiz

[1167] Dies gilt allerdings nur soweit, wie der private Durchsetzungsagent die zur Durchsetzung erforderlichen Informationen von dem Normadressaten erhalten kann, und erfasst daher nicht allgemeine Marktdaten, über die der Normadressat nicht verfügt und die zum Nachweis eines Wettbewerbsverstoßes erforderlich sein können.

der privaten Durchsetzungsagenten zur eigenständigen privaten Durchsetzung steigern und damit zu einem kostengünstigen Zusammenspiel der Durchsetzungsformen führen.

II. Begrenzung der zivilrechtliche Haftung von Informanten

Da die private Durchsetzung allein jedoch oft nicht in der Lage sein wird, die erforderliche Abschreckungswirkung auf die Normadressaten auszuüben, müssen die negativen Wechselwirkungen zwischen den regelmäßig kombiniert zur Anwendung kommenden Durchsetzungsformen minimiert werden. Infolge der angestrebten Ausweitung der privaten Durchsetzung von Art. 81 EG gewinnen die Regelungen an Bedeutung, welche die negativen Auswirkungen der privaten Durchsetzung auf den Anreiz der Normadressaten zur Preisgabe von Informationen im Rahmen der leniency-Regelung und die damit verbundene Erschwerung der öffentlichen Durchsetzung verringern.

Hierzu ist eine Regelung über die Begrenzung der zivilrechtlichen Haftung des Informanten besser geeignet als der bereits jetzt eingeschränkte Transfer der Informationen über die Beteiligung des Informanten am Wettbewerbsverstoß von der Kommission zu den privaten Durchsetzungsagenten. Denn die Beschränkung des Informationstransfers macht die private Durchsetzung von Schadensersatzansprüchen gegen den Informanten im follow-on Verfahren zwar regelmäßig tatsächlich unwahrscheinlicher, weil die Durchsetzung ihrer Ansprüche gegen die übrigen gesamtschuldnerisch haftenden Beteiligten für die privaten Durchsetzungsagenten mit Hilfe des Informationstransfers leichter möglich ist als die Durchsetzung des Anspruchs gegen den Informanten ohne die entsprechenden Informationen. Jedoch bietet eine rechtliche Begrenzung der zivilrechtlichen Haftung dem Informanten eine noch größere Sicherheit, trotz der Preisgabe seiner Informationen über den Wettbewerbsverstoß gegenüber der Kommission keinen Schadensersatzansprüchen privater Durchsetzungsagenten ausgesetzt zu sein. Insoweit erscheint jedenfalls der Ausschluss der gesamtschuldnerischen Haftung des Informanten für die durch andere Beteiligte verursachten Schäden als praktikable Möglichkeit, um die negativen Wechselwirkungen zwischen der öffentlichen und der privaten Durchsetzung von Art. 81 EG ohne eine grundlegende Änderung des bestehenden Haftungsrechts zu verringern.

Literaturverzeichnis

Achenbach, Hans; Die steuerliche Absetzbarkeit mehrerlösbezogener Kartellgeldbußen, BB 2000, S. 1116 ff.

Achenbach, Hans / Wegner, Carsten; Probleme der "reinen Ahndungsgeldbuße" im Kartellrecht (§ 81 Abs. 5 GWB), ZWeR 2006, S. 49 ff.

Afferni, Giorgio / Bulst, Friedrich Wenzel; Kartellrechtliche Schadensersatzansprüche von Verbrauchern, Zeitschrift für Europäisches Privatrecht 2005, S. 143 ff.

Al-Debí, Fadi / Krause, Benjamin; Schadensersatz für mittelbare Kartellopfer - ein Fall für § 313 BGB (Störung der Geschäftsgrundlage), ZGS 2006, S. 20 ff.

Alfer, M. / Young, J.; Economic Analysis of Cartels - Theory and Practice, European Competition Law Review 2005, vol. 26, S. 546 ff.

Amato, Filippo; International Antitrust: What Future?, World Competition 2001, vol. 24, S. 451 ff.

Andreangeli, Arianna; Courage Ltd. v Crehan and the Enforcement of Art. 81 EC before the National Courts, European Competition Law Review 2004, vol. 25, S. 758 ff.

Andreangeli, Arianna; The Protection of Legal Professional Privilege in EU Law and the Impact of the Rules on the Exchange of Information within the European Competition Network on the Secrecy of Communications between Lawyer and Client: one step forward, two steps back?, Competition Law Review 2005, vol. 2, S. 31 ff.

Andreoni, James; Reasonable Doubt and the Optimal Magnitude of Fines: Should the Penalty fit the Crime?, The RAND Journal of Economics 1991, vol. 22, S. 385 ff.

Andrews, Philip; "Modernisation" - Irish Style, European Competition Law Review 2002, vol. 23, S. 469 ff.

Armengol, Oriol / Pascual, Alvaro; Some Reflections on Article 9 Commitment Decisions in the Light of the Coca-Cola Case, European Competition Law Review 2006, vol. 27, S. 124 ff.

Arp, D. Jarrett / Swaak, Christof R.A.; A Tempting Offer: Immunity from Fines for Cartel Conduct under the European Commission's New Leniency Notice, European Competition Law Review 2003, vol. 24, S. 9 ff.

Ashurst-Report; Study on the conditions of claims for damages in case of infringement of EC competition rules - Analysis of Economic Models for the Calculation of Damages, http://europa.eu.int/comm/competition/antitrust/others/actions_for_damages/ economic_clean_en.pdf, 2004
zitiert als: Ashurst-Report, Ökonomische Modelle zur Schadensberechnung

Ashurst-Report; Study on the conditions of claims for damages in case of infringement of EC competition rules - Comparative Report, 2004, http://europa.eu.int/comm/competition/antitrust/others/actions_for_damages/comparative_report_clean_en.pdf zitiert als: Ashurst-Report, Comparative Report

Austin, Arthur D.; Negative Effects of Treble Damage Actions: Reflections on the new Antitrust Strategy, Duke Law Journal 1978, S. 1353 ff.

Bailey, David; Scope of Judicial Review under Article 81 EC, Common Market Law Review 2004, vol. 41, S. 1327 ff.

Baker, Donald I.; Revisting History - What Have We Learned About Private Antitrust Enforcement That We Would Recommend to Others?, Loyola Consumer Law Review 2004, vol. 16, S. 379 ff.

Baker, Donald I.; The Use of Criminal Law Remedies to deter and punish Cartels and Bid-Rigging, George Washington Law Review 2001, vol. 69, S. 693 ff.

Baker, Jonathan B.; The Case for Antitrust Enforcement, The Journal of Economic Perspectives 2003, vol. 17, S. 27 ff.

Baker, Jonathan B.; Private Information and the Deterrent Effect of Antitrust Damage Remedies, Journal of Law, Economics and Organization 1988, vol. 4, S. 385 ff.

Baker, Jonathan B. / Rubinfeld, Daniel L.; Empirical Methods in Antitrust Litigation: Review and Critique, American Law and Economics Review 1999, vol. 1, S. 386 ff.

Baron, Michael; Die Rechtsnatur der Gruppenfreistellungsverordnungen im System der Legalausnahme - ein Scheinproblem, WuW 2006, S. 358 ff.

Bartosch, Andreas; Von der Freistellung zur Legalausnahme: Der Vorschlag der EG-Kommission für eine "neue Verordnung Nr.17", EuZW 2001, S. 101 ff.

Bartosch, Andreas; Von der Freistellung zur Legalausnahme: Was geschieht mit der Rechtssicherheit?, WuW 2000, S. 462 ff.

Basedow, Jürgen; Das Kartelldeliktsrecht und der "More Economic Approach", EuZW 2006, S. 97 ff.

Basedow, Jürgen; Who will Protect Competition in Europe? From Central Enforcement to Authority Networks and Private Litigation, EBOR 2001, S. 443 ff.

Bauer, Joseph P.; Reflections on the Manifold Means of Enforcing the Antitrust Laws: Too Much, Too Little, or Just Right?, Loyola Consumer Law Review 2004, vol. 16, S. 303 ff.

Bebchuck, Lucian Arye / Kaplow, Louis; Optimal Sanctions and Differences in Individual's Likelihood of Avoiding Detection, International Review of Law and Economics 1993, vol. 13, S. 217 ff.

Bebchuck, Lucian Arye / Kaplow, Louis; Optimal Sanctions when Individuals are Imperfectly Informed about the Probability of Apprehension, Journal of Legal Studies 1992, vol. 21, S. 365 ff.

Bechtold, Rainer; Grundlegende Umgestaltung des Kartellrechts - Zum Referentenentwurf der 7. GWB-Novelle, DB 2004, S. 235 ff.

Bechtold, Rainer; Modernisierung des EG-Wettbewerbsrechts: Der Verordnungsentwurf der Kommission zur Umsetzung des Weißbuchs, BB 2000, S. 2425 ff.

Becker, Gary S.; Crime and Punishment: An Economic Approach, Journal of Political Economy 1968, vol. 76, S. 169 ff.

Becker, Gary S. / Stigler, George J.; Law Enforcement, Malfeasance and the Compensation of Enforcers, Journal of Legal Studies 1974, vol. 3, S. 1 ff.

Behrens, Peter; Die ökonomischen Grundlagen des Rechts, Tübingen, 1986
zitiert als: Behrens, Ökonomische Grundlagen des Rechts

Behrens, Peter (Hrsg.); EEC Competition Rules in National Courts, Band 1-6, Baden-Baden, 1992-2001
zitiert als: Behrens (Hrsg.), National Courts

Bellamy, Christopher / Child, Graham; European Community Law of Competition, 5. Auflage, London, 2001
zitiert als: Bellamy / Child, EC Competition Law

Beninca, Jürgen; Schadensersatzansprüche von Kunden eines Kartells, WuW 2004, S. 604 ff.

Ben-Shahar, Omri; Playing without a Rulebook: Optimal Enforcement when Individuals Learn the Penalty only by Committing a Crime, International Review of Law and Economics 1997, vol. 17, S. 409 ff.

Bergman, Mats A. / Jakobsson, Maria / Razo, Carlos; An Econometric Analysis of the European Commission's Merger Decisions, Uppsala University Dept of Economics Working Paper Series no.6/2003 S. 1 ff.

Berrisch, Georg M. / Burianski, Markus; Kartellrechtliche Schadensersatzansprüche nach der 7. GWB-Novelle, WuW 2005, S. 878 ff.

Besanko, David / Spulber, Daniel F.; Antitrust Enforcement under Asymmetric Information, The Economic Journal 1989, vol. 99, S. 408 ff.

Besanko, David / Spulber, Daniel F.; Are Treble Damages Neutral? Sequential Equilibrium and Private Antitrust Enforcement, The American Economic Review 1990, vol. 80, S. 870 ff.

Besanko, Lucian Arye / Spulber, Daniel F.; Delegated Law Enforcement and Noncooperative Behaviour, Journal of Law, Economics and Organization 1989, vol. 5, S. 25 ff.

Betlem, Gerrit; Cross-border Private Enforcement of Community Law, in: Vervaele, John A. E. (Hrsg.), Compliance and Enforcement of European Community Law, S. 391 ff., Den Haag, 1999
zitiert als: Betlem, in: Vervaele (Hrsg.), Compliance and Enforcement of EC Law, S. 391 ff.

Bien, Florian; Systemwechsel im Europäischen Kartellrecht - Zum Verordnungsentwurf, DB 2000, S. 2309 ff.

Bishop, Simon / Walker, Mike; The Economics of EC Competition Law, 2. Auflage, London, 2002
zitiert als: Bishop / Walker, Economics of EC Competition Law

Blaise, Jean Bernard; Les nouvelles orientations du droit communautaire de la concurrence - danger pour le marché unique?, EuZW 2001, S. 289 ff.

Blake, Stephen / Schnichels, Dominik; Leniency Following Modernisation: Safeguarding Europe's Leniency Programmes, Competition Policy Newsletter 2004, No. 2, S. 7 ff.

Block, Michael K. / Nold, Frederick C. / Sidak, Joseph G.; The Deterrent Effect of Antitrust Enforcement, Journal of Political Economy 1981, vol. 89, S. 429 ff.

Block, Michael K. / Sidak, Joseph Gregory; The Costs of Antitrust Deterrence: Why not Hang a Price Fixer Now and Then?, Georgetown Law Journal 1980, vol. 68, S. 1131 ff.

Böge, Ulf / Ost, Konrad; Up and Running, or is it? Private Enforcement - The Situation in Germany and Policy Perspectives, European Competition Law Review 2006, vol. 27, S. 197 ff.

Bornkamm, Joachim; Die Rolle des Zivilrichters bei der Durchsetzung des Kartellrechts nach der VO Nr. 1/2003 und nach der 7. GWB-Novelle, Bonn, 2003
zitiert als: Bornkamm, Die Rolle des Zivilrichters bei der Kartellrechtsdurchsetzung

Bornkamm, Joachim; Roundtable: Administrative Antitrust Authorities: Adjucative and Investigatory Functions, in: Hawk, Barry E. (Hrsg.), Annual Proceedings of the Fordham Corporate Law Institute on International Antitrust Law & Policy, S. 421 ff., 2002
zitiert als: Bornkamm, Roundtable, Fordham Corporate Law Institute on International Antitrust Law and Policy 2002, S. 421 ff.

Bourgeois, Jacques H.J. / Humpe, Christophe; The Commission's Draft "New Regulation 17", European Competition Law Review 2002, vol. 23, S. 43 ff.

Breit, William / Elzinga, Kenneth G.; Antitrust Penalty Reform - An Economic Analysis, Washington D.C., 1986
zitiert als: Breit / Elzinga, Antitrust Penalty Reform

Breitkreutz, Frank; Das Kartellverbot als Schutzgesetz, Hamburg, 2005
zitiert als: Breitkreutz, Kartellverbot als Schutzgesetz

Brinker, Ingo; Schadensersatz als Sanktion für Wettbewerbsverstöße, in: Schwarze, Jürgen (Hrsg.), Instrumente zur Durchsetzung des europäischen Wettbewerbsrechts - Regelungstechnik, Kontrollverfahren und Sanktionen, S. 107 ff., Baden-Baden, 2002
zitiert als: Brinker, in: Schwarze (Hrsg.), Schadensersatz Sanktion für Wettbewerbsverstöße, S. 107 ff.

Brkan, Maja; Procedural Aspects of Private Enforcement of EC Antitrust Law: Heading Toward New Reforms?, World Competition 2005, vol. 28, S. 479 ff.

Brunn, Thomas; Die EG-Kartellverfahrensverordnung 1/2003 und ihre Auswirkung auf die Gruppenfreistellungsverordnungen und die Entzugsverfahren der Vertikal-GVO, Frankfurt/M., 2004
zitiert als: Brunn, VO 1/03 und Gruppenfreistellungsverordnungen

Bryant, Peter G. / Eckard, E. Woodrow; Price Fixing: The Probability of Getting Caught, Review of Economics and Statistics 1991, vol. 73, S. 531 ff.

Bulst, Friedrich Wenzel; Internationale Zuständigkeit, anwendbares Recht und Schadensberechnung im Kartelldeliktsrecht, EWS 2004, S. 403 ff.

Bulst, Friedrich Wenzel; Private Kartellrechtsdurchsetzung durch die Marktgegenseite - deutsche Gerichte auf Kollisionskurs zum EuGH, NJW 2004, S. 2201 ff.

Bulst, Friedrich Wenzel; Private Kartellrechtsdurchsetzung nach der 7. GWB-Novelle - Unbeabsichtigte Rechtsschutzbeschränkungen durch die Hintertür?, EWS 2004, S. 62 ff.

Bulst, Friedrich Wenzel; Schadensersatzansprüche der Marktgegenseite im Kartellrecht - Zur Schadensabwälzung nach deutschem, europäischem und US-amerikanischem Recht, Baden-Baden, 2006
zitiert als: Bulst, Schadensersatzansprüche der Marktgegenseite im Kartellrecht

Bundeskartellamt; Neue Perspektiven für die dezentrale Anwendung des EG-Wettbewerbsrechts, Tagung von Wettbewerbsexperten im Bundeskartellamt, Presseinformation des Bundeskartellamtes vom 9.10.1998 zu den Problemen im Vorfeld des Weißbuchs, WuW 1998, S. 1070 f.

Bundeskartellamt; Private Kartellrechtsdurchsetzung - Stand, Probleme, Perspektiven; Diskussionspapier für die Sitzung des Arbeitskreises Kartellrecht am 26. September 2005, Bonn, 2005
zitiert als: Bundeskartellamt, Diskussionspapier Private Durchsetzung

Bundesrat; Empfehlung der Ausschüsse zum Grünbuch der Kommission der Europäischen Gemeinschaften: Schadensersatz wegen Verletzung des EU-Wettbewerbsrechts zur 821. Sitzung des Bundesrates am 7. April 2006, Ds. 12/1/06 vom 27. März 2006
zitiert als: Bundesrat, Ausschuss-Empfehlungen Grünbuch

Busse, Monika / Leopold, Anders; Entscheidungen über Verpflichtungszusagen nach Art. 9 VO (EG) Nr. 1/2003, WuW 2005, S. 146 ff.

Calabresi, Guido / Melamed, A. Douglas; Property Rules, Liability Rules and Inalienability: One View of the Cathedral, Harvard Law Review 1972, vol. 85, S. 1089 ff.

Calvani, Terry; Devolution and Convergence in Competition Enforcement, European Competition Law Review 2003, vol. 24, S. 415 ff.

Calvani, Terry; Enforcement of Cartel Law in Ireland, in: Hawk, Barry E. (Hrsg.), Annual Proceedings of the Fordham Corporate Law Institute on International Antitrust Law & Policy, S. 1 ff., 2003
zitiert als: Calvani, in: Annual Proceedings of the Fordham Corporate Law Institute on International Antitrust Law & Policy 2003, S. 1 ff.

Camilli, Enrico Leonardo; Optimal and Actual Fines in Cartel Cases: The European Challenge, Paper presented at the ACLE Conference on Remedies and Sanctions in Competition Policy, 18.-19.2.2005
zitiert als: Camilli, Enrico Leonardo, ACLE-Paper 2005

Camilli, Enrico Leonardo; Optimal Fines in Cartel Cases and Actual EC Fining Policy, World Competition 2006, vol. 29, S.575 ff.

Carrington, Paul D.; The American Tradition of Private Law Enforcement, in: Bitburger Gespräche Jahrbuch, S. 33 ff., Trier, 2003
zitiert als: Carrington, Bitburger Gespräche Jahrbuch 2003, S. 33 ff.

Cattlet, Ian M.; The New EC Competition Policy: Is Private Enforcement appropriate for the Banking Sector, Journal of International Banking Law and Regulation 2005, vol. 20, S. 305 ff.

Che, Yeon-Koo / Earnhart, Dietrich; Optimal Use of Information in Litigation: Should Regulatory Information be Withheld to Deter Frivilous Suits?, The RAND Journal of Economics 1997, vol. 28, S. 120 ff.

Clarke, Julian L. / Evenett, Simon J.; The Deterrent Effects of National Anticartel Laws: Evidence from the International Vitamins Cartel, Antitrust Bulletin 2003, vol. 43, S. 689 ff.

Collins, Paul / Eatrides, Vicky; An Analysis of the Proposal to Decriminalize the Anticompetitive Pricing Practices under the Competition Act, World Competition 2003, vol. 26, S. 381 ff.

Connor, John M. / Bolotova, Yuliya; Cartel Overcharges: Survey and Meta-Analysis, SSRN-Paper 2005, S. 1 ff.

Cooter, Robert / Ulen, Thomas; Law and Economics, 4. Auflage, Boston, 2004
zitiert als: Cooter / Ulen, Law and Economics

Craycraft, Catherine / Craycraft, Joseph L. / Gallo, Joseph C.; Antitrust Sanctions and a Firm's Ability to Pay, Review of Industrial Organization 1997, vol. 12, S. 171 ff.

Cyrenne, Philippe; On Antitrust Enforcement and the Deterrence of Collusive Behaviour, Review of Industrial Organization 1999, vol. 14, S. 257 ff.

Dau-Schmidt, Kenneth; An Economic Analysis of the Criminal Law as a Preference-Shaping Policy, Duke Law Journal 1990, S. 1 ff.

Davis, Ronald W.; Indirect Purchaser Litigation: Arc America's Chickens Come Home to Roost on the Illinois Brick Wall, Antitrust Law Journal 1997, vol. 65, S. 375 ff.

Davis, Ronald W.; Standing on Shaky Ground: The Strangely Elusive Doctrine of Antitrust Injury, Antitrust Law Journal 2003, vol. 70, S. 697 ff.

Dekeyser, Kris / Jaspers, Maria; A New Era of ECN Cooperation-Achievements and Challenges with Special Focus on Work in the Leniency Field, World Competition 2007, vol. 30, S. 3 ff.

Deringer, Arved; Stellungnahme zum Weißbuch der Europäischen Kommission über die Modernisierung der Vorschriften zur Anwendung der Art. 85 und 86 EGV (Art. 81 und 82 EG), EuZW 2000, S. 5 ff.

Deselaers, Wolfgang / Obst, Silke; Weißbuch zum Europäischen Kartellrecht - Rechtssicherheit ade?, EWS 2000, S. 41 ff.

Diemer, Christian; The Green Paper on Damages Actions for Breach of the EC Antitrust Rules, European Competition Law Review 2006, vol. 27, S. 309 ff.

Disner, Eliot G.; Private Antitrust Litigation - American Style, Global Competition 2004, S. 16 ff.

Dorman, Roderick G.; The Case for Compensation: Why Compensatory Components are Required for Efficient Antitrust Enforcement, Georgetown Law Journal 1980, vol. 68, S. 1113 ff.

Dreher, Meinrad / Thomas, Stefan; Rechts- und Tatsachenirrtümer unter der neuen VO 1/2003, WuW 2004, S. 8 ff.

Dubow, Ben; The Passing on Defence: An Economist's Perspective, European Competition Law Review 2003, vol. 24, S. 238 ff.

Earnhart, Dietrich; Civil Litigation, Access to Government-Held Information, and Coordination of Public and Private Enforcement in the Czech Republic, European Journal of Law and Economics 1998, vol. 6, S. 113 ff.

Easterbrook, Frank H.; Allocating Antitrust Decisionmaking Tasks, Georgetown Law Journal 1987, vol. 76, S. 305 ff.

Easterbrook, Frank H. / Landes, William M. / Posner, Richard A.; Contribution among Antitrust Defendants: A Legal and Economic Analysis, Journal of Law and Economics 1980, vol. 23, S. 331 ff.

Ehlermann, Claus-Dieter; The Modernization of EC Antitrust Policy: A Legal and Cultural Revolution, Common Market Law Review 2000, S. 537 ff.

Ehlermann, Claus-Dieter / Atanasiu, Isabela; The Modernisation of EC Antitrust Law: Consequences for the Future Role and Function of the EC Courts, European Competition Law Review 2002, vol. 23, S. 72 ff.

Ehrlich, Isaac; Crime, Punishment, and the Market for Offenses, Journal of Economic Perspectives 1996, vol. 10, S. 43 ff.

Ehrlich, Isaac; The Optimum Enforcement of Laws and the Concept of Justice: A Positive Analysis, International Review of Law and Economics 1982, vol. 2, S. 3 ff.

Eilmansberger, Thomas; Die Bedeutung der Art. 81 und 82 EG für Schiedsverfahren, SchiedsVZ 2006, S. 5 ff.

Eilmansberger, Thomas; Zum Vorschlag der Kommission für eine Reform des Kartellvollzugs, JZ 2001, S. 365 ff.

Emmerich, Volker; Kartellrecht, 9. Auflage, München, 2001
zitiert als: Emmerich, Kartellrecht

Engelsing, Felix; Die Bußgeldleitlinie der Europäischen Kommission von 2006, WuW 2007, S. 470 ff.

Erlei, Mathias / Leschke, Martin / Sauerland, Dirk; Neue Institutionenökonomik, Stuttgart, 1999
zitiert als: Erlei / Leschke / Sauerland, Neue Institutionenökonomik

Evans, David S.; How Economists Can Help Courts Design Competition Rules: An EU and US Perspective, World Competition 2005, vol. 28, S. 93 ff.

Federmann, Bernd A.; Kriminalstrafen im Kartellrecht, Baden-Baden, 2006
zitiert als: Federmann, Kriminalstrafen im Kartellrecht

Fenn, Paul / Veljanovski, C. G.; A Positive Economic Theory of Regulatory Enforcement, The Economic Journal 1988, vol. 98, S. 1055 ff.

Ferro, Miguel Sousa; Committing to Commitment Decisions - Unanswered Questions on Article 9 Decisions, European Competition Law Review 2005, vol. 26, S. 451 ff.

Fikentscher, Wolfgang; Das Unrecht einer Wettbewerbsbeschränkung: Kritik an Weißbuch und VO-Entwurf zu Art. 81, 82 EG, WuW 2001, S. 446 ff.

Fisher, Franklin M.; Economic Analysis and Antitrust Damages, World Competition 2006, vol. 29, S. 383 ff.

Flocken, Simone; Die Bußgeldbemessung der Europäischen Kommission in Kartellsachen, München 2007
zitiert als: Flocken, Bußgeldbemessung

Fox, Eleonor M.; "We protect Competition, You protect Competitors", World Competition 2003, vol. 26, S. 149 ff.

Friedman, David D.; Efficient Institutions for the Private Enforcement of Law, Journal of Legal Studies 1984, vol. 13, S. 379 ff.

Friedman, David D.; Making Sense of English Law Enforcement in the Eighteenth Century, University of Chicago Law School Roundtable 1995, vol. 2, S. 475 ff.

Friedman, David D.; Why not hang them all: The Virtues of Inefficient Punishment, Journal of Political Economy 1999, vol. 107, S. 259 ff.

Fritzsche, Alexander; Der Beseitigungsanspruch im Kartellrecht nach der 7. GWB-Novelle, WRP 2006, S. 42 ff.

Fuchs, Andreas; Die 7. GWB-Novelle - Grundkonzeption und praktische Konsequenzen, WRP 2005, S. 1384 ff.

Fuchs, Andreas; Die Gruppenfreistellungsverordnung als Instrument der europäischen Wettbewerbspolitik im System der Legalausnahme, ZWeR 2005, S. 1 ff.

Fuchs, Klaus; Kartellvertrag und Bereicherung, Heidelberg, 1990
zitiert als: Fuchs, Kartellvertrag und Bereicherung

Fullerton, Larry / Mazard, Camelia C.; International Antitrust Co-operation Agreements, World Competition 2001, vol. 24, S. 405 ff.

Furse, Mark; Article 15 (2) of Regulation 17: Fines and the Commission's Discretion, European Competition Law Review 1995, vol. 16, S. 110 ff.

Furse, Mark; The Decision to Commit: Some Pointers from the US, European Competition Law Review 2004, vol. 25, S. 5 ff.

Furse, Mark / Nash, Susan; Partners in Crime - The Cartel Offence in UK Law, International Company and Commercial Law Review 2004, vol. 15, S. 138 ff.

Gal, Michal S.; Reality Bites (or Bits): The Political Economy of Competition Policy in Small Economies, in: Hawk, Barry (Hrsg.), International Antitrust Law and Policy, Chapter 23, 2002
zitiert als: Gal, in: Hawk (Hrsg.), International Antitrust Law and Policy, Ch. 23

Garoupa, Nuno; A Note on Private Enforcement and Type-I Error, International Review of Law and Economics 1997, vol. 17, S. 423 ff.

Garoupa, Nuno; Optimal Law Enforcement and Imperfect Information when Wealth Varies Among Individuals, Economica 1998, vol. 65, S. 479 ff.

Garoupa, Nuno; Optimal Law Enforcement with Dissemination of Information, European Journal of Law and Economics 1999, vol. 7, S. 183 ff.

Garoupa, Nuno; Optimal Magnitude and Probability of Fines, European Economic Review 2001, vol. 45, S. 1765 ff.

Garoupa, Nuno; The Theory of Optimal Law Enforcement, Journal of Economic Surveys 1997, vol. 11, S. 267 ff.

Garoupa, Nuno / Gomez-Pomar, Fernando; Punish Once or Punish Twice: A Theory of the Use of Criminal Sanctions in Addition to Regulatory Penalties, American Law and Economics Review 2004, vol. 6, S. 410 ff.

Garoupa, Nuno / Jellal, Mohamed; Dynamic Law Enforcement with Learning, Journal of Law, Economics and Organization 2004, vol. 20, S. 192 ff.

Garoupa, Nuno / Jellal, Mohamed; A Note on Optimal Law Enforcement under Asymmetric Information, European Journal of Law and Economics 2002, vol. 14, S. 5 ff.

Garoupa, Nuno / Klerman, Daniel; Optimal Law Enforcement with a Rent-Seeking Government, American Law & Economics Review 2002, vol. 4, S. 116 ff.

Garzaniti, Laurent / Gudofsky, Jason / Moffat, Jane; Dawn of a new Era? Powers of Investigation and Enforcement under Regulation 1/2003, Antitrust Law Journal 2004, vol. 72, S. 159 ff.

Gauer, Céline; Due Process in the Face of Divergent National Procedures and Sanctions, IBA Conference, Antitrust Reform in Europe, 9.-11.März 2005,
zitiert als: Gauer, IBA Conference 2005

Geiger, Andreas; Das Weißbuch der EG-Kommission zu Art. 81, 82 EG - eine Reform besser als ihr Ruf, EuZW 2000, S. 165 ff.

Gerber, David J.; Modernising European Competition Law: A Developmental Perspective, European Competition Law Review 2001, vol. 22, S. 122 ff.

Gerber, David J. / Cassinis, Paolo; The "Modernization" of European Community Competition Law: Achieving Consistency in Enforcement: Part 1, European Competition Law Review 2006, vol. 27, S. 10 ff.

Gerber, David J. / Cassinis, Paolo; The "Modernization" of European Community Competition Law: Achieving Consistency in Enforcement: Part 2, European Competition Law Review 2006, vol. 27, S. 51 ff.

Ginsburg, Douglas H.; Comparing Antitrust Enforcement in the United States and Europe, Journal of Competition Law and Economics 2005, vol. 1, S. 427 ff.

Giudici, Paolo; Private Antitrust Law Enforcement in Italy, The Competition Law Review 2004, vol. 1, S. 61 ff.

Glassen, Helmut / Achenbach, Hans / Hahn, Helmuth von; Frankfurter Kommentar zum Kartellrecht, Band 4, §§ 1-53 GWB, Köln, 2005
zitiert als: Glassen / Achenbach / Hahn, Frankfurter Kommentar, Bd. 4

Glassen, Helmut / Achenbach, Hans / Hahn, Helmuth von; Frankfurter Kommentar zum Kartellrecht, Band 5, §§ 54-131 GWB, Köln, 2005
zitiert als: Glassen / Achenbach / Hahn, Frankfurter Kommentar, Bd. 5

Grabitz, Eberhard / Hilf, Meinhard; Das Recht der Europäischen Union, Bd. 2, 26. EL, München, 2005
zitiert als: Grabitz / Hilf, EU-Recht

Green, Nicolas; The Road to Conviction - The Criminalisation of Cartel Law, in: Hawk, Barry E. (Hrsg.), Annual Proceedings of the Fordham Corporate Law Institute on International Antitrust Law & Policy, S. 13 ff., 2003
zitiert als: Green, Annual Proceedings of the Fordham Corporate Law Institute on International Antitrust Law & Policy 2003, S. 13 ff.

Griffin, James M.; An Overview of recent Developments in the Antitrust Division's Criminal Enforcement Program, in: Hawk, Barry E. (Hrsg.), Annual Proceedings of the Fordham Corporate Law Institute on International Antitrust Law & Policy, S. 29 ff., 2003
zitiert als: Griffin, Annual Proceedings of the Fordham Corporate Law Institute on International Antitrust Law & Policy 2003, S. 29 ff.

Gröning, Jochem; Die dezentrale Anwendung des EG-Kartellrechts gemäß dem Vorschlag der Kommission zur Ersetzung der VO 17/62, WRP 2001, S. 83 ff.

Gröning, Jochem; Zur Gefahr divergierender Entscheidungen bei dezentraler Anwendung des EG-Kartellrechts, WRP 2000, S. 882 ff.

Guersent, Olivier; The Fight against Secret Horizontal Agreement in the EC Competition Policy, in: Hawk, Barry E. (Hrsg.), Annual Proceedings of the Fordham Corporate Law Institute on International Antitrust Law & Policy, S. 43 ff., 2003
zitiert als: Guersent, Annual Proceedings of the Fordham Corporate Law Institute on International Antitrust Law & Policy 2003, S. 43 ff.

Hahn, Hartmut; Abzugsfähige Kartellbußen - zum Beschluss des BFH vom 24.3.2004, I B 203/03, IStR 2004, S. 786 ff.

Harding, Christopher / Gibbs, Alun; Why go to Court in Europe? An Analysis of Cartel Appeals 1995-2004, European Law Review 2005, vol. 30, S. 349 ff.

Harris, Milton / Raviv, Artur; Some Results on Incentive Contracts with Applications to Education and Employment, Health Insurance, and Law Enforcement, The American Economic Review 1978, vol. 68, S. 20 ff.

Hartog, Johanna / Noack, Britta; Die 7. GWB-Novelle, WRP 2005, S. 1396 ff.

Hay, Jonathan R. / Shleifer, Andrei; Private Enforcement of Public Laws: A Theory of Legal Reform, American Economic Review 1998, vol. 88, S. 398 ff.

Hempel, Rolf; Private Follow-on-Klagen im Kartellrecht, WuW 2005, S. 137 ff.

Hempel, Rolf; Privater Rechtschutz im deutschen Kartellrecht nach der 7. GWB-Novelle, WuW 2004, S. 362 ff.

Hempel, Rolf; Privater Rechtsschutz im Kartellrecht, Baden-Baden, 2002
zitiert als: Hempel, Privater Kartellrechtsschutz

Henderson, John / Palmer, John P.; Does More Deterrence Require More Punishment? [Or should the Punishment Fit the Crime?], European Journal of Law and Economics 2002, vol. 13, S. 143 ff.

Henry, David; Leniency Programmes: An Anaemic Carrot for Cartels in France, Germany and the UK, European Competition Law Review 2005, vol. 26, S. 13 ff.

Hildebrand, Doris; The European School in EC Competition Law, World Competition 2002, vol. 25, S. 3 ff.

Hildebrand, Doris; The Role of Economic Analysis in the EC Competition Rules, 2. Auflage, Den Haag, 2002
zitiert als: Hildebrand, Economic Analysis in EC Competition Rules

Hirsch, Günter; Anwendung der Kartellverfahrensordnung (EG) Nr. 1/2003 durch nationale Gerichte, ZWeR 2003, S. 233 ff.

Hirsch, Günter; Die Kooperation von nationalen und europäischen Gerichte bei der Durchsetzung des Wettbewerbsrechts, in: Schwarze, Jürgen (Hrsg.), Instrumente zur Durchsetzung des europäischen Wettbewerbsrechts - Regelungstechnik, Kontrollverfahren und Sanktionen, S. 135 ff., Baden-Baden, 2002
zitiert als: Hirsch, in: Schwarze (Hrsg.), Instrumente der Wettbewerbsdurchsetzung, S. 135 ff.

Holmes, Katherine; Public Enforcement or Private Enforcement? Enforcement of Competition Law in the EC and UK, European Competition Law Review 2004, vol. 25, S. 25 ff.

Hoseinian, Foad; Passing-on Damages and Community Antitrust Policy - An Economic Background, World Competition 2005, vol. 28, S. 3 ff.

Huber, Georg; Austria - Legislation, European Competition Law Review 2003, vol. 24 S. N97 ff.

Hüffer, Uwe; Aktiengesetz, 7. Auflage, München, 2006
zitiert als: Hüffer, Aktiengesetz

Hylton, Keith N.; Optimal Law Enforcement and Victim Precaution, The RAND Journal of Economics 1996, vol. 27, S. 197 ff.

Immenga, Ulrich; Europäisches Gemeinwohl und nationale Kartellrechtsverfahren, EuZW 2005, S. 353

Immenga, Ulrich / Mestmäcker, Ernst-Joachim; Kommentar zum EG-Wettbewerbsrecht, Band 1, 2. Auflage, München, 2001
zitiert als: Immenga / Mestmäcker, EG-WBR Bd. 1

Immenga, Ulrich / Mestmäcker, Ernst-Joachim; Kommentar zum EG-Wettbewerbsrecht, Band 2, 2. Auflage, München, 2001
zitiert als: Immenga / Mestmäcker, EG-WBR Bd. 2

Incardona, Rossella / Poncibo, Cristina; The Corte di Casszione takes "Courage": A recent Ruling opens limited Rights for Consumers in Competition Cases, European Competition Law Review 2005, vol. 26, S. 445 ff.

Ivaldi, Marc / Jullien, Bruno / Rey, Patrick / Seabright, Paul / Tirole, Jean; The Economics of Tacit Collusion, Final Report for DG Competition, European Commission, 2003
zitiert als: Ivaldi / Jullien / Rey / Seabright / Tirole, Economics of Tacit Collusion

Jaeger, Wolfgang; Die möglichen Auswirkungen einer Reform des EG-Wettbewerbsrechts für die nationalen Gerichte, WuW 2000, S. 1062 ff.

Janson, Gunnar; Ökonomische Theorie im Recht, Berlin, 2004
zitiert als: Janson, Ökonomische Theorie im Recht

Jephcott, Mark; The European Commission's New Leniency Notice - Whistling the Right Tune, European Competition Law Review 2002, vol. 23, S. 378 ff.

Jones, Clifford A.; Private Antitrust Enforcement in Europe: A Policy Analysis and Reality Check, World Competition 2004, vol. 27, S. 13 ff.

Jones, Clifford A.; Private Enforcement of Antitrust Law in the EU, UK and USA, Oxford, 2001
zitiert als: Jones, Private Enforcement

Joskow, Paul L.; Transaction Cost Economics, Antitrust Rules, and Remedies, Journal of Law, Economics and Organization 2002, vol. 18, S. 95 ff.

Jost, Peter-Jürgen; Effektivität von Recht aus ökonomischer Sicht, Berlin, 1998
zitiert als: Jost, Effektivität von Recht

Junghans, Ralph; Strategisches Verhalten des Gruppenanwalts: eine Analyse der mit einer Einführung der Gruppenklage in das deutsche Recht verbundenen Gefahren, Frankfurt/Main, 2003
zitiert als: Junghans, Gefahren der Gruppenklage

Jüntgen, David Alexander; Zur Verwertung von Kronzeugenerklärungen in Zivilprozessen, WuW 2007, S. 128 ff.

Kahlenberg, Harald / Haellmigk, Christian; Der Referentenentwurf der 7. GWB-Novelle: Tiefgreifende Änderungen des deutschen Kartellrechts, BB 2004, S. 389 ff.

Kahlenberg, Harald / Haellmigk, Christian; Neues Deutsches Kartellgesetz, BB 2005, S. 1509 ff.

Kamann, Hans Georg / Horstkotte, Christian; Kommission versus nationale Gerichte - Kooperation oder Konfrontation im Kartellverfahren (Das Masterfood-Urteil des EuGH im Licht der geplanten Kartellverfahrensordnung), WuW 2001, S. 458 ff.

Kanecke, Ulrich; Die Bedeutung von Durchschnittspreisen für die Schätzung des Mehrerlöses in einem vom Durchschnitt abweichenden Markt, WRP 2005, S. 1407 ff.

Kaplow, Louis; A Model of the Optimal Complexity of Legal Rules, Journal of Law, Economics and Organization 1995, vol. 11, S. 150 ff.

Kaplow, Louis; A Note on the Use of Nonmonetary Sanctions, Journal of Public Economics 1990, vol. 42, S. 245 ff.

Kaplow, Louis; Private vs. Social Costs in Bringing Suit, Journal of Legal Studies 1986, vol. 15, S. 371 ff.

Kaplow, Louis; Rules versus Standards: An Economic Analysis, Duke Law Journal 1992, vol. 42, S. 557 ff.

Kaplow, Louis / Shavell, Steven; Optimal Law Enforcement with Self-reporting of Behavior, Journal of Political Economy 1994, vol. 102, S. 538 ff.

Kauper, Thomas E. / Snyder, Edward A.; An Inquiry into the Efficiency of Private Antitrust Enforcement: Follow-on and independently initiated Cases compared, Georgetown Law Journal 1986, vol. 74, S. 1163 ff.

Keßler, Jürgen; Schadensersatzansprüche von Kartellabnehmern de lege lata und de lege ferenda, BB 2005, S. 1125 ff.

Kingston, Suzanne; A "new division of responsibilities" in the proposed regulation to modernise the rules implementing Articles 81 and 82 E.C.? A warning call, European Competition Law Review 2001, vol. 22, S. 340 ff.

Kirchhoff, Wolfgang; Sachverhaltsaufklärung und Beweislage bei der Anwendung des Art. 81 EG-Vertrag, WuW 2004, S. 745 ff.

Klees, Andreas; Europäisches Kartellverfahrensrecht, Köln, 2005
zitiert als: Klees, EG-Kartellverfahrensrecht

Klees, Andreas; Der Grundsatz ne bis in idem und seine Auswirkung auf die Zusammenarbeit der Kartellbehörden im European Competition Network, WuW 2007, S. 1222 ff.

Klement, Alon / Neeman, Zvika; Incentive Structures for Class Action Lawyers, Journal of Law, Economics and Organization 2004, vol. 20, S. 102 ff.

Kobayashi, Bruce; Antitrust, Agency and Amnesty: An Economic Analysis of the Criminal Enforcement of Antitrust Law against Corporations, George Mason University School of Law, Law&Economics Working Paper Series, 02-04, 2004
zitiert als: Kobayashi, George Mason University Working Paper 02-04

Koch, Jens; Die Einbeziehung nichtwettbewerblicher Erwägungen in die Freistellungsentscheidung nach Art. 81 Abs. 3 EG, ZHR 2005, S. 625 ff.

Koch, Jens; Kartellrechtliche Schadensersatzansprüche mittelbar betroffener Marktteilnehmer nach § 33 GWB n.F., WuW 2005, S. 1210 ff.

Koenigs, Folkmar; Die VO Nr. 1/2003: Wende im EG-Kartellrecht, DB 2003, S. 755 ff.

Köhler, Helmut; Kartellverbot und Schadensersatz, GRUR 2004, S. 99 ff.

Komesar, Neil K.; Imperfect Alternatives - Choosing Institutions in Law, Economics, and Public Choice, Chicago, 1994
zitiert als: Komesar, Imperfect Alternatives

Komnimos, Assimakis P.; New Prospects for Private Enforcement of EC Competition Law: Courage v. Crehan and the Community Rigth to Damages, Common Market Law Review. 2002, vol. 39, S. 447 ff.

Kovacic, William E.; The Modern Evolution of US Competition Policy Enforcement Norms, Antitrust Law Journal 2003, vol. 71, S. 377 ff.

Kreps, David M.; Bounded Rationality, in: Newman, Peter (Hrsg.), The new Palgrave Dictionary of Economics and the Law, Volume 1, S. 168 ff., London, 1998
zitiert als: Kreps, in: The new Palgrave Dictionary of Economics and the Law, vol. 1, S. 168 ff.

Kroes, Neelie; Opening Speech, Conference 'La reparation du prejudice cause par une pratique anti-concurentielle en France et à l'étranger: bilan et perspectives', Cour de cassation, 17. Oktober 2005
zitiert als: Kroes, Speech, Cour de Cassation 2005

Lampert, Thomas / Gotting, Susanne; Opening Shot for Criminalisation of German Competition Law? Federal High Court Judgment Simplifies Options for Prosecuting Competition Law Violations as Fraud under German Penal Code, European Competition Law Review 2003, vol. 24, S. 30 f.

Landes, William M.; Optimal Sanctions for Antitrust Violations, University of Chicago Law Review 1983, vol. 30, S. 652 ff.

Landes, William M. / Posner, Richard A.; An Economic Theory of Intentional Torts, International Review of Law and Economics 1981, vol. 1, S. 127 ff.

Landes, William M. / Posner, Richard A.; The Economics of Anticipatory Adjudication, Journal of Legal Studies 1994, vol. 23, S. 683 ff.

Landes, William M. / Posner, Richard A.; The Private Enforcement of Law, Journal of Legal Studies 1975, vol. 4, S. 1 ff.

Landes, William M. / Posner, Richard A.; Should Indirect Purchasers have Standing to Sue under the Antitrust Laws? An Economic Analysis of the Rule of Illinois Brick, University of Chicago Law Review 1979, vol. 46, S. 602 ff.

Lang, Christoph G.; Class Actions and the US Antitrust Laws: Prerequisites and Interdependencies of the Implementation of a Procedural Device for the Aggregation of Low-Value Claims, World Competition 2001, vol. 24, S. 285 ff.

Langen, Eugen / Bunte, Hermann-Josef; Kommentar zum deutschen und europäischen Kartellrecht, Neuwied, 2001
zitiert als: Langen / Bunte, Kartellrecht

Lenaerts, Koen / Gerard, Damien; Decentralisation of EC Competition Law Enforcement: Judges in the Frontline, World Competition 2004, vol. 27, S. 313 ff.

Lettl, Tobias; Der Schadensersatzanspruch gemäß § 823 Abs. 2 BGB i.V.m. Art. 81 Abs. 1 EG, ZHR 2003, vol. 167, S. 473 ff.

Levy, Nicholas / O'Donoghue; The EU Leniency Programme Comes of Age, World Competition 2004, vol. 27, S. 75 ff.

Linder, Ludwig; Privatklage und Schadensersatz im Kartellrecht, Baden-Baden, 1980
zitiert als: Linder, Kartellrechtliche Privatklage

Loewenheim, Ulrich / Meessen, Karl M. / Riesenkampff, Alexander; Kartellrecht, Band 1: Europäisches Kartellrecht, Kommentar, München, 2005
zitiert als: Loewenheim / Meessen / Riesenkampff, EG-Kartellrecht

Lübbig, Thomas; Die zivilprozessuale Durchsetzung etwaiger Schadensersatzansprüche durch die Abnehmer eines kartellbefangenen Produktes, WRP 2004, S. 1254 ff.

Lugard, Paul / Hancher, Leigh; Honey, I Shrunk the Article! A Critical Assessment of the Commission's Notice on Article 81 (3) of the EC Treaty, European Competition Law Review 2004, vol. 25, S. 410 ff.

MacNeil, Iain; Criminal Investigations in Competition Law, European Competition Law Review 2003, vol. 24, S. 151 ff.

Magney, John S. / Anderson, Reyn C.; Recent Developments in Criminal Enforcement of US Antitrust Laws, World Competition 2004, vol. 27, S. 101 ff.

Mäsch, Gerald; Private Ansprüche bei Verstößen gegen das europäische Kartellverbot - Courage und die Folgen, EuR 2003, S. 825 ff.

Massey, Patrick; Criminal Sanctions for Competition Law: A Review of the Irish Experience, Competition Law Review 2004, vol. 1, S. 23 ff.

McChesney, Fred S.; On the Economics of Antitrust Enforcement, Georgetown Law Journal 1980, vol. 68, S. 1103 ff.

McCurdy, Gregory V.S.; The Impact of Modernisation of the EU Competition Law System on the Courts and Private Enforcement of the Competition Laws: A Comparative Perspective, European Competition Law Review 2004, vol. 25, S. 509 ff.

Meessen, Karl M.; Genügt der kartellrechtliche Schutz von Wettbewerbern?, WuW 2007, S. 455 ff.

Meessen, Karl M.; Die 7. GWB-Novelle - verfassungsrechtlich gesehen, WuW 2004, S. 733 ff.

Meessen, Karl M.; Schadensersatz bei weltweiten Kartellen - Folgerungen aus dem Endurteil im Empagran-Fall, WuW 2005, S. 1115 ff.

Mehra, Salil, K.; More is Less: A Law-and-Economics Approach to the International Scope of Private Antitrust Enforcement, Temple Law Review 2004, vol. 77, S. 47 ff.

Mestmäcker, Ernst-Joachim; The EC Commission's Modernization of Competition Policy, EBOR 2000, S. 405 ff.

Mestmäcker, Ernst-Joachim; Versuch einer kartellpolitischen Wende in der EU - Zum Weißbuch der Kommission über die Modernisierung der Vorschriften zur Anwendung der Art. 81 und 82 EG, EuZW 1999, S. 523 ff.

Mestmäcker, Ernst-Joachim / Schweitzer, Heike; Europäisches Wettbewerbsrecht, 2. Auflage, München, 2004
zitiert als: Mestmäcker / Schweitzer, EG-Wettbewerbsrecht

Meyer, Michael; Die Bindung der Zivilgerichte an Entscheidungen im Kartellverwaltungsrechtsweg - der neue § 33 IV GWB auf dem Prüfstand, GRUR 2006, S. 27 ff.

Meyer, Peter / Kuhn, Sascha; Befugnisse und Grenzen kartellrechtlicher Durchsuchungen nach VO 1/2003 und nationalem Recht, WuW 2004, S. 880 ff.

Möhlenkamp, Andreas; Die europäische Bußgeldpraxis aus Unternehmersicht, in: Schwarze, Jürgen (Hrsg.), Instrumente zur Durchsetzung des europäischen Wettbewerbsrechts - Regelungstechnik, Kontrollverfahren und Sanktionen, S. 121 ff., Baden-Baden, 2002
zitiert als: Möhlenkamp, in: Schwarze (Hrsg.), Die europäische Bußgeldpraxis aus Unternehmersicht, S. 121 ff.

Monopolkommission; Das allgemeine Wettbewerbsrecht in der 7. GWB-Novelle, 41. Sondergutachten, 2004
zitiert als: Monopolkommission, Sondergutachten zur 7. GWB-Novelle

Monopolkommission; Folgeprobleme der europäischen Kartellverfahrensreform, Sondergutachten Nr. 32, 2001
zitiert als: Monopolkommission, Sondergutachten Folgeprobleme der EG-Verfahrensreform

Monopolkommission; Kartellpolitische Wende in der EU? - Zum Weißbuch der Kommission vom 28. April 1999, 28. Sondergutachten, 1999
zitiert als: Monopolkommission, Sondergutachten zum Weißbuch

Monti, Giorgio; Anti-competitive Agreements: The Innocent Party's Right to Damages, European Law Review 2002, vol. 27, S. 282 ff.

Mookherjee, Dilip / Png, I.P.L.; Corruptible Law Enforcers: How should they be compensated?, The Economic Journal 1995, vol. 105, S. 145 ff.

Möschel, Wernhard; Systemwechsel im Europäischen Wettbewerbsrecht? Zum Weißbuch der EG-Kommission zu den Art. 81 ff. EG-Vertrag, JZ 2000, S. 61 ff.

Möschel, Wernhard; Behördliche oder privatrechtliche Durchsetzung des Kartellrechts, WuW 2007, S. 483 ff.

Motta, Massimo; Competition Policy - Theory and Practice, Cambridge, 2004
zitiert als: Motta, Competition Theory

Müller, Peter; Punitive Damages und deutsches Schadensersatzrecht, Berlin, 2000
zitiert als: Müller, Punitive Damages

Murphy, Gavin; Two Powerful Resources for Competition Law Compliance Now in Place, European Competition Law Review 2002, vol. 23, S. 479 ff.

Müther, Peter-Hendrik; Die Vorteilsabschöpfung im Ordnungswidrigkeitenrecht in § 17 Absatz 4 OWiG unter Berücksichtigung des deutschen und europäischen Kartellrechts, Berlin, 1999
zitiert als: Müther, Vorteilsabschöpfung nach OWiG

Nazzini, Renato; Criminalisation of Cartels and Concurrent Proceedings, European Competition Law Review 2003, vol. 24, S. 483 ff.

Nazzini, Renato; Parallel and Sequential Proceedings in Competition Law: An Essay on the Modes of Interaction between Community and National Law, European Business Law Review 2005, vol. 16, S. 245ff.

Niskanen, William A.; The peculiar Economics of Bureaucracy, American Economic Review 1968, vol. 58, S. 293 ff.

Nordlander, Kristina; Discovering Discovery - US Discovery of EC Leniency Statements, European Competition Law Review 2004, vol. 25, S. 646 ff.

Nordsjo, Andreas; Regulation 1/2003: Power of the Commission to Adopt Interim Measures, European Competition Law Review 2006, vol. 27, S. 299 ff.

Nowak, Carsten; Zentraler und dezentraler Individualrechtsschutz in der EG im Lichte des gemeinschaftsrechtlichen Rechtsgrundsatzes effektiven Rechtsschutzes, in: Nowak, Carsten / Cremer, Wolfgang (Hrsg.), Individualrechtsschutz in der EG und der WTO: der zentrale und dezentrale Rechtsschutz natürlicher und juristischer Personen in der Europäischen Gemeinschaft und in der Welthandelsorganisation, S. 47 ff., Baden-Baden, 2002
zitiert als: Nowak, in: Nowak/Cremer, Individualrechtsschutz in EG und WTO, S. 47 ff.

OECD; Background Paper: Workshop on Consumer Dispute Resolution and Redress in the Global Marketplace, 19.-20. April 2005
zitiert als: OECD, Background Paper Consumer Dispute Resolution

OECD; Cartels: Sanctions against Individuals, DAF/COMP(2004)39, 10. Januar 2005
zitiert als: OECD, Cartels: Sanctions against Individuals

OECD; Competition Law and Policy in the European Union, 2005
zitiert als: OECD, EU Competition Law and Policy

OECD; Hard Core Cartels - Recent Progress and Challenges Ahead (Second Cartel Report), 2003
zitiert als: OECD, Second Cartel Report

OECD; Recommendations of the Council concerning effective action against hard core cartels, C(98)35/FINAL, 25. März 1998
zitiert als: OECD, Council recommendation hard core cartels

OECD; Report on Leniency Programmes to fight hard core cartels, DAFFE/CLP(2001)13, 27.4.2001
zitiert als: OECD, Report on Leniency Programmes

OECD; Report on the Nature and Impact of Hard Core Cartels and Sanctions against Cartels under National Competition Law, DAFFE/COMP(2002)7, 9. April 2002
zitiert als: OECD, Report hard core cartels and sanctions

Ohle, Mario Mathias / Albrecht, Stephan; Die neue Bonusregelung des Bundeskartellamtes in Kartellsachen, WRP 2006, S. 866 ff.

Oppermann, Thomas; Europarecht, 3. Auflage, München, 2005
zitiert als: Oppermann, Europarecht

Pace, Lorenzo Federico; Die Dezentralisierungspolitik im EG-Kartellrecht - Sind Art. 3 II, 6 der VO 1/2003 rechtmäßig?, EuZW 2004, S. 301 ff.

Palandt; BGB, 65. Auflage, München, 2006
zitiert als: Palandt, BGB

Pampel, Gunnar; Europäisches Wettbewerbsrecht - Rechtsnatur und Rechtswirkungen von Mitteilungen der Kommission im Europäischen Wettbewerbsrecht, EuZW 2005, S. 11 ff.

Paulis, Emil; Checks and Balances in the EU Antitrust Enforcement System, in: Hawk, Barry E. (Hrsg.), Annual Proceedings of the Fordham Corporate Law Institute on International Antitrust Law & Policy, S. 381 ff., 2002
zitiert als: Paulis, Annual Proceedings of the Fordham Corporate Law Institute on International Antitrust Law & Policy 2002, S. 381 ff.

Paulis, Emil / De Smijter, Eddy; Enhanced Enforcement of the EC Competition Rules since 1 May 2004 by the Commission and the NCAs, Paper presented at the IBA Conference, Antitrust Reform in Europe, 9.-11.März 2005,
zitiert als: Paulis / De Smijter, IBA-Paper 2005

Paulweber, Michael; The End of a Success Story? The European Commission's White Paper on the Modernization of the European Competition Law: A Comparative Study about the Role of the Notification of Restrictive Practises within the European Competition and the American Antitrust Law, World Competition 2000, vol. 23, S. 3 ff.

Paulweber, Michael / Kögel, Rainer; Das europäische Wettbewerbsrecht am Scheideweg - Die Reformvorhaben der Kommission zur Modernisierung des europäischen Kartellverfahrensrechts in der Kritik, AG 1999, S. 500 ff.

Pfromm, Rene / Hentschel, Kristin; Zum Umfang des Legal Privilege in Kartellrechtsverfahren: Das gemeinschaftsrechtliche Gebot umfassender Vertraulichkeit der Anwaltskorrespondenz, EWS 2005, S. 350 ff.

Pirrung, Marc; EU Enlargement towards Cartel Paradise? An Economic Analysis of the Reform of European Competition Law, Erasmus Law and Economics Review 2004, vol. 1, S. 77 ff.

Pischel, Gerhard; Preisfestsetzung nach Art. 81 EG und Novellierung des GWB, EuZW 2005, S. 459 ff.

Pohlmann, Petra; Keine Bindungswirkung von Bekanntmachungen und Mitteilungen der Europäischen Kommission, WuW 2005, S. 1005 ff.

Polinsky, A. Mitchell; Detrebling Versus Decoupling Antitrust Damages: Lessons from the Theory of Enforcement, Georgetown Law Journal 1986, vol. 74, S. 1231 ff.

Polinsky, A. Mitchell; An Introduction to Law and Economics, 3. Auflage, New York, 2003
zitiert als: Polinsky, Law and Economics

Polinsky, A. Mitchell; Private versus Public Enforcement of Fines, Journal of Legal Studies 1980, vol. 9, S. 105 ff.

Polinsky, A. Mitchell / Rubinfeld, Daniel L.; The Deterrent Effects of Settlement and Trials, International Review of Law and Economics 1988, vol. 8, S. 109 ff.

Polinsky, A. Mitchell / Rubinfeld, Daniel L.; The Welfare Implications of Costly Litigation for the Level of Liability, Journal of Legal Studies 1988, vol. 17, S. 151 ff.

Polinsky, A. Mitchell / Shavell, Steven; Corruption and Optimal Law Enforcement, Journal of Public Economics 2001, vol. 81, S. 1 ff.

Polinsky, A. Mitchell / Shavell, Steven; The Economic Theory of Public Enforcement of Law, Journal of Economic Literature 2000, vol. 38, S. 45 ff.

Polinsky, A. Mitchell / Shavell, Steven; The Fairness of Sanctions: Some Implications for the Optimal Enforcement Policy, American Law and Economics Review 2000, vol. 2, S. 223 ff.

Polinsky, A. Mitchell / Shavell, Steven; Legal Error, Litigation and Incentives to Obey the Law, Journal of Law, Economics and Organization 1989, vol. 5, S. 99 ff.

Polinsky, A. Mitchell / Shavell, Steven; A Note on Optimal Fines When Wealth Varies Among Individuals, The American Economic Review 1991, vol. 81, S. 618 ff.

Polinsky, A. Mitchell / Shavell, Steven; The Optimal Tradeoff between the Probability and Magnitude of Fines, American Economic Review 1979, vol. 69, S. 880 ff.

Polinsky, A. Mitchell / Shavell, Steven; The Optimal Use of Fines and Imprisonment, Journal of Public Economics 1984, vol. 24, S. 89 ff.

Polinsky, A. Mitchell / Shavell, Steven; Should Employees be Subject to Fines and Imprisonment Given the Existence of Corporate Liability?, International Review of Law and Economics 1993, vol. 13, S. 239 ff.

Polverino, Fabio; A Class Action Model for Antitrust Damages Litigation in the European Union, Worl Competition 2007, vol. 30, S. 479 ff.

Posner, Richard A.; Antitrust Law, 2. Auflage, Chicago, 2001
zitiert als: Posner, Antitrust

Posner, Richard A.; Economic Analysis of Law, 6. Auflage, New York, 2003
zitiert als: Posner, Economic Analysis

Posner, Richard A.; An Economic Approach to Legal Procedure and Judicial Administration, Journal of Legal Studies 1973, vol. 2, S. 399 ff.

Posner, Richard A.; An Economic Approach to the Law of Evidence, Stanford Law Review 1999, vol. 51, S. 1477 ff.

Posner, Richard A.; An Economic Theory of Criminal Law, Columbia Law Review 1985, vol. 85, S. 1193 ff.

Posner, Richard A.; The New Institutional Economics Meets Law and Economics, Journal of Institutional and Theoretical Economics 1993, vol. 149, S. 73 ff.

Posner, Richard A.; Optimal Sentences for White-Collar Crime, American Criminal Law Review 1980, vol. 17, S. 409 ff.

Posner, Richard A.; What do Judges and Justices maximize?, Supreme Court Economic Review 1993, vol. 3, S. 1 ff.

Posner, Richard A. / Rasmusen, Eric B.; Creating and Enforcing Norms, with Special Reference to Sanctions, International Review of Law and Economics 1999, vol. 19, S. 369 ff.

Radicati Di Brozolo, Luca G.; Antitrust Claims: Why exclude them from the Hague Jurisdiction and Judgements Convention, European Competition Law Review 2004, vol. 12, S. 780 ff.

Rasmusen, Eric; How Optimal Penalties Change with the Amount of Harm, International Review of Law and Economics 1995, vol. 15, S. 101 ff.

Rebmann, Kurt; Münchener Kommentar zum Bürgerlichen Gesetzbuch, Band 2: Schuldrecht, Allgemeiner Teil, 4. Auflage, München, 2003
zitiert als: Rebmann, Münchener Kommentar zum BGB

Reich, Norbert; The "Courage" Doctrine: Encouraging or Discouraging Compensation for Antitrust Injuries?, Common Market Law Review 2005, vol. 42, S. 35 ff.

Reinmann, Carsten / Krohs, Christian; Strafbarkeit von Kartelldelikten nach dem UK Entreprise Act 2002, WuW 2003, S. 739 ff.

Reiss, Albert J. Jr.; Selecting Strategies of Social Control over Organizational Life, in: Hawkins, Keith / Thomas, John M. (Hrsg.), Enforcing Regulation, S. 23 ff., Boston, 1984
zitiert als: Reiss, in: Hawkins/Thomas, Enforcing Regulation, S. 23 ff.

Reyburn, Lawrence / Sutherland, Philip; Competition Law of South Africa, Durban, 2000
zitiert als: Reyburn / Sutherland, Competition Law

Reynolds, Robert J.; The Economics of Antitrust Enforcement: Theory and Measurement, Georgetown Law Journal 1980, vol. 68, S. 1121 ff.

Richter, Rudolf / Furubotn, Eirik G.; Neue Institutionenökonomik: eine Einführung und kritische Würdigung, Tübingen, 2003
zitiert als: Richter / Furubotn, Neue Institutionenökonomik

Rieckers, Oliver; Europäisches Wettbewerbsverfahren und US-amerikanische Discovery, RIW 2005, S. 19 ff.

Riley, Alan; EC Antitrust Modernisation: The Commission Does Very Nicely - Thank You! Part 1: Regulation 1 and the Notification Burden, European Competition Law Review 2003, vol. 24, S. 604 ff.

Rittner, Fritz; Vertikalvereinbarungen und Kartellverbote in der 7. GWB-Novelle, WuW 2003, S. 451

Rittner, Fritz; Zurück zum Missbrauchsprinzip - Zum Weißbuch der Kommission, DB 1999, S. 1485 f.

Rodger, Barry; Competition Law Litigation in the UK Courts: A Study of all Cases to 2004, Part 1 - 3, European Competition Law Review 2006, vol. 27, S. 241 ff., 279 ff., 341 ff.

Rodger, Barry J.; Private Enforcement and the Enterprise Act: An Exemplary System of Awarding Damages, European Competition Law Review 2003, vol. 24, S. 103 ff.

Rosenberg, David / Sullivan, James P.; Coordination Private Class Action and Public Agency Enforcement of Antitrust Law, Journal of Competition Law and Economics 2006, vol. 2, S. 159 ff.

Rosochowicz, Patricia; The Appropriateness of Criminal Sanctions in the Enforcement of Competition Law, European Competition Law Review 2004, vol. 25, S. 752 ff.

Roxin, Claus; Strafrecht, Allgemeiner Teil, Teil 1, 3. Auflage, München, 1997
zitiert als: Roxin, Strafrecht AT I

Rüthers, Bernd; Rechtstheorie, 1. Auflage, München, 1999
zitiert als: Rüthers, Rechtstheorie

Salop, Steven C. / White, Lawrence J.; Economic Analysis of Private Antitrust Litigation, Georgetown Law Journal 1986, vol. 74, S. 1001 ff.

Salord, A.O.; Concurrent Application, the April 1999 White Paper and the Future of National Laws, European Competition Law Review 2000, vol. 21, S. 128 ff.

Schäfer, Hans-Bernd / Ott, Claus; Lehrbuch der ökonomischen Analyse des Zivilrechts, 4. Auflage, Berlin, 2005
zitiert als: Schäfer / Ott, Ökonomische Analyse des Zivilrechts

Schaub, Alexander / Dohms, Rüdiger; Das Weißbuch der Kommission über die Modernisierung der Vorschriften zur Anwendung der Art. 81 und 82 EG-Vertrag, WuW 1999, S. 1055 ff.

Schaub, Renate; Schadensersatz und Gewinnabschöpfung im Lauterkeits- und Immaterialgüterrecht, GRUR 2005, S. 918 ff.

Schinkel, Maarten Pieter / Tuinstra, Jan; Illinois Walls: How Barring Indirect Purchaser Suits Facilitates Collusion, Paper presented at the ACLE Conference on Remedies and Sanctions in Competition Policy, 18.-19.2.2005,
zitiert als: Schinkel / Tuinstra, ACLE-Paper 2005

Schinkel, Maarten Pieter / Tuinstra, Jan; Imperfect Antitrust Enforcement, SSRN-Paper 2003, S. 1 ff.

Schmidt, Ingo; Wettbewerbspolitik und Kartellrecht: eine interdisziplinäre Einführung, 8. Aufl. Stuttgart, 2005
zitiert als: Schmidt, Wettbewerbspolitik

Schmidt, Karsten; Kartellrecht im Schiedsverfahren - Neuorientierung durch VO 1/2003 und 7. GWB-Novelle, BB 2006, S. 1397 ff.

Schmidt, Karsten; Kartellverfahrensrecht, Kartellverwaltungsrecht, bürgerliches Recht, Köln, 1977
zitiert als: Schmidt, Kartellverfahrensrecht

Schmidt, Karsten; "Privatisierung" des Europakartellrechts - Aufgaben, Verantwortung und Chancen der Privatrechtspraxis nach der VO Nr. 1/2003, Zeitschrift für Europäisches Privatrecht 2004, S. 881 ff.

Schmidt, Karsten; Umdenken im Kartellrecht! Gedanken zur Europäischen VO Nr. 1/2003, BB 2003, S. 1237 ff.

Schmidtchen, Dieter; Sicherheit als Wirtschaftsgut, German Working Papers in Law and Economics 2004, S. 1 ff.

Scholz, Ulrich / Haus, Florian; Geldbußen im EG-Kartellrecht und Einkommenssteuerrecht, EuZW 2002, S. 682 ff.

Schütt, Marc; Individualrechtsschutz nach der 7. GWB-Novelle, WuW 2004, S. 1124 ff.

Schütz, Jörg; Zur Änderung des Kartellverfahrens gemäß Artikel 81 EGV, WuW 2000, S. 686 ff.

Schwartz, Robert; An Overview of the Economics of Antitrust Enforcement, Georgetown Law Journal 1980, vol. 68, S. 1075 ff.

Schwarze, Jürgen; Rechtsstaatliche Grenzen der gesetzlichen und richterlichen Qualifikation von Verwaltungssanktionen im europäischen Gemeinschaftsrecht, EuZW 2003, S. 261 ff.

Schwarze, Jürgen / Weitbrecht, Andreas; Grundzüge des europäischen Kartellverfahrensrechts, Baden-Baden, 2004
zitiert als: Schwarze / Weitbrecht, EG-Kartellverfahrensrecht

Schweda, Marc; Die Bindungswirkung von Bekanntmachungen und Leitlinien der Europäischen Kommission, WuW 2004, S. 1133 ff.

Schwintowski, Hans-Peter / Klaue, Siegfried; Kartellrechtliche und gesellschaftsrechtliche Konsequenzen des Systems der Legalausnahme für die Kooperationspraxis der Unternehmen, WuW 2005, S. 370 ff.

Shavell, Steven; Foundations of Economic Analysis of Law, Cambridge, 2004
zitiert als: Shavell, Economic Analysis of Law

Shavell, Steven; The Fundamental Divergence between the Private and the Social Motives to Use the Legal System, Journal of Legal Studies 1997, vol. 26, S. 575 ff.

Shavell, Steven; Law versus Morality as Regulators of Conduct, American Law and Economics Review 2002, vol. 4, S. 227 ff.

Shavell, Steven; The Optimal Structure of Law Enforcement, Journal of Law and Economics 1993, vol. 36, S. 255 ff.

Shavell, Steven; The Optimal Use of Nonmonetary Sanctions as a Deterrent, American Economic Review 1987, vol. 77, S. 584 ff.

Smith, Martin; Competition Law: Enforcement and Procedure, London, 2001
zitiert als: Smith, Competition Law

Snyder, Edward A. / Kauper, Thomas E.; Misuses of the Antitrust Laws: The Competitor Plaintiff, Michigan Law Review 1991, vol. 90, S. 551 ff.

Soltész, Ulrich; Der Kronzeuge im Labyrinth des ECN - Zur Behandlung von Leniency-Anträgen im Netzwerk der Kartellbehörden, WuW 2005, S. 616 ff.

Soltész, Ulrich / Marquier, Julia / Wendenburg, Felix; Zugang zu Kartellrechtsakten für jedermann? Das EuG-Urteil Österreichische Banken, EWS 2006, S. 102 ff.

Soltész, Ulrich / Rolofs, Peter; Rechtsschutz zu Lasten Dritter in Kartellbußgeldverfahren - Beschränkungen der unbeschränkten Nachprüfungsbefugnis der Gemeinschaftsgerichte, EuZW 2006, S. 327 ff.

Soltész, Ulrich / Steinle, Christian / Bielesz, Holger; Rekordgeldbußen versus Bestimmtheitsgebot, EuZW 2003, S. 202 ff.

Souam, Said; Optimal Antitrust Policy under different Regimes of Fines, International Journal of Industrial Organization 2001, vol. 19, S. 1 ff.

Staudinger, Ansgar; Schadensersatzrecht - Wettbewerb der Ideen und Rechtsordnungen, NJW 2006, S. 2433 ff.

Staudinger, Julius von; Kommentar zum BGB, 2. Buch: Recht der Schuldverhältnisse, §§ 249-254, Berlin, 2005
zitiert als: Staudinger, Kommentar zum BGB

Stein, Friedrich / Jonas, Martin; Kommentar zur Zivilprozessordnung, 22. Auflage, Tübingen, 2002
zitiert als: Stein / Jonas, ZPO

Stephenson, Matthew C.; Public Regulation of Private Enforcement: The Case for Expanding the Role of Administrative Agencies, Virginia Law Review 2005, vol. 91, S. 93 ff.

Stigler, George J.; The Optimum Enforcement of Laws, Journal of Political Economy 1970, vol. 78, S. 526 ff.

Stockmann, Kurt; Sanktionen als Instrument zur Durchsetzung des Kartellrechts - Zur "Bonusregelung" des Bundeskartellamts, in: Schwarze, Jürgen (Hrsg.), Instrumente zur Durchsetzung des europäischen Wettbewerbsrechts, S. 93 ff., Baden-Baden, 2002
zitiert als: Stockmann, in: Schwarze (Hrsg.), Instrumente zur Durchsetzung des EG-Wettbewerbsrechts, S. 93 ff.

Streinz, Rudolf; Europarecht, 7. Auflage, Heidelberg, 2005
zitiert als: Streinz, Europarecht

Stuyck, Jules; EC Competition Law After Modernisation: More Than Ever in the Interest of Consumers, Journal of Consumer Policy 2005, vol. 28, S. 1 ff.

Temple-Lang, John; Commitment Decisions under Regulation 1/2003: Legal Aspects of a New Kind of Competition Decision, European Competition Law Review 2003, vol. 24, S. 347 ff.

Thymm, Niels; Das Kontrollproblem der Stiftung und die Rechtsstellung der Destinatäre - Ökonomische Aufarbeitung und juristische Klärung, Köln, 2006
zitiert als: Thymm, Kontrollproblem der Stiftung

van den Bergh, Roger J. / Camesasca, Peter D.; European Competition Law and Economics: A Comparative Perspective, Antwerpen, 2001
zitiert als: van den Bergh / Camesasca, European Competition Law and Economics

van Gerven, Walter; Private Enforcement of EC Competition Rules, IBA Conference, Antitrust Reform in Europe, 9.-11.März 2005

van Gerven, Walter; Substantive Remedies for the Private Enforcement of EC Antitrust Rules before National Courts, Paper presented at the Annual EU Competition Law and Policy Workshops 2001 of the European University Institute, Florenz, 2001
zitiert als: van Gerven, EUI Workshop 2001

van Tulder, Frank / van der Torre, Abraham; Modelling Crime and the Law Enforcement System, International Review of Law and Economics 1999, vol. 19, S. 471 ff.

Varian, Hal R.; Grundzüge der Mikroökonomie, 6. Auflage, München, 2004
zitiert als: Varian, Mikroökonomie

Vedder, Hans; Spontaneous Harmonisation of National (Competition) Laws in the Wake of the Modernisation of EC Competition Law, Competition Law Review 2004, vol. 1, S. 5 ff.

Veljanovski, Cento G.; The Economics of Regulatory Enforcement, in: Hawkins, Keith / Thomas, John M. (Hrsg.), Enforcing Regulation, S. 171 ff., Boston, 1984
zitiert als: Veljanovski, in: Hawkins/Thomas, Enforcing Regulation, S. 171 ff.

Veljanovski, Cento G.; Cartel Fines in Europe – Law, Practice and Deterrence, World Competition 2007, vol. 30, S.65 ff.

Viscusi, W. Kip / Vernon, John M. / Harrington, Joseph E.; Economics of Regulation and Antitrust, 3. Auflage, Cambridge, 2000
zitiert als: Viscusi/Vernon/Harrington, Economics of Regulation and Antitrust

Wagner, Gerhard; Neue Perspektiven im Schadensersatzrecht: Kommerzialisierung, Strafschadensersatz, Kollektivschaden, Beilage zu NJW Heft 22/2006, S. 5 ff.

Wagner, Rolf; Zur Vereinheitlichung des Internationalen Privat- und Zivilverfahrensrechts sieben Jahre nach In-Kraft-Treten des Amsterdamer Vertrags, EuZW 2006, S. 424 ff.

Walker, Julian Maitland; European Commission: Articles 81/82 EC Treaty - Commission Launches Consultation to Complete Modernisation Programme, European Competition Law Review 2004, vol. 25, S. N 1 f.

Waller, Spence Weber; The Incoherence of Punishment in Antitrust, Chicago-Kent Law Review 2003, vol. 78, S. 207 ff.

Waller, Spence Weber; Towards a Constructive Public-Private-Partnership to Enforce Competition Law, World Competition 2006, vol. 29, S. 367 ff.

Weiß, Wolfgang; Grundrechtsschutz im EG-Kartellrecht nach der Verfahrensnovelle, EuZW 2006, S. 263 ff.

Weitbrecht, Andreas; Das neue EG-Kartellverfahrensrecht, EuZW 2003, S. 69 ff.

Weitbrecht, Andreas; Das Vorgehen der Kommission gegen internationale Kartelle: Bußgeldpolitik und Kronzeugenregelung, in: Schwarze, Jürgen (Hrsg.), Europäisches Wettbewerbsrecht im Wandel, S. 151 ff., Baden-Baden, 2001
zitiert als: Weitbrecht, in: Schwarze (Hrsg.), EG-Wettbewerbsrecht im Wandel, S. 151 ff.

Wesseling, Rein; The Commission White Paper on Modernisation of EC Antitrust Law: Unspoken Consequences and Incomplete Treatment of Alternative Options, European Competition Law Review 1999, vol. 20, S. 420 ff.

Wesseling, Rein; The Draft-Regulation modernising the Competition Rules: The Commission is married to One Idea, European Law Review 2001, S. 357 ff.

Whish, Richard; Competition Law, 4. Auflage, London, 2001
zitiert als: Whish, Competition Law

Wiedemann, Gerhard; Handbuch des Kartellrechts, München, 1999
zitiert als: Wiedemann, Kartellrecht

Wiesner, Till; Zur Rechtmäßigkeit einer "Bonusregelung" im Kartellrecht, WuW 2005, S. 606 ff.

Williamson, Oliver E.; Die ökonomischen Institutionen des Kapitalismus, Tübingen, 1990
zitiert als: Williamson, Ökonomische Institutionen

Wils, Wouter P.J.; The Combination of the Investigative and the Prosecutorial Function and the Adjudicative Function in EC Antitrust Enforcement: A Legal and Economic Analysis, World Competition 2004, vol. 27, S. 201 ff.

Wils, Wouter P.J.; Is Criminalization of EU Competition Law the Answer?, World Competition 2005, vol. 28, S. 117 ff.

Wils, Wouter P.J.; The Optimal Enforcement of EC Antitrust Law, Den Haag, 2002 zitiert als: Wils, Optimal Enforcement

Wils, Wouter P.J.; Leniency in Antitrust Enforcement: Theory and Practice, World Competition 2007, vol. 30, S. 25 ff.

Wils, Wouter P.J.; The European Competition's 2006 Guidelines on Antitrust Fines: A Legal and Economic Analysis, World Competition 2007, vol. 30, S. 197 ff.

Wils, Wouter P.J.; Optimal Antitrust Fines: Theory and Practice, World Competition 2006, vol. 29, S. 183 ff.

Wils, Wouter P.J.; Powers of Investigation and Procedural Rights and Guarantees in EU Antitrust Enforcement: The Interplay between European and National Legislation and Case-law, World Competition 2006, vol. 29, S. 3 ff.

Wils, Wouter P.J.; The Principle of Ne Bis in Idem in EC Antitrust Enforcement: A Legal and Economic Analysis, World Competition 2003, vol. 26, S. 131 ff.

Wils, Wouter P.J.; Self-incrimination in EC Antitrust Enforcement, World Competition 2003, vol. 26, S. 567 ff.

Wils, Wouter P.J.; Should Private Antitrust Enforcement be Encouraged in Europe?, World Competition 2003, vol. 26, S. 473 ff.

Winterstein, Alexander; A Community Right in Damages for Breach of EC Competition Rules, European Competition Law Review 1995, vol. 16, S. 49 ff.

Wise, Michael O.; The System of Sanctions and Enforcement Co-operation in US Antitrust Law, in: Dannecker, Gerhard / Jansen, Oswald (Hrsg.), Competition Law Sanctioning in the European Union, S. 195 ff., 2004
zitiert als: Wise, in: Dannecker/Jansen (Hrsg.), Competition Law Sanctioning in the EU, S. 195 ff.

Wißmann, Tim; Decentralised Enforcement of EC Competition Law and the New Policy on Cartels: The Commission White Paper of 28th April 1999, World Competition 2000, vol. 23, S. 123 ff.

Withers, Christopher; Jurisdiction and applicable Law in Antitrust Tort Claims, Journal of Business Law 2002, S. 250 ff.

Woods, Donncadh / Sinclair, Ailsa / Ashton, David; Private Enforcement of Community Competition Law: Modernisation and the Road Ahead, Competition Policy Newsletter 2004, S. 31 ff.

Wurmnest, Wolfgang; Das Gemeinschaftsdeliktsrecht in der aktuellen Rechtsprechung der Gemeinschaftsgerichte (2001-2003), GPR 2004, S. 129 ff.

Wurmnest, Wolfgang; Private Durchsetzung des EG-Kartellrechts nach der Reform der VO Nr. 17, in: Behrens, Peter / Braun, Ellen / Nowak, Carsten (Hrsg.), Europäisches Wettbewerbsrecht im Umbruch, S. 213 ff., 2004
zitiert als: Wurmnest, in: Behrens/Braun/Nowak, EG-Wettbewerbsrecht im Umbruch, S. 213 ff.

Yeung, Karen; Quantifying Regulatory Penalties: Australian Competition Law Penalties in Perspective, Melbourne University Law Review 1999, vol. 23, S. 440 ff.

Ysewyn, Johan / Jordan, Eve; Cashing in on Cartels, European Competition Law Review 2003, vol. 24, S. 235 ff.

Zäch, Roger; Die Rückabwicklung verbotener Kartellleistungen, Bern, 1977
zitiert als: Zäch, Rückabwicklung verbotener Kartellleistungen

Zekoll, Joachim / Rahlf, Nils; US-amerikanische Antitrust-Treble-Damages-Urteile und deutscher ordre public, JZ 1999, S. 384 ff.

Zimmer, Daniel / Leopold, Anders; Private Durchsetzung des Kartellrechts und der Vorschlag zur "Rom II-VO", EWS 2005, S. 149 ff.

FSC
www.fsc.org
MIX
Papier | Fördert
gute Waldnutzung
FSC® C083411

Kolibri 360 GmbH
Ferdinand-Jühlke-Straße 7
99095 Erfurt, Deutschland
produktsicherheit@kolibri360.de